KB107178

thegolfbook

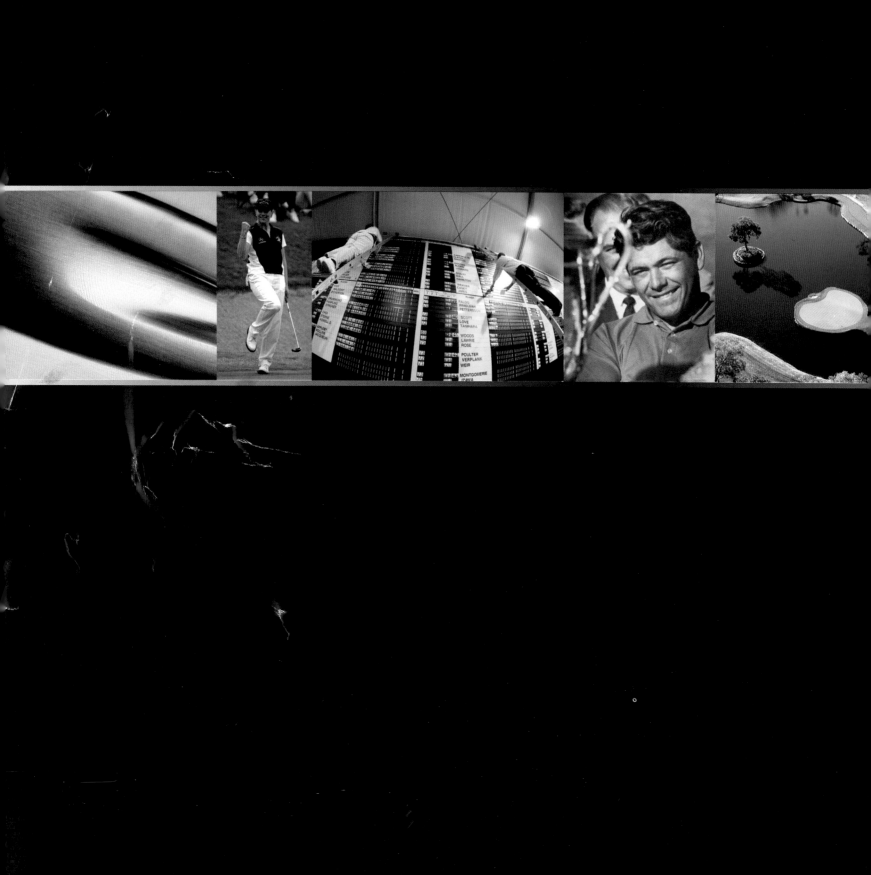

thegolfbook

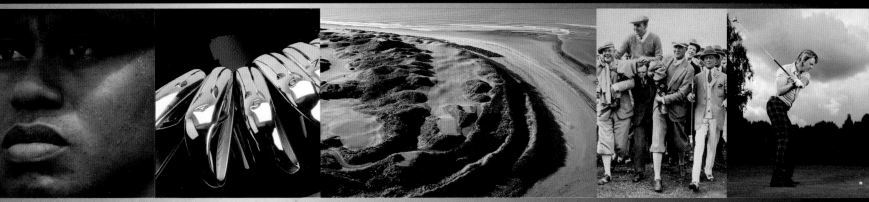

the golf book

지은이 | 스티브 뉴웰, 스티브 카, 앤디 파렐
옮긴이 | 제이슨 강, 도래파
펴낸이 | 한병화
펴낸곳 | 도서출판 예경

초판 인쇄 | 2009년 11월 15일
초판 발행 | 2009년 12월 1일
출판등록 | 1980년 1월 30일(제 300-1980-3호)
주소 | 서울시 종로구 평창동 296-2
전화 | 02-396-3040

팩스 | 02-396-3044
전자우편 | webmaster@yekyong.com
홈페이지 | www.yekyong.com

이 책의 한국어판 저작권 및 출판권은 Dorling
Kindersley Limited와의 저작권 계약에 따라
도서출판 예경에 있습니다.

ISBN 978-89-7084-401-5 (03690)

예경

A Dorling Kindersley Book
Original title : the golf book
Copyright © 2008 Dorling Kindersley Limited
Korean Translation © 2009 Yekyong Publishing Co.

This Korean edition was published by arrangement with
Dorling Kindersley Limited.

A Dorling Kindersley Book
www.dk.com

차례

4 역사적인 순간들

5 최고의 코스들

6 대회 기록들

머리말

골프에 대한 책들은 세계 정상급 선수들의 코치이자 그들의 멘토로서 나를 발전시키는 데 꼭 필요했다. 스포츠

세계에서 비교적 늦은 나이인 열여섯 살에 골프에 입문한 나는 골프가, 특히 가르치는 일이 나의 생업이 되리라는

것을 바로 깨달았다. 앞서 있는 또래들을 따라잡기 위해 나는 최대한 빨리, 많이 배워야 했다. 기초를 단단히 다지고

정교한 기술을 소화해야 했다. 나는 이러한 것을 대부분 책을 통해 이루었다. 스윙에 관한 책 다섯 권, 코스 디자인에

관한 책 세 권, 그리고 최고 선수들의 자서전을 수십 권도 넘게 읽었다. 이후에는 도서관만큼이나 많은 책을 모으기

시작했다.

그러나 진정으로 내가 바라던 것은 즐거운 마음으로 손에 들 수 있는 골프 책이었다. 《the golf book》이 바로

그러한데, 이 책은 골프가 얼마나 훌륭하고 흥미진진한 스포츠인가에 대한 집대성이다. 또한 생동감 있는 이미지와

광범위한 지식의 정수만을 뽑아서 상당한 시간을 절약해줄 뿐만 아니라 침실 책장의 공간도 넓혀주었다.

모든 운동이 그러하듯이 새로 기초를 배운 후 그 운동 자체를 즐길 수 있는 능력을 갖추기까지는 미묘한 간극이

있다. 이것이 바로 골프가 특별한 이유이며 여기에는 수많은 '시행착오'가 따른다. 《the golf book》은 이러한

시행착오를 생략하여 독자들에게 골프 경기 전반에 관한 필수적이고 중요하며 쓸모 있는 정보만을 전달한다. 최고

수준의 편집으로 아주 쉽게 정보를 습득하고 기억할 수 있으며 가벼운 마음으로 정말 유익한 정보를 얻을 수 있다.

플레이 골프

나와 함께 오래 일했던 스티브 뉴웰은 골프 스윙, 쇼트 게임과 전력에 관한 섹션을 담당했다. 이 부분의 사진과

일러스트들은 독자들이 상상할 필요 없이 일반적이면서도 정확한 골프 테크닉을 보고 익힐 수 있도록 한다. 골프

스윙에 관한 기초 동작뿐 아니라 매 경기 맞닥트리는 쇼트 게임과 슬로프 라이에서의 상세한 조언도 포함한다. 백에서

클럽과 클럽을 바꿀 때는 아주 사소하지만 중요한 조정이 필요한데, 이 주제와 함께 페어웨이 우드 및 퍼팅 기술은 이

장의 핵심이다. 이 섹션에는 훌륭한 골프 지침들이 가득한데 훈련법과 핵심 전략, 중요 위치와 감각에 관한 뛰어난 조언을 얻을 수 있다. 골프의 멋진 측면 중 하나는 훌륭한 챔피언십 대회가 치러지고 정상급 골퍼들이 경기를 한 바로 그 코스에서 칠 수 있다는 점이다. 웸블리에서 축구를 하거나 셰어 스타디움에서 야구를 할 수 없지 않은가. '최고의 코스' 편을 통해 독자들은 전 세계의 탁월한 링크를 접하며 놀라운 통찰력을 발견할 수 있을 것이다.

> 진정으로 내가 바라던 것은 즐거운 마음으로 손에 들 수 있는 골프 책이었다. 이 책은 골프에 관한 광범위한 지식의 정수만을 뽑아 하나로 엮어냈다.

여러분이 읽을 코스는 경기에서 각각 독특한 명성을 쌓아왔다. 내가 가장 아끼는 코스이기도 한 아일랜드 워터빌 골프 클럽은 유럽과 미국의 대륙 간 커뮤니케이션 장소 중 최초의 개최지였다. 경기장 건설 당시 일꾼들은 휴식시간에 재미삼아 워터빌의 링크스를 만들었다. 눈 먼 운일까, 아일랜드의 운일까? 아무튼 정말 훌륭한 링크스임에 틀림없다!

책은 또한 어거스타 내셔널과 같은 유기적 성장 코스에 관해서도 상세히 설명한다. 우리가 매년 4월마다 보게 되는 장엄한 코스는 어떻게 진화하여 코스 디자인의 기준이 되었는가? PGA 투어의 선수들은 왜 치과 수술 같은 고통을 참으며 피트 다이가 디자인한 소그래스 스타디움 코스의 17번 홀을 좋아하는가? 이들 모든 코스에 관한 환상적인 사진과 풍부한 역사가 이 책에 담겨 있다.

18년 동안 골프 컨설턴트로 일하면서 내가 목격한 가장 큰 변화는 우리가 현재 사용하는 장비에 관한 것이다. 수년 동안 골프 스윙의 진화는 대부분 장비의 혁명에 의해 이루어졌다고 볼 수 있다. 초창기에 클럽 제조사는 나무나 강철을 분쇄기에 넣어 연마하고 주조해 새 디자인을 만들 수 있었다. 그러므로 클럽헤드와 샤프트는 종종 외관이 달랐던 반면 경기 중 클럽 교체에 따른 실제 차이는 근소했다. 그 후 제조사들은 샤프트와 헤드에 다른 재료를 사용하기 시작했는데 티타늄, 흑연, 베릴륨, 구리, 고무 등이 그 예이다. 우리는 즉각적으로 클럽페이스의 스트라이크가 다르다는 것을 느꼈고, 공은 다른 차원의 움직임을 보였다. 이들 합성물질의 발달과 함께 컴퓨터 소프트웨어와 분석법 또한 진보했다. 스트라이크 탄도학에 관한 즉각적인 피드백은 몇 초 안에 스크린으로 확인할 수 있는데, 이제 우리는 공이 어디로 가는지 쳐다볼 필요도 없다. 공을 치기 전 순수하게 조정할 수 있는 것은 론치 각과 스핀량밖에 없는 시대에 우리는 도달했다. 농담이 아니라 공은 정말 둥글어졌다! 우리는 이제 완벽한 결합을 위해 커버는 딱딱하지만 그린에서 컨트롤 가능한 부드러운 탄력을 가진 공과 스핀 특성을 가진 공을 생산할 수 있다. 전문용어가 가득하다고 느낄 수도 있지만 이 책은 여러분이 '알아야 할' 정보만 추렸다. 경기가 생긴 이래로 골프는 언제나 역동적이고 다채로우며 흥미진진한 재미를 주었다. 이유가 뭘까? 수준에 상관없이 골프는 대단히 감정적인

나는 《the golf book》이 전해주는 정보를 탐독해서 나만의 전략으로 재구성할 것이다.

경기이기 때문에 언젠가는 자신의 진정한 성격이 드러난다는 점을 이해한다면 그 해답을 찾을 수 있다. 이 책은 골프 발전에 중대한 역할을 해 온 골퍼들을 소개한다. 챔피언뿐 아니라 전설적인 인물도 포함한다. 개인적으로 보비 존스, 벤 호건, 잭 니클라우스, 세베 바예스테로스, 아니카 소렌스탐과 타이거 우즈는 대중에게 소개할 만한 핵심 선수들이라 생각한다. 그들의 업적, 기술, 기록과 화려한 경기는 큰 인기를 얻었고 전 세계 사람들을 지역 골프장으로 이끌었다. 이 장은 골퍼들의 경력에서 알려지지 않은 사실과 통찰력, 그리고 많은 정보를 담고 있어 개인적으로 가장 좋아하는 부분이기도 하다. 이는 함께 일하는 정상급 투어 선수들의 스윙테크닉만 아는 데 그치지 않고 그들의

성격을 이해하기 위해 필수적이다. 내성적인 선수, 외향적인 선수, 완벽주의자 그리고 쇼맨십이 강한 선수 모두 투어에서는 각자 작은 부분을 차지한다. 그러나 그들은 모두 최선을 다해 최고의 기록을 얻으려 한다는 공통된 목표를 가지고 있다. 여러분이 외향적인 성격의 리 트레비노나 아주 내성적인 벤 호건에 대해 읽으면 두 사람이 전혀 상반된 방식이지만 사실은 같은 경로를 걸어 왔다는 것을 이해할 것이다. 다양한 성격의 인물들이 작고 하얀 공을 친다는 하나의 끈에 묶여 있다는 점이 바로 골프의 미학이다.

모두를 위한 책

나는 모든 골퍼들이 이 책에 흥미를 느낄 거라 믿는다. 이미 실력을 갖춘 골퍼들은 위대한 골퍼들, 골프 코스, 챔피언십의 역사를 읽으며 새로운 영감을 얻고 추억을 되새길 것이고 초심자들은 훈련과 관련된 부분에서 필요한 모든 것을 발견하여 시간을 절약하고 이 위대한 스포츠의 즐거움을 궁극적으로 알려줄 지식을 얻게 될 것이다. 정기적으로 골프를 치는 골퍼들이나 팬들은 그들이 원하는 게임의 장소, 이유와 방법에 관해 읽음으로써 경험의 가치를 더할 기회를 갖게 될 것이다. 개인적으로는 훌륭한 골퍼를 만드는 DNA에서 내가 아직 발견 못한 요소를 계속 찾을 것이다. 골프를 완벽하게 배우는 것은 불가능하지만 그렇다고 배움을 멈추어선 안 된다. 나 역시 골프 코치라는 평생의 임무를 도와 줄 새로운 단서를 기대하며 《the golf book》을 탐독해 나만의 전략으로 재구성하는 즐거움을 누릴 것이다.

닉 브래들리, 골프 컨설턴트

1 플래닛 골프

골프의 기원

"골프는 별로 적합하지 않은 기구를 가지고 작은 공을 작은 구멍에 집어 넣는 게임이다." 윈스턴 처칠은 한때 말했다. 골프는 어려운 경기임에도 불구하고 언제나 주목을 끌었다. 골프는 이상하리만치 땅에 놓여 있는 물체를 막대로 치고 싶어 하는 강박적인 인간의 욕망을 부채질한다.

어디서부터 시작되었는지는 아무도 모른다. 그러나 가장 원시적이고 기본적인 상상력에서 비롯되었음은 분명하다. 몇 가지 역사적인 자료를 보면 골프와 닮은 경기를 발견할 수 있는데 사실 골프보다는 하키와 더 비슷하다. 16세기와 17세기에 '진짜' 골프라고 볼 수 있는 경기가 스코틀랜드 동부 해안에서 행해졌다. 그 당시 골프는 계급에 관계없이 가난한 사람들, 선량한 사람들, 명망 있는 사람들 모두 열정을 가지고 즐겼다. 왕족들은 이런 천박한 경기를 그다지 좋아하지 않았다. 스코틀랜드의 제임스 2세는 골프를 근절하려 애썼는데 젊은이들이 양궁과 같은 건설적인 스포츠에 매진하는 것을 방해한다는 이유였다. 결국 스코틀랜드인들은 반목 상태에 들어섰다.

골프의 선구자들

그러나 예나 지금이나 한번 골프에 빠지면 벗어날 수 없다는 공통점을 가지고 있다는 점은 위안이 된다. 남편이 살해된 바로 다음 날 골프를 쳤다는 죄목을 포함하여 여러 가지 이유로 참수된 스코틀랜드의 메리 여왕의 사건조차도 이들 골프 선구자들을 막을 수 없었다. 18세기 중엽에는 첫 번째 골프 클럽이 설립되었다. 골프의 공식 규정에 대한 지침이 그 핵심인데, 13개의 규정에 불과했지만 그 시대에 전형적으로 발생했던 혼란스러운 경기 상황을 개선하는 데 주의를 기울였다. 또한 당시 세인트앤드루스 클럽은 골프 라운드를 18홀로 결정했다. 골프는 궤도에 올라섰다.

▷ 20세기에 들어 세인트앤드루스의 로열 앤 에인션트 골프 클럽은 경기 규칙에서 주도적인 역할을 했다. 사진은 1905년의 경기.

△ 1849년 에든버러 근처 머슬버러 해안 링크스에서 열정적인 골퍼들이 경기를 즐기고 있다. 이 당시 골프 클럽은 스코틀랜드 해안지대를 중심으로 설립되었다.

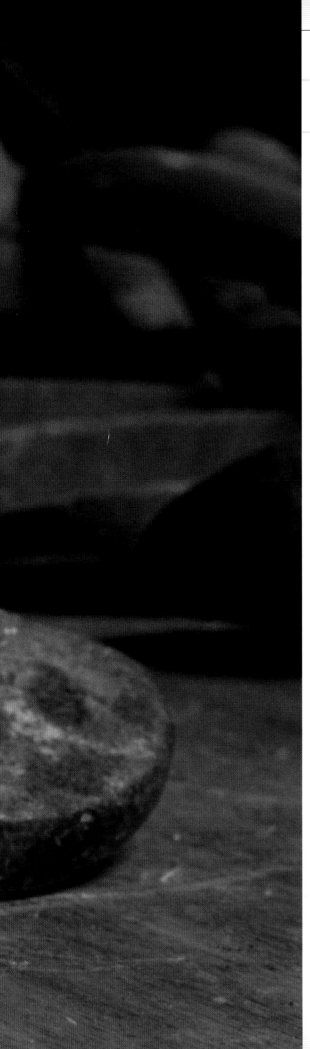

골프공의 혁명

1800년 중반까지 전 세계를 통틀어 17개의 골프 클럽이 만들어졌고 그중 14개는 스코틀랜드에 있었다고 한다. 놀랍게도 이때 영국에서의 골프는 내리막길을 걷고 있었다. 재단은 어떻게 해서든 경기를 활성화시키려 노력했지만 대중은 기회의 박탈이라는 이겨내기 힘든 장애에 봉착했다. 골프를 칠 장소도 부족했지만 문제는 서민들에게는 엄청나게 비싼 골프 장비였다. 젖은 깃털을 가죽 파우치에 채워 봉합하는 골프공 제조는 노동집약적이고 고도로 기술적인 작업이었는데 이로 인해 공 한 개당 가격은 보통 사람들의 주머니 사정으로는 감당하기 힘들었다.

한동안 골프는 부자나 특권층을 위한 스포츠가 되었다. 이런 인식은 수십 년 동안 지속되었고 많은 사람들을 골프에서 소외시켰다.

구타페르카 등장

'구타페르카(gutta percha)' 골프공의 등장은 모든 것을 바꾸었다. 고무 재질은 공으로 만들기 쉬웠기 때문에 생산가가 저렴했다. 숙련된 공 제조기사가 하루에 4개의 깃털 공을 만드는 반면 구타페르카로는 100개를 만들 수 있었다. 공은 훨씬 견고해서 오래갔다.

공은 여세를 몰아 계속 굴렀다. 19세기 말에 이르자 2,000여 개의 골프 클럽이 영국에 존재했고 경기는 대영제국 구석까지 보급되었다. 골프는 대중들에게 폭발적인 인기를 얻었고 골프 경기는 계속 발전해갔다.

오늘날 선진국에서 골프는 수십 억 달러 규모의 산업이다. 현재의 골프 클럽과 공을 만드는 기술은 한 세기 전에 사용하던 것과 알아볼 수 없을 만큼 바뀌었지만 골프 경기의 본질적인 매력은 변함이 없다.

▽ 공의 대량 생산은 사람들이 골프에 접근하기 쉬워진 결정적 요소였다. 오늘날 매년 10억 개 이상의 골프공이 생산되고 있다.

◁ 구타페르카 공의 발명은 골프 역사의 전환점이었다. 구타페르카로 만든 골프공은 값싸고 오래갔으며 골프가 부자들을 위한 경기라는 과거의 이미지를 없애는 데 도움을 주었다.

골프의 위대한 빅3

골프의 초기 토너먼트 확립은, 특히 19세기 중·후반의 오픈 챔피언십에서 최초의 슈퍼스타와 전설을 등장시켰다. 슈퍼스타들이 충돌하면서 경쟁이 시작되었다. 골프의 역사는 위대한 삼총사와 함께 구두점을 찍었다. 한 세대의 뛰어난 선수 세 명이 평생 경쟁하며 영감을 주던 시기였다. 해리 바든, JH 타일러, 제임스 브레이드가 골프 역사상 최초의 위대한 빅3였다(106~107쪽 참조).

세 사람 모두 비교적 가난한 집안에서 비슷한 시기에 태어났다. 그들은 20년 동안 오픈 챔피언십을 평정했는데 총 16번의 우승을 거머쥐었다. 바든이 여섯 번 우승했는데 그 기록은 21세기에 들어서도 깨지지 않고 있다. 그들은 경기마다 잊을 수 없는 흔적을 남겼는데 이는 기록부에 있는 단순한 숫자나 기재 사항을 뛰어넘는 유산이다. 테일러는 프로골프협회를 설립하는 데 크게 공헌했고 바든은 PGA 투어에서 대부분의 정상급 선수들이 거머쥐는 최저타수상 트로피에 자신의 이름을 빌려 주었으며 브레이드는 골프 코스 설계자로 성공했다.

배턴을 이어받은 것은 월터 하겐(108쪽 참조), 진 사라젠(109쪽 참조), 그리고 보비 존스(110~113쪽 참조) 였다. 그들은 총 25번의 메이저 타이틀을 차지했고 골프 경기를 화려하게 물들였다. 바이런 넬슨(116~117 쪽 참조), 샘 스니드(118~119쪽 참조), 벤 호건(120~121쪽 참조)이 그들의 뒤를 따랐다. 4개월 미만의 나이 차에 불과한 그들이지만 각자 독특한 스타일과 기질을 지니고 있었다.

넬슨의 경력은 화려했지만 자신의 선택으로 비교적 짧게 끝났다. 그는 서른네 살의 나이로 은퇴했다. 호건은 치명적인 차 사고를 기점으로 반으로 나누어지는데 두 시기 모두 뛰어났다(220~221쪽 참조). 그러나 두 사람 모두 샘 스니드만큼 오랜 기간 훌륭한 경기를 보여주지는 못했다. 그의 재능은 탁월했고 스윙은 최고의 리듬을 갖고 있었다.

위대한 경쟁

그러나 가장 위대한 경쟁은 아놀드 파머(128~131쪽 참조), 게리 플레이어(132~135쪽 참조), 그리고 잭 니클라우스(136~139쪽 참조)사이에서 벌어졌다. 그들은 총 34번의 인상적인 메이저 타이틀을 거머쥐었고 1960년대와 70년대의 경기를 지배했다(224~225 쪽 참조). 특히 니클라우스와 플레이어는 정상에 오랜 세월 머무르며 인상적인 경기를 펼쳤는데 잭 니클라우스는 24년에 걸쳐 메이저 대회 우승을 기록했다.

21세기는 아마도 골프 역사상 최초로 한 사람의 골퍼가 지배한 시기로 규정할 수 있으리라. 현대 골프에서 비할 데 없이 뛰어난 타이거 우즈는 역사상 가장 위대한 골퍼 중 한 명으로 기록될 것이다(32~33쪽 참조).

△ 유명한 빅3 중 두 명을 인터뷰하고 있는 진 사라젠. 샘 스니드(왼쪽)와 벤 호건(오른쪽). 사라젠 역시 보비 존스, 월터 하겐과 함께 유명한 3인조를 이루었다.

▷ 1962년 골프 월드시리즈에 참여한 게리 플레이어, 아놀드 파머, 잭 니클라우스. 그들은 좋은 친구이자 경쟁자였다(224~225쪽 참조).

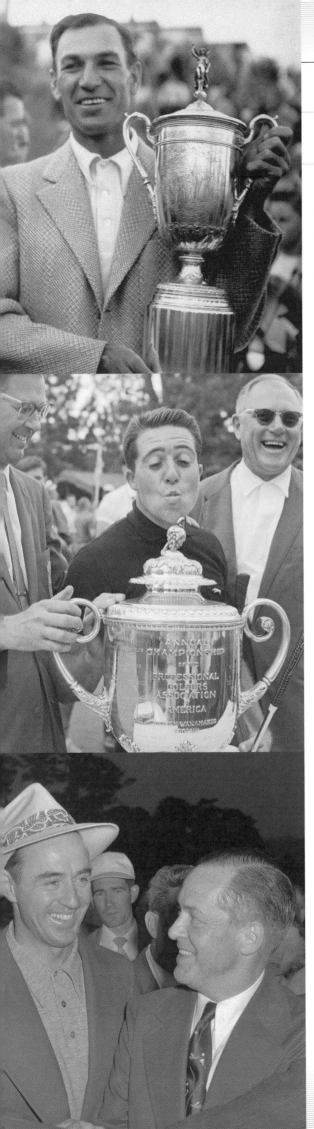

메이저 대회

골프에서 가장 중요한 챔피언십은 마스터스, US 오픈, 디 오픈, 그리고 USPGA 이렇게 네 개의 메이저 대회이다. 모든 골퍼들이 우승을 꿈꾸는 토너먼트이자 가장 중요한 대회이기도 하다. 대부분의 사람들이 역사상 가장 위대한 골퍼라고 생각하는 한 남자가 메이저 챔피언십에서 최다 우승을 기록했다는 것은 우연이 아니다. 18번 우승을 차지한 잭 니클라우스가 바로 그 장본인이다. 메이저 우승 횟수는 궁극적으로 한 선수를 최고로 확정하는 요인이다.

디 오픈

'메이저'라는 용어가 언제 처음 사용되었는지는 알 수 없지만, 1860년 프레스트윅에서 8명의 선수가 참여하여 윌리 파크가 우승한 디 오픈 챔피언십이 오리지널 메이저 대회라는 데에는 이견이 없다(210~211쪽 참조). 디 오픈은 12년 동안 프레스트윅에서 개최되었고 곧 다른 코스로 장소를 옮기기 시작했다. 오늘날 디 오픈은 영국에서 가장 훌륭한 9개의 링크 코스에서 돌아가며 열리는데, 세인트앤드루스, 턴베리, 로열 세인트조지스, 로열 트룬, 호이레이크, 카노스티, 로열 버크데일, 뮤어필드, 그리고 로열 리텀 앤 세인트앤스가 그것이다(248~279쪽 참조).

US 오픈

이 대회 최초의 우승은 영국인 골퍼인 호레이스 롤린스가 차지했다. 그는 9홀 골프 코스인 로드아일랜드 주 뉴포트에서 4라운드 동안 173타를 쳤다. 당시 US 오픈은 더 유명했던 US 아마추어 챔피언십의 여흥 경기로 여겨졌는데 심지어 토너먼트 마지막에 이어 진행되었다. 아마추어 챔피언십이 3일에 걸쳐 이루어진 데 반해 US 오픈에는 단 하루만 할당되었다. 그 다음 해, US 오픈은 뉴욕 주 시네콕 힐스에 있는 18홀 코스로 장소를 옮겼으며(278~279쪽 참조), 얼마 지나지 않아 이류 경기라는 꼬리표를 떼어냈다.

USPGA

1916년 매치플레이 토너먼트로 시작하여 1957년까지 그 명맥을 유지했다. 초창기에는 USPGA 역시 US 오픈과 같은 진통을 겪었는데 프로페셔널 골프 토너먼트가 아마추어 대회에 비해 열등하다고 여겨졌기 때문이다. 머지않아 매치플레이의 제왕인 월터 하겐의 시대가 도래했다. 그는 7년 동안 여섯 번 결승에 진출했고, 1920년대에 5번이나 우승하면서 대회를 지배했다(218~219쪽 참조). 그는 비범하고 전설적인 인물이었다.

마스터스

마스터스 대회는 네 개의 메이저 중 마지막으로 등장했으며 곧바로 메이저 대회의 지위가 주어진 것은 아니었다. 매년 같은 장소에서 개최되는 메이저 대회는 마스터스가 유일하며 조지아 주의 눈부신 어거스타 내셔널에서 열린다(296~299쪽 참조). 이 토너먼트는 원래 보비 존스가 계획한 초청 이벤트에 불과했는데 1934년 처음 치러졌다. 그러나 이듬해 스트로크의 귀재인 진 사라젠이 최종 라운드 15번 홀 220야드 거리에서 4번 우드로 알바트로스를 기록한 덕택에 마스터스는 금세 유명해졌다. 마스터스는 샘 스니드가 3개의 타이틀 중 첫 번째 타이틀을 거머쥔 1949년 이후 주최자가 우승자에게 대회의 아이콘이 된 그린재킷을 넘겨주면서부터 프리미어 토너먼트 중 하나로 탄력을 얻었다. 메이저 챔피언십은 4월 마스터스, 6월 US 오픈, 7월 디 오픈, 그리고 8월 USPGA 순으로 개최된다.

◁◁ 일반적으로 클라렛 저그로 불리는 골프 챔피언 트로피를 받은 첫 번째 오픈 챔피언은 1873년의 우승자인 톰 키드였다.

△△◁ 1948년 US 오픈 트로피를 들고 있는 벤 호건. 그때처럼 오늘날에도 우승자는 매년 챔피언십 컵의 복사품을 받는다.

△◁ 1962년 7월 22일에 USPGA에서 우승한 후 트로피에 키스하는 게리 플레이어. 부유한 사업가인 로드맨 워너메이커가 1916년에 처음으로 트로피를 기증했다.

◁ 마스터스의 우승자에게 그린재킷을 처음 선사한 것은 1949년으로, 샘 스니드(왼쪽)가 첫 번째 수령자였다.

아니의 팬 부대

1950년대 초 미국에서 10퍼센트 정도만이 TV를 보유했던 것에 반해 10년도 채 안 되어 보급률은 80퍼센트에 달했다. 그럼에도 불구하고 골프는 작은 스크린에 어울리는 경기는 아니었다. 물론 아놀드 파머가 등장하기 전까지의 얘기이다(128~131쪽 참고).

골프는 TV시대가 도래했을 때 스타로서의 매력을 지닌 최고의 선수 아놀드 파머가 있었다는 점에서 운이 좋았다. 파머는 '아니'라는 애칭으로 불렸는데 골프의 모든 것을 초월하는 특별함을 지녔다. 리 트레비노는 "스포츠가 가질 수 있는 최고의 롤 모델"이라며 그를 평했다.

파머는 골프계에서 가장 흥미로운 인물이었다. 잘생긴 외모에 골퍼라기보다는 복싱 선수의 체격조건을 가진 그는 사진도 잘 받았으며 TV스크린에서 시청자의 거실로 튀어나올 것 같은 카리스마가 있었다. 이와 동시에 대중이 그를 자신들과 동류라고 여기게 만드는 보통사람의 매력도 있었다.

파머는 경기에서도 매너에서도 우승자의 면모를 보였는데 롤러코스터를 타는 듯 대담한 샷, 힘 있는 드라이브, 탁월한 칩과 퍼트, 그리고 가끔의 실수 등 시청자들에게 특별한 즐거움을 선사했다.

파머는 언제나 승리와 실패 사이에서 줄타기를 하는 것처럼 보였다. 관중들은 그를 사랑했다. 그리고 곧 '아니의 팬 부대'는 행진을 시작했다. 골프계에서는 최초의 사건이었다. TV와 아놀드 파머는 서로에게 이바지했고 양측 모두 이득을 보았다. 파머의 좋은 라이벌이었던 잭 니클라우스는 "이것이야말로 적재적소의 상황이다"라고 말했다.

파머의 인기는 골프 역사상 최고조에 달했는데, 스포츠에서의 성공을 상품의 판매와 연계한 최초의 스포츠맨이 되었다. 그는 미디어의 열광과 상업적 이익을 끌어 모아 경기에 현금이 흘러넘치도록 만들었다. 파머는 프로 스포츠의 경제학을 완전히 바꾸었으며 TV는 시청률을 보장하는 선수를 얻었다.

▷ 파머는 골프계 최초의 슈퍼스타였다. 그와 이미지 홍보 매니저였던 마크 맥코맥은 골프가 세계적인 인기를 얻도록 하는 데 공헌했다.

△ 아니의 팬 부대는 그가 경기하는 곳이면 어디라도 따라다녔으며 큰 소리로 응원했다. 그들은 파머가 광고하는 제품을 구입했고 TV시청률을 끌어올렸다.

골프 비즈니스

현대 프로 스포츠의 뛰어난 선수들이 경기장 밖에서 더 많은 돈을 번다는 것은 기정사실이다. 세계 정상급 골프들은 확실히 그렇다. 이 엄선된 무리에게 골프는 열정이자 비즈니스이며 돈이 될 수 있는 다양한 사업이다. 아놀드 파머는 이런 방식으로 대중에게 다가간 최초의 골퍼인데 기업들은 파머가 그들의 제품을 사용하고 광고하는 대가로 적지 않은 금액을 기꺼이 지불했다(24~25쪽 참조).

골프가 현저한 주목을 받고 있는 요즘 자신이 사용하지 않거나 신뢰하지 않는 제품을 광고하는 선수들을 발견하기 어렵기는 하나, 오늘날의 정상급 골퍼들에게 상품 광고는 손쉬운 돈벌이다.

무한한 기회

셔츠나 골프백에 로고를 부착하거나 행사에 등장하는 방식으로 선수들은 자동차, 시계부터 테크놀로지, 세계적 패션 브랜드, 고급 리조트나 건강 제품에 이르기까지 모든 상품 광고에 등장한다. 회사는 엄청난 노출 효과를 볼 수 있고 선수들에게는 훌륭한 비즈니스가 된다.

그러나 패션을 통한 상품 노출이나 제품 광고는 선수들의 상업적 활동의 극히 일부분에 불과하다. 선수로서의 생명이 길다는 점에서 골퍼들은 행운이지만 그들은 모두 자신의 전성기가 짧다는 것을 잘 알고 있다. 선수들은 골프 이후의 삶도 원하지만 골프와 계속 연을 이어나가고 싶어 하는 점은 이해할 만하다.

대부분의 정상급 골퍼들은 골프 코스 디자인에 어느 정도 연관되어 있다(244~245쪽 참조). 세계적 선수인 어니 엘스는 전 세계에 걸쳐 코스를 디자인한다. "디자인의 전 과정을 사랑합니다. 뭔가 특별하고 독특하거나, 다양한 세대의 골퍼들이 즐길 수 있는 코스를 만드는 건 모든 골퍼들의 꿈이라고 생각해요. 이 일을 진지하게 생각하기 때문에 제대로 하고 싶습니다." 선수들은 종종 골퍼로서 절정에 올랐을 때 시작하여 전성기가 끝날 무렵 사업은 확립된다.

의류 사업은 또 다른 기회의 장이다. 타이거 우즈는 나이키 브랜드에 자신의 의류 라인을 가지고 있다. 어니 엘스는 '투어 컬렉션'이라는 자신의 골프 의류 브랜드를 가지고 있으며, US 오픈 전 챔피언인 마이클 캠벨과 화려한 영국인 골퍼 이안 폴터 역시 마찬가지다. 이들은 자신이 입거나 프로용품 가게에서 발견할 수 있는 의류 디자인에 모두 활발히 참여할 것이다.

많은 골퍼들에게 와인 사업 역시 매력적이다. 닉 팔도, 그렉 노먼, 어니 엘스, 그리고 루크 도널드는 자신만의 와인 브랜드를 론칭했다. 그들을 훌륭한 선수로 만든 헌신, 프로페셔널리즘, 완벽주의적 경향 등의 특성을 와인에서 기대하는 것은 당연하다. 이 때문에 골퍼들이 만든 와인이 상을 획득하는 것은 놀라운 일이 아니다.

그러나 그들이 골프를 등한시한다고 생각지 마시라. 성공한 골퍼의 뒤에는 언제나 그들의 사업 전환을 돕는 매니저와 고문 팀이 존재한다(40~41 쪽 참조).

△ 일류 선수들의 상당수는 골프 외의 관심 분야로 와인 사업을 선호한다.

◁ 많은 정상급 선수들은 의류 사업에 관심을 두고 있는데, 이안 폴터처럼 자신의 의류 브랜드를 직접 만들기도 하고 타이거 우즈 같이 스포츠용품 회사의 브랜드 내에 자신의 라인을 두기도 한다. 이는 골퍼의 수입을 높이는 동시에 자신의 정체성을 창조하는 하나의 방법이 되었다.

근소한 차이

스포츠에는 위험하게도 성공과 실패 간의 줄타기가 있다. 프로 골프 토너먼트에서는 확실히 그렇다. 골프 챔피언십에서의 우승과 톱5에 안착하는 것이 아주 근소한 차이라고 말들 한다. 하지만 상위권과 하위권의 상금 리스트를 비교하면 입이 딱 벌어질 만큼의 차이가 있기 때문에 야심 찬 어린 선수들은 심사숙고하는 편이 좋다.

이에 합당하는 예로 US 오픈 전 챔피언인 짐 퓨릭과 전 오픈 챔피언인 토드 해밀턴을 비교해보고자 한다. 두 사람 모두 메이저 우승이라는 타이틀을 가지고 있는 훌륭한 선수들이다. 2006년 시즌에서 그들의 운명은 줄여 말하자면 혼란스러웠다.

투어 베스트

통계적 검증(최소 토너먼트에서 경기한 선수들 간에 결정됨)에 의하면 짐 퓨릭은 그 시즌 PGA 투어에서 베스트 플레이어였다. 타이거 우즈가 더 많은 상금을 받은 사실은 무시하라. 퓨릭은 평균 스트로크에서 이겼다. 2006년에 그가 경기했던 24개의 토너먼트에서 평균 스코어는 68.86타였는데 그가 상금으로 미화 700만 달러 이상을 획득하기에 충분한 점수였다.

상반된 운명

토드 해밀턴은 2006년 27개의 토너먼트에 나섰다. 그의 평균 스트로크는 72.84였는데 퓨릭에 비해 한 라운드당 평균 4타가 많았다. 해밀턴이 컷 통과에 실패한다면 2라운드밖에 경기하지 못하겠지만 토너먼트가 4라운드로 이루어진다고 볼 때 총 16타 차이가 난다. 16타로 인해 상금은 막대한 차이를 보이는데, 해밀턴은 시즌 동안 겨우 미화 16만 5,000달러를 받는 데 그쳤다. 만약 골프를 치면서 16만 5,000달러의 수익을 얻는 것이 꽤 괜찮은 벌이라고 생각한다면 다시 생각해보라. 해밀턴은 투어 여행 경비로 상금의 반을 지출할 것이고 상당한 액수를 세금으로 내야 한다. 2004년 디 오픈에서의 우승 상금을 저금해 두었다면 다행이다. 스폰서에게 지불해야 할 금액이 있을지도 모를 일이다.

통계는 말한다

PGA 투어가 작성하는 종합성과통계자료는 모든 것을 말해준다. 해밀턴이 퓨릭보다 앞선 유일한 카테고리는, 프로 경기에서는 가장 덜 중요한 부분인 티에서의 비거리가 해밀턴은 평균 283야드, 퓨릭은 281야드였다. 퓨릭은 드라이빙 정확도에서 8위로 74퍼센트 페어웨이 적중률을 기록했지만 해밀턴은 평균 56퍼센트로 184위에 불과했다. 퓨릭이 그린레귤레이션(Green Regulation) 부분에서 70퍼센트의 적중률로 4위에 오른 데 반해 해밀턴은 57퍼센트로 196위였다. 평균 퍼팅 수에서 퓨릭은 8위였고 해밀턴은 132위였다.

이들 차이를 이해한다면 최종 결과는 한 라운드당 4타 차에 불과하지만 이는 근소하다고 보기엔 놀랄 정도로 격차가 크다. 투어 웹사이트에 적힌 것처럼 사다리꼴의 상위에 있는 선수들은 "정말 훌륭하다."

▷ 성공적인 시즌이었던 2006년에 짐 퓨릭은 세 개의 타이틀을 거머쥐었다. (위로부터 시계 방향) 남아프리카 선시티 게리 플레이어 컨트리클럽에서 열린 네드뱅크 골프 챌린지, 해밀턴 골프 앤 컨트리클럽에서 열린 캐나다 오픈, 노스캐롤라이나 샬럿 케일할로우 클럽에서 열린 와코비아 챔피언십.

▷▷ 2004년 디 오픈에서 우승한 토드 해밀턴은 성공적이지 못한 2006년을 보냈다. 27개 토너먼트 가운데 컷 통과에 실패한 경기가 19개였고 최고 성적은 공동 10위에 불과했다.

여자 골프 경기

몇 세기 동안 여성 골퍼들은 어떤 형태로든 제약을 받아왔다. 놀랍게도 19세기 말까지 어깨 위로 클럽을 스윙하는 것은 품위 없다고 여겨졌다. 초창기 사진 속에 보이는 여성 골퍼들의 의상을 보면 그들에게 선택의 여지가 있었는지조차 의심스럽다.

천천히 세상은 바뀌었고 골프도 함께 변했다.

20세기에 초 등장한 조이스 웨더드는 멋진 스타일과 당당한 태도로 챔피언십에서 우승했는데 보비 존스는 "그녀는 내가 본 선수 중 가장 뛰어나다"며 칭송했다(114쪽 참조).

여자경기는 특히 미국에서 급속도로 발달했다. 1950년에 설립된 LPGA 투어는 경이로운 성공 스토리이다. 1976년까지만 해도 상금 랭킹 1위였던 주디 랜킨은 한 시즌에 미화 10만 달러 이상을 받았다. 21세기 초에 LPGA 상금 랭킹 1위 선수는 200만 달러 이상을 받을 것으로 예상된다. 이 수치는 유러피언 투어에서 같은 랭킹의 남자선수들의 상금과 맞먹는다.

장밋빛 미래

클럽 수준에서 상황은 동등하게 낙관적이다. 대체로 여성 골퍼들은, 특히 미국에서, 평등함을 자랑한다. 확실히 미국에서의 여자 골프와 영국에서의 여자 골프는 차이가 있었다.

재능 있는 골퍼들을 배출해 왔음에도 불구하고 영국 대부분의 골프 클럽에서 여성은 경기할 수 있는 시간이 한정되어 있었고 특정 클럽하우스에는 출입이 금지되기도 했다. 그러나 시대가 변함에 따라 클럽 설립의 증가로 신생 골프 클럽들은 이런 구시대적 기준을 버렸다.

프로 수준에서 볼 때 여자경기는 최고에 달했다. 아니카 소렌스탐(178~179쪽 참조), 로레나 오초아, 폴라 크리머, 모건 프레슬과 미셸 위 같은 골퍼들은 여자경기에서 가장 큰 이목을 끈다 (204~207쪽 참조). 위 선수들은 모두가 고무적인 롤 모델이자 마케팅 에이전트의 꿈이며, 어린 소녀들이 그들처럼 되고자 열망하여 LPGA 투어에서의 그녀들의 발자취를 따르는 것은 당연하다.

역시 여자 골프에 대한 소개이다. 어떤 추가적 이익 여부에 관계없이 아니카 소렌스탐이나 미셸 위처럼 남자경기에 출전하는 것은 논란을 불러일으킨다. 여러분은 여성 골퍼들이 여자 메이저 대회에서 뛰어난 경기를 펼치는 장면이 더 나은가, 아니면 남성 골퍼들을 상대로 컷 통과를 위해 고군분투하는 모습이 더 나은가? 대부분의 사람들은 이 질문에 대한 답을 결정했을 것이다.

△ 대담한 골프 패션은 언제나 관심의 대상이었다. 1930년 브리티시 여자 아마추어 챔피언 대회에서의 다이애나 피시윅의 모습.

◁ 최근 여자 골프는 시장성 있는 분야로 떠올랐으며 미셸 위와 같은 어린 선수들이 그 선두에 있다. 상금과 상품 광고로 경기에 유입되는 막대한 돈을 볼 때, 이러한 추세는 계속 이어질 것이다.

최고의 선수는?

타이거 우즈는 이제까지와는 전혀 다른 방식의 골프를 선보인다. 그는 백에 있는 모든 클럽으로 경력에 남을 샷을 친다. 약점은 없고 강점만 있는데, 그중에서도 가장 강한 그의 정신력은 평범한 것에서 특별한 무언가를 만들어낸다. 우리는 이런 것에 익숙해졌지만 절대로 그 위대함을 잊어서는 안 된다. 그는 수많은 기록을 깨트렸다. 프로로서 참여한 첫 번째 마스터스 대회에서 그는 12타 차로 우승했다 (232~233쪽 참조). 2000년 페블 비치에서 열린 US 오픈에서는 15타 차로 우승하며 100년 넘게 유지되었던 메이저 기록을 깨트렸다(238~239쪽 참조). 그는 자신의 첫 번째 오픈 챔피언십 우승을 8타 차로 거머쥐었다. 경기에서 새로운 기준을 세우려는 그의 욕구는 만족을 모른다. 30세가 될 때까지 우즈는 210개의 PGA 투어에 참여했고 50회 우승을 차지했는데, 이 놀라운 기록에 도달한 다른 선수들과 3년 차이로 최연소 기록을 세웠다. 그뿐만 아니라 그는 2위를 20번, 3위를 17번이나 차지하는 기염을 토했다. 그가 참여한 경기에서 톱3에 든 확률이 41퍼센트에 달한다. 우즈는 상금으로만 미화 6,000만 달러 이상을 벌었다. 물론 그가 제품 광고로 벌어들이는 돈에 비하면 푼돈에 불과하지만.

　타이거 우즈는 자신과 가족이 평생 쓰고도 남을 돈을 모았지만 그가 보여주는 의욕은 조금도 사그라지지 않았다. 우즈는 우승이 주는 스릴감에 중독되었고 어떤 기록도 안전하지 않다. PGA 투어 우승의 선두권에 속한 선수들은 아놀드 파머(62회 우승), 벤 호건(64회 우승), 잭 니클라우스(73회 우승), 그리고 샘 스니드(82회 우승)이다. 타이거 우즈가 건강을 유지한다고 볼 때 그들의 기록을 따라잡는 건 시간문제다. 타이거가 더 중요하게 여기는 것은 메이저 챔피언십에서 총 18번의 우승을 차지한 잭 니클라우스의 기록이다. 사람들은 한때 잭 니클라우스 보다 많은 메이저 우승을 거둘 선수는 없다고 생각했지만 지금은 아니다. 대부분의 전문가들은 타이거 우즈가 니클라우스의 기록을 깨트림으로써 역사상 가장 위대한 골퍼가 될 것이라 믿는다.

▷ 타이거 우즈는 골프계에 혜성처럼 나타나 새로운 기록을 작성하고 있다. 그는 필드에서 다른 선수와 구별되는 강한 정신력과 단호한 결단을 보여주었다.

△ 우즈는 프로 골프계에서 롱기스트 드라이버는 아니지만 공식 PGA 투어 통계를 살펴보면 경기 모든 분야에서 1위이거나 1위에 근접한 상위권에 랭크되어 있음을 알 수 있다.

비하인드신

디 오픈은 지구상에서 펼쳐지는 가장 위대한 스포츠 쇼 중 하나이다. 전 세계 언론을 비롯하여 수천 명의 관중들과 수백만 명의 TV 시청자들의 이목을 끄는데 이들은 모두 세계 최고의 골퍼들에 주의를 집중한다.

디 오픈은 골프계의 규율이자 성장 주체인 R&A(Royal and Ancient)가 조직하고 운영한다. R&A는 호스트 클럽과의 협력을 통해 일하는데 총 9개 클럽이 돌아가며 주최한다. 각 클럽은 매 10년마다 한 번씩 경기를 개최하는데, 세인트앤드루스에서만 5년 주기로 대회가 열린다.

대회는 4일이라는 짧은 기간 동안 치러지지만 병참학적으로 고려할 사항이 너무 많기 때문에 경기에 필요한 모든 준비를 제대로 계획하는 데에만 5년이나 6년의 시간이 걸린다. 우리가 TV에서 보는 것은 뒤에서 벌어지는 일에 대한 아주 짧은 감상에 불과하다.

미디어 센터

디 오픈 미디어 센터는 언제나 바쁘게 돌아간다. 노트북 자판 치는 소리, 전화벨 소리, 101개의 서로 다른 언어들이 만들어내는 목소리들로 가득하다. 정상급 선수가 문으로 들어서면 블랙홀 효과와 같은 현상이 일어나는데 거대한 스타선수의 인력에 빨려들듯 기자들은 인터뷰실로 모여든다.

경기 전 주요 선수들과의 인터뷰는 사전에 준비되고, 일단 경기가 시작되면 같은 선수들이 각 라운드가 끝난 후 다시 인터뷰에 응할 것으로 예상된다. 이것에서 벗어날 방법은 없는데, 선수들은 65타를 쳤든 75타를 쳤든 상관없이 자리에 앉아 질문에 답해야 한다.

R&A 언론 담당자에게 미디어 센터 운영은 매우 막중한 임무이다. 현 담당자인 스튜어트 맥두걸은 다음과 같이 전한다. "기획과정에 12개월이 소요되기 때문에 한 챔피언십이 끝나자마자 다음 챔피언십을 준비하기 시작합니다. 골프 관련 작가들과 사진가들을 만나 좋았던 점과 나빴던 점에 관한 의견을 듣습니다. 우리는 언제나 귀 기울입니다. 언제나 개선해야 할 점이 있거든요."

▽ 미디어 센터는 기자들과 마케팅 및 홍보 담당자들의 중심이다. 디 오픈 동안은 언제나 열려 있다.

◁ 벙커키퍼들은 주로 자원봉사자들로 하루 종일 벙커를 다듬는 일을 한다. 벙커는 그날 경기 전·후와 선수가 벙커 중 한 곳에서 경기를 한 후에 정리된다.

▷ 미디어 센터 내 스코어보드는 경기의 첫 번째 샷부터 마지막 퍼트의 순간까지 계속 업데이트된다. 경기 임원들은 각 경기를 진행하는 그룹과 함께 걸으며 기록원에게 무전으로 실시간 업데이트를 제공한다.

자원봉사자 그룹

오픈 챔피언에 새로 등극한 선수들은 우승 연설에서 예외 없이 매끄러운 경기 진행을 도운 자원봉사자들에게 경의를 표한다. 이는 돈 때문이 아닌 골프에 대한 사랑으로 기꺼이 참여하는 사람들의 특별한 노력을 반영하는 정중한 감사의 인사이다. 로열 리텀에서 열린 1988년 오픈 대회에서 스코어보드 자원봉사자로 일했던 스티브 카는 모든 순간이 소중했다고 회상한다. "최종 라운드에서 세베 바예스테로스와 닉 프라이스가 함께 경기하던 것이 기억납니다. 세베가 2타 앞서 있었는데 7번 홀에서 두 선수 모두 이글을 기록했다는 소식을 들었죠. 저는 닉의 스코어를 먼저 업데이트 시켰는데 마치 닉이 세베와 동타를 이룬 것처럼 보이게요. 세베의 이글을 올리기 전에 뜸을 좀 들였어요. 관중들은 완전히 광분했는데 정말 기발했습니다. 전 팔짝팔짝 뛰었어요. 마치 전기가 통한 것 같았습니다. 전 자석으로 된 숫자판으로 관중들의 반응을 통제할 수 있다는 걸 깨달았죠."

　코스 진행요원은 그다지 재미는 없겠지만 선수들의 경기를 아주 가까이서 볼 수 있다는 점에서 충분한 보상이 된다. 로프가 둘러져 있긴 하지만 가끔은 수많은 관중들을 돌보기도 해야 하는데, 모든 진행요원은 경기 전 자신들의 임무를 성공적으로 수행하기 위해 간단한 지도를 받는다. 다른 클럽에서 온 그린키퍼 (Greenkeeper)들은 하루 휴가를 얻어 벙커 다듬는 일을 한다. 그들은 코스의 모든 그룹과 함께 걷는다. 명색뿐인 휴가 같지만 골프 팬에게 자신이 선망하는 선수들과 로프 안을 거니는 것은 최고의 선물이다.

연습 그라운드

한때는 디 오픈을 포함한 모든 토너먼트에 온전히 선수들과 캐디들만 사용하던 연습 그라운드가 있었다. 그러나 최근 들어 사람들로 넘쳐나자 관계기관은 단호하게 선수들을 위해 일하는 사람들만 출입할 수 있도록 제한했다(40~41쪽 참조). 즉 캐디와 티칭 전문가이다. 여러분은 데이비드 리드베터나 부치 하먼 정도만 알아보겠지만 디 오픈의 연습 그라운드에는 스위스 시계 장인과 같은 섬세함으로 선수들의 테크닉을 조정하려고 애쓰는 다수의 코치들이 존재한다.

　선수 에이전트와 매니저 역시 볼 수 있는데 투어 레귤러들과 간신히 분간할 수 있을 정도인 그들은 이상한 방법으로 안으로 들어온다. 여기서 끄덕거리고 저기서 윙크하는 이들은 협상가이다. 중대한 비즈니스의 대부분은 비밀리에 이루어지지만 그들에게 연습 그라운드는 '우수한 선수들과 악수하는' 장소이다. 주요 대회 장비 제조사들의 투어 대표들에게 연습 그라운드는 사무실과 같다. 그들은 빛나는 회사 제복을 입고 커다란 투어 버스에 캠프를 만든다. 안을 슬쩍 들여다보면 모든 타입의 클럽으로 가득 차 있어 골퍼들 버전의 알라딘 동굴 같다. 물론 대중들이 있을 곳은 아니다. 각 버스는 어떤 형태의 클럽이든 미세하게 조정할 수 있는 숙련된 기술자들이 있는 사실상의 이동식 작업장이다.

규정 전문가

임명된 심판과 경기 규정 전문가들은 토너먼트에 앞서 몇 주나 몇 달에 걸쳐 정기 모임을 가진다. 이 모임은 경기가 다가올수록 더 잦아진다. 토너먼트가 있는 주 동안에 공식 심판은 핀의 위치, 시시각각의 티잉 그라운드 장소, 페어웨이와 그린이 잘려진 방법 그리고 모래의 깊이와 질감 등 골프 코스를 설정해야 한다. 이러한 핵심적인 요소들을 그린 스태프와 함께 살펴본다. 그들은 또한 경기 중 발생하는 규정에 대한 어떠한 의혹에도 판단을 내려야 한다.

　그러나 이들은 자원봉사자가 아니며 중대한 의무를 지닌 고용된 전문가들이다. 메이저 대회의 심판이 되기 위해서는 PGA와 R&A가 정한 시험을 1등으로 통과해야 한다. 이는 작은 대회에서 시작하여 골프의 사다리를 타고 올라가는 수년에 걸친 고된 노력의 성과이다. 메이저 대회에서 심판이 된다는 것은 최고의 찬사와 같다.

TV는 디 오픈에서 커다란 역할을 하는데, 방송사들은 서비스 개선을 위해 막대한 자금을 투자한다.

팀 체제

골프는 골퍼 혼자 샷을 치는 궁극적인 개인 스포츠이다. 경기에서 실수를 해도 탓할 사람이 없고 마찬가지로 승리의 따스한 행복감을 맛보는 것도 그 자신이다. 그러나 엄격하게 보자면 골프 역시 팀 경기로 대부분의 정상급 선수들은 다양한 스태프의 지원과 격려를 받고 있다. 스태프들은 자신의 선수가 최고의 성과를 거둘 수 있도록 전문가로서의 모든 노력을 기울인다는 공통된 목표가 있다.

불필요하다고 여겨지는 스태프들도 있지만 캐디는 예외이다. 선수들은 자신의 캐디에게 꽤 많이 의지하는데, 그들은 단순히 무거운 백을 들고 다니는 것 이상의 역할을 한다. 선수와 캐디 사이에는 절대적인 화학작용이 필수적인데, 그들은 무슨 말을 할지 언제 말을 멈출지 그리고 언제 말을 하지 말아야 할지 알아야 한다. 기본적으로 캐디는 골프와 선수에 대한 깊은 지식을 필요로 한다.

보수의 비율

훌륭한 캐디는 말 그대로 천금의 가치가 있다. 타이거 우즈가 장악한 시점이었던 21세기 시초에 그의 캐디 스티브 윌리엄스는 정기적으로 뉴질랜드 스포츠 부분 소득 1위를 차지했는데 경기에서 타이거가 번 수익의 10퍼센트를 받았다. 대부분의 선수들은 우승 시 10퍼센트를 주고 최종 성적에 따라 그 비율은 낮아진다.

코치는 보통 경기에서 번 수익의 1퍼센트를 받는 편이다. 캐디와 마찬가지로 코치 역시 막중한 책임감을 지는 직업이다. 코치는 사실상 자신의 손 안에 선수의 생계를 쥐고 있다. 어떤 선수들은 코치를 가까이 두길 좋아해 토너먼트 중에 만나기도 한다. 반면 스윙의 안정성을 체크하기 위해 일 년에 5번에서 10번 정도만 코치와 만나는 선수들도 있다. 순전히 개인 성향일 뿐이다.

최근에 새로 등장한 심리코치의 경우, 모든 선수가 그들의 도움을 받는 것은 아니지만 어떤 선수에게는 꼭 필요한 존재이기도 하다. 선수와 심리코치 간의 대화는 상당히 비밀스러우나 대부분은 선수가 토너먼트에서 긍정적이고 안정된 심리 상태를 갖도록 하기 위함이며 심리적 압박의 순간에도 그 상태를 유지할 수 있게 만드는 역할이다. 정상급 골퍼 대부분에게는 개인 트레이너가 있다. 프로 경기에서 몸 상태는 굉장히 중요한데 요즘 경기를 보면 상당히 훌륭한 신체적 조건을 가진 선수를 발견할 수 있다. 신체 조건의 측면에서 볼 때 경기는 지난 이삼십 년 동안 몰라볼 정도로 달라졌다.

전 라이더 컵 스타이자 BBC 해설자인 켄 브라운은 "80년대에는 토너먼트 중에는 체육관에 가지 않았습니다. 고작 경기가 있는 주에 조깅이나 하는 정도였는데 다른 선수들도 마찬가지였어요. 솔직히 우리는 골프를 하기 위해 체력을 비축해야 한다고 생각했거든요"라고 말한다.

오늘날 투어 선수들은 골프 라운드에 들어가기 전이나 혹은 후에 체육관에 가서 운동하는 것이 일반적이다.

▷ 어니 엘스는 2002년 뮤어필드에서 열린 오픈대회에서 우승한 후 심리코치와 캐디에게 감사를 표했다. 그는 4명이 겨루며 정신력을 테스트했던 플레이오프에서 승리했다.

▷▽ 어니 엘스에게 캐디, 코치, 심리코치는 모두 핵심적인 존재이다. 2003년 엘스를 지원하기 위해 연습장에 모인 그들.

△ 타이거 우즈의 캐디인 스티브 윌리엄스는 1999년 이후 타이거 팀에서 가장 핵심이었다. 우즈는 자신의 성공에 윌리엄스가 중요한 역할을 했다고 말했다.

2

플레이 골프

골프공: 디자인

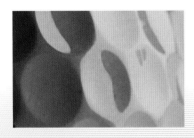

예전에는 골프공 한 줄을 구입하는 일은 아주 간단했다. 공을 구별하는 유일한 표식은 제조사의 도장과 모델 넘버 정도에 불과했다. 그러나 기술의 발달과 함께 당황스러운 상황으로 바뀌었다. 저렴한 공과 프리미엄급 브랜드, 컴프레션이 낮은 것과 높은 것, 부드러운 공과 단단한 공, 컨트롤과 비거리, XL과 V1, X투어와 투어 사이에서 고민을 하게 된다. 기초부터 차근히 알아보자.

구조의 변화

현대 골프공의 치수와 무게는 골프 경기의 관리 기관인 미국골프협회(USGA)와 R&A가 엄격하게 감시하고 있다. 골프공은 무게 1.62온스(46그램)이하, 지름은 적어도 4.6센티미터(1.68인치)가 되어야 한다.

제조회사는 커버와 코어(중심)에 각각 다른 재료를 사용한다. 대부분은 부드러운 타구감을 주는 우레탄 커버를 쓰거나 조금 더 단단한 설린을 사용한다. 골프공의 코어는 공마다 다른데 합성 고무의 혼합물이나 특별한 합성물질로 만든다. 골프공은 1피스, 2피스, 3피스, 4피스로 구분된다.

USGA와 R&A는 현재 공의 초(初)속도 최대값 허용치를 정해 제한하고 있다. 이는 골프공이 비행시 공기와 마찰하면서 지나치게 '뜨거워지는' 것을 방지하기 위해 고안된 과학적인 측정법으로 오늘날의 골프 코스와 샷 고유의 가치를 보존하기 위함이다.

또한 '전체 비거리 기준'이라는 규정도 있다. 이유는 마찬가지로, 제조사에게 골프공의 비거리 정도에 무한자유를 주어 관리 기관이 이익을 취하기 위함이 아니다. 그대로 두면 이는 곧 걷잡을 수 없어져 아마추어가 아닌 정상급 프로 선수가 사용한다면 골프공은 실질적으로 지나치게 멀리 날아갈 우려가 있다.

4피스 공의 중간 커버는 독특하다. 이는 하드코어와 소프트케이싱 사이의 균형을 이루게 한다.

이너커버(강화고무로 된 얇은 겹)는 타격 시 코어로 에너지가 전달되도록 디자인되었다.

공은 완벽한 구의 형태가 아니었기 때문에 엉뚱한 방향으로 날아가기도 했다.

2피스, 3피스, 4피스 공의 이너코어는 견고한 고무나 액체로 만들어지는데 본래 폭발적인 비거리를 제공하도록 고안되었다.

초기 골프공은 소가죽으로 만든 백에 거위 깃털을 채워 넣고 손으로 바느질해 만들었는데 비가 오면 바느질한 부분이 썩어버리곤 했다.

세계 1위 선수인 타이거 우즈가 사용한 4피스 공은 골프공 디자인에 있어 최신 제품이다. 이것은 뛰어난 타구감을 주지만 케이싱은 커트에 예민하게 반응한다. 4피스는 아우터케이싱(외피) 바로 아래에 추가적인 층이 있다는 점에서 3피스 공과 차이가 있다.

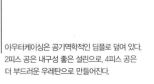

아우터케이싱은 공기역학적인 딤플로 덮여 있다. 2피스 공은 내구성 좋은 설린으로, 4피스 공은 더 부드러운 우레탄으로 만들어진다.

딤플 디자인

골프공의 딤플 패턴은 미묘한 차이를 보이긴 해도 다양한데 이는 공기역학적인 문제 때문이다(오른쪽 박스 참조). 실제 골프공의 구조와 관련하여 이 작은 딤플들은 얼마나 높게 혹은 낮게 날아가는지, 스핀량이 얼마나 많은지, 공기 중에서 얼마나 커브를 그리는지 등 공 주변의 기류와 공 비행의 탄도에 영향을 끼친다. 매끄러운 골프공은 양력이 줄어들어 비행 중 갑자기 뚝 떨어진다.

딤플의 움푹 팬 모양은 보통 구상(球狀)이 일반적이지만 최근 캘러웨이 사가 육각형의 새로운 딤플 디자인으로 선도하고 있다.

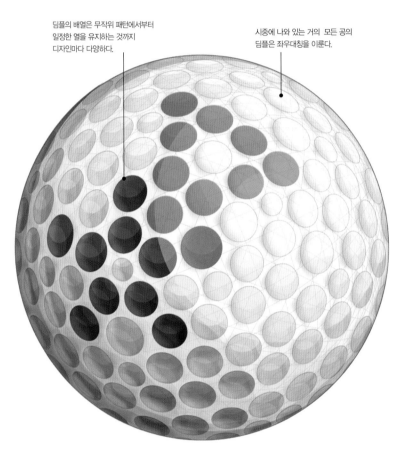

딤플의 배열은 무작위 패턴에서부터 일정한 열을 유지하는 것까지 디자인마다 다양하다.

시중에 나와 있는 거의 모든 공의 딤플은 좌우대칭을 이룬다.

공의 딤플 개수를 제한하는 특별한 규정은 없지만 대부분의 제조사들은 300~450개를 사용한다.

제조 역사

20세기 말까지 골프공은 거의 똑같았다고 봐도 무방하다. 사실 1931년과 1988년 사이에 R&A가 규정한 공의 크기는 1.62인치로, 이는 현재 보편적으로 사용되는 미국과 USGA의 1.68인치보다 약간 작았다. 미묘한 차이임에도 불구하고 PGA 투어와 브리티시 서킷의 주요 선수들은 해외 경기 시 익숙하지 않은 골프공으로 경기를 치러야 했다.

■ 1950년대의 골프공 공장

골프공의 물리학

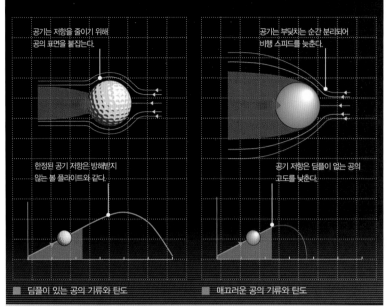

골프공 디자인의 물리학은 물체가 비행할 때 주변의 기류와 관련 있다. 과학적 용어로, 구(球)는 공기 중에서 비행할 때 층류와 난류의 2가지 형태의 저항과 만난다. 층류는 매끄러운 공위에서 발생하는데 공기는 공 앞에서 빨리 분리되어 비거리가 줄어든다. 난류는 딤플이 있는 공에서 생기는데 공의 표면에 들러붙어 있다 나중에 분리된다. 그 최종결과는 다음과 같다. 선수가 드라이버로 쳤을 때 공의 비거리는 매끄러운 표면을 가진 공이 딤플이 있는 공에 비해 약 1500야드(137미터) 정도 짧아진다.

공기는 저항을 줄이기 위해 공의 표면을 붙잡는다.

공기는 부딪치는 순간 분리되어 비행 스피드를 늦춘다.

한정된 공기 저항은 방해받지 않는 볼 플라이트와 같다.

공기 저항은 딤플이 없는 공의 고도를 낮춘다.

■ 딤플이 있는 공의 기류와 탄도 ■ 매끄러운 공의 기류와 탄도

스핀

다양한 종류의 공이 존재하는 이유는 한 가지로, 골퍼들의 기호나 개인적 요구사항이 무엇이든 간에 경기하는 데 적합한 공을 선수들에게 제공하기 위함이다. 원하는 바를 이해해 필요에 따른 골프공을 맞추는 것은 구매과정에서 가장 중요한 요소이다. 대체로 골프공의 종류는 비거리, 절충, 컨트롤의 3가지 부류로 나눌 수 있는데 명확히 구분하기엔 어려움이 있다.

비거리 중심의 골프공은 경험이 적거나 핸디캡이 중·상 정도인 골퍼들이 주로 사용하는데 이 공은 상대적으로 스핀량이 적어 비거리가 좋아진다. 그러나 컨트롤이 잘 안 되는 단점이 있어, 클럽페이스와 접촉 시 타구감이 딱딱하고 스핀량이 적기 때문에 그린 주위에서 쇼트 샷을 컨트롤하는 데 약점이 있다.

그러나 위 결점은 20년 전에 비해 줄어들었다. 주로 골프공의 이너코어와 아우터레이어에 사용되는 재료와 방식을 변경하는 제조 기술을 이용하여 제조사들은 골퍼들에게 완성도 높은 품질의 절충된 골프공을 제공하게 되었다.

즉 비거리에 중점을 둔 많은 골프공이 이제는 상당히 부드러운 감촉과 높은 컨트롤 능력까지도 갖추게 되었다.

컨트롤

그러나 감촉과 컨트롤 부분에 있어 제조사들은 원래 이러한 목적을 가지고 만들어진 골프공과 경쟁할 수 없다. 시장에 나온 프리미엄 골프공은 감도와 컨트롤 능력을 최대화하여 디자인된 것으로 주로 프로 골퍼들과 실력 있는 아마추어들이 사용한다. 이들 공의 구조와 딤플 패턴은 스핀량을 높이고 역시 중요한 부드러운 타구감을 주기 위해 디자인되었다. 이로 인해 선수들은 그린 주위에서 감도 좋은 다양한 샷을 구사할 수 있게 되었다. 공은 또한 롱샷에서도 더 유용해졌다.

드라이버: 디자인

드라이버의 발달은 놀라운 성공을 이어왔다. 클럽헤드 디자인, 기술과 복합물질 제조기술은 골프 역사상 그 어느 때보다 골퍼들이 드라이버의 타구에 더 능숙하도록 만들었다. 선택사항이 너무 많기 때문에 오히려 가장 좋은 클럽이 어떤 것인지 알기 어렵고 잘못된 선택을 하여 자신의 경기에 맞지 않는 클럽을 사기 쉽다.

클럽헤드 디자인

티타늄과 탄소 합성물질 같은 가벼운 메탈의 사용으로 드라이버 클럽헤드는 크기 면에서 커졌고 동시에 유효 스위트스팟(클럽헤드의 중심점)도 더 넓어져 드라이버로 타구하는 것이 상대적으로 쉬워졌다. 이와 함께 낮은 무게중심은 공을 공중에 띄우기 쉽게 하고, 창의적인 무게중심분산은 중심을 벗어난 스트라이크로 인해 예전만큼 심각한 상황에 빠지지 않도록 한다.

클럽헤드의 실제 외형은 미학적 관점에서 만들어졌고 형태는 기능성을 고려했다. 사각헤드 드라이버는 21세기 기술혁신의 결과다. 이상하게 생긴 이유는 관성모멘트(moment of inertia, MOI)로 축약된다.

쉽게 풀어 말하면 '회전에 대한 저항'을 뜻하는데, 골프 클럽이 이런 성질을 띠면 공을 칠 때 클럽의 회전이 줄어들어 샷이 더 똑바로 날아가게 되므로 중요하다. 사각헤드 드라이버는 MOI가 크다고 알려졌다.

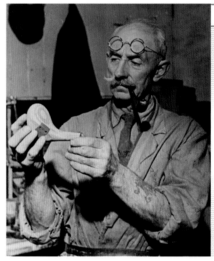

■ 1950년대의 클럽 제작자

제조 역사

현대 골프 클럽 제작의 기본 원리는 관성모멘트와 샤프트 벤드 포인트(샤프트의 휘어짐이 최고가 되는 부분)에 중점을 두면서 초창기와 상당히 달라졌다. 1990년대 중반까지만 해도 드라이버 헤드는 주로 감나무를 사용해 만들었고, 스위트스팟을 나타내는 부분인 메탈페이스는 나사로 고정시켰다. 이 때문에 부드럽게 드라이버 샷을 구사하는 것을 의미하는 "나사 근처에서 치라"는 말이 탄생했다.

선수들이 자신에게 맞게 클럽의 특성을 바꾸는 무게중심 이동의 원리는 이제 상투적이다. 클럽은 무게 편차의 범위에서 중앙라운드의 변경 없이 조정 가능하다고 규정되고 있다.

클럽 뒷면이 무거우면 론치 각이 증가한다.

클럽헤드의 힐과 토 부근에 장착된 웨이트는 볼 플라이트 방향을 오른쪽에서 왼쪽으로, 또는 왼쪽에서 오른쪽으로 미리 설정할 수 있다.

XL사이즈의 클럽헤드는 오프센터 스트라이크에도 관용도가 높다.

관성모멘트

클럽헤드의 안정성을 높이고 클럽에서 공으로의 효율적인 에너지 이동을 위해 MOI의 성질이 이용된다. 오프센터 타구에서 그 이점이 분명히 나타난다.

모든 클럽 디자이너들은 MOI에 주목하고 있지만 경쟁에서 이기기 위해 꼭 '사각'을 고집할 필요는 없다. 현재 가장 잘 팔리는 10개의 드라이버를 살펴보면 외형이 똑같은 드라이버를 두 개 이상 발견하기 힘든 것도 이런 이유이다. 형태 역시 다른 방식으로 기능을 수행한다. 어떤 드라이버는 깨끗하고 단순한 디자인에 클럽의 솔에 무게중심이동을 사용하여 페이드, 드로우, 혹은 높거나 낮은 볼 플라이트 등 특정 종류의 샷을 돕는다.

다른 제조사들은 경기 특성을 결정하는 데 실제 클럽의 외형에 의존하는데, 클럽의 무게중심, 균형, 또는 클럽페이스 각을 조정하여 클럽이 드로우 바이어스나 페이드 바이어스의 성질을 가질 수 있도록 한다.

MOI기하학과 경량화의 결합은 비거리, 관용도, 정확도를 최대화시킨다.

클럽의 페이스와 바디는 티타늄으로 만들어진다.

그래파이트 샤프트는 드라이버에도 표준이다. 더 가볍기 때문에 클럽헤드 스피드가 빨라지고 비거리가 늘어난다.

사각헤드 드라이버는 페이스와 바디를 제외하고 강도와 내구성이 핵심인 부분에는 가벼운 합성물질을 사용한다.

스위트스팟 비교

현대 골프 클럽의 스위트스팟은 기존의 클럽이나 20년 전의 클럽과 비교해도 훨씬 넓어져 안정된 타구가 용이하다. 이로 인해 론치 각은 높아지고 스핀은 적어져 비거리가 늘어난다.

넓은 스위트스팟은 타구를 돕는다.

기존의 '나무'로 된 좁은 타구 부분

■ 메탈헤드 드라이버   ■ 기존의 감나무 클럽헤드

클럽 디자인의 최신 모델인 사각헤드 드라이버는 MOI가 특히 높다.

검은색으로 마무리된 중앙 크라운은 무게를 줄이기 위해 합성물질로 만든다.

골프에서 사각 드라이버의 최고 MOI는 29oz sq. (5300g cm sq.)

보다 큰 질량으로 클럽페이스로 부터의 무게 분산이 더 쉽다.

보다 넓어진 스위트스팟은 현대 드라이버의 주요 특징으로 핸디캡이 높은 선수들의 타구를 돕는다.

이 드라이버의 스위트스팟에는 홈이 전혀 없기 때문에 최대전방운동량과 같아져 백스핀이 없다.

복합물질 구조

21세기의 많은 드라이버들은 복합물질로 만들어진다. 주로 클럽헤드와 페이스인서트 바디에는 다른 메탈을 사용한다. 내구성이 높고 강철보다 훨씬 가볍기 때문에 티타늄이 가장 선호된다.

이 이원적 방식은 판매 속임수가 아니다. 클럽 제조사들은 무게중심 분산과 클럽의 바디 성능을 조정하기 위해 더 독창적인 방법을 개발하게 된다.

그러나 페이스인서트의 두께는 특정 형태의 론치 각을 조성하고 공의 속도를 최대화하거나 또는 타구 시 선수들에게 보다 나은 관용도를 주기 위해 점점 얇아진다.

크기 제한

R&A와 USGA는 드라이버의 기술 진보와 관련하여 클럽헤드의 크기를 제한했다. 클럽헤드의 부피는 28.06세제곱인치(406 세제곱센티미터)를 초과해선 안 되고, (일반적인 어드레스 자세에서) 힐에서 토까지의 길이는 7인치(17.8센티미터) 이하여야 하며 페이스에서 백까지의 거리보다 커서는 안 된다.

로프트 각

오늘날의 드라이버 대부분은 각각 다른 로프트 각을 가지고 있는데, 제조사에 따라 차이가 있긴 하지만 보통 7.5도에서 11.5도 정도이다.

드라이버는 볼 플라이트 정도에 따라 선택해야 한다. 여러분의 볼 플라이트가 낮다면, 10에서 11도 정도의 드라이버가 좋다.

클럽헤드에서 무게중심 분산은 로프트와 함께 론치 각을 결정한다.

드라이버의 한정된 로프트는 페어웨이에서 안정된 타구를 어렵게 한다.

샤프트 재질

골프 클럽의 샤프트는 복잡한 장비로 고려할 사항이 많다. 샤프트의 전체적인 성능을 결정하는 3가지 핵심적인 요소는 재질, 샤프트 강도, 그리고 벤드 포인트이다.

재질은 강철과 그래파이트 두 가지인데, 오늘날 강철 샤프트를 장착한 드라이버는 보기 힘들다. (본래 탄소섬유로 만들어진) 그래파이트는 전문가나 골프 입문자 모두가 선호한다. 강철보다 훨씬 가볍고 유연하여 클럽헤드 스피드를 높여 비거리를 증가시키는 데 도움을 준다.

딱딱한 샤프트는 스윙 시 뛰어난 스피드와 클럽헤드의 파워를 만들어내는 실력을 갖춘 골퍼들이 사용한다. 프로 선수들은 주로 가장 강도가 높은 샤프트를 쓴다.

딱딱한 샤프트는 드라이버를 통해 스피드와 파워를 최대화한다.

레귤러 샤프트는 딱딱한 샤프트보다 더 유연하여 스윙 스피드가 낮거나 중간 정도인 대부분의 아마추어 선수들에게 적합하다. 이 샤프트로 지나치게 빨리 스윙을 하면 정확도가 떨어질 수 있다.

이 샤프트의 무게는 2온스 (50그램)이다. R은 레귤러를 의미한다.

제조사들은 여성 골퍼를 위한 샤프트를 특수제작 하는데, 기준보다 더 가볍고 유연하다. 이들 샤프트는 주니어 골퍼들에게도 적합하다.

그래파이트 합성물로 만들어 이 샤프트는 매우 가볍고 유연하다.

샤프트 강도는 임팩트 순간 클럽페이스의 각을 결정한다.

샤프트와 클럽헤드에 저장된 힘은 백스윙의 톱에서 놓아준다.

더 높은 지점에서 휘어지는 샤프트는 볼 플라이트를 낮추는 데 기여하고, 휘는 지점이 낮으면 볼 플라이트가 높아진다.

최적의 강도

샤프트 강도는 골프 스윙 시 발생하는 힘의 결과로 샤프트가 휘는 정도를 말한다. 힘 있는 골퍼들과 투어 프로 선수들은 딱딱한 강도의 샤프트를 원한다. 실력을 갖추지 못한 골퍼들은 조금 더 '유연한' 것을 필요로 하기 때문에 아마추어들은 레귤러 샤프트가 적합하다. 자신의 스윙과 체격에 맞는 샤프트 강도를 선택하는 것은 클럽의 성능을 최대한 활용하는 데 있어 필수적이다. 너무 '부드러운' 샤프트는 탄력이 높고 임팩트 시 클럽페이스가 닫힌다. 샤프트가 지나치게 딱딱하면 종종 클럽페이스가 오픈된다.

벤드 포인트는 킥 포인트라고도 하는데 샤프트가 가장 많이 휘어지는 지점을 뜻한다. 같은 강도를 가졌지만 벤드 포인트가 다른 두 개의 샤프트를 만들 수 있는데 이는 골프공의 탄도에 일정 부분 영향을 준다. 제대로 된 샤프트 선택은 개인적인 느낌보다 더 많은 정보가 필요하다. 적절한 성능 실험 자료가 필요한데, 정확한 측정은 론치 모니터에 의해서만 가능하다. 이것이 바로 자신의 경기 수준에 맞춘 커스텀 피팅(개인의 체형과 스윙을 감안해 클럽을 제작하는 것)이 매력적인 이유이다.

정확한 샤프트 강도와 벤드 포인트를 갖춘 드라이버의 사용은 경기 수준을 향상시키는 데 반해 부적당한 샤프트의 사용은 상반된 작용을 할 것이다.

완벽 맞춤

세상에는 수많은 드라이버가 존재하고 로프트, 샤프트, 헤드 디자인에 관한
어지러울 정도로 다양한 옵션이 있다. 그러나 많은 골퍼들은 부지중에 자신의
스윙이나 체격과 잘 맞지 않는 드라이버를 사용하고 있으며 안타깝게도 이는 경기에
악영향을 미친다.

이것이 바로 커스텀 피팅이 필요한 이유이다. 골퍼가 드라이버로 타구를 하면 론치
모니터라는 컴퓨터가 클럽헤드 스피드, 공 스피드, 스핀량, 론치 각, 탄도, 볼
플라이트, 공기 중에서의 비거리, 지면에서의 골프공 런의 양 등 각 샷의 임팩트
상태와 관련된 모든 자료를 수집한다.

시행착오를 통해 완성된 이들 자료는 골퍼의 스윙 특성에 맞는 완벽한 클럽
제작에 이용되는데, 아주 촘촘한 분산 패턴으로 가장 일관된 최선의 결과를 낼 수
있도록 클럽의 성능지표를 최대로 활용한다.

골퍼라면 커스텀 피팅의 잠재적 이점을 무시할 수 없다.

커스텀 피팅 센터는 고객의 스윙과 관련한 자료를 모아 경기에 가장 알맞은 클럽헤드와
샤프트를 조합한다. 커스텀 피팅을 한번 해보시라. 경기에 큰 도움을 줄 것이다.

PGA 투어의 드라이빙 비거리

골프 기술의 발달로 선수들의 타구 시 비거리가 엄청나게 증가했다. PGA 투어의 통계자료는 이것이 세계
정상급 선수들의 성적에 얼마나 영향을 주었는지 증명한다.

그래프는 투어에서 최장
타자의 드라이빙 비거리의
평균을 나타낸다.

야드

320
310
300
290
280
270

1976　1980　1984　1988　1992　1996　2000　2004　2007

연도

시대의 변화

골프 클럽의 기술, 특히 드라이버 기술의 막대한 영향에 관해 의문을 가지고 있다면
PGA 투어의 성과통계자료를 살펴보라. PGA 투어의 최장타자인 부바 왓슨은 2006년
시즌동안 평균 316야드(289미터)의 엄청난 비거리를 자랑한다. 1983년에는
빌 글래슨이 최장타자로 이름을 올렸는데, 그해 평균 비거리는 276야드(252미터)였다.
거의 15퍼센트 정도 비거리가 증가했다.

아래 메탈헤드와 감나무 헤드 드라이버는 20년 정도의 차이를 두고
만들어졌으며, 기술이 얼마나 발달했는지 보여준다.
크기, 무게와 재질의 변화를 표시했다.

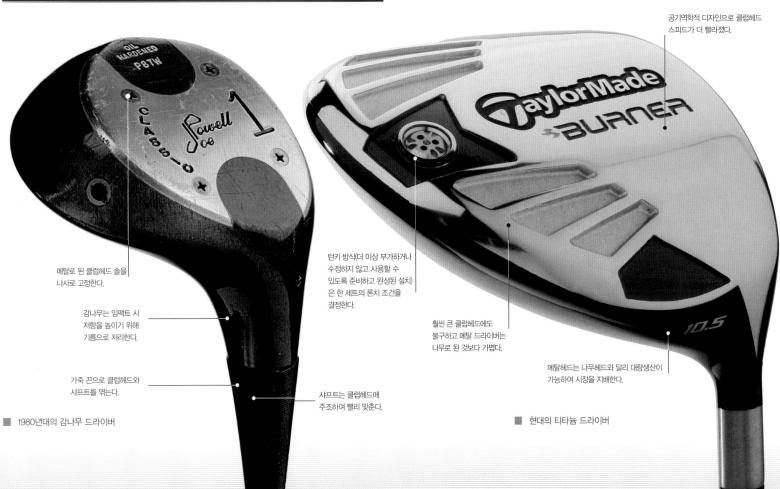

공기역학적 디자인으로 클럽헤드
스피드가 더 빨라졌다.

메탈로 된 클럽헤드 솔을
나사로 고정한다.

감나무는 임팩트 시
저항을 높이기 위해
기름으로 처리한다.

가죽 끈으로 클럽헤드와
샤프트를 엮는다.

턴키 방식(더 이상 부가하거나
수정하지 않고 사용할 수
있도록 준비하고 완성된 설치)
은 한 세트의 론치 조건을
결정한다.

훨씬 큰 클럽헤드에도
불구하고 메탈 드라이버는
나무로 된 것보다 가볍다.

메탈헤드는 나무헤드와 달리 대량생산이
가능하여 시장을 지배한다.

샤프트는 클럽헤드에
주조하여 빨리 맞춘다.

■ 1980년대의 감나무 드라이버

■ 현대의 티타늄 드라이버

티샷 Tee Shot

티펙을 이용하여 그라운드에서 공을 띄울 수 있다는 이점을 가진다는 점에서 티샷은 골프에서 가장 쉬운 샷임에 분명하다. 하지만 아마추어 골퍼뿐 아니라 형편없는 셋업 자세를 취하는 선수들은 효과를 보지 못한다. 훌륭한 골프 스윙은 올바른 셋업에서부터 시작된다. 다음은 셋업 시 여러분이 따라야 할 세 가지 황금률이다. 뉴트럴(중립) 그립을 취하고, 발, 무릎, 엉덩이와 어깨는 타깃 라인과 평행이 되도록 맞추며, 강건하고 편안한 자세를 취하라. 이들 기초를 익히려는 노력은 충분히 가치가 있다.

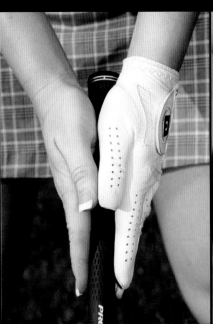
팔은 늘어트리고 손바닥은 마주보게

클럽은 손바닥을 가로질러 사선으로

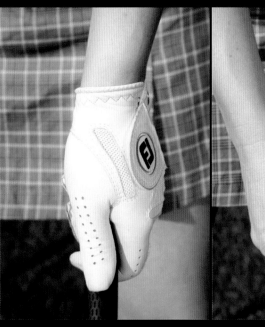
손가락 관절 두 개가 보이게

부드러운 트리거

그립 쥐기
완벽한 뉴트럴 그립을 취하기 위해서는 몇 가지 규칙이 있다.

■ 먼저 긴장을 풀고 팔을 자연스럽게 늘어트린다. 그립을 손바닥 사이에 두는데 양쪽 손바닥이 마주보게끔 한다.

■ 이제 클럽을 왼손에 두고 집게손가락의 첫 번째 관절로부터 손바닥 위의 살집이 많은 부분까지 대각선이 되도록 한 후 손가락으로 그립을 잡는다.

■ 왼쪽 엄지를 그립의 상부, 중앙에서 약간 오른쪽에 둔다. 거울로 보았을 때 왼손의 손가락 관절 두 개만 보여야 한다.

■ 오른손으로 클럽을 잡을 때도 역시 손바닥이 마주보게 한다. 오른손을 그립에 갖다 대고 손가락으로 감싼다. 오른손 엄지와 집게손가락으로 그립 주변에 부드러운 트리거를 취하고, 오른손은 왼손의 윗부분에 편안하게 맞춘다.

그립의 형태
양손을 하나로 붙인다고 생각해보라. 어떤 방식으로 두 손을 잡는가는 개인의 선택이다. 대부분의 정상급 선수들은 바든 그립 방식을 취하는데, 오른손 새끼손가락을 왼손 집게손가락과 중간손가락 사이 윗부분에 놓는다(왼쪽). 타이거 우즈를 포함한 다른 선수들은 오른손 새끼손가락을 왼손 집게손가락과 얽히게 한다(오른쪽). 어느 그립이 편하지는 여러분만이 알 것이다. 원하는 대로 하시길.

긴장을 풀어 팔을 늘어트리고 그립을 사이에 둔 양쪽 손바닥을 마주보게 하라.

완벽한 정렬

티샷을 칠 때 올바른 정렬은 중요하다. 완벽한 겨냥과 정렬의 원칙은 간단하다. 페어웨이를 가로지르는 기차 트랙을 상상해보라. 골프공은 바깥 트랙에 놓는데 이는 타깃에 일직선으로 겨냥한다. 여기가 클럽페이스가 겨냥해야 할 곳이다. 안쪽 트랙은 타깃 라인의 왼쪽과 평행을 이룬다. 여기에 맞춰 자신의 발, 엉덩이 그리고 어깨를 정렬하면 된다. 종합하면 완벽한 평행 정렬이 되는데, 이는 스윙의 경로를 결정하므로 힘 있고 곧은 드라이빙을 위한 필수조건이다.

완벽한 자세

정확한 드라이브를 구사하기 위해서는 양발은 어깨넓이로 벌리고 발가락은 바깥쪽으로 가볍게 넓힌다. 드라이버를 위한 이상적인 공의 위치는 여러분의 왼쪽 뒤꿈치 안쪽의 맞은편이며 약간 업스윙의 형태로 타구하도록 완전한 접근 각을 만들어준다. 체중은 뒤쪽 발(오른발)에 두는 것이 좋으며 그 비율은 오른쪽 왼쪽 60/40 정도이다. 이는 백스윙 시 오른쪽으로의 체중 이동이 가능하도록 하며, 스윙을 할 때 최대의 힘을 끌어내는 데 필수적이다.

편안한 어깨
어깨는 힘을 빼고(양팔을 편하게 늘어트리고), 타깃과 평행이 되도록 한다.

엉덩이 정렬
엉덩이 위 상체를 앞으로 구부린다. 엉덩이는 타깃의 왼쪽과 평행이 되어야 한다.

구부린 무릎
무릎은 준비자세로 구부려야 하는데, 이때 어깨, 발, 엉덩이의 방향과 평행이 되도록 정렬한다.

발
양발이 형성한 라인은 타깃과 평행이 되어야 한다. 양발은 어깨넓이로 벌리고 체중은 스윙에 대비하여 발밑의 볼록한 부분에 둔다.

타깃 라인
클럽페이스는 타깃라인에 직각이 되게 한다. 기차의 바깥 트랙을 생각하라.

드라이브는 여러 면에서 거물이다. 드라이브는 백에서 가장 긴 클럽이자 가장 멀리 칠 수 있는 클럽이다. 이것은 한 홀, 심지어는 전체 라운드의 분위기를 정한다. 좋은 드라이버는 여러분을 그린 공략을 위한 완벽한 위치에 서게 하여 자신감을 북돋우며 훌륭한 티샷은 바로 오늘 최고의 점수를 낼 수 있다는 믿음을 준다. 이런 연유로 좋은 드라이빙은 힘만큼이나 위치가 중요하다. 물론 두 가지를 모두 갖춘다면 훨씬 좋겠지만.

■ 좋은 스윙의 기초

드라이버 스윙은 최대의 힘을 끌어내기 때문에 탄탄한 기초가 중요하다. 균형과 자세는 완벽해야 한다. "어깨는 발끝 위로, 양손은 턱 아래로"를 기억하라. 이는 스윙을 위한 셋업을 할 때 늘 훌륭한 자세를 취할 수 있도록 도와준다. 또한 평행 정렬도 해야 하는데, 양발, 엉덩이 그리고 어깨는 타깃 라인과 평행이 되도록 한다(50~51쪽 참조). 올바른 정렬은 스윙 궤도에 맞게 스윙할 수 있도록 만든다.

■ 여유를 가진다

백스윙의 톱에 다다르려 서두르지 말고 리듬과 템포를 적당하고 부드럽게 유지하라. 어깨가 제대로 턴을 할 수 있도록 하고, 더 중요하게는 백스윙이 완료될 때까지 여유를 가진다. 팔 스윙과 몸의 턴이 완벽한 조화를 이룰 수 있도록 "타깃을 향해 등을 돌리고 클럽은 똑바로 타깃을 겨냥한다."

백스윙의 **톱**에 다다르려 서두르지 말고 **리듬**과 **템포**를 적당하고 부드럽게 유지하라.

탄탄한 기초 | 부드러운 리듬을 유지한다. | 클럽과 함께 체중을 이동한다. | 스윙과 피니시

■ 체중을 이동시킨다

서투른 체중이동은 스윙에서 나오는 힘을 고갈시킨다. 기억해야 할 핵심 사항은 클럽헤드의 스윙 방향으로 체중을 옮겨야 한다는 점이다. 백스윙에서는 오른발에 체중이 실리고 다운스윙 시에는 왼발로 체중이 이동한다. 이제 체중을 실어 티샷을 날리면 된다.

■ 쓸어내듯이 치고 피니시 자세를 유지한다

클럽으로 땅을 쓸어내듯 쳐라. 오른쪽 어깨가 따라와 자연스럽게 올라갈 때까지 고개를 숙인다. 균형이 잘 잡힌 피니시로 스윙을 완성하면 전체 스윙에 연쇄효과를 가지므로 견고한 타구를 위한 필수조건인 균형유지에 항상 주의를 기울이게 될 것이다. 또한 컨트롤을 잃거나 지나치게 공격적인 타구를 줄일 수 있다. 스윙을 부드럽게 유지하면 깔끔하고 충실한 샷이 가능하다.

컨트롤을 유지하라

● 많은 골퍼들은 가능한 한 세게 드라이브 샷을 쳐야 한다고 생각한다. 그러나 티샷에서 가장 중요한 요소는 힘이 아니라 위치이다. 페어웨이 한가운데 있는 250야드(230미터) 샷이 헤비 러프에 빠진 300야드(275미터) 샷보다 훨씬 낫다.

● 대부분의 프로 골퍼들은 78~80퍼센트 정도의 힘으로 샷을 친다. 골프스윙에서는 과한 것보다 모자란 것이 좋은데 지나친 완력보다는 부드러운 리듬이 선호된다. 이 기술을 적용하면 리듬이 향상될 뿐 아니라 비거리 역시 좋아질 것이다.

● 티에서 보다 나은 컨트롤을 위해서는 그립을 아래쪽으로 내려 잡고 평소처럼 스윙하라. 스윙 시 그립을 짧게 잡으면 자동적으로 스윙이 간략해지는데, 짧은 스윙으로 더 큰 컨트롤을 가질 수 있다.

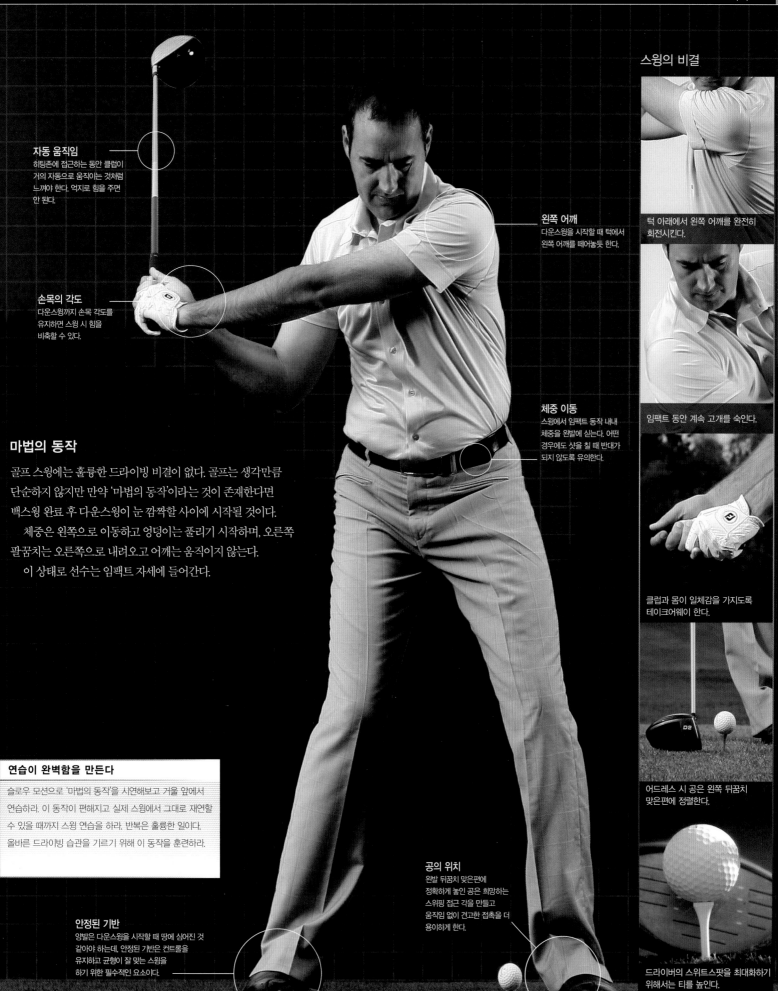

자동 움직임
히팅존에 접근하는 동안 클럽이 거의 자동으로 움직이는 것처럼 느껴야 한다. 억지로 힘을 주면 안 된다.

손목의 각도
다운스윙까지 손목 각도를 유지하면 스윙 시 힘을 비축할 수 있다.

왼쪽 어깨
다운스윙을 시작할 때 턱에서 왼쪽 어깨를 떼어놓듯 한다.

체중 이동
스윙에서 임팩트 동작 내내 체중을 왼발에 싣는다. 어떤 경우에도 샷을 칠 때 반대가 되지 않도록 유의한다.

마법의 동작

골프 스윙에는 훌륭한 드라이빙 비결이 없다. 골프는 생각만큼 단순하지 않지만 만약 '마법의 동작'이라는 것이 존재한다면 백스윙 완료 후 다운스윙이 눈 깜짝할 사이에 시작될 것이다.
　체중은 왼쪽으로 이동하고 엉덩이는 풀리기 시작하며, 오른쪽 팔꿈치는 오른쪽으로 내려오고 어깨는 움직이지 않는다.
　이 상태로 선수는 임팩트 자세에 들어간다.

연습이 완벽함을 만든다
슬로우 모션으로 '마법의 동작'을 시연해보고 거울 앞에서 연습하라. 이 동작이 편해지고 실제 스윙에서 그대로 재연할 수 있을 때까지 스윙 연습을 하라. 반복은 훌륭한 일이다. 올바른 드라이빙 습관을 기르기 위해 이 동작을 훈련하라.

안정된 기반
양발은 다운스윙을 시작할 때 땅에 심어진 것 같아야 하는데, 안정된 기반은 컨트롤을 유지하고 균형이 잘 맞는 스윙을 하기 위한 필수적인 요소이다.

공의 위치
왼발 뒤꿈치 맞은편에 정확하게 놓인 공은 희망하는 스윙핑 접근 각을 만들고 움직임 없이 견고한 접촉을 더 용이하게 한다.

스윙의 비결

턱 아래에서 왼쪽 어깨를 완전히 회전시킨다.

임팩트 동안 계속 고개를 숙인다.

클럽과 몸이 일체감을 가지도록 테이크어웨이 한다.

어드레스 시 공은 왼쪽 뒤꿈치 맞은편에 정렬한다.

드라이버의 스위트스팟을 최대화하기 위해서는 티를 높인다.

장타자들: 마스터클래스

거대한 드라이브로 만들어내는 훌륭한 샷은 선망의 대상이다. 갤러리들이 보고 싶어 하고 클럽의
골퍼들이 가장 치고 싶어 하는 샷도 바로 이것이다. 오늘날 골프 클럽의 기술은 정확도는 예외로 하더라도
상당한 비거리의 성취를 의미하는데, 기술이 없었다면 세계 최고의 드라이브 샷을 치는 선수들만큼 공을
멀리 보낼 수는 없었을 것이다.

앙헬 카브레라의 프리스윙

드라이버로 공을 치는 성향은 골프의 성배(聖杯)인 좋은
비거리와 훌륭한 정확도를 달성하는 데 가장 큰 걸림돌이다.
지나치게 공격적인 어프로치는 스윙의 조정과 타이밍을
빼앗기 때문에 비거리가 줄어들고 정확도가 떨어지게 된다.

그러므로 여러분이 드라이버로 고전하고 있다면 2007년 US
오픈 우승자인 앙헬 카브레라의 책을 읽어보라. 거구의
아르헨티나인 카브레라는 공을 엄청나게 멀리 쳤지만(PGA
투어 통계자료를 보면 2007년 그의 평균 드라이빙 비거리는 303.2
야드였다), 비교적 쉬워 보였다.

비결은 자유로운 움직임에 있다.

카브레라는 백스윙 시 클럽을 정확하게 위치시키고 커다란
스윙을 만들어 스윙시 힘을 저장해둔다. 이어지는
다운스윙에서는 편하게 클럽을 놓아주는데, 클럽을 내리고
거의 저절로 움직이는 것처럼 공을 향해 일직선으로 스윙을
한다. 이것이 바로 프리스윙이며, 공은 그저 클럽의 방해가 될
뿐이다. 프리스윙은 공을 가능한 한 세게 치려는 것보다 훨씬
유용한 스윙이며 공을 세게 쳐야 한다는 생각으로 인한 문제를
해결하는 데에도 좋다.

상당한 비거리를 성취하기 위해서는 공이
공중에서 충분히 떠 있을 만큼의 클럽헤드
스피드를 만들어야 한다.

드라이버 샤프트는 일반적으로
가벼우면서도 강한 재질인
그래파이트로 만들어진다.

장타는 맹목적인 힘에서 나오는
것이 아니며 강인한 팔뚝의 경우
엄청난 힘과 비거리를 생성하는 데
도움이 된다.

▷ 카브레라의 커다란 어깨 턴은 공을
향해 자동으로 움직이게 만든다.
이러한 자유로운 움직임 때문에
그의 비거리는 상당하다.

최고의 드라이브

1960년 덴버 주 체리 힐즈에서 열린 US
오픈에서 아놀드 파머는 마이크 수책에 7
타 차 뒤진 채 최종 라운드에 들어섰다.
골프 역사상 가장 훌륭한 최종 라운드 중
하나이다. 파머는 346야드의 1번 홀에서
한 타로 그린에 올리고 두 번째 퍼트로
버디를 낚았는데 처음 7개의 홀에서
얻어낸 6개 버디 중 첫 번째였다. 파머는
65타를 쳤고, 이는 최종 라운드에서
우승자가 기록한 가장 낮은 스코어로
수책에 2타 차로 우승했다. 모든 것은 1번
홀에서의 눈부신 드라이브로부터
시작되었다.

■ 마커를 내려 놓는 파머

비제이 싱의 리듬

골프 스윙에서의 리듬은 일관된 샷을 치는 핵심 요소이다. 빈약한 리듬은 어떤 클럽을 쓰던 나쁜 결과를 초래하는데, 특히 백에서 가장 가차 없는 클럽인 드라이버라면 그 결과는 재앙 수준이다. 하루 종일 페어웨이를 놓치고 공을 잃을 것이다.

비제이 싱은 골프 스윙에 있어 훌륭한 스승이자 스스로도 좋은 스윙을 가지고 있다. 그는 보비 존스의 "클럽을 끌어올릴 때와 같은 속도로 다운스윙을 시작하라"는 격언을 지지한다.

이는 백스윙을 끝내도 다운스윙에 들어가는 아주 중요한 순간에 도움이 된다. 스윙 시의 다양한 움직임을 조정할 시간을 주어 모든 동작이 조화를 이루어 임팩트에서 작용할 수 있도록 한다. 이것이 알맞은 타이밍의 정수이며, 비제이처럼 곧게 뻗은 긴 드라이브를 칠 수 있는 방법이다.

▷ 비제이는 훌륭한 스윙과 뛰어난 템포를 가지고 있는데, 백에 있는 어떤 클럽으로 치든 같다. 그는 골프의 위대한 연구자이자 스윙 연습에 수많은 시간을 투자하는 것으로 유명하다.

◁ 기술과 능력을 갖춘 스콧은 장소에 상관없이 성공적인 경기를 할 수 있다. 그는 아시아뿐 아니라 유러피언 투어와 US 투어에서도 우승했다.

아담 스콧의 어깨 턴

아담 스콧은 골프계에서 힘이 가장 세지도 않고 투어의 거구 선수들처럼 강한 체력을 가진 것도 아니다. 그러나 그는 골프공의 훌륭한 드라이버로, 속도와 비거리를 이끌어내는 능력과 좋은 탄도와 높은 수준의 일관성을 가지고 있다.

PGA 투어 통계자료를 보면 페어웨이 적중률은 60 퍼센트이고 드라이빙 비거리는 평균 300야드가 넘는다. 백스윙의 톱에서 그가 만들어내는 자세는 완벽한데 이것이 그가 공을 잘 치는 주된 이유이다.

스콧은 어깨를 완전하게 턴하는데 둘둘 말린 스프링처럼 몸을 감는다. 그는 항상 하체의 움직임을 자제하고, 엉덩이는 어깨 턴의 반만 돌린다. 이러한 동작은 저항력을 높여 많은 에너지를 비축하게 만든다.

스윙의 톱에서 그는 스프링이 풀리듯 단순히 상체를 되감는데 다음 단계인 다운스윙으로 이끌어준다. 그는 뛰어난 손과 팔 동작으로 모든 힘을 골프공 뒷면으로 옮긴다.

스콧과 다른 장타자들의 비결은 손, 팔, 그리고 몸이 임팩트를 향해 함께 움직인다는 점이다. 한 부분은 다른 부분보다 먼저 타깃에 이르지 않는데, 즉 스윙의 모든 부분이 잘 조화를 이루고 보완된다.

메탈과 하이브리드: 디자인

페어웨이 메탈은 비거리용 클럽이다. 드라이버와 마찬가지로 비거리에 도움을 주는 비교적 긴 샤프트를 가지고 있다. 그러나 드라이버와 달리 상대적으로 직선 페이스를 가지고 있는 페어웨이 메탈은 클럽페이스의 로프트 각이 더 크다. 이는 높이와 백스핀에 더 도움이 되며 사이드스핀을 줄여준다. 즉 페어웨이 메탈은 드라이버보다 직선으로 치기 더 용이하며 관용도 또한 높다.

로프트 메탈

로프트 메탈은 디자인에 따라 다르다. 미적인 부분은 제외하고, 디자이너는 클럽페이스로부터의 최대의 공 스피드, 관용도, 그리고 관성모멘트(임팩트 시 회전에 대한 저항) 등 골퍼가 가장 중요시하는 드라이버의 기능성에 중점을 둔다. 다양성 역시 이런 종류의 클럽에는 핵심 요소인데, 페어웨이 메탈은 티, 페어웨이, 라이트 러프 등 여러 코스에서의 다양한 상황에서도 기능을 발휘해야 하기 때문이다. 적어도 클럽 골퍼들은 페어웨이 메탈 하나를 들고 다니면 샷의 범위가 넓어지므로 많은 것을 얻을 수 있다.

그러나 최근 들어 로프트 메탈의 역할에 대변화가 생겼다. 한층 높은 기능성을 제공하는 새로운 기술 혁신이 그 자리를 대신하게 되었기 때문이다.

하이브리드 혁명

하이브리드 혹은 레스큐 클럽은 기존의 페어웨이 메탈과 외양과 디자인 면에서 차이가 있다. 구근 모양의 백에지를 가진 오버 사이즈의 롱 아이언과 같이 작은 클럽헤드를 가지고 있어, 별 어려움 없이 롱 아이언이 보여주는 볼 플라이트 특징을 만들어낸다. 하이브리드는 놀랄 만큼 다재다능하다. 둥글고 아담한 클럽헤드는 까다로운 러프에서도 성능을 발휘한다. 까다로운 파 4홀의

높은 로프트를 가진 페어웨이 메탈은 하이브리드 클럽 혁명 이전까지는 전통적으로 여성 골퍼들과 시니어골퍼들이 이용했다. 요즘은 수많은 프로 골퍼들의 클럽 백에서도 찾아볼 수 있다.

강철과 그래파이트 합성물질로 된 클럽헤드는 높은 비거리를 제공하며 사용하기 편하다.

부드러운 솔은 드래그를 줄이고 다양한 라이에서도 효율적으로 사용가능하다.

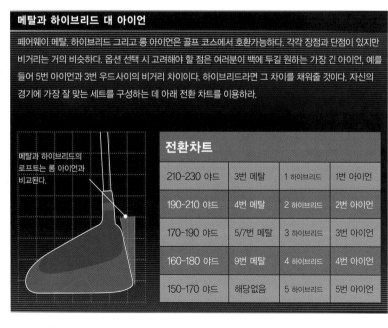

메탈과 하이브리드 대 아이언

페어웨이 메탈, 하이브리드 그리고 롱 아이언은 골프 코스에서 호환가능하다. 각각 장점과 단점이 있지만 비거리는 거의 비슷하다. 옵션 선택 시 고려해야 할 점은 여러분이 백에 두길 원하는 가장 긴 아이언, 예를 들어 5번 아이언과 3번 우드사이의 비거리 차이이다. 하이브리드라면 그 차이를 채워줄 것이다. 자신의 경기에 가장 잘 맞는 세트를 구성하는 데 아래 전환 차트를 이용하라.

메탈과 하이브리드의 로프트는 롱 아이언과 비교된다.

전환차트

210-230 야드	3번 메탈	1 하이브리드	1번 아이언
190-210 야드	4번 메탈	2 하이브리드	2번 아이언
170-190 야드	5/7번 메탈	3 하이브리드	3번 아이언
160-180 야드	9번 메탈	4 하이브리드	4번 아이언
150-170 야드	해당없음	5 하이브리드	5번 아이언

깊은 페이스와 더 커진 스위트스팟은 중심을 벗어난 타구에도 관용도가 높다.

■ 어드레스 포지션에서의 모습

티샷에서 특히 뛰어난데 큰 로프트와 비교적 짧은 샤프트는 비거리의 큰 단축 없이 정확도를 최적화한다.

이러한 기능적 이점은 클럽헤드 디자인과 무게중심 분산에 의해 만들어졌다. 롱 아이언은 클럽헤드 주변의 무게중심 분산 능력에 한계가 있다. 그러나 둥글고 약간 짤막한 하이브리드 디자인은 클럽헤드의 질량을 재분산하는 것을 가능케 하여 페이스의 스위트스팟은 커지고 무게중심은 낮아져 관용도를 더 높게 만든다. 또한 론치 각이 커져 골퍼들이 공중에 공을 띄우기 쉽게 한다. 대부분의 아마추어 골퍼들이 손에 들고 있는 롱 아이언의 실질적인 목적은 아니지만, 높이 멀리 가는 샷은 다시 쟁점이 된 듯하다.

경기의 향상

공 뒤에 멋지게 놓여진 이들 클럽은 골퍼들에게 롱 아이언을 내려다 볼 때 보다 더 큰 자신감을 안겨준다. 확실한 기능적 이점과 함께 이런 심리적인 혜택은 엄청난 차이를 만든다.

놀라운 것은 하이브리드가 전 세계 수백만 골퍼들의 백 속에서 발견될 뿐 아니라, 세계 정상급 선수들이 실제로 사용하고 있다는 점이다. 정상급 선수들은 롱 아이언으로도 충분히 잘할 수 있기 때문에 하이브리드의 도움이 필요 없다고 생각할지도 모른다. 그러나 하이브리드는 너무나 강력한 성능을 가지고 있기 때문에 세계 톱 50에 드는 선수들도 이 새로운 개념의 클럽을 진심으로 받아들이고 있다.

하이브리드의 특별한 팬 중 한 명은 2007년 US 오픈 챔피언인 파드리그 해링턴(190 쪽 참조)이다. 골퍼들 중, 특히 시니어 골퍼나 스윙에서 큰 힘을 만들어내지 못하는 선수들이 6번 이상의 아이언만을 고집하는 경우가 많은데, 치기 쉽고 높이와 비거리 그리고 정확도의 세 가지 요소를 다 갖춘 하이브리드는 2번에서 5번까지의 아이언을 대체할 수 있다고 해링턴은 생각한다.

짤막한 클럽헤드는 비교적 낮은 무게중심을 만들어낸다.

페리미터 웨이팅(클럽헤드의 무게 중심을 주변부로 분산시키는 기법은 중심을 벗어난 스트라이크 시 클럽의 저항을 증가시킨다.

아담하고 관용도가 높은 하이브리드는 다양한 종류의 샷에 적합하며 그린 주변에서의 칩샷에서도 사용가능하다.

전통적인 로프트 메탈은 넓은 클럽헤드를 가진다. 하이브리드만큼 다재다능하진 않지만 티나 페어웨이에서는 효과적으로 사용된다.

러프에서의 컨트롤

레스큐 클럽의 발명전에는 러프에서 좋은 비거리를 얻기란 어려웠다. 롱 아이언의 클럽헤드는 잔디에 엉겨 붙어 샷의 라인을 벗어나 끌리게 된다. 그러나 유틸리티 클럽의 커진 클럽헤드와 둥근 솔은 잔디를 베어내므로 클럽 골퍼들은 더 길고 일직선으로 날아가는 샷을 칠 수 있다.

좁은 클럽헤드와 노출된 호젤은 임팩트 시 잔디에 감기게 된다.

구경의 클럽헤드와 둥글린 솔은 잔디를 가로지른다.

■ 러프에서의 아이언　　■ 러프에서의 하이브리드

부드러운 스피드 클럽 솔 디자인은 잔디의 끌림을 줄이고 다양한 라이에서 사용가능하다.

낮고 일직선으로 관통하는 볼 플라이트를 위해 무게중심은 비교적 앞쪽에 페이스 가까이 위치한다.

텅스텐 니켈 웨이트는 높은 론치 각과 낮은 스핀을 위해 무게중심을 낮추고 깊게 한다.

초경량 티타늄 헤드는 유틸리티 메탈의 디자인에 포함되기도 하는데 디자이너가 클럽의 무게중심을 낮추는 데 효과적이기 때문이다.

페이드 바이어스 혹은 드로우 바이어스의 사전 설정은 유틸리티 메탈의 특징이라고 볼 수 있다. 선수가 슬라이스를 계속 낸다면 드로우 바이어스를 설정한 클럽을 사용하면 직선 샷을 칠 수 있다.

몇몇 하이브리드는 충격흡수 기술, 큰 론치 각과 부드러운 착지를 결합해 일정 수준의 관용도를 준다.

완성도 높은 골퍼로 거듭날 수 있게 한다. 최대한 페어웨이에 가깝게 치길 원한다면 드라이버보다 나은
정확도와 좋은 비거리를 주는 페어웨이 메탈을 사용해도 좋을 것이다. 페어웨이 메탈은 파5 홀에서
2타 안에 그린 위에 공을 올려 놓게 하고 라이트 러프에서 탈출 시 괜찮은 비거리가 나도록 돕는다.
사용법만 제대로 안다면 페어웨이 메탈은 골퍼의 좋은 친구가 될 것이다.

■ 어드레스 시의 자세는 훌륭한 샷을 치기 위해 필수적인데 스윙을 할 때 몸동작의
형태와 특성을 결정하기 때문이다. 나쁜 버릇은 쉽게 생기게 되므로 연습 시 간단한
루틴에 맞춰 완벽한 자세가 되도록 반복한다.
* 양발을 어깨 넓이에 맞춰 벌려 똑바로 선다. 손은 그립에, 팔은 가슴 높이에서 편안하게
뻗는다.
* 클럽헤드가 잔디에 닿을 때까지 엉덩이 위 상체를 굽힌다.
* 허벅지 근육에 긴장을 느낄 정도로 무릎을 구부린다. 등은 상대적으로 곧게 만들고
턱은 높게 든다.
골프 스윙은 흐르는 동작이라 완전히 정적인 상태에서 시작하기란 어렵다. 스윙 준비가
될 때까지 클럽을 앞뒤로 왜글하면 손, 팔, 어깨의 긴장 완화에 도움이 된다.

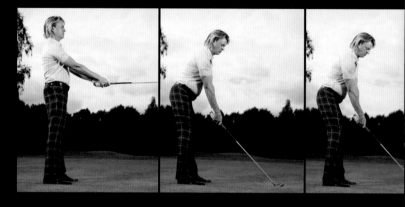

어드레스 루틴

■ 어드레스 자세에서 시작하여 테이크어웨이 한다. 몸동작은 골프 스윙의 엔진이므로
스윙을 하기 위해서는 몸을 정확하고 효과적으로 움직여야 한다. 완전한 턴을 위해서
왼쪽 어깨를 오른쪽 무릎 위를 향해 돌린다고 생각한다. 오른쪽 무릎은 어드레스 때와
마찬가지로 구부린 채로 두면 스윙 시 몸을 감았다 풀 때 흔들림 없는 자세를 유지할 수
있다.

스윙 준비가 될 때까지
클럽을 앞뒤로 왜글하면
손, 팔, 어깨의
긴장완화에 도움이 된다.

■ 손과 팔을 통해 다운스윙할 때 감았던 몸은 풀린 자세여야 한다. 스윙의 타성으로
임팩트부터 피니시까지 가능하다. 그러나 가슴이 타깃을 향한 채 스윙을 완성한다고
생각하면 도움이 된다. 이로 인해 어느 때보다 훌륭하게 '공을 지나면서' 칠 수 있다.

어드레스 자세   부드러운 테이크어웨이   왼쪽 어깨는 오른쪽 무릎 위로   아래로 회전하여 공을 친다.

완벽한 플레인(스윙의 원이 그리는 궤적의 면)

타구 연습을 할 때 시연해 볼 수 있는 아주 유용한 주요 체크포인트가 몇 가지 있다. 백스윙의 초기 단계에서 왼쪽 팔이 그라운드와 평행이 되었을 때 손목은 완전히 힌지되도록 하여 완벽한 플레인으로 클럽을 세팅한다.

거울을 보며 확인하라. 양손은 오른쪽 가슴 앞에 놓여야 하며 클럽의 샤프트는 골프공과 발끝 사이의 중간 정도의 그라운드를 칠 수 있는 각에 놓여야 한다. 이것이 완벽한 플레인이다. 거기서부터 백스윙을 완성하기 위해 어깨를 턴하면 된다.

스윙의 비결

백스윙에서 양손은 가슴 앞에 둔다.

백스윙을 하는 동안 체중은 오른쪽으로 이동한다.

오른쪽 발은 백스윙 시 고정되도록 한다.

왼쪽 팔은 클럽페이스가 중립을 유지하도록 회전한다.

하나의 동작으로
몸이 회전하는 것과 동시에 팔을 스윙하도록 한다.

어깨 턴을 위한 공간을 만들기 위해 높이를 유지한 채 턱을 든다.

스윙을 완성하기 위해 편평한 플레인으로 어깨를 턴한다.

무릎은 구부리고
오른쪽 무릎을 굽힌 채로 둔다.

무릎과 엉덩이
엉덩이를 회전할 때 왼쪽 무릎은 공을 향하게 한다.

리듬을 유지하라

여러분은 백에서 두 번째로 긴 클럽인 페어웨이 메탈을 이용한 샷에서 좋은 비거리를 기대할 수 있다. 그러나 너무 서두르지 말라. 부드러운 리듬을 유지하고 목표를 향해 흔들림 없이 포커스를 맞춘다면 정확도를 유지하면서 여러분이 바라는 좋은 타이밍과 비거리를 만들 수 있다.

하이브리드 샷 The hybrid shot

하이브리드는 클럽 디자인 혁신의 핵심 단계이다. 하이브리드의 깔끔한 클럽헤드와 상대적으로 짧은 샤프트는 타구가 용이하고 관용도가 높으며 론치 각을 증대시킨다. 이로 인해 상응하는 롱 아이언보다 러프에서 더 매끄럽게 빠져나올 수 있는데, 놀라울 만큼 기능이 다양하다. 러프에서 하이브리드 샷을 완벽하게 구사하기 위해서는 샷의 성공을 결정짓는 중요한 몇 가지 요소들을 기억해야 한다.

▌ 셋업 규칙

셋업은 절대 무시해서는 안 되며 품격 높은 샷을 만드는 데 큰 역할을 한다. 불충분한 셋업은 빈약한 샷으로 귀결되고 완벽한 셋업은 훌륭한 스윙을 만들어 견고한 샷을 칠 기회를 높여준다.

러프에서 하이브리드 샷을 칠 때, 페어웨이나 티 그라운드 샷에서 보다 스탠스에서 더 뒤쪽에 공을 놓는다. 왼쪽 뒤꿈치 안쪽에 공 두 개가 들어갈 정도의 장소가 적당하다. 양손은 골프공의 약간 앞쪽에 둔다. 두 가지가 결합되면 살짝 하향하는 접근 각이 만들어지는데 이는 훌륭한 타구와 강력한 볼 플라이트 생성에 필요하다.

현명하라

현명한 샷이 모이면 좋은 스코어를 낼 수 있다. 하이브리드가 백에서 유용한 장비인 이유이다. 러프에서 롱 아이언으로 치려는 시도는 재앙이 될 수 있지만 하이브리드는 상대적으로 치기 수월하기 때문에 현명한 클럽 선택이 된다. 그러나 지나치게 욕심 부리지 말라. 특정 라이에서 7번 아이언으로 치는 데 어려움을 느낀다면 하이브리드로 칠 생각도 말아야 한다.

셋업에 집중

간결한 스윙

타구

▌ 완벽한 조화

4분의 3 백스윙은 이런 종류의 샷에 적합하다. 사실 간결한 스윙은 컨트롤하기 쉽고 공의 뒤쪽을 시원하게 강타하는 데 도움이 된다는 측면에서 이점이 있다. 그러나 적절한 팔 스윙과 함께 어깨를 완전히 턴해야 한다. 이상적인 백스윙의 톱 위치에 도달하기 위해서는 '편평한 어깨 턴과 수직의 팔 스윙'을 만들어야 한다.

▌ 펀치와 드라이브

바람이 불 때 펀치 샷을 치려는 것처럼 공의 뒷면을 친다. 이는 셋업 파트에서 부분적으로 알려주었지만 약간의 하향 스트라이크를 만들어내는 데 필요하기 때문이다. 클럽페이스와 공 사이의 잔디에 끼이는 것을 최소화시켜 최적으로 공을 칠 수 있도록 돕는다.

하향 스트라이크

하이브리드 칩 앤 런 The hybrid chip and run

하이브리드는 150에서 200야드(137~183미터)까지의 페어웨이나 러프에서는 자동선택 옵션이나 마찬가지이며 프로들이 종종 사용하는 뛰어난 치핑 클럽이기도 하다. 그린 주변의 프린지에 공이 놓여 있고 그린까지의 거리가 멀다면 깔끔한 칩 앤 런 샷을 시도하는 것이 현명하다. 로프트된 웨지 샷보다 훨씬 더 나은 일관성으로 수완 좋게 퍼팅 표면 위로 공을 가볍게 올릴 수 있다.

▌클럽을 짧게 쥐고 손을 높이 둔다.

하이브리드 칩 앤 런 샷을 잘 치기 위해서는 셋업에서 몇 가지 변화를 주어야 한다. 먼저 공을 스탠스 가운데에 놓고 체중을 살짝 발 앞쪽에 둔다. 이 샷에서 손목 힌지를 방지하기를 원한다면 그립을 메탈에 가까울 정도로 짧게 쥔다. 그 다음 가능한 한 편안한 지점까지 공 가까이 서고 일반적인 풀샷을 할 때보다 양손은 높게 둔다.

> 공이 까다로운 라이에 놓여 있을 때, 하이브리드는 미스 샷을 칠 위험이 없기 때문에 탁월한 선택이다.

어깨를 좌우로 움직인다.

땅을 쓸듯 친다.

▌어깨 흔들기

이제 여러분은 퍼터로 그린을 가로질러 긴 거리의 퍼팅을 할 때처럼 클럽을 스윙해야 한다. 간결한 팔 스윙과 함께 어깨를 흔드는 동작에 의해 스트로크가 제한되는 것처럼 느낀다. 스트로크 시 손은 상대적으로 수동적인 상태에 머물러야 한다.

▌스위핑 경로

똑바로 따라했다면 클럽헤드가 그라운드에 비교적 낮게 위치하고 있어야 한다. 여러분은 부드럽게 스윙을 가속화시키면서 클럽헤드가 공을 거의 쓸듯 치길 원한다. 공은 살짝 쳐 올려져야 하는데 이는 임팩트 시 발생하는 백스핀이 없기 때문이다. 공은 퍼트와 마찬가지로 홀을 향해 흐른다. 경기하는 동안 몇 번은 샷을 너무 세게 칠 수도 있지만 연습을 하면 쉽게 거리를 판단할 수 있을 것이다.

클럽을 짧게 쥔다.

페어웨이 메탈: 마스터클래스

TV를 통해 골프 토너먼트, 특히 골프 코스에 비거리뿐 아니라 정확도에 있어 추가적인 요구사항을 갖추어 놓는 메이저 챔피언십을 시청할 때, 여러분은 정상급 선수들이 얼마나 자주 페어웨이 메탈을 사용하는지 보게 된다. 까다로운 파4 홀의 티그라운드에서의 플레이스먼트 샷과 아주 긴 파5 홀의 어드밴스먼트 샷, 그리고 먼 거리에 있는 그린 위로 올리는 샷 등에서 이들 클럽은 필수적이다.

타이거 우즈의 접근 각

페어웨이 메탈은 드라이버와는 다른 종류지만, 최고의 기량을 끌어내기 위해서는 매우 유사하게 다루어야 한다. 공은 낮은 접근 각으로 쓸어내듯 쳐야 한다. 많은 클럽 골퍼들은 가장 중요한 목표인 이것을 달성하는 데 실패한다. 공은 티펙이 아니라 페어웨이에 놓여 있기 때문에 아이언 샷과 마찬가지로 아래쪽에 임팩트를 가해 치면 된다고 생각하는데 틀렸다. 땅을 쓸듯 쳐야 한다.

타이거를 보라. 페어웨이 메탈로 치기 위해 준비할 때 매우 둥근 스윙 동작을 시연해보인다. 그는 임팩트를 통한 스윙펑 접근 각의 가치를 알고 있다. 이것이 볼 플라이트, 비거리, 정확도를 최대화하는 방법이다.

훌륭한 어깨 턴과 함께 백스윙 시 클럽이 자신의 몸 주위에서 움직인다고 느껴라. 이는 안쪽에서 낮은 접근 각으로 공에 접근할 수 있도록 백스윙의 톱에서 이상적인 자세를 취하게 도와 견고하면서도 땅을 쓸듯 부드럽게 공을 치게 만들어준다.

최고의 샷

1983년 플로리다 PGA내셔널 라이더 컵 최종일. 세베 바예스테로스는 싱글 매치에서 퍼지 죌러를 상대로 18번 홀에서 페어웨이 벙커에 빠졌다. 상황은 힘들어 보였다. 그러나 세베는 3번 우드로 240야드를 쳐 그린의 프린지에 공을 올렸는데, 이는 천재의 놀라운 스트로크로써 믿을 수 없는 동점을 만들었다. US 라이더 컵의 주장이었던 잭 니클라우스는 그가 본 최고의 샷 중 하나라고 그 상황을 묘사했다. 이보다 더 큰 찬사는 없을 것이다.

■ 놀라운 세베

상체 회전과 둥글린 스윙은 페어웨이 메탈의 사용 비결이다.

상체 회전과 둥글린 스윙은 페어웨이 스윙의 어떤 지점에서도 양손이 주도 하여서는 안 된다. 그렇지 않으면 클럽헤드의 컨트롤을 잃는다.

이 클럽을 가지고 너무 욕심내지 말라. 비거리를 위한 것이 아니라 플레이스먼트 용이다.

▷ 포지션 플레이 시 골퍼들은 메탈을 사용하기 위해 스윙을 둥글게 하여 땅을 쓸듯 쳐야 한다. 이것이 타이거 우즈가 정확도와 함께 완벽한 볼 플라이트를 만들어내는 방법이다.

짐 퓨릭의 포지션 플레이

티그라운드에서 페어웨이 메탈은 현명한 선택이다. 상당한 비거리를 줄 뿐 아니라 페이스의 여유 있는 로프트는 드라이버보다 한층 높은 정확도를 선사하여 더 먼 페어웨이에 공을 올릴 수 있는 장점이 있다.

티그라운드에서 페어웨이 메탈로 치기로 결정했다면, 핵심은 드라이버로 치지 않아서 잃게 되는 비거리를 만회할 생각을 해서는 안 된다는 점이다. 실수하기 쉬운 부분이지만 짐 퓨릭은 그런 실수를 하지 않았다.

퓨릭의 스윙은 그림처럼 완벽하진 않을지 모르나 어느 누구보다도 알맞은 리듬을 유지하고 힘보다는 포지션 플레이에 능하다. 그는 자신의 스윙을 믿으며 클럽을 가지고 어느 정도 멀리 칠 수 있는지 정확하게 알고 있으며 비거리에 지나치게 욕심을 내지 않는다. 그가 정상급 선수들 중에서도 페어웨이에의 적중률이 높은 이유가 바로 이것이다.

그러므로 티그라운드에서 페어웨이 메탈로 친다면 파워가 아니라 공이 떨어질 위치를 생각하라. 그것이 이 클럽의 사용 목적이다.

◁ 짐 퓨릭은 투어에서 가장 우아한 스윙을 선보이는 선수는 아니지만 일관된 스윙으로 유명하다. 공을 페어웨이에 올려놓는 능력은 그의 강점 중 하나이다.

폴 케이시의 폭 넓은 스윙

영국선수인 폴 케이시가 자신의 백에 있는 모든 클럽으로 만들어내는 비거리는 놀랍다. 페어웨이 메탈도 예외는 아니다. 그러나 스윙의 특징은 케이시의 힘의 원천을 감춘다. 그는 백스윙에서 넓은 호를 그리면서 클럽을 쓸듯 치고 뛰어난 상체 회전을 만들어낸다. 이 강력한 조합은 열심히 모방하여 연습하면 잘할 수 있다.

어드레스에서 편안한 손, 팔, 그리고 어깨는 결정적인 시작점이다. 긴장은 모든 것을 망친다. 그런 다음 케이시는 첫 30인치(76센티미터)까지 클럽으로 그라운드를 낮게 쓸고 동시에 왼쪽 어깨를 골프공 뒤쪽에서 턴하기 시작한다. 이것이 첫 번째 힘의 움직임이다. 여기서부터 스윙은 흐르듯 움직인다.

> 그는 **백스윙**에서 넓은 호를 그리면서 **클럽**을 쓸듯 치고 뛰어난 **상체 회전**을 만들어낸다.

▷ 케이시는 큰 테이크어웨이와 함께 백스윙에서도 효과적인 폭을 만들어낸다. 이것은 완전한 어깨 턴과 함께 다운스윙을 위해 힘을 저장하는 데 도움이 된다.

아이언: 디자인

아이언 세트 구매에는 두 가지 분명한 옵션이 있었다. 블레이드 스타일의 깔끔하고 클래식한 세트가 마음에 드는가? 아니면 트레이드마크인 캐비티백을 가진 관용도가 높은 세트를 더 선호하는가? 간단한 선택이었다. 그러나 세월은 흘러 상황은 골퍼들에게는 더할 나위 없이 좋은 방향으로 바뀌었다. 클럽 기술의 진보는 골퍼들의 수준에 관계없이 잠재적인 실력향상을 의미한다.

캐비티백 아이언

골프 클럽 제조사들의 주요 관심사는 경기력 향상에 있다. 클럽의 성능과 관용도를 최대한 높이는 것은 무게중심과 무게분산을 조정하여 상당 부분 이루어진다. 최근에는 이러한 목적을 달성하기 위한 그들의 노력이 훨씬 다양해졌다.

　제작과 연마과정에서의 혁신적이고 정교한 기술에 의해 캐비티백 아이언의 클럽헤드는 더 강력하고 치기 쉽고, 균형 잡히고 일관성 있으며 관용도 또한 커졌다. 시중에는 뛰어난 캐비티백 아이언이 많이 판매되고 있는데, 특히 고급시장에서 판매되는 셀렉션은 거의 미학적인 수준에 이른다.

캐비티백 아이언의 디자인은 캐비티를 중간에 두고 에지에서 클럽헤드의 무게를 재분배하는 데 중점을 둔다. 이렇게 무게가 이동하면 중심을 벗어나 임팩트되었다고 해도 비틀어질 확률이 낮아진다.

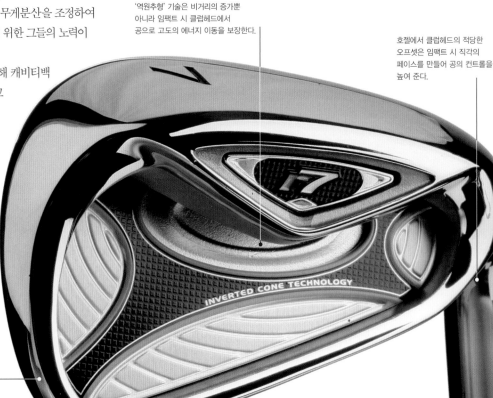

'역원추형' 기술은 비거리의 증가뿐 아니라 임팩트 시 클럽헤드에서 공으로 고도의 에너지 이동을 보장한다.

호젤에서 클럽헤드의 적당한 오프셋은 임팩트 시 직각의 페이스를 만들어 공의 컨트롤을 높여 준다.

무게는 클럽의 중앙 캐비티에서 클럽페이스 주변부로 이동되는데, 이는 캐비티백 기술의 정수이다.

제조

1960년대 많은 투어 프로 선수들은 토너먼트 중간에 클럽 매장을 방문하여 자신의 골프 클럽을 만들고 제련했으며 클럽 회원들에게 필요한 도움을 주었다. 오늘날 세계 정상급 선수들은 골프 클럽 제조사들로부터 24시간 서비스를 받는데 그들의 요구에 특별히 맞춘 다양한 아이언 세트를 공급받는다. 시대는 바뀌었다.

■ 1949년 샘 스니드, 자신의 프로 매장에서

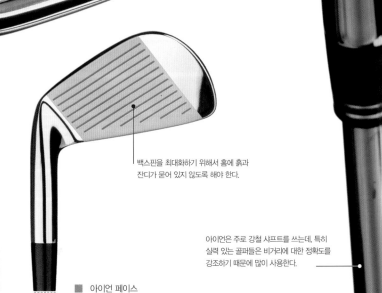

백스핀을 최대화하기 위해서 홈에 흙과 잔디가 묻어 있지 않도록 해야 한다.

아이언은 주로 강철 샤프트를 쓰는데, 특히 실력 있는 골퍼들은 비거리에 대한 정확도를 강조하기 때문에 많이 사용한다.

■ 아이언 페이스

합성물질과 무게중심 이동

합성물질 클럽헤드의 구조는 새로운 기술이다. 몇몇 아이언은 초경량 티타늄 클럽헤드를 장착하여 클럽헤드의 무게를 바깥 가장자리, 특히 클럽의 솔 부분으로 이동시킴으로써 높은 관용도를 자랑한다.

낮은 무게중심과 높은 론치 각을 생성하는 데 도움이 되도록 금속 합성물질을 주입하여 제작하는 것과 관련하여 다른 회사들도 유사한 원리를 채택한다.

무게중심 이동은 클럽헤드 디자이너들이 사용하는 또 다른 방법으로, 로프트에 의존하는 클럽의 경기 특성을 바꾼 혁신적인 텅스텐 웨이트는 21세기 새로운 아이언의 주요한 판매 포인트이다. 이런 혁신은 관용도의 정도와 공의 론치 각의 증대라는 점에서 혜택을 준다.

클럽헤드 뒤에 자리한 두 개의 충격흡수 디스크는 임팩트 시 페이스에서 떨어질 때 부드러운 느낌을 준다.

텅스텐 니켈 웨이트는 상대적으로 높은 론치 각과 스핀의 감소를 위해 무게중심을 낮춘다.

위와 같은 캐비티백 아이언은 클럽 디자인의 최신 발전의 전형이다. 'WS 시스템'을 특징으로 하는데, 캐비티백 구성요소와 함께 텅스텐 웨이트와 충격흡수 디스크를 가지고 있다.

머슬백 디자인(부분적인 캐비티백)은 클럽의 무게중심이 클럽헤드의 중심에 모이게 한다.

클럽헤드는 견고함과 클래식한 외양을 갖추기 위해 니켈 크롬을 이중으로 덧대어 만든다.

블레이드 아이언과 머슬백은 시각적인 즐거움을 주지만 주변 무게의 부족으로 초보자가 사용하기엔 어려움이 있다.

전통적인 블레이드

경기력 향상 아이언의 디자인에서의 혁명과 함께 블레이드의 선택 범위 또한 넓어졌다. 주요 제조사들은 최근에 블레이드 클럽헤드 제작 시 주로 사용되는 부드러운 탄소강의 연마과정을 성공적으로 업그레이드했다. 단강의 순도는 비거리 조절의 강화를 돕는 세트 전체에 뛰어난 일관성과 효율성을 준다.

21세기 블레이드의 머슬백 외양은 매력적인 디자인과 함께, 모든 세트에서 견고한 타구와 뉴트럴 샷 바이어스를 얻기 위해 블레이드의 중간에 클럽헤드의 무게중심을 모으는 데 도움을 주는 실용적인 장치도 가지고 있다. 이는 샷에 대한 상당한 수준의 컨트롤 능력을 가진 실력 있는 골퍼들이 공중에서 공을 양쪽으로 움직일 수 있도록 돕는다.

많은 선수들에게 최고 등급의 블레이드 세트만 한 것은 없다. 그러나 초보자에게는 적당하지 않은데, 이 클럽을 잘 활용하기 위해서는 공을 잘 쳐야 한다.

최고의 아이언

블레이드와 캐비티백 아이언 중 어느 것을 고를지 결정하지 못한 이들을 위해 여기 한 가지 옵션이 더 있다. '프로그레시브' 세트라 불리는 이것은 블레이드와 캐비티백의 장점들을 함께 지닌다. 오랫동안 많은 아마추어 골퍼들의 재앙이었던 롱 아이언은 캐비티백 디자인과 가벼운 오프셋을 취하여 샷이 제대로 날아가도록 돕고 상당한 수준의 관용도를 제공한다.

그러나 일반적인 아이언 세트는 클럽 전부가 같은 수준의 캐비티백을 가지는 데 반해 프로그레시브 세트는 다르다. 기본적으로 로프트가 증가하면서 각 클럽은 혁신적으로 블레이드와 같은 디자인과 외양을 가지고 적은 오프셋을 특징으로 한다.

캐비티백을 가진 롱 아이언은 타구 부분이 더 크고 기존의 롱 아이언에 비해 라이트 러프에서 더 쉽게 빠져나올 수 있는 디자인을 가지고 있다. 또한 오프셋 헤드는 임팩트 시 페이스가 직각이 되도록 하여 슬라이스를 줄여준다. 아직은 쇼트 아이언과 타협할 필요가 없다. 여러분은 결국 블레이드가 가진 향상된 타구감과 기능성을 얻을 수 있기 때문이다.

완벽한 조합

프로그레시브 세트는 클럽디자인에 있어 중대한 혁신이다. 한 세트에 있는 전통적인 캐비티백과 클래식 블레이드의 요소를 결합함으로써 선수들은 롱 아이언 캐비티백에서 이익을 얻고 쇼트 아이언 블레이드의 유익한 특징 또한 간직한다.

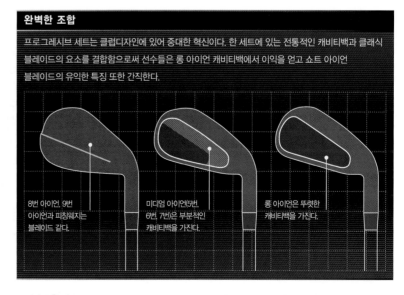

8번 아이언, 9번 아이언과 피칭웨지는 블레이드 같다.

미디엄 아이언(5번, 6번, 7번)은 부분적인 캐비티백을 가진다.

롱 아이언은 뚜렷한 캐비티백을 가진다.

아이언 로프트와 길이

로프트는 골프 코스에서 창의적인 경기를 펼치는 데 있어 필수적이다. 모든 클럽이 같은 로프트를 가지고 있다면 세계 최고의 선수라 하더라도 좋지 않은 스코어로 인해 곤란을 겪을 것이다. 3번 아이언(약 22도)의 로프트와 피칭웨지(약 48도)의 로프트 사이에는 뚜렷한 변화가 있다. 기본적인 9개 아이언 세트에서 샤프트의 길이는 각각 다르다는 점은 유사한데, 샤프트가 길면 비거리가 좋고 샤프트가 짧으면 정교한 플레이에 적당하다.

▷ 9개 아이언 세트에서 로프트의 분명한 진보와 더불어 세트의 솔과 리딩에지의 관계에도 차이가 있다.

▽ 3번 아이언의 샤프트 길이는 피칭웨지보다 약 4인치(10센티미터) 긴데, 모든 클럽은 약 반 인치 정도씩 증가한다.

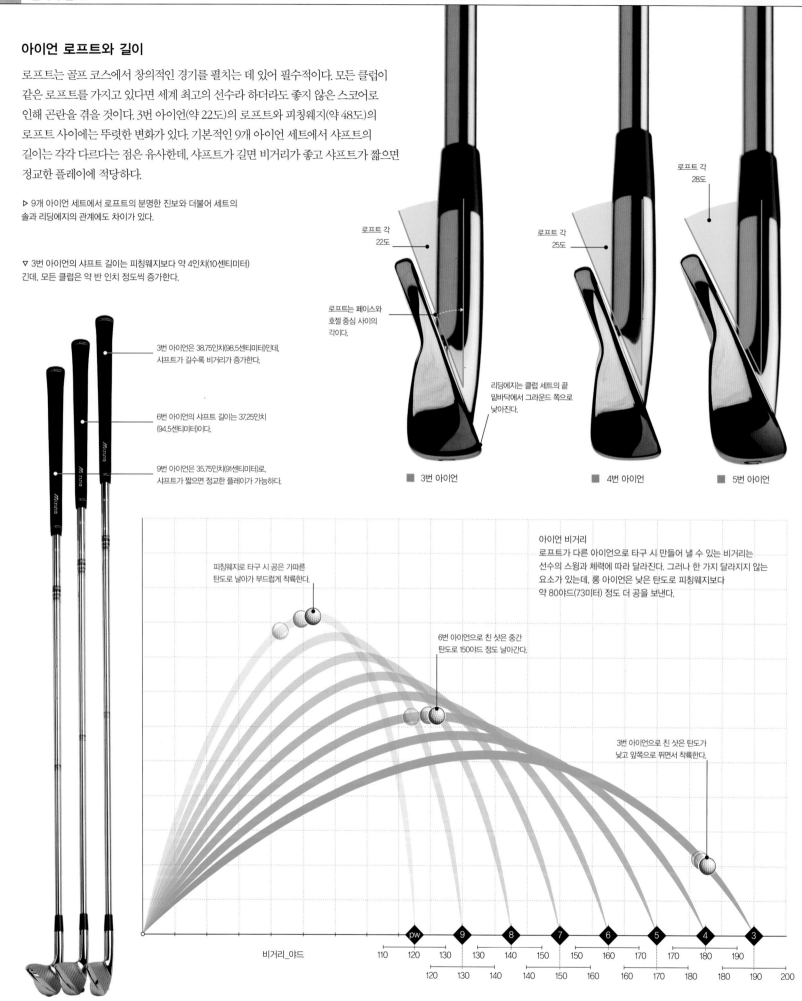

3번 아이언은 38.75인치(98.5센티미터)인데, 샤프트가 길수록 비거리가 증가한다.

6번 아이언의 샤프트 길이는 37.25인치(94.5센티미터)이다.

9번 아이언은 35.75인치(91센티미터)로, 샤프트가 짧으면 정교한 플레이가 가능하다.

로프트 각 22도

로프트 각 25도

로프트 각 28도

로프트는 페이스와 호젤 중심 사이의 각이다.

리딩에지는 클럽 세트의 끝 밑바닥에서 그라운드 쪽으로 낮아진다.

■ 3번 아이언　　■ 4번 아이언　　■ 5번 아이언

아이언 비거리
로프트가 다른 아이언으로 타구 시 만들어 낼 수 있는 비거리는 선수의 스윙과 체력에 따라 달라진다. 그러나 한 가지 달라지지 않는 요소가 있는데, 롱 아이언은 낮은 탄도로 피칭웨지보다 약 80야드(73미터) 정도 더 공을 보낸다.

피칭웨지로 타구 시 공은 가파른 탄도로 날아가 부드럽게 착륙한다.

6번 아이언으로 친 샷은 중간 탄도로 1500야드 정도 날아간다.

3번 아이언으로 친 샷은 탄도가 낮고 앞쪽으로 뛰면서 착륙한다.

비거리_야드

pw	9	8	7	6	5	4	3
110 130	120 130	130 140	140 150	150 160	160 170	170 180	190 200

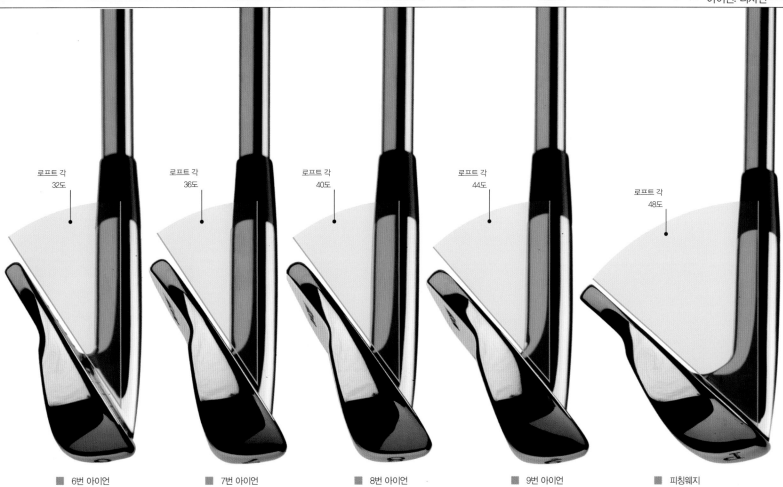

로프트 각
32도

로프트 각
36도

로프트 각
40도

로프트 각
44도

로프트 각
48도

■ 6번 아이언　　■ 7번 아이언　　■ 8번 아이언　　■ 9번 아이언　　■ 피칭웨지

커스텀 피팅

커스텀 피팅은 선수들의 요구사항에 딱 맞는 클럽을 제공한다. 완벽한 골프 클럽의
맞춤은 스윙 속도, 접근 각, 론치 각 등 여러 가지 동적 요소들에 의해 결정된다.
그러나 선수의 키라든가 손 크기 등과 같은 다양한 치수와 선수의 나이와 성별 같은
요소들도 고려해야 한다. 완벽한 클럽 세트를 갖추기 위한 주요 치수는 다음과 같다.
• 길이: 클럽 샤프트의 이상적인 길이는 선수의 키와 덜 중요한 요소인 손가락
끝에서부터 손바닥까지의 거리에 의해 결정된다. 샤프트는 거기에 따라 짧아질 수도
길어질 수도 있다.
• 라이 각: 라이 각은 샤프트와 클럽헤드의 가장자리 바닥이 이루는 각이다. 넓게

선수들에게 완벽한 조합을
찾아주기 위하여 각각의
클럽헤드는 다양한 샤프트와
맞춰본다.

보자면 키가 작은 골퍼들은 아이언에서 편평한 라이 각이 필요하고 키 큰 골퍼들은
가파른 라이 각이 필요하다.
• 샤프트 종류: 제조사별로 무게, 강도, 벤드 특징에 따라 다양한 샤프트를 이용할
수 있다. 일반적으로 강하게 치는 선수일수록 더 뻣뻣한 샤프트를 필요로 한다.
• 그립 사이즈: 그립은 스윙 시 손이 제대로 움직일 수 있도록 하기 위해 정확한
사이즈여야 한다. 그립이 너무 얇으면 손이 과도하게 움직이게 되어 문제를 일으킨다.
그립이 너무 두꺼우면 손이 제대로 움직이지 않아 히팅 에어리어(hitting area)에서
스윙 시 공이 힘있게 날아가지 못한다.

클럽 기술자는 스폰서가 프로 선수에게 공급하는 장비에 필요한
조정을 하기 위해 메이저 토너먼트에서 항상 대기한다.

아이언 샷 The iron shot

훌륭한 아이언 플레이를 위한 기술은 존재한다. 클럽은 로프트, 샤프트 길이, 그리고 공이 날아가는 코스의 비거리에 따라 놀라울 정도로 다양하지만 아직까지는 모두 같은 카테고리에 분류된다. 아이언 플레이에 뛰어난 선수는 3번 아이언이나 9번 아이언 등과 같이 다른 여러 가지 클럽을 사용하여 볼 플라이트를 컨트롤하고, 거리를 가늠하고 스핀을 제어하는 등의 요소들을 모두 잘 다룰 수 있어야 한다. 이는 습득이 가능한 기술로 모든 골퍼들은 자신의 아이언 플레이를 빠르게 향상시킬 수 있는데, 시선이나 턴의 방법에 대한 이론을 실전에 옮기는 법을 아느냐가 관건이다.

공의 위치 파악하기

공의 위치는 아이언 플레이의 가장 기초적인 부분이다. 셋업에서 이 부분에 대해 혼란을 겪거나 인식이 부족하면 어프로치 플레이 단계에서 참담한 결과를 초래할 수 있다.

▌여기 효과 있는 경험 법칙이 있다. 공을 스탠스의 가운데에 두고 웨지 샷을 한다. 그런 다음 클럽이 길어질수록 스탠스에서 더 먼 쪽으로 공을 점진적으로 옮긴다. 참고로, 5번 아이언의 경우 중앙의 공 넓이 정도의 앞쪽으로 두고 3번 아이언은 왼발 뒤꿈치 안쪽으로 더 멀리 둔다. 이렇게 하는 이유는 클럽헤드가 공에 어프로치 할 때 더 정확한 접근 각을 만들어주기 때문인데, 웨지는 비교적 가파르고 클럽이 길어질수록 점점 각이 낮아진다. 이것이 흔들림 없는 아이언 플레이를 위한 비결 중 하나이다.

▌자신이 서 있는 곳에서 공이 얼마나 멀리 떨어져 있느냐 역시 사용하는 클럽에 의해 결정된다. 간단히 말해 클럽의 샤프트가 짧아질수록 공쪽으로 점점 가깝게 서면 된다. 페어웨이 메탈 섹션 (58쪽 참조)의 시작 부분에 있는 자세 연습을 참고하면 백에 있는 모든 클럽으로 공에서 멀어지는 거리를 결정하는 데 도움이 될 것이다.

공의 위치는 클럽에 따라 다르다.　클럽의 길이가 핵심이다.

알맞은 비거리 조절 배우기

알맞은 비거리 조절 능력은 성공적인 아이언 플레이의 기본이다. 각 클럽별로 자신의 비거리를 확립하는 것이 우선이다. 각각의 클럽을 가지고 얼마나 멀리 칠 수 있는지를 정하기 위해서는 그라운드에서 시간을 들여 연습해야 하는데, 20개의 공을 쳐서 가장 먼 거리 톱5와 짧은 거리 톱5를 제외시킨다. 중간치의 공 10개가 그 클럽의 평균 비거리이다. 각 클럽별로 비거리를 기록하고, 코스에 나갈 때 비거리 카드를 사용하는 버릇을 들여라. 스윙 컨트롤은 그 다음에 배우면 된다.

▌항상 부드럽고 균형 잡힌 스윙을 하라. 임팩트를 통한 샷에 전념해야 하지만 스윙의 전체 동작은 자신의 육체적 한계 내에서 이루어져야 한다. 대부분의 정상급 선수들은 80~85퍼센트 정도의 힘을 사용해 스윙하는데, 스트라이크의 일관성과 거리 조절을 이룰 수 있는 유일한 방법이다.

샤프트가 목 주위를 감도록 하라

누군가가 아이언 샷의 품격을 결정하는 데 있어 팔로스루는 아무 관계가 없다고 한다면 잘못 이해한 것이다. 물론 공은 이미 공중을 날아가는 중이지만 스윙이 어떤 식으로 끝나길 원하는지 마음속으로 긍정적인 이미지를 기억한다면 아이언 샷의 위력을 높일 수 있다.

▌여기 기억해 둘 훌륭한 이미지가 있다. 스윙의 균형 잡힌 피니시 동작의 일부분으로써 클럽 샤프트로 자신의 목 주변을 감도록 한다. 이렇게 하면 클럽을 자신 있게 풀어주어 공으로 향하게 만들어준다. 그 결과 보다 나은 아이언 샷을 일관되게 칠 수 있다.

팔로스루 동작

목적을 갖고 연습하고 부드러운 스윙을 하라.

스윙의 비결

공의 뒤쪽에 집중한다.

오른쪽 팔은 임팩트에 들어갈 때 왼팔 가까이 둔다.

오른쪽 무릎은 공쪽으로 이동시킨다.

왼쪽 무릎은 버티고 서서 접히지 않게 한다.

머리 고정
머리는 스윙을 위한 고정된 축으로써 공 뒤쪽에 가만히 둔다.

어깨 라인
오른쪽 어깨는 임팩트로의 좋은 스윙 경로를 만들기 위해 '아래로' 향한다.

하향 강타
클럽은 약간 하향의 접근 각으로 골프공에 어프로치 한다.

궤도 유지
왼쪽 팔은 스윙의 궤도를 유지하도록 똑바로 편다.

경로 열기
왼쪽 엉덩이는 팔이 자유롭게 스윙할 수 있는 공간을 만들어 방해되지 않도록 치운다.

양손은 클럽헤드를 리드한다

많은 아마추어들은 아이언 샷에서 공을 공중으로 띄우고 더 좋은 샷을 치는 데 도움이 될 거라는 믿음을 가지고 공을 가볍게 툭 친다. 이는 사실이 아니며 경기에서의 최악의 실책이기도 하다.

정상급 선수들을 보라. 손이 클럽헤드를 공쪽으로 리드하여 하향의 접근 각을 만든다. 임팩트 시 샤프트가 어느 정도 기운다는 것을 명심해야 한다. 이는 공을 압착하므로 샷은 더 효과적인 탄도를 가지게 된다.

드로우 샷

드로우 샷은 오른손잡이는 공이 오른쪽에서 출발해 왼쪽으로, 왼손잡이는 공이 왼쪽에서 오른쪽으로 휘어지는 것을 말한다.

▌ 클럽페이스는 직선 샷을 칠 때처럼 타깃을 바로 겨냥하도록 한다. 다음으로 클럽헤드의 조정 없이 공이 출발하길 원하는 방향으로 발을 정렬한다.

▌ 양발의 라인을 따라 정상적인 백스윙을 한다.

▌ 히팅 에어리어에서 클럽헤드의 알맞은 릴리즈를 위해 오른손을 왼손 위로 굴리도록 신경 쓴다.

▌ 균형 잡힌 피니시를 위해 팔로스루 한다. 어드레스에서의 대각과, 임팩트 시 접근 각과 클럽페이스의 위치 결정은 필요한 사이드스핀을 주어 한 방향에서 출발한 공은 공중에서 휘어지게 된다.

일반적으로 발 뒤쪽에서 앞쪽으로 체중이동

| 타깃을 겨냥하여 | 정상적으로 스윙 | 손을 굴려 | 팔로스루 |

페이드 샷

페이드 샷은 오른손잡이는 공이 왼쪽에서 오른쪽으로, 왼손잡이는 공이 오른쪽에서 왼쪽으로 휘어지는 것을 말한다.

▌ 클럽페이스는 타깃인 공이 끝나길 원하는 지점과 직각을 이루도록 한다. 그 다음 클럽헤드의 위치를 그대로 유지하면서 공이 출발하길 원하는 방향으로 발을 정렬한다.

▌ 겨냥하는 라인을 따라 정상적인 스윙을 한다.
▌ 임팩트 어프로치 시, 페이스를 히팅 에어리어를 향해 오픈시킨 채로 손이 위쪽으로 보이게 반대로 굴려 릴리즈를 늦춘다.

▌ 균형 잡힌 피니시를 위해 팔로스루 한다. 이 샷과 드로우 샷은 공중에서의 움직임 정도를 제어할 수 있도록 충분히 연습하는 것이 중요하다. 궁극적인 목표는 각각의 상황에 맞는 공을 만드는 능력을 갖는 것이다.

평소대로 몸을 완전히 턴한다.

| 타깃을 겨냥하여 | 정상적으로 스윙 | 손의 릴리즈를 늦추고 | 피니시 유지 |

로샷은 평소 길이의
4분의 3 정도에 달한다.

공은 오른발에, 체중은 왼발에   짧은 백스윙   몸을 움직이지 말고   힘 있는 팔로스루

로샷

로샷은 나뭇가지와 같은 장애물 아래에서 공을 치기 위해
필요한데, 어드레스 동작에서 몇 가지 조정이 필수적이다.

■ 먼저 클럽을 1인치나 2인치 정도 짧게 잡는다. 공을
스탠스에서 더 뒤쪽으로 놓고 손은 공의 앞쪽에 두는데 이는
로프트 각을 낮추어 준다. 평소보다 낮은 볼 플라이트를 위한
사전 준비는 완료되었고, 발 앞쪽에 체중을 조금 더 싣는다.

■ 스윙할 때 더 공들일 필요는 없다.
완전한 어깨 턴으로 4분의 3 정도의 백스윙을 한다.

■ 히팅 에어리어에서는 가슴으로 공을 '덮는' 느낌으로
다운스윙한다. 손은 임팩트 지점보다 앞에 두고 클럽은
그라운드 아래쪽으로 가져간다. 클럽헤드는 공을 지나
그라운드 아래쪽에 머무르도록 연습한다.

■ 짧은 팔로스루는 균형 잡히고 힘 있는 스윙의 신호이다.
공을 더 세게 치려는 유혹을 뿌리치고 잘 치려고 노력한다.
흔들림 없는 접촉은 이 샷의 비결이다. 낮은 볼 플라이트는
그라운드에서 공이 더 굴러가게 하므로 클럽을 선택할 때
이 점을 기억한다.

어드레스 시 손은 공과
같은 위치에 둔다.

스윙을 하는 동안
체중은 오른쪽에
더 오래 머무른다.

공은 앞쪽에, 손은 뒤쪽에   손을 높이 두고a   체중을 뒤쪽에 둔 채로   균형 잡힌 피니시

하이 샷

공을 높이 올리는 하이 샷은 그렇게 자주 필요하지는 않지만,
나무와 같은 장애물이 있을 때나 벙커 너머 까다로운 위치에
놓인 핀을 공략할 때는 알아두면 좋은 샷이다.
과감한 셋업과 스윙의 변화는 현명하지 않다. 이 경우 모든
것을 정교하게 두는 것이 훨씬 낫다.

■ 보통보다 높은 볼 플라이트가 필요하므로 공을 스탠스에서
좀 더 왼발 쪽으로 두어 어드레스 때 보다 큰 클럽페이스
로프트 각이 되도록 준비한다. 손은 로샷 때처럼 공 앞쪽에
두기보다는 공과 비슷한 위치에 둔다.

■ 약간 똑바로 선 백스윙을 하고 손은 정점에서 높이 든다.

■ 임팩트 동안 체중은 뒤쪽(오른발)에 두는데, 오른쪽에
정상보다 조금 더 오래 체중을 싣는다.

■ 공이 날아가면 평소보다 오른쪽에 체중을 약간 더 두고 균형
잡힌 피니시를 한다.

아이언 샷: 마스터클래스

훌륭한 아이언 플레이의 가장 간단한 비교 척도는 정규 라운드 동안 그린에의 적중률이다. 상위에 랭크된
선수들은 약 80퍼센트 정도의 그린 적중률을 보인다. 경기의 다른 부분과 마찬가지로 프로 선수들에게 배울
점은 많다. 그러나 훌륭한 아이언 플레이에는 그린에 적중시키는 것 말고도, 공중에서 공을 이동시키고
핀 높이로 샷을 구사하는 능력과 함께 경기에서의 전략도 요구된다.

샷 하는 내내 클럽헤드는
타깃을 향하도록 한다.

오른쪽 팔은 임팩트 동안
쭉 뻗은 상태여야 한다.

힘 있는 몸 풀기와 팔의 자유로운
스윙을 위해 다리는 굳건한
플랫폼이 되어야 한다.

어니 엘스의 쭉 뻗은 팔

어니 엘스는 골프에서 최고의 스트라이커 중 한명으로, 임팩트
시의 엄청난 힘과 골프공의 뛰어난 압축을 숨긴 채 겉으로
보기에는 힘들이지 않고 리듬감 있게 스윙을 한다. 이는 그의
아이언 샷이 품위 있게 곧바로 멀리 날아가는 이유이기도
하다.

어니의 스윙에서는 배울 점이 많은데, 예를 들어 클럽헤드로
공을 칠 때 그는 팔을 완전히 쭉 뻗는다. 이로 인해 공으로의
접근 속도가 빨라져 가장 중요한 디센딩 블로(혹은 다운 블로)
까지 연결된다.

어니의 임팩트 동안의 적극적인 움직임을 따라 하기
위해서는, 오른쪽 팔을 타깃 방향으로 완전히 뻗고 클럽헤드가
공을 지나 그라운드 쪽으로 낮게 움직이는 것을 상상하라. 이
과정은 여러분이 공을 지나 자유롭게 스윙하고 어니처럼 팔을
뻗도록 도와줄 것이다.

◁ 어니의 스타일은 전설적이며 많은 선수들의 부러움을 산다.
겉으로 보기에 힘들이지 않는 스윙과 리듬감 있는 속도는 그가
공을 칠 때 팔을 뻗는 방식에 의해 더욱 빛난다.

최고의 아이언 샷

세르히오 가르시아는 1999년 USPGA의 최종 라운드에서
천재적인 아이언 샷을 쳤다. 16번 홀에서 그의 드라이브는
핀에서 189야드 떨어진 커다란 떡갈나무 앞에서 멈추었다.
처음에 그는 칩샷을 치려고 했지만 그때 좋은 생각이 났다.
그는 6번 아이언을 잡고 페이스를 오픈하고 눈을 감은 채 최대한
세게 공을 쳤다. 그가 눈을 뜨자 공은 정확하게 자신이 원하는
방향으로 슬라이스 되어 날아가고 있었다. 공은 홀에서 35피트
(10센티미터) 떨어진 그린에 안착했는데 거의 버디 퍼트를
기록할 뻔했다.

■ 16번 홀에서 공략 중인 가르시아

콜린 몽고메리의 컨트롤

전례 없이 유러피언 투어에서 메리트 훈장을 8번이나 수상한 스코틀랜드의 콜린 몽고메리는 가장 전통적인 골프 스윙을 가진 것은 아니지만 아이언 샷에서 그린으로의 비거리 조절 능력을 따라갈 자는 아무도 없을 것이다. 몽고메리는 지난 20년 동안 어느 누구보다 더 많이 깃발 가까이 가는 공을 쳤다.

몽고메리의 최대 강점 중 하나이자 모든 아마추어와 클럽 골퍼들이 쉽게 자신의 경기에 접목시킬 수 있는 것은 3번 아이언부터 9번 아이언까지, 사용하는 클럽에 관계없이 스윙의 리듬을 유지하는 법이다. 특히 백스윙을 끝내고 다운스윙을 시작하는 결정적인 전환에서도 같은 리듬을 유지하는 방법으로 그는 클럽을 잡아채지 않고 시간을 더 가진다. 이것에는 모든 골퍼를 위한 교훈이 있다. 처음의 부드러운 동작을 유지하라는.

▷ 몽고메리는 기질이나 집중력 등 성격에는 문제가 있을지 모르나 아이언 플레이에서는 전혀 다르다. 부드럽고 자유롭게 흐르듯 스윙하며 정확하다.

▽ 소렌스탐은 어느 곳에서든 핀을 공략하는 지략이 있어 곤경에 처했을 때에도 잘 빠져나온다. 그녀의 어프로치 플레이는 존경받으며 실수를 거의 하지 않는 편이다.

아니카 소렌스탐의 적당한 회전

아니카 소렌스탐은 지난 20년 동안 여성 골퍼 중 가장 뛰어난 선수이자 역사상 가장 위대한 선수 중 한 명이기도 하다. 그녀는 타이거 우즈가 남자경기에서 그랬듯 여자경기에서 새로운 표준을 정했다. 소렌스탐은 완벽한 골퍼라 특별히 지적할 약점이 없다.

그러나 스윙에서 약간 이상한 버릇이 있다. 그녀는 클럽헤드를 공쪽으로 가져갈 때 머리를 왼쪽으로 현저하게 돌린다. 모든 선수들은 자신들의 스윙에만 맞는 독특한 요소를 가지고 있기 때문에 이를 정확하게 흉내 내는 것은 위험할 수도 있지만 많은 골퍼들의 임팩트 위치를 향상시키는 데 도움이 되는 요소도 존재한다. 아니카가 하는 동작을 많이 취하기보다는 자신의 스윙에 도움이 될 정도로만 이용하는 것이 좋다.

머리를 정교하게 돌리며 아니카는 공을 치는 동안 상체를 알맞게 회전시킨다. 이는 그녀가 자신의 왼쪽편을 비워 자유롭게 스윙할 수 있는 충분한 공간을 만들어준다.

그러나 그녀는 스윙에서 **약간 이상한 버릇**이 있는데, 클럽헤드를 공쪽으로 가져갈 때 **머리**를 **왼쪽**으로 현저하게 **돌린다**는 점이다.

완전히 편평한 골프 코스는 없다. 수평 라이를 보장받을 수 있는 유일한 순간은
티그라운드에 있을 때뿐인데, 골프 라운드에서는 작은 부분을 차지하는 샷이다. 골프
코스에 발을 들여놓을 때마다 대면하기 때문에 업힐, 다운힐, 또는 사이드힐 등 다양한
경사면 라이에 대처할 수 있어야 한다.

공이 발보다 위에 있을 때

공이 자신의 발보다 위쪽에 놓여 있을 때는 공을 경사(슬로프)
아래로 끌어내리려는 경향이 있다는 점을 알아야 한다. 이를
보완하기 위해서는 스윙의 몇 가지 사항을 변경해야 한다.

▌ 먼저, 타깃의 오른쪽을 겨냥한 다음 그립을 짧게 쥔다. 이는
클럽을 짧게 만들어 공이 수평 라이에서 보다 높게 있는 점을
보완한다. 또한 무릎은 조금 덜 구부린 상태로 상체는 더
수직으로 세운다.

▌ 경사와 스탠스의 특성이 결합되어 클럽이 몸 주위에서
스윙하는 느낌이 드는, 약간 둥근 스윙 궤도가 만들어지는데,
이런 느낌을 가져야 한다. 최초의 상체 높이와 척추 각을
가능한 한 유지하도록 한다.

▌ 균형을 유지하면서 피니시까지 몸을 회전한다.

스윙하는 동안 흔들림이
없도록 한다.

오른쪽을 겨냥, 짧게 쥐고, 똑바로 선다.　　　상체 높이를 유지한다.　　　균형을 유지한다.

공이 발보다 아래에 있을 때

다시 한 번, 경사는 볼 플라이트에 영향을 미치므로 이 다루기
힘든 라이의 특성과 스탠스가 몸의 회전을 제한하려는 경향이
있다는 것을 받아들여야 한다.

▌ 공은 오른쪽으로 날아가려는 성질이 있으므로 타깃의
왼쪽을 겨냥한다. 어드레스 시, 평소보다 상체를 더 굽혀 공과
비슷한 위치에 있도록 한다. 스탠스가 더 넓어지므로 안정감을
주기 위해서 무릎은 많이 굽히는 것이 좋다.

▌ 제한된 움직임 때문에 백스윙은 팔을 이용하여 더 짧고
수직이 되도록 한다. 힘이 덜 생기므로 클럽을 높이 들고
부드러운 리듬을 유지한다.

▌ 경사의 범위 내에서 가능한 한 자유롭게 스윙한다.
이 샷의 핵심은 공을 치기 전까지 최초의 높이와 척추 각을
유지하는 것이다. 상황의 성격상 저지르기 쉬운 실수인 고도를
높이려는 버릇은 토핑 샷이나 얇게 맞히는 샷으로 귀결된다.

샤프트 끝 쪽으로
클럽을 잡는다.

왼쪽을 겨냥하고 무릎과 엉덩이를 굽힌다.　　　짧고 똑바로 선 스윙　　　자유로운 팔로스루를 한다.

안정된 백스윙은
경사와 조화를 이룬다.

어깨를 경사에 정렬한다.　　균형을 유지한다.　　고개를 계속 숙인다.

공이 오르막 경사에 있을 때

공을 공중에 띄울 수 있다는 점에서 경사면 라이에서의 샷 중 이 샷이 가장 쉬울지 모른다. 그러나 샷을 제대로 하기 위해서는 몇 가지 방법이 있다.

▌체중은 발 뒤쪽에 두고 오른쪽 어깨를 왼쪽 어깨보다 현저하게 낮게 둔다. 공은 오르막 경사에서 훅이 발생하므로 스탠스를 약간 넓게 하고 타깃의 오른쪽을 겨냥한다.

▌경사와 조화를 이루어 스윙을 하고 균형을 유지한다. 오른쪽 발을 치거나 경사에 기대지 않도록 한다.

▌임팩트 동안 무게중심을 유지하고 고개를 숙인다. 스윙의 자연스러운 탄력에 의해 피니시 자세까지 가도록 한다.

론치 각 이해하기

클럽 선택은 오르막 경사나 내리막 경사에서 경기할 때처럼 간단하지 않다. 고려해야 할 주요 사항은 최초 론치 각의 변화이다. 내리막 경사에서는 엄청나게 낮아지기 때문에 5번 아이언 대신에 6번 아이언을 선택할 수 있다. 오르막 경사에서는 그 반대이다. 론치 각은 높아져, 예를 들어 8번 아이언 대신에 7번 아이언을 사용할 수 있다. 경사에 맞서 싸우지 말고 감수하라. 내리막 경사에서는 짧은 아이언을, 오르막 경사에서는 긴 아이언을 선택하라.

임팩트 동안
고개를 숙인다.

스윙을 하는 동안
균형을 유지하려고
애쓴다.

공은 스탠스 뒤쪽에　　빠른 손목 꺾기　　임팩트 내내 클럽을 내리고

공이 내리막 경사에 있을 때

경사면 라이에서 가장 힘든 샷인데, 내리막 경사에서는 공을 공중에 띄우기가 어렵다는 인상을 주기 때문이다. 이는 사실이다. 내리막 경사는 로프트 각이 낮아지는 특성을 가져 공이 그라운드를 따라 쭉 굴러가기 쉽다.

▌어깨와 엉덩이가 경사와 최대한 평행이 되도록 맞추고, 왼쪽 어깨를 오른쪽 어깨보다 조금 낮게 둔다. 공은 스탠스의 뒤쪽(오른발쪽)에 둔다. 이는 매우 중요하다. 공을 스탠스의 앞쪽에 두려는 경향이 있는데, 거기서부터 들어 올리는 것이 자연스럽다고 느끼지만 오히려 공을 공중에 띄우는 데 방해가 된다.

▌빨리 손목을 꺾어 백스윙에서 클럽을 좀 더 가파르게 든다. 이는 임팩트 시 필요한 접근 각을 더 쉽게 생성하는 위치에 클럽을 두게 만든다. 백스윙의 정상까지 체중 분배를 유지하도록 한다.

▌임팩트를 향해 스윙할 때, 마치 경사 아래로 공을 쫓아가듯이 스윙하고 클럽헤드가 그라운드의 윤곽을 따라 가도록 임팩트 내내 클럽을 내린 채로 둔다. 공을 공중에 띄우려고 시도하지 말라.

문제 샷 Problem shots

골프의 한 라운드 경기는 숙련된 골프 코스 설계자이자 경기의 변덕스러운 성질 그 자체인 자연과
대화를 나누는 것이다. 실력을 갖춘 선수들은 그들 앞에 놓인 다양한 도전에 맞서는 법을 알고 있다.
여러분은 심한 바람과 싸우든지, 끈질긴 러프에서 공을 빼내려 애쓰든지, 혹은 벙커에 빠졌든 관계없이
기본요소를 이용하여 만회할 기회를 향상시킬 방법을 찾게 될 것이다.

바람에 맞서지 말고 이용하라

바람은 골프 경기를 할 때마다 항상 발생하는 문제이다. 산들바람, 강한 바람 혹은 돌풍 등 바람의
종류에 관계없이 이들 상황에서 경기하는 법을 알아야 한다. 바람 속에서 경기를 할 때, 더 긴
클럽을 잡고 편하게 스윙하면 볼 플라이트는 보다 효과적으로 바람을 가로지를 것이다. 같은
클럽을 선택하여 세게 치려는 실수를 하지 말라. 절대 먹히지 않는다. 뒷바람의 경우에는 더 짧은
클럽을 선택하고 편하게 스윙한다. 같은 클럽을 이용해 샷을 늦추려 하지 말라. 미스 샷이 나올
확률이 높다. 티그라운드에서는 드라이버 보다는 3번 우드를 선택하는 것도 괜찮다. 뒷바람
상황에서 여분의 높이는 더 많은 이점을 주어 비거리가 늘어나게 된다.

▌왼쪽에서 오른쪽으로 부는 바람에서 경기를 할 때는 드로우 샷을 치는데 이는 비거리와 스핀에
대한 컨트롤을 더 준다고 느끼기 때문이다. 그러나 이것은 고급 옵션으로 대부분은 바람에
대항하기보다 이용하는 것이 더 쉽다. 오른쪽에서 왼쪽으로 부는 바람에서는 간단하게 타깃의
오른쪽을 겨냥해 일직선으로 샷을 쳐서 바람이 알아서 처리하도록 두면 된다.

오른쪽을 겨냥하고 옆바람을 이용한다.

러프에서의 경기

러프에서의 문제는 러프의 억센 잔디가 클럽페이스와 공을 감아버린다는 점이다. 이 때문에 샷에서
나오는 힘이 고갈되어 비거리를 잃게 된다. 핵심은 임팩트에서의 접근 각을 더 가파르게 만드는
것인데, 이는 골프공을 가능한 최적의 상태에서 칠 수 있게 하여 더 '정상적인' 아이언 샷을
구사하게 만들어준다.

▌공은 스탠스 중간에서 뒤쪽에, 손은 공 앞쪽에 둔다. 손목을 좀 더 일찍 꺾어 백스윙한다.

▌임팩트 내내 손으로 클럽헤드를 리드하면서 공의 뒷부분을 내려치고, 완전한 팔로스루를 하도록
노력한다.

> 골프공을 가능한 **최적의** 상태에서
> 칠 수 있도록 **임팩트 시 접근
> 각을** 보다 가파르게 만들도록
> **훈련**하는 것이 핵심이다.

손은 앞쪽에 두고 손목을 일찍 꺾는다.　　　　　　　가파른 접근 각과 완전한 팔로스루

롱 벙커 샷

페어웨이 벙커에서의 첫 번째 규칙은 홀의 앞까지 공을 보내기 위해 로프트 각이 충분한
클럽을 선택하는 것이다. 클럽의 비거리로 그린에까지 이르는 보너스를 받게 될 수 있다.
스윙에서의 에너지를 모래가 빨아들이기 때문에 정확한 접촉이 이 샷에서 가장 중요하며,
약간의 둔탁한 접촉에도 비거리를 잃는 재앙이 올 수 있다.

▎ 1인치쯤 그립을 짧게 쥔다. 클럽헤드가 모래 위로 올라와 공에 정확하게 닿는다.

▎ 모래 속에 발을 넣고 이리저리 움직이면 스윙 자세가 낮아진다. 클럽을 짧게 잡는 것이 비결이다.

▎ 부드럽고 균형 잡힌 스윙을 하고, 공을 공중에 띄우려고 하기보다는 공 뒤쪽을 치도록 한다.

▎ 모래보다는 공의 뒤쪽을 쳐야 한다. 공에 닿기 전에 모래를 만나면 '무겁게' 느낄 것이다.

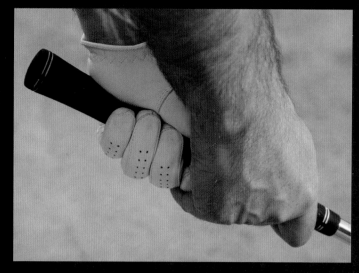

클럽을 짧게 쥔다.

발을 이리저리 움직인다.

모래가 아니라 공을 친다.

밭 디딤이 안정되면
균형 집힌 스윙이
가능하다.

많은 연습

골프 라운드에서 경기를 할 때 페어웨이 벙커에 빠지는 것을
부정적으로 생각할지도 모르지만 연습 환경에서는 이
상황을 유리하게 이용할 수 있다.
비제이 싱이 좋아하는 연습 중 하나는 페어웨이 벙커에서
완전한 아이언 샷을 치는 것이다. 이는 정확하고 깨끗한
공의 접촉에 아주 좋은 훈련 방법이다. 물론 비제이는
세계에서 가장 훌륭한 스트라이커이므로 그에게만 맞는
방법일지도 모르지만.

부드러운 스윙을 한다.

웨지: 디자인

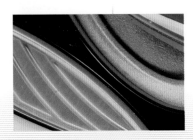

1990년대까지만 해도 골퍼의 백에서 웨지가 차지하는 공간은 매우 협소했다. 피칭웨지와 샌드웨지뿐이었는데, 샷에서 더 큰 로프트 각을 만들고 싶을 때 선수들은 즉석에서 클럽페이스를 오픈시켜야 했다. 오늘날 이들 두 개의 주요 클럽은 52도에서 64도 이르는 다양한 웨지로 발전되어 모든 면에서 뛰어난 기능을 선수들에게 제공하고 있다.

정교한 도구

드라이버처럼 뛰어난 티샷을 약속하거나, 퍼터처럼 홀에 공을 넣는다든지 스코어가 낮아지지는 않지만 웨지는 나름의 장점을 가지고 있다. 이것은 정교한 도구로써 타구감과 높은 스핀량, 그리고 최고의 컨트롤이라는 매혹적인 조합을 제공하며 골퍼의 백에 자리 잡았다. 웨지는 경기 가능성이라는 측면에서 수많은 골퍼들을 흥분시키는 무언가를 가지고 있다.

웨지는 드라이버, 퍼터, 하이브리드처럼 시중에서 적극적으로 판매되지 않는다. 부분적으로 이는 웨지의 성능을 어떻게 최대화할 것인가라는 측면에서 볼 때 디자이너가 나설 기회가 제한되어 있기 때문이다. 그래서 클럽의 성능은 홈(그루브)의 배치라든가 사용되는 메탈 등 보다 기본적인 사항에 의해 영향을 받는데, 이것들은 '관성모멘트'나 '무게중심'과 같은 기술적 매력이 없다.

그러나 이들 요소는 매우 중요한데, 골프 라운드에서 치는 샷의 상당 부분이 100야드(91미터) 이내에 있기 때문이다. 그렇다면 퍼트를 제외하고 백에 있는 웨지도 할 일이 많아진다.

웨지의 디자인은 외양에서 롱 아이언보다는 블레이드 스타일의 아이언과 더 닮아 있는데, 보다 치기 쉽기 때문이다. 솔은 더 둥글고 리딩에지는 땅에서 높다. 주변 무게는 타구감과 정확한 스트라이크의 추구에 있어서 두 번째로 중요하다.

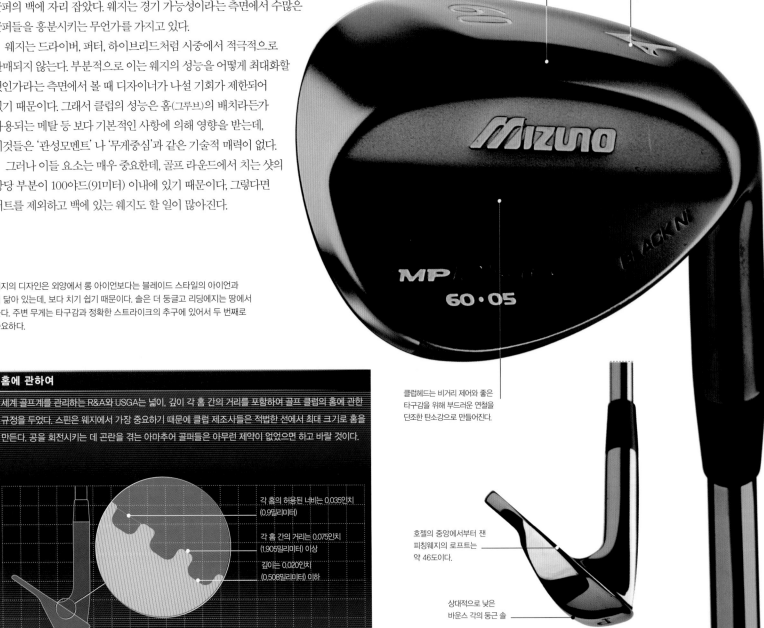

검은색 니켈 마감은 크롬보다 더 부드러워 그린 주변에서의 타구감이 좋다.

둥근 솔은 모래나 잔디가 무성한 지역에서 샷을 할 때 도움을 준다.

클럽헤드는 비거리 제어와 좋은 타구감을 위해 부드러운 연철을 단조한 탄소강으로 만들어진다.

호젤의 중앙에서부터 잰 피칭웨지의 로프트는 약 46도이다.

상대적으로 낮은 바운스 각의 둥근 솔

■ 선단에서 본 모양

홈에 관하여

세계 골프계를 관리하는 R&A와 USGA는 넓이, 깊이 각 홈 간의 거리를 포함하여 골프 클럽의 홈에 관한 규정을 두었다. 스핀은 웨지에서 가장 중요하기 때문에 클럽 제조사들은 적법한 선에서 최대 크기로 홈을 만든다. 공을 회전시키는 데 곤란을 겪는 아마추어 골퍼들은 아무런 제약이 없었으면 하고 바랄 것이다.

각 홈의 허용된 너비는 0.035인치 (0.9밀리미터)

각 홈 간의 거리는 0.075인치 (1.905밀리미터) 이상

깊이는 0.020인치 (0.508밀리미터) 이하

스핀에 대한 믿음

높은 스핀량은 웨지의 판매 주안점이다. 클럽페이스의 마감과 홈 패턴은 클럽페이스가 공을 만날 때 마찰을 생성하고 스핀이 증가하도록 고안되었다. 새로운 웨지 페이스에 있는 홈은 아주 효율적이어서 프로 골퍼들은, 물론 스트라이크는 정확해야 하지만, 러프에서조차도 놀라운 양의 스핀을 만들 수 있게 되었다.

헤드의 구조

웨지 클럽헤드의 제작에 사용되는 메탈의 종류는 특정 메탈이 다른 메탈보다 부드러워 훨씬 나은 타구감을 제공한다는 의미에서 실용적인 면과 함께 미적인 품격도 가진다. 전통적인 크롬 마감은 여전히 가장 인기 있는 옵션이지만 가벼운 사틴도 찾아볼 수 있다. 또한 '오일 캔(oil can)' 마감도 있는데 이는 번쩍임을 제거하고 약간 더 부드러운 타구감을 준다.

다른 회사들은 '녹슨' 마감이나 '빈티지한' 마감을 주기도 하는데 이들 클럽헤드는 세월이 흐름에 따라 녹이 슬면 선수들에게 더 좋은 제어능력을 주는 효과가 있기 때문이다. 또한 많은 제조사들의 웨지 종류에는 제트 블랙의 클럽헤드도 있다. 선택의 폭은 넓으므로 결정은 전적으로 개인의 몫이다.

웨지의 마감은 크롬과 검은색부터 구리, '오일 캔' 그리고 녹슨 느낌까지 다양하다.

구리와 청동 마감은 다른 메탈에 비해 부드러운 느낌을 주기 때문에 선호된다.

제트 블랙 마감은 복잡한 산화 과정을 통해 얻어지는데, 어드레스 시 번쩍임을 줄이는 효과가 있다.

■ 홈의 세부 모습

웨지 세트를 가지고 다니면 선수들은 코스에서 다른 선택권을 가진다. 선수들은 적어도 2개, 이상적으로는 3개의 웨지를 가지고 있어야 한다.

로브웨지는 일반적으로 백에서 가장 로프트 각이 크다.

모든 골퍼는 샌드웨지(56도)를 가지고 다녀야 한다.

'갭'웨지는 피칭웨지와 샌드웨지의 간격차를 메워준다.

로프트 각의 중요성

자신의 클럽 세트에 웨지 하나만 들고 다니는 골퍼는 없다. 최소 두 개는 있어야 하며 세 개는 권장사항이다. 세 개의 웨지 세트를 구축하는 데 있어 중요한 점은 로프트 각이 일정하게 높아지는 것인데 각 클럽당 약 4도 정도 차이가 나면 된다. 9번 아이언을 출발점으로 자신이 느끼기에 적당한 최대 로프트 각까지 높이면 된다.

많은 골퍼들의 백에서 가장 로프트 각이 큰 클럽은 60도의 로브웨지인데 이는 적절하다. 필 미켈슨은 64도의 웨지를 가지고 다닌다고 알려져 있는데 중급 정도의 실력을 갖춘 선수들에게는 각이 너무 크다.

웨지 바운스

바운스는 클럽헤드의 리딩에지와 솔 사이의 관계를 설명하는 용어이다. 주어진 라이에서 얼마나 효과적으로 공을 칠 수 있느냐를 결정하는데, 바운스 각은 솔이 어드레스 자세에 있을 때 리딩에지가 땅에서 들려 있는 각이다. 바운스 각이 다르면 샷도 달라지므로 웨지를 구매할 때에는 지역에 있는 프로에게 문의하여, 짧은 잔디에서의 경기용인지(낮은 바운스 각) 또는 벙커 경기용인지(높은 바운스 각) 등 자신의 목적에 맞는 바운스 각을 얻는 것이 필수적이다.

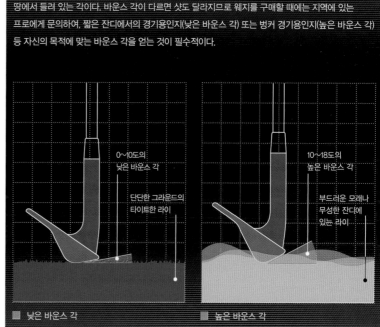

0~10도의 낮은 바운스 각

단단한 그라운드의 타이트한 라이

10~18도의 높은 바운스 각

부드러운 모래나 무성한 잔디에 있는 라이

■ 낮은 바운스 각　　■ 높은 바운스 각

피치 샷 The pitch shot

골퍼로서 가질 수 있는 가장 훌륭한 기술 중 하나는 피치 샷을 잘 구사하는 능력이다. 파4 홀의 경우 티샷에서 어려움이 있었다 하더라도 좋은 피치 샷으로 파를 얻을 수 있는 기회를 만들 수 있다. 파5 홀에서는 2타 안에 그린에 올려놓는 데 실패했을 때 버디를 낚을 수 있게 돕는다. 3타를 2타로 바꾸는 능력은 애버리지 스코어를 줄이는 데 극적인 효과를 미칠 것이다. 이 샷은 훌륭한 기술이며 연습할 가치가 충분히 있다.

셋업의 비결

중요한 것은 부드러운 동작

피치 샷의 세계에서 자만은 금물이다. 중요한 것은 피칭웨지로 얼마나 멀리 치느냐가 아니라 얼마나 깃발 가까이에 공을 붙이느냐이다. 이것이 성공을 가늠하는 유일한 척도이다. 그러므로 피치 샷을 칠 때 힘을 주려는 생각은 버려라. 부드럽게 빨라지는 스윙이 훨씬 효과적이다. 타깃에 도달하기 위해 피치 샷을 세게 구사할 필요를 느낀다면 클럽 선택을 잘못했다.

4가지 필수적인 셋업

형편없는 피칭은 종종 불충분한 셋업에서 비롯된다. 여기 보다 나은 셋업과 더 성공적인 피칭을 위한 4가지 방법이 있다.

· 발은 살짝 오픈하고 어깨는 직각이 되게 한다.
· 그립을 짧게 잡는다. 이는 스윙할 때 클럽헤드의 컨트롤과 타구감을 최대화시켜준다.
· 공은 스탠스 뒤에 두고 손은 앞으로 유지한다.
· 턱을 들고 있어야 하는데 이 단순한 움직임은 척추 각을 더 직립으로 만들어 보다 나은 자세를 만드는 데 도움을 준다. 골프공을 볼 때 자신의 코를 내려다보는 것 같은 느낌이 들도록 하라.

삼각형을 유지한다

웨지 스윙에 통달하기란 어려운데, 부분적으로는 많은 아마추어들이 이 샷은 풀스윙에 못 미치므로 다르게 쳐야 한다고 여기기 때문이기도 하다. 스윙에서 몸은 거의 움직이지 않고 지나치게 '손을 움직이는' 것이 가장 흔하게 나타난다. 이로 인해 스트라이크와 비거리 제어는 나빠진다.

이 스윙은 파워 샷은 아니지만 타구를 위해 클럽을 움직일 때 팔 스윙과 몸의 턴을 완벽하게 조화시키려고 노력해야 한다. 유용한 스윙 이미지는 어깨와 손을 삼각형으로 만든 다음 백스윙의 초기 30인치(75 센티미터) 동안 그 자세를 유지하는 것이다. 스윙하는 팔과 몸의 턴이 조화를 이루도록 하고 백스윙이 진행되는 동안 왼쪽 어깨는 공 뒤쪽으로 향한다.

간결한 접촉

이상적인 피치 샷은 공이 정상에서 가파르게 올라 굴러가지 않게 부드럽게 착륙하는 것이다. 이것을 기억하며 다운스윙 시 약간 하향하는 접근 각을 만들어야 한다. 목표는 공을 지나 잔디에 접촉하는 간결한 샷과 많은 백스핀이다. 임팩트에서 샷을 멈추어서는 안 되는데, 이는 너무 큰 디보트와 비거리의 감소를 초래한다. 대신 공을 지나 깔끔한 피니시까지 자신 있는 스윙을 하도록 주의를 기울인다.

백스윙을 하는 동안 손, 팔과 몸을 조화롭게 유지한다.   간결하게 공을 지나 잔디에 접촉하는 샷을 친다.

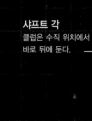

샤프트 각
클럽은 수직 위치에서
바로 뒤에 둔다.

손은 낮게
손은 백스윙에서 어깨 높이로
스윙하고 팔로스루도
어깨 높이로 한다.

손과 가슴
일치된 골프 스윙을 하기 위해서
손은 가슴 앞에 두도록 한다.

몸의 회전
몸은 팔 스윙과 조화롭게
회전한다.

좁은 스탠스
좁은 스탠스를 만들도록
다리는 약간 벌린다.

어깨에서 시작해 어깨에서 끝나는 스윙

아마추어가 하는 가장 흔한 실수는 피치 샷을 칠 때 풀스윙을
하고 공을 지나치게 세게 치는 것이다. 공은 스핀이나 탄도의
컨트롤 없이 공중으로 커브를 그리며 높이 올라가는 경향이 있다.
피치 샷은 컨트롤이 중요하다는 것을 기억하라. 공을 멀리 보내는
대회가 아니다. 그러므로 "어깨에서 시작하여 어깨에서 끝나는
스윙"을 하려고 노력하라. 즉 손은 백스윙 시 어깨 높이까지
올리고 팔로스루도 어깨 높이까지 한다.

　신경 써야 할 또 한 가지는 다운스윙에서 부드러운 리듬을
유지해 '자연스러운 가속'으로 임팩트를 하는 것이다. 이는
깔끔하고 일관된 스트라이크를 만들어 라인, 거리와 스핀 판단을
용이하게 한다.

공은 스탠스의 중앙에 둔다.

클럽의 끝부분은 그라운드를
가리킨다.

손은 클럽헤드를
임팩트로 리드한다.

안정된 스윙을 위해 머리는 임팩트
지점 위쪽에 둔다.

왼쪽 팔은 완전히 곧게 편다.

피칭: 마스터클래스

골프에서 훌륭한 피칭 샷을 치는 선수는 샷의 스핀, 탄도, 비거리, 그리고 정확도를 컨트롤할 수 있다.
이것이 그들이 100야드(91미터) 이내에서 2타 안에 공을 그린에 더 자주 올리는 이유이다. 반면 많은
아마추어들은 100야드(91미터) 내에서의 피치 샷에서 그린을 놓치기 쉽고 종종 3타 혹은 4타까지 간다.
최고의 선수들을 연구하면 여러분도 프로처럼 피치 샷을 치는 법을 배울 수 있다.

임팩트 동안 왼쪽 팔은
흔들림 없이 유지한다.

손은 클럽헤드를
공으로 리드한다.

견고한 공–잔디 접촉을 위해
공의 뒷부분에 집중한다.

루크 도날드의 오픈 클럽페이스

대부분의 피치 샷에서는 어드레스 시에 약간 클럽페이스를
오픈하는 것을 권하는데, 이는 볼 플라이트를 컨트롤하기 더
쉽고 클럽페이스에 약간의 로프트 각이 있으면 경기에서
기교를 부리기 쉽기 때문이다. 또한 그린을 넘어 멀리 가는 데
대한 두려움 없이 샷을 칠 수 있도록 해준다.

훌륭한 피치 샷을 구사하는 영국의 루크 도날드 같은
선수를 보라. 그의 스윙은 멋진 리듬과 타이밍 감각의 축복을
받았다. 80야드(73미터)에서 피칭을 하든, 그 반 정도의
거리에서 피칭을 하든 상관없이 그는 항상 임팩트 내내 완전한
샷을 구사한다.

세게 치기보다는 팔과 몸이 함께 움직이는 자신 있고
집중적인 스트라이크를 하려고 노력하라. 이는 컨트롤
가능하다.

◁ 좋은 피칭 동작은 공을 홀에 가까이 올리고 스코어에서 스트로크를 줄일 기회를
준다. 완전한 샷을 구사하는 동작의 루크 도날드는 최고 선수 중 한 명이다.

최고의 피치 샷

오크 힐에서 열린 1995년 라이더 컵은 전형적인 접전이었다.
경기의 마지막 날 닉 팔도와 커티스 스트레인지의 싱글 매치는
가장 주축이 되는 사건이었다. 두 사람은 18번 홀까지
무승부였는데 깊은 러프에 빠진 팔도는 그린의 100야드(91미터)
내로 공을 쳐 내었다. 팔도는 5피트 거리로 멋진 피치 샷을 쳤다.
그는 파 퍼트를, 커티스는 보기를 기록해 1993년 벨프리 이후에
라이더 컵은 다시 유럽인의 손에 넘어갔다.

■ 라이더 컵을 차지한 팔도의 피치 샷

레티프 구센의 접근 각

레티프 구센은 스윙 코치를 두지 않기 때문에 온전히 혼자라고 할 수 있지만 경기에서 가장 건실하고 감탄스러운 스윙을 발전시키는 데 전혀 문제없다. 그의 피칭 동작은 지켜보기에 즐거우며, 자연적으로 성공적인 기술의 필수적인 요소를 갖추고 있다. 즉 공에의 가파른 접근 각으로 공을 깨끗하게 피칭하여 많은 스핀량과 최적의 비거리 제어가 가능하도록 한다.

'구센'의 스윙을 따라하는 데 도움이 되는 유용한 스윙이 여기에 있다. 샷을 칠 때 여러분 앞에 놓인 공원 벤치 아래에 공이 놓여 있다고 상상하라. 양손으로 클럽헤드를 공쪽으로 이끌며, 아래로 향하는 타격을 유도한다. 다음 연습 시간에 한번 시도해보라. 더 나은 임팩트 위치에 서도록 돕는 동시에 훨씬 큰 재량을 가지고 공을 칠 수 있게 될 것이다.

▷ 다운스윙에서 가파른 접근 각을 취함으로써 구센은 좋은 백스핀과 비거리 제어를 얻는다. 이것이 그가 두 번의 US 오픈 챔피언이 되도록 기여한 요소 중 하나이다.

▽ 임팩트에서의 감속은 아마추어 골퍼들이 저지르는 최악의 실수이다. 반대로 토마스 비욘을 포함한 세계 정상급 선수들은 보다 나은 피칭을 위해 공으로의 접근 속도를 빨리한다.

토마스 비욘의 가속

클럽헤드의 가속이 미스 샷을 만들지 않는다는 것은 쇼트 게임의 스승인 데이브 펠츠에 의해 증명되었다. 피치 샷에서는 임팩트 내내 좋은 가속도를 가진 적극적인 타구가 필요하다. 골프공으로 뛰어난 피치 샷을 치는 덴마크 선수 토마스 비욘이 대표적인데, 공을 치는 그의 동작은 탁월하다.

이들 라인을 생각하라. 백스윙은 필요한 거리에 공을 보내기 위해 임팩트 동안 부드럽게 가속화 될 수 있는 정도여야 한다. 백스윙이 너무 짧으면 칠 때 힘을 주어야 하고, 백스윙이 너무 길면 공을 너무 멀리 치지 않도록 감속해야 한다.

뛰어난 **피치 샷**을 치는 대표적인 선수는 덴마크의 **토마스 비욘**인데 공을 치는 그의 동작은 탁월하다.

칩샷 The chip shot

언젠가 우리 모두 그린을 거의 놓치지 않아서 칩샷을 할 필요가 없는 경지에 오른다면 얼마나 좋을까 생각해본다. 그러나 골프는 그렇게 간단하지 않다. 세계 정상급 선수들이라 해도 한 라운드당 3번이나 4번 정도 그린을 놓친다. 그들이 경기에서 성공적일 수 있는 이유 중 한 부분은 간결한 칩샷에 이은 한 번의 퍼트로, 혹은 한 번의 칩샷만으로도 홀인 할 수 있기 때문이다. 칩샷의 기술은 스코어를 줄이는 데 아주 중요하므로 연습에 많은 시간을 투자해야 한다.

▌ 셋업 규칙

나쁜 치핑은 항상 나쁜 셋업에서 비롯된다고 하면 너무 단순화하는 것 같지만 많은 골퍼들이 칩샷의 이 중요한 면을 무시함으로써 경기를 아주 어렵게 만드는 것만은 분명하다.

칩샷의 99퍼센트에 적합한 올바른 셋업은 "공은 뒤에, 손과 체중은 앞에"라는 간단한 문장으로 표현할 수 있다. 이는 클럽헤드가 약간 하향의 접근 각으로 공에 다가가 힘 있는 공-잔디에의 접촉을 만드는 스윙의 형태를 잡아준다.

샷을 보라

뛰어난 상상력은 전 라운드에서의 성공적인 치핑의 절대적인 선행 요건이며 정상급 선수들에게 좋은 영향을 주는 특별한 요소이기도 하다. 플레이에 맞는 클럽을 선택하여 확신을 가지고 샷을 하기 위해 다른 상황에서의 볼 플라이트, 착륙 지점, 런의 양을 상상할 수 있어야 한다.

공은 뒤에, 손은 앞쪽에 　　　　　손은 히팅 에어리어에서 클럽헤드를 리드한다. 　　　　　부드러운 리듬을 유지한다.

▌ 손은 앞쪽에 둔다

치핑의 황금률 중 하나는 히팅 에어리어에서 손이 클럽헤드를 리드하여 아주 중요한 하향의 접근 각을 보장하는 것이다. 이것은 아마추어 골퍼들이 이해해야 할 핵심 포인트로 손이 앞서 있으면 깨끗하고 일관된 스트라이크의 가능성이 더 높아진다. 그러나 임팩트 시 클럽헤드가 손을 앞지르면 골프공에 이르기 전에 사실상 스윙의 궤도가 바닥에 닿아 미스 샷이 나오게 된다.

▌ 팔뚝은 부드럽게 유지한다

이 책의 앞 장에서 배웠듯이 손, 팔, 또는 몸의 긴장은 견고하고 일관된 골프 샷을 칠 기회를 망치는데 치핑에서도 마찬가지이다. 동작에 파고드는 이 음흉한 실수를 방지하기 위해서는 클럽을 앞뒤로 스윙하면서 팔뚝을 부드럽게 만들도록 노력한다. 그러면 이 생각만으로도 부드러운 리듬을 가질 수 있게 스윙에 기름을 칠하는 격이다. 또한 히팅 에어리어 동안 원활한 가속을 유지해 공은 지나치게 '강하지' 않고 부드러우며 쉽게 제어 가능한 볼 플라이트로 페이스를 벗어나게 된다.

클럽 선택

간결한 칩샷을 하기 위해 필요한 셋업과 스윙은 다른 클럽에도 적용할 수 있다. 자신과 깃발 사이에 러프나 벙커를 두고 칩샷을 쳐야 한다면 로프트가 많은 7번이나 8번 아이언을 선택한다. 스윙은 그대로 하고, 셋업에서 공은 뒤(오른발쪽)에 두고 손과 체중은 앞(왼발)쪽에 두어 손이 클럽헤드를 공으로 리드하도록 해야 한다. 자신의 스윙을 믿고 로프트가 알아서 하도록 둔다.

스윙의 비결

클럽을 스윙할 때 왼쪽 손목은
고정한다.

다리는 스윙 동작을 지지하며
구부린다.

척추 각은 좋은 접촉을 위해 일정하게
유지한다.

손목은 과도한 손동작 없이
'얌전히' 둔다.

클럽의 로프트가 알아서 처리한다.

머리 위치
공이 날아간 한참
후에 머리를 든다.

상체의 움직임
손, 팔, 상체는 함께 움직인다.

몸을 돌린다

전형적인 칩샷은 상대적으로 스윙이
짧은데 그렇다고 몸의 움직임을 멈춰야
하는 건 아니다. 사실 공에의 빈약한
접촉은 종종 팔이 스윙을 할 때 몸을
돌리지 않아 클럽헤드가 손을 앞지르게
되어 나타난다. 그러므로 항상 팔의
스윙과 동시에 가슴을 뒤로 그리고
앞으로 돌린다고 생각하라. 이것은 손이
공보다 앞쪽에 있도록 하여 스윙에
추진력을 주어 클럽이 올바른 하향 접근
각을 유지하게 돕는다.

부드러운 그립
그립의 압력은 최대의 타구감을
위해 부드럽게 둔다.

구부린 무릎
무릎을 구부리고 스탠스를 좁게 한다.

낮은 클럽
클럽헤드는 임팩트 내내 그라운드에
낮게 두고 스윙의 마지막에만 든다.

팔로스루
클럽헤드는 백스윙보다 더 멀리 보낸다.

치핑: 마스터클래스

최고 선수들의 경기를 지켜보는 진정한 기쁨 중 하나는 그린 주위에서 그들이 보여주는 감탄스러운 기술이다. 놀라운 터치와 타구감을 가지고 다양한 칩샷을 구사하기 때문에 보는 즐거움이 있다. 훌륭한 치핑은 신체적 제약이 없기 때문에 세계 모든 골퍼들도 할 수 있다. 엄청나게 힘이 셀 필요도 없다. 이 샷은 짧고 상대적으로 간단한 스윙이다.

올라사발은 속도를 가지고 공을 치는 데 두려움이 없는데, 공에 더해진 스핀으로 공이 멈출 것을 알기 때문이다.

상체는 어깨와 팔로 스윙을 하는 동안 최대한 움직임이 없어야 한다.

임팩트 순간 손은 공 앞에 있어야 한다.

호세 마리아 올라사발의 가속

스페인은 오랫동안 정교한 쇼트 게임에 능한 골퍼들을 배출해내는 것으로 유명하다. 두 번의 마스터스 챔피언인 호세 마리아 올라사발은 그중 최고이다. 그는 가끔 드라이빙에서 실패하는데 이는 곧 그의 스크램블 능력(그린을 놓쳤을 때 파 세이브 하는 능력)으로 만회해야 함을 의미한다.

칩(또는 퍼트)을 잘할 수 있는 능력을 갖춘 골퍼는 항상 위협적인데, 올라사발은 스트로크 내내 손은 클럽헤드의 앞에 둔 채, 공에의 뛰어난 가속도를 가진 치핑 동작에 능하다. 매우 힘 있고 적극적인 동작으로 앞으로 뛰어 넘는 낮게 나는 샷을 만든 후 공은 회전하고 멈춘다.

여러분이 칩샷을 구사할 때 기억해두면 좋은 이미지이다. 정말 올라사발의 치핑 스타일의 마법 같은 심상은 치핑으로 고생하는 골퍼들에게 많은 혜택을 준다. 그것은 공에의 감속을 막아주고 또한 임팩트 시점에서 손이 클럽헤드의 앞에 머무르도록 조장한다.

> 그의 치핑 동작은 공에 대한 뛰어난 가속도감을 가지고 있으며 손은 내내 클럽헤드의 앞에 위치한다.

최경주의 일관된 동작

PGA 투어에서 정기적으로 우승하는 한국의 최경주는
한 해 동안 선수가 적어도 파를 확보하기 위해 칩에 이은
한 번의 퍼트 혹은 칩만으로 홀인한 횟수에 근거한 수치인
투어의 이른바 '스크램블링' 통계에서 상위에 랭크된다.

최경주의 훌륭한 자질 중 하나는 주어진 상황에 필요한
탄도, 높이, 스핀 마법을 부리기 위해 단순히 클럽의 선택만
달리하고 모든 칩샷의 치핑 동작을 본질적으로 같게 유지하는
점이다. 이것은 자신의 치핑 동작에 더 편안해지고 꾸준히
반복할 수 있기 때문에 아마추어가 따라 하기 좋다.

몇몇 정상급 선수들이 채택한 대안은 같은 치핑 클럽을
사용하는 것인데, 다양한 높이의 샷을 만들기 위해
클럽페이스의 로프트를 조작해 기술에 변화를 준다. 이것 또한
나름의 장점이 있어 샷의 범위를 향상시켜주겠지만 상당한
기술과 연습이 더 요구된다는 점을 명심하라.

▷ 프로 골퍼가 되기 전에 역도 선수였던 최경주는 그린 주변에서
부드러운 손동작과 뛰어난 터치를 가지고 있다.

최고의 칩

1987년 마스터스에서 그 지역 출신이자
순위 밖의 선수였던 래리 마이즈는 세베
바예스테로스, 그렉 노먼과 함께
플레이오프에 진출했다. 세베는 첫 번째
홀에서 보기를 기록해 탈락했다. 파 4의
11번 홀에서 마이즈는 오른쪽으로 그린을
놓친 반면 노먼은 정상적으로 그린에
올려놓아 마스터스 타이틀에 두 타만을
남겨놓았다. 그러나 마이즈는 재치 있는
피치 앤 런 샷을 구사했는데 공은
그린으로 뛰어올라가 홀로 조르륵 굴러
들어갔다! 노먼은 버디 퍼트를 놓쳤고 그
결과 마이즈가 우승했다.

■ 마스터스 우승의 칩인을 한 마이즈

세베 바예스테로스의 즉흥 변주

세베 바예스테로스는 그의 세대에서 가장 창조적인
골퍼였으며 최고의 쇼트 게임 능력을 가진 선수였다. 이들
두 개의 자질은 밀접하게 연관되어 있다. 뛰어난 상상력은
성공적인 쇼트 게임의 선행조건이다. 그린 주위의 어려운
칩샷을 먼저 상상할 수 있어야 하고 그린 다음 이들 샷을
실제로 구사하기 위해 터치와 타구감을 발전시켜야 한다.
치핑은 1차원적인 것이 아니기 때문에 다양성이 요구된다.

그러므로 클럽을 선택해 쇼트 게임을 항상 연습하고 각
샷마다 타깃을 다양하게 바꾸어 보라. 매번 마음속으로 공이
어디에 착륙하길 원하는지, 홀에 가까이 가기 위해 필요한
런은 어느 정도인지 등 골프공의 플라이트를 상상하라. 모든
샷은 다르다는 것을 기억하라. 자신이 원하는 샷을 마음속에
그린 후에 그것에 맞는 최적의 클럽을 선택하라. 구사하는
샷이 변함에 따라 클럽 또한 바꾸는 것이 핵심이다. 어떤 것은
런이 거의 없는 높은 로프트의 클럽을, 또 다른 것은 런이 많은
낮은 로프트의 클럽을.

연습 그린에 비켜서서 같은 타깃을 향해 같은 샷을
오랫동안 쳐서는 절대 안 된다. 그러면 쇼트 게임에서 어떤
이익도 얻을 수 없다.

◁ 바예스테로스는 그의 세대에서 가장 창조적인 쇼트 게임 샷을 만드는
선수였다. 그는 항상 문제가 생기면 기발한 해결책을 만들어 낼 수 있었다.

벙커 샷 The bunker shot

샌드웨지는 전적으로 형태가 기능을 겸비해야 한다는 기본 원칙에 의해 디자인된 맞춤 장비이다. 우리는 그랜드 슬램을 달성한 진 사라젠(109쪽 참조)에게 감사를 표해야 하는데 그가 웨지에 더 넓은 솔이 필요함을 밝혔기 때문이다. 그 이전까지 모래에서 골프공을 빼내는데 사용된 도구는 그 용도에 완전히 들어맞지 않았다. 측면에서 보면 전통적인 블레이드와 비슷한 수직의 리딩에지와 좁은 솔은 모래를 너무 깊게 파는 경향이 있어 스윙에서 에너지를 너무 많이 낭비하게 만들었다.

샌드웨지의 작동원리

진 사라젠의 샌드웨지 발명은 장비에 대한 골퍼로서의 좌절과 활발한 상상력이 결합되어 이루어졌다. 그는 오리가 물위에 내려앉는 것을 연구했고 그들의 둥근 배가 물 표면을 미끄러져나가는 것을 관찰했다고 한다. 그는 오늘날 플랜지 혹은 클럽의 솔이라고 부르는 둥근 배를 가진 샌드웨지를 디자인했고 그런 클럽헤드가 모래에서 매우 효과적으로 미끄러져나가는 것을 알았다.

벙커 샷 플레이를 할 때, 클럽헤드의 플랜지는 클럽헤드가 살짝 하향하는 접근 각을 이루면 이것이 모래를 빠져나가는 방식으로 작용한다. 이로 인해 임팩트 시 모래가 튀게 되어 공을 벙커 밖으로 몰아낸다. 그래서 벙커에서 완벽하게 탈출하는 것을 '스플래시 샷'이라고 부른다.

▌ 오픈 셋업 취하기

샌드웨지의 바운스 효과를 활용하기 위해서는 스윙의 형태에 영향을 줄 몇 가지 간단한 셋업 규칙을 지켜야 한다.
• 양발이 타깃의 왼쪽으로 정렬되도록 오픈 스탠스를 취해야 한다.
• 타깃의 오른쪽을 겨냥하여 클럽페이스를 오픈시켜야 한다.

▌ 목표 라인을 따라 스윙하기

공을 정확하게 놓으면 스윙은 무한히 쉬워진다. 비결은 몸의 라인을 따라 스윙하는 것으로, 다시 말해, 바깥에서 안쪽으로 진입하는 경로를 거치는 것이다.
• 공에서 약 2인치(5센티미터) 뒤쪽에 있는 지점에 초점을 맞춘다. 이는 의도된 클럽헤드의 진입 지점이다.
• 팔 스윙과 몸의 턴을 결합하여 스윙한다.
• 임팩트 내내 타깃의 왼쪽으로 클럽을 스윙한다는 느낌으로, 의도한 지점의 모래를 쳐 내고 클럽헤드는 공 아래의 모래를 헤치며 속도를 높인다.
• 벙커 샷에서는 항상 팔로스루를 한다.

올바른 그립

스탠스를 오픈하면 그립을 형성할 수 있다. 샌드웨지는 클럽페이스가 오픈되었을 때 제대로 효력을 발휘한다는 것을 기억하라. 셋업의 이런 면은 중요한데, 공을 칠 자세를 취할 때 클럽페이스를 정말 오픈시켰는지 확인하는 간단한 작업을 한 후에 스윙을 시작하는 것이 현명하다.

클럽을 자신의 바로 앞, 오른손에 두고 클럽페이스가 오픈될 때까지 손에서 반시계방향으로 그립을 회전시킨다(아래 왼쪽). 그런 다음, 클럽페이스 위치는 바꾸지 말고 그립을 형성한다(아래 오른쪽). 클럽페이스는 스윙을 하는 동안 오픈되어 있어 완벽하므로 훌륭한 벙커 샷을 치기만 하면 된다.

스탠스와 클럽페이스를 오픈시킨다.

목표 라인을 따라 스윙하고, 공 뒤쪽의 모래를 치며, 팔로스루를 기억한다.

발을 움직여 위치 정하기

벙커에 서 있을 때는 견고한 땅 위에 있는 것이 아니므로 안전한 발판을
만드는 것이 중요하다. 흔들림 없는 기반을 주기 위해서 모래 속에 발을 넣어
이리저리 움직인 다음 공 뒤쪽에 위치를 정하여 그 지점의 모래를 칠 수
있도록 한다.

이상하게 들리겠지만 사정거리가 짧은 벙커 샷은 골프에서 실제로 공을
쳐서는 안 되는 유일한 샷이다. 클럽은 공 아래로 미끄러지고 모래의 폭발로
공이 그린 위로 날아간다. 모래에서 발을 움직여 견고한 스탠스를 만든 다음
치는 것을 기억하라.

> 아마추어 골퍼들은 공통적으로
> **벙커 플레이**에 대한 **두려움**을
> 갖고 있지만, **기본 원칙**을
> 지키기만 하면 쉽게 사라진다.

그립 형성
클럽페이스를 오픈한 다음 그립을 잡는 것이 제일
중요하다. 반대로 하게 되면 클럽페이스는 임팩트 시
직각으로 되돌아와 샷을 완전히 망쳐버린다.

구부린 무릎
어드레스 시 무릎을 구부리고
스윙 동안 그 상태로 유지한다.

손의 정렬
일반적인 그린사이드 벙커 샷에서 손은
골프공 약간 앞이나 같은 위치에 둘 수 있다.

로프트와 바운스

웨지에서 로프트의 선택은 골프 코스의 벙커
특성에 의해 결정된다고 볼 수 있다. 얕은 벙커와
넓은 그린을 가진 코스는 높게 로프트 된 웨지가
필요 없는 반면 전형적으로 벙커가 깊고 최대의
도약을 가진 탈출 샷이 요구되는 링크스
코스에서는 로프트 각이 큰 것이 바람직하다.
샌드웨지는 적정한 정도의 바운스 각을 가지는
것 또한 중요한데, 8도 이상이거나 12~14도
정도가 되어야 한다. 이 바운스 각은 클럽헤드가
모래를 파고들기보다 잘 미끄러져 나갈 수
있도록 돕는다(78~79쪽 참조).

체중 분배
체중은 아주 살짝
발 앞에 두는 것이 좋다.

클럽페이스
자신이 생각하는 것보다 더 샌드웨지의
클럽페이스를 오픈시킬 수 있다.

(78~79쪽 참조)

스윙의 비결

공은 중간 앞쪽에 두어야 한다.

어깨, 발, 그리고 엉덩이는
타깃 라인을 향해 오픈한다.

공 뒤의 모래를 친다.

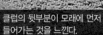
클럽의 뒷부분이 모래에 먼저
들어가는 것을 느낀다.

척추 각은 임팩트에 들어갈 때
일정하게 유지한다.

벙커 플레이: 마스터클래스

모든 정상급 선수들은 그린사이드 벙커에서 눈부신 기술을 선보인다. 현대 프로 경기의 비평가 중 일부는 일반적인 토너먼트에서의 어지러운 기술의 향연을 볼 때 벙커가 더 이상 적당한 장애물이 아니라고 다소 심술궂게 말하기도 한다. 우리는 세계 정상급 선수들이 깃발 가까이 공을 붙이는 모습을 경이로움을 갖고 계속 지켜봐야 한다.

어깨 턴과 팔로스루는
가능한 한 완전해야 한다.

공 뒤 2인치(5센티미터)
지점에 집중하고 클럽헤드로
모래를 쳐 낸다.

게리 플레이어의 연습 기법

자신만의 스타일을 갖춘 흑기사인 남아프리카공화국의 게리 플레이어는 가장 훌륭한 벙커 플레이어이다. 그는 더 많이 연습할수록 더 운이 좋아진다고 선언하기도 했다. 그는 자신의 능력을 과소평가하여 그 당시 어떤 선수들보다 많이 벙커 플레이를 연습했지만 결과에서 행운이란 없다. 플레이어는 모래에서 천재였다.

우리는 플레이어의 벙커 플레이 연습의 어프로치에서 많은 것을 배울 수 있다. 어떤 선수들은 완벽한 라이에서 항상 연습 샷을 하지만 게리 플레이어는 그렇지 않았다. 그는 골프공을 모래에 무작위로 던져 놓고 어디에 놓여 있든 간에 상관없이 그 공으로 연습했다. 몇 개는 좋은 라이에 있었고 나머지는 그렇지 않았다. 즉 플레이어는 다른 상황에 있는 모든 종류의 벙커 샷을 침으로써 엄청난 상상력과 기술을 발전시켰나갔다. 그는 어떤 상황에도 준비되어 있었다. 저녁 식사에 아내 또는 손님과 합석하기 전 세 개의 벙커 샷을 홀에 넣는 것에 도전하는 목표를 세우기도 했다고 한다.

◁ 골프계에서 가장 열심히 연습하는 선수인 게리 플레이어는 자신의 기술을 연마하기 위해 엄청난 시간을 투자했다. 그 결과 그는 뛰어난 벙커 플레이어가 되었고 9개의 메이저 챔피언십 타이틀을 거머쥐었다.

최고의 벙커 샷

2002년 라이더 컵 마지막 날 유럽 팀은 승리를 눈앞에 두고 있었다. 세 번째 출장한 폴 에이징어는 니클라스 파스에 2홀 차로 뒤지고 있었지만, 미국의 에이징어는 파4의 18번 홀 그린사이드 벙커에서 홀인을 만들어 내어 라이더 컵 대회를 계속 이어나가게 한 그해 가장 뛰어난 샷을 만들어냈다.

■ 에이징어가 모래에서부터 홀인한 후 하이파이브를 하는 선수들

필 미켈슨의 손목 힌지

필 미켈슨은 정상급 선수들 중 가장 창의적인 쇼트 게임을
하는 선수이며 벙커 샷을 포함하여 그린 주변에서 마술 같은
샷을 만드는 능력이 있다. 미켈슨은 종종 64도에까지 이르는
유난히 로프트 각이 큰 샌드웨지를 가지고 다니면서 공이
하늘 쪽으로 거의 직각으로 올라가서 급작스럽게 착륙하여
멈추는 그린사이드 벙커 샷을 만드는 데 사용한다. 그가
사용하는 장비가 전부는 아니며 기술 역시 가지고 있다.

그는 테이크어웨이에서 손목을 일찍 꺾어 클럽의 접근 각을
매우 가파르게 놓는다. 사실상 옆에서 보면 U자 모양에
가까운 스윙의 궤도를 미리 만들어 클럽은 가파르게 뒤로
올라간 후 가파르게 내려오게 된다. 그런 다음 빠르고
공격적인 손동작을 주어 클럽헤드가 공아래 모래를 통과하여
힘차게 나아가게 만든다. 공은 공중으로 그대로 튀어 올라
트랙에서 죽은 듯이 멈춘다. 이 샷은 코스에서 시도하기 전
연습이 필요하다.

▷ 미켈슨은 골프공에 대한 뛰어난 컨트롤 능력을 발휘할 수 있기 때문에 적극적인
쇼트 게임이 가능하다. 그린사이드 벙커에서 그의 리커버리 샷은 로프트 각이 큰
샌드웨지를 사용하기 때문에 독특하다.

▽ 가르시아는 직관력이 뛰어나고 창의적인 골퍼로, 그린 주위에서 훌륭한 기술을
가지고 있다. 그는 감각 있는 선수이며 부드러운 손동작은 그의 훌륭한 타구감을
완전케 한다.

세르히오 가르시아의 부드러운 손

세르히오 가르시아는 감각적인 쇼트 게임에 능한 또 다른
스페인 골퍼이다. 그는 자신이 창조한 기술을 가지고 있는데,
그중 하나는 '손을 움직이는 동작'으로 묘사할 수 있다.
전반적으로 이것은 개인의 특성에 맞춘 것이라 가르치기 매우
어려운 방법이지만 그립을 부드럽게 쥐는 그의 동작은 배울 수
있다.

클럽을 부드럽게 쥐는 동작은 팔과 어깨로 효과적으로
전달되어 스윙이 기름칠한 것처럼 부드러워지는데, 이런
방식의 스윙은 훌륭한 벙커 플레이어가 가진 특징인 뛰어난
터치감과 타구감을 발전시키는 데 도움이 된다.

터치를 높이는 것은 이해하기 어려운 개념이지만
가르시아가 하듯 부드럽게 그립을 쥠으로써 여러분도 훨씬
나은 벙커 플레이어가 될 수 있다.

**모든 골퍼들은 그립을
부드럽게 쥐는 그의
동작을 배울 수 있다.**

퍼터: 디자인

퍼터가 흥미로운 점은 백에 있는 다른 어떤 클럽보다 미적인 면에서 보다 큰 변화가 있다는 것이다. 디자인은 최초의 블레이드 퍼터에서부터 힐 앤 토(heel-and-toe), 말레트헤드와 높은 관성모멘트를 가진 미래형의 두꺼운 퍼터에 이르기까지 다양하다. 사실상 관리 기관에서 허용하는 범위 내에서 무엇이든 다 있다.

디자인의 원리

페리미터 웨이팅의 원리는 오늘날 시중에 나와 있는 많은 퍼터 디자인에서 가장 기본이 된다. 무게중심을 퍼터의 힐과 토 양쪽과 퍼터헤드의 뒷부분에 둠으로써 동적인 안정성이 증가한다. 즉 임팩트 시 페이스가 직각으로 유지되어 중심을 벗어난 스트라이크에서도 원하는 방향에 공을 보낼 수 있다.

예를 들어, 투볼과 쓰리볼 퍼터는 페이스와 수직을 이루는 골프공 크기의 하얀 디스크를 가지고 있는데, 이들은 어드레스에서의 정렬을 돕는다. 이러한 기본 디자인 원리를 다양하게 해석한 제품이 많은데 각각은 중심을 벗어난 스트라이크에 관용을 줄 뿐 아니라 겨냥이 쉽도록 하는 데 그 목적이 있다. 개인적 취향에 따라 선택하면 된다.

무게중심과 비틀림

급진적인 깊은 페이스를 가진 디자인의 핵심 요소는 관성모멘트, MOI이다. 무게중심은 페이스, 공의 뒤쪽에서 멀리 물러나 있는데 이는 높은 MOI를 만들어 임팩트 할 때 퍼터 헤드의 내장된 비틀림에의 저항을 증가시킨다. 많은 투어 프로선수들은 제조사가 야심차게 만든 이런 종류의 퍼터를 사용하고 있다.

로버트 J 베티나르디의 이 퍼터는 1960년대 핑에 의해 처음 개발된 힐 앤 토 웨이팅의 현대적 표본이다. 주변부 무게중심은 임팩트 시 비틀리려는 페이스의 성향에 맞서기 위해 고안되었다.

호젤에서 퍼터헤드의 오프셋팅은 어드레스 시 조준을 돕는다.

힐과 토에 무게중심을 갖춘 퍼터는 임팩트 시 퍼터 페이스의 비틀림을 감소시켜준다.

특허 받은 베티나르디의 벌집 구조 페이스는 일관된 공 스트라이크와 부드러운 구름을 조성한다.

탄소강 재질은 좋은 타구감을 줄 만큼 부드럽지만 메탈은 임팩트 시 견고한 딸깍거리는 소리를 낸다.

검은색 선은 페이스의 스위트스팟을 나타낸다.

베티나르디 C 시리즈의 간결하고 클래식한 디자인은 탄소강 한 덩어리로 만들어졌다.

무게중심의 이동은 선수가 클럽의 균형을 바꿀 수 있게 한다.

말레트헤드 퍼터는 임팩트 시 비틀림을 줄이기 위해 퍼터헤드의 무게를 뒤쪽으로 이동시키는 원리로 작동한다.

무게중심은 페이스에서 뒤로 물러나 있다.

투볼과 쓰리볼 퍼터는 '가상의' 공 바로 앞에 공을 놓아 퍼트를 준비하는 데 도움을 준다.

퍼터페이스

비거리에 대한 판단이 가장 중요한 퍼팅을 포함한 모든 샷의 핵심 요소는 타구감이다. 실제로 타구감은 퍼터페이스와 공이 접촉하는 소리만큼이나 손을 통해 육체적으로 느껴지는 것도 중요하다. 이것이 오늘날 퍼터페이스 인서트가 인기 있는 이유이다. 이들 합성물 인서트는 퍼터헤드 제조에 사용된 메탈에 비해 더 부드럽고 소리가 달라 임팩트 시 훨씬 나은 타구감, 어떻게 보면 더 많은 피드백을 주어 골퍼가 페이스를 벗어난 공의 속도를 쉽게 파악할 수 있도록 한다.

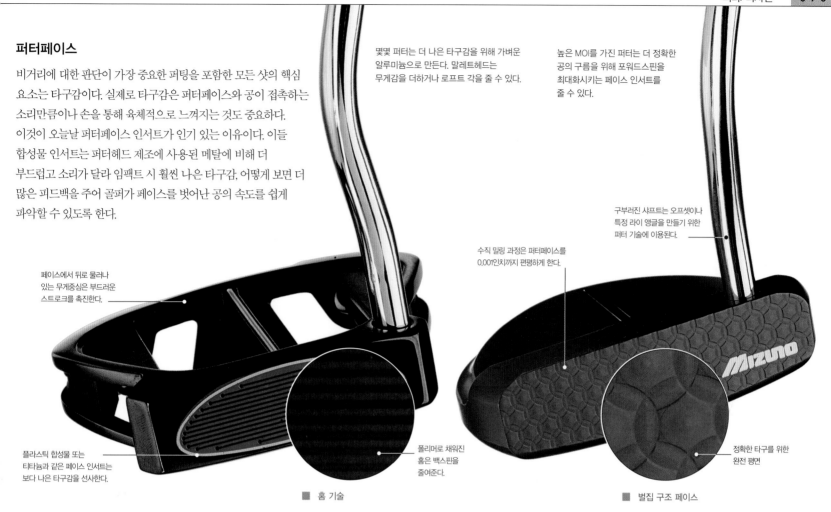

몇몇 퍼터는 더 나은 타구감을 위해 가벼운 알루미늄으로 만든다. 말레트헤드는 무게감을 더하거나 로프트 각을 줄일 수 있다.

높은 MOI를 가진 퍼터는 더 정확한 공의 구름을 위해 포워드스핀을 최대화시키는 페이스 인서트를 줄일 수 있다.

페이스에서 뒤로 물러나 있는 무게중심은 부드러운 스트로크를 촉진한다.

구부러진 샤프트는 오프셋이나 특정 라이 앵글을 만들기 위한 퍼터 기술에 이용된다.

수직 밀링 과정은 퍼터페이스를 0.001인치까지 편평하게 한다.

플라스틱 합성물 또는 티타늄과 같은 페이스 인서트는 보다 나은 타구감을 선사한다.

폴리머로 채워진 홈은 백스핀을 줄여준다.

정확한 타구를 위한 완전 평면

■ 홈 기술

■ 벌집 구조 페이스

샤프트 길이

어떤 길이의 샤프트를 선택하느냐는 개인의 선호도 문제이다. 표준 길이는 약 35~36인치(89~91센티미터)이지만, 32~33인치(81~84센티미터) 정도의 짧은 퍼터를 가진 세계 정상급 선수들도 있다.

　뛰어난 골퍼 중 일부는 다양한 종류의 길이가 긴 퍼터를 사용하여 정반대를 취한다. 예를 들어, 턱이나 가슴뼈로 받치는 브룸핸들 퍼터 외에도 몸의 중간 부분에 고정하는 벨리 퍼터(베이비 브룸핸들)도 있다. 이들 긴 샤프트 모델들은 퍼터헤드 디자인에 따라 다양하므로 골퍼는 자신의 경기에 가장 적당한 모델을 선택할 수 있다.

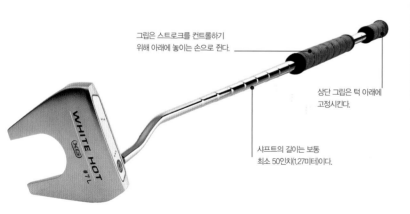

그립은 스트로크를 컨트롤하기 위해 아래에 놓이는 손으로 쥔다.

상단 그립은 턱 아래에 고정시킨다.

샤프트의 길이는 보통 최소 50인치(1.27미터)이다.

브룸핸들 퍼터는 부드러운 스트로크를 위한 장비로 인기를 얻었다. 퍼터는 턱 아래에 고정시키고 진자가 움직이는 것처럼 스윙한다.

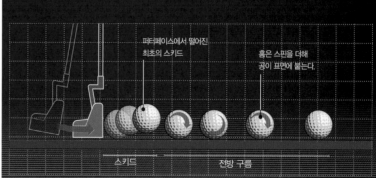

퍼터 톱스핀

이상하게 들리겠지만 몇몇 퍼터들은 공에 상당한 양의 백스핀을 부여한다. 이는 임팩트 직후에 스키드 단계가 생겨 공이 구르는 데 영향을 미치게 된다. 대신 최고급 퍼터는 톱스핀이 활성화되도록 디자인한다. 상승하는 접근 각으로 공을 치는 퍼팅 스트로크와 결부된 이 그림은 순수한 구름으로 귀결된다. 퍼트가 선상에 있다면 톱스핀을 가지고 그린의 표면에 들러붙은 공은 퍼터페이스에서 벗어나 (백스핀을 가지고) 스키드 되는 것보다 타깃을 더 확실하게 찾을 것이다.

퍼터페이스에서 떨어진 최초의 스키드

홈은 스핀을 더해 공이 표면에 붙는다.

스키드　　전방 구름

대가 지불하기

많은 골퍼들은 퍼터가 중요한 클럽임에도 불구하고 현재 인기 있는 모델에 붙어 있는 높은 가격을 납득하지 못한다. 충실하게 한 홀의 경기를 끝내지 못하면 스코어는 절대 향상될 수 없다. 이들 가격을 정당화하는 다른 이유가 또 있는데, 일반적인 골프 라운드에서는 퍼터의 2배 정도 되는 가격을 치렀을 드라이버보다 3배 이상 더 자주 퍼터를 사용한다. 그렇다면 '사용량에 따른 비용'의 면에서 퍼터는 드라이버보다 가격의 6배나 되는 가치를 지닌다고 볼 수 있다.

퍼팅 스트로크 The putting stroke

퍼팅은 골프에서 가장 개인적인 부분으로 어떤 투어 경기를 보더라도 퍼팅 스트로크의 스타일이 수없이 많다.
꾸준히 홀에 공을 넣는 방법은 다양하다. 그러나 매우 정교한 퍼트 플레이를 하는 선수들의 대다수에게
공통적인 특징이 있는데, 이것은 좋은 퍼팅의 전통적인 지혜이다. 여러분은 자신만의 스타일을 가지고 있을지
모르지만 많은 퍼트를 성공시키길 원한다면 자신의 기술에 이들 핵심적인 요소들을 합치면 이익이 될 것이다.

▌ 눈은 공 위에

공의 위치는 풀 스윙에서만큼 퍼팅 스트로크에서도 중요하다. 여기 명심해야 할 두 가지가 있다. 먼저, 공은 퍼터페이스가 공과 만났을 때 약간 상승하는 타격을 만들기 위해 스탠스 앞쪽에 두어야 한다. 이것은 퍼트에서 공이 알맞게 구르도록 한다. 두 번째로, 눈은 공 바로 위에 있어야 하는데, 공에서 홀까지 라인을 최적으로 볼 수 있도록 돕는다. 공을 완벽한 위치에 두기 위한 한 가지 간단한 방법이 있다. 편안한 자세를 취한 후 골프공을 콧대쯤에서 떨어트린다. 공이 착륙하는 곳이 완벽한 공의 위치이다.

▌ 어깨와 눈은 나란히

공을 자신의 스탠스에서 이상적인 위치에 놓았다면 어깨라인과 눈의 라인을 공이 출발하길 원하는 경로와 나란히 하는 것이 중요하다. 이들 두 가지 핵심 항목을 제대로 따르고 있는지 쉽게 확인할 수 있다.

퍼터의 샤프트를 가슴의 맨 위에 나란히 든다. 샤프트 라인은 타깃 라인과 일치해야 한다. 이것은 라인 선상의 스트로크에 도움을 준다. 또한 샤프트를 눈과 같은 선상에 들고 타깃 라인과 일치하는지 확인한다. 일치한다면 공이 홀로 가기 위해 거쳐야 할 경로를 상상하는 능력을 향상시킬 수 있다.

코에서 공을 떨어트린다. 　완벽한 공의 위치　　어깨는 직각으로　　눈 라인을 확인한다.

▌ 흔들림 없는 겨냥

퍼터의 겨냥은 얼마나 많은 퍼트를 하게 될지를 결정하는 중요한 요소임에 분명하다. 제대로 조준하지 못한다면 어떻게 타깃을 맞추길 기대하겠는가? 형편없는 겨냥의 가능성을 없애는 데 도움이 되는 한 가지 방법은 출발하길 원하는 선상에서 공 제조사의 이름이 보이도록 골프공을 그린 위에 놓는 것이다. 그런 다음 퍼터페이스가 그 라인과 정확하게 수직이 되게 공 뒤에 둔다. 공에 선을 그리는 방법도 있는데, 이는 정상급 선수들이 많이 이용하는 효과적인 방식으로 홀에의 완벽한 겨냥과 경로를 시각적인 이미지로 보여주기 때문이다.

조준하기

머리 고정하기

공을 치기 전 조금이라도 머리가 움직이면 자연스럽게 어깨, 즉
퍼터가 흔들리게 되어, 비뚤어진 스트로크와 빗나간 퍼트로
이어진다. 쇼트 퍼트에서는 특히 흔한데, 골퍼들은 공이 홀
쪽으로 제대로 가고 있는지 엿보고 싶어 하기 때문이다.

훌륭한 퍼트 플레이를 하는 선수를 가늠하는 핵심
자질 중 하나는 스트로크를 하는 동안 머리를
고정하고 있느냐 여부이다. 머리를 고정하기 위한
가장 간단한 방법은 공이 홀에 떨어지는 소리를
듣기 전까지 고개를 숙이고 있는 것이다.

완벽한 삼각형 유지하기

퍼팅 스트로크를 하는 내내 어드레스 자세에서 만든 어깨와 팔의 삼각형을
유지하려고 노력해야 한다. 스트로크는 너무 뻣뻣해서도, 너무 많은 신체의
움직임이 있어서도 안 되며 손, 팔과 어깨가 함께 움직이는 부드러우면서도
일치된 동작이어야 한다. 이러한 동작의 조화를 높이기 위해서는 어깨의 좌우
흔들기 동작에 의해 스트로크가 주로 제어된다는 생각을 하라. 그러면 손과
팔은 흔들기 동작에 의해 생성된 추진력에 반응하고 퍼터는 뒤쪽으로 충분히
간결한 경로를 따르게 된다.

퍼팅 스트로크를 하는 내내 어드레스 자세에서 만든 어깨와 팔의 삼각형을
유지하는 데 중점을 맞추면 도움이 된다. 다시 한 번 강조하면 손은 퍼터에
부드럽게 머물러야 하고 손목도 어느 정도 부드러워야 하는데, 지나치게
독립적인 손목의 동작은 잘못된 스트로크나 일관성의 부족을 가져올 수
있으므로 주의해야 한다.

가만히
머리는 공이 굴러가기
전까지 가만히 고정한다.

하나로
보통보다 조금 두터운 그립은
정상급 선수들 사이에서
흔한데, 스트로크를 하는 동안
손과 손목이 '더 안전하게'
유지되도록 돕기 때문이다.

움직이지 않고
허리 아래의 하체는 스트로크
동안 가만히 있어야 한다.
다리가 굳어 있다고 상상하라.

트랙 유지
짧은 거리에서부터, 퍼터의 페이스가
임팩트 내내 홀을 향하고 있다고 상상한다.

견고한 기반
체중은 스트로크의 안전한 기반을 위해
뿌리내린 것과 같은 느낌으로 양발에
균일하게 싣는다.

스윙의 비결

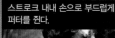

왼쪽 손목의 각을 유지한다.

스트로크 내내 손으로 부드럽게
퍼터를 쥔다.

백스트로크에서 '왼쪽 어깨가 아래로'
내려간다고 생각한다.

스루스트로크에서 '왼쪽 어깨가 위로'
올라간다고 생각한다.

공이 떨어지는 소리를 들을 때까지
고개는 숙인 채로 둔다.

퍼팅의 기술 The art of putting

퍼팅은 종종 '경기 속의 경기'라고 말하기도 한다. 상투적인 말일수도 있지만 다른 어떤 경구보다 퍼팅의 핵심을 잘 나타낸다. 잠재적으로 좋은 스코어가 형편없는 퍼팅에 의해 망쳐지는 것이 분명한 것처럼 타구가 빈약한 라운드는 훌륭한 퍼팅으로 막을 수 있다. 퍼팅의 기술에는 많은 다른 면이 있는데, 여기서 설명하는 기초 원리는 자신이 발전하길 원하는 만큼 큰 도움을 줄 것이다.

그린 읽기 및 퍼팅하기

완전히 편평한 그린은 없다. 따라서 대부분의 퍼트는 어느 정도 휘게 된다. 휘는 퍼트와 경사진 그린을 다루는 최선의 길은 모든 퍼트가 일직선이라고 여기는 것이다.

▌'왼쪽에서 3피트(90센티미터)의 휨'처럼 퍼트에서 어느 정도의 커브가 있는지 확인한다. 여러분의 새로운 타깃은 실제 홀에서 왼쪽으로 3피트 지점에 위치한 상상의 홀이다.

▌샷을 준비하는 과정에도 상상의 타깃에 계속해서 초점을 맞추어야 한다.

▌이제 홀의 왼쪽에 있는 상상의 타깃으로 똑바로 퍼팅을 하면 나머지는 그린의 경사가 알아서 처리한다.
이 방법의 이점은 휘는 퍼팅으로 공을 보내려고 할 때보다 일직선으로 퍼팅을 할 때 더 깨끗한 스트로크를 만들 가능성이 크다는 것이다.

휘는 퍼트와
경사진 그린을 다루는 최선의
길은 똑바로 퍼팅을 하고
나머지는 그린이 알아서
처리하도록 두는 것이다.

정확하게 겨냥하기
시간을 들여 휘는 정도를 확인한 후 위치를 지정하여 가상의 타깃을 향해 '일직선으로' 퍼팅을 한다. 그런 다음 경사가 나머지를 하도록 둔다.

홀의 옆으로 타깃을 둔다.

상상의 타깃을 향해 스탠스와 조준을 한다.

일반적인 퍼팅을 하고 경사가 나머지를 하도록 둔다.

준비를 한다.

티펙을 통과하여 스트로크 한다.

완벽한 쇼트 퍼트 연습

이것은 타이거 우즈가 좋아하는 퍼팅 연습법 중 하나로 그는 한 토너먼트에서 매일 30분씩 연습을 했는데, 투어 4라운드 동안에 8피트 이내에 있는 60번의 퍼트 중 59번을 성공했다.

▌더 일직선이 될수록 퍼트는 보다 좋아지므로 상대적으로 편평한 그린에서 연습하는 것이 좋다. 그라운드에 퍼터를 한 쪽에 두고 두 개의 티펙을 약 1/2인치(1.25센티미터) 간격을 두고 퍼터헤드의 양쪽에 꽂는다(자신감이 커지면 간격을 줄인다).

▌이제 공을 놓고 퍼팅을 하면 되는데, 퍼터헤드가 두 개의 티펙이 만든 문을 통과하도록 스윙한다.
만약 자신의 스트로크가 비뚤어진다면 임팩트를 하면서 퍼터의 앞이나 뒤에 꽂혀 있는 티펙이 무너질 것이다. 이런 방식의 연습은 선상의 스트로크를 하도록 만든다. 이 연습 과정 동안 많은 퍼트를 놓친다면 어드레스에서 퍼터페이스의 조준을 확인하라. 직각이 아니라서 놓쳤을 수도 있다.

시계 한 바퀴

재미있고 아주 유용한 또 다른 퍼팅 연습법이 있다. 12개의 골프공을 홀 둘레에 원을 형성하여 놓는데, 각 공은 시계의 문자판과 일치하도록 한다. 그런 다음 한 번에 한 개씩 골프공을 홀에 연속하여 퍼트한다. 홀에서 약 3 피트(1미터) 떨어진 거리에서부터 시작하여 자신감을 얻고 퍼팅 스트로크가 향상되면 점차적으로 거리를 벌여 나간다.

▌완벽한 롱 퍼트 연습

좋은 롱 퍼트는 속도와 완전히 죽은 채로 구르는 공이 관건이다. 퍼트로 공이 홀에 떨어지면 그건 보너스다. 그러나 40 피트(12미터) 혹은 그 이상의 거리에서 모든 골퍼는, 심지어 최고의 선수라도 안전한 2퍼트에 만족한다. 롱 퍼트에 있어 속도의 판단을 향상시키기 위한 최선의 방법 중 하나는 이 연습법을 미리해보는 것이다.

티펙 몇 개를 그라운드에 놓는데, 20피트(6미터)의 거리에서 시작하여 약 3피트(1미터) 간격을 두고 그린이 허용하는 거리까지 티펙을 사용한다.

첫 번째 티펙을 향해 첫 번째 공을 퍼트하고 두 번째 티펙을 목표로 두 번째 공을 퍼트하는 방식으로 연습한다. 실제 골프 라운드의 코스에서 일어나는 상황처럼 각 퍼트마다 한 번의 기회밖에 없다는 점에 착안한 것이다. 방법을 좀 바꿔 다양한 티펙을 무작위로 골라 퍼팅할 수도 있다.

이 연습법은 퍼트를 확인한 후 이들 시각적 신호를 거리에 대한 감으로 바꿀 수 있는 훈련이기 때문에 효과적이다.

거리에 대한 감을 연마한다.

퍼팅: 마스터클래스

프로 경기에서는 버디를 만드는 것, 즉 퍼트를 제대로 하는 것이 중요하다. 세계 최고의 선수들은 한 시즌을 통틀어 라운드당 평균적으로 28개 혹은 29개의 퍼트를 치는데 이는 라운드당 그린에서 7개 혹은 8개의 싱글 퍼트를 한다는 뜻으로 매우 놀라운 결과다. 앞서 언급했듯이 퍼트를 잘하는 방법에는 여러 가지가 있다.

흔들림 없는 타이거 우즈

다음번에 타이거 우즈의 퍼트를 본다면 공이 어디로 가는지는 잠깐 무시하고 대신 그의 엉덩이와 다리에 집중하라. 여러분은 스트로크 내내 그의 엉덩이와 다리가 전혀 흔들림 없이 유지되는 것을 발견할 수 있을 것이다. 이것은 엄청나게 중요하며 세계 정상급 선수와 아마추어 선수들 간의 두드러진 차이점 중 하나이다.

엉덩이와 다리를 가만히 둠으로써, 타이거는 퍼터를 움직이며 스윙할 때 흔들림 없는 기반을 구축한다. 보다 일관된 선상의 스트로크를 만들어내는 것이 더 쉬워지기 때문에 기분 좋은 스트라이크로 이어진다. 타이거의 퍼팅 스트로크의 이러한 특징은 모방할 가치가 있다.

최고의 퍼트

1999년 파인허스트에서 열린 US 오픈은 US 오픈 역사상 가장 마음 아픈 경기 중 하나로 남을 것이다. 페인 스튜어트가 비행기 사고로 목숨을 잃기 전 거둔 마지막 우승이자 가장 뛰어난 퍼트로 기억될 순간이기도 하다. 16번 홀에서 파를 유지하는 25 피트(7.5미터)짜리 퍼트를 성공한 후, 스튜어트는 17번 홀에서 6번 아이언으로 3피트(1미터)짜리 버디를 낚았다. US 오픈 타이틀을 거머쥐기 위해서는 18번 홀에서 파 온만 하면 됐다. 드라이브 샷이 곤경에 빠진 후 그는 페어웨이로 공을 올리고 로브웨지로 홀에서 15피트(4.5미터) 거리에 공을 붙인 후 퍼트로 파를 낚았다. "그 한 번의 퍼트로 US 오픈에서 이겼다." 스튜어트는 공을 홀 정중앙으로 굴려 넣었다.

■ 스튜어트의 마지막 메이저 우승

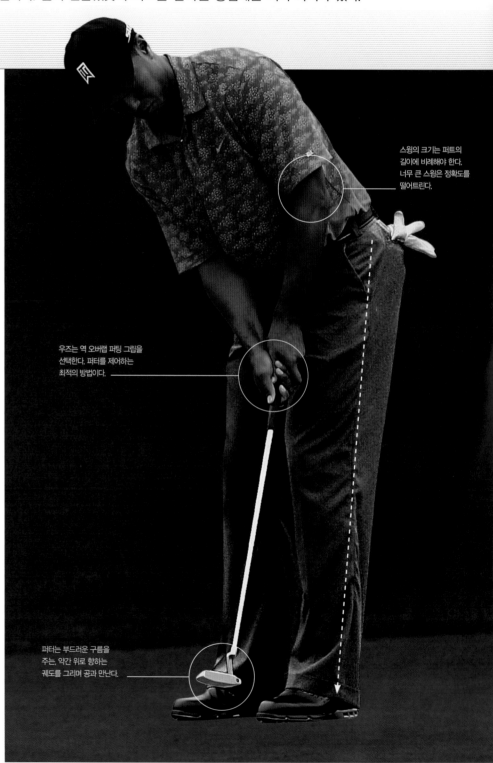

스윙의 크기는 퍼트의 길이에 비례해야 한다. 너무 큰 스윙은 정확도를 떨어트린다.

우즈는 역 오버랩 퍼팅 그립을 선택한다. 퍼터를 제어하는 최적의 방법이다.

퍼터는 부드러운 구름을 주는 약간 위로 향하는 궤도를 그리며 공과 만난다.

△ 우즈는 가장 중요한 시점에 퍼트로 공을 넣을 수 있는 솜씨가 있다. 그는 공을 단호하게 치는데, 이는 어떠한 퍼트든 완벽하게 판단할 수 있기에 가능하다. 공이 빗나가면 홀을 지나 18인치(45센티미터) 지점까지 굴러 간다는 것이 퍼트를 지키는 이상적인 페이스라고 여긴다.

파드리그 해링턴의 그립

프로 경기에서 퍼트에 만능인 선수 중 한 명인 2007년 오픈 챔피언 파드리그 해링턴은 어렸을 때부터 줄곧 왼손을 오른손 아래에 놓는 퍼팅 그립을 취해왔다. 짐 퓨릭과 토마스 비욘도 같은 스타일의 그립을 선호하는 유명한 선수들이다.

왼손을 오른손 아래에 두는 것은 어드레스 자세에서 어깨를 평행하게 만드는 효과가 있어 진자 형태의 퍼팅 스트로크를 가능하게 한다. 또한 퍼터를 공의 뒤로 가져갈 때 왼손 손목 위치를 더 견고하게 유지시켜 몇몇 선수들을 곤란에 빠트리는 실수인 왼쪽으로 휘는 성향을 없앤다. 그뿐 아니라, 이러한 그립은 퍼터가 뒤로 갔다가 되돌아오는 동안 그라운드에 더 가깝게 붙어 있어 공이 잘 구르게 돕는다.

그린에서 치르는 자신의 경기에 좌절을 느낀다면 다른 방법을 시도해보라. 이른바 '왼손잡이'그립이라는 역 그립은 누구에게나 다 적합하지는 않겠지만 효과는 확실하므로 배제해서는 안 된다.

▷ 해링턴은 프로 투어에서 가장 믿음직한 퍼팅을 하는 선수 중 한 명이다. 그는 라운드당 평균 28개의 퍼트를 성공하는데 이는 그를 세계적인 랭킹의 선수로 올려놓았다.

▽ 자유롭게 흐르는 퍼팅 동작을 선보이는 데이비드 톰스는 훌륭한 롱 퍼팅을 하는 선수이다. 먼 거리에서부터 공을 홀에 아주 가깝게 붙이는 '래그 퍼팅'이 기여한 바가 크다.

데이비드 톰스의 견고한 무게중심 퍼트

먼 거리에서 전혀 흔들림 없이 구르는 (때로 홀인되기도 하는) 공은 모든 정상급 골퍼들이 보유하고 있는 뛰어난 기술이다. USPGA 전 챔피언인 데이비드 톰스는 동시대 선수들보다 더 이 기술에 능하여 홀인 가능한 거리까지 공을 보내는 데 뛰어났다. 톰스의 기술을 배우길 희망하는 사람이 특히 주목할 점은 그의 자유롭고 개방적인 퍼터의 스윙이다. 팔을 편안하게 늘어트린 매우 자연스럽고 꼿꼿한 어드레스 자세에서 기인하는데, 이는 근사하게 흐르는 궤도를 그리는 퍼터의 스윙을 만든다. 마치 공을 치는 것이 아니라 공이 방해가 된다는 듯 슬쩍 쓸어내는 것처럼 보인다. 톰스가 자신의 퍼팅 전략에서 자주 반복하는 또 하나의 유용한 연습법은 홀을 보면서 퍼팅 스트로크를 만드는 것이다. 이는 필요한 스트로크의 길이와 속도에 대한 감을 주고 롱 퍼트에서 거리에 대한 판단을 향상시켜준다.

> **톰스의 기술을 배우길 희망하는 사람이 특히 주목할 점은 자유롭고 개방적인 퍼터 스윙이다.**

코스 매니지먼트 Course Management

여러분이 치는 샷이 장사의 도구라면 코스 매니지먼트는 이들 도구를 사용하는 방법이라고 말할 수 있다. 이것은 자신이 사용하는 골프 코스에서의 전략과 관련 있으며 클럽의 선택, 확률 계산, 트러블 멀리하기, 트러블에서 벗어나기 등과 같은 영역도 모두 포함한다. 2장의 마지막 섹션은 골프의 훌륭한 전략적 마인드에 대해 알려준다.

페이드 되면 공을
오른쪽에서 **티업**하여
왼쪽으로 내려치면
실수를 해도 **최악**의 상황은
막을 수 있다.

▌ 티그라운드에서의 문제 피하기

전 세계 아마추어 골퍼의 4분의 3은 롱샷이 페이드나 슬라이스되는, 왼쪽에서 오른쪽으로 가는 탄도 (왼손잡이는 오른쪽에서 왼쪽으로)를 가진다. 그러므로 페어웨이의 오른쪽 아래는 대부분의 골퍼들에게 가장 위험한 지역이다. 자신의 일반적인 볼 플라이트가 이 설명에 맞을 경우 위험을 최소화하는 유용한 전략은 티잉 에어리어에서 바로 오른쪽 끝 부분에 공을 티에 올린 다음 페어웨이의 왼쪽 옆 아래를 겨냥하는 것이다.

샷이 계획한 대로 간다면 공은 평소대로 왼쪽에서 오른쪽으로 날아가서 페어웨이의 중앙에 안착한다고 보면 된다. 좋은 점은 실수를 하더라도 여유가 있다는 것인데, 만약 공이 일직선으로 날아가면 왼쪽 러프에 빠지게 되고 공이 예상한 것보다 더 멀리 날아가더라도 최악의 상황은 오른쪽 러프에서 마무리된다.

이 홀에서 위험 지역은 러프를 지나 페어웨이 오른쪽의 깊은 러프나 나무숲에 공이 떨어지는 지점이다. 여기서는 방도가 없다.

샷은 왼쪽 러프 선상에서 출발하여 페어웨이의 중앙에 안착한다.

샷 형성하기

그린에 공을 올리려 할 때 방해물 때문에 특정 형태의 샷을
치려고 한다면 임팩트 탄도학의 기본적인 규칙을 기억하는 것이
중요하다(70~71쪽 참조).

■ 큰 로프트를 가진 클럽이 필요한 쇼트 샷을 칠 때는 페이드나
슬라이스내기보다는 훅이나 드로우 하는 것이 더 쉽다.

■ 덜 로프트 된 클럽이 요구되는 롱샷은 공을 훅이나
드로우하기보다 페이드나 슬라이스를 내는 것이 훨씬 쉽다. 어떤
형태의 샷이 타깃으로 보내는데 최적인지를 고려할 때 이들
요인을 기억하라. 한 가지 옵션이 다른 것보다 훨씬 더 쉬울 수
있다.

쇼트 아이언으로 드로우하기   롱 아이언으로 페이드하기

제대로 시작하기

라운드 전에 몸 풀기나 스윙 연습을 많이 해도 첫 번째 티에서는 여전히
긴장하게 된다. 좋은 샷 칠 확률을 높이고 자신이 원하는 대로 라운드를
시작하기 위해서 아래 규칙을 따르라.

· 자신 있는 클럽을 선택하고 억지로 드라이버로 치려 하지 않는다.

· 심장 박동을 늦추기 위해 깊이 심호흡을 한다.

· 클럽을 꽉 쥔다.

· 부드러운 스윙을 한다.

좁은 나무 공간 사이로 그린을 겨냥해 샷을
날리는 것은 매혹적일지 모르지만 페어웨이
쪽으로 샷을 쳐서 안전한 지점으로 빠져 나
오는 것이 더 분별 있는 샷이다.

안전한 플레이는 실수의 위험을 줄인다.

■ 벌을 감수하라

세계 최고의 선수들을 포함하여 모든 골퍼는 실수를 한다.
이것이 세상의 끝이 아니지만 최초의 실수에 다른 실수를
더하고 또 다른 실수를 더하면 상황은 심각해진다.

많은 선수들은 지나치게 의욕에 차서 공을 트러블 속으로
보낸 후 영웅적인 리커버리 샷을 치려 하는데, 이는 더 큰
곤경으로 이어진다. 그들은 5타로 끝낼 것을 7타 혹은 8타로
만들어버린다.

자신이 곤경에 처해 나무숲에서 친다고 하자, 다음 샷은
제대로 칠 수 있도록 만들어라. 공을 나무 사이의 아주 좁은
공간으로 보내려 하거나 전력을 다하지 말라. 자신이 칠 수
있는 가장 단순한 샷을 치면 실수는 한 샷을 잃는 것으로
끝난다.

무엇보다, 즐겨라

모든 골퍼들은 골프 코스에 발을 들어놓을 때마다 자연적으로 최고의
플레이를 하길 원한다. 그러나 이런 열망 때문에 경기를 하면서 얻는 즐거움을
없애지 말라.

11번이나 메이저 챔피언이 된 위대한 월터 하겐은 가장 훌륭한 골퍼 중 한
명임에도 불구하고 현대 경기에 비할 바 없는 삶의 기쁨을 가지고 경기에
임했다. 하겐은 재밌게 놀면서도 우승할 수 있다는 것을 증명해보였다(108쪽
참조). 하겐은 우리에게 훌륭한 모범이 되는데, 여러분이 침착한 상태로 나쁜
샷을 있는 그대로 받아들이고 무엇보다 평정을 유지할 수 있다면 게임을 더
즐길 수 있을 뿐 아니라 보다 나은 플레이를 할 수 있다. 이것이 게임의
재미있는 아이러니이다.

3 위대한 골퍼들

톰 모리스 부자 Old and Young Tom Morris

골프의 초기 개척자들 사이에서, 최고의 자리를 차지했던 두 가문이 있다. 이름이 파크나 모리스가 아니라면, 형성기에 있던 오픈 챔피언십에서의 우승은 거의 불가능했다. 골프 최초의 스타였던 토미 혹은 영 톰이 등장하기 전까지 오픈 대회는 윌리 파크 시니어와 올드 톰 모리스, 두 사람만의 사적인 경합지였다.

■ 올드 톰 모리스 전적

출생 1821년 6월 16일, 스코틀랜드 세인트앤드루스
사망 1908년 5월 25일

메이저 4
디 오픈: 우승 1861, 1862, 1864, 1867

명예
오픈 챔피언십 최고령 우승, 46세

■ 영 톰 모리스 전적

출생 1851년 4월 20일, 스코틀랜드 세인트앤드루스
사망 1875년 12월 25일

메이저 4
디 오픈: 우승 1868, 1869, 1870, 1872

명예
3연속 우승 후 챔피언 벨트 유지

1859년 클럽의 거주자들과 공 제조자 알란 로버트슨(오른쪽에서 세 번째)을 포함한 세인트앤드루스의 골퍼들의 모습. 올드 톰 모리스는 1850년대에 로버트슨의 견습생이었다.

챔피언 골퍼 이상이었던 올드 톰은 뮤어필드, 프레스트윅, 그리고 카노스티에 있는 최초의 코스를 디자인했다.

올드 톰 모리스는 일반적으로 최초의 프로 골퍼로 평가된다. 그는 1867년 46세의 나이로 7년 동안 이뤄낸 네 번째 타이틀인 오픈 대회 최고령 우승자가 되었는데, 한 해 뒤 그의 아들 토미가 17세의 나이로 최연소 우승자가 되었다. 두 기록은 오늘날까지도 유효하다. 영 톰은 13세 때 뛰어난 프로 선수들을 다수 물리친 바 있는 천재였다. 오픈에서의 첫 번째 우승 뒤 영 톰은 그 다음 해와 1870년에도 타이틀을 계속 유지했는데, 프레스트윅에서 36홀을 경기해 149타를 기록했으며 12타 차로 우승했다. 3연속 우승으로 영 톰은 즉시 챔피언십 벨트를 받았다. 다음 해에는 대회가 열리지 않았지만 1872년에 새로운 트로피인 클라렛 저그(Claret Jug)가 수여되었고 영 톰은 사상 처음으로 4연속 우승을 일궈냈다. 그러나 1875년, 24세에 불과했던 그의 짧은 인생은 영 톰의 아내와 아이가 분만 중 사망하면서 가슴 미어지는 종말을 맞이했다. 영 톰은 엄청난 우울에 빠졌고, 폐동맥이 터져 크리스마스 아침에 사망했다.

올드 톰은 프레스트윅의 그린 관리인이 되기 전 세인트 앤드루스에서 공 제조자 알란 로버트슨의 견습생으로 일했다. 그는 프레스트윅에서 최초 12개 홀을 설계했고, 그 외의 많은 코스들 중 카노스티와 뮤어필드의 디자인에도 참여했다.

그가 프레스트윅에 있는 동안 클럽에서 첫 번째 오픈이 열렸고 올드 톰은 윌리 파크에 졌다. 그는 다음 두 해를

우승하면서 복수했고, 1863년에는 파크에 이어 2등으로 경기를 마쳤으며, 1864년과 1867년에 다시 우승했다. 모리스는 현대 그린키핑의 발전에 영향을 미쳤는데, 부분적으로는 골프 규칙과 경기할 홀의 개수의 표준화에도 책임을 맡았으며, 또한 당시 사용되었던 수많은 히코리(hickory) 클럽의 디자인에도 도움을 주었다. 그는 1865년 그린키퍼로 세인트앤드루스에 돌아왔고 1904년 18번 홀 옆에 있던 자신의 작업장에서 은퇴할 때까지 그 일을 했다. 골프의 창시자는 4년 뒤 운명했다.

영 톰 모리스는 4번의 오픈에서 우승했고 프레스트윅에서 최초로 홀인원을 기록했다.

존 볼과 해롤드 힐튼 John Ball and Harold Hiltons

아마추어로 오픈 챔피언십에서 우승한 사람은 오직 세 명뿐인데,
그들 중 한 명이 전설적인 보비 존스이다. 다른 두 명은 영국인으로 둘 다
호이레이크에 있는 로열 리버풀 골프 클럽 회원이었다. 존 볼과 해롤드 힐튼은
단순한 동기생이 아닌 그들의 세대에서 가장 뛰어난 선수들이었다.

1890년 존 볼이 프레스트윅을 정복했을 때, 그는 디 오픈에서
우승한 최초의 영국인이었다. 과묵하고 단호한 그는 지켜보기에
즐거운 인물이었다. 영국의 유명한 골퍼이자 골프 비평가였던
버나드 다윈은 "경기의 다른 어떤 장관보다 존 볼을 지켜보는
것이 심미적으로나 감정적으로 더 큰 즐거움을 선사한다"고
했다. 볼은 미국의 보비 존스와 거의 마찬가지로 영국
골프계에서 가장 큰 영향력을 가진 세력가였다. 그는 1888년과
1912년(51세) 사이에 8개의 아마추어 타이틀을 획득하는
기록을 세웠으며, 1890년에 아마추어와 오픈 타이틀을 동시에
석권하며 생애 최고의 한 해를 보냈다. 1890년의 이 승리로 볼은
보비 존스 외에 같은 해에 아마추어와 오픈 타이틀을 동시에
가진 유일한 선수가 되었다.

　해롤드 힐튼 역시 1911년 영국과 미국의 아마추어
챔피언십을 동시에 보유한 또 다른 골퍼로 존스에 필적했다. 총
4개의 브리티시 아마추어 타이틀 중 세 번째를 차지한 후
힐튼은 뉴욕 라이의 아파와미스에서 미국의 프레드
헤레쇼프를 상대로 37번째 홀에서 매치 플레이 대회의 우승을
차지함으로써 미국 버전의 승리를 일구어냈다. 그는
오픈에서도 두 번 우승했는데, 처음은 뮤어필드에서 열린 1892
년 대회로, 챔피언십은 이틀이 연장되어 사상 최초로 72홀로
치러졌다. 힐튼은 5년 후 자신의 고향인
호이레이크 링크스에서 다시 우승했다.

다른 스타일

수줍음 많고 겸손한 볼은 가장 훌륭한 퍼터는
아니었지만 비할 데 없이 뛰어난 롱 어프로치
샷으로 이를 만회하고도 남았다. 다른 선수들이
그린을 찾는 데 모든 노력을 기울인 반면, 그는
가능한 한 샷을 홀에 가까이 갖다 놓으려고
모든 노력을 기울였다. 반면, 힐튼은 맹렬하게
공을 뒤쫓았다. 힐튼의 스윙에 대해 다윈은
이렇게 썼다. "자그마한 남자가 민첩하게
뛰어올라 거의 미친 듯이 공을 따라 자신과
클럽을 내던진다." 대단한 열정가였던 힐튼은
골프 경기에서 은퇴한 이후 1911년에 잡지
≪월간 골프≫의 초대 편집장이 되었다.

1914년 잉글랜드, 로열 세인트조지스에서 열린 아마추어
챔피언십에서 경기하는 존 볼. 1927년, 66세였던 볼은 자신의
마지막 브리티시 아마추어 경기에 참여했다.

존 볼 전적

출생 1861년 12월 24일, 잉글랜드 호이레이크
사망 1940년 12월 2일

우승 8
브리티시 아마추어: 1888, 1890, 1892, 1894, 1899,
1907, 1910, 1912

메이저 1
디 오픈: 우승 1890

해롤드 힐튼 전적

출생 1869년 1월 14일, 잉글랜드 웨스트 커비
사망 1942년 3월 5일

우승 5
브리티시 아마추어: 1901, 1911, 1913
US 아마추어: 1911

메이저 2
디 오픈: 우승 1892, 1897

해롤드 힐튼은 미국 태생이 아닌 선수로는 최초로
US 아마추어 챔피언십에서 우승했다.

위대한 3인조

빅3인 파머, 니클라우스, 플레이어 한참 전에 위대한 3인조가 있었다.
세기의 전환기에 해리 바든, JH 테일러, 제임스 브레이드의 성공은
영국뿐 아니라 전 세계 골프의 발전에 깊은 영향을 미쳤다.

바든, 테일러, 그리고 브레이드는 서로 몇 달 차이가 나지만 비슷한 때에 태어났으며 25세부터 초기 프로 골프의 무대를 장악했다. 그들은 21년간(1894~1914) 총 16번이나 오픈 챔피언십에서 우승했다. 이는 누구도 따를 수 없는 업적이다.

해리 바든이 세운 오픈 대회 여섯 번 우승은 경기 역사상 가장 큰 수확이다. 그는 동시대 최고의 선수로 평가받았으며, 명성 역시 자자했다. 그는 세 차례의 긴 시범 투어를 미국에서 가졌고 골프가 급속하게 인기를 얻는 데 도움을 주었다. 1900년에 시카고 골프 클럽에서 열린 US 오픈에서 우승했고, 다른 두 개의 챔피언십에서는 모두 2위를 차지했다. 정확도는 바든 경기의 핵심이었다. 그는 일관된 드라이버였고 다른 선수들보다 페어웨이에서 더 많이 경기를 펼쳤으며 집요한 완벽함으로

자신의 아이언 플레이를 연마했다. 혹자는 만약 그가 하루에 같은 코스에서 두 번 경기를 한다면 오후에 같은 디보트에서부터 시작할 것이라고 했다. 그는 훗날 '바든 그립'이라고 알려진 오버래핑 그립과 스윙에 관해 광범위하게 썼다. 이른바 '세인트앤드루스' 스윙은 평평하고 몸 주위에서 클럽을 휘두르는 것으로, 바든은 보다 곧추선 동작을 선호했다.

저지에서 태어난 바든은 젊은 나이에 캐디로 시작했고 금방 경기의 매력에 빠지게 되었다. 그는 1896년 뮤어필드에서 테일러를 상대로 플레이오프를 치른 후 첫 번째 오픈 우승을 이루었다. 마지막은 1914년이었다. 바든의 커리어 중 후반기는 결핵으로 인한 건강 악화로 고통받았다. 그는 자신이 이룬 마지막 세 번의 오픈 우승과 특별한 관련이 있는 클럽인

JH 테일러 전적

출생 1871년 3월 19일, 잉글랜드 데본
사망 1963년 2월 10일

메이저 5
디 오픈: 1894, 1895, 1900, 1909, 1913

명예
라이더 컵 주장: 1933

제임스 브레이드 전적

출생 1870년 2월 6일, 스코틀랜드 파이프
사망 1950년 11월 27일

메이저 5
디 오픈: 1901, 1905, 1906, 1908, 1910

해리 바든 전적

출생 1870년 3월 9일, 잉글랜드 저지
사망 1937년 3월 20일

메이저 7
디 오픈: 1896, 1898, 1903, 1911, 1914
US 오픈: 1900

■ 스코틀랜드 밖에서 열린 첫 번째 오픈에서 우승한 JH 테일러

동시대 최고의 골퍼였던 해리 바든은 비길 데 없는 6번의 오픈 우승 타이틀을 차지했고 1900년 US 오픈에서 우승을 거머쥐었다.

바든은 경기를 즐기듯이 플레이했고, 브레이드는 하루의 업무를 해내듯이 했으며, 테일러는 어찌되었든 골프를 증오하는 듯한 분위기를 풍겼다.

버나드 다윈

JH 테일러는 1947년에 로열 앤 에인션트 골프 클럽,
10년 후에는 로열 노스 데본의 명예 회원이 되었다.

사우스 허츠 등의 코스를 디자인하기도 했다.

두 개의 트로피가 바든의 이름을 가지고 있는데, 유러피언 투어의 메리트 훈장의 수상자와 미국에서의 평균 타수와 관련된 타이틀이 그것이다.

JH 테일러는 '웨스트우드 호!'에서 경기를 배웠고, 당시의 전통적인 플랫 스윙의 달인이었다. 그는 바든이 처음으로 오픈에서 우승하기 전 두 번이나 우승한 전력을 포함해 도합 5번 우승했다. 첫 번째 우승은 켄트 주, 샌드위치의 로열 세인트조지스에서 일궈냈는데, 이 경기는 스코틀랜드 외의 지역에서 처음으로 열렸던 오픈 대회였다. 그는 오픈에서 여섯 번이나 2위를 차지했지만 가장 만족스러웠던 것은 1900년 세인트앤드루스에서의 우승으로, 바든에 8타 차로 이겼으며 매 라운드에서 최저 스코어를 만들어냈다. 테일러는 자신이 디자인한 코스들 가운데 하나인 로열 미드 서리에서 프로가 되었고, 프로골프협회(PGA)를 건립하는 데 일조했다.

제임스 브레이드는 키가 크고 힘센 스코틀랜드인으로 가능한 한 멀리 강타한 후 공을 찾았다. 최고의 스트레이트 히터는 아니었지만 그의 뛰어난 쇼트 게임 능력은 대담하고 흥미로웠다. 테일러처럼 브레이드도 오픈에서 다섯 번 우승했고, 바든에게 세 번의 우승을 내주었다. 비록 다른 동료들에 비해 가장 늦게 출발했지만 가장 먼저 5회 우승에 도달했다. 브레이드는 서리, 월튼 히스 골프 클럽 최초의 프로 선수였고 후에 저명한 코스 디자이너가 되었는데, 글렌이글스의 킹스와 퀸스 코스는 그의 작품 중 최고로 손꼽힌다.

1902년 오픈 챔피언 샌디 허드와 함께한 JH 테일러(오른쪽 뒤),
제임스 브레이드(왼쪽 앞), 그리고 해리 바든(오른쪽 앞).

월터 하겐 Walter Hagen

월터 하겐은 골프에서 최초로 등장한 위대한 흥행사였다. 화려하고 정력적이었으며
어느 정도 오만했다. 그러나 그는 말뿐이 아닌 행동으로 보여주는 사람이었다.
'월터 경(Sir Walter)' 혹은 '헤이그(The Haig)'로 알려진 그는 11번의 메이저 타이틀을 따내면서
'포효하는 20년대'에 보다 수준 높은 골프를 선사했다. 그는 골프 역사상 최고의 챔피언십
우승자로 손꼽힌다.

월터 하겐 전적

출생 1892년 12월 21일, 뉴욕 로체스터
사망 1969년 10월 6일
신장 5피트 11인치(180센티미터)

데뷔 우승 1915년 매사추세츠 오픈
투어 우승 51
PGA 투어: 44
기타: 7

메이저 11
마스터스: 공동 11위 1936
US 오픈: 우승 1914, 1919
디 오픈: 우승 1922, 1924, 1928, 1929
USPGA: 1921, 1924, 1925, 1926, 1927

명예
라이더 컵 팀: 1927, 1929, 1931, 1933, 1935

그는 무책임한 바람둥이인 동시에 열정적이고 단호한 경쟁 상대였다.

그랜트랜드 라이스, 스포츠 기자

월터 하겐은 US 오픈에서 두 번 우승했고, USPGA 챔피언십에서는 6번 도전해 5번 우승을 차지했으며 대서양을 넘어 오픈 챔피언십에서 4번 우승했다. 그러나 가장 위대하고도 영원한 성과는 전 세계에서 시범경기를 하면서 부자가 될 수 있다는 것을 보여줌으로써 투어 프로 선수의 역할을 창안한 것이다. 하겐 이전에는 클럽 프로 선수밖에 없었는데 그는 최초로 '무소속'으로 경기에 참여했다.

이민자 가족의 아들이었던 하겐은 7세 때 로체스터의 첫 번째 골프 클럽에서 캐디로 일하기 시작했다. 그는 프로 선수의 조수가 되기 위해 학교를 떠났지만 골프는 전적으로 독학했다. 그는 야구 선수의 스탠스를 가졌고 공을 찌르는 경향을 보였지만 자신의 삶을 마음껏 향유하듯 즐겁게 경기에 임했다. 나쁜 샷을 회복하기 위해 스크램블링을 즐겼고 중요한 퍼트는 성공시켰으며 매치플레이에서는 최선을 다해 경쟁했다. 하겐은 여섯 번의 USPGA에서 단 한 번 졌는데, 1923년 매치플레이 챔피언십 결승의 두 번째 추가 홀에서 진 사라젠에게 졌다. 라이더 컵이 시작되었을 때 그는 자연스럽게 미국의 첫 번째 주장이 되었고 9번의 매치 중 7번을 이겼다.

골프가 빠르게 성장하고 있을 당시 하겐은 미국에서 프로 골프의 위상을 높였지만 영국은 뒤처져 있었다. 1920년 켄트의 로열 싱크 포츠에서 열린 오픈에 처음 참가한 하겐은 기사가 모는 오스트로 다이믈러 리무진을 타고 새빌 로의 오버코트를 입고 도착했다. 클럽하우스에 들어갈 수 없다고 하자, 그는 자동차에서 신발을 갈아 신었다. 2년 후 그는 캐디에게 50파운드를 주면서 자신의 첫 번째 오픈 우승을 축하했다. 1923년, 2위를 차지했던 트룬에서는 증정식이 있을 경우에만 프로 선수들이 클럽하우스에 입장할 수 있었다. 하겐은 제안을 거절하고 지역 술집에서 갤러리들에게 술을 샀다.

■ 1920년의 담뱃갑 속 그림 카드

월터 하겐은 1921년 영국과 아일랜드 팀에 대항해 경기를 하기 위해 스코틀랜드 글렌이글스로 향한 미국 팀의 일원이었다. 이 이벤트는 라이더 컵의 전신이다.

진 사라젠 Gene Sarazen

작은 키에 언제나 폭 넓은 반바지를 말쑥하게 차려입은 진 사라젠은 매력적이었고 골프에 대한
그의 열의는 전염성이 강했다. 그는 메이저 챔피언십에서 일곱 번 우승했고 샌드웨지를
발명했으며, 만년에는 TV골프 매치의 시초인 〈쉘의 놀라운 골프 세계〉를 도왔다.
사라젠은 골프의 위대한 사절로 손꼽힌다.

진 사라젠 전적

출생 1902년 2월 27일, 뉴욕 해리슨
사망 1999년 5월 13일
신장 5피트 5인치(168센티미터)

데뷔 우승 1922년 서던 스프링 오픈
투어 우승 41
PGA 투어: 39
기타: 2

메이저 7
마스터스: 우승 1935
US 오픈: 우승 1922, 1932
디 오픈: 우승 1932
USPGA: 1922, 1923, 1933

명예
밥 존스 어워드 1992
커리어 그랜드 슬램 달성
라이더 컵 팀: 1927, 1929, 1931, 1933, 1935, 1937

진의 샌드 아이언

사라젠은 로프트 각이 크고 리딩 에지가
높은 클럽인 샌드웨지를 발명했다.
샌드웨지를 사용할 때 선수들은 벙커
밖으로 공을 올려 내보내기 위해 공 뒤의
모래를 친다.

■ 샌드 기술을 선보이는 사라젠

본명이 유제니오 사라체니인 사라젠은 신문에 난
자신의 홀인원 기사를 읽고 난 후 17세 때 이름을 바꾸었다.
"신문에 인쇄된 내 이름을 보는 순간 이건 바이올린 플레이어
같다고 생각했다. 나는 좀더 골프 선수 같은 이름을 원했다."
    이 이름은 곧 유명해질 터였다. 1922년, 20세 때 그는 US
오픈 챔피언십에서 처음 우승했고 한 달 후에 초기 USPGA
타이틀 세 개를 거머쥐었다. 이듬해 USPGA 챔피언십을
유지했지만 그는 결국 월터 하겐과 보비 존스의 시대에서
성공하기란 힘들다는 것을 깨달았다. 커리어에 다시
불을 붙인 것은 그의 창조적인 마인드였다. 당시
벙커에서 빠져나오는 것은 까다로운 일이었다.
사라젠은 로프트와 웨지 클럽의 라이를 만지작거렸고
마침내 지금 우리가 샌드웨지로 부르는 도구를
개량했을 뿐 아니라 벙커 샷 플레이를 정제했다. 이러한
변화는 기복이 심한 스트로크를 규칙적으로 바꾸었다.
    사라젠은 최고의 드라이버는 아니었다. 그는 자신이
만든 스윙과 왼손의 4개 관절이 드러나는 특이한 그립을
취했다. 그러나 벙커에서의 리커버리 플레이가 엄청나게
개선되어 나머지 경기에서까지 자신감이 흘러넘쳤고 그는
1932년 US 오픈에서 다시 우승했다. 같은 해 여름 그는 1923년
오픈 대회에 처음 시도했으나 예선을 통과하지 못했던
영국으로 되돌아갔고 켄트의 프린스즈 골프 클럽에서 단 한 번
열렸던 오픈에서 우승했다. 여기에 더해 두 개의 메이저
챔피언십에서도 우승을 거머쥐었는데, 이들 중 두 번째는
1935년의 마스터스였다. 즉, 사라젠은 4개의 현대 그랜드 슬램
토너먼트에서 모두 우승한 최초의 선수가 되었다. '신사'로
알려진 그는 97세의 나이로 운명하기 직전까지 마스터스의
명예 참가자로 머물렀다.

사람은 모두 평등하게 태어났다.
나는 다른 이들보다 단 한 타 나을 뿐이다.

진 사라젠

1922년 일리노이 스코키 컨트리클럽에서 열린 US 오픈에서 우승한 후
열광적인 팬들의 어깨에 타고 가는 사라젠. 그는 한 타 차로 보비
존스를 물리쳤다.

보비 존스는 아마추어에서나 프로에서나 골프 역사상 가장 위대한 챔피언십 골퍼였다.

찰스 프라이스, 아메리칸 골프 기자

SPORT KINGS GUM

BOBBY JONES

보비 존스 Bobby Jones

이제까지 경기를 했던 선수 중 어느 누구도 가장 위대한 골퍼로 환호받을 수 없겠지만,
보비 존스는 의심의 여지없이 최고이며 가장 인기 있는 선수였다.
1930년에 그랜드 슬램을 달성했던 그의 위업은 1953년에 벤 호건이 따 낸 세 개의 타이틀과
2000년과 20001년에 타이거 우즈가 기록한 4회 연속 메이저 우승에 필적하지만 어느 누구도
존스보다 사랑받지는 못할 것이다.

보비 존스 전적

출생 1902년 3월 17일, 미국 조지아, 애틀랜타
사망 1971년 12월 18일
신장 5피트 8인치(172센티미터)

투어 우승 9
PGA 투어: 7
기타: 2

메이저 7
US 오픈: 우승 1923, 1926, 1929, 1930
디 오픈: 우승 1926, 1927, 1930
US 아마추어: 우승 1924, 1925, 1927, 1928, 1930
브리티시 아마추어: 우승 1930

그랜드 슬램 달성: 1930
워커 컵 팀: 1922, 1924, 1926, 1928, 1930
어거스타 내셔널에서의 마스터스 대회 창립

보비 존스만큼 사랑받은 인물은 거의 없다. 팬들은
코스에서 그가 치는 모든 샷을 좋았다.

영화와 보비

존스는 코칭 영화를 몇 작품 만들었는데 이것은 촬영한 장면의
결과를 살펴보는 사진이다(왼쪽에서 세 번째가 존스).
시리즈인 〈보비 존스: 내가 골프를 치는 법〉(1931)에서 존스가
WC 필즈와 로레타 영과 같은 당시 최고의 유명인들을 가르치는
것을 볼 수 있다.

■ 영화 속 골프 거장

로버트 타이어 존스는 애틀랜타의 이스트 레이크 골프
클럽에서 어린 나이에 골프를 처음 접했다. 병약한 아이였기에
신선한 공기가 도움이 될 것이라 여겨 시작한 골프였지만 어린
소년은 곧 경기를 장악했고 사실은 천재임을 증명해보였다. 그는
아홉살 때 열여섯 소년을 물리치며 클럽의 주니어 타이틀을 땄고,
열두 살에 클럽 챔피언이 되었다. 2년 후, 그는 조지아 주
챔피언이 되었고 처음으로 US 아마추어 대회에서 경기했다.
존스는 실제로 경기를 하는 것만큼이나 골프의 메커니즘에
매료되었는데, 그는 이스트 레이크의 카노스티 출신인 스튜어트
메이든의 지도 아래 기술을 습득했다. 그러나 그는 한순간도
단순한 골퍼가 아니었다. 그는 조지아 공과대학에서 공학
학위를, 하버드에서 영문학 학위를 취득했으며, 그 후 법률을
공부해 단 1년 만에 변호사 시험에 합격했다. 비록 전문가
로서의 직업은 변호사였을지라도, 그는 골프 코스에서
영웅이었다. 21세가 될 때까지 존스는 7년 동안 국내 챔피언십
대회에 출전했지만 특별한 성과를 거두지 못했다. 그는 이전까지
보지 못한 수준의 육체적인 특성을 모두 갖추었지만 나쁜
성질은 종종 기대를 저버리게 만들었다.
클럽을 던지는 사건도 있었고, 욕설을 한
적도 있었는데, US 골프협회의 회장은 그의
이상 행동이 계속된다면 주요 챔피언십
대회에 참여하지 못하도록 할 것이라고
위협적인 편지를 썼다. 존스는 신경과민과
불안으로 고통받았고 국외의 큰 이벤트인
골프 토너먼트에 거의 참여하지 않았다. 미국
스포츠 기자인 알 레이니는 다음과 같이
기록했다. "보기에는 참으로 온화하고,
지적이며 놀라울 정도로 성숙하면서도
매력적이었다. 그러나 그 내면에는 종종
제어되지 않은 격정적인 성격을 숨기고
있었다. 어린 보비 존스에게 감정과 쉽게 화를
내는 기질은 혼란스러운 교착상태였고
지나치게 성마른 성격은 때때로 제어하기
힘들 정도였다." 그러나 존스는 이러한 자신의
성격 일면을 조종하는 법을 배웠고
무시무시한 매치 플레이어가 되었는데

1930년 시즌에 거머쥔 인상적인 우승 트로피들과 함께한 보비 존스. (왼쪽에서
오른쪽으로) 디 오픈, US 아마추어, 브리티시 아마추어, 그리고 US 오픈.

누구도 챔피언십 경기에서 그를 두 번 이긴 사람이 없을
정도였다. 1923년에서 1930년까지 그는 눈부신 성공 가도를
달렸다. 그는 당시 아마추어를 위한 메이저 대회에 참가한 21
번의 챔피언십 중 13번 우승했다. 존스는 US 아마추어에서 5번
우승했고, US 오픈에서 4번, 그리고 브리티시 아마추어에서 한
번 우승했다. 1922년부터 은퇴하기까지 그는 US 오픈과 오픈
챔피언십에 12번 경기를 펼쳤고 7번 우승했으며 다른 5번의
챔피언십에서 4번이나 준우승으로 경기를 마쳤다. 그의 약진은
1923년 US 오픈에서 이뤄졌는데, 우승 안정권에 든 것처럼
보였던 존스는 보기, 보기, 더블 보기로 마무리하는 바람에
결국 플레이오프로 이어지게 되었다. 그가 말하길 "나는
챔피언처럼 마무리하지 않았고, 겁쟁이처럼 끝났다." 하지만
18번 홀에서 귀착된 플레이오프에서 존스는 이번만큼은
챔피언처럼 마무리지었다. 모래 위 라이에서 200야드 이상 되는
거리에서 2번 아이언으로 물을 넘어 그린으로 올렸고 6피트를
남겨 놓았다. 이것은 그가 이제껏 친 샷 중 최고였으며 전설은
이렇게 탄생했다.

보비의 전쟁

로버트 T 존스 주니어는 제2차 세계대전 중 육군 항공대의 장교로 근무한다. 그는 처음에 대서양 해안을 따라 정찰업무를 담당하는 민간인 자원봉사 단체인 항공기 경보 시설에 배속되었지만 나중에 해외에서 근무했다. 전쟁 동안 그는 어거스타 내셔널에서 미군이 소를 방목하도록 허락했다.

■ 골프 반바지 대신 군복을 입은 존스

전설의 요소

존스를 둘러싼 전설의 일부는 그 스스로 패널티 샷을 기꺼이 받아들였다는 점이다. 예를 들어, 1925년 US 오픈에서 누구도 보지 못한 사이에 어드레스된 후 공이 움직였다. 그는 플레이오프에서 결국 지고 말았는데, 나중에 이 사건에 대해 물었을 때 "이 경기를 할 수 있는 단 한 가지 방법이 있을 뿐이고 그것은 규칙에 의한 것이다. 그 사람이 명예를 잃지 않은 것을 칭찬하라"고 말했다. 존스는 1926년 리텀에서 생애 처음으로 오픈에서 우승했고 같은 해에 미국과 영국의 타이틀을 동시에 석권한 최초의 선수가 되었다. 오픈 대회를 대비해 그는 서닝데일에서 거의 완벽에 가까운 경기를 펼쳤다. 그는 전반과 후반에 각각 33타를 치며 총 66타를 쳤다. 티에서 그린까지 33개의 스트로크와 33개의 퍼트가 있었는데, 그중 한 개만이 장타였다. 심지어 기회를 놓친 샷도 일부 있었다.

그랜드 슬램을 위한 계획

1930년에 그는 미국과 영국의 아마추어와 오픈 타이틀을 동시에 석권하는 그랜드 슬램(212~213쪽 참조)을 공략하기로 결심했다. 정면승부의 매치를 수반하는 브리티시 아마추어 대회가 세인트앤드루스에서 먼저 있었다. 그는 생애 처음으로 이 타이틀을 거머쥐었고, 이것이 자신이 네 개 타이틀을 모두 획득할 수 있는 기회라고 여겼다. 그 다음이 호이레이크에서의 오픈이었는데, 그는 마지막 홀에서 더블 보기를 했지만 살아남아 우승했다. US 오픈은 인터라첸에서 열렸는데, 그는 마지막 그린으로 12미터짜리를 성공시키며 승리를 거머쥐었다. 임무의 마지막 항해는 US 아마추어로, 브리티시 아마추어와 마찬가지로 매치 플레이 경기였는데 그는 모든 도전자들을 물리쳤다. 한 신문은 이 업적을 난공불락의 4면 요새라고 불렀지만, 이와 맞아 떨어지는 것은 '그랜드 슬램'이라는 문구였다. 이듬해 28세의 나이로 그는 자신의 가족과 사업을 위해 은퇴하겠다고 발표했다. 투자자들과 함께 그는 조지아의 어거스타에 있는 땅을 샀다. 앨리스터 맥켄지와 협력해 어거스타 내셔널 골프 클럽을 만들었고, 1934년부터 마스터스 대회가 시작되었다(214~215, 296~299쪽 참조). 1948년 그는 자신의 마지막 골프 라운드를 했고 나중에 신경근이 파괴되는 질병인 척수공동증 진단을 받았다. 그 후 23년 넘게 그는 병 때문에 점점 무기력해졌고, 단순히 "할 수 있는 한 최선을 다하겠다"고 마음먹었다. 팻 워드 토마스는 다음과 같이 적었다. "존스는 챔피언 중의 챔피언이었다. 전 세계 모든 선수들 중 누구도 그가 달성한 것을 성취하거나 최고의 자리에 오를 수 없을 것이다. 어떤 골퍼도 존스만큼 한 인간으로서의 성품으로 영원한 애정과 존경을 얻지는 못할 것이다."

그랜드 슬램을 향한 첫 번째 항해인 세인트앤드루스의 브리티시 아마추어 대회에서 우승한 후 클럽하우스로 에스코트 받는 존스.

1916
14세의 나이로 조지아 주 아마추어 타이틀 획득.

1923
인우드 컨트리클럽에서 열린 US 오픈 플레이오프 18번 홀에서 자신의 첫 번째 메이저 우승 확보.

1927
285의 최저 스코어로 세인트앤드루스에서의 오픈 타이틀 방어.

1929
알 에스피노사를 상대로 플레이오프를 치른 후 윈지드 푸트에서 자신의 세 번째 US 오픈 우승.

세인트앤드루스에서의 보비 존스

1921년 올드 코스를 처음 보았을 때, 존스는 별다른 감명을 받지 않았다. 오픈에서의 세 번째 라운드에서 그는 43번째 홀에 들어서서 10번 홀에서는 더블 보기를 쳤고, 11번 홀에서는 벙커에 빠졌는데, 그가 공을 주울 때는 또 다른 6타를 더하려는 참이었다. 카드를 찢어버리거나 코스에서 소동을 일으키지는 않았지만 그는 대회를 그만두어야 했다. 세월이 흐르면서 이 코스에 대한 그의 생각은 엄청나게 바뀌었다. "코스를 공부하면 할수록 코스를 더 사랑하게 되고… 사랑하면 할수록 더 많이 공부하게 된다." 1927년 그는 세인트앤드루스에서 자신의 두 번째 오픈 타이틀을 땄고, 1930년에는 올드 코스에서 열린 그랜드 슬램을 향한 첫 번째 다리였던 브리티시 아마추어에서 우승했다. 1936년, 베를린 올림픽에 가던 길에 존스는 스코틀랜드에 잠시 들러 올드 코스에서 경기를 펼쳤는데, 그의 방문에 대한 공식적인 안내가 없었음에도 불구하고 5,000명의 사람들이 그를 보기 위해 운집했다. "우리의 보비가 돌아왔다" 는 외침이 높아졌다. 1958년, 존스는 로열 앤 에인션트와 세인트앤드루스의 명예회원이 되었고, 감동적인 행사에서 세인트앤드루스 로열 버러의 자유 시민으로 인정받음으로써 뉴 골프 클럽의 명예 회원자격을 추가했다. "내 삶에서의 모든 것을 끄집어낸다고 해도 세인트앤드루스에서의 경험만큼은 여전히 풍요롭게 살아 있다"고 존스는 말했다. 1972년에 마을에서는 보비를 위한 기념행사가 열렸는데, 1930년 브리티시 아마추어에서 결승전에서 졌던 로저 웨더드는 "기술과 기사도 정신에서는 견줄 바 없는 골퍼" 라고 그를 묘사하며 연설했다. 올드 코스의 10번 홀은 "보비 존스"의 이름이 붙여졌다.

△ 진 사라젠(왼쪽)과 존스(오른쪽)는 훌륭한 라이벌이었다. 1935년에 마스터스에서 우승함으로써 사라젠은 존스의 새로운 토너먼트 확립을 도왔다.

◁△ 존스는 로열 세인트조지스에서 열린 자신의 다섯 번째이자 마지막 워커 컵에 미국 팀을 대표했다. 영국의 RW 하틀리를 상대로 경기를 펼치는 존스.

■ 1930년의 담뱃갑 속 그림 카드

> # 골프가 경기 이상의 의미를 갖는 사람들의 마음속에서 누구도 보비 존스를 대신 할 수 없을 것이다.
>
> 그랜트랜드 라이스, 스포츠 기자

1930
로저 웨더드를 7타 차로 물리치며 브리티시 아마추어 챔피언십에서 승리를 굳힘.

1930
호이레이크에서 그랜드 슬램의 두 번째이자 자신의 세 번째 오픈 챔피언십 우승.

1930
인터라첸에서 열린 US 오픈 마지막 홀에서 12미터짜리 퍼트를 넣으며 우승.

1930
메리온에서 열린 US 아마추어에서 우승함으로써 아마추어와 오픈 타이틀의 그랜드 슬램 달성.

1934
조지아 어거스타에 자리한 자신의 새 코스에서 치러진 1934년 마스터스 토너먼트 대회에서 은퇴 경기를 함.

1958
벤자민 프랭클린 이후 두 번째로 세인트앤드루스의 자유시민이 되는 영예를 얻음.

조이스 웨더드 Joyce Wethered

조이스 웨더드는 남자경기의 보비 존스만큼 여자 경기에서 대단한 존재였다.
그녀는 1920년대를 장악한 선수였고, 짧은 커리어지만 사실상 무적이었다.
존스는 그녀의 영웅이었다. 존스 역시 그녀를 두고 '남녀 통틀어 가장 훌륭한 골퍼'
라고 언급한 바 있다. 그녀는 커티스 컵의 창립에서도 주도적인 역할을 했다.

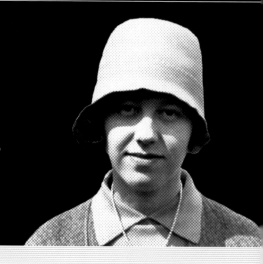

웨더드는 스코틀랜드에서 보낸 휴가 동안 골프를 시작했다. 당시 최고의 아마추어 선수로 손꼽혔던 오빠 로저의 지원을 받은 그녀는 1920년 셰링엄에서 열린 잉글리시 여자 챔피언십에 친구들과 동행한다는 가벼운 기분으로 출전했는데 당시의 스타였던 세실 리치를 결승에서 물리쳤다. 그녀는 이어 5번 연속으로 잉글리시 타이틀을 따냈고 브리티시 아마추어에서 4번

우승했다. 브리티시 아마추어 챔피언십에서 38번의 매치를 했고 그중 36번 이겼다. 1925년에 세 번째 브리티시 아마추어 에서 우승한 후 골프 대회에서 은퇴했으나 1929년 미국 최고의 선수였던 글레나 콜레트를 물리쳤던 세인트앤드루스에서 컴백했다. 올드 코스에서의 유명한 승리 후 그녀는 28세의 나이로 다시 챔피언십에서 은퇴했는데, 보비 존스도 1년 후 같은 나이에 은퇴했다. 그녀는 1932년 커티스 컵의 첫 번째 영국 주장이 되어 대회 확립에 일조했다. 존스는 종종 조이스의 오빠인 로저와 경기를 벌였고 1930년 세인트앤드루스 에서 열린 브리티시 아마추어 결승전에서 그를 물리쳤다. 일주일 후, 보비와 조이스는 포볼 매치에서 파트너를 이루었다. 존스는 75타로, 조이스는 76 타로 라운드를 마쳤는데, 존스는 "너무 뛰어난 선수"라고 느꼈다고 말했다. "그녀가 경기하는 방식에 비하면 스코어는 거기에 따르지 못한다. 웨더드 양이 샷을 놓친다는 것은 거의 불가능했으며, 실수한 적도 없었다." 1935년 미국 투어 영상이 증명하듯 두 사람은 놀랄만치 비슷한 자유롭게 흐르는 스윙을 공유했다. 그 투어에서 웨더드는 존스의 홈 클럽인 애틀랜타 이스트 레이크에서 경기했다. 그녀의 파트너였고 장래 브리티시 아마 추어 챔피언이 될 찰리 예이츠는 처음 14홀 동안 웨더드보다 높은 스코어를 기록했다. "나는 꽤 당황했지만 그녀의 경기를 지켜보는 데 매혹되었다"고 예이츠는 말했다.

웨더드의 우아한 스윙은 여자 아마추어 대회에서 마지막 우승을 한 3년 뒤인 1932년에 영상으로 기록되었다.

조이스 웨더드 전적

출생 1901년 11월 17일, 잉글랜드 서리
사망 1997년 11월 18일

우승 9
브리티시 여자 아마추어 챔피언십:
우승 1922, 1924, 1925, 1929
잉글리시 여자 챔피언십: 우승
1920, 1921, 1922, 1923, 1924

명예
커티스 컵 선수/주장: 1932

1929년 잉글리시 여자 챔피언십에서 세인트앤드루스 다리를 넘어 동료 선수들과 관중들을 리드하는 조이스 웨더드.

남자든 여자든, 아마추어거나 프로거나 관계없이, 이제껏 나를 이토록 놀라게 한 사람과 경기해 본 적이 없다.

보비 존스

헨리 코튼 Henry Cotton

비록 임관을 위해 버킹엄 궁에 참석하기 전 운명했음에도 불구하고 헨리 코튼 경은 골프에서 처음으로 기사 작위를 받은 인물이다. 코튼은 유러피언 골프 투어의 창시자가 되었고, 수많은 책을 저술했으며 골프 코스를 디자인하고, 무엇보다도 그 당시 가장 존경받는 영국인 지도자였다. 그는 위대한 3인조와 닉 팔도 사이에 존재했던 최고의 골퍼였다.

그 당시 대부분의 프로 선수들이 캐디였거나 골프 선수의 아들이었다. 헨리 코튼은 그 틀을 깼다. 중산층 가정에서 자라 런던의 사립학교에서 교육받은 그는 아마추어로 골프를 해보지 않겠냐고 권유받았지만 자신의 골프 능력을 최대한 발휘하기 위해 프로로 전향했다. 그의 첫 번째 오픈 우승은 11년 동안 영국인 우승자 없이 이어오던 기록을 끝냈다. 이 우승은 1934년 로열 세인트조지스에서였는데, 67타와 65타를 기록하며 필드에서 앞서 나갔다. 65타의 스코어는 43년 동안 신기록으로 남아 있었는데, 너무 놀라운 기록이었기에 골프공 제작사는 이 업적을 기념하고 싶어 했다. 던롭 65는 이후 몇 년 동안 최고의 공이 되었다. 코튼은 마지막 라운드에서 79타로 주춤했지만 여전히 5타 차로 우승했다. 3년 뒤 그는 카노스티에서 엄청난 힘을 자랑하는 미국의 라이더 컵 팀을 상대로 다시 승리를 쟁취했다. 알 레이니는 코튼을 "그 당시에는 이상하고 무서운

사람이었지만 벤 호건을 제외하고 4분의 3 스윙으로 골프 클럽을 누구보다도 훌륭하게 다룰 수 있는 선수였다"고 묘사했다. "그가 냉정하고 웃음기 없이 아이언으로 그린을 공략하는 순간은 마법 같았다. 호건과 마찬가지로… 그는 차가운 인상이었지만 동시에 공에는 어떠한 선택권도 없었기 때문에, 그가 달성할 수 없는 것은 아무것도 없다는 그런 느낌도 받았다."

태양 아래에서도 항상 겨울처럼 차가웠던 코튼은 아내 투츠와 함께 포르투갈 페니나에 살았는데, 프로 선수들은 조언과 길잡이를 얻기 위해 이곳으로 긴 여행을 했다.

헨리 코튼 전적

출생 1907년 1월 26일, 잉글랜드 홈즈 채플
사망 1987년 12월 22일

우승 16
디 오픈: 우승 1934, 1937, 1948

명예
라이더 컵 팀: 1929, 1937, 1947
라이더 컵 주장: 1947, 1953
해리 바든 트로피 수상자: 1938

■ 런던 콜로세움에서 강연할 코튼

1947년 잉글랜드 로열 미드 서리 코스에서 매치 중 그린으로 칩샷을 하는 코튼. 코튼이 마지막으로 라이더 컵에 출전했던 해이기도 하다.

바이런 넬슨 *Byron Nelson*

'연승'의 유명세에도 불구하고 바이런 넬슨은 골프의 첫 번째 신사로 기억될 것이다. 2006년에 94세로 사망한 그의 부고는 타이거 우즈의 PGA 투어 7회 연속 우승 기록과 함께 날아왔다. 역사적인 1945년 시즌 동안 넬슨은 11연승을 이룩했다. 그러나 은퇴 후 60년, 부고는 골프보다는 그의 인간됨에 대해 더욱 많이 회고했다.

바이런 넬슨 전적

출생 1912년 2월 4일, 미국 텍사스 왁사하치
사망 2006년 9월 26일
신장 6피트 1인치(185센티미터)
프로 전향 1932년

데뷔 우승 1935년 뉴저지 주 오픈
투어 우승 63
PGA 투어: 52
기타: 11

메이저 5
마스터스: 우승 1937, 1942
US 오픈: 우승 1939
디 오픈: 5위 1937
USPGA: 우승 1940, 1945

명예
바든 트로피 수상자: 1939
PGA 투어 상금 왕: 1944, 1945
라이더 컵 팀: 1937, 1947
라이더 컵 주장: 1965
PGA 올해의 선수: 1945

바이런 경이 1945년에 거둔 11연승은 골프 역사상 가장 놀라운 기록으로 여전히 남아 있다.

넬슨의 커리어는 짧지만 골프를 끝낸 후에도 오랫동안 경기와 가까이 머물렀다. 그는 TV해설자가 된 최초의 스타 골퍼였고, 톰 왓슨과 켄 벤츄리를 포함해 촉망받는 프로들의 스승이었다. 넬슨은 오랜 기간 마스터스의 명예 참가자로 봉사했으며, 1968년 이래로 댈러스 오픈은 바이런 넬슨 클래식으로 알려지게 되었는데, 이것은 선수의 이름을 딴 유일한 US 투어 경기이다. '바이런 경'이라는 애정 어린 별명이 붙은 그는 많은 사랑을 받은 골프의 전설 이상이었으며, 그가 선수들에게 손수 써서 보낸 축하인사나 애도의 말은 소중한 기념품이 되었다. 벤츄리는 국내를 돌며 시범경기를 하던 시절에 관해 이야기하며, 넬슨은 언제나 코스 기록과 누가 주최자인지를 체크했다고 말했다. 만약 주최자가 지역 클럽의 프로였다면 코스를 손대지 않고 그대로 두었다고 했다.

넬슨은 샘 스니드와 벤 호건과 같은 해에, 호건과 같은 텍사스에서 태어났다. 그들은 1927년 글렌 가든 컨트리클럽 캐디 챔피언십 결승전에서 겨루었는데 넬슨이 근소한 차로 우승했고 이 결과는 1942년 마스터스 플레이오프에서 재연되었다. 넬슨은 마스터스 두 번, USPGA 두 번 우승했고 US 오픈(또 다른 플레이오프를 거쳐)에서도 우승했지만 오픈 챔피언십에서는 한 번도 승리를 거두지 못했다.

선수로서 그는 보다 큰 새로운 공과 강철 샤프트를 장착한 클럽을 진짜 사용한 최초의 유명 골퍼였다. 그의 아이언 플레이는 로봇과도 같았는데, 1939년 오픈에서는 72홀 정규 경기 동안 6번이나 핀을 맞추었다. 그의 일관성에 대한 증거로, USPGA의 장비 테스트 기계는 '아이언 바이런'이라는 이름을 얻었다. 당시에는 15명 혹은 20명 정도의 정상급 선수만이 매주 상금을 받았는데, 넬슨은 113번 연속으로 토너먼트에서 돈을 벌었다.

연승에 관해

혈액병 때문에 전쟁에 참여하지 않았던 넬슨은 1944년 톨레도 인버네스에 있는 클럽의 일을 그만두고 투어에서 경기만 했다. 그는 그해 8번 우승했지만 자신의 치핑과 부주의한 수많은 샷은 만족스럽지 못했다. 매 라운드마다 그는 수첩에 기록을 하고 길이를 분석했다. 다음 해 그는 투어에서 18번 승리를 거뒀다. 시즌 동안 그의 평균 타수는 68.34였는데, 2000년에 타이거 우즈가 유일하게 이를 능가하는 기록을 세웠다. 토너먼트에서의 11연승은 1945년 3월 마이애미에서 열렸던 포볼 이벤트에서 시작되어 8월 멤피스 인비테이셔널에서 지면서 끝났다. 코스가 쉬웠고, 샘 스니드와 벤 호건이 모두 그해 투어 경기에서 많은 승리를 거뒀다는 사실에도 불구하고 상대가 한정되어 있었기 때문이라고 불공평하고 부정확하게 말하기도 했다. "그가 오랑우탄을 상대로 경기를 했다고 해도 상관없다. 11연승은 놀라운 기록이다"라고 재키 버크는 말했다.

넬슨은 1946년에 6번 우승했지만 사실상 그해 말에 34세의 나이로 은퇴했다. 그는 첫 번째 아내인 루이즈와 함께 포트워스 근처에 목장을 샀는데, 그는 앞의 2년 동안에 거둔 모든 승리의 주요 목적은 목장을 위해 소와 땅을 더 사기 위함이었다고 거리낌 없이 인정했다. "난 피곤했고 내가 골프에서 세워 놓았던 목표를 다 달성했다. 이제는 나아가야 할 때이다. 목장이 우리 소유가 된 이상 다른 건 상관없다."

■ 시리얼 포장 광고에 등장한 넬슨

> 난 아는 것이 많지 않다.
> 골프에 관해 조금 알고, 스튜 만드는 법을 안다.
> 그리고 나는 좋은 사람이 되는 법을 안다.

바이런 넬슨

▷ 자신의 커리어를 시작했던 곳이자 1927년 글렌 가든에서 열린 캐디 챔피언십에서 라이벌 벤 호건을 물리쳤던 캐디 색 (캐디의 대기실)으로 되돌아온 넬슨.

▷▷ 1951년 페블 비치에서 열린 크로스비 토너먼트에 참여한 넬슨의 모습을 찍는 빙 크로스비. 넬슨은 54홀 경기에서 209타로 우승했다.

▽ 넬슨은 강철 샤프트와 큰 공을 사용해서 스윙 기술을 현대화했다. 특히, 그의 아이언 플레이는 기계처럼 정확했다.

샘 스니드 Sam Snead

'슬래밍 새미' 혹은 간단하게 '슬래머'로 열려진 샘 스니드는 골프 역사상 가장 부드러운 스윙을 가진 선수였다. 그 균형과 리듬이 잡힌 부드러운 스윙에 터치와 타이밍까지 갖춘 그는 당시 최장타자였다. 이것은 60년간 지속되었고 일곱 번의 메이저를 포함한 162번의 투어 우승을 이룬 커리어의 보증이었다.

샘 스니드 전적

출생 1912년 5월 27일, 미국 버지니아 애쉬우드
사망 2002년 5월 23일
신장 5피트 11인치(180센티미터)
프로 전향 1934년

데뷔 우승 1937년 오클랜드 오픈
투어 우승 165
PGA 투어: 82
시니어 투어: 13
기타: 70

메이저 7
마스터스: 우승 1949, 1952, 1954
US 오픈: 2위 1937, 1947, 1953/ 공동 2위 1949
디 오픈: 우승 1946
USPGA: 우승 1942, 1949, 1951

명예
PGA 투어 상금 왕: 1938, 1949, 1950
PGA 올해의 선수: 1949
바든 트로피 수상자: 1938, 1949, 1950, 1955
라이더 컵 팀: 1937, 1947, 1949, 1951, 1953, 1955, 1959
라이더 컵 주장: 1951, 1959, 1969

스니드는 참으로 보잘 것 없는 출신이다. 그는 사냥과 낚시를 주로 하는 블루리지 산맥의 시골 작은 언덕에 자리한 버지니아의 핫 스프링스에서 태어나 그곳에서 줄곧 살았다. 다섯 형제 중 막내인 샘은 그의 큰형인 호머가 가족의 목초지에서 경기하는 모습을 보고는 부러진 나뭇가지로 직접 클럽을 만들어 형의 스타일을 따라했다. 그는 타고난 운동선수였는데, 한 팔로 팔굽혀펴기 하기와 문 너머로 깡통 차기 등이 형제들의 놀이였다. 스니드는 독학으로 골프를 배웠을지 모르나, 90세 생일을 사흘 앞두고 죽기 전까지 회원이었던 노스캐롤라이나의 그린브리어 클럽에서 활동하는 프로 선수의 조수가 되면서 커다란 변화가 찾아왔다. 스니드의 스윙은 헨리 피카드 클럽을 사용하자마자 극적으로 향상되었는데, 이 클럽은 좀더 딱딱한 샤프트를 가지고 있어 이전의 유연한 드라이버보다 그의 스윙에 더 적합했다. 그는 투어에서 최장타자이자 최고의 스트레이트 드라이버로 알려졌다. 스니드는 다양한 스타일을 시도했기 때문에 퍼팅이 유일한 약점이었지만 피치 샷의 귀재였던 그는 이를 보완하기 위해 뛰어난 롱 아이언 샷을 구사했다.

시골 소년

스니드는 US 투어에서 가장 위대한 승자가 되었는데, 마지막 우승은 52세 때로 총 82번의 공식 우승을 거두었고 대개는 미국을 떠나기 싫어했지만 그래도 미국을 떠나 여행하면서 승리를 추가했다. 스니드의 마음은 언제나 시골 소년이었고 그의 에이전트인 프레드 코코란은 부끄럼 없이 스니드의 소박한 뿌리를 선전했다. 스니드는 짓궂은 유머를 좋아하고, 거칠고 분명히 차별적이었기 때문에 언론은

◁ 스니드는 한 대회에서 최다승의 기록을 보유하고 있는데, 그레이터 그린스보로 오픈에서 여덟 번 우승했다.

그의 세련되지 못한 농담을 한껏 즐겼다. 한번은 US 오픈에서의 우승 스코어에 관해 물었는데, 스니드는 이렇게 답했다. "아, 난 280타에 걸겠소. 클럽하우스에 앉아 핫도그에 콜라를 마시고, 방귀나 뀌면서."

스니드는 메이저 챔피언십에서 일곱 번 우승했는데, 마스터스

샘 스니드가 골프 치는 모습을 볼 기회를 거절한 사람은 차양을 내린 채 차를 몰고 **타지마할**을 지나갈 것이다.

짐 머레이, 스포츠 기자

세 번, USPGA 세 번, 1946년 오픈 대회에서였다.

US 오픈에서는 네 번이나 2위에 그치고 말았다. 다른 선수들이 더 잘했기 때문일 때도 있었고, 스스로 무너졌을 때도 있었다. 1937년에는 최종 라운드에서 트리플 보기를 하면서 졌고, 1947년의 플레이오프에서는 마지막 홀에서 쓰리 퍼트(그린에서 세 번의 퍼팅으로 홀인하는 것)를 쳤으며, 1949년과 1953년의 최종 라운드에서는 76타와 심지어 81타를 기록했다. 이런 상황에서도 스니드는 힘들었냐는 기자의 질문에 농담으로 대꾸하곤 했다. 여행 경비가 1등 상금보다 더 들었기 때문에 평소라면 가지

않았을 그였지만 1946년 세인트앤드루스에서 열린 오픈 챔피언십에는 참가했다. 마을로 들어서면서 그는 "버려진 골프 코스 같다"고 말했다. 올드 코스를 두고 한 이런 모욕적인 언사는 돌고 돌았다. 《타임스》지 기자는 이렇게 썼다. "촌스러운 미국인 스니드는 분명 피사의 사탑을 보고 무너져 내리기 직전의 흔들리는 건물이라고 생각할 것이다." 그럼에도 스니드는 코스를 마스터해서 바람이 부는 상태에서 훌륭하게 경기를 펼칠 계획을 짜 4타 차로 우승했다. 그의 스윙은 "공으로 걸어가 그 위에 꿀을 퍼부은" 것이었다. 이보다 더 달콤한 것은 없었다.

스니드는 82승을 거둔 PGA 투어의 가장 위대한 승자이며, 마지막 우승은 52세 때 거두었다.

샘의 큰 기회

웨스트 버지니아 그린브리어에서 포섬 경기를 할 때 스니드에게 큰 기회가 찾아왔다. 프로 선수들을 가르쳐 달라는 제안이었는데 짧은 파4의 5번 홀에서 그린으로 드라이브를 날렸을 때 뒤편에 있던 호텔 손님을 치는 바람에 그 기회를 거의 놓칠 뻔했다. 그 손님은 호텔을 소유한 철도회사 중역이었고, 다음 날 스니드가 똑같이 드라이브 하는 모습을 보고는 자신의 개인 교사로 삼았다.

■ 그린브리어 프로 숍의 스니드

◁ 스니드는 경이적인 운동선수였는데, 그의 스윙은 처음 시작할 때처럼 커리어의 마지막 순간까지 우아했다.

벤 호건 Ben Hogan

"진흙에서 퍼올려야 한다"고 벤 호건은 말했다. 누구도 호건만큼 연습을 즐기거나 자신의 스윙을 개선한 이도 없다. 자신의 동료인 바이런 넬슨이나 샘 스니드에 비해 늦게 시작한 호건은 자동차 사고로 거의 죽을 뻔하고 고통받았지만 제2차 세계대전 이후 곧바로 경기를 장악했다. 1953년에 단 한 번 참가한 오픈에서의 승리를 포함해 세 개의 메이저 챔피언십에서 우승했다.

벤 호건 전적

출생 1912년 8월 13일, 미국 텍사스 스티븐빌
사망 1997년 7월 25일
신장 5피트 7인치(170센티미터)
프로 전향 1929년

데뷔 우승 1940년 노스 앤드 사우스 오픈
투어 우승 64
PGA 투어: 64

메이저 9
마스터스: 우승 1951, 1953
US 오픈: 우승 1948, 1950, 1951, 1953
디 오픈: 우승 1953
USPGA: 우승 1946, 1948

명예
PGA 투어 상금 왕: 1940, 1941, 1942, 1946, 1948
바든 트로피 수상자: 1940, 1941, 1948
PGA 올해의 선수: 1948, 1950, 1951, 1953
라이더 컵 팀: 1947, 1951
라이더 컵 주장: 1947, 1949, 1967

벤 호건은 복잡한 사람이다. 겨우 아홉 살 때 총으로 자살한 아버지의 죽음과 대면해야 했다. 그는 바이런 넬슨과 마찬가지로 포스워스에 있는 글렌 가든의 캐디로 성공했지만 프로 전향 후 고군분투했다. 두 번 이상 파산했고 겨울 동안 이상한 직업을 전전했는데, 도박장의 금전 책임자로 일하기도 했다. 그러나 연습장에서 보낸 시간들은 마침내 그에게 강력하지만 부드럽게 착륙하는 페이드 샷을 선사했다. 이는 호건이 "주머니 속의 방울뱀"과 같다고 묘사한 적이 있는 난폭한 훅을 대체했다. 그의 퍼팅은 최고라고 할 수 없었고 몇

번이나 실망을 안겨주었지만, 호건만큼 티에서 그린까지 경기를 완벽하게 했던 선수는 거의 없었다. "병마개를 찍어내는 기계" 같다고 《타임》지는 평했다.

그는 병역 때문에 3년을 잃었지만, 1946년에 13번 우승을 하면서, 성공 비결은 몇 가지 기초를 다지는 것이라는 사실을 깨달았다. 그는 1946년 USPGA에서 9번의 메이저 우승 중 첫 번째 승리를 거두었지만, 놀라운 성공 가도를 달리기 시작한 것은 처음으로 US 오픈에서 우승했을 때다. 그는 1948년과 1953년 동안 참가한 11번의 메이저 대회에서 8번 승리했다.

■ 피닉스 오픈 프로그램 책자

호건은 확고한 결단력으로 유명했으며 소문에 의하면 쌀쌀한 사람이었다. 그러나 1951년 US 오픈에서 우승 후 그는 환하게 웃었다.

호건의 불행 중 다행

1949년, 텍사스 도로를 달리던 호건의 차가 트럭을 추월하는
그레이하운드 버스와 충돌했다. 그는 아내를 보호하기 위해
자신의 몸을 던졌다. 두 사람 모두 살아남았지만, 호건은 쇄골이
부서지고 엉덩이와 갈비뼈, 발목에 골절상을 입었다. 그는
이 사고 때문에 계속 고통받았는데 이후로도 다시는 다리에
정상적인 혈액순환이 되지 않았다.

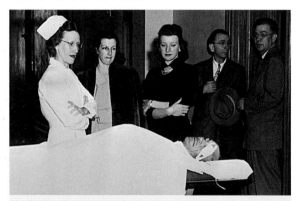

■ 자동차 사고 후 중태에 빠진 호건

　　자동차 사고 후(220~221쪽 참조), 골프를 치는 것은 고통과의
싸움이었다. 그의 커리어 중 가장 놀라운 승리는 1950년 US
오픈에서였는데, 36개 홀을 거치며 고군분투한 후 다음 날 18홀
플레이오프에서 이겼다. 1951년에 그는 괴물
같은 오클랜드 힐즈 코스를 굴복시키고 US
오픈에서 다시 한 번 우승했고, 2년 뒤 두 번째
마스터스 우승과 네 번째 US 오픈 우승을
거머쥐었다. 1951년 호건은 오픈 대회를 위해
처음이자 마지막으로 영국으로 향했다. 그는
긴 매치플레이 형식 때문에 USPGA에
참가하지 않았는데, 어찌되었든 대회 일정이
겹쳤다. 카노스티에서 그는 최종 라운드에서
코스 기록인 68타로 승리를 차지했다. '작은
얼음 괴물'은 순식간에 스코틀랜드 갤러리들의
마음을 사로잡았다.

　　그는 네 개의 메이저 대회를 모두 석권한
다섯 명의 선수 중 한 명이며, 타이거 우즈와
함께 같은 시즌에 세 개의 메이저 대회에서
우승한 유일한 선수이다(222~223쪽 참조).

호건의 스윙은 동료 프로 선수들의 부러움을 샀다. 그의 방식은 여전히 남아 있는데
데이비드 리드베터를 포함한 현대의 수많은 코치들이 가르침의 핵심으로 삼는다.

> 여러분은 기진맥진할 정도로 연습하는 나에 관해 들었을 것이다.
> 그러나 정말로, 나는 즐기고 있었다. 공을 칠 수 있기 때문에
> 아침에 일어나는 것이 그렇게 기다려졌다.

벤 호건

베이브 자하리아스 Babe Zaharias

베이브 자하리아스는 미국에서 국민적 영웅이 된 첫 번째 여성 운동선수였다.
만능 스포츠 선수로 뛰어난 재능을 가진 그녀는 영구적인 성공을 이루었던 골프로 전향하기 전
이미 명성을 얻은 올림픽 육상경기 선수였다. 그녀는 또한 1950년에 미국 여자프로골프협회(LPGA)
의 창립을 도왔다.

베이브 자하리아스 전적

출생 1917년 11월 20일, 미국 텍사스 포트 아서
사망 1956년 9월 27일
프로 전향 1947년

데뷔 우승 1940년 웨스턴 오픈(아마추어로 우승)
투어 우승 41
LPGA 투어: 41

메이저 10
웨스턴 오픈: 우승 1940, 1944, 1945, 1950
US 여자 오픈: 우승 1948, 1950, 1954
타이틀홀더스 챔피언십: 우승 1947, 1950, 1952

명예
브리티시 아마추어 챔피언십: 우승 1947
US 아마추어 챔피언십: 우승 1947
1932년 LA올림픽에서 육상 종목 금메달 두 개와
은메달 한 개 획득

밀드레드 디드릭슨은 프로 레슬러 조지 자하리아스와
결혼한 다음인 1938년에 성을 자하리아스로 바꾸었다. 그녀는
전설적인 야구 선수 베이브 루스의 이름을 따 이미 '베이브'로
알려져 있었다. 사실, 그녀는 육상은 말할 것도 없이, 야구,
테니스, 다이빙, 스케이팅, 볼링, 당구 등 수많은 스포츠에
재능이 있었다. 1932년 미국 올림픽 예선에서 8개 경기 중 6개를
이겼고, 이후 여름에 열린 LA올림픽
경기에서 투창과 80미터 허들에서
금메달을 땄다. 같은 경기에서, 비록 짧은
순간이긴 해도, 높이뛰기에서 신기록을
세웠는데, 이후 그녀의 기술이 규정에
어긋났다는 이유로 은메달로 강등되었다.

뛰어난 아마추어

자하리아스가 골프로 돌아섰을 때, 공을
가장 멀리 칠 수는 있었지만 경기를
배우는 데에는 시간이 걸렸다. 1933년에
텍사스 아마추어 타이틀을 따낸 후
그녀는 아마추어 이벤트에서 경기하는
것이 금지되었는데, 다른 스포츠에서
돈을 번다는 이유로 프로 선수라고
간주되었기 때문이다. 시범 투어를
계속했지만 결국 아마추어로서의 지위를
되찾아 뛰어난 연승 행진을 이어갔다.
그녀는 1946년 US 아마추어와 이듬해
굴레인에서 열린 브리티시 아마추어에서
우승했다.
　자하리아스는 1947년 프로로
전향했고 US 여자 오픈에서 세 번

우승했으며 LPGA가 생긴 후 처음 2년 동안 LPGA 투어 상금
랭킹 선두였다. 1953년 그녀는 암 진단을 받았지만 수술 후
복귀해 1945년 US 오픈에서 12타 차로 우승했다. 1955년에 암이
재발하면서 이것이 그녀의 마지막 승리가 되었다. "여보, 난 안
죽을 거예요." 병상에서 그녀가 남편에게 전한 마지막 말이었다.

자하리아스는 골프에 늦게 진출했는데, 1932년 LA올림픽 중 스포츠 기자인 그랜트랜드
라이스에 의해 입문했다. 경기 사이에, 라이스는 그녀가 91타를 유지하도록 했다.

올림픽 스타에서 골프 챔피언이 된
베이브 자하리아스는 타고난 재능과 리듬을
겸비한 눈부신 운동선수였다.

그녀는 궁극의 여전사이며 인류의 가장 위대한 운동선수로 영원히 기억될 것이다.

그랜트랜드 라이스, 스포츠 기자

맥스 포크너 Max Faulkner

오픈 챔피언십이 미국은 물론이고 호주, 남아프리카를 포함한 외부에서 온 방문자들에게 지배당하고 있을 때, 맥스 포크너는 희망의 등대였다. 그는 토니 재클린이 등장하기 전까지 거의 20년 동안 유일한 영국인 챔피언이었다. 포크너는 월터 하겐의 영국인 버전이라고 할 수 있는 화려한 인물로 전후(戰後) 골프를 빛나게 했다. 1951년 포트러시의 우승은 그를 영원히 기억하게 한다.

맥스 포크너 전적

출생 1916년 7월 29일, 잉글랜드 벡스힐
사망 2005년 2월 26일
프로 전향 1946년

투어 우승 18
유러피언 시니어 투어: 2

메이저 1
디 오픈: 우승 1951

명예
라이더 컵: 1947, 1949, 1951, 1953, 1957

1951년 로열 포트러시에서 열린 오픈 대회에서 우승을 향해 달리던 포크너가 러프에서 탈출하고 있는 모습. 그의 유일한 메이저 우승이다.

스포츠 보도기자인 이안 울드리지는 신문 칼럼에 맥스 포크너가 1951년에 노래를 부르며 '오픈 챔피언 1951'이라는 문구를 넣어 사인을 하러 다녔다고 적었다. 사실 포크너는 최종 라운드에 들어가기 전 한 소년에게 사인을 해주었는데, 소년의 아버지가 그 글귀를 덧붙여 달라고 부탁했다. 포크너는 어쩔 수 없이 적어 주며 생각했다. '내가 무슨 짓을 한 거야! 우승하는 수밖에 없겠군.'

그는 6타 앞서 있었고 최종 스코어 285타로 왕관과 300 파운드의 상금을 차지했다. 그는 2라운드에서 겨우 24개의 퍼트만을 했지만, 그때 사용한 특히 가벼운 퍼터는 그가 수집하고 사용한, 대부분은 직접 만든 300개 중 하나에 불과했다.

1957년 잉글랜드 요크셔의 린드릭에서 열린 라이더 컵에서 포크너는 싱글 매치에서 제외되었지만 여전히 중요한 역할을 담당했다. 우승 포인트를 빼앗은 켄 보스필드는 다음과 같이 회상했다. "당시에는 코스 밖에 스코어보드와 무전기가 없었다. 경기를 하고 있던 우리들은 맥스가 아니었다면 다른 경기에서 무슨 일이 벌어지는지 전혀 몰랐을 것이다. 그는 정말 대단했는데, 내가 그를 볼 때마다 매번 좋은 소식을 가져오는 듯했다. 그는 나에게 급히 다가와 말하기를, '리스가 이기고 있어, 브라운이 4점 높아. 대장, 우리가 이겨야 해, 힘내! 이 녀석을 이길 수 있어' 그런 다음 달려가서는 10분 후에 더 좋은 소식을 가지고 되돌아왔다. 그가 없었더라도 이길 수 있었을지 모르나, 그날 그는 정말로 굉장했다. 그가 한 일을 결코 잊지 못할 것이다."

보비 로크 Bobby Locke

보비 로크는 남아프리카 출신으로는 최초의 훌륭한 선수였는데,
명가의 시작은 게리 플레이어로 이어졌고 현대의 어니 엘스와 레티프 구센으로 진행되었다.
로크는 골프 역사상 최고의 퍼터로 손꼽히는데, 그린에서의 성공은 그에게 1949년에서
1957년 동안 네 번의 오픈 챔피언십을 안겨주었다.

그는 내가 여태까지 본 선수 중 가장 위대한 퍼터였다.

피터 알리스

로크는 커리어 대부분에 히코리로 만든 샤프트를 장착한 무딘 블레이드의 퍼터를 사용했다. 클럽을 아주 가볍게 쥐었던 로크는 뛰어난 터치의 소유자였고 '움직임 없는 속도'로 공을 천천히 홀에 넣어야 한다고 굳게 믿었다. 그의 비범한 감각은 아이언의 거리 제어와 정확한 치핑에서도 나타났다. 샘 스니드가 남아프리카에 갔을 때, 로크와 대적하게 되었고 일련의 시범 매치에서 12대 2로 졌다. 그럼에도 스니드는 기쁘게 조언을 해주었다. 로크는 언젠가 스니드에게 그가 미국에서 골프로 생계를 꾸릴 수 있는지 물었다. "먹고 산다고? 자네는 아주 빨리 부자가 될 걸세"라고 스니드는 답했다. 로크는 정말 미국에서 정기적으로 우승했다. 하지만 대부분의 미국인 선수들은 외국인이 자신들의 투어를 강탈하는 것을 싫어했기 때문에 그는 분개했는데, 그가 이전에 참가했던 일부 경기에서 빠졌다는 구실로 짧은 기간 출전 금지까지 당했다. 미국에서의 출전 금지 동안 그는 주로 영국에서 경기를 했고 1949년에 플레이오프에서 해리 브래드쇼를 물리치고 처음으로 오픈에서 우승했다. 막 영국에서 경기하기 시작했던 때로, 자신의 자연스러운 페이드를 드로우로 바꾸어 오른쪽으로 겨냥해 공을 되돌리기로 결심한 시기이다. 이 변화는 이미 인상적인 경기를 펼치고 있던 그에게 긍정적인 효과를 주었다. 로크의 네 번째이자 마지막 오픈 타이틀은 1957년 세인트앤드루스에서 땄는데, 마지막 그린에서 다른 선수를 위해 자신의 마커를 옮기고는 다시 원위치로 되돌리지 않았다. TV로 중계된 최초의 오픈 대회여서 그 실수가 반복 재생되었지만 위원회는 결과가 유효하다고 결정했다. 3년 뒤 로크는 자동차 사고를 당해 한쪽 눈의 시력을 거의 잃었고 다시는 이전과 같이 경기할 수 없었다.

로크는 대부분의 커리어 동안 오로지 회색 플란넬 바지에 하얀 사슴가죽 신발, 리넨 드레스 셔츠에 넥타이를 하고 흰색 호건 모자를 착용했다.

보비 로크 전적

출생 1917년 11월 20일, 남아프리카 게르미스톤
사망 1987년 3월 9일
프로 전향 1938년

데뷔 우승 1938년 남아프리카 오픈
투어 우승 72
PGA 투어: 11
유러피언 투어: 23
남아프리카 투어: 38

메이저 4
마스터스: 10위 1948
US 오픈: 3위 1947, 1951
디 오픈: 우승 1949, 1950, 1952, 1957
USPGA: 공동 33위 1947

명예
1976년 로열 앤 에인션트 골프 클럽의
명예회원이 됨

1949년 로열 세인트조지스에서 클라렛 저그를 들고 있는 로크. 네 번의 오픈 우승 중 첫 번째였다.

피터 톰슨 Peter Thomson

보비 로크가 남아프리카의 국위를 선양하고 있을 때, 피터 톰슨은 호주를 위해 무대에 등장했다. 두 사람은 1950년대의 오픈 대회를 장악했는데, 톰슨은 네 번 타이틀을 거머쥐었고 도합 다섯 번 우승했다. 그는 작가, 해설자, 그리고 코스 건축가가 되었고 시니어 투어에서 다시 한 번 우승을 하기 위해 나아갔다.

피터 톰슨 전적

출생 1929년 8월 23일, 호주 멜버른
프로 전향 1949년

데뷔 우승 1950년 뉴질랜드 오픈
투어 우승 70
PGA 투어: 6
오스트랄라시아 투어: 20
유러피언 투어: 26
시니어 투어: 11
기타: 7

메이저 5
마스터스: 5위 1957
US 오픈: 공동 4위 1956
디 오픈: 우승 1954, 1955
USPGA: 출전 안 함

명예
프레지던츠 컵 주장: 1998
호주 회장: 1962, 1963, 1994

톰슨은 생각을 많이 하는 선수였다. 그는 연습장에서 몇 시간이고 공을 치는 것을 한 번도 신뢰하지 않았다. 경기에 문제가 있다면 의자에 앉아 원인과 해결책을 분석한 후에 연습장으로 가서 12개 정도의 공으로 자신의 이론을 확인해 보겠노라고 말했다. 그는 경기에 아주 단순하게 접근했는데, 포지션 플레이를 해서 그라운드를 따라 그린으로 공을 굴려 보내는 것이었다. 이러한 방식의 경기는 호주의 빠르게 흐르는 코스와 영국의 여름 링크스에서 이상적으로 맞아 떨어졌다. 골프에 숙달한 후, 그는 경쟁의 요령이 토너먼트 우승의 핵심 요소라고 여겼다. 1952년에서 1958년 사이에 그는 오픈에서 1등 아니면 2등으로 경기를 마쳤다.

1967년 호주 오픈 트로피를 들고 있는 톰슨의 아들. 톰슨은 10개국의 내셔널 챔피언십에서 우승한 챔피언이었다.

오픈 챔피언

그는 1954년 로열 버크데일에서 처음 우승했고 영 톰 모리스 이후 3회 연속으로 오픈 챔피언이 되는 첫 번째 선수가 될 터였다. 네 번째 타이틀은 1958년에 거머쥐었고, 다섯 번째는 1965년에 로열 버크데일로 돌아와서 이루었다. 이 시기에 오픈 대회는 미국의 뛰어난 선수들에 의해 '재발견'되었는데, 그의 경쟁 상대 중에는 아놀드 파머, 잭 니클라우스, 필 로저스, 그리고 전 대회 우승자인 토니 레마 등이 있었다. 이때가 그에게 가장 멋진 순간이 되었으며 마침내 미국에서 명성을 굳혔다. 미국에서의 모험은 짧았고 단 1승만을 거두는 것으로 끝났지만 1980년대에 시니어 투어가 시작되었을 때 톰슨은 되돌아가서 해설자와 코스 디자인 사업가로 물러나기 전까지 몇 년 동안 대회를 휘저었다.

톰슨은 주의 깊게 짠 계획, 고요하고 명확한 생각, 그리고 상식이 골프에서 가장 중요한 부분이라고 믿었다.

빌리 캐스퍼 Billy Casper

아놀드 파머 옆에 두고 본다면 어느 선수라도 다소 흥미가 떨어지겠지만,
빌리 캐스퍼는 성공적인 커리어를 만들어가는 또 다른 길을 보여주었다.
공격적이고 카리스마 있는 쇼맨이었던 파머에 비해 보수적이고 인내심 많고 기강이 잡힌
사람이었던 캐스퍼는 그래도 인내심이 미덕임을 증명해보였다.
1966년 US 오픈은 캐스퍼 최고의 승리였다.

빌리 캐스퍼 전적

출생 1931년 6월 24일, 미국 캘리포니아 샌디에이고
프로 전향 1954년

데뷔 우승 1956년 라바트 오픈
투어 우승 66
PGA 투어: 51
챔피언스 투어: 9
기타: 6

메이저 3
마스터스: 우승 1970
US 오픈: 우승 1959, 1966
디 오픈: 4위 1968
USPGA: 2위 1958, 1971/ 공동 2위 1965

명예
라이더 컵 팀: 1961, 1963, 1965, 1967, 1969, 1971,
1973, 1975
라이더 컵 주장: 1979
PGA 투어 상금 왕: 1966, 1968
PGA 올해의 선수: 1966, 1970
바든 트로피 수상자: 1960, 1963, 1965, 1966, 1968

부득이하게도, 1966년의 US 오픈은 캐스퍼가 승리한 챔피언십이라기보다는 아놀드 파머가 패배한 챔피언십으로 알려졌다. 샌프란시스코의 올림픽 클럽에서 파머는 9홀을 남겨 두고 7타 차로 앞서고 있었다. 그러나 그의 삐기는 스타일은 갑자기 무너졌고 캐스퍼의 꾸준함이 보상받았다. 39타로 경기를 마친 파머와 32타의 캐스퍼는 플레이오프를 치러야 했다. 다음 날,

빌리 캐스퍼의 퍼트는 보통 홀 안으로 들어갔지만, 밥 호프 데저트 클래식에서의 이 경우에는 버디 퍼트가 밖에 머물러 있었다.

파머는 전반에는 4타로 앞섰지만 다시 무릎을 꿇었다. 캐스퍼는 이렇게 말했다. "다른 선수들이 긴장하고, 압박감에 공황상태에 빠지는 것은 봤지만 아니는 그런 적이 없었다. 내가 그를 앞지르기 시작하자, 그의 스윙이 더 짧고 빨라졌다." 캐스퍼는 1956년과 1975년 사이에 세 번의 메이저 챔피언십을 포함해 US 투어에서 51차례 우승했다. 1966년의 승리는 그의 두 번째 US 오픈 타이틀이었고, 1970년 마스터스에서는 샌디에이고 출신의 동료인 진 리틀러를 상대로 또 한 번의 플레이오프를 치르고 우승했다. 이후 그는 두 번의 시니어 메이저 대회 우승 (1983, 1988)과 7개의 다른 타이틀을 따내며 시니어 투어에서도 성공했다.

언제나 한결같은

끈기, 스트레이트 드라이빙, 뛰어난 퍼팅이 캐스퍼 경기의 근간이었다. 그는 연습장에 가기에는 자신이 너무 게을러서 대신 퍼팅과 치핑에 숙달되었다고 했다. 그러나 동료들은 그의 훌륭한 자질을 알았는데, 잭 니클라우스는 "우승하려면 인정이 있어야 한다. 자신의 감정과 골프 경기를 정말로 제어해야 한다. 빌리 캐스퍼는 이러한 것에 뛰어났지만 그에 상당하는 명성을 얻지 못했다. 그는 다른 선수들이 가진 모든 샷을 갖지는 못했지만, 공을 홀에 집어넣으려는 집념이 있었다"고 말했다. 코스에서 그는 벤 호건처럼 '냉정한 사람(ice man)'으로 굴었고, "너무나 금욕적이어서… 프란체스코회 수도사가 스윙하는 것처럼 보인다"고 평가받기도 했다. 모르몬교도인 캐스퍼와 그의 아내는 11명의 아이를 두었는데, 대부분 해외에서 입양된 아이들이었다.

> 자신의 **정신과 감정**을 제어할 **능력**을 가져야 한다.
> 골프 스윙은 정말 작은 부분에 불과하다.
>
> 빌리 캐스퍼

줄리어스 보로스 Julius Boros

프로 골퍼로 늦게 시작한 줄리어스 보로스는 길고 성공적인 커리어를 조용히 즐겼다.
1968년 USPGA 챔피언십에서 우승했을 때 그는 48세로, 메이저 챔피언십의 최고령 우승자가
되었다. 30세에 프로 골퍼로 전향한 전직 회계사에게는 그리 나쁘지 않은 기록이었다.

줄리어스 보로스 전적

출생 1929년 3월 3일. 미국 코네티컷 브리지포트
사망 1994년 5월 28일
프로 전향 1949년

데뷔 우승 1951년 매사추세츠 오픈
투어 우승 22
PGA 투어: 18
기타: 4

메이저 3
마스터스: 공동 3위 1963
US 오픈: 우승 1952, 1963
디 오픈: 출전 안 함
USPGA: 우승 1968

명예
라이더 컵 팀: 1959, 1963, 1965, 1967
PGA 올해의 선수: 1952, 1963
PGA 투어 상금 왕: 1952, 1955

보로스는 헝가리계로 코네티컷에 살았다. 그는 샘 스니드와 자신의 지역 클럽의 프로였던 토미 아머와 수많은 골프 경기를 했다. 보로스가 골프로 생계를 유지하겠다고 결심했을 때 아머는 보로스의 뛰어난 벙커 게임에 감탄하긴 했지만 특별히 권장하지는 않았다. 그러나 보로스는 바로 두각을 나타내 1950년의 첫 US 오픈에서 9위를 차지했고, 이듬해에는 4위로 마쳤으며, 1952년에 노스우스에서 마침내 우승했다.

그의 경기는 US 오픈에 적합했는데, 그는 공을 일직선으로 쳤고, 항상 편안한 태도를 유지할 수 있었다. 리 트레비노는 그에 관해 한번은 다음과 같이 언급했다. "정말로, 상위권에 이름을 올린 모든 선수들보다 보로스가 더 무섭다. 그가 퍼트를 할 때, 겉으로 봐서는 단순히 연습을 하는 건지 아니면 5만 달러의 상금이 걸린 건지 알 수 없다." 그는 그렇게 많이 연습을 하지 않았고, 사람들이 자신의 샷을 바라본 후에 아무 생각 없이 공으로 걸어가 자신만의 독특한 방식으로 스탠스를 만들어

스윙을 하는 것으로 볼까 봐 걱정했다. 이 모든 것이 그의 장수 비결이었을지 모른다. 그는 첫 번째 US 오픈 우승 후 11년 뒤인 1963년에 브룩클린에서 아놀드 파머, 재키 큐피트와 플레이오프를 거친 후 승리했다. 파머는 5년 뒤 다시 그와 얽히게 되는데, 보로스는 피칸 밸리에서 열린 USPGA 대회에서 아니와 밥 찰스에 한 타 차로 우승했다.

보로스는 1977년 PGA 시니어 챔피언십에서 승리했고 2년 후 레전드 오브 골프 대회에 로베르토 데 비센조와 파트너를 이루어 서든 데스 플레이오프의 6번 홀에서 버디 퍼트를 성공시키며 우승했다. 이 퍼트는 1980년 시니어 PGA 투어의 형성에 힘을 실어주었다고 널리 인정된다.

▽ 전년도에 투어 상금 왕으로 시즌을 마친 후, 1956년 시즌의 첫 번째 대회인 LA 오픈에서 티오프하는 보로스.

△ 1968년 마스터스에서 아이언 샷에 대해 심사숙고하는 보로스. 그는 그해 16위로 경기를 마쳤지만 4개월 뒤 USPGA에서 우승했다.

△ 1971년 라이더 컵에서 퍼트의 라인을 보고 있는
니클라우스와 파머. 그들의 경쟁관계는 1960년대
엄청난 관심을 받았다.

◁ 아놀드 파머는 골프로 새로운 관중을 불러 모았고
그의 커리어 동안 전 세계 관객을 고무시켰다.

아놀드 파머 Arnold Palmer

아놀드 파머는 노동자 계급의 골프 영웅이었다. 보비 존스가 다가갈 수 없는 신과 같은 영웅적 숭배를 받았다면, 파머는 민중을 위한 사람이었다. 그는 골프의 왕족이었으나, 남자와 여자, 부자와 가난한 자, 골퍼와 비(非)골퍼 등 모두에게 사랑을 받았다. 그는 6년이라는 짧은 기간 동안 7개의 메이저 챔피언십에서 종종 극적으로 우승했는데, 타이밍 또한 완벽해서 TV가 스포츠 중계를 막 시작했던 때에 등장해 스포츠 중계의 첫 번째 스타가 되었다.

■ 아놀드 파머 전적

출생 1929년 9월 10일, 미국 펜실베이니아 라트로브
신장 5피트 10인치(178센티미터)
프로 전향 1954년

데뷔 우승 1955년 캐나다 오픈
투어 우승 94
PGA 투어: 62
시니어 투어: 10
기타: 22

메이저 7
마스터스: 우승 1958, 1960, 1962, 1964
US 오픈: 우승 1960
디 오픈: 우승 1961, 1962
USPGA: 공동 2위 1964, 1968, 1970

명예
PGA 투어 상금 왕: 1958, 1960, 1962, 1963
PGA 올해의 선수: 1960, 1962
라이더 컵 팀: 1961, 1963, 1965, 1967, 1971, 1973
라이더 컵 주장: 1963, 1975
프레지던츠 컵 주장: 1996

파머는 피츠버그 외곽에 있는 라트로브 코스에서 자랐는데, 그의 아버지 디콘은 그곳의 그린키퍼 겸 프로 선수였다. 파머는 타고난 호전성과 천부적인 재능을 가지고 있었다. 이 호전성은 클럽을 집어 던지는 사건으로 징계를 받은 후 긍정적인 방향으로 돌려졌다. 파머가 3세 때, 아버지는 그의 손에 클럽을 쥐어준 후 올바른 그립법을 보여주었고 이는 이후로도 바뀌지 않았다. 그의 아버지는 "할 수 있는 한 힘껏 공을 치고 난 후 달려가서 찾으면 된다"고 말했는데, 이것이 파머가 자신의 커리어 내내 경기했던 방식이다. 파머는 웨이크 포레스트에 있는 대학에 갔고 해안 경비대로 병역을 마쳤다. 1954년에 US 아마추어에서 우승했고, 이듬해 프로로 전향해 어린 아내 위니와 함께 캠핑카를 타고 여행했다. 그는 몇몇 토너먼트에서 우승했고 마스터스에도 참여했지만, 그의 스타일은 벤 호건과 같은 베테랑 선수들에게 깊은 인상을 주지 못했다. 1958년, 파머가 어거스타의 최종 라운드에서 샘 스니드와 동타를 이룬 후 4타 차로 우승하자 모든 것이 바뀌었다. 12번 홀에서, 그의 공은 그린을 넘어 제방에 꽂혔다. 어떻게 경기를 진행할지 혼란이 있었는데, 규정 심판은 원래 공이 놓인 곳에서 경기를 하고, 다른 공을 떨어트리는 프리 드롭 방식으로 경기하라고 말했다. 처음에는 파5를 기록했지만 프리 드롭에서는 파3가 되었다. 몹시 흥분한 파머는 13번 홀에서 이글을 만들었는데, 그때 비로소 그가 12번 홀에서 프리 드롭으로 기록한 파3가 유효하다는 말을 들었다.

아니의 황금기

보비 존스가 은퇴한 나이인 28세부터 파머는 메이저에서 우승하기 시작했다. 비록 잭 니클라우스가 그가 얻은 네 개의 타이틀을 무색하게 했지만, 파머는 어거스타에서 최고였다.

골프에서 그와 같은 인물은 이제껏 없었고… 아마 앞으로도 그런 선수는 없을 것이다.

잭 니클라우스, 자서전에 파머에 관해 저술하며.

가장 빠른 세계 일주

아놀드 파머는 열정적인 민간 비행가이기도 해서 생애 동안 몇몇 비행 신기록을 냈다. 1976년에는 리어젯 63을 타고 58시간 만에 세계 일주를 했고, 최초의 세스나 시테이션 X를 한 직후에 5,000 킬로미터가 넘는 비공개 코스에서 스피드 신기록을 세웠다. 파머의 지역 비행장은 그의 명예를 기려 '아놀드 파머 지역 비행장'으로 이름을 바꿨다.

■ 복엽기 조종 준비를 하며 서 있는 파머

충성스런 서포터인 아니의 팬 부대(131쪽 참조)가 만들어진 곳도 여기였다. 그는 1958년에서 1964년 사이에 한 해씩 걸러서 타이틀을 쥐었다. 1960년에 그는 마지막 두 홀을 버디를 낚으며 한 타 차로 이겼다. 그 다음 해, 18번 페어웨이로 걸어가면서 그는 자신을 축하하는 한 친구 때문에 마음이 산란해져 더블 보기를 치는 바람에 한 타 차로 게리 플레이어에게 졌다. 1962년 18홀 플레이오프에서 파머는 전반 9홀에서 31타를 쏘아 올리며 플레이어와 다우 핀스터월드를 물리쳤다. 그의 가장 위대한 승리는 유일한 US 오픈 우승인 1960년 체리 힐즈에서 이루어졌다. 파머는 한 라운드를 남기고 마이크 수책에 7타 뒤져 있었다. 동료 선수 및 언론사 친구들과 함께 라커룸에서 햄버거를 먹으면서 파머는 65타라면 아직 우승이 가능하지 않을까 예측했다. "그러면 내가 280타가 되는데, 280타면 언제나 오픈에서 이기지." 파머는 자신 있게 말했다. "호건이 올렸을 때나 그렇지"라고 누군가 대꾸했다. 이를 모욕으로 받아들인 파머는 즉시 짧은 파4의 1번 홀로 가서는 버디를 넣었다. 사실 그는 첫 번째 7홀에서 6개의 버디를 낚아 65타를 기록했고 2타 차로 우승했다. 2년 후 그는 오크몬트에서 열린 US 오픈에서 니클라우스에게 졌고 갑자기 '베어(Bear, 잭 니클라우스의 별명)'를 물리치고 메이저에서 우승하는 것이

어려워졌다. 그러나 두 사람은 평생 동안 코스 안팎에서 서로 격려하는 경쟁을 즐기게 된다.

1960년에 마스터스와 US 오픈에서 우승한 후 파머는 세인트앤드루스에서 열리는 오픈 대회로 향했다. 비행기에서 그는 존스의 오픈 대회 2개와 미국과 영국의 아마추어 챔피언십 우승으로 달성한 그랜드 슬램에 버금가는 프로 대회가 있어야 한다고 생각했다. 파머와 그의 언론인 친구 밥 드럼은 마스터스, US 오픈, 디 오픈, 그리고 USPGA의 현대 그랜드 슬램에 관한 아이디어를 생각해냈다. 파머는 1960년에 켈 네이글에 이어 2위에 올랐지만 이듬해 버크데일에서 지금은 16번 홀에 있는 끔찍한 러프에서의 샷을 성공시키며 타이틀을 획득했다. 지금도 여기에는 이 놀라운 우승을 기념하는 명판이 있다. 그는 다음 해 관중들이 코스를 장악하고 있는 트룬에서 또다시 우승했다. 쇠락해진 오픈 대회에 관심을 다시 불붙이고 미국인을 매년 여름 영국으로 불러들인 것은 파머였다.

마지막 안녕

코스에서는 승리와 함께 실망의 날들도 있었다. 1966년 샌프란시스코 올림픽 클럽에서 열린 US 오픈은 여기에 포함되는데, 9홀을 남겨 두고 7타 앞서 있던 그는 다음 날 플레이오프까지 가서 빌리 캐스퍼에 졌다.

파머는 완벽한 골퍼는 아니었지만 세베 바예스테로스와 함께 트러블에서 벗어나기 위해 한 노력들은 경이로웠다. "트러블에 빠지는 것은 나쁘지만 거기에서 빠져나오는 것은 즐겁다"고 그는 말했다. "안전하게 플레이하는 곳도 있겠지만, 내 생각으로는 골프 코스에서만은 그렇지 않다." 파머가 없었다면 현대의 선수들은 지금처럼 몇 백만 달러를 위해 경쟁하지 않을

> ## 골프에서의 성공은 육체의 강건함보다는 정신과 인격의 강인함에 좌우된다.
>
> 아놀드 파머

것이고, 1980년대 초에 파머가 그렇게 열정적으로 아이디어를 채택하지 않았다면 시니어 대회는 지금과 같은 정도가 아닐 것이다. 그는 골프를 너무나 사랑했다.

마지못해 무대를 떠나는 다른 스타들처럼 아놀드 파머의 작별인사도 유명했다. 1990년과 1995년에 세인트앤드루스에서 열린 오픈에서 작별인사가 있었고, 어거스타에서도 몇 번 있었는데, 마지막 몇몇 출전의 경우 심판들은 그의 스코어를 올리지 않았다. 그런 다음 1994년 그의 고향인 펜실베이니아의 오크몬트에서 열린 US 오픈이 있었다. 그는 36개 홀 동안 매 걸음마다 박수를 받았고, 대부분의 관중에게 남은 대회는 안중에 없었다. 그 후에 그는 어깨에 수건을 두른 채로 프레스룸에 있었고 어떠한 질문도 없었다.

파머는 말하려고 했지만 눈물이 하염없이 흘렀다. 마침내 그가 말했다. "40년이 흘렀다. …18번 홀로 걸어가 이처럼 큰

1954
해안 경비대에서 3년을 보낸 후 US 아마추어 타이틀을 거머쥐며 복귀함.

1958
어거스타에서 얻은 네 번의 우승 중 첫 번째에 보비 존스로부터 마스터스 우승자 메달을 받는 파머.

1961
로열 트룬에서 자신의 두 번의 오픈 챔피언십 중 첫 번째 우승.

1962
두 번째 오픈을 쟁탈함. 그의 등장은 영국 토너먼트에 새로운 생명을 불어 넣음.

1962
그해 시즌에 다른 PGA 투어에서 일곱 번 우승. 신참 잭 니클라우스와의 경쟁관계가 본격적으로 시작됨.

1963
애틀랜타 이스트 레이크에서 열린 US 라이더 컵 팀의 우승을 위해 주장으로 경기를 펼침. 선수로서 대회에 여덟 번 참여함.

아니의 팬 부대

1960년대 말에 파머는 자신이 새로운 스타인 잭 니클라우스에게 가려졌다는 것을 깨달았다. 그가 자신의 위대한 라이벌에게 정기적으로 지기 시작할 때조차, '아니의 팬 부대'라고 불리는 파머의 두터운 팬 층은 결코 그를 떠나지 않았다. 그의 인기는 US 시니어 투어를 수립하는 데 도움이 되었는데, 그는 개회 시즌의 적임자가 되었다. 파머는 1980년에서 1988년 동안 5개의 시니어 메이저를 포함해 10개의 투어 대회에서 우승했다.

■ 아니와 그를 숭배하는 팬들

△ 골프의 위대한 영웅 파머 대 골프의 뛰어난 선수 니클라우스, 아니와 잭 사이의 경쟁은 모든 경쟁관계를 능가했다.

△▷ 파머는 단 한 가지 경기 방법밖에 몰랐고, 그의 무모한 스타일은 그가 없었으면 존재하지 않았을 시니어 투어까지 이어졌다.

갈채를 받으면 이게 모든 것을 말해준다고 생각한다. 내가 어떤 기분인지 여러분들은 다 알 것이다. 나는 40년 동안 골프를 치고 즐겼다. 그만큼 우승하지는 못했다. 나는 몇몇 대회에서 이겼고, 메이저에서도 우승했다. 가장 중요한 것은 골프가 내게 너무나 큰 호의를 베풀었다는 점이다. 이게 내가 말하고 싶은 전부다." 그는 수건에 머리를 파묻었고 그런 다음 떠났다.

마스터스 네 번의 챔피언으로서 갤러리에게 전한 마지막 인사는 어거스타에서의 감격적인 작별이 되었다.

1973
미국 팀이 19–13으로 이긴 뮤어필드에서의 라이더 컵에 선수로서 마지막으로 출전함.

1980
자신의 첫 시즌에 PGA 챔피언십에서 우승하면서 파머의 존재가 시니어 투어에 주의를 집중시킴.

1981
US 오픈과 US 시니어 오픈에서 우승한 최초의 인물이 됨.

1984
자신의 5개 시니어 메이저 타이틀 중 시니어 PGA(사진)와 시니어 플레이어스 타이틀 두 개를 따냄.

1994
오크몬트 컨트리클럽에서 열린 US 오픈에 통산 32번째이자 마지막으로 출전함.

1995
35번째 출전에서 파머는 세인트앤드루스에서의 오픈 챔피언십에 작별을 고함.

△ 플레이어는 PGA 투어에서만큼 챔피언스 투어에 성공적이었는데, 각각 메이저에서 아홉 번 우승했다.

◁ 1968년 트로피에 입 맞추는 플레이어, 그는 '흑기사'라는 별명을 얻었는데 그만큼 골프 코스에서 두드러진 인물이었다.

골프의 리틀 빅 맨, 플레이어는 당연히 **대단한 인물**이다. 그는 자신의 종교, **헌신** 그리고 자신이 정복한 곤경에 관해 소리쳐 말한다. 그러나 골프의 **신으로서의** 그의 존재에는 의심의 여지가 없다.

제임스 로턴, 스포츠 기자

게리 플레이어 Gary Player

게리 플레이어는 아놀드 파머와 잭 니클라우스와 함께 '빅3'(224~225쪽 참조)의 일원이었다. 그는 메이저 챔피언십에서
아홉 번 우승했는데, 이렇게 힘들여 얻은 기록은 미국 이외의 지역 출신 골퍼 중 어느 누구보다도 많은 것이었다.
그는 커리어 통산 약 1,500만 마일을 이동했다. 자신은 다른 엘리트 선수들처럼 타고난 재능이 없었기 때문에 헌신과
믿음으로 골프의 정상에 오를 수 있었다고 그는 말했다.

게리 플레이어 전적

출생 1935년 11월 1일, 남아프리카 요하네스버그
신장 5피트 7인치(170센티미터)
프로 전향 1953년

데뷔 우승 1955년 이스트 랜드 오픈
투어 우승 163
PGA 투어: 24
챔피언스 투어: 19
남아프리카 투어: 73
기타: 120

메이저 9
마스터스: 우승 1961, 1974, 1978
US 오픈: 우승 1965
디 오픈: 우승 1959, 1968, 1974
USPGA: 우승 1962, 1972

명예
PGA 투어 상금 왕: 1961
프레지던츠 컵 주장: 1995, 2003, 2007
9회 시니어 메이저 챔피언

게리 플레이어는 아주 격렬한 경쟁 상대였으며
그의 드라이브는 9개의 메이저 타이틀을
가져다주었다.

플레이어는 70대로 접어든 2007년에 마스터스 대회에 50
번째 등장했고 여전히 골프를 치며 세계를 여행한다. 골프에서
누구도 그만큼 항공 마일리지를 쌓은 이는 없었다. 커리어
초창기에, 국제 여행은 지금보다 어려웠지만 플레이어는 사실상
모든 대륙으로 날아가 티업을 했고 그때마다 가장 든든한
조력자인 아내 비비안이 함께했다. 한번은 여섯 아이 모두를
데리고 여행한 적이 있었는데, 짐 가방만 30개가 넘었고
목적지에 일단 도착하면 그곳에 있는 택시 전부가 필요할
정도였다. 1955년 영국에서의 경기를 위해 남아프리카를 처음
떠났을 때, 플레이어는 아직 준비되지 않은 상태였다. 심지어
여행 중에 빈털터리가 되었고 영국인 동료들에게
요하네스버그로 돌아가 다른 직업을 찾으라는 경멸적인 말을
듣기도 했다. "이것이 나의 드라이브와 결정에 엄청난 공을
세웠다"고 그는 말했다. 1956년에 처음으로 남아프리카
오픈에서 우승하면서 그의 골프는 꽃피기 시작했다. 그는
잉글랜드로 돌아가 서닝데일에서 열린 90홀 던롭 토너먼트에서
지역 프로인 아서 리즈를 물리쳤고, 1년 뒤 PGA 투어로 향했다.

주요 돌파구

플레이어는 언제나 경기를 향상시키기 위해 노력했는데 큰
돌파구는 1959년 뮤어필드에서 열린 오픈에서 찾아왔다. 하루
(36홀)를 남겨 두고 8타 뒤져 있었지만 그는 자신의 장비회사
대표에게 말했다. "내일이면 작은 기적을 보게 될 겁니다. 사실
큰 기적을 볼 거예요. 나는 우승할 거거든요." 그는 최종 라운드
68타로 정말 우승했다. 2년 뒤, 플레이어는 다소 운 좋은 상황
아래 마스터스에서 우승했다. 아놀드 파머가 타이틀을 차지할
수 있었지만 마지막 홀에서 더블 보기를 범하는 바람에
플레이어에게 승리를 빼앗겼다. 플레이어는 이듬해 USPGA를
장악했고, 그런 다음 1965년에 벨리브에서 열린 US 오픈에서 켈
네이글을 플레이오프까지 가서 물리쳤다. 이로써 그는 4개의
현대 메이저 챔피언십에서 모두 우승한 유일한 선수로 진
사라젠과 벤 호건 대열에 합류했다. 그는 다음 해 이를 완수한
잭 니클라우스보다 이 그랜드 슬램을 먼저 달성했다. 타이거
우즈는 이렇게 고귀하고 독점적인 리스트에 자신의 이름을 올린
선수 중 한 명이다. 1960년대 초기부터 플레이어의 코스
밖에서의 일은 파머와 니클라우스를 고객으로 자랑하는

에이전트 마크 맥코맥이 돌봤지만, 코스에서는 가차 없는
시험에 직면했다. 플레이어가 9개의 메이저 타이틀을 거머쥐는
동안, 파머는 자신의 7개 메이저 중 6개에서 우승했고,
니클라우스는 18개 중 14개를 따내었다. 또한 리 트레비노, 조니
밀러, 그리고 톰 왓슨도 골프 역사상 가장 경쟁적인 시기에
이들과 겨루었다. 플레이어는 아이언에 능숙했고, 피치를 잘
했으며, 치핑과 퍼팅에서 공격적이었다.

플레이어는 매치플레이 골프 형식을 사랑했다. 그는
웬트워스에서 열린 월드 매치 플레이에서 다섯 번 이겼는데,
이 타이틀에서 두 번째로 좋은 결과를 낸 우승자가 되었다.

1978년 마스터스의 그린재킷을 입는 플레이어를 돕는 톰 왓슨. 어거스타에서의 세 번째 승리이자 그의 마지막 메이저 우승이었다.

자신의 **몸**을 보살펴야 한다. 그렇게 하면 **일생 동안** 유지된다.

게리 플레이어

그러나 그의 골프에서 가장 뛰어난 것은 벙커 플레이였다. 다른 경쟁 상대들이 파 세이브를 할 퍼트 기회에 단순히 만족하고 있을 때, 플레이어는 모래에서 샷을 넣을 기회를 엿보고 있었다. 플레이어는 1968년에 카노스티에서 열린 오픈에서 두 번째 우승을 따냈는데, 파5의 14번 홀에서 뛰어난 3번 우드 샷으로 2 피트짜리 이글을 성공시키며 니클라우스를 막았다. 둘 사이에 벌어진 최고의 대결이었지만, 베어는 마지막 홀에 이를 때까지 남아프리카 선수를 따라잡지 못했다. 그는 1974년, 17번 홀 러프에서 9번 아이언으로 마법의 플레이를 펼쳤던 로열 리텀에서 세 번째 클라렛 저그를 차지했다. 그는 피터 우스터휘스에 4타 차로, 니클라우스에게는 5타 차로 이겼다.

그는 총 세 번 그린재킷을 입었는데, 다가오는 1974년 우승과, 그가 마지막 날 30개 스트로크로 홈홀에 들어서며 엄청난 64타로 경기를 마무리했던 1978년의 유명한 우승이 있었다. 두 번째 USPGA 타이틀은 1972년 오클랜드 힐즈에서 확보했는데, 16번 홀에서 그는 러프에서 나무와 물을 넘는 훌륭한 9번 아이언 샷을 쳤으며 이는 승리를 담보하는 데 도움이 되었다.

몸과 마음을 다해

신념은 플레이어에게 가장 중요한 요소였고 그는 항상 골퍼로서 신이 주신 능력에 답하길 갈망했다. 그는 다이어트에 성공하고 몸에 좋은 식단을 챙긴 최초의 골퍼였고, 라운드 중에 먹을 간식거리로 바나나와 건포도를 항상 가지고 다녔다. 또한 골퍼들이 스스로를 운동선수라고 여기지 않고 건강 유지를 염려해야 할 중요한 요소라고 생각지 않던 시기에 엄격한 피트니스 기간을 둔 최초의 선수였다. 플레이어가 시대를 앞서가고 있었음은 분명했다. 선구자가 되는 것에 더해, 그는 남아프리카의 정치적 입장에 대한 자신의 견해를 밝혀 논쟁을 불러일으켰다. 그는 남아프리카인임을 자랑스럽게 여기며 인종차별정책을 지지한다고 썼을 때 가장 많은 비난을 받았다. 나중에야 자서전에서 자신이 한때 썼던 것을 철회하고 혜택 받지 못하는 아이들을 위한 교육재단을 세움으로써 제도를 극복하려고 노력했다.

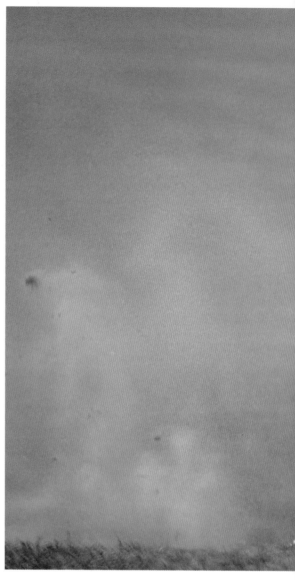

플레이어는 자신의 책《그랜드 슬램 골프》에서 스스로를 다음과 같이 묘사했다. "작고, 어둡고, 신중하며 근면하고… 재능은 없지만 순전히 열심히 노력해 모든 것을 이룬 남자, 몹시 신경질적인 까다로운 사람, 헬스와 다이어트 그리고 땅콩과 건포도에 대한 이야기를 끊임없이 지껄여 남을 지루하게 하며 신의 말씀, 어두운 색깔의 옷, 뾰족하고 커다란 모자 아래에 숨은 칙칙한 사내, 무엇보다도 작은 녀석, 작은 남자."

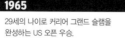

1959
뮤어필드에서의 플레이어, 오픈 챔피언십에서 우승한 최연소 골퍼가 됨.

1961
어거스타에서 열린 마스터스에서 비미국인으로는 최초로 우승함.

1965
PGA 투어 이벤트라기보다는 초청 이벤트였던 시기에 월드 시리즈 골프에서 우승함.

1965
29세의 나이로 커리어 그랜드 슬램을 완성하는 US 오픈 우승.

1965
다섯 번의 월드 매치 플레이 타이틀 중 첫 번째 우승. 웬트워스에서 피터 톰슨을 3&2로 물리침.

1969
USPGA 챔피언십에서 흑인 운동가들 그를 인종차별주의자로 여기고 10번 티에서 그의 얼굴에 얼음을 집어 던짐

플레이어는 벙커에서의 달인이었다. 함정에서 벗어나기 위해 단순히 안전한 출구를 찾기보다는 가능할 때면 언제나 모래에서 공격적으로 경기했다.

플레이어는 세계를 돌며 150여 개가 넘는 타이틀을 획득했다. 시작부터 그는 자신의 결단력과 성실함으로 어떠한 불리한 조건과 고통도 극복할 수 있다고 확신했다. 어느 누구도

대개의 경우는 흑기사

플레이어는 한때 하얀색 옷만 입었던 적이 있다. 그러나 대부분은 검은색 옷만 입었는데, 검은색이 빛을 흡수해 몸을 따뜻하게 유지하는 데 도움이 되었기 때문이다. 1960년 오픈에서는 한쪽 다리는 흰색이고 다른 쪽은 검은색인 바지를 입었는데, 이것을 정치적 의견 표명으로 받아들일 수 있다고 우려해 더는 입지 않았다. 하지만 자신의 커리어 마지막 무렵에 이르러 딱 한 번 더 행사에서 입었다.

■ 올드 코스에서 티오프하는 플레이어

플레이어만큼 자신의 경기를 위해 모든 측면에서 열심히 노력한 이는 없었다. 그는 더 많이 노력할수록 보다 많은 성공을 거두었다. "그러니까 말이죠, 내가 연습하면 할수록 더 운이 좋아져요." 이것이 그가 승리하는 주문이었다.

1974
50년대에서 70년대까지 두루 걸쳐 오픈에서 우승한 유일한 20세기 골퍼가 됨.

1978
플레이어의 아홉 번 메이저 우승의 마지막인 마스터스에서 한 타 차로 이김.

1998
마스터스에서 마지막 라운드 컷을 통과한 최고령 선수가 됨.

2003
남아프리카에서 열린 첫 번째 프레지던츠 컵에서 인터내셔널 팀의 주장으로 선정됨.

2007
아놀드 파머의 어거스타 최다 출장 기록에 필적하는 50번째 마스터스에서 경기함.

△△ 1969년 로열 리텀에서 열린 오픈 대회
라운드에서 그린으로 쇼트 아이언 샷을 치는
니클라우스.

△ 1978년 세인트앤드루스에서 두 번째로
오픈의 클라렛 저그를 손에 넣은 니클라우스.

◁ 1986년 우승으로 향하는 어거스타의 17번
홀 그린에서 버디를 낚은 것을 축하하며
퍼트를 들어 올리는 니클라우스.

잭 니클라우스 *Jack Nicklaus*

밀레니엄 파티 계획을 세우기 수십 년도 전에, 잭 니클라우스는 20세기 최고의 선수로 간주되었다.
18번 메이저 우승이라는 그의 기록은 타이거 우즈가 앞으로 계속 나아가고 있지만 여전히 에베레스트 산처럼
남아 있다. 154번 연속으로 메이저 대회에 출전하는 동안, 니클라우스는 절반은 10위 안에 들었고 19번은 2위로
경기를 마쳤다. '골든 베어(Golden Bear)'는 많은 우승을 거두었을 뿐 아니라 이제껏 봐왔던 선수들 중 가장 상냥한
골퍼로 손꼽힌다.

잭 니클라우스 전적

출생 1940년 1월 21일, 미국 오하이오 콜럼버스
신장 5피트 10인치(178센티미터)
프로 전향 1961년

데뷔 우승 1962년 US 오픈
투어 우승 113
PGA 투어: 73
챔피언스 투어: 10
기타: 30

메이저 18
마스터스: 우승 1963, 1965, 1966, 1972, 1975, 1986
US 오픈: 우승 1962, 1967, 1972, 1980
디 오픈: 우승 1966, 1970, 1978
USPGA: 우승 1963, 1971, 1973, 1975, 1980

명예
PGA 투어 상금 왕: 1964, 1965, 1967, 1971, 1972, 1973, 1975, 1976
PGA 올해의 선수: 1967, 1972, 1973, 1975, 1976
네 개의 메이저 대회에서 최소 세 번 이상 우승한 유일한 선수
메이저 챔피언십에서 19번 2위에 오름
시니어 메이저 챔피언십 8번 우승
라이더 컵 팀: 1969, 1971, 1973, 1975, 1977, 1981
라이더 컵 주장: 1983, 1987
프레지던츠 컵 주장: 1998, 2003, 2005, 2007

1966년에 마스터스 타이틀을 계속 보유한 최초의 선수가 되는 것을 축하하며 공을 던지는 니클라우스.

니클라우스는 오하이오 콜럼버스에서 자랐고 사이오토 컨트리클럽에서 아버지 찰리의 권유로 골프를 시작했다. 클럽을 집어던진 초기의 사건은 그걸로 끝이었는데, 아버지는 이기든 지든 상관없이 언제나 우아하게 행동하는 경기의 가치를 어린 잭에게 심어주었다. 한번은 잭이 생애 처음으로 70타를 깨려는 때에 아버지는 저녁을 먹어야 한다고 집에 가자고 주장했다. 그들은 나중에야 돌아왔고 잭은 18번 홀에서 이글을 기록하며 69타를 만들었다. 16세에 니클라우스는 오하이오 주 오픈에서 우승했다. 이 대회는 4라운드가 넘지만 단 3일 동안 경기가 치러지는데 마지막 날은 36홀이었다. 두 번째 날 오후 라운드를 마친 후 니클라우스는 샘 스니드와 시범 매치를 하기 위해 다른 주로 날아갔다. 니클라우스는 졌지만 스니드의 플레이를 보았다는 데 너무 고무되어 다음 달 이기기로 결심하고는, 결국 우승했다.

기본 요소들

니클라우스의 오랜 스승은 텍사스에서 벤 호건, 바이런 넬슨과 함께 경기하면서 자랐던 잭 그라우트였다. 그라우트는 기본을 정확하게 수행하는 것이 중요하다고 가르쳤는데, 특히 머리를 가만히 고정시키라고 강조했다. 니클라우스는 티에서 공을 강타할 수 있었고 새로운 수준의 강력한 드라이빙 개념을 제시했다. 그는 놀라운 아이언 샷을 쳤고 퍼트도 잘했다. 한번은 자신이 정말 긴 퍼트를 많이 성공시키지 못했다고 말한 적이 있지만 한편으로 짧은 퍼트는 거의 놓치지 않았다. 사실 그는 골프에서 10~15 피트(3~5미터)범위에 있는 퍼트를 가장 많이 홀에

넣었다. 그는 천부적인 재능을 타고난 선수는 아니었지만 두뇌와 코스 매니지먼트는 다른 누구보다 뛰어났다. 사려 깊었고 선수치고는 상당히 느린 편이었지만, 메이저에서는 자신이 바보 같은 실수를 하지 않으면서 배회하면 할수록 더 많은 선수들이 떨어져나간다는 것을 깨달았다. 일부는 그가 진정으로 공격적인 골프를 할 때는 스스로 절대적으로 필요하다고 느낄 때뿐이라고 생각했다. 그가 자신을 더 몰아붙였다면 더 많은 승리를 거둘 수 있었을지는 아무도 모른다. 하지만 그가 말했듯이, "다른 선수들이 골프를 계속 할

잭 니클라우스가 처음으로 마스터스에서 우승했을 당시 그린재킷을 선사하는 아놀드 파머. 그는 도합 여섯 번이나 타이틀을 쟁탈했다.

> 잭은 자신이 당신을 이길 것을 알았다. 당신은 잭이 자신을 물리칠 것을 알았다. 또한 잭은 당신이 그에게 질 거라는 사실을 알고 있다는 것을 알았다.
>
> 톰 웨이스코프

패배 인정

1969년 그의 스포츠맨십은 전 세계를 기쁘게 만들었다. 토니 재클린은 매치를 우승으로 이끌 짧은 퍼트를 남겨 놓았지만 니클라우스는 패배를 인정하며, "자네가 그 퍼트를 놓쳤을 거라고는 생각지 않았지만 그런 상황이라면 자네에게 절대로 기회를 주지 않았을 거야"라고 말했다. 전체 매치는 동점으로 끝났지만, 타이틀 보유자인 미국은 계속 컵 타이틀을 보유하게 되었다.

■ 악수를 나누는 니클라우스와 재클린

수 있는 것보다는 더 오래 골프를 칠 수 있었을 것이다."

우리 밖으로

니클라우스는 1959년과 1961년에 두 번 US 아마추어에서 이겼고, 베테랑 선수인 벤 호건과 함께 마지막 36홀 경기를 펼쳤던 1960년 US 오픈에서 우승했을 수도 있었다. "오늘 나는 조금 봐주기만 했으면 10타 차로 이 오픈에서 우승할 수도 있었던 한 녀석과 경기했다"고 호건은 말했다. 2년 뒤, 니클라우스의 프로로서 첫 번째 타이틀도 다름 아닌 US 오픈이었다. 그는 플레이오프를 치른 후 위대한 아놀드 파머를 그의 고향인 펜실베이니아에서 꺾었다. 미끄러운 오크몬트의 그린에서, 니클라우스는 90번째 홀에서 세 번째 퍼트 하나만을 남겨두었다. "자, 이제 저 큰 사내가 우리에서 나올 텐데요, 모두들 도망가는 게 좋을 겁니다" 하고 파머가 말했다. 상고머리에 약간 뚱뚱한 체구, 대학을 갓 졸업한 니클라우스는 갤러리들의 놀림감 이었는데, 그들 대부분은 파머의 팬이었다. 사람들은 "오하이오 뚱땡이" 혹은 더 심한 말을 해댔지만 그는 절대 영향을 받지 않았고, 몇 년 후에는 니클라우스 역시 관중들의 사랑을 받았다. 1966년에 니클라우스는 마스터스 타이틀을 연속으로 따낸 최초의 선수가 되었고, 뮤어필드에서 열린 오픈에서도 우승했는데, 그는 이곳을 너무 좋아해서 오하이오에 있는 자신의 유명한 코스를 '뮤어필드 빌리지'라고 이름 지었다. 디 오픈 우승은 네 개의 그랜드 슬램 타이틀 세트를 완성시켰고, 그는 이것을 세 번이나 더 성취했다. 마스터스에서 6번, USPGA에서 5번, US 오픈에서 4번, 그리고 오픈에서 3번 이겼다. 니클라우스는 세인트앤드루스에서의 오픈 우승을 자신의 골프 이력을 완성 시키는 필수적인 부분이라고 여겼으며, 1970년과 1971년에 두 번 우승했다. 첫 번째 경우, 더그 샌더스는 18번 홀 그린에서 짧은

> 내가 골프를 칠 때, 나는 세계가 나를 중심으로 돌아가도록 만들어야 한다고 생각한다. 여러분이 어떤 분야에서 최고가 되길 원한다면, 자신이 하고 있는 일 주변 세상이 회전하도록 해야 한다.
>
> 잭 니클라우스

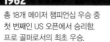
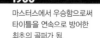

1961
더들리 와이송을 상대로 8&6의 승리를 거두며 두 번째 US 아마추어 타이틀을 쟁취함.

1962
총 18개 메이저 챔피언십 우승 중 첫 번째인 US 오픈에서 승리함. 프로 골퍼로서의 최초 우승.

1966
마스터스에서 우승함으로써 타이틀을 연속으로 방어한 최초의 골퍼가 됨.

1969
버크데일에서 라이더 컵 데뷔를 함. 마지막 날에 토니 재클린에게 그 유명한 패배 인정(상단 참조).

1972
오클랜드 힐즈에서 열린 USPGA 에서 우승함으로써 그랜드슬램을 두 번이나 달성하는 신기록을 세운 최초의 골퍼가 됨.

1978
《스포츠 일러스트레이티드》 지가 '올해의 스포츠맨'으로 선정.

△ 1986년, 어거스타에서 마스터스 여섯 번째 우승이라는 기록을 세운 후 베른하르트 랑거로부터 그린재킷을 선사받는 니클라우스. 니클라우스의 46세 우승은 최고령 기록으로 남아 있다.

◁ 1971년 플로리다 팜비치 가든, 두 번째로 USPGA에서 우승했을 때 관중들의 박수에 답하는 니클라우스.

퍼트를 놓치면서 다음 날 니클라우스와 18홀 플레이오프를 치러야 했다. 마지막 짧은 파4 홀에 이르기까지 승부는 나지 않았는데, 니클라우스는 스웨터를 벗어서 드라이브에 감은 뒤 그린을 통과했다. 그는 칩샷을 쳤고 3타에 퍼트를 성공시켰다. 마지막 두 번의 마스터스 우승은 특별했다. 1975년 조니 밀러, 톰 웨이스코프와 벌어진 3자 대결에서 그는 16번 홀에서 45피트(13미터)짜리 퍼트를 성공시키면서 그들을 막아냈다. 마스터스 역사상 가장 손에 땀을 쥐게 했던 1986년의 일요일에,

니클라우스는 46세의 나이로 타이틀을 거머쥐었다(230~231쪽 참조). 니클라우스는 시니어 투어로 진출한 후에도 우승을 이어 나갔지만, 그가 언급했듯이 '의식적인(ceremonial)' 골프를 좋아하지 않았다. 그러나 작별인사는 피할 수 없는 것이었고, 모든 것은 2005년 세인트 앤드루스의 18번 홀에 있는 스윌컨 개울 다리에서 끝을 맺었다.

1986
프로 골퍼로서 25년이 되던 해에 자신의 여섯 번째이자 마지막 메이저인 마스터스에서 우승함.

1993
1992년의 우승자 없이 끝난 후 두 번째로 US 시니어 오픈에서 우승하며 컴백.

1998
58세로 메이저에서 톱10 안에 든 최고령 선수가 됨. 마스터스에서 그의 커리어를 기념하기 위한 명판을 공개.

2002
〈빅혼의 전투〉라는 TV 프로그램을 위해 타이거 우즈와 팀을 이룸. 두 사람은 우승 후 상금 1,200만 달러를 나누어 가짐.

2005
은퇴. 부시 대통령으로부터 자유 훈장을 수여받음.

미키 라이트 *Mickey Wright*

미키 라이트는 그 시대의 아니카 소렌스탐이었을 뿐만 아니라 이제껏 어떠한 골퍼도
보여주지 못했던 최고의 스윙을 가진 선수로 손꼽힐 만큼의 스윙을 보유했다.
골퍼로서의 커리어를 추구하기 위해 1학년을 마친 후 스탠포드 대학교를 떠났고,
빠른 습득력과 단호한 성격은 그녀가 27세에 이르러 커리어 그랜드 슬램을 달성하며
자신의 세대를 지배하는 선수가 되는 원동력이었다.

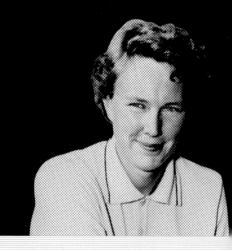

미키 라이트는 클럽이 자신을 대변하도록 두는 수줍음 많고 신중한 성품을 지녔다. 샌디에이고에서 자라면서 11세 때 100타를 돌파했고, 1년 뒤 90타를, 14세 때 70타 기록을 돌파했다. 투어에 도착했을 때 그녀는 자신이 원하는 그대로 공을 치는 법을 알고 있었다. 친구이자 라이벌인 벳시 롤스는 "미키는 기술이 너무 좋았기 때문에 클럽헤드를 엄청나게 빨리 움직여서 공을 멀리 칠 수 있었다. 그녀는 강했지만 스윙에는 쓸데없는 동작이 하나도 없었기 때문에 모든 것이 클럽헤드를 이동시키는 데 기여했다"고 밝혔다.

여행과 투어 생활은 미키에게 익숙해지지 않았다. 그렇지만 골프 커뮤니티에 헌신해 LPGA의 비서, 회계원, 그리고 회장으로 활동했다. 그녀의 첫 번째 우승은 1956년에 왔지만, 진정으로 장악하기 전에 얄궂게도 라이벌 롤스에게 중요한 교훈을 한 가지 더 배워야 했다. "벳시는 나에게 무엇보다 중요한 것을 가르쳐 주었다. 골프 코스에서 발생하는 모든 일에 대해 스스로 책임을 져야 한다는 것인데, 형편없는 퍼팅은 그린을, 나쁜 클럽 선택은 캐디를, 혹은 일진이 나쁜 날은 운명을 탓하면 안 된다."

1956년에서 1973년 사이에 라이트는 13번의 메이저 챔피언십을 포함해 82번 우승했다. US 오픈 타이틀은 네 번이나 거머쥐었는데, 네 번째는 1964년 샌디에이고에서 그녀의 청으로 초청된 부모님 앞에서였다. 1961년에서 1964년의 4년 동안 그녀는 44번 우승했는데, 1963년에 13개 대회에서, 그 이듬해에는 11개 대회에서 이겼다. 하지만 심리적 부담감이 너무나 컸다. 스폰서들은 경기를 하지 않으면 지원을 철회하겠다고 위협했고 그녀는 지나치게 많은 토너먼트에 참가하면서 자신을 소모했다. 그러나 그녀가 경기에 전념하지 않을 무렵에는 이미 이길 수 있는 모든 대회에서 우승했고, 그녀의 성공은 여자 경기의 위신을 높였다. 주디 랜킨은 "미키의 골프는 골프계가 정신 차리고 주의하도록 만들었다"고 말했다.

1961년 4월에 여자 타이틀홀더스 토너먼트의 우승 트로피를 자랑하는 라이트. 그녀는 필드에서 한 타 차 앞서 경기를 마쳤고 299타의 스코어를 기록했다.

미키 라이트 전적

출생 1935년 2월 14일, 미국 캘리포니아 샌디에이고
신장 5피트 9인치(175센티미터)
프로 전향 1955년

데뷔 우승 1956년 잭슨빌 오픈
투어 우승 82(모두 LPGA 투어)

메이저 13
LPGA 챔피언십: 우승 1958, 1960, 1961, 1963
US 여자 오픈: 우승 1958, 1959, 1961, 1964
타이틀홀더스 챔피언십: 우승 1961, 1962
웨스턴 오픈: 우승 1962, 1963, 1966

명예
LPGA 투어 상금 왕: 1961, 1962, 1963, 1964

키 크고 힘센 미키 라이트는 전통적인 스윙과 완벽한 감각을 지녔다.

> 이제껏 경기를 했던 어느 **누구보다 더 나은,**
> **완벽한 선수가 되려는** 마음이 나에게
> **동기를 부여했다.**
>
> 미키 라이트

밥 찰스 Bob Charles

밥 찰스는 그 시대의 선구자였고 골프에서 가장 위대한 왼손잡이 선수였다.
1993년에 마이크 위어가 우승하기 전까지, 찰스는 메이저 챔피언십에서 우승했던 최초의 왼손잡이였고,
2005년에 US 오픈에서 마이클 캠벨이 승리를 거두기 전까지 메이저에서 우승한 유일한 뉴질랜드인이었다.
그는 또한 뉴질랜드 메리트 훈장 기사 작위를 받은 유일한 골퍼이다.

미켈슨과 마찬가지로 밥 찰스는 원래 오른손잡이였고, 적어도 두 손으로 하는 스포츠를 제외하고는 모든 면에서 그랬다. 그의 부모는 둘 다 왼손잡이였는데 부모님이 쓰던 여분의 클럽을 사용하다보니 밥 찰스도 왼손으로 골프를 배웠다. 왼손잡이용 장비는 예전에 비해 훨씬 광범위하게 이용될 수 있었고 그 결과 성공적인 왼손잡이 골퍼가 보다 많이 생겼다. 찰스의 성공과 왼손잡이용 클럽의 보증은 시장의 발전에서 뜻 깊은 진전이었다. 찰스는 1954년에 뉴질랜드 오픈에서 18세의 아마추어로서 네 번의 우승 중 첫 번째 승리를 거두었다. 그러나 은행원으로 일하는 동안 골프를 연마하며 시간을 보내다 1960년 프로로 전향하기 전까지는 아니었다. 그의 위대한 승리는 1963년 로열 리텀 앤 세인트앤스에서 열린 오픈에서 우승했을 때에 찾아왔는데 프로로

전향한지 불과 3년 후였다. 오픈 챔피언십의 마지막 36홀 플레이오프에서, 찰스는 미국인 필 로저스를 8타 차로 물리쳤다. 그는 오전 라운드에서 11번이나 싱글 퍼트를 쳤고 그린에서의 성공적인 플레이는 그의 커리어를 보증하게 되었다. 그 당시 《선데이 텔레그래프》의 기자는 다음과 같이 적었다. "그가 그린에 있을 때, 홀은 안전하지 않았다. 골프에 신경이 무뎌진 기록자들이 이제껏 봐왔던 것보다 더 큰 심리적인 압박 아래에서도 그는 손목이 꺾이지 않도록 유지하면서 클럽헤드를 보다 천천히 이동하면서, 찰스는 어느 위치에 있든지 퍼팅을 계속 성공시켰다."

그는 곧 꾸준히 우승하기 시작했고 놀라울 정도로 긴 커리어 동안 챔피언스 투어에서의 수많은 승리를 포함해 5대륙에서 66개 이상의 타이틀을 끌어모았다. 자신의 오픈 우승 30주년 기념일과 거의 비슷한 시기에 그는 시니어 브리티시 오픈의 마지막 홀에서 버디를 낚으며 우승한 토미 호튼에 한 타 뒤져 2위에 올랐다. 《골프 위클리》는 "메이저에서 우승 퍼트를 성공시킨 뛰어난 선수를 꼽아야 한다면, 그 인물은 바로 찰스이다. 7피트짜리 퍼트를 시험한다면, 그가 최고이다"라고 보도했다.

> ▷ 찰스는 1993년, 30년 전 오픈에서 승리한 바로 그 장소인 로열 리텀으로 돌아와 브리티시 시니어 오픈에서 우승했다.

◁ 밥 찰스는 메이저 챔피언십에서 우승한 최초의 왼손잡이 선수였다. 오픈 우승 후 클라렛 저그를 들어 올리는 찰스.

밥 찰스 전적

출생 1936년 3월 14일, 뉴질랜드 카터턴
신장 6피트 1인치(185센티미터)
프로 전향 1960년

데뷔 우승 1961년 뉴질랜드 PGA 챔피언십
투어 우승 66
PGA 투어: 6
호주 투어: 8
챔피언스 투어: 36
기타: 16

메이저 1
마스터스: 공동 15위 1963
US 오픈: 3위 1964/ 공동 3위 1970
디 오픈: 우승 1963
USPGA: 공동 2위 1968

명예
뉴질랜드 메리트 훈장 기사 작위: 1999

> 나는 내성적이다. 나는 모든 것을 진지하게 받아들이며, 골프는 특히 그렇다. 이것이 나의 일이며 골프 코스는 나의 사무실이다.
>
> 밥 찰스

리 트레비노 Lee Trevino

골프에서 가장 뛰어난 인물로 손꼽히는 리 트레비노는 엔터테이너이자 최상위 골퍼였다.
그는 오픈 챔피언십, US 오픈, 그리고 USPGA에서 각각 두 번씩 총 여섯 번 메이저 챔피언십에서
우승했고 줄곧 재치있게 떠들어댔다. 이런 것은 모두 댈러스의 빈곤한 가정에서 성장해 28세에
투어를 시작한 이후에 찾아왔다.

리 트레비노 전적

출생 1939년 12월 1일, 미국 텍사스 댈러스
신장 5피트 7인치(170센티미터)
프로 전향 1960년

데뷔 우승 1968년 US 오픈
투어 우승 85
PGA 투어: 29
챔피언스 투어: 29
기타: 27

메이저 6
마스터스: 공동 10위 1975, 1985
US 오픈: 우승 1968, 1971
디 오픈: 우승 1971, 1972
USPGA 우승: 1974, 1984

명예
바든 트로피 수상자: 1970, 1971, 1972,
1974, 1980
라이더 컵 팀: 1969, 1971, 1973, 1975, 1979,
1981
라이더 컵 주장: 1985
챔피언스 투어 올해의 신인: 1967

트레비노는 1968년에 오크 힐에서 잭
니클라우스를 4타로 물리치며 첫 번째 메이저
타이틀(생애 첫 투어 타이틀이기도 함)을 따냈다.

1967년에 트레비노는 자신의 투어 첫 번째 시즌에서 US 오픈에 무명으로 도전했다. 너무 잘 쳐서 5위로 경기를 마쳤고(6,000달러 획득) 그해에 올해의 신인으로 지명되었다. PGA 투어의 프로가 되기 전, 트레비노는 골프 코스에서 일을 하거나 텍사스 댈러스 근처에서 분투하며 생계를 유지했다. 트레비노의 초기 삶에 관해 전해지는 수많은 일화 중에는 그가 일했던 골프 코스의 파3 홀에서 벌어진 수많은 돈 내기 매치에서 이겼는데, 클럽을 사용하는 대신에 닥터페퍼 음료수 병을 이용했다는 것도 있다. 골프는 전적으로 혼자 터득했을지 모르나, 그의 스포츠에 대한 몰입은 호건과도 같았다.

초창기 직업들 가운데 엘 파소의 호라이즌 힐스에서 활약하는 프로 선수의 조수로 일한 적이 있다. 여기에서 그는 돈 내기 매치에 참가하면서 프로 골퍼들과 만났다. 레이 플로이드가 클럽을 방문했을 때, 그는 자신의 자동차에서 라커룸으로

클럽을 옮겨다 준 녀석이 골프를 친다는 말을 듣고 깜짝 놀랐다. 그러나 플로이드는 54개 홀 매치의 처음 두 라운드에서 지고 있었고 이기기 위해서는 마지막에 이글이 필요했다. 그가 투어로 돌아왔을 때 동료들에게 "엘 파소에 작은 멕시코 소년이 있는데, 그가 여기에 진출하면 자네들은 길을 비켜주어야 할 거야"라고 말했다.

마침내 투어에 진출했을 때, 트레비노는 1968년 US 오픈에서 잭 니클라우스를 4타 차로 물리치며 마커를 내려놓았다. 그러나 최고의 해는 '슈퍼 멕시코인'이라는 별명을 얻었던 1971년인데,

US 오픈 우승으로 출발해, 캐나다 오픈, 버크데일에서의 오픈 챔피언십까지 연달아 우승했다. 토니 재클린이 전성기였을 때인 1년 뒤 뮤어필드에서 트레비노가 다시 우승했다. 마지막 라운드 동안 그는 니클라우스를 이겼지만, 재클린과 격렬한 결전을 벌이게 되었다. 그는 파5의 17번 홀에서 실수를 저질렀지만

1972년 뮤어필드에서 따낸 두 번 연속 오픈 우승은 트레비노에게 기쁨이었지만, 그가 최종 라운드 17번 홀에서 칩인한 순간은 영국인 토니 재클린에게는 고통이었다.

> 중압감? 이들은 중압감이 뭔지를 모른다. 중압감은 비정함 도박꾼과 25달러를 걸고 게임을 하고 있는데 자신의 주머니에는 고작 10달러밖에 없을 때를 말한다.
>
> 리 트레비노

하이 롤러(도박에 많은 돈을 거는 사람)

리 트레비노는 골프에서 손꼽히는 흥행사였다. 그는 우승 상금을 쓰는 것을 좋아했는데, 소문에 의하면 두 번 거액을 잃었지만 운 좋게 세 번 땄다고 한다. 1971년에 두 개의 메이저 타이틀을 따냈고, 타이틀 우승이라는 측면에서 볼 때 가장 풍성한 결과를 거둔 해였으며, 1980년대 초창기에는 PGA 투어 커리어 상금 리스트 중 잭 니클라우스에 이어 2위를 차지했다.

■ 화려하게 여행하는 것을 즐겼던 트레비노

칩인으로 파 세이브를 하며 탈출했다. 그러나 그 홀에서 재클린의 버디가 확실해보였을 때, 그는 기회를 놓친 것 같았다. 그 대신, 트레비노의 리커버리 샷에 분명하게 기운을 잃은 재클린은 보기를 범했고 트레비노에게 불가능해보였던 승리를 넘겨주었다. 트레비노는 1974년과 1984년에 USPGA에서 우승했는데, 그때 당시 등에 심각한 문제가 있어 고통받고 있었다. 그는 1975년에 웨스턴 오픈에서 번개에 맞아 전과 같은 컨디션을 유지할 수 없었다. 하지만 50세에 접어들면서 커리어는 부활했다. 투어의 메이저 타이틀 4개를 차지하고 그중 2개는 1992년에 따내는 등, 시니어 투어에서 경기를 펼치며 몇 번의 좋은 시즌을 즐겼다. 그는 시종일관 불굴의 정신력을 가지고 있었다. "어떻게 그들이 나를 이길 수 있겠나?" 그는 인생에서 겪은 자신의 불운을 언급하며 말했다. "나는 번개에 맞았고, 등 수술도 두 번 하고, 두 번이나 이혼했다고."

코스 밖에서, 그는 서민이었고 어느 모로 보나 '유쾌한 멕시코인'이었다. 1972년에 열린 월드 매치 플레이에서, 재클린은 단순한 요청을 했다. "리, 오늘 우리 얘기 안 해도 괜찮을까?" 트레비노가 대답했다. "물론이지, 토니. 자네는 말할 필요 없어. 듣기만 하게."

언젠가 '유쾌한 멕시코인'이 말했다. "1967년에 투어에서 경기를 하면서 농담을 했는데 아무도 웃지 않았다. 내가 오픈에서 우승한 다음 똑같은 농담을 하니까 모두들 미친 듯이 웃었다."

토니 재클린 Tony Jacklin

1960년대의 활기는 예전과 전혀 다르게 영국을 흥분시키는 한 골퍼로부터 전해졌다.
토니 재클린은 시대의 소산이었고, 비록 아주 짧게 정상에 머물렀지만 가장 빛나는 별이었다.
오픈과 US 오픈에서 우승했지만, 유럽 골프에 그가 선사한 최고의 선물은 이미도
1980년대의 라이더 컵을 진정한 대회로 바꾸어 놓으며 부활을 진두지휘한 것이리라.

토니 재클린 전적

출생 1944년 7월 7일, 잉글랜드 스컨소프
신장 5피트 10인치(178센티미터)
프로 전향 1960년

데뷔 우승 1964년 쿰 힐 어시스턴츠
투어 우승 28
유러피언 투어: 8
PGA 투어: 4
챔피언스 투어: 2
기타: 14

메이저 2
마스터스: 공동 12위 1970
US 오픈: 우승 1970
디 오픈: 우승 1969
USPGA: 공동 25위 1969

명예
유러피언 투어 상금 왕: 1973
라이더 컵 팀: 1967, 1969, 1971, 1973, 1975, 1977, 1979
라이더 컵 주장: 1983, 1985, 1987, 1989

◁ 재클린은 '자유분방한 60년대'의 가장 유명한 인사로 등장했고, 한때는 잭 니클라우스조차도 능가했다.

▽ 1969년 로열 리텀에서 재클린은 18년 만에 오픈 챔피언십의 클라렛 저그를 들어 올린 첫 영국인이 되었다.

재클린은 북부 잉글랜드 출신이었지만 하트퍼드셔에 있는 포터스 바 골프 클럽에서 더욱 기량을 키우기 위해 남쪽으로 향했다. 그는 전 호주 럭비 리그 선수에서 골퍼로 전향한 엄격한 선생 빌 섀크랜드에게 가르침을 받았다. 재클린은 스타일에 신경 쓰는 성격이었는데, 커리어 초기의 인터뷰에서는 금색 라메 바지에 흰색 터틀넥, 황금 캐시미어 스웨터를 입고, 금빛 신발을 신고 나타났다. 스코틀랜드의 에릭 브라운은 재클린과의 첫

만남에 관해 말한 적이 있다. "자만심 강한 선수라고 생각했다. 그러나 그는 샷을 치는 능력, 배짱, 집념, 모든 것을 다 갖추고 있었다. 그는 지나치게 자신감이 넘쳤다. 재클린은 오픈을 포함해 어떤 대회에서든 이길 수 있었다." 2년 뒤인 1969년에 재클린은 브라운의 말처럼 로열 리텀에서 열린 오픈 대회에서 우승했다. 그는 1951년의 맥스 포크너 이래로 첫 등장한 영국 출신 챔피언이었고 이는 미국인 골퍼들이 우세한 것이 절대적인

스컨소프 카퍼레이드

1970년 헤즐타인에서 거둔 US 오픈 우승을 축하하며, 토니 재클린은 흰색 캐딜락을 타고 고향인 링컨셔, 스컨소프 거리를 통과하는 행사를 벌였다. 재클린은 토너먼트 시작부터 선두를 유지했고 마침내 데이브 힐을 상대로 7타 차 우승을 굳건히 했다. 이것은 거의 50년 만에 거둔 위대한 승리였다.

■ 고향으로 돌아온 US 오픈 챔피언

것이 아니라는 사실을 보여주었다. 이듬해 그는 새로운 장소인 미니애폴리스의 헤즐타인에서 열린 US 오픈에서 우승했다. 그는 매 라운드에서 선두를 유지했고 7타 차로 이기며 1920년 테드 레이 이래 첫 영국인 우승자가 되었다. 재클린은 또한 1900년의 해리 바든 이후에 브리티시 오픈과 US 오픈을 동시에 석권한 첫 번째 영국인 선수였다. 재클린은 1972년 뮤어필드에서 리 트레비노가 71번째 홀에서 불가능해 보이는 파를 칩인하기 전까지는 오픈에서 정기적인 우승 후보였다. 재클린은 갑작스런 반전에 놀랐고 3퍼트를 치며 보기를 기록했다. 그는 더 이상 이전 같지 않았다. 코스 밖에서는, 그의 아내 비비안이 1998년 뇌출혈로 사망했고, 사업도 전처럼 성공적이지 못했다. 골프 역사 속에서 자신의 위치를 굳건히 한 것은 라이더 컵이었다. 1969년에 그는 매치를 동점으로 만드는 마지막 퍼트를 잭 니클라우스에게 양보 받는 유명한 사건에 연관되었다(264쪽 참조). 1983년에 주장 자리를 제안 받은 재클린은 자신의 방식대로 역할을 했다. 선수들에게 최고급 대우를 요구했고, 선수들은 그의 고무적인 리더십 아래에서 활약했다. 코스에서 팀을 이끌었던 세베 바예스테로스와 함께 재클린은 1983년의 석패를 가볍게 여겼고, 그 후 1985년에 28년만의 라이더 컵 우승으로 유럽을 이끌었다. 1987년 뮤어필드

빌리지에서 미국 땅에서 거둔 최초의 우승이 뒤따랐다. 뮤어필드 빌리지였다. 재클린은 1989년 벨프리에서 동점을 이룬 매치를 끝으로 은퇴했는데, 그는 라이더 컵을 성장 가능한 대회이자 세계에서 가장 흥미진진한 스포츠 이벤트로 재확립하는 데 자신의 역할을 다했다.

재클린은 1970년대 후반과 1980년대 초반에 위기를 겪었지만, 라이더 컵 주장으로서 새로운 역할을 찾았다.

이것은 나만의 에베레스트였다. 내가 정상에 앉아 있던 순간을 누구도 빼앗아 갈 수 없다.

토니 재클린, 1969년 오픈에서 우승하며.

레이먼드 플로이드 Raymond Floyd

레이먼드 플로이드는 커리어 초창기에 몇 번 우승을 거머쥐었지만 후반에 더 성공했다.
그는 월터 하겐을 계승한 투어의 플레이보이에서 가정적인 남자로 변모했고, 골프에서
가장 존경받는 원로로 꼽힌다. 1993년에 그는 벨프리에서 4점 중 3점을 따내며
라이더 컵에서 경기한 최고령 선수가 되었다.

레이먼드 플로이드 전적

출생 1942년 9월 4일, 미국 노스캐롤라이나
포트 브래그
신장 6피트 1인치(185센티미터)
프로 전향 1961년

데뷔 우승
1963년 세인트피터즈버그 오픈 인비테이셔널

투어 우승 66
PGA 투어: 22
챔피언스 투어: 14
기타: 30

메이저 4
마스터스: 우승 1976
US 오픈: 우승 1986
디 오픈: 공동 2위 1978
USPGA: 우승 1969, 1982

명예
바든 트로피: 1983
바이런 넬슨 어워드: 1983
라이더 컵 팀: 1969, 1975, 1977, 1981, 1983, 1985,
1991, 1993
라이더 컵 주장: 1989

가정적인 남자인 레이 플로이드는 1986년에
US 오픈에서 우승하며 커리어 후반에 굳건한
성공을 이어갔다.

토너먼트에서 우승하면 몸이 뜨거워진다. 결혼하기 전에, 나는 우승한 뒤에 꽤 즐기곤 했다.

레이먼드 플로이드

플로이드는 군을 떠난 후 골프 연습장을 개장한 군인의
아들이었다. 1963년에 20세의 나이로 투어를 시작해 4개월
후에 첫 번째 승리를 거두었다. 그러나 우승은 너무 일찍
찾아왔다. "토너먼트 우승은 나에게 아무 의미도 없었다"고
그는 나중에 말했다. "나는 투어를 마이애미에서 LA, 뉴욕으로
이동하는 성대한 파티에 불과하다고 여겼다." 플로이드는 1969
년에 네 번의 메이저 타이틀 중 첫 번째인 USPGA에서 이겼다.
그때까지는 여전히 파티의 시기였지만 1973년에 마리아
프리몰리와 만나 사랑에 빠졌고 결혼에 이르렀다. 그녀는 그의
인생과 커리어에 가장 깊은 영향을 미쳤다. 레이가 라운드
중간에 물러났을 때 이틀 동안 자기 성찰의 시간을 가진 적이
있다. "마리아는 호랑이처럼 내게 달려들었다." 플로이드는
설명했다. "이것이 내 인생을 좋은 방향으로 돌려놓았다. 그
순간부터 나는 보다 성숙하고, 참을성 있으며 책임감 있는
남자가 되었다." 플로이드 생애 최고의 골프는 여전히 다가오는
중이었다. 1976년에 그는 당시 토너먼트 신기록이었던 잭
니클라우스의 271타와 동타를 이루며 8타 차로 마스터스에서
우승했다. 두 번째 USPGA 타이틀은 1982년에
땄는데 서던 힐즈에서 아홉 번 연속으로 쓰리온을
포함한 커리어 최고 라운드 기록인 63타로 첫
라운드를 마쳤다. 1986년에 그는 43세의 나이에
마지막 라운드에서 66타를 기록하며 시네콕
힐즈에서 열린 US 오픈에서 우승했다. 4년 뒤 그는
마스터스에서 다시 한 번 우승을 거머쥘 뻔 했으나
플레이오프에서 닉 팔도에 졌다. 플로이드는 라운드
동안에 우승을 위해 집중하는 법을 배우고 나서야
흔들림 없는 시선으로 바로 다음 샷에 집중할 수
있었다. 동료들은 이를 '응시'라고 불렀다. "그가
눈으로 응시하기 시작하면 다루기 어려운 사람이
된다"고 래니 왓킨스가 말했다.

플로이드는 뛰어난 힘과 부드러운 터치를 겸비했고, 골프 역사상 최고의
칩샷을 구사하는 선수로 인정받는다.

헤일 어윈 Hale Irwin

그는 메이저 챔피언십 역사상 최단 거리의 퍼트를 놓쳤지만(사실은 공을 놓쳤다)
최장거리로 꼽히는, 아무튼 길고도 중요한 퍼트를 성공시켰다.
US 오픈에서 세 번이나 우승했고 시니어 투어의 타이거 우즈였으며
한번쯤 스포츠 무대에서 만나고 싶은 강력한 경쟁 상대였다.

어윈은 캔자스에 있는 모래 그린 위에서 골프를 배웠다. 그의 첫사랑은 야구였지만, 대학에서는 미식 축구 수비수로 활동하기 시작했다. "나는 덩치도 작았고 달리기도 느렸고, 모든 면에서 뒤떨어져 있었다"고 어윈은 회상했다. "하지만 나는 해내고자 하는 결단력이 있었다. 내가 해야 했던 경기의 강도로 인해 나는 다른 이들보다 나은 기술을 가질 수 있었다."

그의 게임은 견고했지만, 페어웨이와 그린을 일관되게 맞추는 능력은 US 오픈에 이르러서야 최고의 보상을 받았다. 윈지드 푸트에서 열리는 1974년 챔피언십의 시작은 너무나 어려워서 '대량 학살'로 불렸다. 어린 톰 왓슨과 나이 든 아놀드 파머와 싸우며 어윈은 7오버파로 우승했다. 그는 5년 뒤, "첫 번째 티에서부터 숨이 막혔다"고 인정한 형편없는 최종 라운드에도 불구하고 인버네스에서 다시 승리했다.

같은 해인 1979년 로열 리텀에서 열린 오픈에서 어윈은 마지막 두 라운드를 세베 바예스테로스와 끝까지 싸웠고 2위로 경기를 끝냈다. 여기에는 스타일과 성격의 충돌이 있었다. 어윈은 '안티 세베'였는데 공을 그렇게 제멋대로 드라이빙 해도

보상을 받는다는 것을 믿을 수 없었다. 1983년에 로열 버크데일에서 어윈은 톰 왓슨에 이어 2위로 경기를 마쳤지만, 세 번째 라운드의 14번 홀을 보기로 망쳤는데, 2인치 거리의 탭인(아주 가까운 거리의 퍼트를 가볍게 툭 치는 것)을 헛쳤고 퍼터는 땅을 먼저 친 다음 공을 넘어갔다.

그러나 1990년 메디나에서 그가 2주 전에 꿈꾸었던 세 번째 US 오픈 타이틀을 거머쥐었다. 그는 마지막 8개 홀에서 5언더를 쳤고 마지막 홀에서는 50피트짜리 퍼트를 성공시킨 후, 그린을 돌면서 관중들과 함께 박수를 치며 축하했다. 이 퍼트로 그는 플레이오프에 진출했고 다음 날 마이크 도널드를 물리쳤다.

어윈은 1995년, 50세가 되었을 때 챔피언스 투어 경기를 위한 자격을 얻었고 위대한 성공을 즐겼다. 일곱 번의 시니어 메이저 승리를 포함해 45번 우승한 그는 2,300만 달러 이상을 획득하며 사상 최고로 챔피언스 투어 상금 리스트 정상에 올랐다.

헤일 어윈 전적

출생 1945년 6월 3일, 미국 미주리 조플린
신장 6피트(183센티미터)
프로 전향 1968년

데뷔 우승 1971년 시 파인즈 헤리티지 클래식
투어 우승 87
PGA 투어: 20
챔피언스 투어: 45
기타: 22

메이저 3
마스터스: 공동 4위 1974, 1975
US 오픈: 우승 1974, 1979, 1990
디 오픈: 공동 2위 1983
USPGA: 공동 5위 1975

명예
라이더 컵 팀: 1975, 1977, 1979, 1981, 1991
프레지던츠 컵 주장: 1994

▽ 일관된 플레이를 펼치는 헤일 어윈은 자신이 세 번이나 우승을 거둔 US 오픈의 이상적인 우승 후보였다.

▷ 메디나에서 열린 1990년 US 오픈에서 플레이오프로 향하는 대단한 퍼트의 성공을 축하하는 어윈. 그는 이튿날 승리했다.

낸시 로페즈 *Nancy Lopez*

골프에서 그녀의 입지를 강화하는 데 엄청난 기반이 된 성공과 성품을 가진 스타,
낸시 로페즈는 아놀드 파마 및 세베 바예스테로스와 나란히 서 있다.
그녀는 1970년대 말 한줄기 빛처럼 등장했고 가족을 돌보면서도 긴 커리어를 이어나갔다.
수많은 상을 받고 메이저 챔피언십에서 세 번 우승하면서 성공의 기쁨을 즐겼다.

낸시 로페즈 전적

출생 1957년 1월 6일, 미국 캘리포니아 토런스
신장 5피트 5인치(170센티미터)
프로 전향 1978년

데뷔 우승 1978년 벤트 트리 클래식
투어 우승 52
LPGA 투어: 48
기타: 4

메이저 3
LPGA 챔피언십: 우승 1978, 1985, 1989
크래프트 나비스코: 공동 3위 1995
US 여자 오픈: 2위 1975, 1977, 1989, 1997
뒤 모리에 클래식: 2위 1979, 1996

명예
LPGA 올해의 선수: 1978, 1979, 1985, 1988
올해의 신인: 1978
커티스 컵 팀: 1976
솔하임 컵 팀: 1990
솔하임 컵 주장: 2005

로페즈는 사상 최고의 여성 골퍼로 손꼽힌다. 그녀는 12세의 어린 나이에 뉴멕시코 아마추어에서 우승하며 가능성을 보였다. 로페즈는 1977년에 프로로 전향했고 1978년 투어의 정식 시즌에서 센세이션을 일으켰다. 그녀는 LPGA 챔피언십을 포함해 총 9개의 토너먼트에서 우승했지만 언론과 사람들의 마음을 동시에 사로잡은 것은 5연승의 기록을 세웠을 때였다.

그녀는 매너와 눈부신 미소가 매력적이었다. 스타였지만 겉보기에는 너무나 평범한 인물이었다. 그녀의 아버지 도밍고는 핸디캡 3의 골퍼였고 언제나 그녀의 재능을 격려했지만 결코 강요하지 않았다. 어머니 마리나는 그녀가 투어로 진출하려는 무렵에 돌연 사망했는데 이런 절망적인 불행은 성공을 향한 그녀의 의지를 강화시켰다. "나는 부모님을 위해 우승하고 싶었다. 그들은 내가 골프를 할 수 있도록 너무나 많은 희생을 했다." 로페즈는 말했다. "내가 필요로 할 때 언제나 그곳에 계셨고 나는 부모님들께 자랑스러운 딸이 되길 원했다. 그들에게 보답하기 위해서는 골프를 치는 것 외에는 어떤 것도 할 수 없었다."

아메리칸 아이돌

위대한 미키 라이트는 어린 로페즈에 관해 "내 생애 이토록 어린 선수에게서 대단한 컨트롤 능력을 보게 될 줄은 몰랐다"고 언급했다. 그러나 성공은 영원히 지속되지 않았는데, 야구 선수 레이 나이트와 결혼해 가정을 꾸린 후 우승 횟수는 점차 줄어들었다. 로페즈는 US 오픈에서 네 번이나 2위를 차지했는데, 그 첫 번째는 아마추어였던 1975년이었다. 1997년에 그녀는 투어에서 48번째 우승을 거두었지만 US 오픈에서는 로페즈를 우상으로 여기며 자랐던 잉글랜드의 앨리슨 니콜라스에 지며 또 다시 2위에 머물렀다. "내가 오늘 쳤던 모든 샷과 모든 행동을 생각하느라 오늘밤에는 잠을 이루지 못할 것이다." 로페즈는 한숨을 쉬었다. 그러나 그녀는 패배자가 아니었다. 그녀는 위대한 경쟁 상대이자 뛰어난 챔피언이었다.

2005년 솔하임 컵에서, 크리스티나 김(왼쪽), 나탈리 걸비스(오른쪽)와 함께 미국을 우승으로 이끈 로페즈.

로페즈가 승리를 기뻐하며 웃는 모습은 혜성처럼 등장한 투어 초창기에 자주 볼 수 있었다.

나의 이미지는 나와, 남편, 가족, 나의 인생을 반영한다. 사람들 앞에서는 누구나 친절한 것이 좋다.

낸시 로페즈

조니 밀러 Johnny Miller

1970년 중반에 조니 밀러가 선수로서가 아니라 골프 해설가로 훨씬 더 유명해질 거라고 말했다면 미쳤다고 생각했을지도 모른다. 캘리포니아 출신의 호리호리한 금발 미남은 잠깐 동안 누구나 보고 싶어 하는 최고의 골프를 선보였고 메이저 챔피언십에서 두 번 우승했다. 오늘날 그는 여러분이 듣고 싶어 하는 최고의 골프 해설자로 손꼽힌다.

조니 밀러 전적

출생 1947년 4월 29일,
미국 캘리포니아 샌프란시스코
신장 6피트 2인치(188센티미터)
프로 전향 1969년

데뷔 우승 1971년 서던 오픈 인비테이셔널
투어 우승 30
PGA 투어: 25
기타: 5

메이저 2
마스터스: 공동 2위 1971, 1975, 1981
US 오픈: 우승 1973
디 오픈: 우승 1976
USPGA: 공동 11위 1977

명예
PGA 투어 상금 왕: 1974
PGA 투어 올해의 선수: 1974
라이더 컵 팀: 1975, 1981

출발하면, 나는 무아지경에 빠진 것 같았다. …나는 모든 것을 잊을 수 있다.

조니 밀러

밀러가 1973년과 1976년 동안에 보여준 것은 대단한 쇼였다. 그는 1973년에 최종 라운드에서 63타를 기록하며 오크몬트에서 열린 US 오픈에서 우승했는데, 우승의 도중은 말할 것도 없고, 메이저 챔피언십 동안 이토록 낮은 스코어를 친 것은 처음이었다. 오크몬트는 상상을 초월할 만큼 빠르면서도 지독한 그린을 보유한 코스의 맹수이다. 최종 라운드에 앞서 그린을 부드럽게 해준 폭풍이 쳤지만, 그래도 밀러는 이제껏 거둔 기록 중 최고의 마지막 라운드를 만들었다. 샌프란시스코의 올림픽 클럽과 페블 비치에서 골프를 배웠던 26세의 캘리포니아 출신의 밀러는 4연속 버디로 출발했지만 여전히 갈 길이 멀어 보였다. 전반 홀에서 32타를 친 후, 밀러는 마지막 홀에 31타로 들어왔고 누구도 당해낼 수 없었던 목표를 세웠다. 1974년에는 참가했던 처음 세 개의 토너먼트에서 승리했고 총 8개의 타이틀을 획득했다. 이듬해에는 4개의 타이틀을 더 따냈으며, 마스터스에서 잭 니클라우스가 밀러와 톰 웨이스코프를 물리치는 스릴 넘치는 대결의 한 부분을 차지했다. 1976년에는 니클라우스와 젊은 세베를 뒤에 남기고 최종 라운드 66타의 기록으로 로열 버크데일에서 열린 오픈에서 우승했다. 그러나 오픈 이후에는 그린에서 고전하는 바람에 우승이 드물었다. 1980년대 말에 그는 투어에서 사실상 은퇴하고 NBC TV의 해설자가 되었는데, 항상 자신의 의견을 솔직히 말했다. 여전히 참가하는 몇 개 안 되는 대회 중에는 AT&T 페블 비치 프로암이 있다. 1994년에 톰 왓슨, 톰 카이트와 치른 최종일 결전에서 놀랄 만한 승리를 거두고는 "이건 뭔가 잘못됐다. 요행이다. 나는 골퍼가 아니라 TV 아나운서이다"라고 말했다.

△ 1976년 버크데일에서 치러진 오픈에서 잭 니클라우스와 세베 바예스테로스에 앞서며 거둔 우승은 밀러가 최고의 골퍼임을 확증시켰다.

▷ 5년 후 승리의 무대가 되는 로열 버크데일에서 열린 1971년 오픈에서의 밀러. 그는 1971년에 마스터스와 US 오픈에서 톱5에 들며 경기를 마쳤다.

◁◁ 1983년 버크데일에서 다섯 번째 오픈 클라렛
저그를 높이 들고 있는 톰 왓슨. 그는 앤디 빈과
헤일 어윈을 한 타 차로 물리쳤다.

◁ 잭 니클라우스와 파트너를 이룬 왓슨은 1981년에
역사상 가장 훌륭한 미국 라이더 컵 팀의
일원이었다.

▽ 1977년 어거스타에서의 자신의 첫 번째
그린재킷을 차지하기 위한 여정에서, 4번 홀에서 벤
크렌쇼가 지켜보는 중에 티오프하는 왓슨.

톰 왓슨 Tom Watson

오픈 챔피언십에서 다섯 번이나 우승을 차지함으로써 톰 왓슨은 자신이 사상 최고의 골퍼 중 한 명임을 증명해보였고 영국 갤러리들에게 영원히 사랑을 받았다. 1970년대 중반에 그는 1975년의 오픈 대회를 시작으로 메이저 챔피언십에서 여덟 번 우승을 거두며 잭 니클라우스에 이어 오랫동안 최고의 선수의 자리를 차지했다.

톰 왓슨 전적

출생 1949년 9월 4일, 미국 미주리 캔자스시티
신장 5피트 9인치(175센티미터)
프로 전향 1971년

데뷔 우승 1974년 웨스턴 오픈
투어 우승 62
PGA 투어: 39
챔피언스 투어: 10
기타: 13

메이저 8
마스터스: 우승 1977, 1981
US 오픈: 우승 1982
디 오픈: 우승 1975, 1977, 1980, 1982, 1983
USPGA: 공동 2위 1978

명예
PGA 투어 상금 왕: 1977, 1978, 1979, 1980, 1984
바든 트로피 수상자: 1977, 1978, 1979
PGA 투어 올해의 선수: 1977, 1978, 1979, 1980, 1982, 1984
라이더 컵 팀: 1977, 1981, 1983, 1989
라이더 컵 주장: 1993

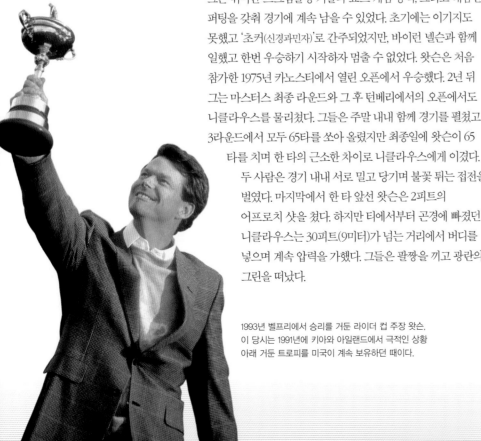

1993년 벨프리에서 승리를 거둔 라이더 컵 주장 왓슨. 이 당시는 1991년에 키아와 아일랜드에서 극적인 상황 아래 거둔 트로피를 미국이 계속 보유하던 때이다.

몇몇 선수들만큼은 훌륭하지 않지만, 대다수의 선수들보다 낫다. 그 정도로 해두자.

톰 왓슨, 자신의 커리어를 요약하며.

잭 니클라우스가 다음과 같이 말하게 된 것은 왓슨의 뛰어난 플레이 때문이었다. "나는 최고의 샷을 보여주고 가까이 붙이는 데 지쳤다." 몇몇 선수들은 니클라우스를 아주 짧은 기간 이길 수 있었지만, 왓슨은 정기적으로 이겼다(228~229쪽 참조). 1975년과 1983년 사이에 그는 여덟 번 메이저에서 우승했고 오픈에서 다섯 번 이김으로써 제임스 브레이드, JH 테일러, 피터 톰슨의 업적에 필적했다. 또한 4년 연속으로 미국의 상금 왕 자리에 올랐다. 캔자스시티에서 자랐고 그곳에서 평생 살았던 왓슨이 스탠포드 대학교를 졸업했을 때만 해도 무슨 일을 해야 할지 확신이 없었다. 그러던 중에 아버지에게 골프를 소개받았고 1971년에 보잘 것 없는 상태로 프로로 전향했다. 그는 뛰어난 스크램블링 기술과 쇼트 게임 능력, 그리고 대담한 퍼팅을 갖춰 경기에 계속 남을 수 있었다. 초기에는 이기지도 못했고 '초커(신경과민자)'로 간주되었지만, 바이런 넬슨과 함께 일했고 한번 우승하기 시작하자 멈출 수 없었다. 왓슨은 처음 참가한 1975년 카노스티에서 열린 오픈에서 우승했다. 2년 뒤 그는 마스터스 최종 라운드와 그 후 턴베리에서의 오픈에서도 니클라우스를 물리쳤다. 그들은 주말 내내 함께 경기를 펼쳤고 3라운드에서 모두 65타를 쏘아 올렸지만 최종일에 왓슨이 65타를 치며 한 타의 근소한 차이로 니클라우스에게 이겼다.

두 사람은 경기 내내 서로 밀고 당기며 불꽃 튀는 접전을 벌였다. 마지막에서 한 타 앞선 왓슨은 2피트의 어프로치 샷을 쳤다. 하지만 티에서부터 곤경에 빠졌던 니클라우스는 30피트(9미터)가 넘는 거리에서 버디를 넣으며 계속 압력을 가했다. 그들은 팔짱을 끼고 광란의 그린을 떠났다.

친구의 죽음

2003은 왓슨이 올해의 선수가 된 해이기도 했지만 슬픔으로 얼룩진 해이기도 하다. 그의 오랜 캐디였던 브루스 에드워즈는 진행성 신경퇴행질환인 루 게릭 병으로 진단받았다. 왓슨은 이 질병과 싸우는 이들을 돕기 위해 '드라이빙 포 라이프(Driving 4 Life)'라는 재단을 설립하는 데 백만 달러를 기부했다.

■ 에드워즈는 거의 30년 동안 왓슨의 캐디였다.

벽에 부딪히다

왓슨은 1980년에 뮤어필드에서 다시 우승했고, 1982년에는 트룬에서, 그리고 1983년에는 버크데일에서 승리했다. 그는 1981년에 다시 한 번 마스터스를 장악했고 1982년 학생일 때 경기했던 페블 비치에서 열린 오픈에서 이겼다. 그러나 1984년 세인트앤드루스에서 그는 최종 라운드 17번 홀에서 그린을 넘겼고 벽에 부딪히며 경기를 마쳤다. 그는 세베 바에스테로스에 졌고 다시는 전과 같이 못했다. 좋은 날에는 노련한 톰 왓슨이었고, 나쁜 날에는 그냥 늙은 톰 왓슨이었다. 그러나 그는 꾸준히 노력했고, 9년 동안의 공백 이후 1996년에 메모리얼에서 우승했고 2년 후인 48세 때 콜로니얼에서 우승한 최고령 선수가 되었다. 그는 1993년 미국 주장으로 활약하면서 라이더 컵에서 승리를 거두었고, 한 차례 챔피언스 투어 출전 자격을 얻기도 했으며 시니어 브리티시 오픈에서 세 번 우승했다.

◁ 풀 플로(완전히 흐르는 스윙)의 세베는 유러피언 골프가 이제껏 보지 못한 가장 경이로운 장면을 선사했다. 팬들은 30년 동안 그 광경에 넋을 잃었다.

▽ 1991년 스페인 오픈에서 뛰어난 쇼트 게임 기술을 선보이는 세베. 그는 1981년, 1985년, 1995년에 타이틀을 거머쥐었다.

▽▽ 가장 유명한 축전. 1984년 세인트앤드루스에서 열린 오픈에서 거둔 세 번의 성공 중 두 번째 우승을 차지한 세베.

세베리아노 바예스테로스 Severiano Ballesteros

중요한 것은 세베 바예스테로스가 무엇을 했느냐가 아니라 어떤 방식으로 했느냐이다. 그는 흥미진진했고, 카리스마 넘쳤고, 무모했으며 절대 포기하지 않았다. 일순 형편없는 샷을 치면 다음으로는 훌륭한 리커버리 샷이 따라온다. 그는 유럽의 아놀드 파머였다. 유럽 대륙을 가로질러 스페인 골프와 전체 유럽 투어는 그에게 큰 빚을 지고 있다.

그는 골프 역사상 가장 창의적인 선수일 것이다. 그는 천재였다.

타이거 우즈

바예스테로스는 리더였다. 그는 닉 팔도, 베른하르트 랑거, 샌디 라일, 이안 우스남과 함께 이룬 빅 파이브 중 가장 빨리 태어났고 다른 모든 면에서도 최초였다. 그는 처음으로 메이저, US 오픈, 미국 메이저 대회에서 우승했고, 라이더 컵에서 미국인을 이길 수 있다는 사실을 깨달은 최초의 선수였다.

삼촌인 라몬 소타는 세베 이전에 스페인에서 가장 유명한 선수였다. 네 명의 형들은 작은 어촌 마을인 페드레나에 있는 클럽에서 캐디를 하고 골프를 쳤다. 세베는 형들을 따랐지만 어린 시절의 대부분을 해변에서 녹슨 3번 아이언을 가지고 놀았다. 그러면서 그는 기교뿐 아니라 즉흥 플레이 기술도 터득했다.

그는 17세 생일 바로 전에 프로로 전향했지만, 세계가 그를 발견한 것은 1976년 로열 버크데일에서 열린 오픈 챔피언십에서였다. 그는 첫 3일을 리드했지만 마지막 날 조니 밀러가 그를 앞질렀다. 그러나 젊은 세베가 인기를 가로챘다. 그는 17번 홀에서 이글을 기록했고 다음에 친 무모한 칩샷은 두 개의 벙커 사이를 흘러 구불거리는 땅을 넘어 2위의 잭 니클라우스와 타이를 이루었다. 1976년과 1995년 사이에 그는 전 세계에서 87번 우승을 거두었다. 그가 좋아한 정면 승부를 펼치는 월드 매치 플레이 챔피언십에서 다섯 번 승리했고, 갤러리와 언론 모두에게서 사랑받았던 영국에서 성공했다.

오픈의 영광

1979년 로열 리텀에서 그는 주말 내내 헤일 어윈과 나란히 경기를 펼쳤던 오픈에서 우승했다(226~227쪽 참조). 어윈은 US 오픈에서 두 번이나 챔피언 자리에 올랐는데, 페어웨이와 그린에서의 플레이에 정통한 선수로 안정된 골프를 쳤다. 차이는 극명했다. 바예스테로스는 티에서 온 힘을 다해 공을 강타했고 뛰어난 다음 샷은 자신이 처해 있는 트러블의 정도와 직접적인 관련이 있었다. 최종 라운드의 16번 홀에서 친 드라이브는 임시

주차장으로 날아갔지만 그는 놀라운 리커버리 샷을 쳐서 그 홀에서 버디를 낚았다. 미국에서는 그를 '주차장 챔피언'이라고 불렀다. 이 일은 그에게 더 많이 우승하도록 하는 동기가 되었다.

1984년 세인트앤드루스에서 바예스테로스는 여섯 번째 오픈 타이틀을 노렸던 톰 왓슨과 멋진 대결을 펼쳤다. 왓슨이 17번 홀인 로드 홀에서 곤경에 빠졌을 때, 바예스테로스는 18번 그린으로 버디 퍼트를 성공시켰고, 그의 트레이드마크가 된 기쁨에 차서 의기양양하게 주먹을 들어 올리는 축하법이 탄생했다. 4년 후, 다시 한 번 로열 리텀으로 돌아와 세베는 최종

▽ 1876년 버크데일에서 열린 오픈에서 영국 갤러리들은 젊은 바예스테로스에게 첫눈에 반했고 그는 즉각적인 인기를 얻었다.

■ 세베리아노 바예스테로스 전적

출생 1957년 4월 9일, 스페인 페드레나
신장 6피트(183피트)
프로 전향 1974년

데뷔 우승 1976년 네덜란드 오픈
투어 우승 94
유러피언 투어: 49
PGA 투어: 9
기타: 36

메이저 5
마스터스: 우승 1980, 1983
US 오픈: 3위 1987
디 오픈: 우승 1979, 1984, 1988
USPGA: 5위 1984

명예
유러피언 투어 메리트 훈장 수상자: 1976, 1977, 1978, 1986, 1988, 1991
라이더 컵 팀: 1979, 1983, 1985, 1987, 1989, 1991, 1993, 1995
라이더 컵 주장: 1997
유러피언 세기의 선수 선장: 2000

라운드에서 통렬한 65타를 기록하며 닉 프라이스와 닉 팔도를 모두 물리쳤다. "경기가 끝난 후에 그에게 내가 이제껏 본 골프 라운드 중 최고였다고 말했다"고 팔도는 회상했다.

3개의 오픈 타이틀은 2개의 마스터스 그린재킷과 조우했다. 1980년에 그는 9홀을 남겨 두고 10타 차로 선두를 지키고 있었고 결국 4타 차로 우승했다. 3년 후 그는 최종 라운드에 69타를 쳐 벤 크렌쇼와 톰 카이트를 4타 차로 꺾었다. 동기생들은 바예스테로스가 가장 큰 경기에서 우승하는 것을 보았고 그의 전례를 따랐다. 어거스타에서 1980년부터 1999년 사이에 여섯 명의 유럽 선수들이 총 11개의 그린재킷을 따내었다.

세베는 마스터스에서 우승할 기회가 더 많았지만 성공을 거두지 못했는데, 특히 1986년에는 최종 라운드의 15번 홀에서 연못으로 빠지는 형편없는 4번 아이언 샷을 치는 바람에 잭 니클라우스에게 졌다. 여기에 장기간 이어진 등의 통증이 더해져 결국 그의 커리어는 짧아졌다. 그의 신체는 험악한 스윙이 주는 벌을 견딜 수 없었고 언제나 즉흥적인 선수였던 그는 기술을 연마할 수 없었다. 그는 38세의 나이로 마드리드에서 열린 스페인 오픈에서 마지막으로 우승했고 경기에서 고전하던 이듬해, 카노스티에서의 2007년 오픈 전날 은퇴했다.

라이더 컵의 거인

투어의 마지막 몇 년 동안 쇼트 게임은 여전히 뛰어났지만 그는 공을 페어웨이에 갖다 놓을 수 없었다. 그러나 라이더 컵은 바예스테로스에게서 최고를 이끌어냈다. 1995년 톰 레먼을 상대로 한 그의 마지막 라이더 컵 싱글 매치에서, 그는 페어웨이나 그린을 거의 맞추지 못했다. 하지만 마법과도 같은 힘을 사용해 15번 홀까지 경기를 연장시키는 데 성공했다.

1983년 토니 재클린이 주장을 했던 웨스트 팜비치에서 유럽은 간발의 차로 졌다. 바예스테로스는 잭 니클라우스가 이제껏 본 것 중 최고라고 했던, 그린에서 200야드가 넘는 벙커로부터, 6번 아이언을 가지고 대부분의 선수들이 고전할 만한 라이에서 3번 우드로 놀라운 샷을 만들어냈다. 이것은 그의 세 번째 샷이었지만 퍼지 쵤러를 상대로 불가능했던 절반을 따내며 탈출하는 데 도움을 주었다. 경기에서 진 후에 유럽의 팀원들은 실망이 컸지만, 힘의 균형으로 중대한 전환을 인지한 세베는 낙관적이었다. 그는 마치 자신들이 이긴 것처럼 축하하도록 팀을

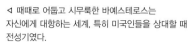

격려했다. 다음 번에 그들은 이겼다. 1987년에 유럽은 미국에서 최초로 승리했고 세베와 호세 마리아 올라사발의 전설적인 파트너십이 시작되었다. 그들은 함께 11번 우승했는데, 두 개의 매치에서 동점을 이루었고 단 두 번 졌다. 그들은 '사과하지 않는다(no sorry)'는 방침이었는데 어떠한 불확실한 상황에서도 회복할 수 없다는 것을 결코 인정하지 않았다. "세베가 자신의 포르쉐로 속도를 내기 시작하면 천국에 있는 성 베드로조차도 그를 막을 수 없을 것이다"라고 올라사발은 말했다.

1997년에 발데라마 근처에서 주장으로 책임을 맡고 있었을 때 그의 드라이빙 스타일은 확실히 눈에 띄었다. 스페인 땅에서 경기를 펼쳤던 유일한 매치에서의 승리는 놀라운 커리어에서 보여준 것처럼 운명적이었다.

◁ 때때로 어둡고 시무룩한 바예스테로스는 자신에게 대항하는 세계, 특히 미국인들을 상대할 때 전성기였다.

▽ 1984년 세인트앤드루스에서 승리를 축하하는 세베. 톰 왓슨과 치른 최종 라운드 결전 후에 찾아온 한없는 기쁨.

1976
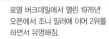
로열 버크데일에서 열린 1976년 오픈에서 조니 밀러에 이어 2위를 하면서 유명해짐.

1979
로열 리텀에서 열린 자신의 첫 번째 오픈에서 우승하면서 그 세기 최연소 우승자가 됨.

1980
마스터스에서 우승하며 순항. 23세의 세베는 그린재킷을 입은 두 번째 비미국인이자 첫 번째 유럽인이 됨.

1983
웨스트 팜비치에서 열린 라이더 컵에서 커리어 최고의 샷을 쳤지만 유럽은 간발의 차로 패함.

1984
세인트앤드루스에서의 두 번째 챔피언십이자 도합 네 번째 우승은 톰 왓슨과 대결 후 쟁

열정, 예술적 재능, 기술, 드라마를 가진 세베는 골프계의 **태양의 서커스**다.

닉 팔도

아일랜드에서 열린 세베 트로피

영국과 아일랜드의 주장 닉 팔도가 2007년 아일랜드에서 열린 헤리티지에서 우승한 후, 유럽 대륙의 주장인 세베 바예스테로스로부터 세베 트로피를 받고 있다. 이 대회는 국제 팀 간 매치플레이 골프에 대한 세베의 애정을 기념하기 위해 2000년에 출범했고, 세베 자신이 첫해에 우승 트로피를 들어올렸다.

■ 바예스테로스에게 세베 트로피를 건네받는 팔도

불가능은 없다

커리어를 통틀어, 세베는 위험 부담이 큰 샷을 취하는 것으로 유명했다. 1993년 스위스에서 열린 유러피언 마스터스에서는 최종 라운드에서 엄청난 스릴을 안겨 주었지만 마지막에 드라이브를 슬라이스 했을 때 완전히 진 것처럼 보였다. 그는 바로 앞에 6피트 높이의 벽이 있는 나무 사이에 자리했다. 그린에 도달하기 위해서는 벽을 넘어, 나뭇가지 아래를 지난 다음 수영장을 넘고 몇몇 텐트를 거쳐 네 그루의 나무와 벙커를 넘어야 했다. 그의 캐디인 빌리 포스터가 불가능한 일이라고 말했지만 세베는 확고했다. 그는 샷을 쳤고, 공은 아주 작은 공간을 찾아 그린 바로 앞에 착륙했다. 그 다음 그는 세 번 연속 버디를 칩인했지만 1타 차로 졌다. "어려운 샷이었다." 나중에 그가 인정했다. "하지만 나는 3타에 성공하고 싶었고, 이기고 싶었다. 나는 언제나 전진하는 데만 신경 쓴다."

1985	1988	1991	1997	2000
벨프리에서 열린 라이더 컵에서 최초로 유럽이 3.5 포인트로 이기는 데 필수적인 역할을 함.	로열 리텀에서 세 번째로 오픈 챔피언십 타이틀을 거머쥠. 65타로 최종 라운드를 마치며 닉 팔도와 닉 프라이스를 따돌림.	웬트워스에서 열린 월드 매치 플레이 타이틀을 다섯 번째 거머쥐며 게리 플레이어스의 기록과 대등해짐.	고향 땅 발데라마에서 열린 라이더 컵에서 유럽 팀의 주장으로 우승을 이끎.	세베 트로피 출범 대회에서 유럽의 주장으로 우승을 견인함.

벤 크렌쇼 Ben Crenshaw

그의 세대 중 최고의 퍼터로 손꼽히는 벤 크렌쇼는 마스터스에서 우승하며
어거스타 내셔널의 그린을 두 번 정복했다. 그는 '젠틀 벤'이라는 별명을 얻었지만
아이러니하게도 한바탕 성질을 부리는 감정적인 성격의 소유자였다.
이러한 특성은 그가 근래 들어 가장 불을 뿜었던 라이더 컵 대회에서 승리한
미국 팀의 주장을 맡았을 때 가장 돋보였다.

벤 크렌쇼 전적

출생 1952년 1월 11일, 미국 텍사스 오스틴
신장 5피트 9인치(175센티미터)
프로 전향 1973년

데뷔 우승 1973년 샌안토니오 텍사스 오픈
투어 우승 27
PGA 투어: 19
기타: 8

메이저 2
마스터스: 우승 1984, 1995
US 오픈: 공동 3위 1975
디 오픈: 공동 2위 1978, 1979
USPGA: 2위 1979

명예
라이더 컵 팀: 1981, 1983, 1987, 1995
라이더 컵 주장: 1999
밥 존스 어워드 수상: 1991

세베 바예스테로스가 1984년 어거스타에서 처음으로 마스터스의 그린재킷을 입으며 기뻐하는 크렌쇼를 돕고 있다.

크렌쇼는 대학 골프에서 스타가 되었고 1973년 자신의 첫 번째 PGA 투어 대회인 텍사스 오픈에서 우승하며 빠르게 파장을 일으켰다. 톰 카이트와 마찬가지로 텍사스 오스틴 출신이었고 두 사람은 오랫동안 서로 격려하는 경쟁자 관계를 즐겼다. 그들은 아주 다른 성격이었는데 카이트가 조직적이고 일관된, 보다 기계적인 스윙을 한다면, 크렌쇼는 감정적이고 흐름을 중시하는 감각적인 선수였다.

1984년에 생애 최초로 마스터스에서 우승했는데, 최종일에 카이트에 2타 뒤진 채 시작해 톰 왓슨에 2타 차로 이겼다. 추방당한 짧은 시기를 제외하고 그의 커리어 내내 16세 때 아버지가 사 준 퍼터인 '리틀 벤'을 사용했다. "나는 이 퍼터로 스스로를 구원하기 위해 열심히 배웠다." 크렌쇼는 말했다. "이것은 정말 놀라운 일을 해냈다."

위대한 부활

두 번째 마스터스 우승은 1995년 어거스타에서 나왔는데 가장 감정적인 상황에서 찾아왔다. 오스틴 컨트리클럽에서부터 오랫동안 코치를 맡아왔던 하비 페닉이 앞선 일요일에 사망했기 때문에 크렌쇼와 톰 카이트는 주중에 장례식에 다녀왔다. 그 다음 일요일에 크렌쇼는 최종 라운드에서 68타를 기록하며 데이비스 러브3세를 물리치고 타이틀을 차지했다. "내 백에는 15번째 클럽이 들어있으며 이는 하비의 것이다." 경기 직후 감정에 사무친 크렌쇼가 말했다. "마치 누군가가 이번 주 내내 내 어깨에 손을 올린 채 나를 안내하는 것 같았다."

1999년에 브루클린에서 크렌쇼는 미국 라이더 컵 팀의 주장이었다. 미국은 처음 이틀 동안 4포인트 차로 지고 있었지만, 토요일 밤에 열린 기자회견장에서 크렌쇼는 간단하게 말했다. "나는 운명을 믿는다. 이번에 느낌이 좋다. 내가 하고 싶은 말은 이게 전부다." 다음

날 미국 선수들은 싱글 매치를 8½ 포인트 대 3½로 이겼는데, 이는 대회 사상 가장 큰 복귀였다. 열정은 끓어 넘쳤지만, 호세 마리아 올라사발이 퍼트를 남겨 두었을 때 17번 그린에서의 축하는 논쟁적인 결말로 향해갔다(236쪽 참조).

크렌쇼는 골프에서 가장 뛰어난 퍼터라고 평가되는데, 그의 철학은 단순했다. "알맞은 속도로 홀에 도달하는 공은 어디에서 진입하든지 홀에 떨어질 확률이 엄청나게 높다."

베른하르트 랑거 Bernhard Langer

베른하르트 랑거는 인내하고 굽힘없이 노력하는 사람이다. 수많은 상황에서 입스(퍼트를 할 때 실패에 대한 두려움으로 몹시 불안해하는 증세, 신경성 경련)를 극복하고 아직도 어거스타의 그린을 정복하는 것이 이를 예증한다. 그는 두 번 마스터스 챔피언이 되었는데 이 독실한 기독교 신자는 두 번 모두 부활절 일요일에 그린재킷을 입었다. 라이더 컵 주장으로서 극적인 승리를 누리기도 했다.

베른하르트 랑거 전적

출생 1957년 8월 27일, 독일 안하우젠
신장 5피트 9인치(175센티미터)
프로 전향 1972년

데뷔 우승 1974년 독일 내셔널 오픈
투어 우승 70
PGA 투어: 64
유러피언 투어: 40
PGA 투어: 3
챔피언스 투어: 1
기타: 26

메이저 2
마스터스: 우승 1985, 1993
US 오픈: 공동 4위 1987
디 오픈: 2위 1981/ 공동 2위 1984
USPGA: 공동 2위 1987

명예
유러피언 투어 메리트 훈장 수상자: 1981, 1984
라이더 컵 팀: 1981, 1983, 1985, 1987, 1989, 1991, 1993, 1995, 1997, 2002
라이더 컵 주장: 2004

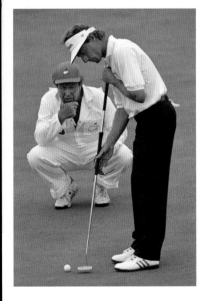

브룸핸들 퍼터를 사용하는 것으로 잘 알려진 랑거는 전통적인 클럽을 가지고 어거스타에서 두 번 그린을 장악했다.

랑거의 아버지는 체코 사람으로 1945년 시베리아 경계의 전쟁 포로 기차에서 탈출해 독일 안하우젠에 자리 잡았다. 베른하르트는 여덟 살 때부터 형제 에르빈과 함께 그가 캐디를 시작한 곳이기도 한 아우크스부르크 클럽으로 자전거 여행을 했다. 그는 골프와 사랑에 빠졌고 1990년 독일을 위해 월드컵에서 우승하고 16년 뒤 49세의 나이로 다시 우승하며 조국의 최고 선수가 되기 위해 나아갔다. 랑거의 재능은 1979년에 25세 이하만 참가하는 카사렐에서 믿기 어려운 17타 차로 타이틀을 따내었을 때 분명해졌다. 오픈에서 우승 직전에 수없이 미끄러지며 고생했지만 마스터스에서 두 번 우승했다. 1985년에 그는 3라운드의 13번 홀에서 이글을 하기 전에 6타 뒤져 있었다. 하지만 다음 날, 후반 9개 홀의 6개 홀에서 4개의 버디를 낚으며 승리를 굳혔다. 1993년에는 13번 홀에서 이글을 하며 다시 한 번 타이틀을 차지했다.

필요하다면 무엇이든

어떤 거리에 있는지 필요하다면 무엇이든 했지만 랑거의 트레이드마크는 상세하고 정확한 대처에 있었다. 라이더 컵에서 그와 플레이 했던 콜린 몽고메리는 야드 거리를 알려주자 랑거가 "스프링클러 앞에서부터 거리인가 뒤에서부터 잰 거리인가?"라고 되물었다고 밝혔다. 그는 한때 신경성 경련으로 고통 받았지만, 매번 왼손을 오른손 아래에 놓은 퍼팅 방법을 이용한 다음 왼손을 샤프트 아래로 옮기고 오른손과 자신의 팔뚝으로 샤프트를 덮고는 긴 퍼터에 의존하는 방식으로 이에 저항했다. "어떻게 보이든 난 상관하지 않는다. 매력적으로 보이는 것으로 돈을 벌지는 않는다." 그는 1993년에 다시 한 번 마스터스에서 우승했다. 최악의 순간은 1991년에 있었는데 마지막 그린에서 6피트(2미터) 퍼트를 놓치면서 자신의 매치뿐

랑거는 어떤 것도 운에 맡기지 않았지만, 1981년 잉글랜드 풀포드에서 안전하게 치핑을 하기 전에 나무에 오르는 것이 최선의 옵션이라고 결정했다.

아니라 라이더 컵까지 놓쳤다. 절망적인 실패였지만 일주일 후 그는 독일 마스터스 플레이오프에서 승리했다. 2004년 그가 주장을 맡았던 유럽은 오클랜드 힐즈에서 9포인트 우승 신기록을 세웠다.

> 좋은 것은 어떤 것에서든 나올 수 있다.
> 나쁜 시기를 통과하면 좋은 시간이 뒤따르는데,
> 좋을 때보다 **나쁠 때 더 많이** 배우기 때문이다.

베른하르트 랑거

샌디 라일 *Sandy Lyle*

너무나 많은 천부적인 재능을 가졌고 참으로 상냥한 성격을 지닌 샌디 라일은 아마도 현대 영국 골퍼들 중 가장 많은 사랑을 받은 선수일 것이다. 1985년에 로열 세인트조지스에서 그는 1969년 토니 재클린 이후 오픈에서 우승한 첫 영국 선수가 되었고, 1988년에 마스터스에서 우승한 최초의 영국인이 되었다. 그 승리에는 챔피언십 골프 사상 최고의 샷들이 포함되어 있다.

샌디 라일 전적

출생 1958년 2월 9일, 잉글랜드 슈루즈버리
신장 6피트(183센티미터)
프로 전향 1977년

데뷔 우승 1978년 나이지리아 오픈
투어 우승 28
유러피언 투어: 17
PGA 투어: 6
기타: 5

메이저 2
마스터스: 우승 1988
US 오픈: 공동 16위 1991
디 오픈: 우승 1985
USPGA: 공동 16위 1991

명예
유러피언 메리트 훈장 수상자: 1979, 1980, 1985
라이더 컵 팀: 1979, 1981, 1983, 1985, 1987

1988년에 라일은 어거스타에서 열린 마스터스에서 우승한 최초의 영국인이 되었고, 닉 팔도와 이안 우스남이 뒤따르도록 앞장섰다.

일요일 오후 어거스타에 있었던 사람이나, 영국에서 늦은 밤 TV를 시청하고 있었던 사람이라면 누구나 1988년 마스터스의 최종 라운드를 결코 잊지 못할 것이다. 가파른 오르막의 18번 홀에서 우승을 하려면 버디가 필요했던 라일의 드라이브는 벙커에 빠졌다. "죽었구나." 라일은 티에서 벗어나 걸으며 생각했지만, 벙커 앞쪽의 오르막 비탈 위 괜찮은 라이에 있는 공을 본 순간 기분이 좋아졌다. 그는 7번 아이언으로 쳤는데, 그린에 쉽게 도달했고 공은 핀을 지나서 굴러갔다. 공은 맨 위층에 거의 멈추었지만 그때 그린을 향해 천천히 되돌아 굴러가기 시작했고, 갤러리쪽에서 커다란 함성이 터져 나왔다. 라일은 우승을 위해 15피트짜리 퍼트를 남겨 두었고 퍼트를 성공시킨 후 괴상한 춤을 추며 축하했다. 이것은 영국인 우승자들이 4회 연속해 그린재킷을 입는 드라마의 서막이었다.

라일은 사실상 골프를 위해 태어났다. 스코틀랜드인 아버지 알렉스는 샌디가 태어났을 때 호크스톤 파크에서 프로가 되기 위해 슈롭셔로 이사했다. 3세 때 그는 골프 샷을 치기 시작했다. 또래에 비해 언제나 키가 크고 힘이 셌던 그는 천재였다. 소년일 때, 청소년기에, 그리고 아마추어로서 잉글랜드를 위해 경기를 펼쳤던 완전한 아마추어 시절에도 성공적이었지만, 프로로 전향했을 때 그의 충성을 스코틀랜드로 바꾸었다. 이안 우스남은 지역 라이벌이었지만 투어에서의 또 다른 적수는 닉 팔도라는 모습으로 등장했다. 이들 보다 더 다를 수는 없었다. 팔도는 정말 열심히 노력했지만, 라일은 재능을 타고났다(오른쪽 참조).

그의 재능은 백에서 가장 어려운 클럽인 1번 아이언으로 치는 능력에서 가장 많이 드러났다. 롱 아이언을 사용한 타구는 너무나 완벽해 그는 1번 아이언을 가지고 대부분의 선수들이 드라이버로 칠 때만큼 멀리 쳤다. 그의 쇼트 게임은 탁월했다. 그는 예상 밖의 형편없는 샷들과 언제나 느긋한 자신의 태도를 극복하려고 이러한 자질들을 통해 노력했다.

그해의 챔피언 골퍼

1985년 로열 세인트조지스, 라일은 마지막 날 오픈에서 우승 경합을 벌이고 있었다. 그러나 그는 18번 홀 그린 옆에 자리한 '던컨의 구멍'에서 칩샷을 헛쳤고, 지켜보던 모든 사람들은 그와 함께 괴로워했다. 그는 보기를 범했고, 나머지 선수들이 라운드를 끝내기를 오랫동안 기다린 후에, 결국 어느 누구도

그를 꺾지 못했음이 판명났다. 다음 날 그는 친구들을 위해 파티를 열었고, 투어의 선수들이 대부분 참석했다. 그는 중국 음식을 가득 얻기 위해 급히 뛰어갔고 파티의 대부분을 설거지를 하며 보냈다. 그것이 샌디였다. 그는 한없이 상냥했다. "샌디와 함께하는 나의 인생이 어떤지 말해주겠다." 그의 오랜 캐디인 데이브 머스그로브가 언젠가 말했다. "내 임금은 투어에서 틀림없이 최고일 것이다. …내가 웬트워스에 있는 그의 집에

골퍼로서 그의 기록은 진정으로 뛰어나지만 그를 항상 눈에 띄게 만든 것은 자연스럽게 우러나는 성품과 인간성이었다.

세베 바예스테로스

머무르면, 그는 아침에 내게 홍차를 갖다 준다. 얼마나 좋은가?" 로열 세인트조지스에서의 승리 3년 후, 그는 마스터스에서 우승했다. 이것은 US 투어에서의 1회성 우승과 거리가 멀었다. 그해 전에 라일은 소그래스에서 열린 플레이어스 챔피언십에서 이김으로써, 영국인으로는 유일하게 우승한 선수가 되었다. 오픈 챔피언십과 비교해 대회가 어땠냐는 물음에 샌디는 "약 100년의 역사 차이가 난다"고 답했다. 1998년 마스터스에서 우승한 후, 그는 영국으로 되돌아왔고 전년도에 결승전에서 졌던 팔도를 물리치며, 웬트워스에서 열린 월드 매치 플레이 챔피언십에서 우승했다. 그는 1979년부터 다섯 번 연속으로 라이더 컵에

출전했고 1985년과 1987년의 승리에 기여했다. 그러나 그 후 경기는 그를 저버렸다. 번득이는 순간도 있었지만 그는 훌륭한 4라운드를 거의 만들 수 없었다. 기술을 강조하지 않았던 그는 스윙을 이어 맞출 수가 없었다. 2006년에 그는 라이더 컵 주장인 이안 우스남의 보좌인으로 복귀했고 케이 클럽에서 다시 승리를 맛보았다. 그러나 좋은 시절이나 힘든 시절이나 그는 여전히 변치 않는 예전의 샌디 라일로 남아 있다.

라일은 최악의 조건에서 최고의 골프를 몇 번 쳤고. 롱 아이언 플레이는 그의 뛰어난 강점 중 하나로 손꼽혔다.

대조를 이루는 스타들

1980년 케냐 오픈에서 샌디 라일은 태양광의 번뜩임을 막기 위해 퍼터 페이스에 테이프를 붙였다. 라일과 경기 했던 닉 팔도는 몇 홀을 경기한 후에 테이프를 눈치챘지만 나중에 심판을 만나기 전까지 아무 말도 하지 않았다. 라일은 실격되었다. 그리고 타고난 재능의 선수와 끊임없이 노력하는 선수, 대조적인 두 사람 간의 차가운 경쟁이 시작되었다.

■ 코스의 라이벌, 팔도와 라일

1985년 로열 세인트조지스에서 열린 오픈에서의 우승을 축하하는 라일. 이 승리로 그는 영국 골프의 영웅이 되었다.

△△ 노먼이 '위대한 백상어'라는 별명을 얻은 곳이 어거스타지만, 너무나 많은 호주 선수들이 우승 기회를 놓쳤던 장소도 이곳이다.

△ 2006년 올랜도에서 열린 부자(父子) 이벤트에서 아들 그레고리와 파트너를 이룬 노먼. 오늘날은 골퍼라기보다 사업가에 더 가까운 그는 현재 몇몇 토너먼트에만 참여하고 있다.

◁ 1984년 윈지드 푸트에서 열린 US 오픈에서 플레이오프를 이끄는 퍼트의 성공을 기뻐하는 노먼. 그러나 다음 날 그는 퍼지 질러에게 졌다.

그렉 노먼 Greg Norman

선수를 판단하는 데 가장 엄격한 잣대(메이저 우승)를 적용한다면, 그렉 노먼의 이름은 정상급 선수들 리스트에 들어가지 않는다. 그러나 오로지 그의 성품으로, 1980년대 중반부터 타이거 우즈가 등장하기 전까지 10년 동안, '위대한 백상어'는 골프를 장악했다. 노먼은 오픈에서 두 번 우승했지만 운이 더 좋았더라면 그랜드 슬램을 달성할 수 있었으리라.

그렉 노먼 전적

출생 1955년 2월 10일, 호주 퀸즈랜드
신장 6피트(183센티미터)
프로 전향 1974년

데뷔 우승 1976년 웨스트 레이크 클래식
투어 우승 90
PGA 투어: 20
유러피언 투어: 15
호주 투어: 39
기타: 16

메이저 2
마스터스: 공동 2위 1986, 1987/ 2위 1996
US 오픈: 2위 1984, 1995
디 오픈: 우승 1986, 1993
USPGA: 2위 1986, 1993

명예
호주 투어 메리트 훈장 수상자: 1978, 1980, 1983, 1984, 1986, 1988
PGA 투어 상금 왕: 1986, 1990, 1995
PGA 올해의 선수: 1995
바든 트로피 수상자: 1989, 1990, 1994
프레지던츠 컵 팀: 1996, 1998, 2000

비행하는 상어

1995년 노먼은 해군 제트기로 비행해 항공모함에 착륙하는 꿈을 이루었다. 그는 스타일있게 여행하는 것을 사랑하며, 이제는 전 세계에 퍼진 그의 다양한 사업을 관리하기 위해 개인용 보트, 헬리콥터, 혹은 제트기로 통근하는 것에 익숙하다.

비행에 깊은 관심을 가진 노먼

나는 실패를 증오한다. 실패에 대한 이런 견해가 나의 원동력이라 생각한다.

그렉 노먼

호주 퀸즈랜드 출신의 노먼은 해변과 야생에서 서핑, 낚시, 사냥을 하며 자랐다. 어머니 토이니는 노먼의 캐디를 했던 열정적인 골퍼였다. 그는 어머니에게 배우기도 했지만, 16세가 될 때까지는 골프에 집중하지 않았다. 불과 2년 뒤에 그는 핸디캡이 0인 골퍼(scratch golfer)가 되었고, 1976년 프로로 전향하기 직전에 자신의 클럽 팀 동료에게 30세 무렵에는 백만장자가 될 거라고 장담했다. 그는 쉽게 이것을 성취했다. 호주에서 처음으로, 다음은 유럽에서, 마지막으로 미국에서, 금발의 호주 출신 매력남은 강타 후 공을 찾으러 가는 태도로 갤러리들을 사로잡았다. 마스터스에 데뷔한 노먼에게 특징적인 별명을 붙인 것은 호주의 지역 신문이었다. 그는 세계적으로 90개 대회에서 우승했고 그랜드 슬램을 달성할 수도 있었다. 하지만 그 대신 미국의 크레이그 우드에 이어 네 개의 메이저 플레이오프에서 모두 진 두 번째 선수가 되었다.

토요일 슬램

그의 공격적인 게임에 적합한 어거스타에서 이겼어야 했지만 그는 결코 우승하지 못했다. 1986년에 잭 니클라우스를 상대로 그는 마지막 홀에서 어프로치를 오른쪽에 있는 관중 사이로 보냈다. 1987년 플레이오프의 두 번째 홀에서, 래리 마이즈는 그의 우승을 거절하며 11번 홀에서 40야드 거리에서 칩인했다. 1996년에 그는 라이벌 닉 팔도에 6타 앞서고 있었지만 게임은 깨졌고 결국 팔도에 5타 뒤진 채 경기를 마쳤다. 마이즈의 샷이 쇼크였다면, 1986년 USPGA에서 밥 트웨이가 마지막에 벙커 샷을 넣었을 때 그는 잔인하게 졌다. 그해 각각의 메이저에서 54홀을 치른 후에 선두를 유지하면서 '토요일 슬램'을 이루었지만, 이들 중 턴베리에서 열린 오픈에서만 유일하게 이겼다. 부치 하먼의 지도 아래 스윙을 제어하게 된 후에 그는 골프에서 최장거리이자 가장 스트레이트한 드라이버가 되었고 세계 정상에 올랐다. 그의 마지막 날들 중 최고는, 노먼이 1993년 로열

세인트조지스에서 닉 팔도와 베른하르트 랑거를 물리치고 오픈에서 두 번째 우승을 차지했을 때이다. 노먼은 최종 라운드 64타를 쳤고, 4라운드 합계 267타는 오픈에서 최저 스코어로 남아 있다. 운이 끼어들 여지도 없이 너무나 훌륭했다.

등 수술이 시니어 투어의 야망을 방해하자, 노먼은 코스 디자인, 와인 제조, 의류, 레스토랑을 포함해 수많은 비즈니스에 착수했다.

1986년 턴베리에서 두 개의 오픈 챔피언십 타이틀 중 첫 번째 우승을 거머쥔 노먼.

△ 여섯 번의 메이저 챔피언십 우승으로, 팔도는 그의 세대에서 어쩌면 역사상 가장 위대한 영국인 선수가 되었다.

△ 1996년 마스터스에서 6타 뒤진 채 시작해 그렉 노먼을 물리친 후 그를 위로하는 닉 팔도.

집요하게, 천천히 타오르는 **용기를 가지고** 골프를 쳤던 그에게는 평온한 아름다움이 있었다. 영국인 스포츠 선수들 중에서, **닉 팔도는 최고 중의 최고와 어깨를 나란히 한다.**

휴 맥일바니, 스포츠 기자

닉 팔도 Nick Faldo

닉 팔도는 현대 영국의 위대한 골퍼 가운데 한 명이며 다양한 영국 스포츠에 능한 선수이다.
메이저 챔피언십에서의 여섯 번 우승이라는 그의 업적은 존경과 감탄을 불러왔다.
최고의 실력을 유지하기 위해 그는 감정을 자제했는데 이 때문에 종종 차갑고 냉정하다는
평가를 받았다. 하지만 분명 골프는 팔도의 열정이며 이는 세월이 지날수록,
특히 그가 해설자로 일하기 시작하면서 더욱 분명해졌다.

닉 팔도 선수 전적

출생 1957년 7월 18일, 잉글랜드 웰윈가든시티
신장 6피트 3인치(191센티미터)
프로 전향 1976년

데뷔 우승 1977년 스콜라거 대회
투어 우승 43
유러피언 투어: 27
PGA 투어: 9
기타: 7

메이저 6
마스터스: 우승 1989, 1990, 1996
US 오픈: 2위 1988
디 오픈: 우승 1987, 1990, 1992
USPGA: 공동 2위 1992

명예
PGA 투어 올해의 선수: 1990
유러피언 투어 올해의 선수: 1989, 1990, 1992
유러피언 투어 메리트 훈장: 1983, 1992
11년 연속 라이더 컵 출장: 1977-1997
라이더 컵 주장: 2008

최종 라운드에서 18개의 파를 쳤지만, 1987년 뮤어필드에서 열린 디 오픈에서의 우승은 아직도 달콤하다.

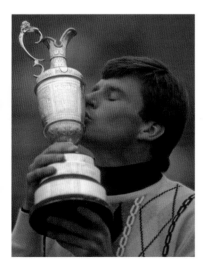

팔도는 달리기, 사이클, 수영과 같은 개인 스포츠를 좋아했고 언제나 꽤 잘했다. 그러던 어느 밤 마스터스 대회에서의 잭 니클라우스를 본 후 그의 모든 관심은 골프에 쏠렸다. 당시 열세 살이었던 그는 세 살 때부터 공을 쳤던 샌디 라일에 비하면 늦은 편이었다. 그러나 팔도는 프로 세계에서 성공하겠다는 결심 아래 10년 차이를 만회하는 열정으로 노력했다. 프로 스포츠에서의 성공률은 만분의 일에 불과하다며 그의 결심을 막으려는 직업상담 교사에게 그는 이렇게 답했다. "그렇다면 제가 그 한 사람이 되면 되겠군요." 그는 1975년 18세의 나이로 잉글리시 아마추어 대회에서 우승했고, 이듬해 프로로 전향했는데 그가 처음 골프를 배웠던 웰윈가든시티의 연습장은 그 때문에 완전히 닳아 없어질 지경이었다. 1977년 라이더 컵으로 데뷔했고, 1978년 로열 버크데일에서 열린 PGA 챔피언십에서 처음으로 큰 승리를 거두었다. 우승은 계속되었고 메이저 대회에도 참가했다. 큰 키와 유려하고 호쾌한 스윙에도 불구하고 그는 심리적 압박을 받으면 자신의 동작이 휘청거리면서 일관되지 않다고 생각했다. 팔도는 야심 찬 코치인 데이비드 리드베터를 찾아갔고 두 사람은 더 단단하고 일관된 스윙을 위해 노력했다. 거의 2년이라는 시간이 걸렸지만 그는 엄청난 심리적 압박 아래에서도 필요한 샷을 칠 수 있는 능력을 얻었다. 1987년 뮤어필드에서 팔도는 최종 라운드를 18개 파로 마감하며 디 오픈에서 우승했다. 일견 지루해 보이지만 나쁜 기상 조건을 감안한다면 그 라운드는 정말 뛰어났다. 이 승리 후 그는 계속 나아갔다. 스콧 호치와의 플레이오프를 거쳐 1989년 마스터스 대회에서 우승했고, 그 다음해 역시 레이 플로이드와 11번 홀 그린에서 플레이오프를 치른 후 우승했다.

그 여름이 지나고 팔도는 세계 최고 선수라고 불리며 세인트앤드루스에 도착했고, 디 오픈에서 두 번째 왕관을 차지함으로써 이 명성을 여지없이 증명해보였다. 그는 3라운드에서 그렉 노먼의 도전에 맞서 이겼고 마지막 날 18번 홀을 천천히 걸으며 승리를 즐겼다. 1992년 그는 뮤어필드에서

팔도와 데이비드 리드베터는 훌륭한 제자와 스승 관계였다. 메이저에서 성공하기 위해 팔도는 자신의 스윙을 완벽하게 교정했다.

다시 우승했다. 챔피언십 내내 선두를 지켰던 그는 갑자기 4홀을 남겨놓고 존 쿡에 2타 뒤지고 말았다. "내 인생에서 가장 중요한 4개 홀이니까 잘 해야만 해." 스스로에게 다짐했고, 그는 해냈다. 경기 후 우승 소감을 발표하는 자리에서 갑자기 〈마이 웨이〉를 부르며 미디어에 '진심으로' 감사를 전했다. 팔도는 언론과 좋은 관계를 유지하지 못했는데, 언론은 그가 지루하다고 생각했고 그는 언론을 신뢰하지 않았다.

주요 순간

까다로운 성격의 팔도는 자신의 모든 것을 한 가지 목표에 헌신했고 골프 이외의 것에는 관심이 없었다. 그는 라이더 컵에서 편한 팀 동료였던 적이 없었지만 곤경에 처한 몇 번의 매치를 제외하면 언제나 경기에 자신의 모든 것을 다 쏟아 부었다. 특히 이안 우스남과 이룬 파트너십에서 실력을 발휘했는데, 바예스테로스와 올라사발의 신뢰 관계에 필적했다. 1997년에 열한 번째 라이더 컵 출전이라는 기록을 달성했는데 그는 상대팀을 포함해 가장 많은 포인트를 득점한 선수였다.

다른 취미

낚시에 대한 열정은 팔도가 골프에 흥미를 가지기도 전에 시작되었다. 그의 아버지가 그에게 가르쳐준 낚시는 골프 현장에서 벗어나 휴식을 취하는 그만의 완벽하고도 오랜 낙이 되었다. 그는 스웨덴에서부터 뉴질랜드 그리고 몬태나까지 음악인 휴이 루이스와 함께 전 세계를 다니며 낚시 여행을 떠났다.

■ 낚시에 성공한 날

1995년 오크 힐에서 팔도는 커티스 스트레인지를 상대로 가장 중요한 포인트를 확보하기 위해 마지막 3홀에 걸쳐 랠리를 벌였다. 그 순간이 팔도를 향한 존경을 따뜻한 감사로 바꾸는 데 도움이 되었다면, 1996년 마스터스 대회에서의 그의 마지막 우승 또한 그랬다. 팔도는 경기 파트너인 그렉 노먼에 6타 뒤진 채로 최종 라운드를 시작했다. 그는 세 번째 그린재킷을 입기 위해서는 단 하나의 실수도 용납되지 않는다는 것을 알았고, 결국 실수하지 않았다.

집요하고 탁월한 그의 경기는 마침내 노먼에게 영향을 주었고 노먼의 스트로크는 점점 망가지기 시작했다. 팔도는 67타를 쳤고, 이로 인해 6타 차 뒤진 채 시작해 5타 차로 우승할 수 있었다. 18번 홀의 그린에서 팔도는 노먼의 팔을 붙잡고 "무슨 말을 해야 할지 모르겠어요. 한 번 껴안아 드릴게요"라고 말했다.

새로운 장

여섯 개 메이저에서 우승한 팔도는 동료들 보다 단연 뛰어났다. 그러나 90년대 후반에는, 타이거 우즈가 골프의 새로운 원동력이었고 팔도는 1997년에 젊은 챔피언에게 첫 번째 그린재킷을 입혀주었다. 코스 디자인에도 관심이 있었는데 켄트에 있는 그의 차트 힐즈가 좋은 평판을 얻자 팔도는 골프의 또 다른 영역에서 일하기 시작했다. 특별히 달성한 프로젝트는 팔도 주니어 시리즈의 설립이었는데, 이는 토너먼트와 팔도 자신의 조언도 포함하고 있다. 프로그램은 번성했고, 2005년에 닉 도허티가 역대 우승자 중 최초로 유러피언 투어에서 챔피언이 되었다. 2007년 오픈에서 뛰어난 아마추어로 은메달을 수상한 18세의 로리 맥길로이 또한 이 조직 출신이다. 팔도는 그 후 TV과 함께 했는데 이것을 통해 골프에 대한 그의 진정한 사랑을 보여주었다.

팔도는 카노스티에서 열린 2007년 오픈 챔피언십 전날 50세가 되었다. 그는 컷에서 탈락했지만, 그 다음 주에 뮤어필드에서 열린 시니어 오픈 챔피언십에서 데뷔했다. "감사합니다. 내게도 본업이 생겼네요." 그는 자신의 TV 해설자 일을 언급하며 말했다. ABC TV의 해설자로 몇 년 일한 후, 미국의 CBS와 골프 채널이 거의 매주 일하는 대형 계약을 그에게 제안했다. 코스 디자인에 대한 관심, 팔도 시리즈(영국에서 아시아까지 확장되었다), 그리고 4명의

1989년 웬트워스에서 열린 월드 매치 플레이 챔피언십에서 우승 퍼트를 성공시킨 후 기쁨에 뛰어오르는 팔도. 그는 1992년에도 우승을 차지했다.

1977
21세, 라이더 컵에 참가한 최연소 선수가 됨.

1978
첫 번째 큰 대회인 PGA 챔피언십에서 우승함. 로열 버크데일에서 열림.

1983
그 시즌에 다섯 번 우승하며 유러피언 메리트 훈장을 수상함.

1987
뮤어필드에서 열린 오픈 최종 라운드에서 역사적인 18개 파를 기록하며 미국의 폴 에이징어에 한 타 차 승리를 거둠.

1989
미국의 스콧 호치와 치른 플레이오프 끝에 어거스타에서 세 번의 그린재킷 중 첫 번째를 차지함.

1990
잭 니클라우스 이후 마스터스 타이틀을 성공적으로 방어한 최초의 선수가 됨.

아이들을 포함했을 때, 그는 골프를 치는 것이 이제는 다섯 번째로 중요한 요소라고 말했다. 수십 년 전, 어머니 조이스는 아들이 배우가 되길 원했는데, 이제 그는 자신의 목표가 휴대전화의 벨 소리를 〈엔터테이너〉로 맞추는 것이라고 한다.

2008년 유러피언 라이더 컵 팀의 주장이 된 것은 필연적인 명예였다. 대륙 간 대회에서 어느 누구도 1977년 로열 리텀에서부터 1997년 발데라마까지 그의 11번 출장 기록을 넘어서지도, 더 많은 포인트를 획득하지도 못했다. 성공을 위해 다른 선수들을 격려하는 것이 그의 다음 도전이지만, 2007년에 영국과 아일랜드를 위해 세베 트로피를 차지한 것은 그의 주장 커리어를 위한 훌륭한 출발이었다. 팔도는 일부 사람들이 말하는 것처럼 틀에 박힌 선수였던 적은 한 번도 없었다. 그는 언젠가 "나는 골프에 대한 사랑과 작은 우승을 위해 경기한다"고 말했다. 페어웨이와 그린에서 꾸준했다면 어쩌면 US 오픈이나 USPGA의 우승의 문턱에서 좌절하는 대신 우승했을지도 모른다. 어거스타와 오픈의 링크스에서 우승하기 위해서는 재능이 필요하다. 팔도는 사람들이 자신에 대해 말할 때 "닉 팔도가 골프를 치는 걸 봤는데, 그 친구 나쁘지 않았어"라고 말해주길 희망했다. 그는 영국 최고의 선수였다.

또 다른 코스 디자인 프로젝트인 중국의 미션 힐즈를 방문한 팔도. 팔도의 디자인 회사는 사이프러스, 터키, 이집트에서 두바이, 멕시코, 아일랜드에 이르기까지 전 세계에 걸쳐 코스를 만들었다.

나는 그 메이저에 단순히 참가해 "느낌이 좋군, 무슨 일이 벌어질지 궁금해"라고 말하기 위해서가 아니라 이길 목적으로 거기에 갔다.

닉 팔도

90
인트앤드루스에서 요한 승리를 거두며 번째 오픈 타이틀을 취함.

1992
'내 생애 최고의 4홀'을 친 후 뮤어필드에서 세 번째 오픈 우승을 차지함.

1996
마스터스에서 그렉 노먼을 물리치며 여섯 번째이자 마지막 메이저 타이틀인 그 유명한 승리를 거둠.

1997
11번째 라이더 컵에 출전하며 유럽에서 최고 포인트를 획득한 선수가 됨.

1998
골프에 대한 그의 공적을 인정받아 버킹엄 궁에서 대영제국의 MBE 훈장을 수여받음.

2004
투어에서 은퇴한 후 정기적으로 미국 TV에서 해설자로 활동하기 시작함.

2007
50세가 되면서 시니어 투어 참가 자격을 얻음. 첫 번째 경기 라운드에서 68타를 쏘아 올림.

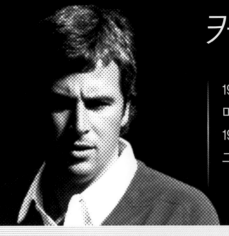

커티스 스트레인지 Curtis Strange

1980년대 후반 유러피언 골프가 최고로 강하던 시절에, 커티스 스트레인지는 가장 두드러진 미국인 골퍼였다. 그는 4년이라는 기간 동안 세 번이나 미국 상금 왕이 되었고, 1988년과 1989년에 1951년의 벤 호건 이래 US 오픈 타이틀을 연달아 거머쥔 최초의 선수가 되었다. 그러나 그 후 돌연 성공은 그를 저버렸다.

커티스 스트레인지 전적

출생 1955년 1월 30일, 미국 버지니아 노폭
신장 5피트 11인치(180센티미터)
프로 전향 1976년

데뷔 우승 1979년 펜사콜라 오픈
투어 우승 25
PGA 투어: 17
기타: 8

메이저 2
마스터스: 공동 2위 1985
US 오픈: 우승 1988, 1989
디 오픈: 공동 13위 1988
USPGA: 공동 2위 1989

명예
라이더 컵 팀: 1983, 1985, 1987, 1989, 1995
라이더 컵 주장: 2002
PGA 올해의 선수: 1988
PGA 투어 상금 왕: 1985, 1987, 1988

조직적인 플레이로 명성을 얻은 스트레인지는 연이어 파를 만들어내는 것이 그의 US 오픈 우승에 필수적이라는 사실을 알았다.

버지니아 출신의 클럽 프로 선수의 아들이었던 스트레인지는 1979년과 1989년 사이에 미국 투어에서 17번 우승했다. 그 기간 동안 그는 돈 버는 기계로 알려졌는데, 1985년, 1987년 그리고 1988년에 상금 왕 자리를 차지했다. 또한 한 시즌(1988년)에 백만 달러를 획득한 최초의 선수였다. 스트레인지는 전형적인 노력파였는데, US 오픈 동안 35개의 연속 홀에서 버디 한 개만을 기록한 것이 "페인트가 마르길 기다리는 것만큼이나 신난다"고 말했다. 그는 자신을 열띤 경쟁자로 묘사하는 것을 싫어했다. 그의 고집은 때때로 품행(욕설을 하는 바람에 벌금을 냈다)과 완고한 태도(그는 오픈을 위해 영국에 가는 것을 몇 번 거절했는데, 다른 사람들이 모두 가야 된다고 말했기 때문이다)에서 실수를 저질렀다. 그는 이후 오픈에 더 자주 참가하지 않은 것에 대해 다음과 같이 인정했다. "내 커리어 최대의 실수였다. 그 당시에는 별 상관없었지만 지금은 괴롭다. 참가했어야 했다. 흔들의자에 앉아서 어떤 후회도 하고 싶지 않을 것이다. 이것이 나의 후회이다." 또 다른 후회는 1985년 그가 마스터스에서 시작한 방법일 것이다. 그는 80타의 첫 라운드에서 65타와 68타를 치며 회복했고 9홀을 남겨두고 4타 앞서 있었다. 그러나 공교롭게도 13번 홀에서 그는 래의 시내(Rae's Creek)에 빠졌고 15번 홀에서는 연못에 들어가며 베른하르트 랑거에 졌다. 그러나 3년 뒤, 브룩클린에서 열린 US 오픈에서 벙커로부터 놀라운 업앤다운(어려운 상황에 있는 볼을 쳐서 좋은 스코어를 만드는 행위)을 만들어 닉 팔도와 타이를 이루었고 다음 날 18홀 플레이오프에서 우승했다. 이듬해 오크 힐에서 그는 이안 우스남, 칩 벡, 마크 매컴버를 한 타 차로 물리쳤다. 1990년에 메디나에서 3연속 우승을 노렸지만 그는 6타 뒤친 채 경기를 마쳤고 이후 건강 문제로 고통받았는데, 이것은 경기 악화를 초래했다. 두통 및 무기력에 시달렸고, 게임에서 격렬함이 사라졌다. 경기가 힘들어지면 질수록, 그는 자신의 스윙을 더 가다듬었다. "내 경기가 하강국면에 있다는 걸

알기 때문에 열의를 잃었는지도 모른다. 당분간 이런 상태를 멈출 수 없다. 매일 경기를 잘해야 한다는 압박감도 그 이유 중 하나이다. 우리는 최고가 되기 위해 정신적으로 육체적으로 너무나 많은 에너지를 소비한다. 처음으로 오는 것이 정신적 위기이다. 잭 니클라우스를 제외하고 골프는 7년이나 8년밖에 못 간다." 그는 다시는 우승하지 못했다. 그는 1995년 오크 힐에서 열린 라이더 컵에 다섯 번째 출전했지만, 마지막 3개 홀에서 보기를 범하며 중요한 싱글 매치에서 닉 팔도에게 졌다.

1988년 브룩클린 컨트리클럽에서, 스트레인지는 18홀 플레이오프에서 닉 팔도를 4타 차로 물리치며 두 번 연속된 US 오픈 타이틀 중 첫 번째 우승을 거머쥐었다.

난 경기를 잘 하지 못했고… 점점 나빠져서 "정말 돌겠군" 하고 말했다.

커티스 스트레인지, 50세에 챔피언스 투어로 전환하며.

이안 우스남 Ian Woosnam

몇 달 차이를 두고 태어난 유럽의 '빅5' 중 이안 우스남이 가장 어렸다. 닉 팔도, 샌디 라일, 세베 바예스테로스, 그리고 베른하르트 랑거는 모두 대서양 양쪽의 메이저 챔피언십에서 우승했다. 비록 작은 '우지(우스남의 애칭)'는 이 업적에 필적할 수 없었지만, 그는 대범함과 가장 부드러운 스윙을 모두 가진 선수였다.

이안 우스남 전적

출생 1958년 3월 2일, 웨일즈 오스웨스트리
신장 5피트 5인치(165센티미터)
프로 전향 1976년

데뷔 우승 1982년 에벨 스위스 오픈
프로 우승 44
유러피언 투어: 28
USPGA 투어: 2
기타: 14

메이저 1
마스터스: 우승 1991
US 오픈: 공동 2위 1989
디 오픈: 3위 1986/ 공동 3위 2001
USPGA: 6위 1989

명예
라이더 컵 팀: 1983, 1985, 1987, 1989, 1991, 1993, 1995, 1997
라이더 컵 주장: 2006
PGA 올해의 선수: 1988
유러피언 투어 메리트 훈장 수상자: 1987, 1990

캐디 문제

첫 번째 캐디 마일즈 번(고개 숙인 사람)은 2001년 오픈 당시 백에서 여분의 클럽이 발견되면서 우스남이 2타의 벌타를 치르게 만들었다. 다음 토너먼트에서는 초기 티오프를 놓쳤는데, 그는 우스남에게 자신의 사물함을 부수라고 강요했다. 이번에 번은 해고되었다.

선수와 캐디 모두에게 일진 사나운 날

그의 스윙은 아름다웠다. 심지어 동료들도 골프장에서 잠깐 멈추어 그를 지켜볼 정도로 감탄을 자아내는 스윙이었다. 이것으로 이 키 작은 남자는 아득히 먼 곳으로 공을 날릴 수 있었다. 이런 스윙은 그의 성격과도 잘 맞았는데, 우지는 언제나 맥주와 담배를 즐기는 솔직한 남자였다.

우스남의 힘은 가족 농장에서 일을 하면서 키워졌는데, 그는 초기에 15개 홀은 웨일즈에 있고 3개 홀은 잉글랜드에 있는 라니미네크에서 골프를 쳤다. 성공은 항상 쉽게 이루어지는 않았다. 그는 퀄리파잉 스쿨에 세 번 참석했고, 이후 고전하는 프로로서 캠핑카에서 구운 콩 요리를 먹으며 투어를 다녔다. 동갑인 샌디 라일은 초기의 라이벌이었다. "언젠가는 너를 이길 거야." 우스남은 1969년 헤리포드 소년 챔피언십에서 진 후 라일에게 말했다. "그 전에 키나 좀 크시지." 라일이 대답했다. 1987년에 두 사람은 월드 매치 플레이 토너먼트의 눈부신 결승에서 만났고, 우스남은 복수를 했다. 결승 후, 좀 전의 주고받은 승부를 떠올리며 라일이 덧붙였다. "그의 키가 자랐다면, 아마 공을 2,000야드까지 쳤을 것이다."

이안 우스남은 1991년 마스터스에서 자신의 유일한 메이저 챔피언십 우승을 거머쥐었다. 캐디가 그를 들어올리기 전, 열정적으로 우승을 축하하는 우스남.

1987년에 메리트 훈장 수상과 웨일즈를 위한 월드컵은 우지의 시즌을 훌륭하게 완성시켰다. 그는 1990년에 다시 한 번 메리트 훈장을 받았고 그 후 1991년에는 어거스타에서 올라사발에게 한 타 차로 최고의 승리를 쟁취했다. 한 가지 약점은 퍼팅이었는데, 이 때문에 보다 많은 메이저 우승을 놓쳤다. 2001년 로열 리텀에서 열린 오픈 동안 그는 최종 라운드에서 파3의 1번 홀에서 버디를 낚으며 선두에 섰지만, 그때 백에 여분의 드라이버가 있는 것이 발견되었고 15개의 클럽(하나가 더 많음)을 가진 것에 대해 2타의 벌타를 받았다. 그는 데이비드 듀발에 졌지만 그해 여름 월드 매치 플레이에서 우승하며 80년대, 90년대, 2000년대에 한 번씩 우승한 최초의 선수가 되었다. 우스남은 용기와 결단력으로 유럽 라이더 컵에서 필수적인 선수였고, 주장으로서 그의 열정은 2006년 아일랜드의 케이 클럽에서 유럽을 3연승으로 이끌었다.

페인 스튜어트 *Payne Stewart*

1999년 42세의 나이에 비행기 사고로 맞이한 페인 스튜어트의 죽음은
그의 가장 가치 있는 시즌 끝에 찾아왔다. 그는 자신의 세 번째 메이저 타이틀인 US 오픈에서
두 번째 우승을 막 거머쥔 참이었다. 자신만만하고 엉뚱한 옷차림으로 유명했던
남자는 코스 밖에서 생애 최고로 만족스러운 해를 보냈었다.

페인 스튜어트 전적

출생 1957년 1월 30일, 미국 미주리 스프링필드
사망 1999년 10월 25일
신장 6피트 1인치(185센티미터)
프로 전향 1982년

데뷔 우승 1981년 인디언 오픈
투어 우승 23
PGA 투어: 11
기타:12

메이저 3
마스터스: 공동 8위 1986
US 오픈: 우승 1991, 1999
디 오픈: 2위 1985 / 공동 2위 1990
USPGA: 우승 1989

명예
라이더 컵 팀: 1987, 1989, 1991, 1993, 1999

스튜어트는 미국의 심장부 출신에 독특한 개성으로 US 투어에서 유명했다. 그는 플러스 포(골프용 반바지)를 입었고 오랫동안 지역 팀의 색깔을 입기로 전미축구리그와 의류 계약을 맺었다. 떳떳한 애국자였던 스튜어트는 보수적인 미국의 골프 세계에서 '건방진' 선수로 쉽게 분류되었다. 그는 미국에서 우승하기 전 아시아와 호주에서 이겼는데, 첫 번째 메이저 타이틀은 1989년 USPGA에서 차지했고, 2년 후 헤즐타인에서 열린 US 오픈에서 스콧 심슨을 상대로 18홀 플레이오프를 거친 후 우승했다. 그러나 1999년까지 4년 동안 그는 한 번도 우승하지 못했다. 오픈 챔피언십에서 두 번 준우승에 머물렀고, US 오픈에서는 1998년 샌프란시스코의 올림픽 클럽에서 지면서 두 번 모두 리 얀젠과 치른 접전에서 패했다. US 오픈에서 스튜어트와 경기하는 것이 어땠냐는 질문에 얀젠은 이렇게 평했다. "투어에 있는 대부분의 선수들보다 사교성이 풍부하지만 그의 플레이 스타일은 정확하게 그 반대다. 화려한 플레이는 전혀 없이 페어웨이를 맞추고, 그린을 적중시켜 노력해서 퍼트를 성공시킨다."

스튜어트는 US 오픈에서 보기를 범하는 것에 전혀 신경 쓰지 않는다고 말했다. 이것은 아마도 그가 쇼트 게임에 뛰어났고 풍부한 창의력을 가졌기 때문일 것이다. 1999년 파인허스트의 마지막에서 우승을 위한 15피트(4미터) 퍼트를 넣으면서 필 미켈슨, 타이거 우즈, 데이비드 듀발, 그리고 비제이 싱을 물리쳤다. 아내의 첫째 아이 출산을 기다리고 있는 준우승자인 미켈슨에게 스튜어트는 다음과 같이 말했다. "자네는 오픈에서 우승할걸세. 하지만 지금은 더 중요한 일이 있지. 자네는 훌륭한 아버지가 될 거야." 나이는 그를 원숙하게 했고 독단적인 이미지를 침례교회에서 활동하는 가정적인 남자와 맞바꾸었다. "기독교에서 걷고 있는 이 길이, 나를 아이들 곁으로 이끌었다." 콜린 몽고메리에게 야유를 퍼부은 그의 관중들이 퇴장당했던 다섯 번째 라이더 컵 출전 후, 그는 곧 자신이 디자인하고 있는 코스를 방문하기 위해 출발했다. 전용기의 기압이 이륙 후 내려가면서 탑승자 모두 승선한 채로 질식사했다. 비행기는 마침내 연료가 바닥나 사우스다코타에 충돌했다.

1999년 파인허스트에서 US 오픈 우승 트로피를 꼭 끌어안고 있는 스튜어트. 세 번째 메이저 챔피언십은 비극적이게도 그의 마지막이 되었다.

색채가 풍부한 옷차림의 젊은 스튜어트는 1999년 스콧 심슨을 상대로 플레이오프를 치른 후 헤즐타인에서 열린 US 오픈에서 첫 번째 우승을 거두었다. 주먹을 내미는 그의 축하는 투어에서 흔히 볼 수 있게 되었다.

미소 짓는 아일랜드인

페인 스튜어트는 골프 여행으로 아일랜드, 특히 워터빌을 즐겨 방문했고 아일랜드 사람들도 그를 사랑했다. "내가 시장에 출마한다면, 그건 랜드사이드(출국 게이트 안쪽)가 될 것이다"라고 그는 말했다. 그의 사망 후 워터빌 주민들은 그의 명예를 기리며 동상을 세웠다.

■ 워터빌에 있는 스튜어트의 동상

존 댈리 John Daly

골프의 '야생아'는 코스 안팎에서 폭풍우 같은 인생을 즐겼다. 그의 강력한 타구는 그린 주변에서의 섬세한 터치와 결합되어 두 개의 메이저 챔피언십을 안겨주었다. 첫 번째인 1991년 인디애나의 크룩트 스틱에서 열린 USPGA는 골프의 역사상 가장 놀라운 대회로 손꼽혔고, 1995년 세인트앤드루스에서 열린 오픈에서는 전혀 놀랍지 않게 두 번째 우승을 차지했다.

존 댈리 전적

출생 1966년 4월 28일, 미국 캘리포니아 카마이클
신장 5피트 11인치(180센티미터)
프로 전향 1987년

데뷔 우승 1990년 벤 호건 유타 클래식
투어 우승 16
PGA 투어: 5
기타: 11

메이저 2
마스터스: 공동 3위 1993
US 오픈: 공동 27위 1997
디 오픈: 우승 1995
USPGA: 우승 1991

명예
올해의 신인: 1991

야생의 노래

재능 있는 가수이자 기타리스트인 댈리는 〈마이 라이프〉라는 제목의 앨범을 냈는데, "나의 전처들은 모두 롤렉스를 차고 있지", "음악은 나의 치료법" 등과 같은 노래가 들어 있다. 댈리는 "어떤 종류의 음악을 좋아하든지, 우리 모두에게 음악은 일종의 치료라고 생각한다. 나는 소리가 없으면 운전할 수 없다. 세상은 음악 없이 존재할 수 없다"고 말한다.

기타를 치며 휴식을 취하는 댈리

1991년 크룩트 스틱에서 열린 USPGA에서 무명으로 우승을 거머쥔 댈리의 '클럽을 쥐고 맹렬히 치는' 골프 스타일은 전 세계를 놀라게 했다. 그 시즌 전에 미니 투어와 남아프리카에서 경기하고 있었던 US 투어의 신인 댈리는 대회의 아홉 번째 보류 선수였다. 그는 7시간을 운전해서 첫 라운드 전 한밤중에 호텔에 도착했고 연습 라운드도 하지 않았다. 그러나 그는 뛰어난 경기를 펼쳤고, 장타와 뛰어난 퍼팅을 하면서 3타 차로 우승했다. 갑자기 그의 인생은 유명해졌다.

그는 아칸소 주 다르다넬에서 자랐고, 4세 때 골프를 치고 8세 때 술을 마시기 시작했다. 십대 시절 그는 잭 다니엘스에 심각하게 빠졌다. 그는 크룩트 스틱에서 우승했을 때 이미 한 번 이혼한 상태였다. 우승 후에 그는 자신의 약혼녀가 실제 그녀가 말했던 것보다 열 살이나 더 많고 열세 살짜리 아들이 있으며 아직 이혼한 상태가 아니라는 것을 알아챘다. 그들은 헤어졌지만, 그녀가 임신하자 결혼했다. 이후, 그는 마스터스 중에 이혼 서류를 받았다. 네 번의 결혼 생활 내내 그는 알코올, 도박, 초콜릿, 그리고 다이어트 콜라 중독과 싸웠는데, 어떤 때는 한 라운드에 18캔의 콜라를 마시기도 했다. 그는 클리닉에 참여하고 호텔방을 부수기도 했지만, 언제나 아내를 때렸다는 의혹에 대해서만은 강하게 부인했다. 댈리는 "나는 공격적으로 골프를 친다. 코스에서 그렇게 하는 것을 좋아하지만 코스 밖에서는 잘 자제하고 있다"고 설명했다.

코스 밖으로 걸어 나가든 실격되든, 무슨 일이 생기든 상관없이 수많은 팬들은 그에 대한 충절을 유지했다. 2004년에 그는 US 투어에서 겨우 다섯 번째 우승을 차지했고, 커리어의 정점은 1995년에 세인트앤드루스에서 승리했을 때 찾아왔다. 티에서의 장타, 거대한 더블 그린에서 뛰어난 터치로 낮은 스코어를 만들며 올드 코스를 압도했다. 바람이 부는 상태에서 그는 이탈리아의 코스탄티노 로카와 동점을 이루었고, 4홀 플레이오프에서 쉽게 우승했다. 메이저 우승에도 불구하고 그는 한 번도 라이더 컵에 출전하지 않았는데, 정당하게 자격을 얻지 못했을 뿐 아니라 주장에게 최후의 와일드카드로 뽑히지도 못했다.

댈리의 철학인 '클럽을 쥐고 맹렬히 치는' 스타일은 장타를 만들었고 '야생아'에게 두 개의 메이저 챔피언십과 정상급 선수들에 맞먹는 팬 층을 안겨주었다.

프레드 커플스 Fred Couples

프레드 커플스는 세계 최고의 선수가 되겠다는 야망을 품고 시작하지 않았지만 1992년 짧은 시간 동안은 최고였다. 마스터스에서 우승하고 상금 리스트 정상에 오르며 골프 커리어의 정점에 다다랐고, 느긋하게 경기에 임하는 태도와 인품으로 특히 미국에서 큰 인기를 얻었다.

놀랄 만큼 유려한 스윙과 골프와 인생에 대해 느긋한 사고방식을 가진 프레드 커플스는 1990년대에 가장 많은 인기를 얻은 미국인 골퍼였다.

> 프레드는 유명인으로 휘말리기보다는 자기가 좋아하는 일을 하는 것이 낫다. 그는 매우 겸손한 사람이다.

데이비스 러브3세

프레드 커플스는 시애틀에 있는 시립 코스에서 골프를 배웠다. "나는 60세나 65세의 남자들과 골프를 쳤는데 아주 즐거웠다." 그가 회상했다. "좋은 환경이었는데, 내가 빈둥거리면, 어르신들이 지적했다." 분명히 재능이 있었던 그는 높은 비거리 덕분에 투어에서 '붐붐(Boom Boom)'이라고 알려졌지만, 정기적으로 우승했음에도 일부 비평가들은 그가 만약 냉혹한 성향을 가졌더라면 훌륭한 챔피언이 되었을 거라고 생각했다. 커플스가 자신은 소파에 앉아 TV 보는 게 가장 좋다고 밝힌 것은 도움이 되지 않았다. 커리어의 전환기는 1991년 라이더 컵에서 레이먼드 플로이드와 경기를 치르면서였다. "다음 기회에 저들과 친구가 될 수 있을 거야." 플로이드는 커플스가 상대팀의 샷을 칭찬하기 시작하자 그렇게 말했다. "일주일 동안 우리는 저 친구들을 이기기 위해 애써야 하네." 그들은 함께 3개의 매치 중 2개에서 이겼고 플로이드의 경쟁심이 어느 정도 영향을 끼쳤음에 틀림없다. 그는 1992년 초기에 두 번 우승했는데, 다름 아닌 플로이드를 2타 차로 물리친 어거스타에서 유명해졌다. 그의 플레이는 우승을 더욱 정당화시켰지만, 짧은 12번 홀에서 그의 티샷이 물을 향해 굴러 내려갔는데도 제방 위에 머무른 믿을 수 없는 행운 역시 그에게 도움을 주었다. 커리어의 전성기에 커플스는 데이비스 러브 3세와 동맹해 1992년부터 네 번 연속 월드컵에서 우승했다. 그러나 1994년에 그는 등에 부상을 당하면서 고통받는데 이것은 이후에도 사라지지 않았다.

코스 밖에서는 부모님이 3년 사이에 돌아가시는 슬픔이 있었고, 나중에 자살한 전처와 떠들썩한 이혼을 겪었다. 우승 후 5년 뒤인 2003년에 그는 휴스턴 오픈에서 손쉬운 승리를 거두었다. 그러나 그의 마음가짐은 단순했다. "얼마나 많은 트로피를 들어 올리느냐가 정말 그렇게 중요한가? 오해는 마시라. 나는 골프를 사랑하지만, 인생에서 원하는 다른 것들도 있다."

프레드 커플스 전적

출생 1959년 10월 3일, 미국 워싱턴 시애틀
신장 5피트 11인치(180센티미터)
프로 전향 1980년

데뷔 우승 1983년 켐퍼 오픈
투어 우승 46
PGA 투어: 15
유러피언 투어: 2
기타: 29

메이저 1
마스터스: 우승 1992
US 오픈: 공동 3위 1991
디 오픈: 공동 3위 1991, 2005
USPGA: 2위 1991

명예
PGA 투어 올해의 선수: 1991, 1992
USPGA 투어 상금 왕: 1992
바든 트로피: 1991, 1992
라이더 컵 팀: 1989, 1991, 1993, 1995, 1997
프레지던츠 컵 팀: 1994, 1996, 1998, 2005

커플스는 1992년 마스터스에서 유일한 메이저 우승을 쟁취하기 전에 US 투어에서 정기적으로 우승했다. 그는 또한 스킨스 게임의 제왕이었는데, 1995년에서 2004년 사이에 다섯 번이나 우승했다.

로라 데이비스 Laura Davies

로라 데이비스는 현대의 가장 뛰어난 영국 여자선수 이상이었다.
1994년에 그녀는 세계 1위에 오른 최초의 유러피언 골퍼였는데,
여자 경기를 진정한 국제 경기로 만드는 데 일조했다. 그녀는 다른 여자선수들보다
훨씬 멀리 쳤고, 네 번의 메이저 챔피언십을 포함해 세계를 돌며 우승했으며,
여행하는 곳 어디에서든 친구를 만들었다.

로라 데이비스 전적

출생 1963년 10월 5일, 잉글랜드 코번트리
신장 5피트 10인치(178센티미터)
프로 전향 1985년

데뷔 우승 1985년 벨기에 오픈
투어 우승 67
유러피언 투어: 39
LPGA 투어: 20
기타: 8

메이저 4
크래프트 나비스코: 2위 1994
LPGA 챔피언십: 우승 1994, 1996
US 여자 오픈: 우승 1987
뒤 모리에 클래식: 우승 1996
브리티시 여자 오픈: 공동 8위 2004

명예
유러피언 투어 메리트 훈장 수상자: 1985, 1986,
1992, 1996, 1999, 2004, 2006
LPGA 투어 상금 왕: 1994
LPGA 투어 올해의 선수: 1996
커티스 컵 팀: 1984
솔하임 컵 팀: 1990, 1992, 1994, 1996, 1998, 2000,
2002, 2003, 2005, 2007

2007년 US 여자 오픈에서 미국인보다 인터내셔널 선수들이 더 많이 티오프를 했다. 20년 전에는 상상도 못할 일이었는데, 로라 데이비스가 1987년 US 오픈에서 LPGA의 비회원으로 우승하지 않았더라면 절대로 불가능했을 것이다. 6일 동안 데이비스는 2개의 오픈 타이틀을 보유했고 그 다음 주에 열렸던, 당시에는 메이저 대회가 아니었던 브리티시 여자 오픈의 타이틀을 방어하는 데 실패했다.

데이비스는 아직 덜 다듬어졌던 풋내기 유러피언 투어에서 곧 성공했는데, 자신의 첫 번째 두 시즌인 1985년과 1986년에 상금 왕이 되었다. 자신의 덩치에 민감했던 데이비스는 어마어마한 비거리의 공을 날림으로써 그런 점을 스스로 유리하게 이용했다. 코스 안팎에서 타고난 모험가이기도 했던 그녀는 바예스테로스나 파머의 방식으로 가장 대범한 샷을 시도했다. 게다가 그녀는 그린 주변에서 필요할 때 만회할 수

데이비스는 의심의 여지없이 영국에서 가장 성공한 골퍼이다. 그녀는 골프에서 수많은 포상을 받았고 2004년에 19개의 이글을 치며 한 시즌에 가장 많은 이글 기록을 보유하고 있다.

있는 섬세한 터치 또한 가졌다. 퍼트가 항상 성공한 것은 아니어서 하나 이상의 퍼터가 실패로 끝이 났지만, 승리는 굴러 들어왔다. 1994년에서 1996년 동안 그녀는 전 세계에서 24번 우승했고, 1994년에는 남녀 통틀어 5개의 다른 투어에서 우승한 최초의 선수가 되었다. 그녀는 당시에 US 오픈 우승을 덧붙여 메이저에서 세 번 더 우승했다.

데이비스는 솔하임 컵을 경쟁적인 대회로 만드는 데에도 도움을 주었다. 라이더 컵의 여자 버전이 도입되었을 때, 미국이 개회 대회를 장악했다. 그러나 1992년 달마호이에서 데이비스는 젊은 유러피언 팀이 우승하도록 격려했고 이때부터 미국과 경쟁 관계가 본격적으로 시작되었다.

데이비스는 솔하임 컵에서 유럽의 가장 고무적인 선수로 손꼽혔고, 유럽에서 두 번째로 높은 포인트를 기록한 선수이다.

호세 마리아 올라사발 José Maria Olazábal

호세 마리아 올라사발은 메이저 챔피언십에서 우승함으로써 동포인 세베 바예스테로스를 쫓았을 뿐 아니라 그와 파트너를 이루면서 라이더 컵 역사상 가장 위대한 협력 관계를 만들었다. 맹렬한 결단력, 장중한 이이언 플레이, 그리고 뛰어난 리커버리 샷을 지닌 그는 자신의 빛나는 커리어를 이어가기 위해 심각한 부상을 극복했다.

올라사발은 집 근처에서 골프를 하면서 컸다. 그는 산세바스티안 레알 골프 클럽이 개장한 다음 날에 태어났고 그 코스에서 살다시피 했다. 그의 할아버지와 아버지 모두 그린키퍼로 일했고 '올리(올라사발의 애칭)'는 축소한 클럽을 가지고 경기를 시작했다. 그는 브리티시 보이즈, 유스, 아마추어까지 세 개의 타이틀을 모두 석권하며 아마추어로서의 성공을 즐겼다. 그는

1985년 투어 퀄리파잉 스쿨에서 우승했고 이듬해 자신의 첫 번째 타이틀을 따기 위해 나아갔다. 1987년에 21세의 그는 처음으로 라이더 컵에 출전했는데 이때부터 바예스테로스와의 훌륭한 파트너십이 시작되었다. 그들은 함께 매치에서 11번 이겼는데, 두 번은 무승부였고 단 두 번 졌다. 그들은 둘 중 한 사람이 불가능한 샷을 마법처럼 성공시키면서 위험에서 벗어났다. 그들은 '사과하지 않는다'는 방침 아래, 다음 샷으로 나아갔다. 처음엔 바예스테로스가 고참자였지만 곧 올라사발이 파트너십의 보석임이 밝혀졌다. 그의 드라이버는 변덕스럽지만, 빠른 스윙은 놀라운 롱 아이언 샷을 만들어냈고 그의 퍼팅은 매우 정확해서 그린 주변에서의 마법을 빛나게 해주었다. 그는 1994년과 1999년에 더욱 감격적으로 마스터스에서 우승했다. 중간에 그는 다시는 골프를 칠 수 없거나 혹은 휠체어에서 인생을 마감해야 할까 봐 두려워 했다. 1995년 후반부터 18개월 동안 그는 경기에 참여하지 않았다. 1996년의 6개월 동안 제대로 걷지도 못해서, 자신의 침대에서 욕실까지 기어 다녔다. 그는 류마티스 관절염으로 진단받았지만 놀랍게도 1997년 발데라마에서 열린 라이더 컵 우승에 기여하며 복귀했다. 1999년 이래로 골프를 치지 않았던 올라사발은 2006년 케이 클럽에서 열린 라이더 컵으로 돌아와 세 개의 매치에서 모두 이겼다. 그는 2008년에 경기하길 희망했는데 올라사발의 '대단한 열정과 엄청난 결단력'에 경탄한 닉 팔도는 그를 부주장으로 지명했다.

올라사발은 라이더 컵에서 바예스테로스와 거의 무적의 파트너십을 형성하며 언제나 최선을 다했다.

호세 마리아 올라사발 전적

출생 1966년 2월 5일, 스페인 푸엔테라비아
신장 5피트 10인치(178센티미터)
프로 전향 1985년

데뷔 우승 1986년 에벨 유러피언 마스터스 스위스 오픈
투어 우승 29
PGA 투어: 6
유러피언 투어: 22
기타: 2

메이저 2
마스터스: 우승 1994, 1999
US 오픈: 공동 8위 1990, 1991
디 오픈: 3위 1992/ 공동 3위 2005
USPGA: 공동 4위 2000

명예
아마추어 챔피언십 우승자: 1984
라이더 컵 팀: 1987, 1989, 1991, 1993, 1997, 1999, 2006

올라사발은 커리어 동안 수많은 트로피를 모았다. 컬렉션 중 최고는 두 개의 마스터스 그린재킷이다.

둘 중 한사람이 나쁜 샷을 치더라도 사과하지 않는다. 우리는 다음 샷을 제대로 치는 데 집중할 뿐이다.

세베 바예스테로스, 라이더 컵에서 올라사발과 경기하며.

닉 프라이스 Nick Price

닉 프라이스는 너무 좋은 사람이어서 좋은 사람이라고 불려도 싫어하지 않는다.
그는 정말 재능 있으며 훌륭한 아이언 플레이어다. 데이비드 리드베터의 오랜 학생인 그의
시원시원하고 효율적인 골프 스윙은 1990년대 초반에 3개의 메이저 챔피언십의 승리로 이어졌다.
그는 "좋은 사람은 이기지 못한다"는 경구가 어리석은 말임을 증명했다.

프라이스는 남아프리카 태생으로 아버지는 잉글랜드인 어머니는 웨일즈인이었다. 그의 어머니는 "난 네가 얼마나 성공하든지, 인생에서 무얼 하든지, 또는 얼마를 벌든지 상관없단다. 그런 건 중요하지 않아. 내가 바라는 건, 항상 웃고 있는 너의 얼굴을 보는 거란다"고 말하곤 했다. 그는 1970년대 후반 내전이 일어났을 때 병역을 위해 공군에 입대했다. 이때의 경험으로 그는 프로 골퍼로서의 자신의 인생에 대해 새로운 관점을 갖게 되었다. 프라이스는 1983년 월드 시리즈 골프에서 잭 니클라우스를 물리치며 최초로 큰 우승을 거둔 미국으로 향하기 전 남아프리카와 유럽에서 경기했다. 그 직전 해에 데이비드 리드베터와의 오랜 협력이 시작되었다. 빠른 리듬에도 불구하고 프라이스는 뛰어난 스트라이커가 되었다. 실망스러운 단 한 가지는 퍼팅이었는데, 이 때문에 그는 1990년대 초반에 이르러서야 메이저 타이틀을 차지하기 시작했다. 1992년에 그는 USPGA에서 우승했고, 2년 후 오픈과 USPGA에서 모두 승리하며 세계 최고의 선수가 되었다. 그는 오픈에서 두 번

우승할 뻔했는데, 1982년에는 최종 라운드에서 73타를 치며 톰 왓슨에 1타 차로 졌고, 1998년 리턴에서는 세베 바예스테로스가 69타의 프라이스에 비해 65타의 놀라운 기록으로 타이틀을 앗아갔다. 하지만 1994년 턴베리에서 그의 때가 왔다. 예스퍼 파네빅은 18번 티에서 한 타 앞서고 있었지만 마지막에 보기를 했다. 프라이스는 그때 17번 홀에서 이글을 하며 흥미진진한 대결에서 승리했다. 세 번의 메이저 우승 모두에서 그의 캐디는 제프 '스퀴키' 메들린이었는데, 우승 뒤 얼마 지나 43세의 나이에 백혈병으로 사망했다. 프라이스는 애도의 글을 남겼다. "그는 근면하고 성실하고, 겸손하고 수수하고 정직했으며, 인간이 가져야 할 장점을 모두 가진 사람이었다." 2002년에 미국 골프기자협회는 《LA 타임스》의 기자였던 고(故) 짐 머레이를 애도하며 쉽게 다가갈 수 있고 사귈 수 있는 '운동선수와 언론인 사이에 가장 긍정적인 직업 관계를 반영하는 선수'를 기념하는 어워드를 창립했는데, 처음 우승자가 닉 프라이스, 그 다음이 아놀드 파머였다.

닉 프라이스 전적

출생 1957년 1월 28일, 남아프리카 더반
신장 6피트(183센티미터)
프로 전향 1977년

데뷔 우승 1979년 아셍 TV 챌린지 시리즈
투어 우승 44
PGA 투어: 18
유러피언 투어: 5
기타: 21

메이저 3
마스터스: 5위 1986
US 오픈: 4위 1992/ 공동 4위 1998
디 오픈: 우승 1994
USPGA: 우승 1992, 1994

명예
선사인 투어 메리트 훈장 수상자: 1984
PGA 투어 상금 왕: 1993, 1994
바든 트로피: 1993, 1997
밥 존스 어워드: 2005
프레지던츠 컵 팀: 1994, 1996, 1998, 2000, 2003

1994년 턴베리에서 열린 오픈 챔피언십의 우승으로 향하는 길에 17번 홀에서 긴 이글 퍼트를 성공시키는 닉 프라이스.

나는 곧바로 감명받았다.
힘들이지 않는 그의
**순수한 스윙, 그것이
그의 힘이었다.**

마크 로우, 유러피언 투어 선수

△ 뮤어필드에서의 극적인 결말, 엘스는
플레이오프를 치른 후 마침내 2002년 오픈
챔피언십에서 우승을 차지했다.

◁ 엘스는 언제나 전 세계를 돌며 경기했지만,
일곱 번의 월드 매치 플레이 타이틀을 손에 넣은
웬트워스에서의 경기가 가장 성공적이었다.

어니 엘스 Ernie Els

뛰어난 리듬감을 타고난 덩치 큰 어니 엘스는 게리 플레이어 이후 남아프리카의 차기 골프 슈퍼스타가 되었다. 전성기에 얻은 '빅 이지(Big Easy)'라는 별명은 그에게 딱 어울린다. 하지만 승리를 향한 의지와 패배를 혐오하는 정신, 그리고 고된 노력과 헌신이 없었다고 누군가 말한다면 강하게 반발할 것이다.

어니 엘스 전적

출생 1969년 10월 17일, 남아프리카 요하네스버그
신장 6피트 3인치(190센티미터)
프로 전향 1989년

데뷔 우승 1991년 아마톨라 선 클래식
투어 우승 61
PGA 투어: 15
유러피언 투어: 23
남아프리카 투어: 19
기타: 4

메이저 3
마스터스: 2위 2000, 2004
US 오픈: 우승 1994, 1997
디 오픈: 우승 2002
USPGA: 3위 1995, 2007

명예
PGA 투어 올해의 신인: 1994
유러피언 투어 메리트 훈장 수상자: 2003, 2004
선샤인 투어 메리트 훈장 수상자: 1992, 1995
프레지던츠 컵 팀: 1996, 1998, 2000, 2003, 2007

엘스는 학창시절 내내 천부적인 재능을 가진 운동선수였다. 럭비, 크리켓, 테니스를 했고, 13세 때 이스턴 트란스발 주니어 테니스 챔피언이 되었다. 하지만 14세 때 골프에 빠지면서 1984년 샌디에이고에서 열린 월드 주니어 챔피언십스의 13~14세 그룹(타이거 우즈는 9~10세 그룹에서 우승했다)에서 필 미켈슨을 물리치고 타이틀을 차지했다.

1989년에 남아프리카 아마추어 스트로크 플레이 챔피언이 된 후 엘스는 병역을 마쳤고 자동차 사고 후에 손 수술을 받았으며, 1992년에 중요한 돌파구를 만들었다. 그는 그해에 남아프리카 오픈, PGA, 마스터스의 3관왕을 포함해 남아프리카에서 여섯 번 우승했다. 1992년은 그가 유럽으로 옮긴 해이기도 한데, 그는 그 후 전 세계를 돌며 경기를 했다. 지금은 잉글랜드 웬트워스에 자리 잡았고 그는 여전히 미국, 유럽, 아시아, 그리고 남아프리카에서 열리는 경기에 매년 참여하고 있다.

프로 전향 5년 후, 그는 1994년 오크몬트에서 열린 US 오픈에서 이겼다. 그는 플레이오프에서 로렌 로버츠와 콜린 몽고메리를 물리치며 세계에 자신의 존재를 알렸다. 몬티(몽고메리의 애칭)는 항상 엘스 때문에 골머리를 앓았다. 1997년 US 오픈에서도 엘스가 우승하면서 다시 한 번 졌는데, 17번 홀에서 엘스의 뛰어난 어프로치는 굉장한 결전을 마무리지었다.

무적의 매치 플레이어

엘스는 자신의 세 번째 메이저인 뮤어필드의 오픈 챔피언십에서 우승하기 위해 2002년까지 기다려야 했다. 오래된 모토인 "바람에서는 편하게 스윙하자"는 3라운드 내내 바람이 거세게 몰아치는 조건에서도 그가 살아남는 데 도움을 주었지만, 플레이오프에서 토마스 르베, 스튜어트 애플비, 그리고 스티브 엘킹턴을 이기기

로렌 로버츠와 콜린 몽고메리를 상대로 플레이오프를 치른 후 1994년 오크몬트에서 우승하면서 엘스는 세계적인 선수로 자신을 알렸다.

만능 스포츠맨

'빅 이지'는 골프 클럽이나 크리켓 배트나 손에 쥐면 똑같이 편하게 다룬다. 어린 시절 엘스는 다양한 스포츠에서 엄청난 재능을 보였지만, 결국 프로로 추구해야 할 스포츠를 골라야 했다. 골프에 대한 그의 사랑이 이겼고, 세월이 흐르면서 이 결정이 확실히 옳았다는 것이 증명되었다.

■ 거의 모든 스포츠를 손쉽게 하는 어니 엘스

전에 여전히 마지막 홀들을 통해 벌충해야 했다. 벙커 플레이를 마스터하지 않고는 누구도 뮤어필드에서 이길 수 없으며, 엘스는 어느 모로 보나 동포인 게리 플레이어만큼 이 분야에서 뛰어났다.

엘스가 플레이어와 세베 바예스테로스로부터 빼앗은 것 한 가지는 웬트워스에서 열리는 월드 매치 플레이 챔피언십에서의 일곱 번 우승이라는 기록이다. 그는 1997년 결승에서 비제이 싱에게 지기 전까지 처음 11개 매치에서 이기면서 36홀 포맷에서 압도적인 힘을 보여주었다. 메이저에서 엘스는 바라던 것을 얻지 못했다. 그는 US 오픈과 2000년의 디 오픈에서 타이거 우즈와 거리가 먼 2위였다. 2004년에 그는 네 개 메이저에서 모두 우승할 기회가 있었지만 하나도 이루지 못했다. 무릎 수술은 스윙에 오랫동안 영향을 끼쳤지만, 그는 골프에서 가장 인기 있는 선수로 여전히 손꼽힌다. 그는 유망한 젊은 골퍼들에게 실용적인 도움과 교육적인 지원을 제공하는 어니 엘스&팬코트 재단에도 관여하고 있다.

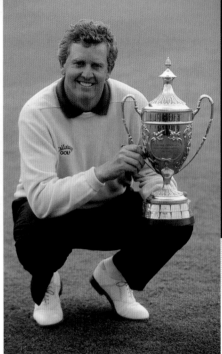

△△ 7년 연속 메리트 훈장을 차지하기 위한 여정인 1999년에 벤슨 앤 헤지스 인터내셔널에서 우승한 몬티.

△ 충직한 팬들은 그가 어디에서 경기하든, 좋은 시절이든 나쁜 시절이든 내내 뒤따르며 그를 응원했다. 오픈에서 그의 팬 층은 누구에게도 뒤지지 않는다.

◁ 영웅적 행위는 다른 이들에게 기꺼이 남겨 두었다. 그는 언제나 페어웨이와 그린을 맞추고, 퍼트를 성공하는 것에 더 집중하길 원했다.

콜린 몽고메리 Colin Montgomerie

메이저 챔피언십이 위대함의 척도가 된다면, 물론 그래야 하지만, 콜린 몽고메리는 기록되지 못한다. 하지만 골프에서 스코틀랜드인의 업적은 이런 차가운 방법으로는 평가할 수 없다. 라이더 컵 성공과 메리트 훈장 타이틀은 그를 유럽 사상 최고의 골퍼 중 한 명으로 만들었다. '몬티'는 예측 불가능하다는 점에서 아주 흥미롭다.

라이더 컵은 내게서 최고를 이끌어낸다. 나는 거기에 감사한다.

콜린 몽고메리

닉 팔도, 샌디 라일, 세베 바예스테로스와 같은 유럽 거물들의 풍성한 메이저 성공 뒤에 남은 공백은 몬티가 채웠다. 1993년부터 1999년까지 메리트 훈장 일곱 번 수상이라는 그의 기록은 확실히 깨지지 않을 것이다. 이것은 유럽 최고로서의 왕관을 포기하지 않겠다는 그의 결심을 드러냈는데 메이저라는 가장 큰 상을 보내지 않고도 이룬 업적이다.

전성기에 그는 연습을 거의 하지 않았다. 그냥 나타나서 매번 정확하고 일관된 페이드 샷을 페어웨이와 그린의 가운데로 쳤다. 커리어 전반기에 그는 굉장한 퍼터였는데, 즉 정교한 아이언 플레이가 제공하는 버디 기회를 항상 이용할 수 있었다.

경쟁적인 선수

잉글랜드 북부에 있는 폭스즈 비스킷에서 일했고 그 후 로열 트룬의 비서가 되었던 전직 군인의 아들인 몽고메리는 뛰어난 아마추어 선수였지만 최고는 아니었다. 호세 마리아 올라사발은 1984년 아마추어 챔피언십 결승에서 그를 물리쳤다. 비록 쉽게 화를 내고 갤러리들이 떠들거나 사진가들이 제자리를 벗어나 돌아다니면 금세 집중력이 떨어졌지만 몽고메리는 어느 선수들보다 더 강하고 깊은 경쟁심을 가지면서 향상되었다.

메이저에서 몬티는 언제나 간발의 차로 실패했다. 그는 1994년 US 오픈과 1995년 USPGA의 플레이오프에서 졌고, 1997년 US 오픈에서 두 번째로 어니 엘스에게 졌다. 이후 더 많은 기회가 찾아왔다. 2005년 오픈에서 타이거 우즈를 절대 물리칠 수 없었음에도, 몬티는 그해에 여덟 번째 메리트 훈장을 추가했다. 2006년 US 오픈 마지막 홀에서의 더블 보기는 메이저 성공이라는 최고의 기회를 날렸다. 그러나 커리어 내내 그는

라이더 컵에서 출중한 인물임을 증명해보였다. 그는 1991년에 처음 출전했는데 1997년 발데라마에서는 우승 포인트를 확보한 유럽의 중요한 선수였다. 1999년 브룩클린에서 너무나 명백하게 그의 성미를 건드렸던 야유는 최악이었지만 그는 이를 극복했다. 2002년과 2006년에 그는 싱글 매치에서 제일 먼저 경기를 펼쳤고 2004년 오클랜드 힐즈에서 또 다른 우승 포인트를 확보했다.

■ 콜린 몽고메리 전적

출생 1963년 6월 23일, 스코틀랜드 글래스고
신장 6피트 1인치(185센티미터)
프로 전향 1987년

데뷔 우승 1989년 포르투갈 오픈
투어 우승 39
유러피언 투어: 31
기타: 8

메이저 0
마스터스: 공동 8위 1998
US 오픈: 2위 1994, 1997/ 공동 2위 2006
디 오픈: 2위 2005
USPGA: 2위 1995

명예
유러피언 메리트 훈장 수상자: 1993, 1994, 1995, 1996, 1997, 1998, 1999, 2005
올해의 신인: 1998
라이더 컵 팀: 1991, 1993, 1995, 1997, 1999, 2002, 2004, 2006

1995년 오크 힐에서 또 다른 라이더 컵 승리를 축하하는 몬티. 그는 싱글 매치에서 벤 크렌쇼를 3&1로 이기며 유럽이 1포인트 차 승리를 획득하는 데 일조했다.

아니카 소렌스탐 *Annika Sorenstam*

여자 골프가 진정으로 세계적인 경기가 되었을 때, 아니카 소렌스탐은 자신이 세계 최고이자
역사상 가장 위대한 선수 자격의 우수한 후보임을 입증했다. 타이거 우즈의 친구이자 '라이벌'인
그녀는 2001년과 2002년 시즌 동안 여자 투어에서 타이기보디 훨씬 더 우세했다.
각각의 메이저 우승 후, 두 사람은 축하 문자 메시지를 주고받았다.

소렌스탐은 수준 높은 스키 경기를 했던 재능 있는
운동선수였지만, 성실한 태도는 골프에 가장 적합했다. 그녀는
피아 닐슨의 제자가 되었는데, 닐슨은 선수들에게 2퍼트로 홀에
붙이는 것에 스스로를 가두지 말고, 매 홀에서 버디를 하는
것을 생각하도록 장려했다. 초기의 연승은 그 자체로 만족스런
커리어에 기여했다(240쪽 참조). 그녀는 유럽에서 1993년에,
미국에서는 그 이듬해에 올해의 신인상을 받았다. 1995년에
그녀는 대서양의 양쪽에서 상금 왕 자리에 올랐고 다음 해 파인
니들스에서 계속 유지하게 될 US 오픈 우승을 거머쥐었다.

연승행진

우승은 계속되었고 그녀는 1997년과 1998년에 다시 LPGA 상금
왕이 되었다. 하지만 그 후 캐리 웹과 박세리 같은 선수들이
그녀를 추월했다. 최고의 위치를 되찾고 메이저에서 다시
우승하겠다는 결심은 2001년에 결실을
맺었다. 크래프트 나비스코에서
우승했고, 다른 대회에서 일곱

번의 우승을 더 보탰으며, 한 라운드에 59타를 쏘아 올린 것을
포함해 LPGA의 기록 30개를 깨거나 동점을 이루었다. 지치지
않고 체력을 키우는 노력을 통해 그녀는 여자 투어에서
손꼽히는 장타자가 되었고, 동시에 놀라운 정확성도 유지했다.
2002년에 그녀는 크래프트 나비스코 챔피언십에서 다시 우승한
것을 포함해 전 세계에서 13승을 올렸다. 2003년에는 이전에
우승하지 못했던 LPGA 챔피언십과 로열 리텀에서 열린
브리티시 여자 오픈의 두 개의 메이저 대회에서 승리를
차지했다. 이듬해 소렌스탐은 10승을 거두었고, 2005년에는
참가한 21개의 경기 중 11번 우승했는데, 3연속 LPGA 챔피언십
우승(LPGA 역사상 이를 달성한 최초의 선수)과 8번 LPGA 올해의
선수상을 수상한 기록을 포함한다. 10년의 기다림 끝인 2006
년에 그녀는 자신의 열 번째 메이저이자 세 번째 US 오픈 우승을
차지했다. 소렌스탐은 미즈노 클래식에서 5년 연속 우승하며,
LPGA나 PGA에서 한 대회 최다 연속 기록을 세우는 위업을
달성하기도 했다. 소렌스탐의 경기는 티에서 그린까지 분석하는
정교함에 바탕을 두고 있었다. 그녀는 타이거 우즈의 쇼트 게임
비결을 배우기 위해 그와 함께 가끔씩 연습 경기를 하기도 했다.
라이더 컵의 여자 버전인 솔하임 컵에서 그녀는 최고였다. 그녀는
여덟 번 경기에 참가했고 최다 포인트 기록을 세웠다. 그녀는 비록
대회의 정상에 오른 수많은 스웨덴 선수 중 한 명에 불과했지만,
그녀의 영향력으로 솔하임 컵은 두 번이나 스웨덴에서
개최되었는데, 소렌스탐이 유럽의 유명한 승리를
도왔던 2003년에는 바세백에서, 미국이 트로피를
계속 보유하게된 2007년은 할름스타드에서 열렸다.

조용한 자객

커리어 초기에 소렌스탐은 내성적이었다. 아마추어
시절의 그녀라면 우승 소감 발표를 피하기 위해 마지막 홀에서
3퍼트를 할지도 모른다. 코치가 우승자와 준우승자 모두 수상
연설을 해야 한다고 결정하자 그녀는 우승하기 시작했다.
프로로 전향할 때 조용한 자객이었던 그녀는 페어웨이에 나와
있는 것만큼 마이크 앞에 서는 것이 편해지자 점점 감정을

소렌스탐이 2003년 콜로니얼에서 열린 남자 경기에 참가했을 때
큰 물의를 일으켰다. 이 일은 일회성으로 끝난 개인적인 도전이었다.

아니카 소렌스탐 전적

출생 1970년 10월 9일, 스웨덴 브로
신장 5피트 6인치(168센티미터)
프로 전향 1992년

데뷔 우승 1994년 홀덴 호주 오픈
투어 우승 86
LPGA 투어: 69
기타: 17

메이저 10
크래프트 나비스코: 우승 2001, 2002, 2005
LPGA 챔피언십: 우승 2003, 2004, 2005
US 여자 오픈: 우승 1995, 1996, 2006
브리티시 여자 오픈: 우승 2003
뒤 모리에 클래식: 2위 1998

명예
8번 LPGA 올해의 선수
LPGA 투어 상금 왕: 1995, 1997, 1998, 2001, 2002,
2003, 2004, 2005
솔하임 컵 8번 참가 선수: 1994, 1996, 1998, 2000,
2002, 2003, 2005, 2007

18번 그린 옆에 있는 호수에 빠지는 전통적인
행사를 치른 후 2002년 크래프트 나비스코
트로피를 들고 있는 소렌스탐

표현하기 시작했다. 로흐 로몬드에서 열린 2000년 솔하임 컵에서 성공에 대한 그녀의 열정과 결심을 보여준 라커룸 연설은 그 주에 유럽이 우승하는 데 도움이 되었다.

남자선수들과의 경쟁

2003년에 소렌스탐은 콜로니얼에서 열린 남자 PGA 투어 대회에 58년 만에 처음으로 참가한 여자선수가 되었다. 그녀가 경기한다는 소식은 많은 주목을 받았으며 그녀는 메이저 챔피언십인 것처럼 준비했다. 남자 투어에서 가장 긴 코스는 아니어서 그녀의 정확성은 유리하게 작용했지만 최고의 퍼팅은 아니었다. 일부 비평가들은 이것이 그녀가 경기에서 보이는 근본적인 약점이라는 의견을 제시하기도 했지만, 수많은 우승 경기에서 중요한 퍼트를 성공시켜온 그녀라는 점을 감안하면 이것은 부정확한 지적이다. 콜로니얼에서 간발의 차로 컷 통과에 실패했지만, 다른 선수들과 달리 그녀는 이것을 정기적인 행사로 여기지 않았다. 그리고 이 일회성 경험이 여자 메이저 대회에서 우승하려고 노력하는 데에 많은 도움을 주었다고 굳게 믿었다. 다음 세 번의 우승 중 두 번은 메이저였는데, 그중 하나는 로열 리텀에서 열린 위타빅스 브리티시 여자 오픈으로 그녀는 박세리와 치른 스릴 넘치는 대결에서 우승을 차지했다. 그녀는 그날 밤 다음과 같이 말했다. "나는 콜로니얼에서의 경기 이후로 보다 나은 선수가 되었다고 믿는다. 오늘처럼 심리적 압박을 느꼈던 때가 있었고 그때 나는 콜로니얼에서 만큼은 나쁘지 않다고 생각했다."

정상급 선수, 주방장

소렌스탐의 취미는 요리이다. 남자 투어와 비교해서 여자 투어 스케줄은 겨울 휴식이 더 길기 때문에, 요리 실력을 향상시킬 수 있었다. 그녀는 2003년 시즌 전 휴식기에 자신의 집 근처 플로리다에 있는 레이크 노나 레스토랑 주방에서 8시간 교대로 일하며 시간을 보냈다. 그녀는 요리 학교에 등록한 것에 관해 얘기했고 종종 토너먼트에서 뉴욕 로체스터에 있는 LPGA 대회 스폰서인 로버트 웨그먼과 함께 요리 시범을 보인다.

■ 부엌에서 여유로운 소렌스탐

나는 숫자 계산을 좋아한다. 나는 얼마나 많이 페어웨이에 적중했는지, 얼마나 **많은 그린을 쳤는지** 조사하고, 골프 코스 **주변에서** 나의 진로를 계획한다.

아니카 소렌스탐, 경기에 접근하는 그녀의 방식에 관해 얘기하며.

컵 안으로 또 다른 퍼트를 성공시킨 소렌스탐. 원래 코스에서 그렇게 감정적이지 않았던 아니카는 커리어가 진행될수록 그리고 우승을 거듭할수록 보다 카리스마 있는 인물로 발전했다.

나는 구식이다. 연습을 통해 골프를 배웠다. 연습을 통해
스윙을 확립하는 것 그 자체가 승리이다.

비제이 싱

비제이 싱 Vijay Singh

비제이 싱은 골프에서 정상을 차지하기까지 길고 불가능해 보이는 길을 거쳐왔다.
그는 피지에서 자랐고, 보르네오로 쫓겨났으며, 에딘버러에서 아주 잠깐 나이트클럽 기도로
일하기도 했다. 하지만 그는 (남극을 제외한) 모든 대륙에서 우승하기 위해 나아갔고,
도중에 3개의 메이저 챔피언십을 거머쥐었다. 그는 어느 누구보다 많은 연습을 통해
성공한 선수이다.

비제이 싱 전적

출생 1963년 2월 22일, 피지 로토카
신장 6피트 2인치(188센티미터)
프로 전향 1982년

데뷔 우승 1984년 말레이시아 PGA 챔피언십
투어 우승 58
PGA 투어: 31
유러피언 투어: 12
기타: 15

메이저 3
마스터스: 우승 2000
US 오픈: 공동 3위 1999
디 오픈: 공동 2위 2003
USPGA: 우승 1998, 2004

명예
올해의 신인: 1993
PGA 투어 상금 왕: 2003, 2004
바든 트로피 수상자: 2004
프레지던츠 컵 팀: 1994, 1996, 1998, 2000, 2003, 2005, 2007

◁◁ 바이런 넬슨이 언급했듯이, 비제이는 결코 서두르지 않는다. 그는 공을 통과해 빠르게 스윙하지만, 리듬은 변하지 않는다.

◁골프 연습장과 체육관에서 비제이가 쏟은 노력은 2004년 세계 정상에 오르며 성과를 보였다.

◁◁ 2000년 어거스타에서 열린 마스터스에서 우승한 후 새로운 그린재킷을 선보이며 갤러리에게 감사의 인사를 전하는 싱.

비제이는 공항 기술자의 아들이었다. 그는 지역 코스에 가기 위해 활주로를 가로질러 달렸고 자신과 키가 비슷한 미국의 톰 웨이스코프에 특히 집중하며 공항에 흘러 들어온 골프 잡지를 탐독했다. 당시 피지에는 약 200여 명 정도의 골퍼가 있었지만, 15세에 이른 싱은 그들 중 최고였다. 아버지가 비제이의 골프 교육을 도왔지만 그는 골프 연습을 하면서 학교 공부는 뒷전이 되어 아버지를 화나게 했다.

마침내 그는 아무런 지원도 없이 프로로 전향했고, 호주로 향했다. 1994년 말레이시아 오픈에서 우승했지만 일 년 후 인도네시아 오픈에서 스코어카드를 조작했다는 혐의를 받았다. 그는 기록자가 실수를 했고, 자신은 알아채지 못했다고 주장했지만, 아시아 투어에서 여전히 출전 정지 상태였다. 그는 자신이 가혹한 처벌을 받았다고 여겼는데, 그가 카드 조작을 했다고 치더라도 이런 위반은 투어 출장 금지가 아닌 대회에서 실격 처리되었어야 했다.

유럽에서 거둔 성공

생계 유지를 위해 싱은 말레이시아 보르네오에 있는 클럽에서 프로 선수로 일하면서 계속 기술을 연마했다. 돌파구는 1988년 나이지리아 오픈 우승과 사파리 투어 메리트 훈장 수상이었다. 그는 전 해에 투어 접근에 실패했지만, 1988년 유러피언 투어 출전 자격을 얻었고 곧 정기적으로 우승했다. 1993년에 그는 베이 힐에서 2위를 했고 그 후 뷰익 클래식에서 우승하며 미국 진출권을 확보했다. 2007년에 그는 베이 힐에서 열린 아놀드 파머 인비테이셔널에서 승리하며 PGA 투어의 31번째 우승을 차지했다.

투어에서 그는 연습장에 제일 먼저 나와 제일 늦게 떠나는 선수로 유명했다. 공을 치지 않을 때 그는 체육관에서 운동했다. 골퍼들은 다른 사람들보다 훨씬 많은 휴가를 가진다고 언제나 말했지만 그의 직업윤리는 비범했다. "나는 가족이 있지만 골프는 언제나 나였다. 나는 골프에 관해 생각하며 자러 가고 아침에 일어난다. 내 마음은 커리어가 전부 사로잡고 있다."

그는 다양한 퍼팅 스타일을 실험했지만 메이저 대회에서는 전통적인 퍼터를 가지고 크로스 핸디드 그립(역 그립) 퍼팅으로 우승했다. 그는 1998년 35세의 나이로 사하리에서 열린 USPGA 승리를 획득했고 그 후 2000년 어니 엘스를 3타 차로 물리치며

1998년 사하리에서, 처음으로 USPGA 챔피언십에서 우승한 후 거대한 워너메이커 트로피를 높이 든 싱.

어거스타에서 마스터스를 장악했다. 프로로서 30년 차에 접어들며 비제이의 성공률은 사실상 증가했고, 그는 40대의 다른 선수들보다 많은 타이틀을 차지하며 샘 스니드가 세운 이전 기록을 경신했다. 그는 2004년에 휘슬링 스트레이츠에서 두 번째로 USPGA 우승을 거머쥐었는데, 플레이오프에서 저스틴 레너드와 크리스 디마르코를 물리쳤다. 이것은 그 시즌 9개의 우승 중 하나였고, 잠깐 동안 그는 타이거 우즈에 앞서 세계 1위 자리에 올랐으며 상금으로 천만 달러라는 어마어마한 돈을 벌었다. 비제이는 힌두어로 '승리'라는 뜻이다. 그는 확실히 이름에 부응했다. 비제이는 비미국인 골퍼 중 PGA 투어에서 가장 많은 타이틀을 획득했다.

폴 로리 Paul Lawrie

폴 로리는 골프에 늦게 입문했다. 1999년에 그는 카노스티에서 열린 오픈에서 우승함으로써 자신은 물론이고 골프계를 깜짝 놀라게 했다. 장 방 드 벨드가 실수할 때, 로리는 자신의 기회를 붙잡아 조국의 클라렛 저그를 차지했다. 그는 68년 만에 스코틀랜드에서 타이틀을 차지한 최초의 스코틀랜드인이었고, 2007년에 파드리그 해링턴이 우승하기 전까지 메이저에서 우승한 마지막 유럽 선수였다.

폴 로리 전적

출생 1969년 1월 1일, 스코틀랜드 애버딘
신장 5피트 11인치(180센티미터)
프로 전향 1986년

데뷔 우승 1996년 카탈란 오픈
투어 우승 9
유러피언 투어: 5
기타: 4

메이저 1
마스터스: 공동 15위 2003
US 오픈: 공동 30위 2002
디 오픈: 우승 1999
USPGA: 공동 34위 1999

명예
라이더 컵 팀: 1999

로리는 그 정도로 무명은 아니었다. 그는 오픈에서 우승하기 3년 전에 유러피언 투어에서 두 번 우승했고, 뒤이은 3년 동안 두 번 더 우승했다. 그러나 그가 '올해의 챔피언 골퍼'가 된 것은 믿을 수 없는 사건이었다. 그는 5핸디캡으로 17세에 프로로 전향했고, 스코틀랜드 애버딘셔에 있는 방코리 골프 클럽의 프로 숍에서 프로 선수의 조수로 일했다. 그는 6년 동안 유러피언 투어에서 뛰지 못했다. 1996년에 로리는 카탈란 오픈에서 첫 번째 우승을 확보했다. 그 후 메이저에서의 승리 몇 개월 전 카타르에서 소리소문 없이 이겼다. 그렇지만 여전히 카노스티에서 열리는 오픈에 참여하기 위해서는 자격을 얻어야 했다.

그는 세계 톱150위 밖이었고 선두에 10타 뒤진 채 최종 라운드를 시작했지만 놀라운 67타를 만들었다. 반면, 장 방 드 벨드는 3타 앞선 채 마지막 홀에서 티오프했지만 트리플 보기를 쳤고 로리와 저스틴 레너드와 플레이오프를 치러야 했다. 플레이오프에서 로리는 차가운 비를 맞으며 마지막 두 홀에서 버디를 낚았고, 왕관을 차지했다.

로리는 기회를 포착했다. 그는 그 해 후반에 열렸던 라이더 컵에서 유럽을 위해 가장 많은 포인트를 기록했고 2001년 던힐 링크스 챔피언십에서 우승했다. 그러나 언론이 방 드 벨드의 이야기에 열중하는 바람에 그는 응당한 평가를 받지 못했다. 그가 관심을 받으려고 했던 것은 아니다. "나는 매일 신문에서 '날 좀 봐 주세요' 하는 유명인이 되고 싶지 않았다. 나는 자신의 일을 한 후 집에 가는 평범한 사람이다." 그러나 30세에 그는 갑자기 평생의 꿈을 이루게 되었다. 오픈에서 우승하자 로리는 자신의 고향에 있는 수많은 어린이들에게 골프를 소개하는 주니어 프로그램을 만들었다.

△ 카노스티에서 열린 오픈 챔피언십에서 4홀 플레이오프를 거쳐 예상 외의 기막힌 우승을 차지하고 환하게 웃고 있는 로리.

▷ 로리는 방코리에서 프로 숍의 조수로 시작했지만 오랜 기간의 고된 노력 끝에 골프의 정상에 올랐다.

예스퍼 파네빅 Jesper Parnevik

예스퍼 파네빅은 5년 동안 세 번이나 오픈에서 우승할 뻔했고, 메이저 챔피언십에서 우승한 최초의 스웨덴 선수가 될 뻔했다. 결코 최고의 자리에 오르지는 못했지만, 파네빅은 힘이 되는 라이더 컵 선수가 되었고, 특이한 스타일로 인해 자신의 세대에서 가장 인기 있는 선수로 손꼽혔다.

예스퍼 파네빅 전적

출생 1965년 3월 7일, 스웨덴 스톡홀름
신장 6피트(183센티미터)
프로 전향 1986년

데뷔 우승 1993년 벨즈 스코티시 오픈
투어 우승 13
유러피언 투어: 4
PGA 투어: 5
기타: 4

메이저 0
마스터스: 공동 20위 2001
US 오픈: 공동 14위 1998
디 오픈: 2위 1994, 1997
USPGA: 공동 5위 1996

명예
라이더 컵 팀: 1997, 1999, 2002

미친 골프

코스 안팎에서, 독특한 예스퍼 파네빅은 눈에 띈다. 엉뚱한 패션 감각으로 유명한 그는 라운드 중 코스에서 옷을 갈아입는 것으로 알려졌는데, 라이더 컵에 출전했을 때는 거꾸로 된 팀 모자를 주문해 받았다. 그의 개성 넘치는 스타일은 갤러리들에게 큰 인기를 얻었다.

파네빅의 서포터들

파네빅은 세 번이나 오픈 챔피언십 우승에 근접했지만, 스웨덴 최초의 메이저 우승자가 되겠다는 그의 꿈은 아직 실현되지 않았다.

파네빅은 스웨덴에서 유명한 이름인데, 그의 아버지가 스웨덴에서 알아주는 코미디언인 보(Bo)이기 때문이다. 그는 집 뒤편 호수에 떠다니는 공을 치며 골프를 배웠고, 뛰어난 타구자로 발전했다. 초기의 트레이드마크는 시즌을 대비해 플로리다에서 연습하려고 스웨덴의 겨울을 떠나면서 개발되었다. 선탠하기 좋도록 그는 모자의 챙을 확 뒤집었다. 그는 퍼팅이 향상된 것을 깨달았고, 다음 대회에서 세베 바예스테로스와 플레이오프를 치렀다. 갤러리들은 그 모습을 사랑했고, 스폰서들은 챙 아래쪽을 차지하기 위해 경쟁했다. '우주인'이라는 별명을 가진 파네빅은 상당히 별난 사람으로, 설탕과 과일 다이어트를 격렬하게 시도했고, 카메라 플래시처럼 생긴 안경을 썼으며, 치아는 금속 대신에 세라믹으로 때우고, 아이들 이름을 페그(Peg, 그는 주머니에 티펙tee peg을 넣고 다닌다), 페니(Penny, 그가 좋아하는 마커 펜이 페니이다), 필리파(Phillipa, 그녀의 이름은 거의 페블 비치였다), 피닉스(Phoenix, 그가 미국에서 처음 우승한 곳)라고 지었다. 비타민 회사를 설립했는가 하면, 스웨덴인 디자이너 제이 린드버그 덕분에 페어웨이의 패션을

주도했다. 그는 로흐 로몬드에서 2피트(60센티미터)짜리 퍼트를 놓친 적이 있는데, 3피트(1미터) 높이의 말뚝으로 세계를 한 바퀴 두르려면 어느 정도의 밧줄이 필요한지 생각 중이었다고 했다. 종잡을 수 없는 사람으로 한때는 마술을 하기도 했다. 하지만 파네빅은 골프를 칠 줄 안다. 그는 1994년 턴베리에서 열린 오픈에서 우승할 뻔했는데, 18번 티에서 리더보드(선두 선수들의 이름과 성적을 적은 게시판)를 보지 않았다. 그는 버디가 필요하다고 생각했지만 대신 보기를 범했다. 닉 프라이스가 17번 홀에서 이글을 하며 승리를 차지했다. 1997년 트룬에서 파네빅은 한 라운드를 남겨 놓고 2타 앞섰지만 저스틴 레너드에게 졌다. 최고의 기회는 1년 뒤 버크데일에서 왔는데, 플레이오프를 제외하고 마크 오메라에 이기며 2타로 마쳤을 때였다.

레티프 구센 Retief Goosen

남아프리카의 윤택한 환경에서 최근 등장한 골퍼들 중 최고로 손꼽히는 레티프 구센은
2001년과 2004년에 US 오픈 우승을 위해 극적인 상황을 극복했다. 힘든 조건을 선호하고
어떤 상황에서도 침착할 줄 이는 그는 정신적으로 많은 노력이 요구되는 메이저 챔피언십
코스에 잘 맞았다. 뭐니 뭐니 해도, 그는 번개에 맞고도 살아남은 사람이다.

구센은 번개에 맞은 순간의 기억이 없다. 16세 생일이 며칠 남지 않은 소년을 때리기 전 번개는 나무를 쳤다. 피터스버그 골프 클럽의 12번 홀 그린에서의 일로 그의 파트너도 쓰러졌었지만 파트너는 곧 의식불명으로 쓰러져 있던 구센을 발견했다. 옷은 다 타버렸고 구두 고무창까지 녹아 있었다. 구센은 병원에서 깨어난 것만 기억하는데, "쓰렸고 온통 화상이었다. 지금은 거의 다 없어졌지만 당시에 나는 엉망이었다." 한동안 건강 문제가 있었고 그의 어머니 애니는 그 사고로 인해 그가 이전보다 더 내성적이 되었다고 믿었다.

이런 일에도 불구하고, 구센은 남아프리카의 뛰어난 아마추어 선수였고, 자국 투어에서 우승한 후 1992년 유러피언 투어 퀄리파잉 스쿨에서 승리했다. 1996년 이후 그는 유럽과 미국에서 정기적으로 우승했다. 거의 말이 없는 그는 영국인 아내 트레이시와 결혼한 후에 덜 긴장하게 되었고 가정적인 남자로 바뀌었다고 인정한다. 초기의 그는 코스에서 지나치게 길게 쳤고 성질을 부리기도 했다. 그는 두 가지를 성공적으로 제어했고, 마음의 평정을 유지하면서 가장 어려운 코스에서 자신의 경로를 짜는 법을 배웠다.

2001년 서던 힐즈에서 열린 US 오픈에서 그는 최종 우승을 확정짓는 12피트 거리에서 2개의 퍼트를 성공했지만, 승리를 위한 18인치짜리 퍼트를 놓쳤는데, 해설자인 조니 밀러는 "골프 역사상 최악의 퍼트"라고 평했다. 예상과 달리, 스포츠 심리학자 조스 반티스포트 덕택에 구센은 실수 후에도 무너지지 않았고, 다음 날 마크 브룩스를 상대로 18홀 플레이오프에서 이겼다. 3년 후, 시네콕 힐즈의 타는 듯한, 잔잔한 그린에서 구센은 뛰어난 퍼팅을 선보였고 필 미켈슨이 다시 타이틀을 차지하길 간절히 바라는 뉴욕 관중들을 압도했다. 그는 2001년과 2002년에 유러피언 메리트 훈장을 받았다.

조용한 성취가 레티프 구센, 감정을 자제하는 성격이었지만
유러피언과 PGA 투어의 가장 큰 대회에서의 우승을 차지했다.

레티프 구센 전적

출생 1969년 2월 3일, 남아프리카 피터스버그
신장 5피트 11인치(180센티미터)
프로 전향 1990년

데뷔 우승 1991년 이스코 뉴캐슬 클래식
투어 우승 33
유러피언 투어: 14
PGA 투어: 6
기타: 13

메이저 2
마스터스: 2위 2002/ 공동 2위 2007
US 오픈: 우승 2001, 2004
디 오픈: 공동 5위 2005
USPGA: 공동 6위 2005

명예
유러피언 투어 메리트 훈장 수상자: 2001, 2002
프레지던츠 컵 팀: 2000, 2003, 2005

구센은 US 오픈에서 두 번 우승했는데, 2004년 시네콕 힐즈에서 두 번째를 차지했다.

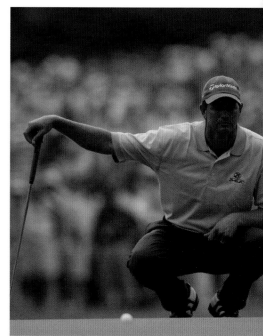

내가 US 오픈에서 우승하지 않았더라면 어떻게 되었을지 누가 알겠는가? 하지만 내 인생은 이 길을 죽 따라 왔고 나는 꽤 잘했다.

레티프 구센

데이비드 듀발 David Duval

잠깐 동안, 데이비드 듀발은 세계 최고의 선수였다. 여러 번 우승을 챙겼고, 한 타이틀을 쟁취하는 59타를 쳤으며, 세계 랭킹의 정상에 올랐고, 로열 리텀 앤 세인트앤스에서 열린 130번째 오픈에서 3타 차로 이기며 생애 최초의 메이저 챔피언십 타이틀을 차지했다. 그러나 이후에 당한 부상으로 자신의 스윙을 잃었고, 골프에 대한 열정 역시 시들었다.

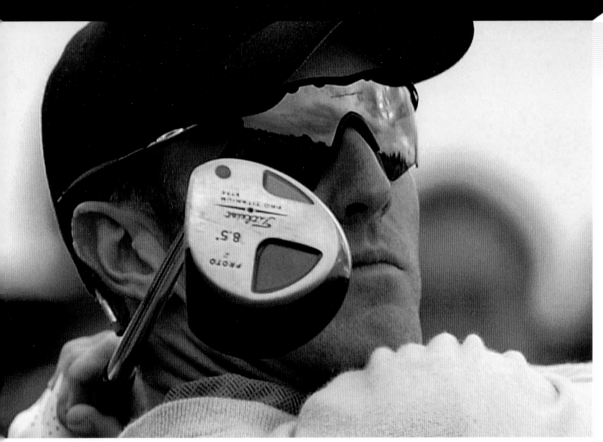

데이비드 듀발 전적

출생 1971년 11월 9일, 미국 플로리다 잭슨빌
신장 6피트(183센티미터)
프로 전향 1993년

데뷔 우승 1997년 미켈롭 챔피언십
투어 우승 19
PGA 투어: 13
기타: 6

메이저 1
마스터스: 2위 1998/ 공동 2위 2001
US 오픈: 공동 7위 1998, 1999
디 오픈: 우승 2001
USPGA: 공동 10위 1999, 2001

명예
PGA 투어 상금 왕: 1998
바든 트로피 수상자: 1998
라이더 컵 팀: 1999, 2002
프레지던츠 컵 팀: 1996, 1998, 2000

랩어라운드 선글라스는 골프 코스에서 거의 감정을 내보이지 않았던 듀발에게 잘 어울렸다.

데이비드 듀발은 1999년에 세계 최고의 선수 자리를 타이거 우즈에게서 탈환했고 2001년 오픈에서 우승할 때까지 성공은 이어졌다.

골프는 데이비드 듀발의 구세주처럼 보였다. 대학 골프의 스타였던 듀발은 미국에서 그의 첫 번째 7시즌 동안 상금 리스트 톱11에서 한 번도 미끄러지지 않았다. 그러나 처음에는 우승이 찾아오지 않았는데, 첫 번째 우승 전에 그는 일곱 번이나 준우승을 했고 다른 네 번의 대회에서는 3위를 했다. 그 후 놀라운 끈기와 신념을 보이며 그는 우승으로 향하는 길을 찾았고 1997년에서 1999년 사이에 총 11번 우승했다. 그는 1999년 초반에 4승을 거두었는데, 그중 밥 호프 크라이슬러 클래식 최종 라운드에서 59타를 쏘아 올렸다. 선두에 7타 뒤진 채 라운드를 시작했던 듀발은 11개의 버디(최종 홀에서는 이글)를 낚았다. 홀인에 성공한 퍼트는 전부 10피트를 넘지 않았고, 그는 12피트와 15피트 거리의 버디 두 개만을 놓쳤다.

그는 미국에서 세 번째로 공인된 59타를 쳤지만 마지막 날에 토너먼트에서 우승한 최초의 선수였다. 두 달 후, 아버지가 시니어 투어에서 우승한 같은 날에, 그는 자신의 고향 잭슨빌에서 열린

플레이어스 챔피언십에서 승리했다. 그러나 2000년 초반에 그는 등 인대 염좌로 고통 받았는데 이것 때문에 오랫동안 코스에서 문제를 일으켰다. 투어에 등장했던 당시 과체중이었던 듀발은 끊임없는 운동으로 체중을 감량했다. 메이저에서 간발의 차로 우승을 놓치길 수차례, 3라운드에서 65타를 치며 그는 2001년 로열 리텀에서 열린 오픈의 경쟁에 뛰어들게 되었다. 그는 67타와 총 10언더 파로 마무리하며 당당하게 우승을 쓸어갔다. 종종 말이 없는, 차갑고 예민한 성격으로 보이는 그가 수상식에서 모자와 랩어라운드 선글라스를 벗고 환하게 웃으면 매력이 드러났다. "내 실존의 순간은 바로 거기에 있었다"고 그는 말했다. 하지만 그해 그는 일본에서 한 번 더 이기는 데 그쳤다. 메이저 우승은 그가 상상했던 인생을 바꾸는 대회가 아니었다. 부상으로 그는 자신감을 잃었고, 스윙을 바꿨지만 그의 게임은 쇠퇴했다. 그러나 약혼녀와 헤어진 후, 그는 새로운 파트너와 행복을 찾았고 가정적인 삶에 정착했다.

대런 클라크 Darren Clarke

유러피언 투어에서 열다섯 번 이상을 우승했던 대런 클라크의 골프 커리어는
2006년에 겪은 일로 빛을 잃었고, 골프계를 넘어 많은 이들을 감동시켰다.
그해 8월 그의 아내 헤더는 4년 빈 동인 싸웠던 유방임으로 세상을 떠났다.
6주 후 클라크가 라이더 컵에서 보여준 의연한 경기는 오랫동안 기억될 것이다.

대런 클라크 전적

출생 1968년 8월 14일, 북아일랜드 더개넌
신장 6피트 2인치(188센티미터)
프로 전향 1990년

데뷔 우승 1993년 알프레드 던힐 오픈
투어 우승 17
유러피언 투어: 10
기타: 7

메이저 0
마스터스: 공동 8위 1998
US 오픈: 공동 10위 1999
디 오픈: 공동 2위 1997
USPGA: 공동 9위 2000

명예
라이더 컵 팀: 1997, 1999, 2002, 2004, 2006

클라크는 북아일랜드에서 자랐고 로열 포트러시 같이 웅장한
얼스터의 코스들에서 골프를 배웠다. 그는 언제나 재능을 보이며
두각을 나타냈다. 자신의 유러피언 투어 두 번째 해에
몬테카를로의 한 라운드에서 60타를 쏘아 올렸고, 1999년에
보다 어려운 케이 클럽에서 또 다시 이 위업을 달성하는데,
유럽에서 2개 라운드에서 60타 기록을 세운 이는 없었다. 그는
1993년에 처음 우승했고, 1996년부터 2003년까지 거의 매년
우승을 차지했다. 2001년에 그는 19년 만에 조국에서(또한 케이
클럽에서) 우승한 최초의 아일랜드 선수가 되었다. 2003년은 또
다른 역사적인 해였다. 그는 타이거 우즈 다음으로 두 개의 월드
골프 챔피언십에서 우승한 선수가 되었다. 첫 번째는 2001년 라
코스타에서 열린 매치플레이였는데, 그는 36홀 결승에서
친구인 타이거 우즈를 물리쳤다. 그러나 오픈에서 2위와 3
위였던 그에게 메이저 우승은 결과적으로 잡을 수 없는
것이었지만, 그럼에도 클라크는 언제나 거액의 수표에 딸려 있는

성공의 부속물

클라크의 인생을 보면 그는 언제나 명품을 매우 좋아했다. 그는
스포츠카를 몰고 값비싼 와인을 마셨고, 바지는 런던의 새빌
로에 있는 양복점에서 맞췄다. 또한 그는 매년 약 2만 5,000
파운드를 최고급 쿠바 시가에 쓴다고 한다.

■ 출세가도를 달리는 대런 클라크

빠른 자동차, 시가, 그리고 고급 맞춤 정장과 같은 부속물들을
즐겼다.

아일랜드의 영웅

2003년에 그의 아내 헤더의 암이 악화되었음이 드러났다.
시간을 쪼개 아내와 두 아이를 돌보고 토너먼트에 참가하면서,
클라크는 상황의 특수성을 고려할 때 훌륭하고도 수준 높은
플레이를 유지했다. 2006년 라이더 컵 경기는 아내 헤더의
소원이었기 때문에 그는 주장 이안 우스남이 내민 와일드
카드를 수락했다. 첫째 날 아침, 클라크는 경기 시작 전 아일랜드
관중에게 격려의 환대를 받은 후에 첫 번째 티에 섰고, 앞서
타이거 우즈의 공이 휘어져 호수에 빠진 상황을 감안할 때
놀랍도록 침착하고도 훌륭한 기술을 선보였다. 그는 친구 리
웨스트우드와 함께 한두 개의 포볼 매치와 잭 존슨을 상대로 한
싱글 매치에서 이겼다. 그가 친 퍼트는 사실상의 우승 퍼트는
아니었지만 16번 홀 그린에서의 눈물 어린 축하는 유럽이
압승하는 감동적인 시작임을 증명했다.

2007년 케이 클럽에서 열린 라이더 컵에서 유럽의 승리를
기뻐하는 경기 파트너 클라크(오른쪽)와 리 웨스트우드(왼쪽).

리 웨스트우드 Lee Westwood

리 웨스트우드가 프로로 전향한 이후 그의 커리어는 성공과 실패를 거듭했지만,
가장 확실한 것 한 가지는 그가 골프 토너먼트에서 우승을 다툰다면
아마도 이길 것이라는 점이다. 고도로 발달된 킬러 본능을 가진 그는,
미국 선수들이 너무나 잘 알듯이, 라이더 컵에서 극도로 위험한 적수이다.

리 웨스트우드 전적

출생 1973년 4월 24일, 잉글랜드 워크솝
신장 6피트(183센티미터)
프로 전향 1993년

데뷔 우승 1996년 볼보 스칸디나비아 마스터스
투어 우승 29
유러피언 투어: 18
PGA 투어: 1
기타: 10

메이저 0
마스터스: 공동 6위 1999
US 오픈: 공동 5위 2000
디 오픈: 공동 4위 2004
USPGA: 공동 5위 2000

명예
유러피언 투어 메리트 훈장: 2000
라이더 컵 팀: 1997, 1999, 2002, 2004, 2006

웨스트우드는 데이비드 리드베터의 지도 아래
스윙을 재건한 후 보다 견실한 선수가 되었다.

학교에서 만능 스포츠맨으로 통했고 그렉 노먼의 팬이었던
웨스트우드는 4오버의 핸디캡으로 프로로 전향해 곧바로
퀄리파잉 스쿨에서 유러피언 투어로 출전 자격을 얻었다.

그의 첫 두 시즌은 체험 학습이었는데 첫 번째 우승은 1996
년 스웨덴에서 찾아왔다. 다음 4년 동안 그는 유럽에서 14승을
올렸고 1998년 PGA 투어의 뉴올리언스를 포함한 세계 여러
지역에서 8승을 거뒀다.

2000년에 그는 유럽에서만 여섯 번 우승을 차지했으며,
메리트 훈장의 왕으로서 7년을 지배한 콜린 몽고메리 시절을
끝내고 유럽 정상에 올랐다. 당시 웨스트우드는 세계 랭킹 톱100
에 드는 유일한 잉글랜드 선수였지만, 놀랍게도 그것은
잠깐으로 끝나, 곧이어 그는 슬럼프에 빠졌다.

폼을 찾아서

웨스트우드는 2000년 겨울 동안 긴 휴식을 가졌고 아들
사무엘의 출산으로 마스터스를 놓쳤다. 그는 심지어 이기고
있을 때조차 자신의 기술에 대해 언제나 걱정했고 스윙과
자신감 모두를 잃었다. 그러나 2003년에 데이비드 리드베터와

함께한 후 그는 던힐 링크스 챔피언십을 포함해 연달아 두 번
우승했다. 하지만 스페인에서 찾아온 다음 우승을 위해 2007년
5월까지 기다려야 했고, 나중에 브리티시 마스터스에서의
우승이 뒤따랐다. 그러나 그가 투어에서 어떤 식으로 경기를
하든지 간에 그는 라이더 컵에서는 의지가 되는 선수였다. 2004
년과 2006년에 그는 10포인트 중 8½을 따내며 무패를 이어갔다.

> 우승 경합을 벌일 때
> 나는 항상 평정을 유지했고
> 토너먼트에서 **승리**할 수 있었다.
>
> 리 웨스트우드

캐리 웹 Karrie Webb

세계에서 가장 외딴 곳으로 손꼽히는 지역 출신인 캐리 웹은 세계 최고의 여성 골퍼가 되기 위해 등장했다. 심지어 피터 톰슨은 그녀가 타이거 우즈보다 나은 스윙을 가진, 남녀 통틀어 최고의 선수라고 의견을 밝혔다. 30세에 웹은 세계 골프 명예의 전당에 호주 대표로 톰슨과 그렉 노먼에 합류했다.

■ 캐리 웹 전적

출생 1974년 12월 21일, 호주 퀸즈랜드 에어
신장 5피트 6인치(168센티미터)
프로 전향 1994년

데뷔 우승 1995년 위타빅스 브리티시 여자 오픈
투어 우승 44
LPGA 투어: 35
기타: 9

메이저 7
크래프트 나비스코: 우승 2000, 2006
LPGA 챔피언십: 우승 2001
US 여자 오픈: 우승 2000, 2001
뒤 모리에 클래식: 우승 1999
브리티시 여자 오픈: 우승 2002

명예
유러피언 투어 올해의 신인: 1995
LPGA 올해의 신인: 1996
LPGA 투어 상금 왕: 1996, 1999, 2000

> 가끔 내 커리어를 되돌아보면 얼마나 빨리 모든 것이 지나가는지, 내가 얼마나 많이 달성할 수 있었는지 믿을 수 없다.

캐리 웹, 세계 골프 명예의 전당에 오르며.

웹은 브리즈번에서 약 1,000마일(1,600킬로미터) 거리에 있는, 골프의 온상이라고는 할 수 없는 에어에서 자랐다. 8,600명의 마을 인구 대부분은 사탕수수를 생산하거나 관련 서비스업에 종사했다. 웹의 부모는 신문 판매소 바로 옆에서 장난감 가게를 하고 있었는데, 지역 골프 클럽에 프로 선수가 없었기 때문에 신문 판매소 집 아들로 골프 잡지를 연구하곤 했던 케빈 할러가 웹의 코치가 되었다. 웹은 1994년에 프로로 전향했고 유럽에서 올해의 신인으로 뽑혔다. 그녀는 브리티시 오픈의 처음 세

번에서도 우승했다(첫 두 대회는 LPGA 공식 메이저 대회로 간주되지 않았다). 1년 후 그녀는 미국에서 올해의 신인상을 받았고, 한 시즌에 백만 달러 이상을 벌어들인 최초의 여자 선수가 되었다. 웹은 자신의 뛰어난 힘이 어디에서 비롯되는지 모른다. "나는 골프를 치고, 정신적으로 강할 수 있는 재능을 받았다고 생각한다. 나는 스포츠 심리학자를 만나지 않는데, 무엇을 해야 할지 웬일인지 그냥 알게 되었다." 코스 밖에서 웹은 스포트라이트를 받는 것을 거북해 해서 클럽이 자신을 대변하도록 둔다. 최고의 순간은 메이저에서 6승을 거둔 1999년에서 2002년 사이였다. 그녀는 2000년과 2001년 US 오픈에서 우승했다.

2002년 턴베리에서 열린 브리티시 오픈에서 우승하면서 그녀는 소위 슈퍼 그랜드 슬램인 5개의 LPGA 메이저 대회에서 모두 우승한 최초의 선수가 되었다. 2000년까지 그녀는 세계 골프 명예의 전당에 오를 만큼의 충분한 포인트를 쌓았지만, 투어에서 자신의 열 번째 시즌을 마친 2005년에 이르러서야 자리를 차지할 수 있었다. 잠시의 소강 상태 후 웹은 2006년에 자신의 일곱 번째 메이저인 크래프트 나비스코 챔피언십에서 눈부신 방식으로 우승을 차지했다. 그녀는 18번 홀에서 116야드 거리의 이글 샷을 성공시켰고 서든데스 플레이오프에서 같은 홀에서 버디를 낚으며 로레나 오초아를 물리쳤다.

2000년 로열 버크데일에서 열린 브리티시 여자 오픈 동안 벙커에서 탈출하는 웹. 그녀는 이 챔피언십에서 세 번 우승했다.

박세리 *Se Ri Pak*

1998년, 박세리는 20년 전에 등장했던 낸시 로페즈 이후로 여자 경기에서 볼 수 없었던 많은 사람들의 이목을 사로잡았다. 박세리는 LPGA 투어에서의 첫 번째 시즌에 US 여자 오픈을 포함해 두 개의 메이저 챔피언십에서 우승했고, 이것은 단숨에 한국을 비롯해 그동안 친숙하지 않았던 나라 출신의 선수들이 여자 경기 정상에 등장하는 신호탄이 되었다.

■ 박세리 전적

출생 1977년 9월 28일, 대한민국 대전
신장 5피트 6인치(168센티미터)
프로 전향 1996년

데뷔 우승 1998년 LPGA
투어 우승 30
LPGA 투어: 24
기타: 6

메이저 5
크래프트 나비스코: 공동 9위 2002
LPGA 챔피언십: 우승 1998, 2002, 2006
US 여자 오픈: 우승 1998
뒤 모리에 클래식: 공동 7위 2000
브리티시 여자 오픈: 우승 2001

명예
LPGA 올해의 신인: 1998

박세리는 미국 LPGA 투어에 출전한 최초의 한국 선수는 아니었지만, 그녀의 놀라운 첫 시즌은 보다 많은 선수들이 그녀를 따르도록 이끌었다. 그녀의 성공은 여자 골프의 얼굴을 바꾸었는데, 전통적인 골프 국가가 아닌 멕시코나 파라과이 등의 선수들이 성공을 향유했다.

박세리는 처음 골프를 시작했을 때 아주 부지런했다. 학교에서 단거리 주자였던 그녀는 14세에 이르러 진지하게 골프로 진로를 바꾸었다. 정상급 아마추어 골퍼인 아버지는 다른 문화에서는 용납되지 않을지 모를 트레이드 기법을 이용했다. 그는 딸에게 아침 5시 30분에 일어나 15층짜리 아파트 계단을 오르내리며 뛰도록 시켰고 가끔은 "담력과 정신력을 키우기 위해" 한밤중에 무덤으로 그녀를 보내기도 했다. 그는 "골프에서 이기기 위해서는 먼저 자신과의 싸움에서 이겨야 한다는 것을 가르치고 싶었다"고 회상했다.

너무 많이, 너무 빨리

박세리는 한국에서 아마추어로 30승을 거두었고, 이후 한국여자프로골프협회(KLPGA) 투어의 프로로서 여섯 번 이겼고 두 번째 시즌에 14대회 중 7승을 차지했다. 1998년에 그녀는 미국에 도착했고, 20세 때 4개의 타이틀을 거머쥐었다. 박세리가 거둔 첫 두 번의 우승은 메이저 챔피언십이었는데, LPGA에 이어서 US 오픈에서 그녀는 아마추어 제니 추아시리퐁을 상대로 20홀 플레이오프를 치른 후 이겼다. 긴 시즌을 마치고 그녀는 고국인 한국으로 돌아갔고 자국의 운동선수에게는 최고의 명예인 체육 훈장을 받았다. 그러나 사람들의 관심과 유명세에 시달린 그녀는 쓰러져 4일 동안 병원에 입원하기도 했다. 초기에 영어가 부족한 탓에 더욱 심화되었던 코스에서 보인 그녀의 냉정한 태도는 코스 밖에서의 감정적인 성격을

LPGA 챔피언십과 US 여자 오픈에서 우승하면서 박세리는 미국 골프에 인상적으로 데뷔했다.

박세리는 여자 골프에서 한국의 재능 있는 선수들의 세계 무대 습격을 주도했다.

숨겼다. 지독한 날씨에 처음 경험한 링스크 골프는 즐겁지 않았지만, 2001년에 브리티시 오픈이 서닝데일로 옮겼을 때 그녀는 세 번째 메이저를 쟁탈했다. 2005년에 그녀는 어깨, 목, 등, 그리고 손가락 부상으로 고생했고 경기를 쉬었지만, 2006년에 플레이오프에서 캐리 웹을 물리치며 자신의 세 번째 LPGA 왕관을 차지함으로써 2002년의 승리를 좇았다. 박세리는 2007년에 세계 골프 명예의 전당에 생존한 선수 중 최연소로 입성하며 웹을 다시 한 번 추월했다.

파드리그 해링턴 Padraig Harrington

2007년 카노스티에서 파드리그 해링턴은 8년 전 같은 장소에서 이긴 폴 로리 이래로 메이저 챔피언십에서 우승한 최초의 유럽 골퍼가 되었다. 세르히오 가르시아와 치른 극적인 플레이오프를 거친 후, 해링턴은 클라렛 저그를 쟁취했고, 아일랜드는 60년 프레드 댈리 이후 처음으로 오픈 챔피언을 보유하게 됐다. 오랜 기간 쌓아온 해링턴의 고된 노력이 마침내 성과를 거두었다.

파드리그 해링턴 전적

출생 1971년 8월 31일, 아일랜드 더블린
신장 6피트(183센티미터)
프로 전향 1996년

데뷔 우승 1996년 무조 스페인 오픈
투어 우승 21
유러피언 투어: 12
PGA 투어: 2
기타: 7

메이저 1
마스터스: 공동 5위 2002
US 오픈 공동 5위 2000/ 5위 2006
디 오픈: 우승 2007
USPGA: 공동 17위 2002

명예
유러피언 투어 메리트 훈장 수상자: 2006
라이더 컵 팀: 1999, 2002, 2004, 2006

▷ 해링턴은 꾸준한 선수이다. 그는 유러피언 투어 메리트 훈장에서 일곱 번 톱10에 들었다.

△ 2007년 카노스티에서 거둔 승리로, 해링턴은 오픈 챔피언십에서 우승한 두 번째 아일랜드 선수가 되었다.

빛나는 아마추어 커리어 후, 해링턴은 프로로서 첫 시즌에 스페인 오픈에서 우승했다. 그는 다음 우승을 위해 2000년까지 기다려야 했지만, 그의 게임은 언제나 향상되었다. 전설적인 코치 밥 토랜스와 일하기 시작했는데 해링턴은 발전하기 위해 끊임없이 노력했고, 비제이 싱의 근면함과 베른하르트 랑거의 규율 및 매니지먼트 기술까지 겸비하게 되었다. 해링턴은 너무 자주 준우승에 머물렀는데, 때로는 우승할 기회에서 미끄러지기도 했지만, 대부분은 다른 선수들보다 더 강력한 피니시를 했기 때문이다. 그러나 2005년에 미국에서 거둔 2승을

포함해 2000년부터 정기적으로 우승하기 시작했고, 2006년에 두 번째로 던힐 링크스 챔피언십에서 승리했다. 비록 발데라마에서는 강력한 피니시와 마지막 홀에서의 가르시아의 보기 덕택에 받기는 했지만, 이 우승은 그가 유러피언 메리트 훈장을 확보하는 데 뒷받침이 되었다. 2007년에 그는 자신이 "다섯 번째 메이저"라고 부르는 아이리시 오픈에서 승리했다. 그때의 축하연이 대단했다고 하더라도, 그해 7월에 해링턴이 4홀 플레이오프에서 가르시아를 한 타 차로 물리쳤던 오픈에서의 우승 후 따른 것과는 비교할 수 없었다.

> 프로로 전향했을 때 나는 골프의 장인이 되기 위한 틀을 잡았겠지만 언제나 내가 얼마나 좋아질 수 있는지에 집중하자 훨씬 잘하기 시작했다.

파드리그 해링턴

세르히오 가르시아 Sergio Garcia

솟구치는 놀라운 에너지를 보여주며 골프 무대에 갑자기 등장한 세르히오 가르시아가 스페인의 뛰어난 차세대 선수가 되는 것은 필연적으로 보였다. 간발의 차로 우승을 몇 번 놓친 후 그는 여전히 메이저 챔피언십 타이틀을 기대하고 있지만, 라이더 컵에서 세운 놀라운 기록은 유럽 팀을 위한 세베 바예스테로스와 호세 마리아 올라사발의 장엄한 전통을 잇고 있다.

세르히오 가르시아 전적

출생 1980년 1월 9일, 스페인 카스테욘
신장 5피트 10인치(178센티미터)
프로 전향 1999년

데뷔 우승 1999년 머피즈 아이리시 오픈
투어 우승 16
유러피언 투어: 6
PGA 투어: 6
기타: 4

메이저 0
마스터스: 공동 4위 2004
US 오픈: 공동 3위 2005
디 오픈: 2위 2007
USPGA: 2위 1999

명예
라이더 컵 팀: 1999, 2002, 2004, 2006
디 아마추어: 1998

2007년 카노스티에서 열린 오픈 챔피언십에서 가르시아는 무시무시한 코스에서 뛰어난 타구 실력을 선보이며 3일 동안 선두를 지켰다. 그러나 최근에 너무 자주 그랬듯이, 마지막 날의 떨리는 상황에서, 퍼팅에 자신감이 없어졌고 4홀 플레이오프 후 파드리그 해링턴에게 졌다. 메이저 우승을 차지할 기회를 놓쳤다는 실망감은 명백했지만, 그는 파드리그의 예를 살펴보면서 이런 경험을 어떻게 미래의 영광으로 이어갈지 배워야 했다.

가르시아는 세 살 때부터 프로 골퍼인 아버지 빅토르에게 골프를 배웠다. '엘니뇨'라는 별명으로 불리는 그는 아마추어 시절 1998년 뮤어필드에서 열린 브리티시 아마추어 타이틀을 차지한 것을 포함해 정기적으로 우승했다.

1996년 오픈과 1999년 마스터스에서 뛰어난 아마추어였고, 그 후 프로로 전향했다. 유러피언 투어에 겨우 세 번째 출전한 그는 아이리시 오픈에서도 우승했다. 같은 해에 메디나에서 열린 USPGA 챔피언십에서는 타이거 우즈에게 간발의 차로 졌다. 그는 16번 홀의 경기 때 나무 뒤에서 '세베 같은' 놀라운 샷을 친 다음 공이 그린에 안착했는지 보기 위해 페어웨이로 달려가 점프했다.

매치플레이의 거장

브룩클린에서 열린 라이더 컵에 19세의 나이로 데뷔한 가르시아는 특유의 현란함을 선보였고, 곧바로 스웨덴 선수 예스퍼 파네빅과 훌륭한 파트너십을 형성했다. 대회 마지막에 그가 흘린 눈물은 패배한 유럽 팀의 고통이 집약된 것이었다 (236쪽 참조).

20개 매치 중 14승을 거두고 네 번 패한 라이더 컵 커리어 내내, 가르시아의 퍼팅은 뛰어났고 열의는 억누를 수 없었다. 여기서 그는 1990년대 말에 화려하게 등장한 어린 선수로 다시 인식되었다.

그러나 미국과 유럽에서의 우승에도 불구하고 그는 기술상의 문제로 고전했다. 그는 우선 스윙에서의 루프(너무나 잘 연마한 덕에 그는 골프에서 가장 스트레이트한 히터가 되었다)와 테이크백 전에 신경질적으로 클럽을 다시 쥐는 행위를 극복해야만 했다. 퍼팅이 고르지 못할 때도 있지만, 그는 언제나 최고의 영광을 위해 도전할 것이다.

동포인 바예스테로스와 올라사발처럼 가르시아는 그린에서 기막히게 효율적인 경기를 펼친다.

가르시아는 메이저 타이틀을 거의 차지할 뻔했는데, 2007년 카노스티에서 열린 오픈에서 플레이오프까지 가서 파드리그 해링턴에게 진 것은 가장 실망스러운 실패일 것이다.

△△ 어거스타에서의 우승 전, 메이저 챔피언에서 또 다시 미끄러졌던 2003년 오크 힐에서 열린 USPGA에서 생각에 잠긴 미켈슨.

△ 2005년 발터스롤에서 개최된 USPGA 챔피언십에서 거둔 우승으로 미켈슨은 2년 사이에 두 번째 메이저 타이틀을 차지했다.

◁ 2004년 어니 엘스와 치른 숨 막히는 대결에서 이기면서 자신의 첫 번째 마스터스 타이틀을 쟁취한 후 기쁨에 겨워 뛰어오르는 미켈슨.

필 미켈슨 *Phil Mickelson*

오랫동안 필 미켈슨의 커리어에서 빠져 있는 유일한 것은 메이저 챔피언십이었다.
드디어 2004년 마스터스에서 왼손잡이는 마침내 그린재킷을 차지했다.
그 후 그는 2005년 USPGA에서 이겼고 2006년에 두 번째 마스터스 승리를 거두었다.
무한한 재능을 드러내며 미국에서 폭넓은 인기를 구가하는 그는 최고 수준의 성공을 맛보기
전에 자신의 공격적인 스타일을 조절해야 했다.

필 미켈슨 전적

출생 1970년 6월 16일, 미국 캘리포니아 샌디에이고
신장 6피트 3인치(191센티미터)
프로 전향 1992년

데뷔 우승 1991년 노던 텔레콤 오픈
투어 우승 38
PGA 투어: 32
기타: 6

메이저 3
마스터스: 우승 2004, 2006
US 오픈: 2위 1999, 2002, 2004/ 공동 2위 2006
디 오픈: 3위 2004
USPGA: 우승 2005

명예
프레지던츠 컵 팀: 1994, 1996, 1998, 2000, 2003,
2005, 2007
라이더 컵 팀: 1995, 1997, 1999, 2002, 2004, 2006
US 아마추어 챔피언: 1990

미켈슨은 언제나 뛰어난 재능이 있었다. 파일럿의 아들인 그는 샌디에이고에서 자랐는데 아버지가 경기하는 것을 지켜보면서 맞은편에서 동작을 따라 하다 보니 왼손으로 골프를 치기 시작했다. 그는 원래 오른손잡이었기 때문에 아버지가 왼손으로 잡는 습관을 되돌리려고 노력했지만 그가 거부했다. 6세 때 그는 파3 코스에서 하루 종일 골프를 쳤는데, 이곳와 집 정원에서 다양한 종류의 쇼트 게임 기술을 계발했다.

20세에 미켈슨은 US 아마추어 챔피언이 되었다. 그는 4년 중 3년 동안 전미 대학 챔피언이었고, 프로로 전향하기도 전인 1991년에 투손에서 열린 노던 텔레콤 오픈에서 우승했는데, 6년 전 스콧 버플랭크의 승리 후 US 투어에서 우승한 최초의 아마추어였다.

쌓여가는 승리 중에는 메이저 우승 일보 직전까지 간 경우도 있었다. 그는 초기에 참가한 첫 여섯 번의 메이저를 보면 US 오픈에서 두 번, USPGA에서 한 번 준우승했고 마스터스에서는 세 번이었다. "단 하나의 메이저 우승을 차지하려고 노력했기

미켈슨은 밥 찰스, 마이크 위어에 이어 메이저 챔피언십에서
우승한 세 번째 왼손잡이 골퍼가 되었다.

그가 특별한 재능이 있다는 것은 알았지만 그는 내가 생각한 것보다 훨씬 뛰어나다.

부치 하먼

어거스타에서 3년 만에 두 번째 우승을 차지한 후
라이벌 타이거 우즈의 도움을 받아 그린재킷을
입는 미켈슨.

때문에 좌절감을 느낀 것은 아니다. 나는 메이저에서 많이 우승하고 싶다"고 그는 말했다. 2004년 어거스타에서 그는 스윙을 줄이고 전면적인 공격성을 다스리면서 게임을 조정했다. 변화는 많은 버디를 낳았고, 최종 라운드에서 그는 마지막 7개 홀에서 5개의 버디를 넣고 31타를 치면서 최고 수준의 경쟁을 치른 끝에 어니 엘스를 물리쳤다.

두 달 뒤 그는 US 오픈에서 레티프 구센에 졌지만, 어느 순간 우승 경합을 벌이는 선수들 틈에 끼기 시작했다. 경기를 조정하고 새롭게

준비한 과정은 성과를 보였다. 그는 대회 개최지로 가서 자신의 쇼트 게임 스승이자 한때 나사 과학자이기도 했던 데이브 펠츠와 아주 오랫동안 코스를 연구했다. 그는 2005년 USPGA와 바로 다음 메이저인 2006년 마스터스에서 우승했다. 성공은 계속되었지만 그해 윈지드 푸트에서 열린 US 오픈에서의 드라이빙은 한 주 내내 그를 실망시켰다. 심각하게도 72번 홀에서 더블 보기를 하면서 그는 세 번 연속 메이저 우승에 실패했다.

드라이빙을 강화할 목적으로 미켈슨은 자신의 오랜 코치인 릭 스미스를 떠나 타이거 우즈의 오랜 스승인 부치 하먼에게 갔다. 파트너십은 성공적이어서 미켈슨은 소그래스에서 열린 2007년 플레이어스 챔피언십에서 우승했다.

타이거 우즈 Tiger Woods

어거스타에서 열린 1997년 마스터스에서 우승했을 때(232~233쪽 참조), 그는 곧 스포츠계는 물론 문화계의 대 사건이 되었다. 12타 차로 이겼다는 결과가 아니라 우승자가 바로 그였다는 사실 때문이었는데, 타이거 우즈는 인종적 배경이 다른 최초의 골프 슈퍼스타이다. 그는 골프에 대한 인식에 엄청난 영향력을 끼쳤다.

타이거 우즈 전적

출생 1975년 12월 30일, 미국 캘리포니아 사이프러스
신장 6피트 1인치(185센티미터)
프로 전향 1996년

데뷔 우승 1996년 라스베이거스 인비테이셔널
프로 우승 83
PGA 투어: 61
기타: 22

메이저 13
마스터스: 우승 1997, 2001, 2002, 2005
US 오픈: 우승 2000, 2002
디 오픈: 우승 2000, 2005, 2006
USPGA: 우승 1999, 2000, 2006, 2007

명예
US 아마추어 챔피언: 1994, 1995, 1996
올해의 신인: 1996
PGA 투어 상금 왕: 1997, 1999, 2000, 2001, 2002, 2005, 2006, 2007
PGA 투어 올해의 선수: 1997, 1999, 2000, 2001, 2002, 2003, 2005, 2006, 2007
바든 트로피 수상자: 1999, 2000, 2001, 2002, 2003, 2005
라이더 컵 팀: 1997, 1999, 2002, 2004, 2006
프레지던츠 컵 팀: 1998, 2000, 2003, 2005, 2007

▷ 아버지의 사망 후 감정적인 시기였던 2006년, 오픈 챔피언십에서의 승리를 맛보는 순간의 타이거.

◁ 태국에서 열린 1998년 조니 워커 클래식에서 어니 엘스를 상대로 장쾌한 복귀 후, 전형적인 타이거 우즈의 축하 모습.

그는 누군가가 접근하면 또 다른 수준으로 상승하는 신비한 재능을 가지고 있다.

크리스 디마르코, 두 개의 메이저에서 우즈에 이어 준우승에 오르고.

타이거 우즈는 차원이 다른 골퍼다. 그가 뒤처져 있을 때는 실력 발휘를 제대로 하지 않았을 때 뿐으로, 그가 좋을 때는 너무 앞서 있어 누구도 따라잡을 수가 없다. 2007년 USPGA 에서의 우승은 마침 필요했다는 듯이 그의 우월함을 상기시켜주었다. 이것은 USPGA에서 거둔 네 번째 승리이자 그의 13번째 메이저 챔피언십 타이틀이며, 최종 라운드에서 선두에 있을 때 승리를 차지한 13번의 경우 중 13번째이다. 2라운드의 18번 홀 그린에서 버디를 놓쳤다는 사실은 새로운 신기록을 만들었다기보다는 메이저 챔피언십의 한 라운드 63타 신기록과 '단지' 동점을 이루었다는 의미였다. 하지만 타이거에게는 언제나 다음 기회가 있다.

아버지가 클럽으로 스윙하는 것을 지켜보며 골퍼가 되겠다고 결심했을 때 그는 여전히 아기였다. 2세 때 그는 〈마이크 더글러스 쇼〉에서 밥 호프와 퍼팅을 했고, 3세 때는 10~11세를 위한 피치 앤드 퍼트 게임에서 이겼으며, 13세 무렵에는 이미 스크래치 플레이어였다. 그러나 신기하게도 정확한 예언을 한 것은 5세 때로, TV 쇼 〈댓츠 인크레더블〉에 나와서 "큰 대회에서 전부 우승하고 싶어요, 모든 프로들도 다 이기고 싶어요"라고 말했다.

즉각적인 성공

우선 아마추어들을 물리쳐야 했다. 우즈는 3연속 US 아마추어 우승을 거두기 전 US 주니어 아마추어 타이틀을 3년 연속으로 따낸 최초의 선수였다. 보비 존스는 6년 동안 다섯 번 US 아마추어 타이틀을 차지했지만, 타이거는 18세의 나이로 우승하며 US 아마추어 사상 최연소 우승자가 되었다. 세 번째 아마추어 타이틀을 차지한 후 우즈는 1996년에 프로로 전향했다. 그는 라스베이거스 인비테이셔널의 플레이오프에서 데이비스 러브3세를 물리치며 다섯 번째 대회에서 프로로서 승리했다. 그는 그해에 다시 우승했고 고작

어린 신동

어린 시절부터 트로피를 차지하는 것이 타이거 우즈의 습관이 되었다. 타고난 재능과 아버지의 격려로 3세 때 이미 그는 사이프러스에 있는 네이비 골프 클럽에서 48오버를 기록했다. 그는 곧 정기적으로 다른 아이들을 물리치기 시작했고, 머지않아 TV 방송국에서 그의 위업에 관심을 가졌다.

■ 1989년 1월에 아버지와 함께한 어린 아들

여덟 번 출전한 다음 올해의 신인상을 받았다.

자랑스러운 부모님들

타이거는 언젠가 자신이 백인(Caucasian), 흑인(Black), 인디언(Indian) 그리고 아시아인(Asian)의 피가 섞여 있다며 스스로를 캐블리네시언(Cablinasian)이라고 묘사했다. 어머니 쿨티다는 태국 출신으로 그의 인생에 강한 영향력을 미쳤고, 아버지 얼은 골프에 있어서 그랬다. 얼 우즈는 그린베레(미국 게릴라 특수부대)의 중령이었고 베트남에 두 번 참전했다. 두 번째 참전했을 때 그는 자신이 '타이거'라고 불렀던 브엉 당 퐁 대령과 친구가 되었고 두 사람은 서로의 목숨을 구해주었다. 쿨티다는 아들 이름을 엘드릭이라고 지었지만, 얼은 항상 타이거라는 별명으로 불렀다. 타이거는 나중에 자신의 별명까지 넣어서 개명했다.

얼 우즈는 아들을 정신적으로 가장 회복력이 빠른 골퍼로 만드는 것을 포함해, 골프 교육에 관한 모든 것을 감독했다. 타이거는 충분한 파워를 가졌을 뿐만 아니라 일반적으로 상대보다 깊이 생각한다.

1997년에 그는 마스터스에서 프로로서는 처음으로 메이저 대회에서 경기했고 40타로 전반 홀을 마쳤다. 하지만 이글과 4개의 버디를 기록하며 30타로 18번 홀로 들어왔고 이후 필드를 장악했다(232~233쪽 참조). 그는 어거스타 코스에 상당히 압도되었지만, 타이거와 그의 코치 부치 하먼은 정확도와 힘을 겸비할 수 있도록 스윙을 제어했다. 결과는 골프 역사상 최고의 성공이 아닐까 싶다.

새로운 고지에 도달하기

2000년 US 오픈에서, 우즈는 12언더 파의 신기록을 세우며 15타 차로 우승했다(238~239쪽 참조). 페블 비치의 빠른 그린에서 그는 3퍼트 이상을 치지 않았다. 한 달 후, 세인트앤드루스의 올드 코스에서 우즈는 위험한 모든 벙커를 피했다. 그는 세인트앤드루스에서 열린 오픈 대회의 신기록 스코어로 8타 차 승리를 차지했다. USPGA에서 그는 플레이오프에서 상대적으로 덜 알려진 미국의 밥 메이를 물리쳤고, 다음으로 2001년 마스터스에서 네 번째 연승인

▷ 극적인 사건을 만드는 천부적인 능력의 타이거는 1999년 발데라마에서의 이글 칩샷을 포함해 수많은 놀랄 만한 샷을 만들어냈다.

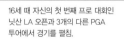

1992
16세 때 자신의 첫 번째 프로 대회인 닛산 LA 오픈과 3개의 다른 PGA 투어에서 경기를 펼침.

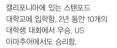

1994
캘리포니아에 있는 스탠포드 대학교에 입학함. 2년 동안 10개의 대학생 대회에서 우승. US 아마추어에서도 승리함.

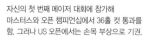

1995
자신의 첫 번째 메이저 대회에 참가해 마스터스와 오픈 챔피언십에서 36홀 컷 통과를 함. 그러나 US 오픈에서는 손목 부상으로 기권.

1996
8월 27일 프로로 전향. 바라던 NACC 타이틀을 차지하고 USGA 내셔널 챔피언십에서 6승을 하며 아마추어로서의 커리어를 마침.

1997
자신의 첫 번째 메이저인 마스터스에서 우승했고 그 과정에서 4라운드 통산 최저 스코어를 비롯해 수많은 기록을 세움.

타이거는 여가시간에 경주용 차를 모는 뉴질랜드인 캐디 스티브 윌리엄스와 함께 길고 성공적인 파트너십을 향유했다.

'타이거 슬램'을 기대하며 나아갔다. 그는 데이비드 듀발과 필 미켈슨의 도전을 막아내며 새로운 역사를 만들었다.

세월의 변화

2003년과 2004년에 타이거는 메이저에서 우승하지 못했다. 행크 헤니가 그의 새 코치가 되었고, 2005년 어거스타에서 자신의 네 번째 마스터스 타이틀을 차지했다. 2006년 호이레이크에서 그는 뛰어난 아이언 플레이를 보여주며 2년 연속으로 오픈에서 우승했다(도합 세 번째 우승). 그해 초 아버지의 죽음을 맞이한 이후에 얻은 첫 우승이었고 골프 코스에서 가장 감동적인 순간이기도 했다. "아버지가 너무 보고 싶다. 이 우승은 너무나 특별하다." 이듬해 아내 엘린이 첫 번째 딸 샘 알렉시스를 출산했을 때는 또 다른 감동이었다. 대중의 시선 속에서 한 인간으로 성숙해지는 것은 쉽지 않았지만 세월은 우즈를 코스에서 보다 강한 경쟁 상대로 만든 것만 같다.

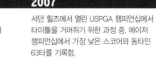

1999
브룩클린 컨트리클럽에서 열린 두 번째 라이더 컵 출전은 미국의 논쟁적인 승리로 끝이 남. 타이거는 2포인트를 올림.

2000
오픈 챔피언십에서 우승하면서 우즈는 프로 메이저 대회의 커리어 그랜드 슬램을 달성한 최연소 선수이자 역사상 다섯 번째 선수가 됨.

2001
마스터스에서의 두 번째 승리를 거두면서 타이거는 동시에 4개의 메이저 챔피언십 타이틀을 보유한 최초의 선수가 됨.

2005
2005년 오픈 챔피언십에서 우승. 우즈는 (잭 니클라우스 다음으로) 4개의 메이저 대회에서 한 번 이상 승리한 두 번째 골퍼가 됨.

2007
서던 힐즈에서 열린 USPGA 챔피언십에서 타이틀을 거머쥐기 위한 과정 중, 메이저 챔피언십에서 가장 낮은 스코어와 동타인 63타를 기록함.

남자 투어의 주역들 Stars of the Men's Tour

골프의 변화 추이를 알고 싶다면 최근 US 오픈에서 우승한 해외 선수들 리스트를 보는 것이 최고의 방법이다.
한때 미국 챔피언들만이 보유하고 있던 타이틀은 2004년에서 2007년 사이에 남아프리카, 뉴질랜드, 호주, 그리고
아르헨티나 출신 선수들이 차지했다. 이들 골퍼들이 모두 남반구에서 왔다는 것이 우연일지 모르나
이것은 현대 골프가 최고 수준의 진정한 국제적인 경기가 되었다는 사실을 반영한다.

루크 도날드는 유러피언과 US 투어에서 모두 우승했고 2004년과 2006년 라이더 컵의 우승 멤버였다.

영국과 유럽의 미래는 밝아 보인다. 2007년에 패드리그 해링턴이 1999년의 폴 로리 이래로, 또한 카노스티에서의 최초 유럽인 우승자가 되었고, 해링턴의 뒤에는 엄청난 재능을 지닌 수많은 골퍼들이 앞으로 나아갈 만반의 태세를 갖추고 있다. 바예스테로스, 팔도, 랑거, 라일과 우스남의 영광의 날들 이래로 유럽에서는 이 정도로 많은 잠재적인 메이저 우승자가 나오지 않았다. 특히 잉글랜드에서, 인재의 물결은 유러피언과 US 투어 양쪽에서 나타나기 시작했다. 루크 도날드와 폴 케이시는 대학 투어의 스타였는데, 도날드는 시카고의 노스웨스턴에서, 케이시는 애리조나 주립대학교에서 활약했으며, 그곳에서 필 미켈슨과 같은 선수들이 세운 기록을 깼다. 워커 컵에서 승리할 때 팀원이었던 두 사람은 2004년에 라이더 컵 데뷔전을 치렀고, 이후 2006년 라이더 컵에서 승리의 주역이 되었다. 투어 면에서 도날드는 미국에서 우승한 반면, 케이시는 유럽과 아시아에서 더 성공적이었다.

만발한 로즈

또한 저스틴 로즈가 있다. 그는 이미 대단한 커리어를 가졌는데, 17세의 아마추어였던 그는 1998년 버그데일에서 열린 오픈 마지막 홀에서 칩인하며 4위로 경기를 끝냈다. 그는 프로로 전향했지만 첫 번째 컷 통과에 실패했다. 그는 어쩌면 영구적으로 방해가 될 수도 있었던 좌절에서 회복되어 2002년에 브리티시 마스터스를 포함해 4승을 거두었다. 그해 후반 아버지의 죽음은 또 다른 충격이었다. 우승이 뒤따르지 않자 그는 메이저를 비롯해 꾸준히 리더보드에 이름을 올려 왔던 미국으로 근거지를 옮기기로 결심했다. 그는 2007년 모든 메이저에서 컷 통과를 했던 몇 안 되는 선수 중 한 명이었고, 견실하게 보냈던 한 해의 정점은 발데라마에서 열린 볼보 마스터스에서 우승으로 메리트 훈장을 수상함으로써 유러피언 투어 1위에 올랐을 때였다.

저스틴 로즈에게 포기란 없으며 그가 성취할 수 있는 것에 한계는 없다.

닉 팔도

유럽의 도전

키가 큰 스웨덴 선수인 헨릭 스텐손은 자신의 첫 시즌에 영국에서 열린 벤슨&헤지스 인터내셔널 오픈에서 우승했지만 이후 그의 스윙은 무너졌다. 그가 회복하는 데 3년이 걸렸지만, 액센츄어 월드 매치 플레이 챔피언이 되기 전, 2007년 2월에 타이거 우즈와 어니 엘스를 물리치고 두바이 데저트 클래식에서 우승했다. 스웨덴은 여전히 메이저 챔피언을 기다리고 있는데, 스텐손 혹은 터프한 니클라스 파스는 성공할 수 있다.

첫 번째 메이저 우승을 얻기 위해 노력하고 있는 세르히오 가르시아 같은 세계에서 가장 재능 있는 선수도 있지만, 스페인은 뛰어난 재능을 가진 선수인 파블로 마르틴을

▷ 프로로서 들쑥날쑥한 출발 후, 저스틴 로즈는 대서양 양쪽에서 자리를 잡았고, 2007년 유러피언 메리트 훈장을 수상했다.

젊은 피

북아일랜드 출신의 로리 맥길로이는 확실히 미래의 스타이다. 불과 17세였던 그는 2007년 오픈에서 첫째 날 3위로 경기를 마치면서 대중의 폭넓은 주목을 받았다. 18세 생일을 맞고 4개월 뒤, 그는 프로로 전향했고 곧 자신의 첫 번째 투어 진출권을 얻었다. 그는 알프레드 던힐 링크스 챔피언십에서 3위, 마드리드 오픈에서 4위를 차지했다.

2007년 오픈에서 관중에게 답하는 맥길로이

많은 외국 투어들은 보다 많은 재능 있는 선수들을 배출하고 있으며, 그들은 자신들이 이제껏 펼쳤던 것보다 높은 수준의 경기를 선보이고 있다.

어니 엘스

발굴했다. 2007년에 마르틴은 미국의 대학에 재학 중일 때 포르투갈 오픈에서 우승하며 유러피언 투어에서 우승한 최초의 아마추어 선수가 되었다. 20세의 촉망받는 선수에게서 나온 놀라울 정도로 성숙한 플레이였다.

남국의 스타들

제프 오길비는 2006년 윈지드 푸트에서 열린 US 오픈에서 우승했는데, 자신이 메이저에서 우승한 새로운 세대의 첫 번째 호주 선수가 되리라고는 생각지 않았을 것이다. 재능 있는 동년배들로는 로버트 알렌비, 스튜어트 애플비, 아론 배들리, 아담 스콧이 있다. 배들리는 아마추어로서 호주 오픈에서 우승하는 탁월함을 보였고 이후 프로로서 그 타이틀을 계속 보유했다. 그는 2006년에야 US 투어에서 돌파구를 마련하며 우승했고 이듬해 다시 승리를 차지했다. 유럽에서 정기적으로 우승한 후 아담 스콧은 미국으로 건너가 메이저 다음으로 가장

큰 타이틀인 플레이어스 챔피언십에서 2004년에 우승했고 2년 후 US 투어 챔피언십에서 승리했다. 타이거 우즈의 전 코치인 부치 하먼의 지도 아래 그는 2001년의 우즈를 연상시키는 무시무시한 스윙을 갖게 된다.

트레버 이멜만은 보비 로크, 게리 플레이어, 어니 엘스, 그리고 레티프 구센과 같은 급으로 분류된다. 그는 남아프리카 오픈에서 두 번 우승했고, 2004년 유러피언 플레이어스 챔피언십에서 승리했으며, 2006년에 미국에서 열린 웨스턴 오픈에서 타이거 우즈를 막아내며 우승을 차지했다. 칼 스와첼은 지켜보아야 할 또 다른 호주 선수로, 연속으로 남아프리카 메리트 훈장을 수상했고 2개의 유러피언 투어 타이틀을 차지했다.

젊은 미국 선수들

2007년 US 오픈에서 앙헬 카브레라의 우승에 영향을 받은 안드레스 로메로는 2007년 7월에 갑자기 등장했다. 26세의 아르헨티나 선수는 카노스티에서 열린 오픈에서 10개의 버디를 포함해 고무적인 최종 라운드를 펼치며 우승에 근접했다. 17번 홀에서 2타 차로 앞서고 있던 그는 두 번째 샷이 개울의 벽에 맞아 아웃 오브 바운드가 되어 한 타 차로 플레이오프에 진출하지 못했다. 그러나 바로 다음 주에 도이치 방크 플레이어스 챔피언십에서 3타 차로 이기면서 불과 두 시즌 만에 유러피언 투어에서의 처녀 우승을 거두었다. 미국에서 선수들은 우즈의 그늘에서 벗어나기 위해 고투하면서 늦게 성공한 듯하다. 찰스 하웰 3세는 몇 년 동안 우승 후보로 주목받았고 2007년에 우승의 길로 들어섰다. 루카스 글로버는 2007년에 프레지던츠 컵에 데뷔한 재능 있고 꾸준한 또 다른 선수이다. 그는 2007년 여름을 갑자기 달군 25세의 헌터 마한과 나란히 경기를 하며 자신의 처녀 우승을 거두었고 웬트워스에서 열린 HSBC 월드 매치 플레이에서 준결승에 진출했다.

골프가 놀라울 정도로 빠르게 성장하고 있는 아시아는 비제이 싱과 한국의 최경주를 넘어서는 도전자들과 새로운 인재를 위한 중요한 미래의 근거지가 될 것이다. 그러나 나이와 국적에 관계없이 타이거 우즈를 물리치는 것이 모든 도전자들의 임무로 남아 있다.

대학경기의 스타들

US 대학경기 투어는 필 미켈슨과 타이거 우즈를 포함해 프로 스타 선수들의 비옥한 온상임을 증명했다. 최근의 추세는 보다 나은 골프를 하려는 야망으로 스포츠 학위를 따라 미국으로 건너오는 유럽인들이 늘어나고 있다.

아르헨티나의 안드레스 로메로는 2007년 오픈 무대에 갑자기 등장했고, 그 다음 주에 자신의 첫 번째 유러피언 타이틀을 차지했다.

■ 애리조나 주립대의 필 미켈슨

△ 호주의 제프 오길비는 2006년에 두 개의 PGA 타이틀을
차지했는데, 그중의 하나는 윈지드 푸트에서 열린 US 오픈으로,
그는 필 미켈슨을 물리쳤다.

◁ 폴 케이시는 스포츠 학위를 위해 애리조나 주립 대에 다녔고,
2004년과 2006년에 우승한 유러피언 라이더 컵의 팀원이었다.

△ 헨릭 스텐손은 2007년 두바이 데저트 클래식에서 우승하면서
8위에 올라 세계에서 가장 높이 랭크된 유러피언 골퍼가 되었다.

◁ 언제나 창창한 짐 퓨릭은 골프의 가장 일관된 경기를 펼치는
선수로 손꼽힌다. 그는 2003년 US 오픈에서 우승했고, 2006
년에는 PGA 투어 상금 왕 리스트에서 2위를 차지했다.

△ 콜롬비아 출신의 피트니스 광인 카밀로 비예가스는 장타자 중
한 명이다. 2004년에 프로로 전향하고서 US 투어에서 이미
우승을 차지했다.

◁ 잉글랜드의 아인 폴터는 유러피언 투어에서 보다 화려한
인물로 손꼽힌다. 그는 현재 유러피언과 US 투어에서 반반씩
활동하고 있다.

◁ 아론 배들리는 2001년 호주 메리트 훈장을 받았다. 그는 2006년 버라이즌 헤리티지에서 첫 PGA 우승을 거두었다.

▽ 남아프리카의 트레버 이멜만은 2003년에 조국의 선샤인 투어 메리트 훈장을 수상했고, 2006년에 PGA 올해의 신인으로 지명되었다.

△ 호주의 아담 스콧은 프로로 전향한 후 5개의 PGA 타이틀과 12개의 챔피언십을 차지했다. 그의 가장 큰 우승은 2004년 플레이어스 챔피언십이었다.

▽ 마이크 위어는 2003년 마스터스에서 이기면서 메이저에서 우승한 최초의 캐나다인이 되었다. 2007년 프레지던츠 컵에서 그는 최종일 싱글 매치에서 타이거 우즈를 물리쳤다.

US 대학 골프와 아마추어로서 화려한 커리어 이후, 로레나 오초아는 골프가 특별히 인기 있는 스포츠가 아님에도 불구하고 멕시코에서 곧 유명한 존재가 되었다. 그녀는 매력적인 성격으로 투어에서 많은 친구들을 끌었으며, 자신의 팬들이 사진을 찍을 때마다 기꺼이 응해주었다. 2003년에 올해의 신인상, 2004~2005년 사이에 3승을 차지했지만, 2006년에서야 6승을 거두며 중대한 약진을 즐겼고, 올해의 신수로 지명되었다. 오초아는 그해 아니카 소렌스탐이 갖고 있던 세계 1위 자리를 빼앗았고(178~179쪽 참조), 2007년에는 성공 리스트에 메이저 첫 승을 더했는데, 세인트앤드루스의 올드 코스에 개최된 최초의 프로 여자 경기였다.

건전한 경쟁

여자 경기에서 벌어지는 경쟁에 관한 보다 많은 증거가 필요하다면, 2007년에 메이저에서 네 명의 첫 우승자가 나왔다는 사실을 들 수 있다. 노르웨이의 수잔 페테르손은

미국 메릴랜드의 불록 골프 코스에서 열린 2007년 맥도날드 LPGA 챔피언십에서 자신의 첫 번째 메이저 우승을 기뻐하는 노르웨이의 수잔 페테르손.

LPGA 챔피언십에서, 크리스티 커는 US 여자 오픈에서, 그리고 모건 프레셀은 19세의 나이로 크래프트 나비스코 챔피언십에서 각각 우승을 차지했다. 할아버지가 코치인 프레셀은 12세 때 US 오픈을 위한 첫 번째 자격을 얻었고 아마추어였던 17세 때는 거의 우승할 뻔했다. 폴라 크리머는 2005년에 19세의 나이로 첫 시즌에서 2승을 거두었고 솔하임 컵에서 7&5로 로라 데이비스를 물리쳤다(171쪽 참조). 달릭 모델로 활동하는 나탈리 걸비스는 2007년에 에비앙 마스터스에서 우승하며 자신이 코스 안팎의 스타임을 증명해보였다.

젊은 우승 후보들

13세에 US 여자 퍼블릭 링크스 챔피언십에서 우승한 14세의 미셸 위는 고향인 하와이에서 열린 남자 소니 오픈에서 불과 한 타 차로 컷 탈락을 하며 헤드라인을 장식했다. 그녀는 2005년에 16세로 프로 전향했다. 요란한 팡파르에 둘러싸여 은행에 수백만 달러를 둔 그녀는 이듬해 여자 메이저에서 톱5에 든 횟수를 총 여섯 번으로 올렸다. 그러나 스폰서에게 출전권을 받아 남자 PGA 투어 출전에 출전하게 된 미셸 위는 그녀의 패션 감각과 마찬가지로 비난을 받았다. 그 외에도 재능 있는 여자 선수들이 전 세계에서 등장했다. 아이 미야자토는 19세의 나이로 일본이 월드컵에서 우승하는 데 도움을 주었다. 줄리에타 그라나다는 2006년 ADT 챔피언십에 출전해 상금 백만 달러를 받으면서 대회에서 우승한 첫 번째 포르투갈 출신 여자 선수가 되었다. 애슐리 사이먼은 아마추어일 때 남아프리카 투어에서 네 번 우승했고 프로로서 네 번째 출전한 2007년 카탈란 오픈에서 우승했다. 영국의 경우, 멜리사 리드가 2007년 브리티시 여자 오픈에서 낮은 스코어를 기록한 아마추어에게 주는 은메달을 받았는가 하면, 칼리 부스는 불과 12세에 클럽 챔피언십에서 우승하면서 충격을 주었다. 분명 여자 골프의 미래는 밝다(32~33쪽 참조).

2007년 세인트앤드루스에서 열린 브리티시 여자 오픈에서 티오프하는 로레나 오초아. 그녀는 287타 4언더 파로 챔피언십에서 우승했다.

큰 돈 거래

나이키와 소니 같은 거대 기업들은 미셸 위와 계약을 체결하기 전, 그녀가 여자 프로 투어에서 우승하기를 기다리지 않았다. 두 회사는 그녀의 커리어 시작부터 수백만 달러를 기꺼이 안겼는데, 그녀가 현대 골프의 새로운 얼굴이 될 것인지는 시간만이 알려줄 것이다.

■ 늘 우승하기 위해 집중하는 미셸 위

그녀의 자세는 믿을 수 없다. 당신에게 있든 없든 간에 이 소녀는 재능이 있다.

톰 레먼, 미셸 위를 설명하며.

모건 프레셀은 17세였던 2006년에 프로로 전향했고,
이듬해 메이저 최연소 우승자가 되었다.

▷ 애슐리 사이먼은 14세에 2004년 남아프리카
오픈에서 우승했다. 그녀는 여전히 아마추어
신분으로 두 번 더 이 대회에서 승리를 차지했다.

▷▷ 19개의 아마추어 타이틀을 거머쥔 폴라
크리머는 투어의 첫 해에 2승을 거뒀고 2005년에
올해의 신인으로 지명되었다.

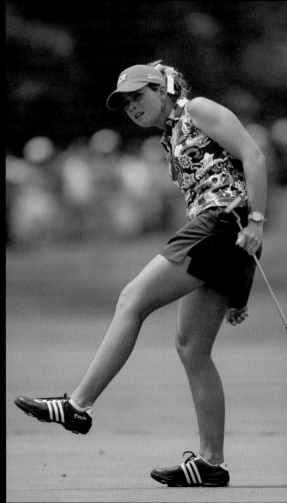

△△ 2007년 에비앙 마스터스에서 우승을 기뻐하는 인기 있는 모델 나탈리 걸비스. 프로로서 거둔 그녀의 첫 승이었다.

△ 크리스티 커는 키가 5피트 3인치에 불과하지만 펀치력이 있다. 그녀는 자신의 첫 번째 메이저 우승을 하기까지 10년 넘게 프로 선수였다.

▷ 2006년 ADT 챔피언십에서 자신만의 방식으로 우승을 축하하는, 포르투갈 출신의 백만 달러 골퍼 줄리에타 그라나다.

4

역사적인 순간들

■ 1860년대에 윌리 파크(제일 왼쪽)와 함께한 프로 선수들

여러 세대의 역사 전문가와 학자들의 엄청난 노력에도 불구하고 골프의 가장 오래된 기원은 기껏해야 밑그림밖에 볼 수 없다. 하지만 15세기 중엽의 스코틀랜드에서 골프는 권력자들이 달갑지 않은 오락거리로 느낄 만큼 인기를 얻었다. 18세기 중반에 이르러 최초의 성문 규칙을 만들게 되었고, 1세기 후인 1860년에 첫 번째 메이저 대회로 현재 간주하고 있는 최초의 챔피언십 대회가 열렸다.

이 대회가 개최된 주된 이유는 그 시대의 명백한 넘버원이면서 세인트앤드루스 올드 코스에서 한 라운드 80타 기록을 깬 최초의 인물이었던 알란 로버트슨이 사망한 후 '새로운' 최고 골퍼의 정체를 확인하기 위함이었던 것 같다. 토너먼트는 이런저런 이유로 8명의 무명 선수들이 참가하긴 했지만 실질적으로는 우수한 프로들을 위한 무대였다. 그날 어떤 참가자는 한 홀에서 21타를 치는 등 형편없는 수준의 골프를 선보이기도 해서 충격을 주었다.

그렇긴 해도 1860년 10월 17일 수요일, 스코틀랜드 서해안에 자리한 바람이 휘몰아치는 프레스트윅 링크스에서 메이저 챔피언십 골프는 탄생했다. 지금은 모두가 알고 있듯이 프레스트윅의 그린키퍼로 일하고 있었던 올드 톰 모리스는 그 지역의 인기인이었고 모두들 그의 우승을 기대했지만, 3라운드 총계 174타를 기록하며 우승을 차지한 것은 윌리 파크였다.

모리스는 최초의 오픈에서 패배한 실망감을 다음에 치러진 일곱 대회에서 네 번을 우승함으로써 보상했고, 역사 속에 자신의 위치를 확고히 했다. 그의 아들 영 톰 모리스는 역시 그 업적에 필적하기 위해 나아갔고 1868년과 1872년 사이에 오픈에서 네 번 우승했다.

지금은 마스터스, US 오픈, 그리고 USPGA의 3개 메이저가 더 있지만, 여전히 1860년이 메이저 대회의 시작이라고 인정된다. 디 오픈은 이후에도 가장 오래되고 가장 위대하며, 대부분의 사람들이 스포츠에서 가장 가치 있는 챔피언십으로 여기는 대회로 남을 것이다.

프레스트윅에서 탄생한 메이저 대회

올드 톰 모리스(왼쪽), 알란 로버트슨(왼쪽에서 네 번째),
세인트앤드루스의 주장인 헤이 웨비스(오른쪽)

■ 1930년 7월 US 오픈 트로피를 들고 있는 보비 존스

프로로 전향하지 않았음에도 불구하고 보비 존스는 1923
년에서 1930년까지 골프를 장악했는데, 그 기간 동안 자신이
참가했던 21번의 메이저에서 13승을 거머쥐었다. 일부는 그가
역사상 가장 위대한 골퍼라고 여기기도 한다.

존스는 짧고 빛나는 커리어에서 많은 것을 이룩했지만, 당시
챔피언십 골프의 그랜드 슬램으로 간주되었던 기록을 세운 1930년
시즌의 성공이 다른 모든 것을 가렸다.

그랜드 슬램의 첫 번째 다리인 세인트앤드루스에서 열린
아마추어 챔피언십의 첫 라운드 매치에서 누군가는 그 시즌
존스의 의도를 파악할 수 있었을런지도 모른다. 그날 존스의 경쟁
상대였던 시드니 로퍼는 컨디션이 좋았으나, 존스가 무시무시한
올드 코스의 첫 라운드를 버디로 시작했고, 다음으로 파, 이어서
버디, 이글과 또 다른 버디를 만들었다. 존스는 첫 5개 홀에서
5언더 파였다. 불쌍한 로퍼는 그날이 자신에게는 운이 없는
날이었다는 것을 알았으리라!

존스는 그 승리에 이어 로열 리버풀에서 개최된 오픈
챔피언십을 차지했고 그해 여름에 플로리다 인터라첸에서 열린
US 오픈의, 3라운드 68홀이라는 엄청난 경기에서 5타 앞선 채로
최종일을 맞았다. 마침내 9월에 열린 펜실베이니아 메리온의 US
아마추어 결승에서 8&7로 우승하며 그랜드 슬램을 완성했고, 국민
영웅으로서의 자신의 지위를 확고히 했다.

이제까지 한 시즌에 현대의 메이저 4개 대회를 모두 석권한
골퍼는 없었지만, 당시 뉴욕의 한 기자가 이름 붙인 '4면 요새'
를 완성한 존스의 기록은 아마도 그 다음으로 가장 좋은 것이 될
것이다.

존스를 위한 '보비 슬램'

아마추어와 오픈 챔피언십 타이틀을 가지고
영국에서 돌아온 후 뉴욕에서 영웅적 환대를
받는 보비 존스.

■ 4월과 또 다른 마스터스의 해가 오면, 어거스타는 색으로 물든다.

어거스타 내셔널과 마스터스가 없는 골프는 윔블던 없는 테니스와 같이 상상도 할 수 없다. 우리는 우선 이것을 만든 보비 존스에게 감사해야 한다.

28세의 나이로 은퇴할 당시 존스는 골프계에서 이미 성공을 거뒀고 그의 은퇴 결정은 경쟁적인 골프 무대에게는 커다란 손실이었지만, 존스 개인적으로는 영리한 움직임이었다. 그는 곧 쇄도하는 상업적 제안에 압도되었다.

하지만 존스에게는 자신만의 계획이 있었다. 은퇴 후 몇 년 동안 그는 코스에서 거대한 갤러리들과 부딪치지 않고서는 앞으로 나아가기가 더욱 더 어렵다는 것을 깨달았다. 그는 응원에 감사했지만 동시에 자신의 친구들과 함께 조용히 골프를 즐기고 싶었다. 그의 친구 중 한 명이 사업가 클리포드 로버츠였는데, 그들은 함께 사설 회원제 골프 코스에 대한 아이디어를 조직적으로 세웠다. 조지아 어거스타에 있는 프루트랜즈 너서리의 작은 구역이 이 계획에 맞는 완벽한 장소로 지정되었다.

보비 존스는 첫 번째 부지 방문에 대해 다음과 같이 회상했다. "집 뒤 커다란 나무 아래의 잔디 언덕을 걸으며 땅을 내려다 보았을 때, 그 경험을 잊을 수 없다. 이 땅은 누군가가 골프 코스를 세워주길 기다리며 오랫동안 그곳에 존재했던 것만 같았다."

이 골프 코스를 지으면서 존스와 로버츠는 뛰어난 골프 코스 건축가인 앨리스터 맥켄지 박사의 협력을 얻었고 그들은 모든 수준의 골퍼들이 경기할 수 있지만 동시에 전략적인 골프의 궁극적인 시험을 의미하는 어거스타 내셔널을 창조했다.

이곳은 세계에서 가장 아름답고 최고로 잘 다듬어진 골프 코스이며 마스터스 토너먼트의 본거지이다. 이 역시 존스의 아이디어였다. 존스는 골프 코스 안팎에서 천재적인 감각을 발휘했다.

코스 디자인의 마스터클래스

공식적인 개장 바로 전인
1933년 1월에 새로이 완공된
어거스타 내셔널을 공중에서 찍은 사진

■ 1945년에 넬슨이 달성한 골프 기록은 결코 따를 수 없을 것이다.

우아한 스윙을 가진 바이런 넬슨은 뛰어난 볼 스트라이커이자 위대한 챔피언이었다.

정상급 코치이며, 라이더 컵 선수 및 주장으로 활동했던 존 제이콥스는 넬슨을 알았다. 그는 1944년 겨울에 스윙을 바꾸는 것에 대해 나눈 넬슨과의 대화를 기억하고 있다. "예전 스윙으로도 이길 수 있네. 하지만 컷 통과에 실패할 수도 있지. 그렇지만 내가 일단 스윙을 바꾸면 다시는 형편없는 게임을 하지 않을 거야." 이것은 아주 특별한 의견이었고 동시에 예언이기도 했다.

이듬해 넬슨은 미국 투어에서 11연승을 했고 총 18승을 거두었다. 그는 5개월 동안 대회에서 한 번도 패하지 않았다. 그의 연승은 1월에 피닉스 오픈에서 시작되었는데, 68타와 65타로 라운드를 출발하여 손쉽게 승리했다. 다음 대회인 코퍼스크리스티 오픈에서 그는 66, 63, 65타를 쏘아 올리며 남은 필드를 날려버렸다. 뉴올리언스 오픈에서도 마찬가지였다. 그 후에 PGA 투어 시즌이 진행되면서, 넬슨은 샬롯 오픈에서는 4타 차로, 그린스보로 오픈에서는 8타 차로, 애틀랜타 오픈에서는 9타 차로, 몬트리올 오픈에서는 10타 차, 시카고 빅토리 오픈은 7타 차, 탬 오센터 오픈은 11타 차, 녹스빌 인비테이셔널은 10타 차, 에스메랄다 오픈은 7타 차, 그리고 시애틀 오픈은 13타 차로 이겼다!

이것은 예나 지금이나 골프 역사상 가장 특별하고 압도적인 연승이다. 그 시즌 그의 평균 타수는 68.33타로 타이거 우즈가 투어의 대부분을 통해 이루어낸 것보다 낮은 타수이다.

넬슨보다 앞선 보비 존스와 비슷하게 그는 골프의 정상에 있었던 34세 때 은퇴했다. 그러나 몇 년 후 잠깐 동안 마음을 바꾸었다. 아내와 함께 휴가를 즐기면서 그는 1955년 프랑스 오픈에 참가하기로 결심했다. 그는 물론 우승했다. 이것이 바이런 넬슨이었다. 제 버릇 남 못 주는 법이다.

표준을 정한 바이런 경

1945년 7월 15일, 오하이오 데이턴에 있는 모레인 컨트리클럽에서 USPGA 챔피언십 트로피를 바이런 넬슨에게 전달하는 USPGA의 회장 에드 더들리(중간)와 샘 버드(왼쪽)

■ 1925년 9월, USPGA 챔피언십에서 세 번째 우승을 차지한 하겐

월터 하겐은 남자 중에 남자, 바람둥이, 멋쟁이 신사,
그리고 쇼맨이기도 했던 특별한 존재이다. 그는 언젠가 자신은
백만장자가 되고 싶지 않고 다른 사람들처럼 살고 싶다고
선언하기도 했는데, 결국에는 둘 다 이루었다.

하겐은 눈부신 동작과 사치스러운 라이프스타일 이상을 가지고
있었다. 무엇보다도 그는 비범하고 절묘한 기술을 가진 챔피언
골퍼였는데, 그는 첫 번째 홀로 걸어가면서 "자, 그럼 누가 2등을
할까?"라고 말하기도 했다.

한동안 하겐의 대담한 선언은 잘 들어맞았다. USPGA
챔피언십이 매치플레이 대회였던 1920년대에 하겐은 7년 동안
여섯 번 결승에 진출했고, 1924~1927년의 4연승을 포함하여
다섯 번 우승했다. 그는 네 명의 뛰어난 도전자들이 증언한 것처럼
사실상 무적이었다. 짐 반즈는 1924년 프렌치 릭에서 그를 끝까지
밀어붙였지만 궁극적으로 두 홀을 남겨 두고 무너졌다. 다음 해
올림피아 필즈에서 치러진 결승에서 윌 멜혼은 6&4로 참패했고
1926년에 솔즈베리에서 레오 디겔을 4&3으로 격파했다. 1927
년에 댈러스에서 제이 터네사는 하겐의 4연승에 맞섰는데, 훌륭한
결전이었음에도 마지막 홀에서 졌다.

그 기간 동안 하겐은 네 번의 오픈 챔피언십 우승도 차지했다.
이후 그는 이상하게도 골프의 무용담보다는 위트 넘치는 말 솜씨,
화려한 라이프스타일 그리고 그가 했던 모든 것을 특징짓는
자유로운 삶으로 더 많이 기억되고 있는 듯하다. 이런 것들 덕분에
우리는 그가 얼마나 뛰어난 골퍼였는가를 간과할 위험이 있다.
그는 지금처럼 4개가 아니라 3개의 메이저 대회밖에 없었던 시절에
메이저 챔피언십에서 단번에 11승이나 거머쥐었다. 하겐은 너무나
당연하게도 전설이었다.

기쁨에 겨운 월터

그해 라이더 컵 매치에 앞서 1922년 6월, 런던 사보이
호텔 옥상에서 스윙 연습을 하는 월터 하겐

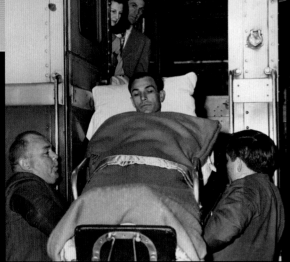

■ 1949년 4월 7일, 자동차 사고 후 집으로 이송되는 호건

1949년 2월에 있었던 벤 호건의 자동차 사고는 전설적이다. 호건은 트럭을 추월하던 그레이하운드 버스와 정면충돌했고, 끔찍한 다발성 부상으로 고통받았다.

그가 골프를 다시 할 수 있을 거라고 생각한 사람은 거의 없었고, 지역 신문에는 심지어 그의 부고가 실리기도 했다. 하지만 그들은 호건의 완고한 결단력을 생각하지 못했다. 그는 손에 피가 날 때까지 연습한 것으로 알려진 남자였다. 사고 후 불과 18개월 뒤에 그는 자신의 두 번째 US 오픈 타이틀을 거머쥐었다.

1953년에 그는 다시는 볼 수 없을지 모를 만큼의 탁월한 골프를 선보였다. 그는 그해 6개 대회에 출전했고 그중 5승을 거두었다. 3승은 메이저였다. 마스터스에서 그는 5타를 줄이며 토너먼트 신기록을 날렸으며, 라운드를 69, 66, 69타로 마무리하며 5타 차로 우승했다.

US 오픈은 무시무시한 명성을 가진 골프 코스가 있는 펜실베이니아 오크몬트에서 열렸다. 하지만 호건은 이 코스마저 굴복시켰다. 첫 라운드 후 호건의 뒤 그룹에서 경기를 하던 동료 선수 스킵 알렉산더는 자신이 이 골프 코스에서 어떻게 67타를 칠 수 있는지 알겠다고 말했다. "호건이 한 것처럼 모든 페어웨이를 맞추고 홀에서 10피트 거리의 그린에 적중시키면 된다." 호건은 13개의 파, 5개의 버디, 그리고 보기 없이 라운드를 마쳤다. 그는 새로운 기준을 세웠고, 6타 차로 우승했다.

카노스티에서의 오픈 챔피언십이 다음이었다. 호건은 이전에 오픈에서 한 번도 경기한 적이 없었는데, 여행을 싫어했기 때문이다. 그는 더 작은 영국의 공에 적응하고 코스를 연구하며 전략을 짜기 위해 2주 일찍 도착했다. 어느 누구도 성공할 가망은 없었다. 호건은 최종일에 코스 신기록을 깼고 4타 차의 우승을 거뒀다. 그는 오픈에서 다시는 경기하지 않았다.

비극을 뛰어넘은 호건의 승리

중앙을 향해 똑바로 가는 맹렬한 샷을 친 후 특유의 드라이브를 선보이는 호건

■ 2000년 세인트앤드루스에서 우승하면서 그랜드 슬램을 달성한 타이거 우즈

그랜드 슬램 우승자 클럽은 골프계에 존재하는 가장
배타적인 파벌이다. 회원 자격을 얻으려면 선수는 4개의 메이저
대회를 모두 석권해야 하는데, 이 업적은 진 사라젠, 벤 호건, 게리
플레이어, 잭 니클라우스, 그리고 타이거 우즈를 포함한 단 5명의
선수만이 성취했다.

거의 그랜드 슬램을 달성할 뻔한 선수들도 있다. 샘 스니드는
역사상 가장 많이 PGA 투어에서 우승했지만, US 오픈은 그에게서
달아났다. 아놀드 파머와 톰 왓슨에게는 USPGA가 그랬다.

창단 멤버인 사라젠은 1935년, 자신의 첫 번째 US 마스터스에서
경기하기 위해 내셔널 어거스타에 등장했을 때 이미 그랜드 슬램
중 3개의 다리를 마련해 놓고 있었다. 그는 역사상 가장 유명한
플레이를 펼쳤는데, 15번 홀에서 5번 우드로 알바트로스를
기록했다.

벤 호건은 그랜드 슬램의 다음 주자였는데, 1953년에
카노스티에서 열린 오픈에 유일하게 출전했고 우승으로 마무리
지었다.

게리 플레이어는 슬램을 위해 뛰어난 라이벌인 잭 니클라우스를
거의 12타 차 가까운 기록으로 물리쳤다. 플레이어는 1959년
뮤어필드에서 열린 오픈에서 자신의 첫 번째 메이저 챔피언십
우승을 거두었고 6년 뒤 US 오픈에서 그랜드 슬램을 달성했다.
잭 니클라우스는 오픈 챔피언십에서 우승했던 때인 1966년에
게리 플레이어에 이어 그랜드 슬램 우승자 클럽에 합류했다.
니클라우스는 도합 18승을 거두며 메이저 챔피언십에서 가장 많은
우승을 차지했다. 대부분의 사람들은 이것이 영원히 깨지지 않을
기록이라고 생각했겠지만 그때 타이거 우즈가 등장했다.

우즈는 프로로 전향한 지 불과 9개월 후인 1997년 마스터스에서
12타 차의 놀라운 기록으로 자신의 첫 번째 메이저 우승을
차지했다. 3년 뒤, 그는 메이저 세트를 모두 갖추었다. 그는 클럽에
들었고 현재 잭이 이룬 18승이라는 기록을 뒤쫓고 있다.

골프에서 가장 배타적인 클럽

1970년 7월에 찍은 골프계 유명인 5명
중 4명의 모습. (왼쪽에서 오른쪽으로)
사라젠, 호건, 플레이어, 니클라우스

■ 스포츠 마케팅의 양상을 바꾼 맥코맥과 IMG

마크 맥코맥은 공상가였다. 그는 여느 운동선수가 꿈꿔왔던 것보다 뛰어났던 부자 선수들을 위해 문을 열었고 그로 인해 스포츠 마케팅의 제왕이 되었다. 오늘날 엄청나게 부유한 골프 스타들은 자신들의 바이저(챙이 있는 스포츠형 모자)를 그에게 넘겨야 한다.

맥코맥이 취한 첫 번째 영리한 행동은 1960년에 자신의 첫 고객으로 아놀드 파머와 계약한 것이었다. 파머는 견줄 데 없는 뛰어난 골퍼였다. 그는 특별한 카리스마와 정제되지 않은 매력 그리고 프로 골프의 세계를 바꾼 강타를 날리는 스타일을 가졌었다.

맥코맥은 파머와 같은 선수에게서 상업적 가치를 보았다. 에너지와 사업 수완을 가진 그는 급성장하는 새로운 산업의 개척자가 될 수 있었다. 얼마 지나지 않아 맥코맥은 게리 플레이어라는 젊고 재능 있는 남아프리카 출신의 선수와 계약을 했고, 또한 상고머리를 한 통통한 젊은 미국인 선수와도 사인을 했는데 그가 바로 잭 니클라우스였다.

맥코맥은 골프계가 인정하는 '빅3'를 자신의 회원 명부에 올렸다. 1958년에서 1975년 사이에 이들 세 명은 그 시기에 치러진 72개의 메이저 챔피언십 중 29개를 강탈했고, 나머지 세계 정상급 골퍼들을 넘는 40퍼센트의 성공률을 올렸다.

맥코맥과 '빅3'의 관계는 인터내셔널 매니지먼트 그룹(IMG)의 기초가 되었다. 그는 엄청난 부자가 되었고 그의 고객도 마찬가지였다. 오랜 세월동안 IMG는 스포츠계의 정상급 선수들을 관리했는데, 로드 레이버, 비욘 보르그, 마르티나 나브라틸로바, 닉 팔도, 그렉 노먼, 콜린 몽고메리, 그리고 지금의 타이거 우즈를 아우른다.

맥코맥은 특별한 제국을 창조했다. 2003년 73세로 운명하기 전에 그는 자신의 업적에 상응하는 모든 갈채를 받았다.

맥코맥의 '빅3'

전설을 만들고 있는 세 사람.
1962년 9월 오하이오 애크런에서 열린
월드 시리즈 골프에서 플레이어, 파머, 니클라우스

■ 1979년 클라렛 저그를 든 세베. 자신의 5개 메이저 타이틀 중 첫 번째 우승

1970년대 초부터 중반까지 유럽의 골프는 정체기였다. 그때 세베 바예스테로스라 불리는 당당하고, 젊고 잘생긴 스페인 선수가 등장했다.

19세였던 세베는 1976년 로열 버크데일에서 열린 오픈에서 거의 우승할 뻔했지만, 마지막 날 조니 밀러에 밀려 좌절했다. 하지만 잭 니클라우스와 공동 2위로 경기를 마친 세베는 세계에 자신의 계획을 알렸다. 여기에는 메이저 챔피언십도 대기 중이었다.

세베는 버크데일에서 등장한 후 3년 연속으로 유럽의 상금 왕이었고, 이전 두 대회에서 우승과 2위로 경기를 마친 이력을 가졌는데 예비 토너먼트의 인기인으로 1979년 로열 리텀 앤 세인트앤스에 오픈을 위해 도착했다. 그의 나이 겨우 22세였다.

2라운드에서 65타를 친 그는 필드에서 선두에 올랐고 결코 뒤돌아보지 않았다. 마지막 라운드는 롤러코스터 같았다. 세베는 드라이버를 아홉 번 사용했지만 단 한 페어웨이에만 적중했다. 그 결과로 일부 비평가들은 16번 홀에 있는 임시 주차장에 공이 들어간 것과 관련하여 그를 '주차장 챔피언'으로 부르기도 했다.

그러나 그는 상당히 간과된 면이 있지만 그날의 전략을 가지고 있었다. 바람이 불고 있었고 페어웨이는 단단하게 달궈졌다. 세베는 드라이버를 치면서 적어도 몇 개의 위험한 페어웨이 벙커를 피할 수 있겠다고 생각했다. 또한 그는 상대적으로 직접적인 그린에의 어프로치 샷을 만들어내는 전략을 미리 계획해서, 티에서 자신에게 유리하게 파워와 비거리를 이용할 수 있었다. 운에 결코 기대지 않은 대단한 승리였다.

이듬해 세베는 자신의 첫 번째 마스터스 우승을 차지했고 전 세계 모든 종류의 골프 코스에서 70승을 달성하기 위해 나아갔다. 이 모든 것은 1979년 7월 21일 리텀에서 시작되었다.

새로운 시작을 알린 세베

리텀의 18번 홀 페어웨이에서 관중의 박수에 답례하는 바예스테로스. 그는 커리어 내내 영국 대중과 위대한 교감을 즐겼다.

■ 1977년 턴베리에서 상호 존중을 보여준 니클라우스와 왓슨

잭 니클라우스와 톰 왓슨 간의 강력한 경쟁 관계는
턴베리에서 개최된 1977년 오픈 챔피언십에서 시작되었다. 두
사람은 처음 세 라운드 동안 68, 70, 65라는 동일한 스코어를
기록했고, 최종 라운드의 타는듯 뜨거운 햇빛 속에서 뛰어난
골프를 계속 선보였다. 니클라우스는 왓슨에 한 타 뒤지고
있었는데, 10언더 파 대 11언더 파로 겨루고 있었다.

견고한 1번 아이언 샷 후, 왓슨은 30인치(75센티미터)를 남겨
놓는 엄청난 7번 아이언 샷을 쳤다. 니클라우스는 그린으로 치려고
했지만 오른쪽으로 밀려 가시금작화 덤불 가장자리에 닿았고,
거기에서 그는 홀에서 약 30피트(9미터) 떨어진 그린 끝으로
밀고 들어갔다. 왓슨이 자신의 퍼트를 넣기 전에 니클라우스가
먼저 공을 넣었다. 관중들은 열광했다. 왓슨의 감정은 조금도
변하지 않았다. 그는 차분하게 공을 원래 위치에 놓은 다음
퍼트를 쳐서 한 타 차 우승을 차지했다. 그린을 벗어나 걸을 때,
니클라우스는 왓슨에게 "난 최선을 다했지만 충분하지 못했어.
자네가 더 훌륭했어"라고 말했다. 역사상 최고의 우승자는 최고의
패배자이기도 했다.

니클라우스는 1982년 페블 비치에서의 US 오픈에서도 똑같은
고통을 겪었다. 빅 잭은 3타 뒤진 채 최종 라운드에 돌입했지만 5
개 연속 버디는 그의 목표에 도움을 주었고, (잭 니클라우스가
클럽하우스에 있을 때) 왓슨은 힘겨운 파3의 17번 홀에 도착했고
그들은 4언더 파로 공동 선수에 올랐다.

왓슨은 왼쪽으로 그린을 놓쳤고 그의 공은 발목 깊이의 러프에
묻혔다. 불가능한 상황처럼 보였지만 그는 엄청나게 훌륭한
스트로크를 만들며 버디를 성공시켰고 한 타 앞섰다. 승리는
사실상 그의 것이었다.

언제나 신사였던 니클라우스는 승자를 축하하기 위해 18번 홀
그린에 서 있었다.

골프의 투사들

페블 비치에서의 극적인 최종일 경기 중,
15번 홀에서 잭 니클라우스와 동타를
이루는 버디 퍼트를 성공시킨 톰 왓슨

■ 베른하르트 랑거의 도움을 받으며 그린재킷을 입는 니클라우스

잭 니클라우스가 이룬 통산 여섯 번째 그린재킷이자
18개 메이저 챔피언십의 마지막 우승은 스포츠 역사상 가장 위대한
순간으로 손꼽힌다.

　1986년에 사람들은 잭이 한물갔다고 생각했다. 그는 46
세였고, 2년 동안 골프 대회에서 우승하지 못했으며 그의 마지막
메이저 우승은 6년 전 US 오픈이었다. 지역 신문은 그 주에 있을
마스터스를 홍보하면서 잭이 "이미 기력이 다해 몰락했다"는
기사를 싣기도 했다.

　이것은 그에게 필요했던 동기를 제공했다.

　74, 71, 69타라는 상당히 평범한 라운드를 마친 후 잭은
대부분의 해설자들의 관심에도 들지 못했다. 그들은 모두 그렉
노먼의 우승을 기대했다. 그는 4타 차로 선두였다. 그가 실수한다면
세베 바예스테로스, 톰 왓슨, 닉 프라이스 그리고 톰 카이트 같은
다른 선수들이 뛰어오를 준비를 하고 있었다. 젊은 사자들은
빙글빙글 돌고 있었지만, 골든 베어는 골프 역사상 가장 위대한
임무를 진 채 파티 속으로 비집고 들어갔다.

　신중한 첫 8개 홀이 지나자 잭은 9번, 10번 그리고 11번 홀에서
버디를 낚았다. 그는 12번 홀에서 보기를 치며 멈칫했지만 파5의
13번 홀에서 버디로 회복했고 그런 다음 장엄한 4번 아이언으로
3미터(10피트)거리에 공을 갖다 놓은 후 15번 홀에서 이글을
기록했다. 16번 홀에서 그는 중대한 6번 아이언 샷을 쳤고 공이
공중에 있을 때, 그는 캐디를 하고 있던 아들 재키를 바라보며
윙크했다. 공은 홀에서 1미터(3피트) 거리에 멈추었다. 그는 역시나
홀인했다. 그는 17번 홀에서 구불거리는 3미터(10피트) 퍼트를
넣으며 또 다른 버디를 낚았고, 그 후 잭이 자신의 전성기 내내
필요할 때마다 그래왔던 것처럼 18번 홀은 안전한 파로 마무리
지었다.

　잭은 어거스타에서 마지막 10개 홀을 단 33스트로크를 치며
65타를 쏘아 올렸다. 이것은 마치, 잭이 마지막 순간까지 자신의
경기를 펼치고 있을 때 라이벌들은 힘없이 무너지는 옛날과
같았다. 잭은 말했다. "내 커리어에서 가장 만족스런 우승이었다."
　그는 토너먼트 최고령 우승자로 남아 있다.

빅 잭의 마지막 임무

열광적인 박수를 받으며 18번 홀 그린에서
경기를 끝낸 니클라우스. 4라운드
총 279타는 우승하기에 충분한 코어였다.

1996년 타이거와 기뻐하는 부모님들, 쿨티다(왼쪽)과 얼

타이거 우즈는 1996년 8월 말에 프로로 전향하기 한참 전부터 유명했다. 누구도 한 번 이상 우승한 적이 없었던 US 아마추어 주니어 타이틀을 그는 3년 연속으로 차지했다. 이후 1994년부터 US 아마추어 타이틀을 3년 연속 거머쥐었는데, 가장 위대한 아마추어였던 보비 존스조차 그 눈부신 위업을 달성하지 못했었다.

그레이터 밀워키 오픈에서 프로로서 자신의 첫 번째 대회 컷 통과에 성공한 후, 타이거는 이후 3개 대회에서 11위로, 그 다음은 공동 5위, 그리고 공동 3위로 경기를 마쳤다. 그는 다음 대회인 라스베이거스 인비테이셔널에서 우승했고 그 다음 주에 2위로 마쳤으며 그 다음 주에 다시 이겼다. 다른 선수들에 비해 8개월 늦게 시즌을 시작했음에도 불구하고 그는 상금으로 35만 파운드(미화 70만 달러)이상을 벌어들이며 그해 말 상금 리스트 24위에 올랐다.

다음 시즌에 그는 프로로서 첫 번째 메이저 챔피언십인 1997년 마스터스에서 경기할 준비가 되어 있었다. 시작은 나빴다. 전년도 챔피언인 닉 팔도와 함께 경기한 타이거는 첫 9개 홀 동안 4오버 파를 기록했다.

이후 상황은 나아졌다. 그는 남은 63홀에서 상상을 초월하는 22 언더 파를 기록했고 12타 차로 대회에서 우승했다. 기록들은 볼링 핀처럼 우르르 쓰러졌다. 그는 최연소 우승자였고, 최저 타 우승 스코어였으며 가장 큰 타수 차 승리였고, 어거스타 후반 9개 홀 최다 언더 파(16언더), 중반 36홀 최저타(131)였으며, 첫 54홀에서 최저 스코어이자 가장 큰 리드를 했으며 어거스타 역사상 가장 많은 버디를 기록했다.

그 뒤 타이거는 줄곧 기록을 갱신하고 있다. 그는 지난 30년 동안 잭 니클라우스의 메이저 총 18승에 접근할 수 있는 일말의 가능성을 가진 것처럼 보이는 유일한 선수이다. 정말로, 타이거는 현재 그 숫자를 능가할 승산이 있어 보인다.

메이저 승리를 위해 포효하는 타이거

어거스타 18번 홀 그린에서 마지막 퍼트를 성공시키며 마스터스에서 18언더 파라는 최저 스코어를 기록하며 우승했고, 메이저 챔피언십 골프에 새로운 세력가의 도래를 알렸다.

■ 첫째 날에 칩샷을 성공한 후 의기양양한 베른하르트 랑거

1980년대에 이르기까지 미국 땅에서 펼쳐진 라이더 컵 매치는 일방적인 경기였는데, 영국&아일랜드 팀은 언제나 크게 패했다. 1983년에 미국은 고국의 잔디 위에서 최초로 질 뻔했고, 잉글랜드 벨프리에서 완전히 승리를 거둔 유럽 팀은 2년 뒤인 1985년에 해외에서 우승하길 희망하며 오하이오에 있는 뮤어필드 빌리지로 향했다.

유럽은 드림 팀으로, 토니 재클린이 주장을 맡았지만 메이저 챔피언십 네 번 우승자이자 라이더 컵의 거인인 세베 바예스테로스가 많은 측면에서 주도했다. 닉 팔도는 막 자신의 첫 번째 오픈 챔피언십 우승을 차지했고, 샌디 라일은 2년 전에 오픈에서 우승한 후 마스터스 승리를 위해 나아가고 있었으며, 베른하르트 랑거는 이미 자신의 첫 번째 마스터스 승리를 거두었다. 중요한 재능과, 보다 중요한 목표를 가진 팀이었다.

첫째 날 오전의 포섬(foursome) 후 승산은 반반이었지만, 오후의 포볼에서 유럽은 깨끗하게 승리를 휩쓸었다. 둘째 날 끝에 유럽은 5포인트 앞서고 있었다.

미국인들은 마지막 날 싱글 매치에서 불을 뿜으며 등장했고, 처음 7매치에서 5승과 절반을 차지했다. 하지만 유럽인들은 강력하게 맞섰다. 이몬 다시는 18번 홀 그린에서 미끄럽고 빠른 6피트(2미터)짜리 퍼트를 성공시켜 벤 크렌쇼를 물리치며 유럽이 질 수 없다는 것을 확인시켰다.

몇 분 후 맹렬한 일격을 가하며 17번 홀 그린에서 커티스 스트레인지를 물리친 선수는 바로 여러 면에서 유럽 골프를 소생시켰던 인물이자, 팀의 부적인 동시에 영감을 준 세베였다. 이것은 고국 땅에서 미국이 패배한 첫 번째 경기였고, 두 팀 간에 벌어진 여덟 번의 장대한 매치 중에서 접전을 펼친 첫 번째 대회이기도 하다.

유럽의 라이더 컵 급습

미국 땅에서 최초로 라이더 컵 우승을 차지한 후 토니 재클린과 함께 기쁨의 춤을 추는 유럽의 영웅들.

■ 패배를 받아들이기 힘들어 하며 눈물을 흘리는 세르히오(중앙)

팀 골프 역사상 가장 위대한 컴백이었다. 벤 크렌쇼의 미국 팀은 보스턴, 브룩클린 컨트리클럽에서 열린 1999년 라이더 컵의 처음 이틀 동안 상당히 맹공격을 펼쳤고, 마지막 날 싱글 매치를 남겨 두고 6포인트 대 10으로 유럽에 지고 있었다.

미국은 최고 선수들을 전반에 배치했고 결과는 정말로 폭발적이었다. 그들은 곧 크게 앞서기 시작했는데, 첫 여섯 매치를 이겼고 여세를 몰아 궤도에 올랐다. 극적인 드라마와 귀청이 터질 듯한 관중들의 소음이 있었던 오후에, 이 라이더 컵 대회는 미국의 저스틴 레너드와 상대인 호세 마리아 올라사발 간의 결과 여하에 달려 있었다.

레너드는 7홀을 남겨 두고 4타 뒤져 있었지만 연속으로 4 홀을 이겼고 자신의 매치뿐 아니라 컵 그 자체를 걸고 대등한 입장으로 17번 홀에 도착했다. 두 선수들은 예의 그린을 적중시켜 버디 퍼트를 남겨 두었는데, 레너드는 50피트(15미터) 거리에서, 올라사발은 그 거리의 절반 정도 되는 거리였다.

레너드가 먼저 퍼트를 했다. 그는 부드럽게 쳤고, 약간 세긴 했지만 라인은 완벽해보였다. 공은 홀 뒤쪽에 맞은 후 안으로 들어갔다. 레너드는 열광했다. 그때 미국 팀이 그를 축하하기 위해 그린을 침공했고 그 과정에서 호세 마리아 올라사발의 퍼트 라인 위를 우르르 지나갔다. 뛸 듯한 기쁨은 이해할 만하지만, 이로 인해 올라사발은 극히 중대한 자신의 퍼트를 위해 마음을 가라앉힐 기회를 갖지 못했다. 그는 당연하게 퍼트를 놓쳤고, 미국은 필요했던 반 포인트를 확보했다.

사태가 진정되었을 때, 대단한 반격을 했던 미국 선수들에 대한 정당한 평가를 부정할 수 없었다. 이는 당연한 승리였고 가장 위대한 라이더 컵 복귀전으로 전해진다. 동시에 이 라이더 컵은 두 팀과 팬들에게 아주 귀중한 교훈을 주었다. 골프 경기의 정신은 언제나 격려되어야 하며 축하와 코스 위에서의 처신에는 넘지 않는 것이 최선인 라인이 존재한다는 점이다.

브룩클린 전투

저스틴 레너드의 17번 홀에서의 버디, 이것은 미국 캠프에서 걷잡을 수 없는 축하 장면을 야기시켰다.

■ 리더보드 정상에 오른 우즈

2000년 페블 비치에서 열린 US 오픈에서 타이거 우즈의
우승과 비교할 만한 최고 수준에 있는 다른 스포츠를 생각하기란
힘들다. 동시에 골프 메이저 챔피언십에서 15타 차 우승이 다시
나올 것이라고 상상하기도 어렵다.

그 한 주는 그해 타이거 우즈의 골프가 얼마나 뛰어났는지를
알려주는 완벽한 척도였다. 잡지 《골프 월드》는 오른쪽 팔을
치켜들며 관중에게 답례하는 타이거의 모습을 표지에 실었다.
부제는 "지구인에게 인사(Greetings Earthlings)"였다. 그것은 제대로
된 요약이었다. 그해의 타이거는 다른 선수들과 달리 멀리 다른
행성에서 온 사람이었다.

US 오픈은 메이저 챔피언십 중 가장 엄중하고, 많은 노력을
요구하며 명백히 가장 힘든 대회이다. 그린은 단단하고 빠르며,
핀은 접근하기 어려운 장소에 박혀 있고, 페어웨이는 다른 대회에
비해 전형적으로 좁으며, 러프는 빽빽하고 들러붙는다. US 오픈을
운영하는 USGA는 모든 경쟁자들에게 샷이 빗나가면 심각하게
벌을 받을 것이라는 분명한 메시지를 행동으로 전한다.

타이거 우즈는 이런 모든 것이 말도 안 되게 쉬워 보이게
만들었다. 그는 한 타 앞서며 65타로 맹렬하게 라운드를 시작했다.
두 개의 라운드 후에 그는 6타 차로 리드했다. 3라운드를 지나자
그는 10타로 그 폭을 넓혔고, 마지막에 그 차이는 놀랍게도 15타로
벌어졌다. 그는 유일한 언더 파를 친 선수로, 정확하게는 12언더
파를 기록했다. 공동 2위는 3오버를 친 미구엘 앙헬 히메네즈와 두
번의 US 오픈 챔피언이었던 어니 엘스였다.

"완벽한 경기를 펼치며 US 오픈에서 우승하는 사람을 보고
싶다면, 여러분은 방금 그를 목격했다." 어니 엘스는 상냥하게
말했다. 이것은 사실이었다. 그 주에 다른 경쟁자들은 한 라운드당
평균 5개의 보기를 범했다. 타이거는 다 합쳐서 겨우 6개의 보기를
기록했다. 더욱이 그는 단 한 번도 쓰리 퍼트를 하지 않았는데,
이는 US 오픈은 말할 것도 없이, 어떤 메이저에서도 놀라운
위업이다.

타의 추종을 불허하는 우즈

페블 비치에서의 마지막 라운드 14번 홀에서 티오프 하는
우즈. 100번째 US 오픈이었고 우즈는 USGA에게 100주년을
기록하는 골프 쇼케이스를 선사했다.

■ 2002년에 달성한 13승 중 하나인 ANZ 마스터스에서 우승한 소렌스탐

2000년대 초기에 각각의 투어에서 타이거 우즈와 아니카 소렌스탐 중 누가 가장 지배적인 선수였느냐에 관해 끝없이 논쟁할 수 있을 것이다. 타이거가 그 기간에 달성한 경기 수준으로 볼 때, 이미 질문에서 답을 파악할 수 있는 것처럼 소렌스탐의 재능 역시 굉장했다.

아니카는 길게 직선으로 공을 치고, 어프로치 샷의 거리에 관한 판단이 뛰어나며, 천사처럼 퍼트를 할 수 있다. 그녀는 얼음처럼 냉정한 기질과 우승을 위한 맹렬한 의지를 함께 가졌다.

소렌스탐의 2001년 시즌은 특별했다. 그녀는 8개 대회에서 우승했고, 59타를 쏘아 올린 유일한 여자 골퍼가 되었으며, 한 시즌에 상금으로 200만 달러를 벌어들인 최초의 LPGA 골퍼였다. 그녀의 훌륭한 라이벌인 캐리 웹은 그해 말 인터뷰에서 아니카가 2002년에 다시 여덟 번 우승한다면 "자신의 손에 장을 지지겠다" 고 말했다.

하지만 소렌스탐은 그 이상을 이루었다. 2002년에 그녀는 1945년 바이런 넬슨의 장엄한 연승과 거의 맞먹는 골프 시즌을 보냈다. 그녀는 한 시즌에 11개 LPGA 토너먼트에서 이겼고, 모든 기록을 갈아치웠다. 아니카는 크래프트 나비스코에서 자신의 네 번째 메이저 우승을 차지했고 켈로그 키블러 클래식에서 11타 차로 우승하며 스코어 신기록을 세웠다. 그 시즌의 코스에 있는 동안 그녀는 LPGA 커리어 소득을 900만 달러, 천만 달러, 그리고 천백만 달러를 넘긴 최초의 여성 골퍼가 되었다.

미국에서 상대를 격파하는 데 만족하지 않고, 아니카는 다른 지역을 정복하기 위해 해외로 나아갔다. 그녀는 호주에서 열린 ANZ 여자 마스터스와 스웨덴의 컴팩 오픈에서 우승했다. 전부 해서 그녀는 26개 대회를 마쳤고 13승을 거두었다. 그녀는 톱 10 안에 20번 들었고 그 시즌이 끝날 무렵 그녀의 평균 타수는 새로운 신기록인 68.70이었고, LPGA 명예의 전당에 그녀의 위치를 확보했다. 그녀는 또한 자신이 전년도에 세운 기록을 날려버리며 상금으로 2,800만 달러를 손에 넣었다.

최고의 자리에 오른 소렌스탐

2005년 솔하임 컵에서 수잔 페테르손(중앙)과 유럽 팀 주장 카트린 닐스마크가 지켜보는 가운데, 거의 홀인할 뻔했을 때 놀라는 아니카 소렌스탐

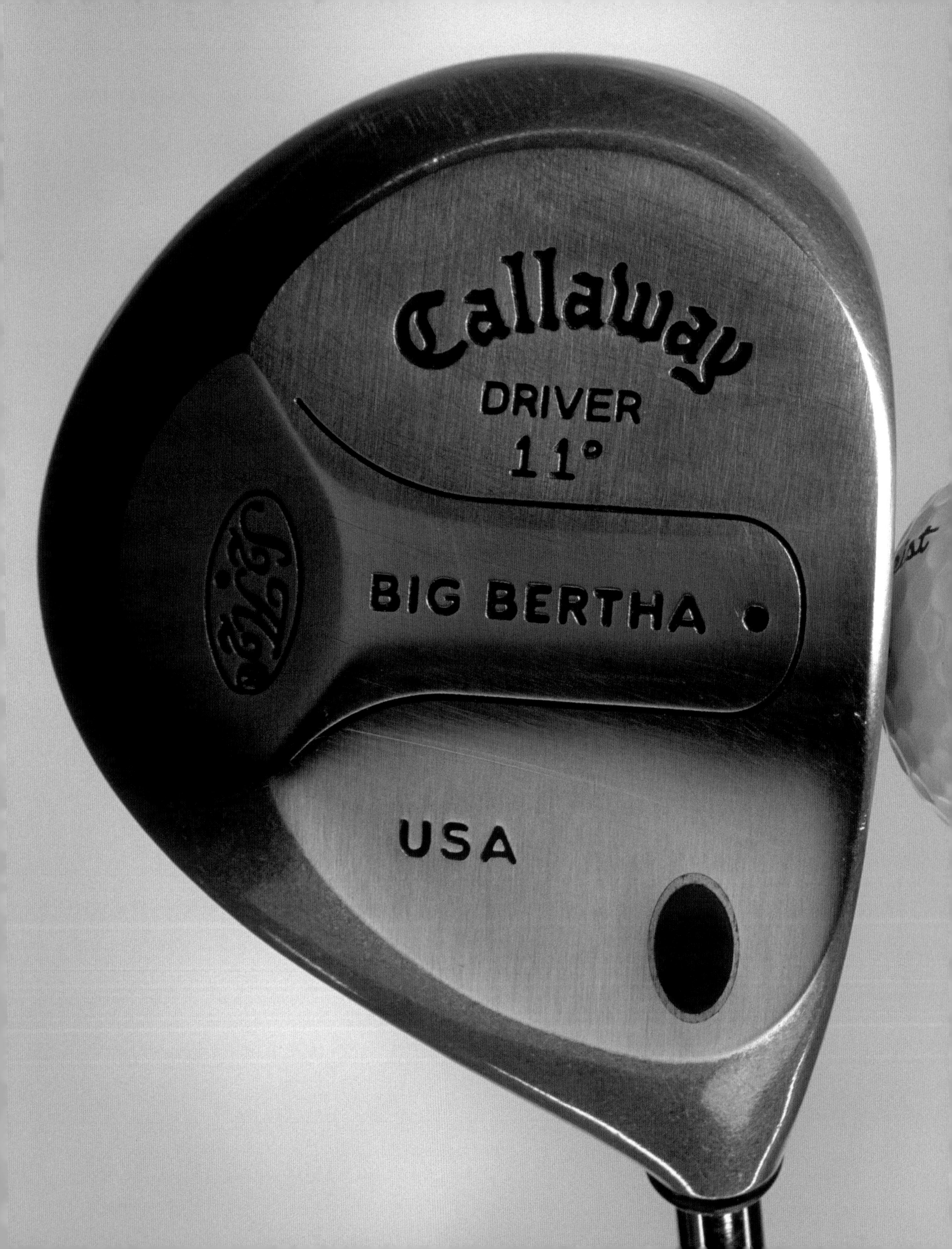
Callaway
DRIVER
11°
BIG BERTHA
USA

■ 2001년 1월 자신의 이름을 붙여 만든 클럽을 들고 있는 엘리 캘러웨이

골프 경기는 1982년 팜 스프링스에 있는 프로 숍에
백만장자 사업가인 엘리 캘러웨이가 걸어 들어왔을 때 영원히 변할
운명이었다. 선반에 진열해서 팔고 있는 특정 피칭 웨지를 보고
너무나 감명받은 엘리는 그 클럽을 샀을 뿐 아니라 그 회사의 반도
함께 가졌다.

물론 캘러웨이 회사가 만든 것은 피칭 웨지가 아니었다. 그것은
드라이버, 메탈 드라이버였다. 머지않아 캘러웨이는 클럽의 정수가
되었다. 20세기 말에 엘리의 회사는 골프 클럽계에서 거인이
되었고, 말 그대로 드라이버 시장을 점령했다.

엘리 캘러웨이는 다른 방식으로 일을 해야 한다는 비전을
가진 드문 타입의 전형적인 대재벌이었다. 성공한 모든 이들과
마찬가지로 그는 자신의 신념에 확신이 있었다. 그가 세계 최초로
오버사이즈 스틸헤드를 장착한 드라이버이자 회사의 아이콘인
빅 버사를 선보였을 때, 그는 성공을 너무나 확신해서 30만 개의
헤드를 선 주문했고 최고가를 붙였다.

결과는 대성공이었다. 메탈 클럽은 모양, 감촉 그리고 소리가
달라서 감나무 헤드 드라이버에서 메탈헤드 드라이버로 바꾼
수많은 골퍼들은 어려움을 겪었다. 하지만 어느 누구도 경기력
향상이라는 측면에서 이 새로운 기술의 효율성을 부인할 수
없었다.

회사는 골프 경기의 새로운 시대를 개척했고 일반 골퍼들이
순수하게 골프를 즐길 수 있도록 해준 훌륭한 골프 클럽들을
계속 만들고 있다. "우리가 등장하기 전까지 드라이버는 백에서
가장 두려운 클럽이었다." 2001년 사망하기 얼마 전 《골프 월드》
잡지와의 인터뷰에서 엘리는 말했다. "오늘날 아마 가장 인기 있는
클럽일 것이다."

그가 옳았다. 이것은 엘리 캘러웨이의 유산이다.

빅 버사 등장

캘러웨이의 오버사이즈 스틸헤드 드라이버는
모든 수준의 선수들이 공을 보다 똑바로,
더 멀리 칠 수 있도록 했다.

■ 2004년 새로운 코스를 위한 계획을 살피는 닉 팔도(왼쪽)

선수들은 골프 코스에서 경기하고 디자이너들은 골프 코스를 디자인했던, 경계가 분명한 시절이 있었다. 앨리스터 맥켄지, 도널드 로스, 그리고 해리 콜트와 같이 중요한 골프 코스 건축가들의 시대는 갔다.

오늘날 개발자들은, 자신들의 새로운 골프 코스가 즉각적인 신용과 인정을 받기 위해서는 세계 최고의 선수들의 협력을 얻는 것이 최선의 방법이라는 것을 안다. 정상급 선수들 대부분은 이에 가담하고 있다. 잭 니클라우스, 게리 플레이어, 그렉 노먼, 필 미켈슨, 어니 엘스, 벤 크렌쇼, 아니카 소렌스탐, 세르히오 가르시아, 비제이 싱, 호세 마리아 올라사발, 데이비스 러브3세, 콜린 몽고메리, 그리고 타이거 우즈에 이르기까지 그들은 모두 골프 코스 디자인 세계에 발을 들여 놓았다.

아놀드 파머는 많은 면에서 선구자였다. "내가 골프 코스를 짓기 시작했을 때, 건축가였던 골퍼들은 몇 명에 불과했다. 오늘날은 경기를 하거나 경기를 잘하는 선수라면 누구나 건축가가 된다."

그 매력을 이해할 수도 있다. 골퍼들은 다른 운동선수들에 비해 보다 긴 커리어를 향유하지만, 그들은 아주 잠깐 동안 정상에 있을 뿐이다. 이것은 새로운 커리어에 고생 없이 발을 들여 놓는 방법이며, 선수로서 최고의 날들이 다 지나갔을 때 골프에 계속 관여할 수 있는 길이다.

"내가 선수로서 경력이 끝났을 때 (전임 코스 디자이너로 넘어가면서) 젊었으면 좋겠다. 나는 50세에 이걸 시작하고 싶지는 않다." 동아시아, 중동 그리고 인도에 수많은 골프 코스를 짓고 있는 디자인 회사를 소유한 어니 엘스는 말한다.

이 사업에는 큰 돈 역시 따른다. 골퍼들은 하나의 골프 코스를 디자인하는 데 백만에 가까운 돈을 벌 수 있다. 모든 것은 바뀌었고, 이들 혜택 중 한 가지는, 75년 전에 미스터리였던 골프 코스 디자인 기술을 표면화했다는 점이다. 좋은 일임에는 틀림없다.

골퍼들의 야심에 찬 디자인

2003년 3월, 중국 미션 힐즈에서 자신의
이름을 딴 코스 가운데 파5의 15번 홀이 될
장소에서 플레이하는 호세 마리아 올라사발

5

최고의 코스들

링크스 코스 Links courses

골프의 진정한 기원은 세월의 안개 속에서 뒤죽박죽되었지만, 이 스포츠가 스코틀랜드와 잉글랜드 해안가의

황무지에서 진화되었다는 한 가지 사실만은 분명하다. 몇 세기 동안 링크스 골프는 경기를 장악했다.

거친 풍경과 변화무쌍한 날씨는 궁극적이고 가장 원시적인 골프 시험대를 만든다.

△ **로열 카운티다운**에 위치한 링크스 코스는 북아일랜드의 던드럼 만 일대와 나란히 위치한다.

◁◁ **아일랜드의 워터빌 골프 코스**는 대서양을 마주하고 있으며, 유럽에서 가장 서쪽에 위치한 훌륭한 링크스 코스로 꼽힌다.

◁ **스코틀랜드 턴베리**에 위치한 에일사 코스는 골프계에서 가장 아름다운 인목을 즐길 수 있는 곳으로 손꼽힌다.

기상조건과 공의 운명은 모두 예측 불가능해 험준한 작은 언덕 위에 공이 안착하고 바운스 되는 것은 전적으로 행운에 의지하지만, 전통방식을 고집하는 골퍼들은 결국 이를 받아들이지 않았다.

거칠고 풀이 우거진 곳은 연날리기나 산책에나 적합했기에 초창기 호쾌한 골퍼들이 내륙의 바다와 비옥한 대지에서 연습하는 것은 당연했다. 그렇기에 목초지와 바다가 연결된 땅이라는 뜻의 '링크스'는 신조어다. 링크스 코스에서 하는 도전은 특별하며, 공격적인 경기

방식만을 교육받은 현대의 골퍼들은 자신이 정복해야 할 링크스의 특성과 공략 방법 때문에 처음에는 고군분투한다. 링크스에 매섭게 부는 바람은 경기를 하는 모래언덕을 만들 뿐 아니라 여러분의 샷 만드는 능력을 시험한다. 링크스에서는 경기를 위해 미풍을 가로지르는 낮은 궤도의 펀치

아일랜드의 서쪽 해안에 위치한 둔백은 최근에 지어진 몇 안 되는 링크스 중 하나이다. 그렉 노먼이 디자인한 코스의 홀들은 영국제도 서쪽의 링크스랜드와 같은 의미로 거대한 모래언덕 사이에 위치한다.

샷이라든가 그라운드의 자연스런 형태를 이용한 섬세한 피치 샷 등 특별한 샷이 필요하다.

자연 그대로의 코스

페어웨이는 계곡의 등고선 사이에서 자연스런 루트를 형성하는데, 오래된 모래 구덩이들이 서서히 단장되고 모양이 잡혀 현재 우리가 알고 있는 항아리 벙커로 변했다. 전통적으로 페어웨이, 티 그리고 그린이 영향을 받았음에도 불구하고 링크스들은 자연의 힘에 대항해 고투했다. 기나긴 더운 여름날에 마른 잔디가 갈색의 옅은 차양 모양으로 변하는 모습을 보는 것은

놀라운 일도 아니다. 바닷가의 잘 자란 풀들은 습기와 이슬비 섞인 바다안개의 자연스런 침식의 조화와 그린키퍼의 정성스런 손질로 생명을 유지한다. 나쁜 풀들이 자라는 것을 막고 링크스 고유의 특징을 유지하기 위해 물은 아주 조금씩 준다. 대부분의 오래된 링크스들은 유사한 레이아웃을 가지는데 코스가 위치한 링크스랜드가 좁기 때문이다. 선회할 필요가 있을 때 홀은 한 지점에 이를 때까지 클럽하우스에서 멀어졌다가 클럽하우스의 안식처로 되돌아간다. 위기에서 벗어나기 위해 바람을 상대하는 것은 흔한 일이지만 결국 살을 에는 바람 속으로 돌아갈

바다는 없지만 순수 링크스의 특징을 흉내 낸 인랜드 시스터즈. 더블린 근처 카튼 하우스에 위치한 몽고메리와 베를린에 있는 팔도 코스는 유럽에서 최고로 손꼽힌다. 이들 코스는 건축가 스탠 에비와 골퍼들의 합작품이다.

게리 플레이어가 디자인한 남아프리카의 팬코트 골프 코스는 새롭게 조성된 인랜드 링크스다.

뿐이다. 그러나 위기에 봉착한 골퍼가 바람으로 고군분투하고 있을 때, 바람이 부는 방향이 바뀌어야 국면이 전환되므로 18번 홀에 도달하기 위해서는 여전히 자연과 싸워야 한다는 사실을 깨닫는다. 이것이 바로 링크스 코스의 묘미이다. 기상조건과 공의 운명은 모두 예측불가능해서 험준한 작은 언덕 위에 공이 안착하고 바운스되는 것은 전적으로 행운에 의지하지만, 전통방식을 고집하는 골퍼들은 이를 받아들이지 않았다.

인랜드 링크스

역사적인 중요성과 지속적인 명성에도 불구하고, 오늘날 링크스 골프는 드물다. 순수 링크스는 250개 미만이며 대부분 영국제도의 차가운 바다 근처에 위치한다. 현재 전 세계 연안들이 보호받고 있어 새로운 링크스를 만들기 위해 허가 받는 일은 점점 어려워지고 있기 때문에 영원히 이 정도의 수로 남을지도 모른다.

링크스 열성팬들에겐 다행스럽게도 이런 특별한 스타일의 코스는 이른바 '인랜드 링크스'의 건설을 통해 지속될 것으로 보인다. 비록 골퍼들의 기술을 시험하던 변덕스런 바닷바람은 없지만, 영리한 디자이너들은 바다의 노여움 속에 있지 않음에도 순수 링크스 코스와 유사한 도전을 창조해내고 있다. 이들 코스는 진정한 링크스와는 결코 같아질 수 없지만 언젠가 역사적인 코스들의 찬란한 혈통에 몇 개가 추가될 수 있다고 볼 때, 새롭게 조성된 '링크스'는 환영할 만한 대안이다.

벙커 헬 BUNKER HELL

링크스 벙커들은 기본적으로 깊은 조개 모양을 하고 있어서 그 안의 모래는 바람에 의해 쉽게 쓸려가지 않는다. 풍식은 여전히 이들 잔인한 벙커의 지형에 문제가 되므로 해를 거듭하면서 벙커를 짓는 특별한 방식이 발전하였다. 알려진 대로, 제방 쌓기는 잔디 조각이 차곡차곡 층을 이루게 함으로써 견고하고 안정되며 아주 가파른 지형을 만드는 것으로, 사실상 잔디 벽을 세우는 방식이다. 이는 벙커의 형태를 유지할 뿐 아니라 모래에 빠진 골퍼들에게 매우 어려운 과제를 던져준다. 잔디 모종은 거대한 10피트(3미터) 깊이의 크로스 벙커인 악명 높은 '로드 홀' 벙커와 '헬' 벙커를 포함한 세인트앤드루스에 있는 모든 벙커의 제방을 만드는 데 필요한 수천 조각의 잔디를 제공하는 데 도움을 준다.

■ 세인트앤드루스 14번 홀의 거대한 '헬' 벙커

워터빌, 아일랜드 WATERVILLE, IRELAND

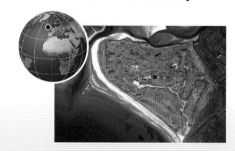

크고 힘이 넘치며, 짓궂지만 훌륭한 도전지인 워터빌은 놀랄 만큼 외딴 곳이라 경외감을 주는 링 오브 케리에 위치한다. 워터빌은 유럽의 가장 서쪽에 위치한 뛰어난 링크스로 위치상 미국과 유럽을 아우르는 특징이 있다. 헨리 코튼은 "워터빌은 가장 훌륭한 코스 중 하나다. 만약 이곳이 영국에 위치했다면 의심할 여지없이 브리티시 오픈의 개최지가 되었을 것이다" 라고 말했다.

스튜어트의 정신

세 번의 메이저 대회 챔피언인 페인 스튜어트는 링크스 코스, 마을과 주민들을 사랑했던 호감 가는 선수였다. 이러한 감정은 상호적이었다. 그는 US오픈에서의 두 번째 우승 후 몇 달도 안 되어 비행기 사고로 죽었는데, 2000년도 워터빌의 명예 회장이 되기로 막 동의를 했던 참이었다. 그에 대한 추억은 9번 홀의 그린에 세워진 동상을 통해 살아 있는데, 트레이드마크인 통 넓은 반바지를 입고 퍼터에 기댄 모습은 클럽하우스 창가를 통해서도 볼 수 있다.

스튜어트 동상과 아내 트레이시

워터빌은 1번 홀이 "최후의 쉬운 곳"이라고 불릴 정도로 가차 없는 링크스로 유명하지만 이곳의 명성이 순전히 허세는 아니다. 사실 명성 이상이다. 첫째로, 워터빌은 언덕지대의 두드러진 코너 위에 뻗어 있는데, 한쪽은 발린스켈리그스 만의 대서양 파도와 만나고 다른 쪽은 이니 강어귀와 만난다. 바다 멀리에서 그 전경을 흘끗 보면 어둡고 음침한 매질리커디 릭스 언덕이 모습을 드러낸다. 둘째로 이곳은 무자비하지만 매력적이고 로맨틱한 링크스 코스로, 창조적인 디자인은 찬사를 받을 만하다.

모든 홀에서의 드라마

코스의 기원은 이 기이한 마을이 미국을 잇는 해저 통신망이 연결된 케이블 정거장으로 바뀌었을 때인 1800년대 말로 거슬러 올라간다. 노동자들은 마을 근처에서 골프에 적합한 장소를 발견했다. 시간이 지나면서 심각하게 황폐화된 링크스는 아일랜드계 미국인 존 멀케이가 재정비했고 1970 년대 초에는 최고의 선수들을 시험하는 데 적합한 현대 링크스 코스의 표준을 만드는 데 착수했다. 이곳은 전 세계 방문자들로부터 구애를 받을 만큼 크게 성공했지만 2003년 이래로 더 유명해졌다.

뛰어난 신규 코스들과 세계 최고로 손꼽히는 코스들의 보수를 책임진 톰 파치오는 모든 홀에 드라마를 넣어 달라는 요청을 받았다. 워터빌은 엄청난 백나인(후반 9홀)과 초반의 몇몇 멋진 홀로 유명했지만 파치오는 모든 홀을 인상 깊게 만들었다. 두 개의 새로운 홀을 덧붙였고 명성 높은 홀들까지도 개선했다. 요동치는 언덕, 수풀로 우거진 둑과 조개 모양의 벙커들은 여기저기 흩어져 있다. 티샷을 할 때는 여러모로 깊이 생각한 후 쳐야 하는데, 그렇지 않으면 좋지 않은 스코어를 기록하게 된다. 어떤 홀은 무섭고, 어떤 홀은 매력적이며 스릴 넘친다. 이곳의 파3 홀에 서면 눈부신 모습에 감명받지만 현실로 돌아오면 어려움에 맞닥뜨리게 된다. 4번

홀에서는 침식된 둑으로 둘러싸인 긴 그린의 강어귀 옆에 자리한, 바람이 거센 티그라운드에서 플레이 해야 한다. 6번 홀에서는 다운힐 티샷으로 공을 그린에 올려야 한다. 오른쪽으로 잘못 치면 개울이 잠복해있고, 왼쪽으로 빗맞거나 길게 칠 경우 공은 미끄러운 경사 아래로 구르게 된다. 12번 홀에서는 한때 미사가 열렸던 오래된 골짜기 너머에서 경기를 해야 한다. 17번 홀은 흥분 그 자체다. '멀케이의 봉우리'로 알려져 있는 이곳은 코스에서 가장 큰 언덕이 있는데, 황야의 정상에는 전 코스를 살펴볼 수 있는 외딴 티그라운드가 있다. 바다는 오른쪽, 거의 200야드(183미터) 떨어진 곳에 위치하며 온갖 장애물에 둘러싸인 그린이 놓여 있다. 왼쪽 전면은 고립된 깊은 벙커 한 개와 숲이 우거진 습지로 가로막혀 있다. 장애가 되는 마운드 뒤에서는 클럽을 놓치기 쉽고, 오른쪽 가까이에는 아슬아슬한 해변 절벽이 있다. 조마조마한 샷은 단순히 짧은 홀에만 한정되는 것은 아니다. 파4인 2번과 3번 홀의 그린은 놀라우리만큼 강 가까이에 위치하고 있다. 7번 홀 오른쪽 아래에는 뱀 모양의 개울이 수많은 드라이브 샷을 삼킨다. 한 작가가 "맨해튼을 걷고 있는 것 같다"고 묘사한 적이 있는 파5의 11번 홀에는 거대한 모래언덕이 정렬해 있다. 그리고 15번과 16번 홀의 드라이브는 바람 때문에 굉장히 멀리 간다. 이 코스는 유명한 브리티시 링크스와도 견줄 만하지만 이곳의 외진 지역적 특성 때문에 톱클래스 토너먼트를 유치하는 데 어려움이 있다. 그럼에도 선수들의 기개를 시험할 수 있는 가장 훌륭한 코스로, 특히 디 오픈 대회 전에 타이거 우즈, 마크 오메라, 짐 퓨릭, 그리고 페인 스튜어트 등이 자주 이곳을 방문했다. 그들은 이곳의 고독함뿐 아니라 터무니없을 만큼 많은 노력이 필요하지만 아주 스릴 있는 이 코스를 사랑한다.

리암의 에이스로 알려진 16번 홀은 이니 강이 바다와 만나는 언덕의 커브를 따라 앞바다로 바람이 부는 경향이 있다.

워터빌은 거칠고 흥분되는 코스다. 이곳의 매력 때문에 이곳에 다시 오는 것이 너무 좋다. 놀랄 만한 도전이지만, 그럼에도 아름답다.

조 카, 로열 앤 에인션트 골프 클럽의 전 회장

코스 설명

거센 대서양의 바람에 깎여 이상적으로 세팅된 이 멋진 링크스는 티오프부터 많은 노력을 요구하며 결코 느슨해지지 않는다. 거친 언덕, 성긴 러프와 모래에 구멍을 판 벙커에서의 모든 샷은 모험이다. 그것을 이겨내기 위해서는 침착함을 유지해 깨끗한 타구를 치는 것밖에는 도리가 없다.

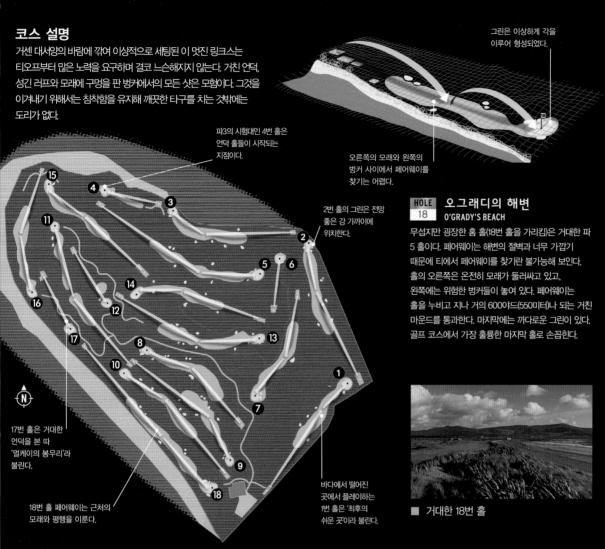

그린은 이상하게 각을 이루어 형성되었다.

오른쪽의 모래와 왼쪽의 벙커 사이에서 페어웨이를 찾기는 어렵다.

파3의 시험대인 4번 홀은 언덕 홀들이 시작되는 지점이다.

2번 홀의 그린은 전망 좋은 강 가까이에 위치한다.

17번 홀은 거대한 언덕을 본 따 '멀케이의 봉우리'라 불린다.

18번 홀 페어웨이는 근처의 모래와 평행을 이룬다.

바다에서 떨어진 곳에서 플레이하는 1번 홀은 '최후의 쉬운 곳'이라 불린다.

HOLE 18	오그래디의 해변

O'GRADY'S BEACH

무섭지만 굉장한 홈 홀(18번 홀을 가리킴)은 거대한 파 5 홀이다. 페어웨이는 해변의 절벽과 너무 가깝기 때문에 티에서 페어웨이를 찾기란 불가능해 보인다. 홀의 오른쪽은 온전히 모래가 둘러싸고 있고, 왼쪽에는 위험한 벙커들이 놓여 있다. 페어웨이는 홀을 누비고 지나 거의 6000야드(550미터)나 되는 거친 마운드를 통과한다. 마지막에는 까다로운 그린이 있다. 골프 코스에서 가장 훌륭한 마지막 홀로 손꼽힌다.

■ 거대한 18번 홀

워터빌

WATERVILLE GOLF LINKS, WATERVILLE, CO. KERRY, IRELAND
www.watervillegolflinks.ie

코스 설명

설립 1889	**디자이너**
길이 7,325 야드	존 멀케이, 에디 해켓,
(6,698 미터)	클로드 하먼,
파 72	톰 파치오
코스 기록 67	
리암 히긴스(1977)	

엄선된 챔피언들

케리골드 인터내셔널 클래식
조지 번즈(1975), 토니 재클린(1976), 리암 히긴스(1977)

코스 카드

전반 9			후반 9		
홀	야드	파	홀	야드	파
1	430	4	10	470	4
2	464	4	11	506	5
3	425	4	12	200	3
4	185	3	13	488	5
5	595	5	14	456	4
6	194	3	15	428	4
7	424	4	16	386	4
8	436	4	17	194	3
9	445	4	18	594	5
아웃	**3,598**	**35**	**인**	**3,727**	**37**

아웃OUT(전반 9개 홀을 뜻함)
인IN(후반 9개 홀을 뜻함)

밸리뷰니언, 아일랜드　BALLYBUNION, IRELAND

눈이 튀어나올 만큼 굉장한 링크스라면 단연 밸리뷰니언에 있는 올드 코스를 들 수 있다. 극적인 대서양의 파도 옆에 있는 광활하고 풀이 무성한 언덕을 압도하는 코스는, 논란의 여지는 있지만 링크스 코스에서 최고의 파4 홀이 분명한 계단식으로 된 벙커 없는 11번 홀을 자랑한다. 세인트앤드루스와 다소 비슷한 이 코스는 궁극적인 링크스를 경험하고 싶어 찾아다니는 골퍼들을 위한 메카이다.

파3인 15번 홀의 그린은 밸리뷰니언 골프 클럽에 있는 올드 코스의 광대한 언덕 사이에 자리한다.

밸리뷰니언의 가치에 대해서는 누구나 잘 알고 있다. 아일랜드 서쪽 해안의 섀넌 강 어귀에 굳건히 자리를 잡고 있는 코스의 페어웨이를 걷는 대부분의 골퍼들은 이곳의 변덕스럽고 까다로운 자연을 사랑하게 된다. 몇몇은 '행운의 여신'에게 의존할 수밖에 없는 높은 그린 그리고 짜증 나는 러프 때문에 화를 내곤 하는데 보통 이들은 하루 종일 운이 나쁘다. 코스가 탄생한 초창기인 19세기 후반에조차 밸리뷰니언은 논쟁의 중심이었다. 1897년 《아이리시 타임즈》는 이곳의 특색을 비난했는데, "골퍼의 무한한 인내심과 끊임없는 공의 공급이 필요한, 마을 아래에

있는 토끼 굴 같은 곳"이라고 표현했다. 이 멋진 코스에겐 잔인한 의견이었지만 이것은 오늘날에도 여전히 진리로 통하는데, 당황하지 않고 언덕 사이의 볼 더미에서 자신의 공을 잃지 않으려면 냉정한 정신력이 필요하기 때문이다.

처녀 출전을 위해 첫 번째 티로 걸어가는 것은 흥분된 순간이지만, 페어웨이를 내려다 보다가 바로 오른쪽 돌담 너머에 있는 마을의 공동묘지를 발견하는 순간 기대는 흥미로 바뀔 수 있다. 무시무시한 시작과 함께, 상대적으로 온화한 홀은 갈수록 더 거칠어진다. 완전히 편평한 라이에서 경기를 시작하는 경우가 거의 없기 때문에 기복이 심한

> 밸리뷰니언의 올드 코스는 세계 최고이자 가장 아름다운 링크스 골프의 시험대로 꼽힌다.

톰 왓슨, 디 오픈을 다섯 번 제패한 선수

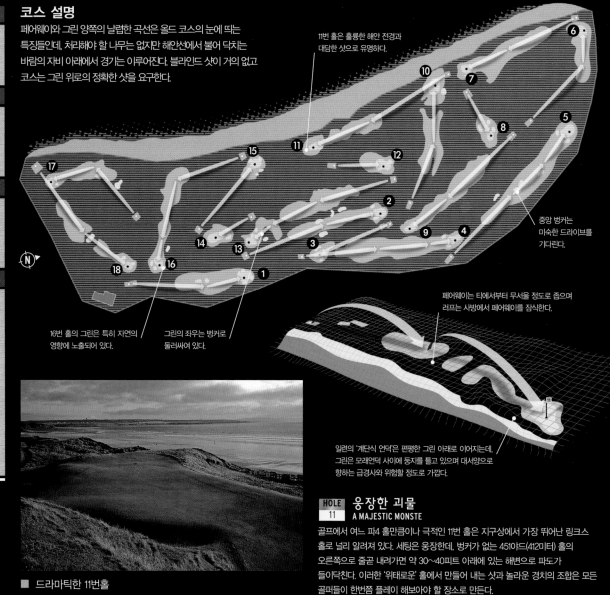

코스 설명

페어웨이와 그린 양쪽의 날렵한 곡선은 올드 코스의 눈에 띄는 특징들인데, 처리해야 할 나무는 없지만 해안선에서 불어 닥치는 바람의 자비 아래에서 경기는 이루어진다. 블라인드 샷이 거의 없고 코스는 그린 위로의 정확한 샷을 요구한다.

11번 홀은 훌륭한 해안 전경과 대담한 샷으로 유명하다.

중앙 벙커는 미숙한 드라이브를 기다린다.

16번 홀의 그린은 특히 자연의 영향에 노출되어 있다.

그린의 좌우는 벙커로 둘러싸여 있다.

페어웨이는 티에서부터 무서울 정도로 좁으며 러프는 사방에서 페어웨이를 잠식한다.

일련의 '계단식 언덕'은 편평한 그린 아래로 이어지는데, 그린은 모래언덕 사이에 둥지를 틀고 있으며 대서양으로 향하는 급경사와 위험할 정도로 가깝다.

밸리뷰니언

SANDHILL ROAD, BALLYBUNION,
COUNTY KERRY, IRELAND
www.ballybuniongolfclub.ie

올드 코스

설립 1893	디자이너
길이 6,684 야드	제임스 맥케너,
(6,112 미터)	톰 심프,
파 71	톰 왓슨

엄선된 챔피언들

아이리시 프로페셔널 챔피언 해리 브래드쇼
(1957)
머피즈 아이리시 오픈 패트릭 욜랜드 (2000)
파머 컵 (유니버시티 컵) 유럽 (2004)

코스 카드

전반 9홀			후반 9홀		
홀	야드	파	홀	야드	파
1	403	4	10	361	4
2	439	4	11	451	4
3	220	3	12	200	3
4	529	5	13	486	5
5	552	5	14	135	3
6	382	4	15	212	3
7	420	4	16	499	5
8	154	3	17	376	4
9	456	4	18	379	4
아웃	3,555	36	인	3,129	35

■ 드라마틱한 11번홀

HOLE 11 웅장한 괴물
A MAJESTIC MONSTE

골프에서 여느 파4 홀만큼이나 극적인 11번 홀은 지구상에서 가장 뛰어난 링크스 홀로 널리 알려져 있다. 세팅은 웅장한데, 벙커가 없는 451야드(412미터) 홀의 오른쪽으로 줄곧 내려가면 약 30~40피트 아래에 있는 해변으로 파도가 들이닥친다. 이러한 '위태로운' 홀에서 만들어 내는 샷과 놀라운 경치의 조합은 모든 골퍼들이 한번쯤 플레이 해보아야 할 장소로 만든다.

페어웨이의 특성은 경기에 큰 타격을 줄 수 있다. 어프로치 샷은 종종 행잉 라이에서 풀이 무성한 습지로 급강하하는 융기된 지형에 자리한 그린으로 플레이하게 된다. 밸리뷰니언에서 정확한 스트라이크는 필수이다.

진정으로 즐거운 여행

올드 코스는 11번 홀과(위 참조), 다섯 개의 파3 홀, 그리고 마지막 세 홀로 유명한데, 모두 오른쪽에서 왼쪽으로 거대한 언덕이 둘러싸고 있고 바다와 근접하다. 짧은 홀들은 정말 극적이고 변덕스러운데, 그들 중 3개는 후반 9개 홀에 이어지는 파4 홀 사이에 있다. 파3 홀의 정수를 꼽자면 해안으로 향하는 내리막경사에서 플레이하는 15번 홀인데, 이곳의 그린은 길고 이중구조로 되어 있으며 언덕들과 4개의 벙커가 에워싸고 있다. 해안에서 불어오는 바람을 맞으며 샷을 친다면 이곳이 지옥 같이 느껴질 것이다. 마지막 세 홀에서의 스코어는 라운드의 성패를 좌우한다. 16번 홀에서는 꼭 버디를 해야

한다는 생각 탓에 상황이 더 나빠지는데, 해변 옆 딱딱한 지역에서의 티샷은 문제를 일으키기 때문이다. 반밖에 보이지 않는 상태에서, 언덕 라인의 계곡 위 그린으로 타격을 하기 전에 어느 정도 도그레그(Dogleg, 개의 뒷다리 모양으로 오른쪽이나 왼쪽으로 휘어진 홀) 부분을 가로지를지 결정해야 하는데, 이곳은 특히 자연의 영향을 받기 쉽다. 17번 홀은 또 다른 심한 도그레그 홀로, 이번에는 해변 쪽으로 후퇴해 플레이를 한 다음 해안선을 따라 왼쪽으로 돌아 경기한다. 마지막으로, 18번 홀은 잔인한 오르막 파4 홀이다. 이 홀의 페어웨이는 입을 크게 벌린 벙커로 나뉘어져 있고 그린은 가파르고 수풀진 둑과 세 개의 항아리 벙커로 둘러싸여 있다.

밸리뷰니언의 올드 코스는 드라마틱한 풍경 너머로의 즐거운 여행이다. 이곳은 특히 맹렬한 바람에서 매우 도전적이며, 곳곳이 놀라울 정도로 색다르다. 이곳의 홀들은 어려움에도 불구하고 인상적이며 즐겁기 그지없다.

클린턴 경기하다

1998년, 전 미국 대통령 빌 클린턴은 아일랜드 공식 방문의 마지막 날에 올드 코스에서 경기를 했다. 티오프를 준비하는 대통령의 실물 크기 동상은 방문 기념으로 마을의 한가운데에 세워져 있다.

■ 귀빈 클린턴

로열 카운티다운, 북아일랜드 ROYAL COUNTY DOWN, NORTHERN IREL

야생의 전원 너머 상쾌한 여행지인 로열 카운티다운은 많은 골퍼들에게는 천국과 동시에
지옥을 의미하는 장소인데, 결혼은 이 잔혹한 미인을 가장 잘 설명하는 단어이다.
가시금작화의 무성한 덤불로 둘러싸인 많은 페어웨이와 130개의 특징적인 벙커를 자랑하는
코스는 마음을 사로잡는 동시에 고통을 주는 변덕스러움과 개성을 지닌다. 극단적으로
전통적인 뉘앙스에도 불구하고 이 특징적인 링크스는 전 세계의 사랑을 받게 되었다.

코스 설명

모언 산의 당당함을 등에 지고 아이리시 해와 접하고 있는 이 험악하고
완고한 링크스는 전통적인 스타일에 기쁨을 느끼는 동시에 분통을
터트리게 된다. 블라인드 샷과 불규칙한 바운스는 경기뿐 아니라 심리에도
영향을 준다.

15번 홀은 페어웨이가
넓은데, 그린은 거꾸로
된 접시받침 모양이다.

16번 홀의 그린은
커다란 벙커로
둘러싸여 있다.

가시금작화와
헤더로 덮인 높은
언덕은 13번 홀과
경계를 이룬다.

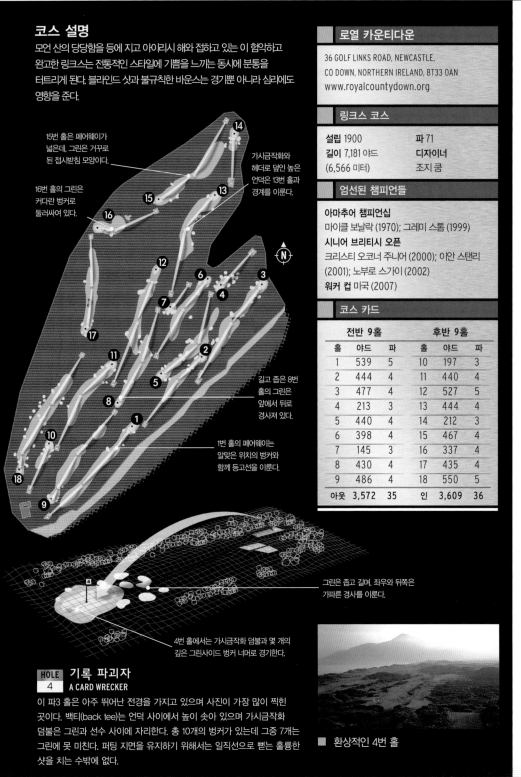

길고 좁은 8번
홀의 그린은
앞에서 뒤로
경사져 있다.

1번 홀의 페어웨이는
알맞은 위치의 벙커와
함께 등고선을 이룬다.

그린은 좁고 길며, 좌우와 뒤쪽은
가파른 경사를 이룬다.

4번 홀에서는 가시금작화 덤불과 몇 개의
깊은 그린사이드 벙커 너머로 경기한다.

HOLE 4 기록 파괴자 A CARD WRECKER

이 파3 홀은 아주 뛰어난 전경을 가지고 있으며 사진이 가장 많이 찍힌
곳이다. 백티(back tee)는 언덕 사이에서 높이 솟아 있으며 가시금작화
덤불은 그린과 선수 사이에 자리한다. 총 10개의 벙커가 있는데 그중 7개는
그린에 못 미친다. 퍼팅 지면을 유지하기 위해서는 일직선으로 뻗는 훌륭한
샷을 치는 수밖에 없다.

■ 환상적인 4번 홀

로열 카운티다운

36 GOLF LINKS ROAD, NEWCASTLE,
CO DOWN, NORTHERN IRELAND, BT33 0AN
www.royalcountydown.org

링크스 코스

설립 1900	파 71
길이 7,181 야드	디자이너
(6,566 미터)	조지 쿰

엄선된 챔피언들

아마추어 챔피언십
마이클 보날락 (1970); 그레미 스톰 (1999)
시니어 브리티시 오픈
크리스티 오코너 주니어 (2000); 이안 스탠리
(2001); 노부로 스가이 (2002)
워커 컵 미국 (2007)

코스 카드

전반 9홀			후반 9홀		
홀	야드	파	홀	야드	파
1	539	5	10	197	3
2	444	4	11	440	4
3	477	4	12	527	5
4	213	3	13	444	4
5	440	4	14	212	3
6	398	4	15	467	4
7	145	3	16	337	4
8	430	4	17	435	4
9	486	4	18	550	5
아웃	3,572	35	인	3,609	36

골프는 초기 선구자들이 링크스에 빠졌을 때조차
한 번도 공정한 적이 없었다. 최고로 훌륭한
링크스 중에서도 이곳이야말로 뛰어난 기술과 행운의 결합이
가장 필요한 곳이다.

미지의 감각

올드 톰 모리스는 최초에 코스 디자이너로 이름을 올렸지만
그의 레이아웃은 거의 남아 있지 않다. 조지 쿰 의원은 홀의
위치를 해안가의 편평한 곳에서 근처에 있는 더 거칠고
울퉁불퉁한 언덕으로 옮겼다. 1900년에는 사람과 말 외에는
땅 고르는 기계가 없었기 때문에 홀은 모래언덕에 거꾸로 자리
잡았다. 트레이드마크인 블라인드 홀들은 여전히 남아 있다.

골퍼는 부드러운 드라이브를 위한 가이드로 마커 팟말이
있는 티나 지평선상에 있는 하얀 돌에 대부분 의존한다. 저
너머에 무엇이 있는지 알지 못하기 때문에 결단력 없는
선수들은 몹시 고생할 수 있지만 미지의 감각은 즐거움이
되기도 한다. 가끔은 마커 너머 한 곳에 명중시켜, 언덕의
꼭대기로 걸어가 공을 놓은 후 페어웨이의 중간에
날려버리는 것이 가장 좋을 때도 있다. 다른 곳이 아닌 이
코스에서 이런 곤란한 경험을 한다는 것이 중요한데, 그렇지
않으면 불쾌하게 느낄 수도 있기 때문이다. 벙커들은 깊게
위치하고 있는데, 거의 다듬어지지 않은 모습으로 단정한

전 링크스를 가로질러 공중제비를 넘는 모래언덕은 비비꼬인
풀과 가시금작화 및 헤더의 광대한 흔적에 뒤덮인 채 대담하게
솟아 있다.

지형은 들러붙는 풀과 헤더 뭉치들이 대신하고 있다. 이 고의적인 자연 그대로의 상태는 신비로움을 더하고, 특히 잘 관리된 페어웨이와 에메랄드 빛 그린과 비교하면 더 그러하다. 홀의 시작인 1번 홀은 거의 모든 것을 다 갖추고 있다. 투 쇼터인 파5 홀은 버디를 기대하게 만들지만 위험으로 가득하다. 던드럼 만의 물은 모래언덕의 정상 바로 너머 오른쪽을 감싸고 있고, 왼쪽에는 방해가 되는 제방이 늘어서 있다. 약간 가라앉아 있는 그린에 못 미치는 피칭은 멀리 튀기 쉽지만 적어도 공이 어디로 향하는지 볼 수 있다. 그러나 다음의 연속되는 홀은 그렇지 않다. 예를 들어 5번 홀은 왼쪽에서 오른쪽으로 휘어 있으며 방향을 보려고 올라서면 밝은 흰색 돌이 번쩍번쩍 빛을 내며 시야를 방해한다. 장타자들은 페이드로 치거나 홀이 그 방향으로 굽어 있어 오른쪽으로 바로 치길 원할 것이다. 그러나 무리하면 가시금작화가 드라이브를 가로채게 된다. 좀더 과감한 경로를 택한다면 그린으로 짧은 샷을 치면 되지만 신중을 기한다면 작은 클럽을 선택해 왼쪽으로 내려 보내면 된다. 이 그린 주변에 있는 위험은 코스의 전형으로,

가장자리를 둘러싼 벙커, 런오프 지역들, 뒤쪽에는 헤더와 러프가 있는 제방이 있다. 여기에 있는 거의 모든 그린에서 그러하듯 안전한 실수는 짧고 일직선의 샷을 치는 것이다.

8번 홀의 그린은 주변에 (페어웨이에서는 보이지 않는) 문제가 되는 커다란 함몰 지역이 있다. 긴 파4 홀인 9번 홀은 당황스러운 블라인드 드라이브가 있는데, 1920년에 해리 콜트가 했듯이 노력하지 않는다면 두 번째 샷 역시 보이지 않게 된다. 이 홀은 카운티다운에서 콜트가 영감을 준 4번 홀과 함께 가장 유명하다.

18번 홀로 향해

톰 왓슨이 "내가 경기해 본 전반 9홀 중 최고"라고 회상하듯 전반 9개 홀이 더 알려져 있음에도 불구하고 최종 홀을 향하는 길 역시 감탄을 자아낸다. 두 개의 멋진 파3 홀과 몇몇 거대한 파4 홀들, 특별히 인정받는 13번 홀, 그리고 24개의 지옥 같은 벙커를 자랑하는 배짱이 있으면 영광을 얻는 파5 홈 홀(18번 홀)이 후반 9개 홀을 장식한다. 뛰어난 환경 속에서 드물고 무시무시하며 긴장을 자아내는 도전에 이르게 된다.

10번 홀은 개성으로 가득한데, 클럽하우스 창가에 위치한 티그라운드와 벙커로 둘러싸인 넓은 그린이 있다.

오픈 대회 개최

사실 로열 카운티다운은 영국의 일부분이자 역사 깊은 곳이기 때문에 디 오픈을 개최할 수 있다. 하지만 한 번도 선정된 적이 없는 주된 이유는 정치적인 것으로, 위험이 지나치게 크다는 이유에서였다. 디 오픈은 1951년 북아일랜드의 로열 포트러시에서 딱 한 번 열렸었다. 그러나 최근에 들어 골프의 관리 기관이자 브리티시 챔피언십의 주최 기관인 세인트앤드루스의 로열 앤 에인션트 골프 클럽은 디 오픈과 거의 같은 의미인 시니어 브리티시 오픈을 카운티다운에서 개최했는데, 잭 니클라우스와 톰 왓슨 같은 선수들은 코스의 즐거움을 즐길 수 있었다.

턴베리, 스코틀랜드 TURNBERRY, SCOTLAND

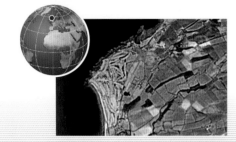

멋지고 우아하며 즐거운 에이셔에 있는 턴베리의 에일사 코스는 골프에서 가장 아름다운
세팅을 자랑한다. 아란 섬과 바다쪽 지평선에 우뚝 솟은 에일사 크레이그의 화강암 돔, 그리고
갑 위에 자리한 오래된 등대가 있는 아이리시 해를 내려다보는 뛰어난 홀들은 항상 위대한
챔피언을 배출해내며 극적인 도전을 제공한다.

9번 홀의 챔피언십 티는 돌로 된 벼랑 위에서 흔들리는데, 왼쪽에는
등대가, 앞쪽에는 들쭉날쭉한 후미가 있으며 멀리 떨어진 곳의
돌무더기 기념비는 페어웨이를 가리키며 서 있다.

이렇게 훌륭한 풍경은 평범한 코스를 가릴 수 있지만
턴베리의 도처에 자리한 바위 경사에 만들어진
홀은 눈부신 링크스의 위상을 더욱 높여준다. 20세기에
들어서야 이 해안가에 뻗어 있는 코스에서 경기가 이루어
졌지만, 두 번의 세계대전으로 비행장 설립 때문에
페어웨이는 편평해지고 타맥(tarmac)으로 포장되었다.
골프는 화려한 백색 호텔의 소유인인 프랭크 홀이 코스를
부활시켜야 한다고 주장하기 전까지 버려졌다. 맥켄지
로스가 다시 자연의 모습을 되살리는 임무를 맡았는데,
집중적인 공사 후 1951년에 코스는 재오픈했다.

열기로 뜨거워지다

1번 홀은 짧은 파4 홀이지만 이후부터 바로 경기가
뜨거워진다. 두 개의 까다로운 파4 홀을 지나면 코스는
북쪽으로 흐르는데 해안가에 가까운 5개의 홀은 특히
드라이빙 실력을 시험한다. 경기는 바람을 가르며 진행될 수
있는데 이들 연속된 홀에서는 화를 내기보다는 어려움을 참고
견디는 편이 낫다. 8번 홀의 그린은 왼쪽에 있는 눈에 띄지
않는 바위에서 불과 몇 미터 떨어져 있다. 그러나 브루스의
성이라고 명명되는 9번 홀에 이르는 길은 여러분의 시선을
사로잡을 것이다. 10번 홀은 해변을 끼고 있으며 샷의 가치가
높다. 등대 바로 앞에 위치한 새로운 티는 물과 바위를 지나
페어웨이에 닿으려면 220야드(200미터)의 비거리가
요구되며, 거기서부터는 그린을 찾기 위해서 꿰뚫는 듯한 롱
아이언 샷이 필요하다. 바다와 가까운 티에서 경기를 하는
기분 좋은 11번 홀을 지나면 코스는 내륙으로 방향을 선회해
가시금작화가 흩뿌려지고 풀들이 무성한 모래언덕과
결합한다. 18번 홀로 향하는 모든 홀에서는 적어도 심장이
멎는 듯 아슬아슬한 샷을 치게 되는데, 무릎이 후들거리는
샷을 꼽으라면 13번 홀의 위험한 드라이브, 파3인 15번
홀에서의 희망을 거는 티샷, 그리고 16번 홀에서의 개울
너머로 치는 어프로치 샷과 17번 홀의 모래언덕 사이에서
치는 드라이브 샷을 들 수 있다. 2009년에는 네 번째로 오픈
챔피언십이 개최되는데, 코스를 더 어렵게 만들기 위해 많은

노력을 기울여왔다. 에일사 코스에 바람이 불 때에는 언제나 많은 노력이 필요함에도 바람이 잔잔할 때는 위험 요소가 부족했다. 그러나 오늘날 로열 앤 에인션트와의 협력 덕분에 코스는 길어지고 거칠어져 샷을 칠 때의 압박이 더 없이 심해졌다. 17개의 새로운 페어웨이 벙커들과 어프로치에서는 4개의 벙커가 추가되었다. 위대한 챔피언이라면 이전 세 번의 경기에서와 마찬가지로 승리할 것이다. 톰 왓슨은 1977년 잭 니클라우스보다 오래 살아남았을 때 최고의 위치에 올랐고, 그렉 노먼은 대부분의 참가자들이 버둥거리고 있을 때 63타로 우승했다. 그리고 1994년의 닉 프라이스는 일요일에 17번 홀에서의 무시무시한 이글을 포함해 31개의 샷만을 치고 18번 홀에 들어섰다.

위대한 도전

공평함과 다양성을 갖춘 턴베리를 정복하기 위해 골퍼들은 샷을 치는 능력과 함께 지략을 갖춰야 한다. 드라이브를 만들고 범프 앤 런 샷을 치고 그린에서는 창조적인 플레이를 펼쳐야 하는데, 그린의 크기는 상당하지만 모양은 몹시 다양하다. 이곳에서 우승한 세 명의 선수들이 모두 환상적인 퍼트를 구사한다는 것은 놀라운 일이 아니다. 대부분의 선수들은 턴베리를 한번 방문하면 다시 이곳을 찾고 싶어 하는데 에일사 코스에서는 무슨 일이 생길지 알 수 없기 때문이다. 절경에 둘러싸여 경기를 한다는 것 자체가 위대한 도전이다.

백주의 결투

1977년 턴베리에서 잭 니클라우스와 톰 왓슨(228~229쪽 참조)간의 유명한 결전이 벌어졌다. 톰이 한 홀을 남겨 두고 한 타 차로 리드하고 있었는데, 그는 7번 아이언으로 핀 쪽으로 쳤고, 잭은 7번 아이언으로 우거진 풀숲을 빠져 나와 그린을 찾은 다음 버디를 낚았다. 그러나 톰은 평정을 유지하며 우승했는데, 홀은 '백주의 결투'라고 이름 붙여졌다.

■ 결전을 벌이는 톰 왓슨과 잭 니클라우스

코스 설명

숨 막힐 듯 아름다운 코스는 아이리시 해의 파도에 맞서 굳건하게 자리한다. 이곳은 새침하고 고요한 링크스로 벙커는 제한적이지만 영리하게 사용되고 있으며 기교와 파워를 적절히 조화시켜 미묘한 라인과 끊임없는 속도에 대항해야 한다.

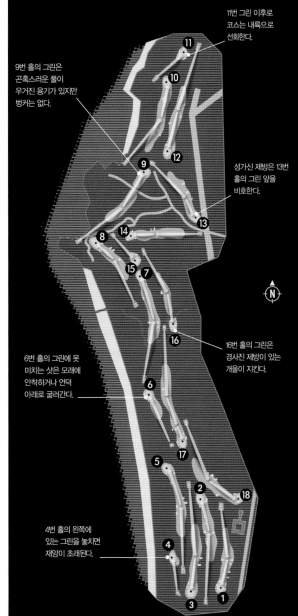

9번 홀의 그린은 곤혹스러운 풀이 우거진 융기가 있지만 벙커는 없다.

11번 그린 이후로 코스는 내륙으로 선회한다.

성가신 제방은 13번 홀의 그린 앞을 비호한다.

6번 홀의 그린에 못 미치는 샷은 모래에 안착하거나 언덕 아래로 굴러간다.

16번 홀의 그린은 경사진 제방이 있는 개울이 지킨다.

4번 홀의 왼쪽에 있는 그린을 놓치면 재앙이 초래된다.

턴베리

THE WESTIN TURNBERRY RESORT,
TURNBERRY, AYRSHIRE, SCOTLAND, KA26 9LT
www.turnberry.co.uk

에일사 코스

설립 1946	코스 기록
길이 7,224 야드	63 그렉 노먼 (1986)
(6,605 미터)	디자이너
파 70	맥켄지 로스

엄선된 챔피언들

오픈 챔피언십 톰 왓슨 (1977);
그렉 노먼 (1986); 닉 프라이스 (1994)
브리티시 여자 오픈 케리 웹 (2002)
시니어 브리티시 오픈 톰 왓슨 (2003);
로렌 로버츠 (2006)

코스 카드

	전반 9홀			후반 9홀	
홀	야드	파	홀	야드	파
1	358	4	10	458	4
2	430	4	11	174	3
3	489	4	12	446	4
4	165	3	13	412	4
5	476	4	14	449	4
6	231	3	15	209	3
7	538	5	16	458	4
8	454	4	17	558	5
9	454	4	18	465	4
아웃	3,595	35	인	3,629	35

■ 16번 홀의 다리

HOLE 16 작은 개울 WEE BURN

'작은 개울'이라고 16번 홀을 부르는 것은 이 홀을 과소평가한 것이다. 그린의 앞과 오른쪽을 가로질러 구불구불 흐르는 수로는 작지만 아래로 경사진 제방은 그렇지 않다. 사실상 짧은 피칭이나 퍼팅 지면의 오른쪽에 있는 공은 마른 상태로 유지하는 데 애를 먹는데, 거대하게 둥글린 제방은 윌슨의 개울(Wilson's Burn)로 가파르게 내려가, 아래로 치는 샷을 곤경에 빠트리기 때문이다. 그러나 계획적으로 개울을 피하는 플레이를 선택하는 대담한 샷도 특히 순풍에서는 그린에 올리는 데 어려움을 겪을 수 있으며, 종종 섬세한 칩이나 교묘한 퍼트를 남겨 놓는다. 홀은 1994년에 비해 50야드(46미터) 더 길고 어프로치를 한층 더 어렵게 하기 위해 왼쪽에서 오른쪽으로 굽어 있다.

새로이 도그레그된 페어웨이는 어프로치를 한층 더 위험하게 만든다.

짧거나 오른쪽으로 가는 샷은 가파르고 부드러운 측면의 개울에 빠진다.

킹스반스, 스코틀랜드 KINGSBARNS, SCOTLAND

현대에 지어진 몇 안 되는 링크스이기도 한 킹스반스는 뛰어난 코스 디자인과 함께 토목 공학의 위업이다. 많은 홀들은 뻔뻔하게 세인트앤드루스, 턴베리, 그리고 카노스티와 같은 다른 링크스에 경의를 표하는 반면, 킹스반스는 링크스의 전통을 더해 더 눈부시며 몇 마일 떨어진 곳에서 위상을 과시하는 '골프의 발상지'에 대항해 확고하게 버티고 있다.

킹스반스는 놀라운 전설을 지니고 있다. 세인트앤드루스에서 남서쪽으로 몇 마일 떨어진 곳에 자리한 이 햄릿은 1700년대 말기 이래로 골프와 변덕스러운 연애를 해왔다. 원래의 링크스는 1850년 소작농에 의해 경작되었고, 세인트앤드루스의 프로 선수 윌리 오치터로니가 9개의 새로운 홀을 만든 1922년에 킹스반스 만 위의 링크스랜드로 골프는 되돌아왔다. 1939년 전쟁 발발로 코스는 다시 고통을 받았는데, 해안의 방어를 위해 지뢰가 설치되었다. 다소 평평한 목초지에서 골프를 다시 볼 수 있게 된 건 50년이란 세월이 흐른 후였다. 참으로 놀라운 변모였다. 땅 고르는 기계가 링크스의 진수인 이곳을 단장하기 위해 굴러들어오기 전에 땅은 점점 바다 쪽으로 내려앉아 자연적인 계단식 단에 의해 갈라졌다. 농기계가 잘 굴러다닐 수 있는 단순한 목초지 외에는 언급할 만한 모래언덕은 없었다. 그때 미국인 마크 파시넌과 카일 필립스가 북해의 어둡고 딱딱한 돌 위의 해안에서 가장 훌륭한 장소를 포착해 그들의 꿈을 링크스의 경이로 바꾸어 놓았다. 자연스럽게 생긴 모래언덕처럼 보이도록 하기 위해 수천 시간을 공들인 끝에, 코스는 평지에서 솟아올라 지금은 누구도 이 뒤죽박죽인 땅이 수세기 동안 이런 모습이 아니었다고 말할 수 없을 정도로 자연스럽다.

전략과 책략

파시넌과 필립스 팀은 홀이 서로 엮여 있는 듯한 특징을 가지도록 만들었다. 그들은 모든 디테일을 생각했고 영감은 멋진 링크스 코스들로부터 받았다. 두 사람은 카노스티와 다른 코스들의 전략적 영향과 함께 세인트앤드루스의 일부분이 턴베리의 공을 삼키는 개울을 모방한 16번 홀 바로 아래에 있는 킹스반스의 홈 홀로 등장한다고 말할 때에도 부끄러움이 없었다.

모든 홀은 개성 있으며 재밌다. 비슷한 홀은 없지만 코스는 완벽하게 조화를 이룬다. 파3 홀들은 다채로운 시험대인데, 돌투성이 후미 너머 아름답게 자리한 그린을 가진 15번 홀은

그야말로 스타다. 대부분의 코스들은 지루한 강행군을 해야 하는 파4 홀 몇 개를 보유하지만 킹스반스에서는 전적으로 비거리로 승부하기보다는 전략과 책략을 가지고 경기에 임해야 한다. 모든 파5 홀들은 위험하지만 보상이 따르는 기회의 장소로 누군가는 성공할 수 있지만 용감한 이들에게는 곤경이 숨어 있다.

모든 홀에서는 안전을 우선시 할지 용감한 길을 택할지 선택해야 한다. 드라이브가 대담하면 할수록 어프로치는 더 쉬워지고, 모든 핀의 위치는 티샷을 취하는 데 선호되는 경로가 있다.

숨 막히는 모험

그린에서 역시 긴장을 풀 수 없는데 대부분이 빠르고 심하게 휘어져 있기 때문이다. 평범한 퍼팅 표면을 취하는 것이 쉬웠음에도 불구하고 디자이너들은 과감함을 택했고 프레스트윅과 같이 더 오래된 링크스에서 영감을 구했다. 풍향과 반대인 경계에 있는 몇몇 그린은 킹스반스를 특별하게 만들어 언제나 기억에 남을 것이다. 킹스반스는 숨 막히는 모험이지만 대담한 특징들은 멋진 성공을 의미하며 세월의 시험에서 견뎌낼 것이다.

악명 높은 그린

킹스반스는 그린 디자인으로 악명 높은데, 9번 홀이 그중 최악이다. 한 해 동안 경기를 치른 후 윤곽을 다시 바꾸었는데, 중간 언덕의 높이 1피트(30센티미터)를 깎아내었다. 그린을 가로질러 흐르는 솟아 오른 얕은 고원과 이상한 위치에 놓인 핀 때문에 겨냥하기 매우 어렵다.

■ 9번 홀의 완만히 경사진 그린

5번 홀과 같이 빠르고 도전적인 그린은 킹스반스 만 옆에 낮게 자리한 인공적인 모래언덕을 가로질러 드리운 저녁 그림자 한복판에 잠복하고 있다.

코스 설명

현대적이고 훌륭한 코스는 뛰어난 다양성을 가지며
광활하게 굽이치는 몇몇 그린에도 불구하고 상당히
평탄한 시험지이다. 자연 그대로 보이도록
만들어졌고 불쑥불쑥 솟아 있는 모래언덕과
벙커들은 전략이 가치를 발휘하도록 위치하고 있다.

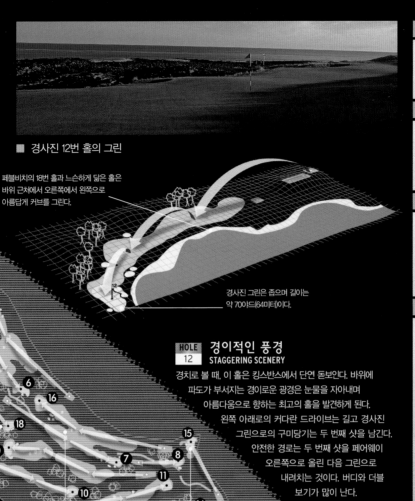

경사진 12번 홀의 그린

페블비치의 18번 홀과 느슨하게 닮은 홀은
바위 근처에서 오른쪽에서 왼쪽으로
아름답게 커브를 그린다.

경사진 그린은 좁으며 길이는
약 700야드(64미터)이다.

HOLE 12 경이적인 풍경
STAGGERING SCENERY

경치로 볼 때, 이 홀은 킹스반스에서 단연 돋보인다. 바위에
파도가 부서지는 경이로운 광경은 눈물을 자아내며
아름다움으로 향하는 최고의 홀을 발견하게 된다.
왼쪽 아래로의 커다란 드라이브는 길고 경사진
그린으로의 구미당기는 두 번째 샷을 남긴다.
안전한 경로는 두 번째 샷을 페어웨이
오른쪽으로 올린 다음 그린으로
내려치는 것이다. 버디와 더블
보기가 많이 난다.

4번 홀에 있는 벙커
너머로의 대담한
드라이브는 가장
쉬운 어프로치를
남겨 둔다.

최선의 티샷은 5번
홀 페어웨이의 왼쪽
아래로 가는 것이다.

개울은 18번 홀의
그린을 막고 있다.

오른쪽에서 왼쪽으로 융기된
지형은 7번 홀의 페어웨이를
지배한다.

15번 홀의 그린은
돌투성이 후미 너머에
위치한다.

커다란 벙커는
12번 홀의 그린을
둘러싸고 있다

킹스반스

KINGSBARNS, ST ANDREWS,
FIFE, SCOTLAND, KY16 8QD
www.kingsbarns.com

코스 설명

설립 2000	**코스 기록** 62
길이 7,126 야드	리 웨스트우드 (2003)
(6,516 미터)	**디자이너** 마크 파시넌,
파 70	카일 필립스

엄선된 챔피언들

**던힐 링크스 챔피언십(세인트앤드루스,
카노스티 공동)** 폴 로리 (2001); 파드리그
해링턴 (2002, 2006); 리 웨스트우드(2003);
스티븐 갈라처 (2004); 콜린 몽고메리 (2005);
닉 도허티 (2007)

코스 카드

전반 9홀			후반 9홀		
홀	야드	파	홀	야드	파
1	414	4	10	387	4
2	200	3	11	455	4
3	516	5	12	606	5
4	408	4	13	148	3
5	398	4	14	366	4
6	337	4	15	212	3
7	470	4	16	565	5
8	168	3	17	474	4
9	558	5	18	444	4
아웃	3,469	36	인	3,657	36

로열 버크데일, 잉글랜드 ROYAL BIRKDALE, ENGLAND

아이리시 해를 내려다보는 커다란 모래언덕에 새겨진 로열 버크데일은 다양한 홀들이
환상적으로 배치되어 있는 무모한 도전지이다. 어렵지만 공정하다는 명성을 가진 이곳은
잉글랜드에서 최고의 코스로 종종 랭크된다. 랭커셔의 서쪽 해안에 있는 코스는 자국 내에서
최고로 손꼽히는 링크스랜드에 자리해 모든 골퍼들이 사랑하는 '굉장한' 요소들을 선사한다.

네 번의 행운

1954년 로열 버크데일에서 열린 오픈
챔피언십에서 24세인 호주의 피터 톰슨은
최종 라운드에서 71타로 우승했다. 톰슨은 세
번이나 디 오픈 우승에 실패했지만 이후로
1955, 1958, 1965년에 네 번이나 더 우승을
차지하게 되었다. 마지막 승리 역시 로열
버크데일에서 장식했다.

■ 트로피를 든 톰슨

수천 년간 우세한 서풍이 쌓아올린 서해안의 거대한
모래언덕은 야생초가 춤추는 거대한 모래더미가
지키는 페어웨이와 그린이 있는 '스타디움 스타일'의
링크스를 짓는 데 완벽한 장소였다. 펜스 너머 남쪽에는
힐사이드와 사우스포트 앤 에인데일 두 개의 골프 클럽이 더
있는데 두 곳 모두 같은 지형을 공유하는 멋진 클럽이다.

진화하는 코스

1889년에 클럽이 형성되었음에도 불구하고, 1930년대에
재능 있는 두 명의 디자이너들이 코스를 업데이트시키고
링크스랜드의 특성을 살리는 임무를 맡고 나서야 발전하기
시작했다. 다섯 번의 오픈 챔피언인 JH 테일러와 그의 건축가
파트너인 프레드릭 호트리는 페어웨이가 언덕 사이의 천연
골짜기를 통과하도록 루트를 짰고 그린은 모래언덕에 자리
잡아 미니 원형극장식으로 눈부시게 설치했다. 그들은
마운드에 편승하기보다는 골짜기의 층을 이용했기 때문에

잉글랜드 서해안의 구불거리는 언덕은 버크데일에 있는 훌륭한 홀들의
요람이지만 울퉁불퉁한 외형에도 불구하고 홀들은 완벽히 평평하다.

페어웨이는 지나치게 융기되지 않아 버크데일의 페어웨이는
평평하다는 명성이 생겨났다. 1961년 오픈에서 아놀드
파머가 코스를 전멸시키고 난 후, 링크스의 난이도와
관중들의 조망에 있어 업데이트가 필수적임을 깨닫게
되었다. 호트리의 아들인 프레드가 한 부분을 담당했는데,
그가 준 변화 중에는 코스에서 가장 먼 곳에 만든 새로운 홀이
있었다. 골프에서 가장 유명한 짧은 홀로 간주되는 파3의 12
번 홀은 개선할 필요가 없었다. 외관은 아름다우며, 높고
무시무시한 언덕으로 삼면이 둘러싸인 잡목이 우거진
황무지를 가로질러 깎여진 퇴적지 위에 그린은 앉아 있다.
전방 지역은 항아리 벙커가 박혀 있어 정말로 아이언 샷을 잘
쳐야 한다. 2008년 오픈을 준비하며 프레드 주니어의 아들인
마틴 호트리는 12개의 페어웨이 벙커를 제거하고 16개를

■ 아크 데코 클럽하우스

새로 더했다. 6개의 새로운 챔피언십 티는 길이뿐 아니라 많은 홀에서 플레이라인 역시 바뀌었는데, 코스는 더 까다로워졌지만 여전히 훌륭하다.

남자들의 승부

세계 최고의 골퍼들은 작고 외딴 곳에 위치한 티에서 넓은 공간으로 날아가는 긴 비거리에 언제나 만족해왔다. 그러나 현재 페어웨이는 찾기 더 어렵기에 일직선으로 뻗어가는 힘 있는 큰 타구뿐 아니라 길게 형성된 샷이 필요하다. 여기에 있는 그린에 도달하면 말도 안 되게 심각한 경사보다는 섬세하게 굽이치는 표면에 직면하게 된다. 그린을 읽는 기술은 버크데일에서 가장 중요한 요소이다. 한 가지 유명한 예는 현대의 천재 골퍼의 등장에서 볼 수 있다. 1976년의 건조하고 먼지 날리는 오픈에서 세베 바예스테로스가 자신의 2위 자리를 확고히 하기 위해 최종 홀에서 친 샷은 전설이 되어 버렸다. 그는 18번 홀의 그린을 놓쳤지만 그 다음 마법의 순간을 만들어 내었는데, 두 개의 벙커 사이에 있는 러프에서부터 흘러 내려간 칩샷은 홀에 들어가 파 세이브를 기록했다. 이 남자들만의 승부에서, 특히 15번 홀에서부터의 도전에서 살아남는다면, 원양 정기선을 연상시키는 역사적 건축물인 흰색의 아크 데코 클럽하우스가 여러분을 맞이할 것이다. 이곳에서 어떤 스코어를 기록하든지 상관없이, 골퍼들은 야생의 자연에서 멋진 산책을 했다는 사실을 깨닫게 될 것이다.

역사적인 업적을 위해 코스에서 명판을 수여받는 특권을 누리는 골퍼는 극소수이지만, 아놀드 파머는 로열 버크데일의 16번 홀에 명판을 가지고 있다. 명판은 1961년 오픈 2 라운드에서 그가 6번 아이언으로 그린 위로 가격한 장소인, 버드나무 관목 사이의 페어웨이 바로 오른쪽 가장자리에 놓여 있다. 관람객들은 그 샷에 깜짝 놀랐는데, 무시무시한 강타는 기념될 가치가 있었다.

코스 설명

거대한 언덕 지형에서 홀들은 모래언덕 사이의 골짜기를 따라 엮여 있다. 울퉁불퉁한 그라운드, 경사진 페어웨이, 구불구불한 벙커 그리고 섬세한 그린을 넘는 큰 비거리는 적절하지만 바람과 만나면 위험하다.

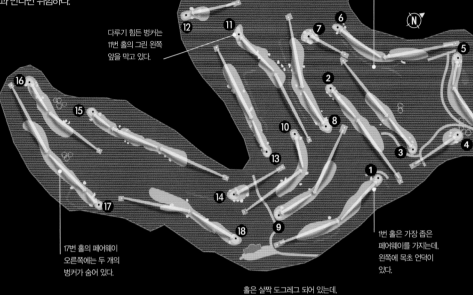

6번 홀 페어웨이 왼쪽을 따라 작은 수로가 흐른다.

다루기 힘든 벙커는 11번 홀의 그린 왼쪽 앞을 막고 있다.

17번 홀의 페어웨이 오른쪽에는 두 개의 벙커가 숨어 있다.

1번 홀은 가장 좁은 페어웨이를 가지는데, 왼쪽에 목초 언덕이 있다.

홀은 살짝 도그레그 되어 있는데, 백티 쪽에서부터 더 많이 휜다.

배 모양의 그린은 전방에 두 개의 벙커가 비호한다.

로열 버크데일

ROYAL BIRKDALE GOLF CLUB, WATERLOO ROAD, SOUTHPORT, ENGLAND, PR8 2LX
www.royalbirkdale.com

코스 설명

설립 1889	프레드 호트리 시니어
길이 7,180 야드	& 주니어, 마틴 호트리
(6,565 미터)	**코스 기록** 65
파 70	타이거 우즈 (1998),
디자이너 J H 테일러,	존 휴스턴 (1998)

엄선된 챔피언들

오픈 챔피언십
피터 톰슨 (1954, 1965); 아놀드 파머 (1961); 리 트레비노 (1971); 조니 밀러 (1976); 톰 왓슨 (1983); 이안 베이커−핀치 (1991); 마크 오메라 (1998)
라이더 컵 미국 (1965); 영국과 아일랜드 팀 미국과 동점

코스 카드

전반 9홀			후반 9홀		
홀	야드	파	홀	야드	파
1	450	4	10	412	4
2	421	4	11	434	4
3	450	4	12	183	3
4	203	3	13	498	4
5	346	4	14	201	3
6	509	4	15	544	5
7	177	3	16	439	4
8	458	4	17	572	5
9	411	4	18	472	4
아웃	3,425	34	인	3,755	36

HOLE 18 중대한 홀 MOMENTOUS HOLE

많은 훌륭한 샷과 특별한 순간의 장관은 홈 홀에서 특히 필요하다. 티에서 약 230야드(210미터) 지점의 갈라진 페어웨이의 중간에 벙커가 있는데 바람이 불 때만 문제가 된다. 그 대신 오른쪽에 위치한 두터운 러프와 가시금작화가 더 위협적이다. 일단 페어웨이에서 두 개의 전방 벙커 사이를 피해 배 모양의 그린을 찾으려면 롱 아이언이 필요하다. 1965년 라이더 컵에서 아놀드 파머는 3번 우드로 4피트를 쳐내면서 영국과 아일랜드 팀에게 최후의 일격을 가했다. 1983년 오픈에서 톰 왓슨 역시 압도적인 샷을 이곳에서 쳤는데, 2130야드(195미터)에서 2번 아이언으로 좁은 150야드(14미터)를 지나 18피트(5.5미터)로 진입하는 샷을 날렸다. 그는 조용하게 2퍼트로 끝내며 헤일 어윈과 앤디 빈을 한 타 차로 따돌리고 우승했다.

■ 배 모양의 18번 홀의 그린

뮤어필드, 스코틀랜드　MUIRFIELD, SCOTLAND

세계에서 가장 오래된 골프 클럽인 에든버러 골프 협회의 본거지인 이 링크스는 에든버러 근처 포스 만을 내려다본다. 이곳은 영국제도에서 가장 훌륭한 코스로 종종 평가받으며 세계 톱 10에 이름을 올렸다. 1744년, 골프 클럽의 회원들은 최초의 공식 규칙인 '골프 경기의 13개 조항과 규칙'을 작성했고, 그해 고든 래트레이가 우승한 골프 대회에서 처음 적용되었다.

이 코스를 높이 평가하는 전문가들과 논쟁을 벌이는 것은 어렵다. 뮤어필드는 굉장한 작품으로 가장 극적이거나 힘겨운 코스이기 때문이 아니라 독창적이며 모든 훌륭한 링크스들 중 궁극적으로 아름답기 때문이다. 링크스 역사로 볼 때 이 점잖은 코스는 그렇게 오래되지 않았는데, 1744년에 클럽이 만들어진 후 거의 150년이 지난 1891년에 등장했다. 그러나 그날 이후로 뮤어필드는 이곳의 페어웨이를 걸었던 행운아들을 매혹시키며 골프의 최전선에서 활약해왔다.

1836년 에든버러 골프 협회는 5개 홀만 있는 리스 링크스가 혼잡해서 9개 홀을 가진 머슬버러로 옮겨 왔다. 그 후 현재의 위치인 에든버러 동쪽으로 이동해 바다에서 몇 백 야드 거리에 있는 야생의 평지에서 멀리 떨어져 자신들만의 코스를 설계했다.

거친 언덕의 혜택을 받지는 못했지만, 올드 톰 모리스가 이끈 코스 디자인팀은 전략과 타구 능력을 시험하기 위한 깊은 벙커를 배치하는 데에 중점을 두었다. 그러나 그 이상으로 그들은 홀의 방향을 끊임없이 바꾸는 방법을 고안했다. 전반 9개 홀은 시계 방향으로 흐르며 대지 주변을 껴안는다. 그런 다음 교묘하게도 홀은 역행해 전반 9 홀에서 반시계 방향으로 움직인다.

지력 시험

골퍼는 13번의 방향 변화와 싸워야 하는데 3번, 4번과 5번 홀만이 같은 방향으로 움직인다. 모든 티에서는 바람을 염두에 두어야 하며 뛰어난 벙커 배치와 결합된 이들 미묘한 변화는 뮤어필드를 지적 시험장으로 만든다. 최초 설계가 워낙 좋았기 때문에 1922년에 위대한 해리 콜트가 코스의 일부분을 추가했을 때에도 개략적으로 최초의 디자인과 비슷하게 유지할 수 있었다. 오픈 챔피언십 우승자의 명단을 슬쩍만 보아도 가장 뛰어난 선수가 정상에 오르게 된다.

파3의 13번 홀의 그린은 좁고 뒤에서 앞으로 경사져 있으며 벙커가 막아서고 있는데, 오른쪽에 한 개, 왼쪽에 두 개가 있다.

닉 팔도는 마침내 자신과의 약속을 지켰고 1987년 뮤어필드에서 최초의 메이저 타이틀을 거머쥐었다. 그러나 그는 어려운 경기를 했다. 폴 에이징어에 한 타 뒤지고 데이비드 프로스트와 동 타로 최종 라운드를 시작한 팔도는 놀랄 만한 18개 파를 연속해서 성공시켰다. 깨끗한 타구와 사려 깊은 경기의 조화는 마지막 4피트 거리의 긴장된 퍼트에서 절정에 달했다.

어니 엘스의 최고의 샷은 심한 벙커들이 퍼팅 표면을 참호처럼 먹고 있는 까다로운 파3의 13번 홀에서 나왔다. 그는 2002년 오픈의 최종 라운드에서 그린의 왼쪽 벙커에 빠졌다. 엘스는 다음과 같이 회상한다. "공이 벙커 표면에 지나치게 가까워 홀에 붙이는 것은 염두에 두지 않고 그저 밖으로 쳐내기만 해도 상당한 결과라고 생각했다. 나는 59도의 샌드웨지를 꺼내 들고 캐디에게 '가능한 한 세게 칠거예요'라고 말했는데 깜짝 놀랐다. 공은 빠져나와 거의 홀인될 뻔했다. 정말로 유용한 세이브였고 내가 오픈에서 우승하도록 도왔다." 이 샷은 유러피언 투어에서 그해 최고의 샷으로 선정되었다.

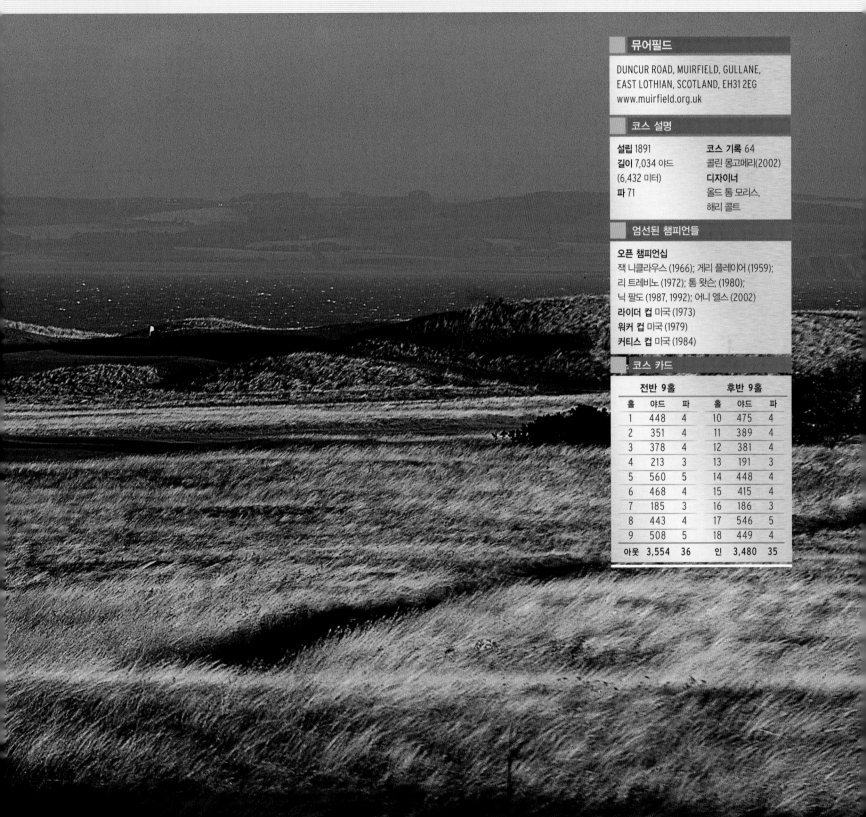

뮤어필드

DUNCUR ROAD, MUIRFIELD, GULLANE,
EAST LOTHIAN, SCOTLAND, EH31 2EG
www.muirfield.org.uk

코스 설명

설립 1891   **코스 기록** 64
길이 7,034 야드   콜린 몽고메리(2002)
(6,432 미터)   **디자이너**
파 71   올드 톰 모리스,
해리 콜트

엄선된 챔피언들

오픈 챔피언십
잭 니클라우스 (1966); 게리 플레이어 (1959);
리 트레비노 (1972); 톰 왓슨; (1980);
닉 팔도 (1987, 1992); 어니 엘스 (2002)
라이더 컵 미국 (1973)
워커 컵 미국 (1979)
커티스 컵 미국 (1984)

코스 카드

전반 9홀			후반 9홀		
홀	야드	파	홀	야드	파
1	448	4	10	475	4
2	351	4	11	389	4
3	378	4	12	381	4
4	213	3	13	191	3
5	560	5	14	448	4
6	468	4	15	415	4
7	185	3	16	186	3
8	443	4	17	546	5
9	508	5	18	449	4
아웃	3,554	36	인	3,480	35

■ 3번 홀의 솟아오른 그린　　　　■ 편안한 라커룸　　　　■ 광대한 10번 홀

코스 설명

가장 아름다운 링크스로 알려진 뮤어필드는
완만하게 경사진 '초원' 위에 있는 정직하지만
까다로운 시험이다. 깊은 벙커, 방향의 미묘한 변화,
비탈진 그린은 매력적인 전략을 만들어낸다.

전반 9홀　① 왼쪽 아래에 C자 형의 벙커와
양쪽에 두터운 러프가 있어 힘든 시작.
② 일직선으로 뻗는 파4 홀. 그러나 벙커의 소굴이
전방 오른쪽을 비호하는 까다로운 그린을 가짐.
③ 두 개의 큰 모래언덕은 페어웨이를 죄고 있어
그린 너머로의 조망에 방해가 될 수 있음.
④ 벙커가 앞쪽을 순찰하고 있지만 그린은 도처에
런오프를 가진다. ⑤ 페어웨이를 지나는
드라이브는 제대로 날아간다고 해도 오른쪽 벙커에
빠진다. ⑥ 파를 기록하기 위해서는 도그레그의
바람이 부는 쪽에 있는 4개의 벙커는 꼭 피해야
한다. ⑦ 그린이 시선과 같은 높이에 있고 그
너머에는 아무것도 없기 때문에 클럽을 결정하기
어렵다. ⑧ 고역스러운 모래더미는 도그레그
오른쪽의 구석에 자리한다. ⑨ 신중한 전략이
필요한 훌륭한 파5 홀.

후반 9홀　⑩ 두 개의 크로스 벙커 덕분에 세미
블라인드 어프로치. ⑪ 커다란 산 너머로의
드라이브는 유일한 블라인드 샷. ⑫ 그린으로의
최적의 방향은 왼편에서 벙커 쪽으로 향하는 것.
⑬ 불안하게도 양쪽에 벙커가 있는 융기되고 경사진
그린. ⑭ 왼쪽에 있는 3개의 벙커와 오른쪽의 1개
벙커는 드라이브를 감시한다. ⑮ 13개의 벙커는 홀의
비거리를 조롱한다. 정확이 핵심이다. ⑯ 몇 개의 깊은
벙커와 왼쪽으로 가파른 경사면을 가진 멋진 파3 홀.
⑰ 2타 안에 도달 가능하고 그린은 천연의 원형극장
안에 자리한다. ⑱ 그린을 찾고 오른쪽에 위치한 링
벙커를 피하기 위해 뛰어난 스트라이크가 요구되는
엄중한 마지막 홀.

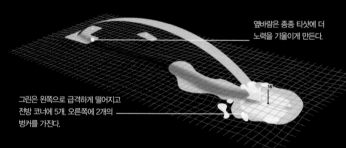

평평하고 둔덕이 없는
그린은 경계 벽에서 몇 야드밖에
떨어져 있지 않다.

페어웨이는 260야드(238미터) 바깥 지점의
왼쪽에 커다란 벙커 한 개와 사선으로
5개의 벙커가 있다.

HOLE 9 무시무시하고 위험한
FEARSOME AND HAZARDOUS

현대의 파5 홀에 비하면 길지 않지만, 9번 홀은 위험하다. 홀 양쪽의 두터운 러프를 따
라 있는 돌담의 경계를 벗어나는 아웃 오브 바운드 티샷은 특히 바람에 더 위험하다.
장애물과 넓은 페어웨이 벙커를 피하고 나면 결정의 순간이 온다. 레이업(직접 공략을
피하고 안전한 루트를 선택)을 할 것인가, 바로 그린을 공략할 것인가. 긴 어프로치는
미묘하게 치우쳐 있어 벽을 피해 오른쪽으로 가려고 하면 할수록 벙커로 빠질 가능성이
높다. 많은 이들이 이곳을 버디 홀이라 생각하지만 가장 함정에 빠지기 쉬운 홀이기도 하다.

옆바람은 종종 티샷에 더
노력을 기울이게 만든다.

그린은 왼쪽으로 급격하게 떨어지고
전방 코너에 5개, 오른쪽에 2개의
벙커를 가진다.

HOLE 16 절대적인 정밀도
ABSOLUTE PRECISION

미드에서 롱 아이언의 절대적인 정밀도를 요구하는 기막힌 원 쇼터(1타로 그린에 온
시켜야 할 파3 홀)는 바람에 달려 있다. 길게 가는 것이 선호될지 모르나 그린은
뒤쪽에서 전방 오른쪽으로 약간 기울어져 있어, 홀 너머에서부터 퍼팅을 하는 것은
상당히 까다롭다.

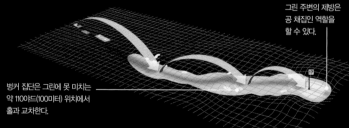

그린 주변의 제방은
공 채집인 역할을
할 수 있다.

벙커 집단은 그린에 못 미치는
약 1100야드(100미터) 위치에서
홀과 교차한다.

HOLE 17 전략적 사고
STRATEGIC THINKING

이 홀은 파5 홀이지만 순풍을 맞는다면 2타에 도달할 수 있기 때문에 운명을 바꿀 수
있다. 그러나 왼쪽 위에 자리한 심각한 벙커들 때문에 한 타는 훌륭한 전략과 정확한
스트라이크로 벌어야 한다. 그린 주변의 제방은 공이 잔디 위에 머무르면 엉성한
칩샷을 조장한다.

16번 홀에서의 티샷은 그린
주변에 있는 벙커를 피해야
한다.

9번 홀 그린으로의
긴 어프로치는
줄지어 있는 벙커를
피해야 한다.

타샷이 안착하는 5번
홀의 페어웨이에 벙커가
모여 있다.

어프로치 샷은 11번
홀 그린 주변에
있는 벙커의
먹이가 될 수 있다.

■ 경사지고 잘 보존된 13번 홀

■ 2007년 16번 홀 그린 위 TV 스태프

1892년 뮤어필드에서 열린 첫 번째 오픈에서 우승한 해롤드 힐튼과 그때 이후 우승자 리스트에는 골프계에서 뛰어난 선수들이 다수 포함되는데, 그들은 다음과 같다. 해리 바든, 제임스 브레이드, 월터 하겐, 헨리 코튼, 게리 플레이어, 리 트레비노, 톰 왓슨, 잭 니클라우스 그리고 어니 엘스. 코스는 또한 디 오픈과 디 아마추어 경기뿐 아니라, 대륙 간 팀 대회인 라이더 컵, 워커 컵 그리고 커티스 컵이 열렸던 코스라는 점에서 특징적이다.

정직하다는 평판

이 다양한 챔피언십에서 경기를 했던 운 좋은 골퍼들은 코스의 정직함에 항상 감명을 받는다. 홀들은 무릎 높이의 황금의 러프를 지나 미끄러지고 기복이 거의 없다. 11번 홀에서의 드라이브가 유일하게 완벽한 블라인드 샷이지만, 대개는 보이는 그대로이다.

페어웨이는 주로 똑바로 뻗어 있지만 몇몇은 감지할 수 없을 정도로 도그레그 되어 있으며 벙커의 둥지가 코너에 위치하고 있다. 상당히 편평한 땅 위에 자리하는 페어웨이는 로열 버크데일과 함께 디 오픈이 열리는 코스들 중 가장 덜 융기되어 있다. 그러므로 뛰어난 타구를 자랑하는 선수들은 운에 그다지 구애받지 않고 자신의 경기에서 최고의 결과를 끌어낼 수 있다. 골퍼는 극악무도한 벙커들을 반드시 피해야 하는데, 물론 말이야 쉽지만, 이곳에는 조금만 라인을 벗어난 샷도 삼켜버리려고 대기 중인 150개 이상의 벙커가 있기 때문이다.

그린을 놓치는 것이 기분 좋은 옵션이 아닌 짧은 홀에서 특히 벙커는 위험하다. 7개의 깊은 벙커는 16번 홀과 홈 홀로 가는 길 주변을 에워싸고 있으며, 오르막 186야드는 잠재적인 스코어 파괴자가 된다. 그러나

뮤어필드 홀에 있는 수많은 벙커를 피해 그린을 찾더라도 일은 끝난 것이 전혀 아니다. 번개 같이 빠르진 않지만 그린은 대부분 단단하고 경사져 있어 가장자리 근처에 착륙하는 샷을 걸러내는 경향이 있다. 여기서의 퍼팅은 기술이다.

뮤어필드는 소수의 다른 코스와 마찬가지로 경기의 전반적인 자질을 시험하기에 흠을 찾기 어렵다. 억지로 한 가지를 꼽자면, 진정으로 감탄하길 좋아하는 사람에게는 풍경에 극적인 요소가 부족하다는 점이다. 시선을 사로잡고 화려하기보다는 겸손하고 수줍은 뮤어필드의 홀을 걷는 것은 거친 링크스에서의 산책보다 더 평온한 경험이 된다. 그렇기에 이곳에서 경기를 하는 것은 특별하다. 분별력 있는 남자의 코스이며 정말로 굉장한 도전지이다.

18번 홀 그린의 오른쪽과 클럽하우스 앞에 있는 독특한 링 벙커는 선수들에게 라운드의 마지막에 힘겨운 도전을 선사한다.

세인트앤드루스, 스코틀랜드 ST. ANDREWS, SCOTLAND

올드 코스는 '골프의 발상지'로 알려져 있으며 수세기에 걸쳐 경기를 해왔던 모든 챔피언은 이곳에서도 그러했다. 골프 경기는 수많은 벙커와 더블 그린을 가진 이 이상한 링크스에서 자라났는데, 그 이유 한 가지만으로도 다른 코스와 비견할 데가 없다. 잭 니클라우스는 다음과 같이 선언했다. "경기를 한 첫날 나는 이 코스와 사랑에 빠졌다. 이와 조금이라도 비슷한 골프 코스는 찾아볼 수 없을 것이다."

세인트앤드루스의 전설은 특별하다. 누구도 이곳이 정말로 세계에서 가장 오래된 코스인지 아닌지 알 수 없지만 약 1400년대 이래로 이 마을의 링크스에서 골프를 해왔다고 전해진다. 최초의 문서상의 기록은 제임스 4세가 클럽들을 사들였을 때인 1502년이다. 그러나 언제 처음 경기가 펼쳐졌든 관계없이 이곳이 세계에서 가장 유명한 코스이며 모든 골퍼들이 경기하길 갈망하는 장소임에는 분명하다. 올드 코스(5개가 있으며 곧 6개가 될 예정)는 전반 11개 홀과 후반 11개 홀의 총 22개의 홀로 시작되었다. 그러나 1764년 홀들 중 지나치게 짧은 홀 몇 개를 통합해 18개 홀이 되었는데, 이것이 오늘날 표준 홀의 수가 된 이유이다. 세인트앤드루스의 로열 앤 에인션트 골프 클럽은 미국을 제외한 세계 골프의 관리 기관으로 골프 규칙에 대한 책임뿐 아니라 영국 내의 내셔널 챔피언십 대회를 운영한다. 그러나 코스에서의 두드러진 지위에도 불구하고 링크스를 소유하지는 않으며, 마을 코스에서의 경기가 허락되는 수많은 골프 클럽 중의 하나일 뿐이다. 링크스는 공용으로 신탁에 의해 운영된다. 메이저 토너먼트를 제외하고 일요일에는 올드 코스에서 경기를 할 수 없다.

더블 그린과 특이한 명성

1890년대 후반에 올드 톰 모리스가 코스를 수정하기 전까지 골퍼는 같은 홀을 왕복해 경기했다. 그러나 올드 톰은 가시금작화를 뚫고 페어웨이를 확장했는데, 그린이 더 커졌기에 두 개의 깃발을 꽂을 수 있었다. 이 때문에 세인트앤드루스는 7개의 거대한 더블 그린을 보유하게 되었고 1번, 9번, 17번, 18번 홀만이 단독 그린을 가진다. 이러한 배치는 또한 벙커들이 활동하기 시작하는 방식에도 영향을 미쳤는데, 전반 홀에서 경기를 하던 후반 홀에서 경기를 하든지 관계없이 장해물이 되도록 고안되었기 때문이다. 많은 벙커들은 숨겨져 있어 처음 이곳에서 경기를 하는 이들은 완벽해 보이는 드라이브에도 불구하고 공이 모래에 있는 것을 발견하고는 깜짝 놀란다. 벙커의 배치가

골프계에서 가장 유명한 마지막 홀인 18번 홀 너머로 태양이 지고 있다. 올드 톰 모리스는 이 홀을 자신의 작품 중 최고로 여겼다.

주요 순간들

1970년, 잭 니클라우스가 참가한 세인트앤드루스에서의 두 오픈 대회 중 첫 번째는 아마도 다른 이유로 가장 인상적이었다. 미국인 더그 샌더스는 우승하기 위해 72번째 홀에서 2타가 필요했다. 첫 번째 퍼트는 홀에서 3인치 떨어진 곳에 멈추었다. 그는 두 번째 샷이 빗나가는 바람에 잭 니클라우스와 18홀 플레이오프를 치르게 되었다. 한 타 앞선 니클라우스는 그린의 뒤로 드라이브 한 후, 러프에서 칩샷으로 빠져나온 후 승리의 버디를 낚았다.

타이거 우즈는 프로로서 올드 코스에서 두 번의 오픈 챔피언십에 참가했고 두 번 다 우승했다. 첫 번째는 2000년 챔피언십으로, 그는 8타 차로 선수들을 물리치고 269타(19언더파)라는 기록을 세웠다. 이로써 24세의 그는 커리어 그랜드 슬램(4개의 메이저 대회 우승)을 달성한 최연소 선수가 되었는데, 5명의 골퍼만이 그랜드 슬램을 달성했다. 2005년(왼쪽), 그는 불과 5타 차로 콜린 몽고메리를 따돌리며 우승했고 통산 열 번째 메이저 대회 우승을 기록했다.

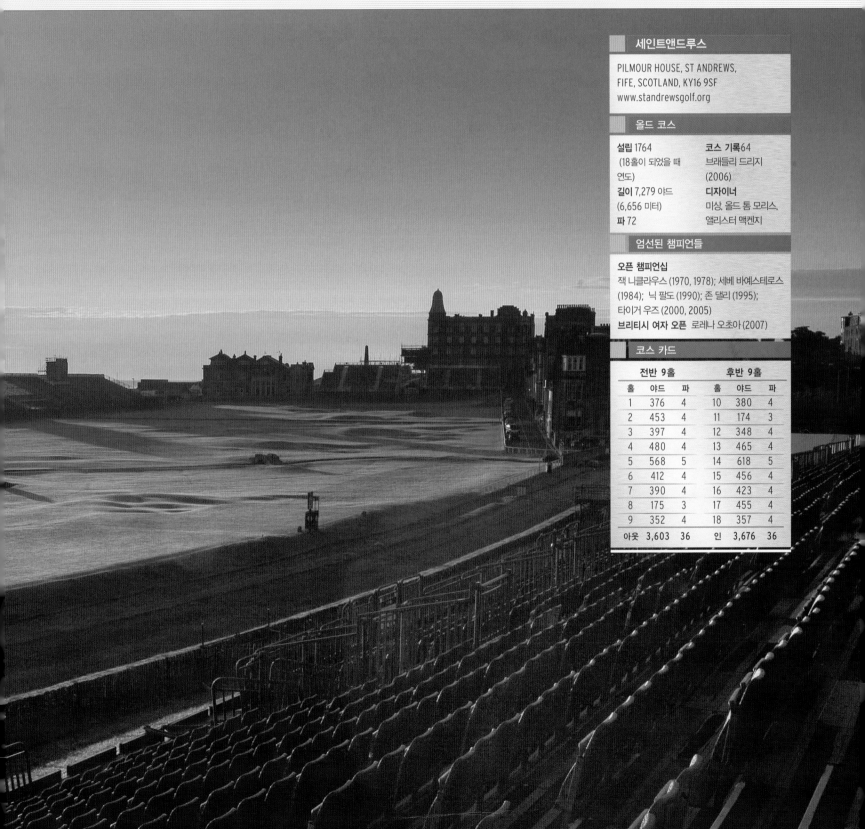

세인트앤드루스

PILMOUR HOUSE, ST ANDREWS,
FIFE, SCOTLAND, KY16 9SF
www.standrewsgolf.org

올드 코스

설립 1764 (18홀이 되었을 때 연도)	**코스 기록64** 브래들리 드리지 (2006)
길이 7,279 야드 (6,656 미터)	**디자이너** 미상 올드 톰 모리스,
파 72	앨리스터 맥켄지

엄선된 챔피언들

오픈 챔피언십
잭 니클라우스 (1970, 1978); 세베 바예스테로스 (1984); 닉 팔도 (1990); 존 댈리 (1995); 타이거 우즈 (2000, 2005)
브리티시 여자 오픈 로레나 오초아 (2007)

코스 카드

	전반 9홀			후반 9홀	
홀	야드	파	홀	야드	파
1	376	4	10	380	4
2	453	4	11	174	3
3	397	4	12	348	4
4	480	4	13	465	4
5	568	5	14	618	5
6	412	4	15	456	4
7	390	4	16	423	4
8	175	3	17	455	4
9	352	4	18	357	4
아웃	3,603	36	인	3,676	36

헬 벙커는 올드 코스에서 가장 큰 벙커이다. 이 괴물 같은 벙커는 파5의 14번 홀 그린으로부터 약 1000야드 (91미터) 떨어진 곳에 자리하며 무슨 수를 써서라도 피해야 한다.

개는 '스윌컨 다리'와 '로드 홀'일 것이다. 1번 홀 그린 앞을 흐르는 개울 너머에 있는 고대의 돌다리는 골프계에서 가장 사진이 많이 찍힌 장소이다. 이 다리를 건넌 적이 있는 사람이라면 누구나 자긍심을 느끼기 때문에 새로 온 사람 역시 1번 홀의 티에서 긴장된 흥분을 느낀다. 가시금작화와 관목으로 덮인 제방 때문에 종종 티그라운드 전경에서 보이지 않는 페어웨이는 주름져 있고 한결같이 흐르는 그린의 대부분 역시 애타게도 위로 휘어 있다. 바람을 판단한 후 공을 깃발 쪽으로 보내는데 어느 라인을 취할지 아는 기술이 있어야 한다. 공이 어떻게 뛸 것인지, 경사의 영향은 어떠한지, 그리고 공을 치려 할 때 어디를 놓치게 되는지 알려면 많은 라운드를 경험해야 한다. 일단 그린에서는 아주 긴 퍼트와

너무 교묘하기 때문에 노련한 선수들조차 라운드에서 페어웨이 벙커를 피한다면 성공일 것이다. 머리를 넘는 정도의 높이를 가진 이들 깊은 모래 구덩이 대부분은 특이하지만 잘 어울리는 별명을 얻었는데, 불길한 것으로는 '지옥, 교장선생의 코, 관, 고양이 덫' 등이 있다. 다른 특징을 표현한 명칭 또한 세계적으로 알려져 있는데, 15번 홀 양쪽으로 둔덕이 생겼을 때 만들어진 '그레인저의 가슴', 18번 홀 그린 아래 깊게 깎여진 저지대를 뜻하는 '죄의 언덕' 등이 그것이다. 그러나 아마도 골프계에서 가장 유명한 두

직면할 수 있다. 대부분은 거대한 퍼팅 지면을 가지고 있는데, 5번과 13번 공동의 그린은 길이가 100야드(91미터), 면적이 1½에이커(0.6헥타르)이다. 디 오픈은 1837년 이래로 27번 개최 되었으며 대부분의 챔피언들은 벙커를 최대한 피하고 쓰리 퍼트를 가장 적게 한 선수들이라는 것을 발견할 것이다.

코스 읽기가 너무 힘들기 때문에 모두가 올드 코스를 선호하는 것은 아니다. 철저히 준비했다고 해도 행운의 여신이 등을 돌릴 수도 있다. 그러나 세인트앤드루스가 항상 소중히 간직될 것이라는 점은 분명하다.

세인트앤드루스의 로드 홀이 이처럼 위대한 파4 홀인 이유는 사실은 **파5 홀이기** 때문이다!

벤 크렌쇼, 이 홀의 어려움을 요약하며.

■ 세인트앤드루스와 에덴 강어귀

■ 세계적으로 유명한 '스윌컨 다리'

■ 17번 홀의 악명 높은 '로드 홀' 벙커

코스 설명

이 괴상한 링크스는 자연적으로 주름진 그라운드, 공동으로 사용하는 페어웨이와 그린의 변덕스러운 레이아웃, 그리고 사악한 벙커를 가지고 있다. 이해하는 데 오랜 시간이 걸리지만 세계 골프에서 반드시 경기해 보아야 할 장소이다. 세상에 이곳과 견줄 곳은 없다.

전반 9홀 ① 골프에서 가장 넓은 페어웨이일지 모르지만, 역사적 중압감으로 긴장되는 경험. ② 가시덤불 너머로의 세미 블라인드 드라이브. 그린에 못 미치는 샷은 형편없는 바운스로 결된다. ③ 왼쪽 아래로의 더 안전한 라인은 커다란 벙커가 있는 어프로치를 남겨둔다. ④ 왼편 아래에는 넓은 공간이 있지만 큰 마운드가 그린의 전방을 막고 있다. ⑤ 순풍이 불면 2타에 도달할 수 있지만 그린의 길이는 100야드로, 종종 터무니없는 퍼트를 요구한다. ⑥ 그린의 앞쪽에 구덩이가 있기 때문에 전략이 필요하다. 공중으로 띄우거나 빠져나가라. ⑦ 곤란한 봉우리가 그린을 가로질러 퍼팅을 까다롭게 만든다. ⑧ 단 두 개의 파3 홀 중 하나. 앞쪽의 항아리 벙커 두 개를 피하라. ⑨ 최장타자들은 드라이브가 가능하지만 왼쪽의 가시금작화와 작은 벙커들이 대기하고 있다.

후반 9홀 ⑩ 깎인 드라이브는 세 개의 벙커 중 한곳에 빠질 수 있는데, 그렇게 되면 파도 어렵다. ⑪ '큰 골짜기' 벙커는 스코어 파괴자로 경사진 그린을 심술궂게 비호한다. ⑫ 드라이브에서 벙커를 통과하는 계획을 짜기 어려우며, 이 선반 모양의 그린에서는 러닝 어프로치가 필요할지 모른다. ⑬ 왼쪽 아래의 '관' 벙커와 만나면 죽음뿐이다. ⑭ 오른쪽의 아웃 오브 바운드와 '헬' 벙커를 피할 수 있다면 진정한 버디 기회. ⑮ 멀리 있는 첨탑을 겨냥하는 것이 최선의 라인. ⑯ 안전한 라인은 왼쪽 아래지만 더 힘겨운 어프로치가 남는다. 가파른 제방은 쪽을 가로지른다. ⑰ '로드 홀' 벙커를 피하려면 그린의 오른쪽 전방을 겨냥하는 것이 안전하다. ⑱ 클럽하우스의 시계 왼쪽을 겨냥한 후 '죄의 계곡' 너머로 피치 샷을 하는 것이 최고.

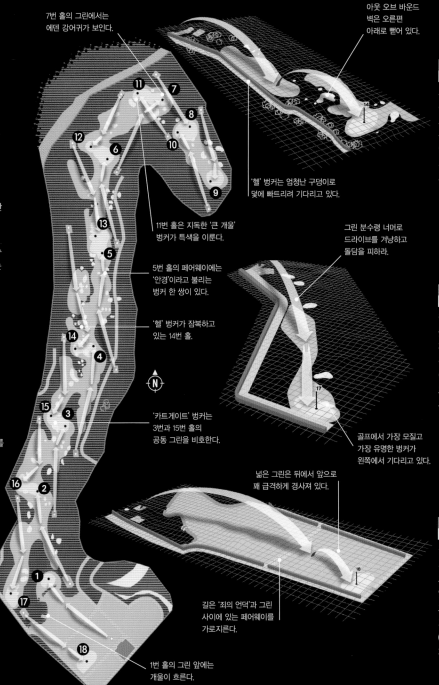

7번 홀의 그린에서는 에덴 강어귀가 보인다.

11번 홀은 지독한 '큰 개울' 벙커가 특색을 이룬다.

5번 홀의 페어웨이에는 '안경'이라고 불리는 벙커 한 쌍이 있다.

'헬' 벙커가 잠복하고 있는 14번 홀.

'카트게이트' 벙커는 3번과 15번 홀의 공동 그린을 비호한다.

1번 홀의 그린 앞에는 개울이 흐른다.

아웃 오브 바운드 벽은 오른편 아래로 뻗어 있다.

'헬' 벙커는 엄청난 구덩이로 덫에 빠트리려 기다리고 있다.

그린 분수령 너머로 드라이브를 겨냥하고 돌담을 피하라.

골프에서 가장 모질고 가장 유명한 벙커가 왼쪽에서 기다리고 있다.

넓은 그린은 뒤에서 앞으로 꽤 급격하게 경사져 있다.

길은 '죄의 언덕'과 그린 사이에 있는 페어웨이를 가로지른다.

HOLE 14 긴 홀 LONG

코스에서 두 개의 파5 홀 중 하나이자 가혹한 홈 홀로 가는 길에서의 잠깐의 휴식이다. 드라이브의 착륙 지역은 넓다. 선수는 바람이 불 때 '헬' 벙커를 어떻게 상대할지 결정해야 한다. 순풍에서는 그린에 도달할 수 있겠지만 전방에 있는 가파른 벙커는 완벽해 보이는 샷조차 엉망으로 만들 수 있다.

HOLE 17 로드 홀 ROAD HOLE

챔피언십 코스에서 발견할 수 있는 이상한 홀인 로드 홀은 모든 면에서 특이하다. 페어웨이를 찾았다면 그린 위로 긴 샷을 날려 왼쪽에 있는 벙커를 피해야 하지만, 어프로치를 과하게 하면 뒤로 빠져서 타맥 포장도로에 가거나 더 나쁘면 저 너머 돌담에 부딪치게 된다.

HOLE 18 톰 모리스 TOM MORRIS

길을 열기 위해 R&A 클럽하우스의 시계를 겨냥하고 공을 강타하라. 깊은 주름은 그린의 왼쪽 전방 가장자리를 차지하고 있다. 그것을 통과하는 낮은 러닝 샷을 쳐 그린에 올리든지 공을 띄워 스핀을 기대하든지 할 수 있다. 대부분의 사람들은 ('죄의 계곡'을 피하면서) 홀 너머에 비탈진 퍼트를 남겨놓고 끝낸다.

■ 공중에서 본 2번과 16번 홀이 공유하는 더블 그린   ■ 로열 앤 에인션트 클럽하우스

로열 세인트조지스, 잉글랜드 ROYAL ST. GEORGE'S, ENGLAN

흔히 샌드위치로 알려진, 근처의 기이한 마을의 이름을 딴 로열 세인트조지스는 잉글랜드
남서쪽에 있는 켄트 해안의 멋진 링크스랜드의 광대한 400에이커(160헥타르)를 지배하는
다양성의 발전소이다. 이곳은 1894년에 오픈 챔피언십을 주최한 최초의 잉글랜드 클럽이었다.
언덕지대의 광범위한 지역은 완벽한 골프 시험지를 제공하는 압도적이며 빠르게 발달한
링크스와 함께 진기한 식물 표본을 자랑한다.

코스 설명

대규모의 야생지대는 코스에 광장한 다양성과
파워를 제공한다. 코스의 한쪽 끝에 있는 커다란
언덕은 점차적으로 다른 끝의 온화하게 굽이치는
시험대로 안정되어 간다. 많은 페어웨이들은
곱사등의 모양으로 기복이 있고, 그린은 성가신
런오프를 가지고 벙커들이 산재해 있다.
세인트조지스에서 운은 큰 역할을 한다.

12번 홀은 그린 주변에 5개의
벙커가 있으며 도그레그 되어
있다.

11번 홀의 그린은 앞쪽
절반을 가로지르는 심하게
가파른 벙커를 가진다.

16번 홀은 8개의 벙커로
둘러싸여 있다.

18번 홀 그린 옆에는
'던컨의 구멍'이라고
불리는 까다로운 침하
지역이 있다.

티에서 선수의 클럽 선택은 바람의
상태에 크게 영향을 받는다.

5번 홀에는 어프로치를
가리는 큰 모래 등성이가
있다.

그린은 2개의 층을
가지며 4개의 벙커로
둘러싸여 있다.

로열 세인트조지스
SANDWICH, KENT, ENGLAND, CT13 9PB
www.royalstgeorges.com

코스 설명

설립 1887	**디자이너**
길이 7,070 야드	레이드로 퍼브스
(6,465 미터)	**코스 기록** 63
파 70	페인 스튜어트와
	닉 팔도 (1993)

엄선된 챔피언들

오픈 챔피언십
빌 로저스 (1981); 샌디 라일 (1985);
그렉 노먼 (1993); 벤 커티스 (2003)
커티스 컵 영국&아일랜드 (1988)
아마추어 챔피언십
크레이그 왓슨 (1997); 줄리앙 게리어 (2006)

코스 카드

전반 9홀			후반 9홀		
홀	야드	파	홀	야드	파
1	440	4	10	412	4
2	416	4	11	240	3
3	208	3	12	379	4
4	495	4	13	457	4
5	418	4	14	548	5
6	170	3	15	473	4
7	530	5	16	161	3
8	453	4	17	426	4
9	386	4	18	458	4
아웃	3,516	35	인	3,554	35

HOLE 6 단두대 MAIDEN

골프에서 가장 훌륭한 파3 홀로 손꼽힌다. '단두대'라고 알려져 있는
이 홀은 그린 왼쪽에 치솟은 거대한 언덕에서 이름을 따왔고 심장이
두근거릴 만큼 빠르다. (깃발이 전반부에 있으면) 세미 블라인드 샷
지역이고 악의에 찬 벙커가 에워싸고 있다. 두 개는 전방 오른쪽
코너를 감시하므로, 이들을 처리하기에 충분한 클럽을 선택해야
하지만 공이 튀어 넘어가거나 더 나쁘게 왼쪽으로 돌아 또 다른
벙커에 들어가는 것을 막기 위해 충분히 제어해야 한다. 경사진
그린을 가로질러 가는 등성이는 문제를 더한다. 이 그린을 놓치면
거의 보기를 하거나 더 나쁜 결과가 나온다.

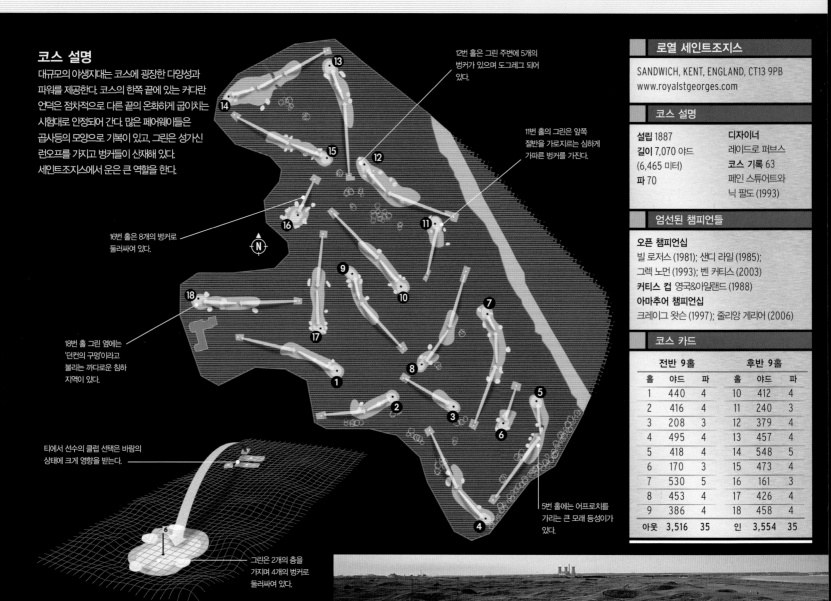

■ 벙커가 잘 배치된 6번 홀의 그린

1887년 이 코스의 책임을 맡은 천재는 레이드로 퍼브스였다. 그는 운 좋게도 골퍼에게 혼자 있는 느낌을 줄 만큼 충분한 공간을 확보하고 있었고, 페그웰 만을 내려다보는 최적의 장소를 선택할 수 있었다. 그는 눈부신 작업을 했다. 경기는 사실상 모든 티에서 방향을 바꾼다. 홀의 혼합이라는 조건 아래 여러분이 가진 모든 기술들이 필요함은 당연하다. 4개의 뛰어난 쇼트 홀 사이에는 80야드(73미터)의 구역이 있다. 바람에 따라 몇몇 파4 홀은 2타에 도달할 수 없지만, 두 개는 간신히 드라이브 가능하다. 단 두 개의 파5 홀은 상방된 방향에서 경기를 하는데, 한 곳이 다른 곳보다 경기하기가 훨씬 힘들다. 어려운 18번 홀에서는 깃발을 홀에 도로 꽂아 넣고 전설적인 시험의 진정한 표식인 백에 있는 거의 모든 클럽을 사용하지 않는 선수는 드물다.

운의 중요성

타이거 우즈가 너무나 잘 알고 있듯, 코스는 갑자기 시작한다. 2003년 오픈 첫 홀에서 그는 드라이버가 깎이는 바람에 러프로 빠졌고 프로가 된 이래 처음으로 공을 놓쳤다. 타이거는 샌드위치에서는 운이 중요하다는 것을 알게 되었는데, 몇몇 프로 선수들이 이 코스에서 좋아하지 않는 점이기도 하다. 많은 페어웨이가 굽어져 있어 중앙으로 똑바로 샷을 친다고 해도 공을 튕겨내버리는 17번 홀이 아마도 가장 치기 힘든 홀일 것이다. 그런 역시 비슷하다. 거대한 오르막 경사는 전방 왼쪽에 솟아 있고 오른쪽은 심각하게 패여 있다. 10번 홀과 마찬가지로 바람이 불면 웨지를 손에 들고 있다고 해도 공을 치고 유지하기가 힘들다. 퍼팅 표면은 어프로치 샷 높이보다 족히 15피트(4.5미터)나 경사진 고원이며 그 결과 깊은 벙커로 향하거나 러프로 내려가는 엄청난 급경사면이 있다. 불리한 바운스, 초조하게도 이상한 벙커들, 그리고 지독한 러프는 골퍼가 대적해야 할 유일한 장애물이 아니다. 정말로 당황케 하는 것은 아니지만, 코스에는 약 10개 정도의 완전한 블라인드 혹은 세미 블라인드 샷이 있다. 일반적으로 여러분이 옳다고 여기는 라인은 대체로 맞다. 그러나 4번 홀에서는 페어웨이의 중심을 찾기 위해 왼쪽으로 가기 보다는 거대한 벙커 쪽을 택해야 한다. 덧붙이자면, 이것은 골프에서 두 번째로 높은 벙커(세인트에노독의 히말라야 벙커 다음)이며 여러분의 드라이브를 먹이로 삼는다.

5개의 유명한 홀

로열 세인트조지스가 홀의 연속으로 유명하다면 그것은 마지막 5개 홀들 때문인데, 물론 일련의 파3 홀들도 훌륭하다. 14번 홀에서부터 두근거리는 샷과 직면하게 된다. 파5 홀인 14번 홀 티에 서면 몇 야드 떨어지지 않은 곳에 아웃 오브 바운드 울타리가 전체 홀의 오른쪽에 자리한 것이 눈에 띄기 때문에 매우 긴장된다. 홀은 또한 '수에즈'라고 불리는 넓은 수로로 나눠져 있는데, 미풍에 따라 드라이브나 두 번째 샷에서 애를 먹을 수 있다. 15번 홀은 힘든 구간으로 그런은

모든 선수들은 17번 홀의 굽이치는 양탄자 같은 페어웨이에서 특히 지나치게 멀리 드라이브했을 때 유리한 바운스를 위해 기도한다. 솟아 오른 그린은 양쪽으로 감시받고 있다.

전방을 가로지르는 벙커로 둘러싸여 있어 왼쪽을 놓쳐서는 안 된다. 16번 홀은 굉장한 쇼트 홀로, TV로 중계된 최초의 홀인원이 탄생한 현장이자 2003년 토마스 비욘이 오른쪽 그린사이드 벙커를 빠져 나오기 위해 3타를 허비한 후 1타 차로 오픈에서 진 좌절의 무대이기도 하다. 17번 홀에서는 유리한 바운스가 되도록 행운을 빌어야 하고 18번 홀에서는 최고의 선수라도 2타 안에 공을 그린에 올려놓기 힘들다. 바람이 불지 않는다면 코스는 아주 고요하다. 바람이 분다면, 피할 수 없는 결전 후 영국에서 가장 즐거운 클럽하우스로 여겨지는 이곳에서 안식을 취할 수 있다는 점에 감사하게 될 것이다.

무릎 떠는 남자

샌디 라일은 유명하게도 1985년 오픈 최종 홀에서 칩을 한 후 그라운드에 털썩 무릎을 꿇고 앉아 클럽을 쿵쿵 내리친 후 다시 일어섰다. 그는 마음을 가라앉힌 후 운 좋게 페인 스튜어트를 1타 차로 물리치고 우승했다.

■ 오픈에서 우승한 샌디 라일

팬코트, 남아프리카 FANCOURT, SOUTH AFRICA

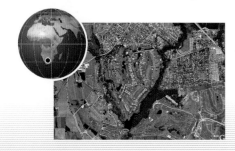

가장 훌륭한 선수 중 한 명이자 남아프리카가 사랑하는 선수인 게리 플레이어가 디자인한
팬코트의 더 링크스는 해안의 위대한 코스와 비슷하게 지은 새로운 인랜드 코스이다.
남아프리카의 경치가 아름다운 가든 루트의 조지 타운 근처에 위치한 링크스는 팬코트에 있는
네 개의 코스 중 하나이다. 언덕을 인위적으로 만들고 물을 끌어들였음에도 불구하고
이 도전적이고 환상적인 시험대는 진정한 링크스의 많은 특징들을 자랑한다.

큰 언덕 사이에 자리 잡은 벙커들과 그린 왼쪽에
있는 까다로운 워터 해저드는 12번 홀을 코스에서
가장 어려운 홀로 만든다.

우리의 위대한 링크스 코스들은 대자연이 빚었고 골프 건축가는 최초의 풍경을 살짝 손질했다. 그러나 남아프리카의 구석진 이곳은 바람과 파도가 아닌 불도저가 코스를 만들었다. 아름다운 두 개의 코스를 가진 팬코트는 이미 확립된 골프 개최지였는데, 2000년 18개 홀을 가진 세 번째 코스를 추가했고 이곳은 단시간에 남아프리카의 스타가 되었다. 이 코스가 더 링크스라고 불리는 데는 이유가 있다. 링크스 코스의 특징 대부분이 두드러지는데, 외롭게 자리한 나무들, 주름 잡힌 페어웨이, 깊고 전략적인 벙커들, 저지대와 경사가 있는 빠르고 단단한

그린, 그리고 풀들이 뒤엉킨 언덕들이 있다. 유명한 몇몇 링크스에 비해 조금 더 푸를지 모르지만 여전히 링크스의 본분을 다한다. 페닌슐라 그린 색상의 15번 홀을 포함해 몇몇 홀을 가로질러 흐르는 호수의 물줄기와 코스 위에 장엄하게 솟아 있는 인상적인 우테니쿠아 산은 유일하게 이 가장된 지위를 폭로한다. 그렇지 않으면 바다 바로 옆에 있다고 쉽게 속을 것이다. 오픈 챔피언십에서 세 번이나 우승한 링크스 옹호자인 게리 플레이어는 세계의 훌륭한 코스에 관한 자신의 지식을 이용해 바람을 맞은 작은 언덕의 지형이 자연스럽게 보이도록 만들어내었다. 융기된 지형을 만들기 위해 50만 입방

> 링크스 골프는 골프의 기원이다. 더 링크스에서 골퍼들은 골프의
> 뿌리로 되돌아가 자신만의 '브리티시 오픈'을 펼쳐볼 수 있다.

게리 플레이어, 코스 디자이너

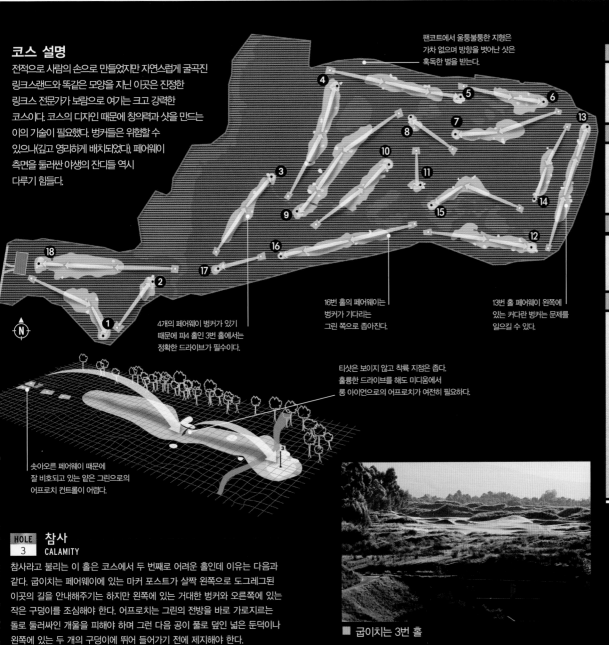

코스 설명

전적으로 사람의 손으로 만들었지만 자연스럽게 굴곡진 링크스랜드와 똑같은 모양을 지닌 이곳은 진정한 링크스 전문가가 보람으로 여기는 크고 강력한 코스이다. 코스의 디자인 때문에 창의력과 샷을 만드는 이의 기술이 필요했다. 벙커들은 위험할 수 있으나(깊고 영리하게 배치되었다), 페어웨이 측면을 둘러싼 야생의 잔디들 역시 다루기 힘들다.

팬코트에서 울퉁불퉁한 지형은 가치 없으며 방향을 벗어난 샷은 혹독한 벌을 받는다.

4개의 페어웨이 벙커가 있기 때문에 파4 홀인 3번 홀에서는 정확한 드라이브가 필수이다.

타샷은 보이지 않고 착륙 지점은 좁다. 훌륭한 드라이브를 해도 미디움에서 롱 아이언으로의 어프로치가 여전히 필요하다.

16번 홀의 페어웨이는 벙커가 기다리는 그린 쪽으로 좁아진다.

13번 홀 페어웨이 왼쪽에 있는 커다란 벙커는 문제를 일으킬 수 있다.

솟아오른 페어웨이 때문에 잘 비호되고 있는 얕은 그린으로의 어프로치 컨트롤이 어렵다.

HOLE 3 참사 CALAMITY

참사라고 불리는 이 홀은 코스에서 두 번째로 어려운 홀인데 이유는 다음과 같다. 굽이치는 페어웨이에 있는 마커 포스트가 살짝 왼쪽으로 도그레그된 이곳의 길을 안내해주기는 하지만 왼쪽에 있는 거대한 벙커와 오른쪽에 있는 작은 구덩이를 조심해야 한다. 어프로치는 그린의 전방을 바로 가로지르는 돌로 둘러싸인 개울을 피해야 하며 그런 다음 공이 풀로 덮인 넓은 둔덕이나 왼쪽에 있는 두 개의 구덩이에 뛰어 들어가기 전에 제지해야 한다.

■ 굽이치는 3번 홀

팬코트

MONTAGU STREET, BLANCO, P.O. BOX 2266, GEORGE 6530, SOUTH AFRICA
www.fancourt.co.za

더 링크스 코스

설립 1991	디자이너
길이 7,579 야드	게리 플레이어
(6,930 미터)	코스 기록 68
파 73	선수 6명의 공동기록

엄선된 챔피언들

프레지던츠 컵 미국/나머지 국가 공동 (2003)
여자 골프 월드컵 일본 (2005)
남아프리카 컵 레티프 구센 (2005)

코스 카드

전반 9홀			후반 9홀		
홀	야드	파	홀	야드	파
1	362	4	10	373	4
2	216	3	11	147	3
3	429	4	12	440	4
4	452	4	13	487	5
5	502	5	14	330	4
6	312	4	15	436	4
7	435	4	16	534	5
8	185	3	17	170	3
9	557	5	18	563	5
아웃	3,450	36	인	3,480	37

야드의 땅을 파내고 옮기고 밀고 문질렀고, 25에이커(10 헥타르)의 습지대 또한 갑자기 생기를 띠었다. 그런 다음 노고를 아끼지 않고 링크스의 풀을 가진 둔덕을 손으로 직접 앉혔다. 연약한 유럽의 페스큐 잔디 대신 남부 아프리카의 사나운 기후에서 견딜 수 있도록 이곳의 텁수룩한 러프는 더 튼튼한 사바나 종으로 구성되었다. 진짜 링크스 코스를 연상케 하는 야생의 호박색을 띤 러프 잔디는 완벽하게 손질된 페어웨이를 훌륭하게 둘러싸고 있으며 타격을 주는 장애물로써의 역할도 한다.

놀라운 도전

진정한 링크스와 마찬가지로 페어웨이는 편평한 것과 거리가 멀다. 플레이어는 굽이치는 효과를 만들어 완벽한 드라이브를 날린다고 해도 짧은 잔디 위에 공이 멈추기 위해서는 어느 정도 운이 작용하도록 했다. 경사 때문에 페어웨이에서 까다로운 라이를 가진다고 해도, 보통 공은 조금씩 경사를 따라 움푹 팬 곳으로 굴러가 다음 샷을 조금이라도 더 쉽게 만들어 준다. 이곳저곳에 벙커들을 섞어 뿌려 놓았고(대부분은 인공적으로 만든 언덕에 직접 파냈다), 챔피언십 티까지 거의 7,655야드(7,000미터)까지 뻗어 있는 현대 링크스는 여러분이 싸워야 할 멋진 도전지이다. 스코어 카드를 슬쩍 보면 홀들의 잔인성을 암시하는 "참사", "완전한 살인", "작은 파괴자", "플레이어"라는 명칭으로 부르는 것을 알 수 있다.

코스는 길이가 길고 몹시 어려울지 모르나 공정하며 길들일 수 있다. 최고의 타자는 경기에서 이길 수 있다. 2005년 자국에서 열린 오픈 챔피언십에서 레티프 구센은 같은 남아프리카 출신의 동료이자 팬코트 소유자인 어니 엘스를 마지막 두 홀에서 버디를 낚으며 물리쳤는데, 282타 10 언더의 스코어를 기록했다. 멋진 골프 클럽에서 훌륭한 스트라이커가 우승한 분명한 사례라 할 수 있겠다.

프레지던츠 컵의 남자들

2년마다 개최되는 미국과 나머지 국가들의 팀 대항전인 프레지던츠 컵 2003년 대회에서, 팀들은 17개 홀에서 모두 동점을 냈다. 주장 잭 니클라우스와 게리 플레이어는 타이거 우즈와 어니 엘스를 플레이오프 선수로 정했다. 그들은 추가 3개 홀에서 똑같이 파를 기록했지만 날이 어두워지자 컵을 공유하기로 결정했다.

■ 컵을 건네주는 타보 음베키

키아와 아일랜드, 미국 KIAWAH ISLAND, USA

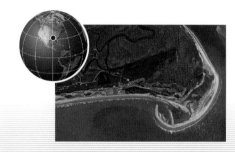

역사상 가장 두근거리는 라이더 컵으로 기억되는 키아와 아일랜드의 오션 코스는 잔인하고 용서 없지만 골프를 하기에 아름다운 장소이다. 대서양의 파도는 모든 홀에서 볼 수 있다. '타깃 골프' 요소와 다음의 '주의: 악어는 위험합니다'라는 표시는 이곳이 전형적인 링크스 코스가 아니라는 것을 나타내지만, 가까이에 있는 바다와 모래사막은 여전히 독특한 링크스의 경험을 선사한다.

워터 해저드

오션 코스의 홀들을 누비며 지나가는 수로는 많은 악어들의 자연 서식지이다. 악어들이 사람을 공격하는 일은 거의 없지만 자극하면 매우 위험할 수 있다. 가까이 가지 않는 것이 상책.

■ 물속에 잠복해 있는 악어

바람이 어떤 영향을 미칠지 전혀 알 수 없기 때문에 어떤 경기 전략도 세울 수 없다.
헤일 어윈, 세 번의 US 오픈 챔피언

사우스캐롤라이나의 낮은 지대에 자리한 오션 코스는 높게 솟은 언덕이 없기 때문에 홀들은 자연적 계곡을 따라가기보다는 관목지 위에 띄엄띄엄 있거나 늪지 가장자리에 놓여 있다. 치열한 디자인으로 유명한 건축가 피트 다이는 커다란 모래언덕을 만드는 대신 티, 페어웨이, 그린을 바다와 마주보도록 관목지 위에 살짝 높여 지었다. 일부러 다듬지 않고 더 모양진 벙커들이 잘 보이지 않는 라인 사이에 위치하는 도드라진 페어웨이는 모래사막 지역으로 경사져 떨어진다. 그래서 누구도 진짜 장애물이 어디서부터 시작되는지 알 수 없어서 선수들은 모래에 클럽을 내려놓을 수 있다. 물은 많은 홀들 사이에 존재하는데 습지나 내륙의 해수로의 형태이다.

위험과 곤경

피트 다이와 그의 아내 앨리스가 부지를 개발하기 위해 도착했을 때, 코스는 이미 1999년 라이더 컵의 개최지로 선정되었고 그래서 부담이 컸다. 예측 불가능한 바람이 동쪽과 서쪽에서 동시에 불어왔다. 다이의 해결책은 기가 막혔는데, 9개 홀에 두 개의 고리를 만들어서 하나는 동풍에서, 다른 하나는 서풍에서 유리하게 작용하도록 했다. 이론상으로는 훌륭하지만, 가끔은 바람이 너무 심하게 불어서 어떤 것도 도움이 되지 못하기도 한다. 키아와의 스타일은 골퍼를 위험에 빠트린다. 가슴 높이까지 오는 풀들도 있고 땅딸막한 나무들은 빽빽하게 심어져 있다. 공을 친 후 홀드하고 있기에 그린은 지나치게 단단하고, 공은 사악한 경사를 따라 떨어져 힘든 칩샷을 남겨 놓는다. 골퍼들은 바람과 싸우기 위해 낮은 탄도로 굴러가는 이상적인 방식으로 링크스에서와 같은 샷을 쳐 공을 그린 위로 올리려 하지만 불가능하다. 버뮤다 잔디(진짜 링크스와 완전히 이질적인)는 무성하게 자랄 수 있는 유일한 품종이다.

1999년 키아와 아일랜드에서 열린 라이더 컵에서 "해안에서의 결전"이라고 알려지게 된 힘든 코스에서의 격렬한 시합 후 미국이 우승하자 선수들과 관중들이 축하하고 있다.

잔디의 거친 성질은 공을 잡아채어 피치 앤 런은 사실상 불가능하다. 파3 홀들도 위협적이다. 14번 홀의 솟아 오른 그린은 주변의 황무지 너머 머리 높이에 앉아 있다. 그린을 놓친다면 유일하게 안전한 장소는 짧게 다듬어진 런오프의 바로 왼쪽이다. 여기에서도 파를 기록하기란 어렵다. 17번 홀은 호수에 면하고 있어 경사진 그린은 위협적일 정도로 찾기 어려워 보인다. 짧거나 오른쪽으로 가면 물에 빠지게 되고 왼쪽으로 가면 모래에 빠지거나 더 심한 결과로 이어진다. 최선을 다한다고 해도 이 코스와 충돌할 수 있다. 세계에서 가장 힘든 코스 중에 하나임은 분명하다.

키아와 아일랜드에 있는 오션 코스의 홀들은 늪지와 관목지 위로 살짝 도드라져 있으며, 기후는 덥고 습하다.

코스 설명

눈부시지만 잔인한 홀들은 모래투성이 관목 위로 어슬렁거리며 때때로 바다에서 비명을 지르는 대서양의 바람에 시달린다. 대부분의 문제는 아무렇게나 만들어진 자연적인 벙커와 해수와 늪지의 수로에서 기인한다. 키아와의 위협적인 도전과 싸우기 위해서는 힘과 용기가 필요하다.

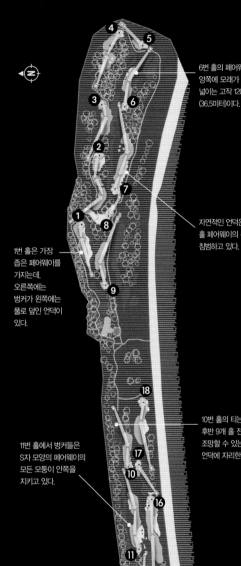

6번 홀의 페어웨이는 양쪽에 모래가 있으며 넓이는 고작 120피트(36.5미터)이다.

자연적인 언덕은 7번 홀 페어웨이의 왼쪽을 침범하고 있다.

1번 홀은 가장 좁은 페어웨이를 가지는데, 오른쪽에는 벙커가 왼쪽에는 풀로 덮인 언덕이 있다.

10번 홀의 티는 후반 9개 홀 전체를 조망할 수 있는 모래 언덕에 자리한다.

11번 홀에서 벙커들은 S자 모양의 페어웨이의 모든 모퉁이 안쪽을 지키고 있다.

14번 홀에서 동쪽으로 돌면 대서양의 뛰어난 경치를 볼 수 있다.

키아와 아일랜드

ONE SANCTUARY BEACH DRIVE, KIAWAH ISLAND, SOUTH CAROLINA 29455, USA
www.kiawahresort.com

오션 코스

설립 1991	디자이너 피트 다이
길이 7,356 야드	코스 기록
(6,726 미터)	67 톰 카이트 (2006)
파 72	

엄선된 챔피언들

라이더 컵 미국 (1991)
골프 월드컵
아일랜드– 파드리그 해링턴 & 폴 맥긴리(1997);
남아프리카– 트레버 이멜만 & 로리 사바티니 (2003)
시니어 PGA 데니스 왓슨 (2007)

코스 카드

전반 9홀			후반 9홀		
홀	야드	파	홀	야드	파
1	395	4	10	439	4
2	543	5	11	562	5
3	390	4	12	466	4
4	453	4	13	404	4
5	207	3	14	194	3
6	455	4	15	421	4
7	527	5	16	579	5
8	197	3	17	221	3
9	464	4	18	439	4
아웃	3,631	36	인	3,725	36

■ 18번 홀의 경사진 그린

HOLE 18 강력한 파4 홀
STRONG PAR 4

티는 황무지를 가로질러 페어웨이를 향해 경기를 하도록 자리하는데, 페어웨이는 공을 오른쪽으로 날려 보내도록 하는 봉우리를 특징으로 한다. 커다란 황무지의 벙커는 오른쪽을 감시한다. 융기된 부분에서 그린은 약간 내려와 있다. 경사진 그린으로의 최적의 라인은 페어웨이의 오른쪽을 용기 있게 겨냥하는 것이다. 까다로운 벙커들은 전방 왼쪽을 먹고 우거진 관목은 오른쪽을 지킨다.

그린의 전방은 벙커로, 오른쪽은 우거진 관목으로 둘러싸여 있다.

모래는 페어웨이를 따라 늘어서 있고 언덕은 매우 가혹할 수 있다.

시네콕 힐즈, 미국 SHINNECOCK HILLS, USA

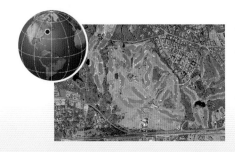

우리가 기꺼이 시네콕 힐즈를 링크스로 분류한다면, 아마도 영국과 아일랜드 외부에서 이를 지적할 사람은 없을 것이다. 롱 아일랜드 페코닉 만 인근에 있는 옛 인디언 보호구역의 260 에이커(105헥타르)를 갈아엎어 만든 이곳은 고요한 보석이다. 미국 골프의 발상지 중 하나인 시네콕은 1894년 미국골프협회를 형성한 다섯 개 클럽 그룹에 속한다.

시네콕 힐즈에서는 진정한 해방감을 느낀다. 광대한 공간의 한가운데에 자리한 이 구불구불한 코스에는 모래 목초지와 이상하게 자리한 나무들밖에 없는 360도의 파노라마가 펼쳐지는데 미국에서 가장 오래된 클럽하우스가 높은 곳에서 지켜보고 있다. 최초의 링크스는 세월 속에서 사라져버렸고 1931년에 활동하기 시작한 투미와 플린이 만들어낸 걸작으로 대체되었다. 까다로운 파3 홀인 7번 홀을 포함해 초기 코스의 몇 개 홀만이 남았는데,

'철각보(凸角堡)'라 불리는 7번 홀은 스코틀랜드 노스 버윅에서 본 솟아올라 기울어진 그린의 원형을 바탕으로 했다. 다른 모든 홀들은 그 홀을 훌륭하게 에두르고 있고, 파4 홀 중 9개는 도그레그 되어 있어 골퍼들은 각 홀에서 바람에 대해 두 번 생각해야 한다. 홀들은 150명의 힘센 지역 원주민들인 시네콕 인디언들이 정교하게 만들었는데, 그들은 오늘날에도 여전히 근처에 거주하는 알곤킨 부족의 일족이다. 대서양에서 그리 멀지 않은 곳에 있는 부지는 다른 해안가 코스들처럼 수많은 모래언덕을 특징으로 하지 않지만, 후반 9개 홀에서 특히 기복이 심해 링크스 치고는 약간 특이한 지역으로 여겨진다. 크고 대범하기 보다는 점잖고 전략적이라는 점에서 로열 버크데일보다는 뮤어필드에 가깝다. 떼 지어 있는 수많은 벙커들은 도그레그의 코너를 지키고 서 있다. 이들 벙커는 대서양 저편에 있는 친구들보다 얕으며 아주 가파른 앞면을 가진

> 이곳은 아마도 세계 최고의 코스일 것이다. 코스는 자연스럽게 끊임없이 침로를 바꾸는데 이는 레이아웃의 특징이다. 이곳은 특별하다.
>
> **레이 플로이드**, 1986년 시네콕에서의 US 오픈 챔피언

최고의 샷

1995년 US 오픈 최종일에서 왜소한 미국인 선수 코리 페이빈은 파 정도면 추격해오는 무리들을 쫓아버릴 수 있다고 생각하며 까다로운 18번 홀로 걸어갔다. 그는 왼쪽으로 도그레그된 오르막 경사 홀의 오른쪽 가장자리로 뛰어난 티샷을 쳤다. 그는 다음 샷을 그린에 올리면 파를 기록하기 위해 2타만 치면 우승하리라는 것을 알았다. 약간 오르막 경사이고 바람은 오른쪽에서 왼쪽으로 불었기에 그는 4번 우드를 꺼내 두 번째 샷을 쳤고 좋은 결과로 이어졌다. 핀에서 4피트 거리에서 공이 멈추었고 비록 그는 버디 기회를 놓쳤지만 견고한 파 퍼트로 승리를 거머쥐었다.

■ 트로피를 들고 있는 코리 페이빈

것은 소수에 불과하다. 러프와 달리 벙커는 무릎 높이에서 통상적인 황금빛 모래를 휘날릴 수 있는 기회를 준다.

빠르게 흐르는 표면

현대 그린의 기준에서 보자면, 이곳의 그린은 작다. 오늘날 440야드(400미터)가 넘는 길이의 6개의 파4 홀이 있는 챔피언십 티 멀리서부터 이들의 크기와 싸워야 한다. 대부분의 표면은 빠르고 융기되어 있으며 부드러운 런오프를 가진다. 그린의 중심에 도달하지 못하면 지독한 벙커로 미끄러질 수 있다. 코스가 더 빨리 흐르도록 허가됨에 따라 문제는 더 심각해졌다. 2004년 US 오픈에서 강한 바람 때문에 경기가 거의 불가능할 지경에 이르자 논쟁이 되었다. 최종 라운드에서 66명의 선수들 중 28명이 80을 깨는 데 실패했다. 레티프 구센은 놀라운 71타로 우승했다. 그러나 이 결과를 내기 위해 그는 12번이나 싱글 퍼트를 해야 했는데 (전체 24번의 퍼트), 평균 겨우 여섯 번만 그린에 적중했기 때문이다. 이것이 시네콕의 방어이다. 시네콕 힐즈는 끊임없이 바뀌는 경로, 경사진 페어웨이, 가슴을 죄어오는 그린으로 전율케 한다. 이곳은 내셔널 링크스 오브 아메리카와 사우스햄턴 골프 클럽과 이웃하며 롱아일랜드의 이 지역을 골프 천국으로 만든다.

파4 홀인 18번 홀은 시네콕 힐즈의 넓게 펼쳐진 공간의 좋은 예로, 104회 US 오픈의 세 번째 라운드에서 본 광경이다.

7번 홀의 가파르게 기울어진 그린은 어프로치를 어렵게 만든다.

코스 설명

이 링크스는 롱아일랜드의 부드럽게 기울어진 지형에 자리해 물결치는 볏짚 색깔의 러프로 둘러싸여 있다. 바다에서 2마일(4킬로미터) 이상 떨어진 시네콕 힐즈는 그릇 모양의 벙커들과 러프 쪽으로 잘 다듬어진 런오프를 가진 작은 그린들로 매우 잘 방어되고 있다. 단단하고 빠르게 흐르는 그린은 정복하려는 코스의 사신(死神)이 된다.

티샷은 15번 홀 페어웨이의 편평한 부분으로 겨냥한다.

16번 홀 페어웨이의 끝에서는 벙커의 무리를 기억해야 한다.

굽이치는 12번 홀의 페어웨이는 벙커 없이 그린으로 이끈다.

클럽하우스에서 9번 홀 그린으로의 어프로치가 내려다보인다.

물결치는 10번 홀의 페어웨이에서는 티샷을 주저하게 된다.

그린은 미끄러운 퍼팅 표면과 뒤쪽에 급경사를 가진다.

약간 오르막의 페어웨이는 20개 벙커 사이를 꿈틀거린다.

HOLE 16 벙커의 지배
BUNKERS RULE

뛰어난 선수라면 벙커가 지배하고 있는 클럽하우스를 향해 오르막의 약간 뒤쪽으로 바로 공을 보낸다. 모든 샷에서 선택에 직면하게 되는데, 다음 페어웨이를 찾아 벙커를 지나칠 것인지 아니면 벙커를 피해 홀쪽으로 따라 올라갈 것인지 결정해야 한다. 전방은 10개의 벙커가 지키고 있고 바로 왼쪽으로 공을 올릴 경로가 전혀 없기 때문에 그린으로 샷을 올리면 대성공이다.

■ 놀라운 16번 홀

시네콕 힐즈

200 TUCKAHOE ROAD
SOUTHAMPTON, NEW YORK 11968, USA
Tel no: +1-631-283-3525

코스 설명

설립 1891	디자이너
길이 6,996 야드	윌리 던(최초 코스)
(6,397 미터)	찰스 맥도널드 & 세스
파 70	레이너, 하워드 투미 &
코스 기록 65	윌리엄 플린
닐 랭커스터 (1995)	

엄선된 챔피언들

워커 컵 미국 (1977)
US 오픈 챔피언십 레이 플로이드 (1986);
코리 페이빈 (1995); 레티프 구센 (2004)

코스 카드

전반 9홀			후반 9홀		
홀	야드	파	홀	야드	파
1	393	4	10	412	4
2	226	3	11	158	3
3	478	4	12	468	4
4	435	4	13	370	4
5	537	5	14	443	4
6	474	4	15	403	4
7	189	3	16	540	5
8	398	4	17	179	3
9	443	4	18	450	4
아웃	3,573	35	인	3,423	35

파크랜드 코스 Parkland Courses

골프는 전 세계를 정복해 나가고 있다. 골프 인구의 지속적인 증가로 인해 현재 3만 5,000개가 넘는 코스가 있다.
이들 대부분은 파크랜드 코스이다. 파크랜드는 삼림지를 포함해 비슷한 스타일을 아우르는 모호한 용어로 지형도,
나무의 종류, 벙커와 물의 사용, 우세한 바람 등의 구성 요소에 의해 결정된다.

◁◁◁ 파리 북쪽의 **파리 인터내셔널**은 잭 니클라우스가 디자인했고 1991년에 개장했다.

◁◁ 영국 벨프리에 위치한 **브라바존 코스**는 네 번이나 라이더 컵을 개최했다.

◁ 미국 펜실베이니아 주 아드모어에 위치한 **메리온 골프 클럽.**

▽ 프랑스 루아르 계곡에 있는 원시림으로 둘러싸인 **레 보데스**는 "떠다니는 골프 코스"로 불리고 있다.

세계적으로 파크랜드 코스가 우세한 이유는 무엇일까? 이 질문에 답하기 위해서는 전적으로 지구의 지형적 특징을 고려해야 한다. 인구의 중심 집단은 주로 호수나 강 등 신선한 물이 있는 지역 근처에 모여 증식해왔고 가능하면 살기에 적합하지 않은 장소를 피하려는 경향이 있다. 모래투성이 연안의 한 부분에 자리한 희귀한 링크스 코스나 100여 개의 사막과 순수한 마운틴 코스를 제외하고 우리는 대다수의 골퍼들이 쉽게 접근할 수 있는 목초지, 초원, 숲속이나 삼림지대에 코스를 지으려 한다.

파크랜드 코스는 다른 스타일보다 푸른 풀이 무성한데, 링크스에서 경험한 해안의 바람이나 데저트

윈지드 푸트의 두 개 코스는 뉴욕 시 북쪽의 머매러넥 목초지와 삼림지대에 만들어졌다.

코스에서 참고 견뎌야 하는 타는 듯한 열기에 노출되지 않기 때문이다. 나무들 역시 그늘을 주고 자연력을 막아주는 필수적인 역할을 한다. 토양은 모래 황무지나 링크스보다 비옥하므로 잔디 지역을 경작하기가 편하다.

지형학과 나무들

문제는 보통 다양한 형태로 발생한다. 페어웨이는 나무를 따라 만들어져 있어 종종 도그레그 된다. 벙커는 착륙 지역과 그린사이드를 보호하기 위한 임무를 가지므로 깊고 위험하기보다는 전략적으로 배치된다.

페어웨이 옆 러프는 푸르고 빽빽하며 발목 깊이 정도이다. 파크랜드 코스는 지형에 따라 크게 달라진다. 어거스타 내셔널과 같은 몇몇 코스들은 급강하고 상승하는 반면 다른 곳은 단순히 편평한 목초지에 커다란 표본

나무들 주변을 따라간다. 나무의 종류 역시 무한하다. 넓은 잎을 가진 탈락성 나무들은 중부 유럽과 북동 아메리카에 훨씬 많고, 캐나다나 스칸디나비아의 삼림 지대는 소나무나 전나무 같은 침엽수로 둘러싸여 있다. 스페인에서 만날 수 있는 지중해 상태와 보다 따뜻한 기후를 가진 유럽의 남쪽 멀리로 가면 우산송, 유칼립투스와 코르크 나무들이 삼림지의 차양을 만들어준다.

각각의 스타일은 다른 도전들을 조장한다. 종종 소나무 숲 사이에 있는 코스는 낮고 정확한 펀치로 나무에서 탈출할 기회를 준다. 차양은 보통 높고 나뭇가지는 넓게 펼쳐진 오크나 너도밤나무 숲에 비해 빈약하다. 후자의 경우 골퍼는 나무를 뚫고 가기보다는 트러블을 돌아가는 구질을 만들어야 한다.

바람에 대적하기

파크랜드 코스에서 바람의 영향은 꽤 크다. 링크스에서 바람은 한 방향에서 상당히 강하게 불어오는 데 반해 파크랜드 코스에서는 소용돌이치거나 높은 차양에 의해 홀로 몰려들기도 한다. 모여든 구름이 고요하게 한 방향으로 움직이면 그린 위의 깃발은 반대 방향으로 나부끼는 것도 가끔 볼 수 있다. 그래서 클럽의 선택이 곤혹스럽다. 일반적인 규칙에 따르면 깃발보다는 구름이 움직이는 방향이나 나무 꼭대기가 어떻게 반응하는지를 더 신뢰해야 한다.

공 높이 띄우기

파크랜드 페어웨이는 천천히 흐르는 편이고 벙커는 그린의 전방을 비호하고 있기 때문에 공을 짧게 바운스시키고 그린으로 흐르게 하려면 히스랜드나 링크스에 비해 하이볼 게임이 더 필요하다.

파크랜드 티에서 엄청난 양의 런을 기대할 수 없기 때문에 골퍼들은 길고 폭발하는 비거리를 선호하는데, 특히 그라운드 스태프가 보다 자유롭게 코스에 물을 주는 편인 미국 스타일의 파크랜드에서 더 그러하다. 그린으로 바로 샷을 날리는 것은 바닥에서 건너뛰기보다는 트러블 위를 날아가는 공중 루트를 택함을 의미한다. 그러나 바람을 고려하는 지혜도 필요하다.

바람이 부는 날에는 바람의 완전한 힘으로부터 보호받을 수 있기 때문에 차양 위로 공을 띄우기 보다는 샷을 낮게 치는 것이 최선이다. 대부분의 파크랜드에서는 염려할 만한 풍식이 없기 때문에 벙커들은 비교적 얕은 편이라 골퍼들은 특히 페어웨이 벙커에서의 롱 벙커 샷 기술을 갖추어야 한다. 대다수의 파크랜드에서 옆길로 모래를 튕기는 것은 보기 드물다.

린나 골프 코스는 핀란드의 심장부인 헬싱키 북쪽에 키 크고 호리호리한 소나무와 탈락성의 박달나무 사이에 자리한다. 2005년에 개장한 굽이치는 코스는 암석이 돌출되어 있고 한여름 밤에 자연광 아래에서 경기할 수 있다는 특징이 있다.

숲이 우거진 코스는 계절이 바뀌므로 경기하기에 특히 멋진 장소이다. 잎들이 갈색, 노란색, 주황색으로 바뀌는 가을에 구불거리는 지형의 그린 너머에서 펼치는 경기는 마법 같은 경험이 될 것이다.

도널드 로스가 디자인한 오크 힐 골프 코스는 미국 뉴욕 북부 로체스터 근처 농지에 만들어졌다.

메리온, 미국 MERION, USA

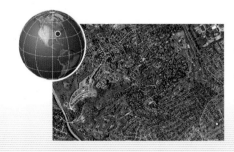

"가장 위대한 것은 작은 것에서 시작된다"는 속담은 메리온에 딱 들어맞는다. 삼림지의 126 에이커(50헥타르)에 비집고 들어간 코스는 영리한 디자인으로 펜실베이니아에 있는 잎이 무성한 교외 부지를 최대한 이용한다. 코스는 클래식하고 메리온의 역사가 분위기에 더해진다. 모든 위대한 골퍼들이 움푹 팬 잔디 위를 걸었고 수많은 내셔널 챔피언십에서 생겨난 이야기들은 골프 신화에 더해진다.

19세기 전환기 무렵, 크리켓과 테니스는 필라델피아 인근에서 대유행이었고 1865년에 설립된 메리온 크리켓 클럽은 스포츠 경기의 심장부였다. 그러나 골프가 주류로 떠오름에 따라 이들 스포츠 클럽은 골프 코스를 시설에 추가하면 인기가 많을 거라는 것을 깨달았다. 필라델피아 크리켓 클럽이 앞장섰고 1907년과 1910년 US 오픈을 개최하기도 했다. 1896년 이래로 쇼트 코스(웨스트 코스)를 가지고 있던 메리온은 그들 역시 유명한 챔피언십을 유치할 수 있도록 더 웅장한 코스를 만들길 원했다. 회원들은 함께 만나 휴 윌슨이라는 32세의 스코틀랜드인 골프 전문가를 코스 디자이너로 선택했다. 1910년에 그는 고국으로 돌아가 7개월 동안 자국의 훌륭한 링크스와 히스 코스에서 영감을 얻기 위해 여행했고 메리온 크리켓 클럽의 이스트 코스 디자인에 착수하기 위한 힘을 얻어 돌아왔다. 윌슨은 시 외곽의 메인 라인에 있는 작지만 삼림이 우거진 부지에 L자 모양의 웅장한 보석을 만들어냈다. 11개 홀(2번 홀부터 12번 홀까지)은 L자의 반으로 아드모어 애비뉴를 가로지르고, 반면 1번 홀과 13번 홀에서 18번

홀까지는 클럽하우스 쪽에 위치한다. 코스가 짧기 때문에 방어는 강력해야 했는데, 오늘날에도 여전히 그러하지만 지난 몇 년 동안 현대적인 코스에 맞추기 위해 400야드(366 미터)가 추가되었다.

하얀 얼굴들

윌슨은 아마추어 건축가였을지 모르나 그의 루트 결정과 벙커 배치는 절묘했다. 잘 자란 나무들은 전체 지형에 점재하고 돌이 많은 지류는 코스를 통과해 이리저리 흐른다. 돌이 많고 기복이 있는 지형과 충분히 완만한 고도의 변화는 이곳을 흥미롭게 만든다. 벙커는 기막히게 배치되어 입을 크게 벌리고 있다. 120개 벙커 중 대부분은 들쭉날쭉하며 가파른 앞면은 풀들로 둘러싸여 있는데, 누군가는 눈썹을 달고 있는 것 같다고 묘사했다. 1916년 여기서 개최된 US 아마추어 챔피언인 칙 에반스는 벙커의 생김새를 보고 "메리온의 하얀 얼굴들"이라고 불렀다. 그린도 수비 역할을 해야 한다. 그린이 교묘하게 위로 휘어져 있고 작기 때문에 메리온에서는 힘보다는 정교함으로 경기를 해야 한다.

깃발 대신 빨간 고리버들 바구니가 메리온의 핀 위에 앉아 있다. 바구니들은 어느 쪽으로 바람이 불고 있는지 전혀 힌트를 주지 않는다.

호건의 놀라운 샷

벤 호건은 1949년 무시무시한 자동차 충돌 사고 후 반 정도 회복한 체력으로 싸웠고 메리온에 그 다음해 돌아와 US 오픈 챔피언에서 다시 한 번 경기를 쟁탈했다. 최종일에 36개의 까다로운 홀에서 경기를 하면서 그는 피곤했고 스코어 차이는 점차 줄어들었다. 그는 1번 아이언을 손에 들고 18번 홀에 섰는데, 플레이오프에 진출하기 위해서는 파를 기록해야 했다. 호건은 롱 아이언을 휘둘러 그린의 중심으로 가는 놀라운 샷을 만들어 플레이오프 진출을 확고히 했고 그 다음 날 승리로 경기를 끝마쳤다.

■ 1950년 메리온의 18번 홀에서 샷을 날리는 벤 호건

몇몇은 두드러지게 수평이기 때문에 좋은 스코어를 기록하려는 골퍼들은 어프로치할 때 제대로 컨트롤하고 거리는 정확해야 한다. 코스의 쇼트 홀들은 종종 코스의 품격을 보여주는데 메리온은 풍미를 돋우기 위해 4개의 파3 홀을 가진다. 3번 홀은 오르막 경사이며 6개의 벙커가 점재해 있다. 9번 홀에서는 개울과 연못과 면하고 있는 신장 모양의 그린을 향해 내리막으로 경기를 한다. 길 건너 예쁜 13번 홀의 그린은 아주 작으며 모래로 둘러싸여 있다. 17번 홀은 오래된 채석장 너머에 자리해 잔인하며 뒤쪽으로 246야드(225미터)의 길이이다. 이것이 모든 비거리이다. 리 트레비노는 이곳을 "오픈 역사상 가장 짧은 파4 홀"이라고 설명했다.

위대한 선수들

전설적인 보비 존스는 1916년 14세의 나이로 이곳에서 열린 US 아마추어 대회에서 처음 경기했고 준준결승에 진출했다. 1924년과 1930년에 이곳에서 우승했다. 더 놀라운 사실은 그가 같은 해에 US 오픈, 브리티시 아마추어, 그리고 오픈에서 우승해 네 개의 타이틀을 훗날 그랜드 슬램으로 알려지게 되었다는 점이다(212~213쪽 참조). 그는 36개 홀의 마지막인 11번 그린에서 우승했고 오늘날 이것을 기념하기 위해 명판이 세워져 있다. 그는 몇 달 후 경쟁적인 골프에서 물러났다. 메리온은 진정한 클래식이며 오늘날 이 아담한 매력덩이는 업데이트되어 다시 한 번 뛰어난 선수들을 맞이할 수 있다. 마지막으로 US 오픈을 맞이한 후 32년이나 흐른 뒤인 2013년에 US 오픈을 개최할 예정이다. 환상적인 도전지가 되리라 확신한다.

4번 홀 그린 너머로의 일몰은 왼쪽 뒤에서 오른쪽 앞으로 경사진 퍼팅 표면을 두드러지게 한다. 풀로 둘러싸인 5개의 벙커는 정도를 벗어난 샷을 숨겨서 기다린다.

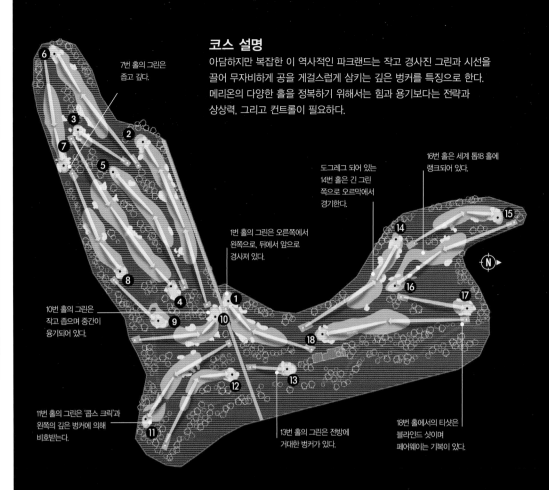

코스 설명

아담하지만 복잡한 이 역사적인 파크랜드는 작고 경사진 그린과 시선을 끌어 무자비하게 공을 게걸스럽게 삼키는 깊은 벙커를 특징으로 한다. 메리온의 다양한 홀을 정복하기 위해서는 힘과 용기보다는 전략과 상상력, 그리고 컨트롤이 필요하다.

7번 홀의 그린은 좁고 깊다.

16번 홀은 세계 톱18 홀에 랭크되어 있다.

도그레그 되어 있는 14번 홀은 긴 그린 쪽으로 오르막에서 경기한다.

1번 홀의 그린은 오른쪽에서 왼쪽으로, 뒤에서 앞으로 경사져 있다.

10번 홀의 그린은 작고 좁으며 중간이 융기되어 있다.

11번 홀의 그린은 '콥스 크릭'과 왼쪽의 깊은 벙커에 의해 비호받는다.

13번 홀의 그린은 전방에 거대한 벙커가 있다.

18번 홀에서의 티샷은 블라인드 샷이며 페어웨이는 기복이 있다.

■ 16번 홀에 있는 채석장

| HOLE 16 | 채석장 THE "QUARRY" |

16번 홀은 분명한 이유에서 채석장 홀로 알려져 있다. 대담한 선수는 페어웨이를 제일 먼저 찾아야 하고, 그 다음에 가라앉은 돌길을 택할지 그린 바로 앞에 있는 사막을 택할지 결정해야 한다. 페어웨이의 끝에서 그린 전방까지는 100야드(91미터)지만 많은 선수들은 훨씬 뒤에서부터 온다.

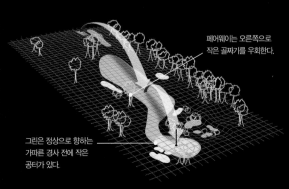

페어웨이는 오른쪽으로 작은 골짜기를 우회한다.

그린은 정상으로 향하는 가파른 경사 전에 작은 공터가 있다.

메리온

450 ARDMORE AVENUE
ARDMORE, PENNSYLVANIA, 19003, USA
www.meriongolfclub.com

이스트 코스

설립 1912	파 70
길이 6,846 야드	디자이너
(6,260 미터)	휴 윌슨

엄선된 챔피언들

US 아마추어 보비 존스 (1924, 1930);
에두아르도 몰리나리 (2005)
US 오픈 벤 호건 (1950); 리 트레비노 (1971);
데이비드 그레이엄 (1981)
커티스 컵 미국 (1954)

코스 카드

전반 9홀			후반 9홀		
홀	야드	파	홀	야드	파
1	350	4	10	303	4
2	556	5	11	367	4
3	219	3	12	403	4
4	597	5	13	120	3
5	504	4	14	438	4
6	487	4	15	411	4
7	345	4	16	430	4
8	359	4	17	246	3
9	206	3	18	505	5
아웃	3,623	36	인	3,223	34

레 보데스, 프랑스 LES BORDES, FRANCE

외딴 곳에 자리한, 정교하면서도 찬란하도록 대범한 레 보데스는 천연의 삼림지에 훌륭하게 세팅된 평온한 천국이다. 루아르 계곡에 있는 호수가 드리운 삼림 지대인 솔로뉴의 심장부 깊이 자리한 이곳은 수많은 스릴 넘치는 샷이 플레이 되는 거대하지만 아름다운 도전지이다. 코스에서 챔피언십이 개최된 적이 없음에도 불구하고 많은 뛰어난 선수들이 레 보데스의 매력을 시험해보았지만 어느 누구도 정복하지 못했다.

놓친 퍼트의 괴로움

유럽에서 가장 큰 거대한 퍼팅 그린은 조각 공원으로써의 역할도 한다. 잔디의 작은 섬에서 로댕의 이마를 치고 있는 나체의 남자 조각상이 자리한다. 바론 비크는 이 조각상이 3피트짜리 퍼트를 놓친 괴로움을 반영한다고 여겼기에 완벽한 장소라고 생각했다.

■ 로댕의 남자 나신 조각상

절충적인 코스는 보기 드물지만 레 보데스는 정확하게 그러하다. 삼림이 우거진 이곳은 히스 코스와 미국 스타일의 워터 코스를 일부분 가지고 있다. 1986년에 개장한 이곳은 원래는 부유한 두 가문을 위한 사유(私有) 코스였다. 빅(Bic) 볼펜과 면도기로 유명한 바론 마르셀 비크와 사업 파트너인 요시아키 사쿠라이는 미국인 전문가 로버트 폰 헤기의 협력을 얻어 비크의 사냥지대를 세계 수준의 골프 코스로 변모시켰다. 깜짝 놀랄 만한 비거리, 도그레그, 숙고해야 할, 위험하지만 보상이 따르는 수많은 샷, 벙커 대신에 자리한 마운드, 물 옆에서 누워 있는 그린, 뒤틀린 하얀 페어웨이 벙커, 몇 개의 가학적인 그린, 어깨를 오픈해 치는 드라이브, 그리고 아일랜드 그린까지 있다. 이것저것 많이 섞여 있지만 완벽하게 작용한다. 코스에는 44개의 벙커밖에 없으며 몇몇은 지독하게 깊지만 그게 전부는 아니다. 1번 홀은 단 한 개의 벙커를 가진 일직선의 파4 홀이지만 벙커가 거의 그린 전체를 에워싸다시피 한다. 더 거대한 벙커들은 6번, 12번, 그리고 15번 홀의 페어웨이 측면을 지키고 있다. 어떤 경우라도 페어웨이는 골퍼가 드라이브를 할 때 밀실 공포와 신경과민증에 시달리도록 만들기 위해 벙커가 전혀 필요 없는 장소인 우거진 숲 속에

던져져 있다. 마지막 4개 홀에는 겨우 5개의 벙커가 있을 뿐이지만 의심의 여지없이 여타의 코스에서 발견할 수 있는 힘겨운 최종 단계이다. 폰 헤기는 간단하고 완만한 도그레그를 만든 것 같지는 않다. 6개의 흔들리는 홀들은 모두 심각하게 휘어져 있다. 떨리는 7번 홀은 완벽한 90도를 이루어 두 번째 샷은 그린에 닿기 위해 거대한 연못 위를 날아가야 한다. 그는 물 위를 가로지르는 엄청나게 멋진 세 개의 파3홀을 만들었고 한 개는 명백하게 어려운 오르막 홀이다. 연못을 넘는 세 개 중 4번 홀의 그린은 땅에 누워 있는 목재로 보강되어 있고 13번 홀은 아마도 가장 까다로울 것이다. 백티에서 그린의 전방 가장자리까지의 거리가 158미터(174야드)이다. 바람이 불면 스트라이크는 완벽해야 한다. 최악의 상황을 넘었다고 생각하는 그때, 14번 홀이 들이닥친다. 물은 어디에나 있다. 티에서부터 물을 감당해야 하며, 두 번째 샷에서는 소그래스의 17번 홀(364~367쪽 참조)을 연상시키는 아일랜드 그린으로 더 멀리 치기 전에, 오른쪽이나 왼쪽을 피해야 한다.

안개 자욱한 물에 둘러싸인 특별한 14번 홀의 아일랜드 그린은 바로 아래에서 비단잉어가 헤엄치고 있는 인도교를 통해 갈 수 있다.

코스 설명

위태로운 샷으로 가득한 레 보데스는 자연 삼림을 굽이쳐 흐르고 페어웨이와 그린은 몇몇의 우아한 호수와 마주한다. 모래는 드물게 사용되었지만, 대치되면서도 비범하게 경기에 개입한다. 레 보데스는 파워 넘치고 위험하기 때문에 최고의 선수들에게도 아주 힘든 상대이다.

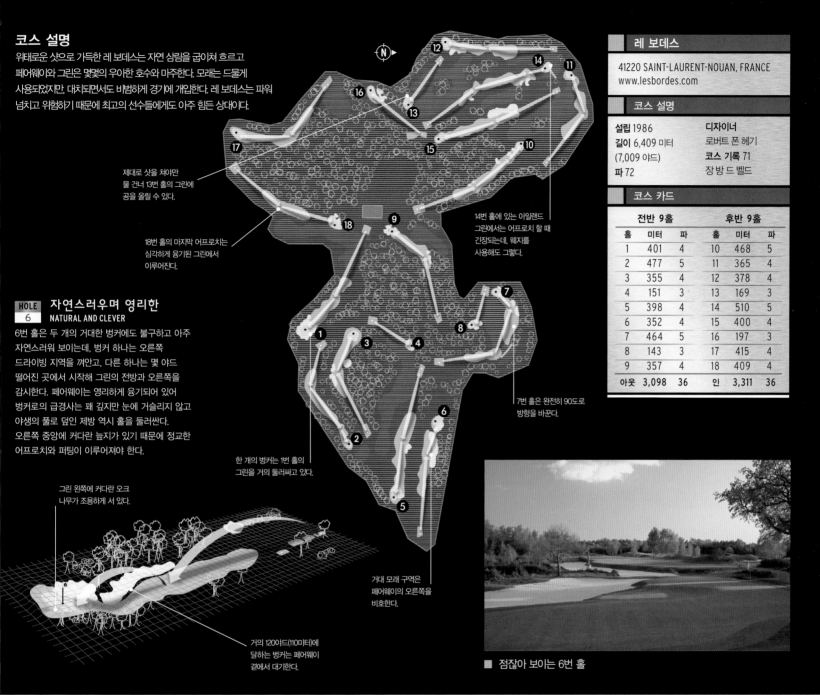

제대로 샷을 쳐야만 물 건너 13번 홀의 그린에 공을 올릴 수 있다.

18번 홀의 마지막 어프로치는 심각하게 융기된 그린에서 이루어진다.

HOLE 6	자연스러우며 영리한
	NATURAL AND CLEVER

6번 홀은 두 개의 거대한 벙커에도 불구하고 아주 자연스러워 보이는데, 벙커 하나는 오른쪽 드라이빙 지역을 껴안고, 다른 하나는 몇 야드 떨어진 곳에서 시작해 그린의 전방과 오른쪽을 감시한다. 페어웨이는 영리하게 융기되어 있어 벙커로의 급경사는 꽤 깊지만 눈에 거슬리지 않고 야생의 풀로 덮인 제방 역시 홀을 둘러싼다. 오른쪽 중앙에 커다란 늪지가 있기 때문에 정교한 어프로치와 퍼팅이 이루어져야 한다.

그린 왼쪽에 커다란 오크 나무가 조용하게 서 있다.

거의 1200야드(110미터)에 달하는 벙커는 페어웨이 곁에서 대기한다.

14번 홀에 있는 아일랜드 그린에서는 어프로치 할 때 긴장되는데, 웨지를 사용해도 그렇다.

7번 홀은 완전히 90도로 방향을 바꾼다.

한 개의 벙커는 1번 홀의 그린을 거의 둘러싸고 있다.

거대 모래 구역은 페어웨이의 오른쪽을 비호한다.

레 보데스

41220 SAINT-LAURENT-NOUAN, FRANCE
www.lesbordes.com

코스 설명

설립 1986
길이 6,409 미터
(7,009 야드)
파 72

디자이너
로버트 폰 헤기
코스 기록 71
장 방 드 벨드

코스 카드

	전반 9홀			후반 9홀	
홀	미터	파	홀	미터	파
1	401	4	10	468	5
2	477	5	11	365	4
3	355	4	12	378	4
4	151	3	13	169	3
5	398	4	14	510	5
6	352	4	15	400	4
7	464	5	16	197	3
8	143	3	17	415	4
9	357	4	18	409	4
아웃	3,098	36	인	3,311	36

■ 점잖아 보이는 6번 홀

발데라마, 스페인 VALDERRAMA, SPAIN

유럽 대륙 최고의 코스 1위에 항상 랭크되는 스페인 남부에 위치한 발데라마는 소심한 골퍼를 위한 코스가 아니다. 몇 년 동안 유러피언 투어의 주요 이벤트인 볼보 마스터스의 본거지였던 이곳은 쉽지 않으며 최고의 선수들조차 여러 번 창피를 당했다. 코스는 뛰어나지만 경기뿐 아니라 정신력을 테스트하므로 거의 무서울 정도의 많은 샷이 탄생하는 곳이다. 발데라마에는 수많은 드라마가 있다.

발데라마는 완벽을 추구하기 위해 정성을 쏟아 왔다. 굽어진 코르크 오크 나무와 올리브 숲 사이에 강경하면서도 우아한 홀들을 창조하는 것은 1984년에 원래의 로스 아베스 코스를 사들인 이래로 발데라마 소유주의 오랜 열망이었다. 하이메 오티스 파티노는 일반 코스를 맡았고 재능 있는 건축가인 로버트 트렌트 존스는 광범위한 부지의 재건을 지휘했다. 거의 알려지지 않았던 이곳은 셀 수 없을 만큼의 많은 돈을 투자해, 상상을 초월하는 양의 흙을 옮겼고, 수천 그루의 나무를 심고 옮기고 베어낸 덕분에 몇 년이라는 짧은 기간 안에 높이 칭송받게 되었다. 수많은 드라이브, 어프로치, 심지어 칩과 퍼트까지도 아슬아슬하다. 언제나 깊게 심호흡을 하고 난국을 타개하기 위해 자신을 믿어야 한다. 지형과 디자인은 경기를 힘들게 만든다. 나무들은 페어웨이를 에워싸고 눈부신 하얀 벙커들, 억센 러프의 제방, 거기에 많은 나무들이 그린을 방어한다. 4번과 7번 홀의 그린은 악명 높게 물로 둘러싸여 있으며, 매우 미끄러운 퍼팅 표면은 가파르게 기울어져 있다.

정확도와 컨트롤

티에서의 정확도는 최우선 과제인데, 나무가 착륙 지점을 잠식하고 있고 살짝만 빗나가도 차양이 공을 죽여버리기 때문이다. 웅크리고 앉은 울퉁불퉁한 나무에서 공을 보내는 것은 가능하지만 까다로운 샷이라서 탈출하기 위해서는 낮게 공을 쳐야 한다. 종종 무릎을 꿇은 리커버리 샷이 필요하다. 그러나 벙커가 비호하는 그린 입구와 페어웨이는 빨리 구르지 않기 때문에 그린으로 탈출 샷을 올려 보내기 어렵다. 페어웨이를 발견한다고 해도 그린을 놓치면 심각한 문제를 초래할 수 있기 때문에 어프로치 시 컨트롤도 매우 중요하다. 예를 들어 뛰어난 파3 홀인 12번 홀에서 좀더 길게 어프로치 되었다면 지독하게 비탈진 그린으로 올리는 악몽의 벙커 샷을 맞이하게 될 것이다. 문제의 요점은 그린에 적중하든 놓치든 관계없이 제대로 된 위치에 있어야 한다는 것이다. 발데라마에서 핀 너머에 자리한다면 퍼팅은 훨씬

파크랜드의 특징이 가장 덜 나타나는 17번 홀은 발데라마에서 가장 악명 높은 홀로, 호수와 세 개의 벙커가 그린을 지키고 있다.

주요 순간들

17번 홀은 다른 곳에서 볼 수 없는 극적인 순간을 만들어낸다. 타이거 우즈는 1999년 아메리칸 익스프레스 챔피언십의 최종 라운드에서 보기에 완벽한 피치 샷에도 불구하고 물에 빠졌고 트리플 보기인 8타를 쳤지만 플레이오프에 진출해 우승했다. 그렇지만 우즈는 언더 파로 경기를 마친 단 세 명의 선수 중 한 명이었다.

1997년에 발데라마는 본토 유럽에서 처음으로 라이더 컵을 유치했는데 세베 바예스테로스는 경기에 참여하지 않는 주장이었다. 최종일 오후에 유럽은 5포인트 차로 앞서고 있었다. 유럽 팀에서는 콜린 몽고메리를 포함한 단 세 명의 선수들이 싱글 매치에서 이겼는데, 까다로운 18번 홀에서 몽고메리의 견고한 파4 온은 승리를 굳건히 했다.

발데라마

11310 SOTOGRANDE, PROV DE CADIZ, SPAIN
www.valderrama.com

코스 설명

설립 1974
길이 6,356 미터
(6,959 야드)
파 71

디자이너 로버트 트렌트 존스, 시니어
코스 기록 62
베른하르트 랑거
(1994)

엄선된 챔피언들

라이더 컵 유럽 (1997)
아메리칸 익스프레스 월드 골프 챔피언십
타이거 우즈 (1999); 마이크 위어 (2000)
볼보 마스터스 콜린 몽고메리, 베른하르트 랑거
(2002); 프레드릭 야콥슨 (2003);
이안 폴터 (2004); 폴 맥긴리 (2005);
지브 밀카 싱 (2006); 저스틴 로즈 (2007)

코스 카드

전반 9홀			후반 9홀		
홀	미터	파	홀	미터	파
1	356	4	10	356	4
2	385	4	11	500	5
3	179	3	12	194	3
4	515	5	13	368	4
5	348	4	14	338	4
6	149	3	15	206	3
7	448	4	16	386	4
8	320	4	17	490	5
9	403	4	18	415	4
아웃	3,103	35	인	3,253	36

코스 설명

원시의 코르크 오크와 올리브들은 에메랄드 빛 페어웨이에 군집하며 탁자처럼 편평한 일부 그린에 그늘을 드리운다. 지역 특산물인 분쇄된 대리석으로 채워진 눈부신 하얀 벙커들은 주변을 껴안고 있고 특이한 워터 해저드는 정확도의 중요성을 높인다.

전반 9홀 ① 페어웨이 왼편은 그늘진 그린으로 가는 최상의 라인을 남겨둔다. ② 거대한 오크 나무가 페어웨이의 중앙에 자리한다. 길게 치면 나무를 지나칠 수 있다. ③ 극심한 경사 때문에 공이 곤란한 위치에 놓일 수 있기 때문에 길거나 왼쪽으로 보내기보다는 짧은 것이 더 낫다. ④ 3타에 그린에 온 시켜야 하는 홀이므로 최선을 다해야 한다. 그린 옆에 있는 호수는 인정사정없다. ⑤ 티에서의 드라이버가 필요 없고, 왼쪽으로 도그레그된 이곳에서는 포지션 플레이가 중요하다. ⑥ 내리막의 쇼트 홀. 오르막 퍼트를 남겨 두기 위해 깃발 오른쪽으로 짧게 보내도록 하라. ⑦ 그린에 이르기 위해서는 두 개의 강타가 필요하지만, 거대한 벙커가 지키고 서 있다. ⑧ 나무에서 그린으로 한 타에 온할 기회가 없기 때문에 페어웨이를 반드시 찾아야 한다. ⑨ 쭉 뻗어 있으며 편평하기 때문에 어프로치를 판단하기가 까다롭다.

후반 9홀 ⑩ 연못 주변에서 왼쪽에서 오른쪽으로 휘어져 있고, 그린은 심각한 비탈면을 이룬다. ⑪ 오르막의 세미 블라인드 어프로치이지만, 버디 기회이다. ⑫ 작은 계곡을 지나 뒤에서 앞으로 기울어져 있는 그린으로 향하는 놀라운 파3 홀. ⑬ 벙커는 없지만 양쪽이 모두 나무로 에둘러 있어 아주 좁다. ⑭ 그린이 페어웨이보다 훨씬 위에 있어 어프로치를 판단하기가 매우 힘들다. ⑮ 작은 관목의 골짜기를 지나는 위압적인 파3 홀. 그린의 왼편을 겨냥하라. ⑯ 왼쪽으로 기울어진 페어웨이가 드라이브를 왼쪽으로 보내게 두어라. 그린으로 가기에 가장 좋은 라인을 남겨 놓는다. ⑰ 2 타에 올려 놓으려면 배짱이 필요하다. 짧으면 무조건 호수에 먹힌다. ⑱ 페어웨이에서 문제가 생기면 빠져 나오기 위해 창의적인 플레이를 해야 한다.

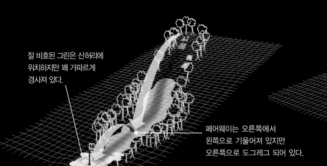

HOLE 8 — 엘 벙커 (EL BUNKER)

짧지만 위험한, 왼쪽으로 약간 도그레그된 이 홀은 페어웨이 양쪽으로 나무가 우뚝 솟아 있으며 커다란 벙커는 그린의 전방을 호를 그리며 자리한다. 페어웨이를 놓치면 나뭇가지 아래로 공을 낮게 칠 수 없지만 모래를 스치며 날아 그린으로 보내는 것은 기대할 수 있다.

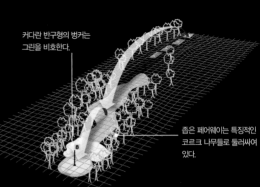

커다란 반구형의 벙커는 그린을 비호한다.

좁은 페어웨이는 특징적인 코르크 나무들로 둘러싸여 있다.

HOLE 16 — 매우 어려운 (MUY DIFICIL)

완벽한 라인은 오른쪽 아래의 나무들과 접하고 있어 공을 왼쪽 아래로 보내야 하는데, 착륙 지역의 내리막에 깨끗한 시야를 확보할 수 있다. 왼쪽이 최상이다. 어색한 드라이빙 홀에 퍼팅이 더해지면 시련이 된다. 이 홀을 "무이 디피실(아주 어렵다)"이라고 부르는 것도 당연하다.

잘 비호된 그린은 산허리에 위치하지만 꽤 가파르게 경사져 있다.

페어웨이는 오른쪽에서 왼쪽으로 기울어져 있지만 오른쪽으로 도그레그 되어 있다.

HOLE 18 — 카사 클럽 (CASA CLUB)

마지막 홀은 두 개의 경기 방법이 있다. 안전한 방법을 취해 구석으로 똑바로 쳐, 나무 주변에서 휘어져야 할지도 모를 길게 스치는 샷을 남긴다. 두 번째는 대담한 플레이로 왼쪽으로 나무를 넘기는 블라인드 샷을 친 후, 왼쪽으로 도그레그된 좁은 페어웨이에 안착하기를 비는 것이다.

나무를 넘기며 대범하게 치면 그린으로의 보다 짧은 어프로치가 남게 된다.

그린은 가운데가 살짝 높으며 벙커 몇 개가 둘러싸고 있다.

■ 4번 홀에 있는 호수

■ 8번 홀의 거대한 벙커

■ 7번 홀의 그린을 둘러싸고 있는 벙커들

풍경과 야생 생물의 풍부함은… 모든 선수들이 도전적인 레이아웃과
풍성한 **자연의 아름다움** 속에서 라운드를 마친다는 것을 의미한다.

하이메 오티스 파티노, 소유주이자 회장

힘들어진다. 항상 공을 홀 아래에 두는 것을 목표로 하라.
크리스티 오코너 주니어가 말한 것처럼 "여기서 그린을
놓치면 눈물로 젖을 것이다." 바람도 상황에 전혀 도움을
주지 않는다. 바다에 가깝지만 언덕에 위치한 발데라마의
바람은 변덕스럽다. 포니엔테(강한 서풍)는 내륙 북쪽에서
뜨거운 공기를 내뿜고, 레반테(강한 동풍)는 바다에서
남쪽으로 엄습하는 시원한 미풍이다. 어떤 바람이 얼마나
세게 부느냐에 따라 코스는 하루하루 달라질 수 있다.

쉬운 홀은 없다

발데라마는 처음부터 골퍼의 기술과 인내를 시험한다. 1번
홀에서는 페어웨이를 발견하더라도 그린이 명확하게 보이지
않는다. 드라이브가 오른편에서 끝나면 키 큰 나무 부근에서
휘어지는 샷이나 나무를 넘기는 타구가 필요하다. 2번 홀에는
백티에서 284야드(260미터) 지점인 페어웨이 중간에 거대한
코르크 오크가 있어 드라이브와 어프로치 모두에서 용단을
내려야 한다. 이런 식으로 홀은 나아간다. 식은 죽 먹기인
홀은 단 하나도 없다. 아마 지면이 높은 파5의 11번 홀이
버디를 낚기에 가장 힘든 곳이 아닐까 한다. 또 다른 파5 홀인
4번 홀은 놀라운 그린의 복합체이다. 오크 나무의 그늘에
있는 호수와 낙수 뒤에 숨어 있어 뛰어난 경관을 자랑하지만
진짜 위험이 도사리고 있다. 아주 작은 그린은 긴 홀의 끝에
있다. 두 개의 두드러진 평지와 정상의 고원은 편평함에도
불구하고 그린에 도달하기가 엄청나게 어렵다.

　많은 골퍼들이 거기에서 물에 빠지지만 악명 높은 17번
홀에서는 더 많은 공이 물속에 가라앉는다. 2타 안에 그린에
도달할 기회를 얻으려면 왼쪽에서 입을 쩍 벌리고 있는

페어웨이 벙커를 피해야 하고 그린 다음 결정을 해야 한다.
사정거리 안에 있을 경우, 물 위를 건너 작고 비탈진 그린으로
바로 보낼 것인가 아니면 안전한 루트를 선택해 자신의 쇼트
게임 능력을 믿을 것인가? 그린의 경사면은 짧게 깎여 있기
때문에 아주 정교한 샷을 쳐야만 공이 표면에 붙어있을 수
있다. 세계의 투어 프로들은 발데라마와 애증의 관계를
형성하고 있다. 선수들은 때로는 운이 큰 영향을 미친다는
것을 깨닫기도 하고, 훌륭한 골프에는 그만 한 보상이
따른다는 것을 알게 되기도 한다. 페어웨이는 카펫 같고,
분쇄된 하얀 대리석의 벙커는 견고해 컨트롤에 유리하게
일관적이며 그린은 믿을 수 없을 만큼 부드럽고 이상적이다.

발데라마의 벙커는 트레이드마크로 모래 대신에
부서진 하얀 대리석으로 채워져 있다. 거친 입자는
반짝거릴 뿐 아니라 경기하기에 알맞은 표면을
조성한다. 잘 압축되어 있어서 공이 훌륭한 라이를
가지므로 기술 좋은 골퍼는 보다 나은 컨트롤을 위해
공을 회전시킬 수 있다.

■ 15번 홀과 뒤쪽의 세하니아 데 론다

■ 16번 홀 그린의 아름다운 세팅

히로노, 일본 HIRONO, JAPAN

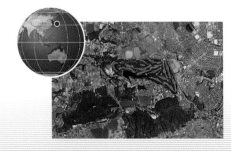

1932년에 히로노가 개장한 이후 지금까지 이곳은 일본에서 최고의 코스로 칭송받았다. 섬에 빽빽이 들어찬 거의 2,500여 개의 코스가 있다는 것을 고려할 때 그리 인색한 위업은 아니다. 세계 톱50 안에 랭크되고 사설의 회원제 클럽의 일부분인 히로노는 소나무가 늘어선 파크랜드에 위치하고 있지만 잉글랜드에 있는 서리 샌드벨트의 뛰어난 히스랜드 코스를 연상시키는 특징들을 가진다.

코스 설명

일본에서 최고에 랭크되는 코스는 소나무로 둘러싸인 홀들을 더한 히스랜드의 느낌을 가지지만, 돌투성이의 계곡, 굽이치는 호수와 시내 또한 흥미를 유발시킨다. 히로노는 전통적인 시험자일지 모르나 세월이 흐르는 동안에도 초창기의 활력을 전혀 잃지 않았다.

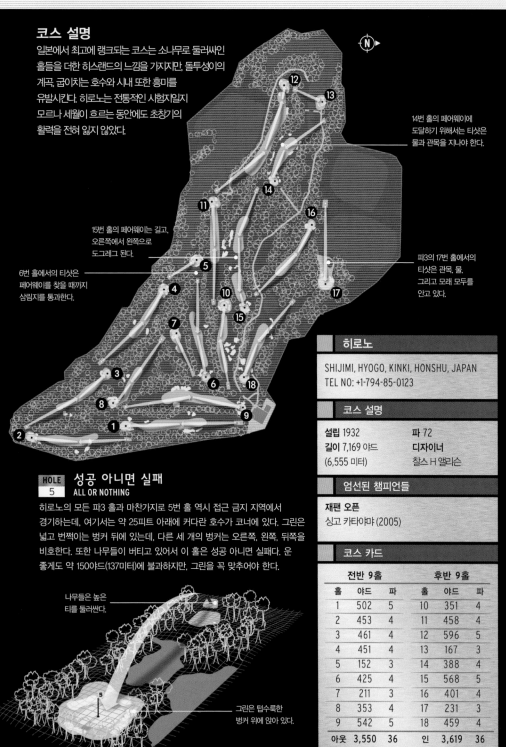

14번 홀의 페어웨이에 도달하기 위해서는 티샷은 물과 관목을 지나야 한다.

15번 홀의 페어웨이는 길고, 오른쪽에서 왼쪽으로 도그렉그 된다.

6번 홀에서의 티샷은 페어웨이를 찾을 때까지 삼림지를 통과한다.

파3의 17번 홀에서의 티샷은 관목, 물, 그리고 모래 모두를 안고 있다.

HOLE 5 성공 아니면 실패 ALL OR NOTHING

히로노의 모든 파3 홀과 마찬가지로 5번 홀 역시 접근 금지 지역에서 경기하는데, 여기서는 약 25피트 아래에 커다란 호수가 코너에 있다. 그린은 넓고 번쩍이는 벙커 뒤에 있는데, 다른 세 개의 벙커는 오른쪽, 왼쪽, 뒤쪽을 비호한다. 또한 나무들이 버티고 있어서 이 홀은 성공 아니면 실패. 운 좋게도 약 150야드(137미터)에 불과하지만, 그린을 꼭 맞추어야 한다.

나무들은 높은 티를 둘러싼다.

그린은 텁수룩한 벙커 위에 앉아 있다.

히로노

SHIJIMI, HYOGO, KINKI, HONSHU, JAPAN
TEL NO: +1-794-85-0123

코스 설명

설립 1932 　　**파** 72
길이 7,169 야드 　**디자이너**
(6,555 미터) 　찰스 H 앨리슨

엄선된 챔피언들

재팬 오픈
싱고 카타야마 (2005)

코스 카드

전반 9홀			후반 9홀		
홀	야드	파	홀	야드	파
1	502	5	10	351	4
2	453	4	11	458	4
3	461	4	12	596	5
4	451	4	13	167	3
5	152	3	14	388	4
6	425	4	15	568	5
7	211	4	16	401	4
8	353	4	17	231	3
9	542	5	18	459	4
아웃	3,550	36	인	3,619	36

쿠키 자작은 봉건 군벌로 자신의 영지에 코스를 건립하길 원했던 골프 애호가였다. 그는 1930년대 초기 일본을 여행하고 있었던 유명한 콜트 앤 앨리슨 파트너십의 한 부분인 찰스 앨리슨에게 코스 디자인을 의뢰했다. 고베의 북서쪽 12마일(19킬로미터) 부지에 도착했을 때, 앨리슨은 천혜의 자연에 감명받았다. 그가 히로노를 디자인 할 땅 너머는 완만하게 물결쳤고 수많은 소나무와 정글 같은 덤불, 몇 개의 호수, 시내, 계곡, 그리고 거친 골짜기까지 있었다. 그는 고베 기차역 근처에 있는 오리엔탈 호텔 스위트에 체크인 하기 전 부지를 산책하며 홀을 스케치하면서 수일을 보냈다. 일주일 후 그는 결정된 뛰어난 루트와 특별한 홀들을 가지고 나타났으며 1,500 파운드에 상당한 요금을 지불했다.

놀라운 효과

반면 영국에서 앨리슨은 많은 훌륭한 히스랜드 코스를 만드는 데 관여해왔다. 그는 자신의 경험과 히로노에 놀라운 효과를 준 시각적인 착각을 이용했다. 그가 세운 페어웨이 벙커는 둔덕에 넓게 자리하고 있어서, 라인을 벗어난 드라이브의 경우 큰 타깃이 된다. 그린 옆에 있는 벙커들은 융기된 평지에 있어 보다 깊으며 더 위협적이다. 그린은 구덩이나 둘러싼 벙커로 빠지는 급경사를 가지며 퍼팅 표면은 기울어져 있어 공을 유지하기가 까다롭다. 몇몇 그린은 거의 완전하게 벙커로 둘러싸여 있지만, 모든 그린은 진입로가 좁다. 코스가 개장된 1932년에 앨리슨은 다음과 같이 말했다. "미국의 파인 밸리는 더 빽빽하게 벙커가 자리하고 있고 보다 잔인한 코스임에 분명하지만, 히로노는 미국의 최고급 코스 기준에 잘 부합하며, 약간의 고통이 따르겠지만 훨씬 기분 좋은 흥분을 선수들에게 제공할 것이다."

앨리슨은 자연 지형을 훌륭하게 이용했고 티샷 일부는 황무지나 물 위를 넘겨 쳐야 한다. 네 개의 파3 홀 중 세 개는 호수 너머 벙커가 비호하고 있는 그린으로 플레이한다. 231 야드(211미터) 길이의 17번 홀도 포함되는데 이 홀은 당장이라도 좋은 스코어카드를 망칠 수 있다. 파4 홀에서는 비거리가 긴 곳도 있다.

14번 홀에 있는 챔피언십 티에서는 물의 후미 너머로

히로노 코스의 장엄한 파크랜드 디자인과 극도로 내밀한 자연은 기다란
9번 홀의 푸르른 삼림과 찬란한 페어웨이로 요약된다.

강타한 다음 200야드(183미터)가 약간 넘는 페어웨이에
도달하기 위해 더 많은 관목을 넘어야 한다. 코스에서 가장
두드러진 파5의 15번 홀이 그 다음으로 골프 홀 중 세계 톱
500위 안에 랭크되고 있다. 이곳은 매우 오래된 거대한
구로마츠(검은 소나무)가 유명한데, 오른쪽에서 왼쪽으로
도그레그된 긴 굴곡에 서 있다. 소나무가 없었다면 홀은 훨씬
짧고 보다 쉬웠을 것이다. 사실 소나무는 홀에 아주 중요한
부분이라 클럽은 5백만 엔의 보험에 가입했다. 안타깝게도

현재는 코너를 꺾으려는 샷이나 에둘러 가는 데 실패한
샷으로부터의 타격을 막기 위해 그물로 보호하고 있다. 이
홀은 1963년에 열린 비공식 경기에서 잭 니클라우스가 친
샷으로도 유명하다 (오른쪽 참조).

히로노는 구식이며, 전 세계 골프 클럽의 전통적인
특징이었던 금색으로 새겨 넣은 명예의 게시판으로 장식된
클럽하우스도 이에 포함된다. 매우 사적인 클럽이라 코스의
신비주의는 독점적이라는 점에서 더 강화되었다. 그럼에도
불구하고 앨리슨은 일본의 한 귀퉁이에 외따로 있는 이곳에
클래식 골프 디자인의 일부를 끌어들이는 데 성공했으며
특권을 가진 일부를 위해 매혹적인 코스를 창조했다.

잭의 진정한 파워

1963년 비공식 경기를 치르는 동안, 잭
니클라우스는 큰 드라이브 샷을 친 후 250
야드를 남겨 놓고 15번 홀 페어웨이에 섰다.
클럽의 회장은 그에게 누구도 2타 안에
그린에 도달한 적이 없다고 말했다.
니클라우스는 웃으며 "한번 해보죠"라고
말했다. 그는 감나무로 된 3번 우드를 들고
온 힘을 다해 쳤다. 공은 높이 떠올라 그린
전방에 있는 벙커를 넘어 떨어진 후 후방
오른쪽의 깃발로 굴러 올라갔다.

백티에서의 혈투를 위한 장소이든 풍채가 당당한 이들 간의
도박을 위한 장소이든 관계없이…
영국의 인랜드 코스들 중에서는
이름을 댈 뛰어난 코스가 없다.

찰스 앨리슨, 건축가

▮ 잭의 니클라우스의 힘

뮤어필드 빌리지, 미국 MUIRFILED VILLAGE, USA

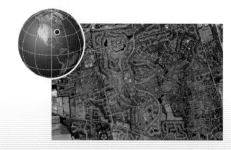

"잭이 세운 코스"로 알려진 뮤어필드 빌리지는 골든 베어(잭 니클라우스)가 자라난 곳에서 가까운 오하이오에 있는 청정의 파크랜드이다. 시내가 가로지르는 푸르고 완만한 기복의 세팅을 가진 이 코스는 창립자와 마찬가지로 매력을 발산한다. 매년 마스터스와 US 오픈 사이에 뮤어필드 빌리지는 골프 엘리트들이 이 웅장한 시험지를 즐기는 초청 이벤트인 메모리얼 토너먼트를 주최한다.

대부분이 페어웨이 측면을 끌어안고 있는 굽이쳐 흐르는 지류와 시내는 뮤어필드 빌리지에서 위험한 자연적 특징의 중요한 부분이다.

타이거 우즈가 혜성같이 등장해 메이저 대회를 석권하며 주먹을 휘두르기 시작하기 전까지는, 세계 최고의 선수는 언제나 잭 니클라우스라고 여겼다. 수많은 사람들은 타이거 우즈가 잭이 달성한 18번 메이저 대회 우승이라는 지점을 지나기 전까지는 여전히 그래야 한다고 생각한다. 그러나 논쟁의 결론이 무엇이든 간에 잭 니클라우스가 골프 코스를 만든다면 누구나 코스가 선수만큼이나 특별하고 뛰어날 것이라고 확신할 수 있다.

뮤어필드 빌리지는 어거스타를 본떴다(296~299쪽 참조). 1966년 어거스타 내셔널 클럽하우스에 앉아 있던 잭 니클라우스는 자신의 고향 근처에 PGA 투어 챔피언십을 주최하기에 적합한 코스를 세우면 어떨까 생각했다. 부동산업을 하는 친구 아이버 영도 그 당시 함께 있었는데, 그는 오하이오 콜럼버스로 돌아가 가능성이 있는 10개의 부지를 찾아냈다. 니클라우스는 나무의 행렬과 굽이치는 시냇물로 가득한 160에이커(65헥타르)의 물결치는 삼림지대를 처음 보고는 열광했다.

흥미진진한 코스

니클라우스는 독점적인 느낌을 주고 결점 없이 준비해 정수만을 선보이는 코스로 만들고 싶어 했다. 니클라우스와 데스몬드 뮤어헤드는 최고의 샷은 보상받고 형편없는 샷은 잔인하게 다루어지는 흥미진진한 시험지를 디자인했다. 외양 역시 뛰어나다. 니클라우스가 차후 언급했듯이, "모든 선수들이 경기하기에 우수할 뿐 아니라 토너먼트를 지켜보기에도 뛰어난 코스를 세우려고 계획했다. 나는 마스터스가 아주 훌륭하다고 생각했고 그래서 콜럼버스에도 같은 것을 만들고 싶었다."

코스는 1974년 개장했고 이 계획을 품었던 해인 1966년, 스코틀랜드에 있는 오리지널 뮤어필드에서 열린 오픈 챔피언십에서 우승한 잭의 영광을 기리며 이름 붙였다. 이름은 제외하고, 계획적인지는 모르겠지만 두 개의 코스는 한 가지 특징만을 공유한다. 뮤어필드 링크스는 9개 홀이 두 개의 루프로 흐르는데, 전반 9 홀의 루프는 시계 방향으로,

뮤어필드 빌리지

5750 MEMORIAL DRIVE, DUBLIN,
OHIO 43017, USA
Tel no: +1-614-889-6740

코스 설명

설립 1974	**파** 72
길이 7,366 야드	**디자이너** 잭 니클라우스,
(6,735 미터)	데스몬드 뮤어헤드

엄선된 챔피언들

라이더 컵 유럽 (1987) **US 아마추어** 저스틴
레너드 (1992) **솔하임 컵** 미국 (1998)
메모리얼 토너먼트 타이거 우즈(1999, 2000,
2001); 짐 퓨릭 (2002); 케니 페리 (2003);
어니 엘스 (2004); 바트 브라이언트 (2005);
카를 페테르손 (2006); 최경주 (2007)

코스 카드

전반 9홀			후반 9홀		
홀	야드	파	홀	야드	파
1	470	4	10	471	4
2	455	4	11	567	5
3	401	4	12	184	3
4	200	3	13	455	4
5	527	5	14	363	4
6	447	4	15	529	5
7	563	5	16	215	3
8	185	3	17	478	4
9	412	4	18	444	4
아웃	**3,660**	**36**	**인**	**3,706**	**36**

코스 설명

홀들은 나무로 우거진 산허리를 급습하고 많은 페어웨이는
교묘하게 굽이치는 시내와 교차해 공이 벗어나면 골퍼를
파멸시킬 수 있다. 스타일과 조건은 어거스타
내셔널을 유유히 연상시킨다.

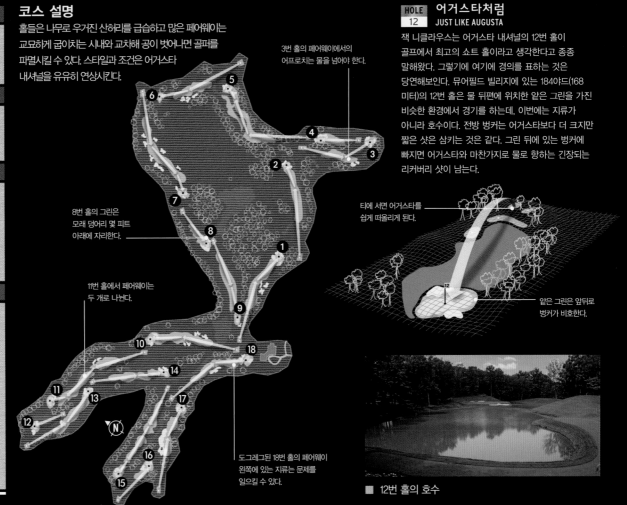

3번 홀의 페어웨이에서의
어프로치는 물을 넘어야 한다.

8번 홀의 그린은
모래 덩어리 몇 피트
아래에 자리한다.

11번 홀에서 페어웨이는
두 개로 나뉜다.

도그레그된 18번 홀의 페어웨이
왼쪽에 있는 지류는 문제를
일으킬 수 있다.

HOLE 12 어거스타처럼
JUST LIKE AUGUSTA

잭 니클라우스는 어거스타 내셔널의 12번 홀이
골프에서 최고의 쇼트 홀이라고 생각한다고 종종
말해왔다. 그렇기에 여기에 경의를 표하는 것은
당연해보인다. 뮤어필드 빌리지에 있는 184야드(168
미터)의 12번 홀은 물 뒤편에 위치한 얕은 그린을 가진
비슷한 환경에서 경기를 하는데, 이번에는 지류가
아니라 호수이다. 전방 벙커는 어거스타보다 더 크지만
짧은 샷을 삼키는 것은 같다. 그린 뒤에 있는 벙커에
빠지면 어거스타와 마찬가지로 물로 향하는 긴장되는
리커버리 샷이 남는다.

티에 서면 어거스타를
쉽게 떠올리게 된다.

얕은 그린은 앞뒤로
벙커가 비호한다.

■ 12번 홀의 호수

후반 9홀은 반시계 방향이다. 뮤어필드 빌리지는 두 개
루프의 특징을 비슷하게 가지고 있지만 양쪽 모두 반시계
방향으로 흐른다.

니클라우스는 여기저기에 잔인한 장치를 해두었고 살짝만
빗나가도 대가를 치러야 하는 아슬아슬한 홀을 디자인했다.
물은 전체 홀 중 11개 홀에서 흐른다. 호수 또는 확장된
지류는 일부 그린, 즉 3번, 6번, 9번, 12번 그린의 전방에
위압적으로 자리하지만 굽이치는 시내는 더 많은 홀에서
수많은 문제를 지니고 있다.

독특한 지류

세계 골프에서 거의 유일하게도 지류가 페어웨이의 한쪽을
감싼다. 어떤 것은 페어웨이를 가로질러 위험하게 착륙
지역을 두 부분으로 쪼갠다. 다음엔 시내가 그린 근처에서
벗어난 샷을 파멸시킨다. 쪼개진 페어웨이 홀들은 5번, 11번,
그리고 14번 홀들인데, 이곳에서는 타구 능력뿐 아니라
전략을 시험받게 된다.

이들 홀 중 가장 특이한 것은 길이가 527야드(482미터)인
파5의 5번 홀이다. 고립된 삼림 계곡 쪽으로 드라이브를
내려치면, 약 300야드(274미터) 지점에서 왼쪽
가장자리에서부터 페어웨이를 가로지르는 지류가 등장한다.

이것은 왼쪽으로 휘돌아 그린의 가장자리와 만나기 전까지
홀 가운데를 굽이쳐 흐른다. 갈라진 페어웨이로 우회하는
샷은 양쪽에 있는 물에 빠질 수 있기 때문에 까다롭다. 교활한
동시에 아름답다.

사력을 다해

코스는 고도의 변화 역시 훌륭하게 이용하는데, 페어웨이는
언덕 아래로 떨어져 언덕과 계곡 위를 덜거덕거리며 간다.
코스의 자연과 정신을 함축하는 홀을 하나 꼽자면 죽기
살기의 파5의 15번 홀이다. 홀은 일직선으로 쭉 뻗어 있으며
아름답게 잘 자란 오크, 소나무 그리고 너도밤나무가 양쪽을
에워싸고 있다. 돌이 많은 시내는 그린에서 약 40야드 못
미친 곳에 있는 깊은 수로에서 교차해 벗어나기 전까지
왼쪽을 따라 흘러 내려간다. 페어웨이는 중간 정도에서 풀이
우거진 작은 골짜기에 의해 갈라진다. 이곳은 완벽하게
위험하지만 보상이 따르는 홀이다. 장타자들은 2타 만에
닿을 수 있지만 위험이 도사린다.

홀은 잭 니클라우스가 주최하는 메모리얼 챔피언십을
위해 매년 최고의 골퍼들이 경기를 하러 오는 뮤어필드
빌리지를 종합한다. 세팅은 눈길을 사로잡고, 대범한
선수에게는 보답하고 실수는 벌한다.

유럽의 날

1987년 유러피언 라이더 컵 팀은 트로피
보유자로 뮤어필드 빌리지에 왔지만 대서양을
건너온 팀 중 누구도 미국 땅에서 승리한 적이
없었다. 잭 니클라우스가 그의 홈 코스 주장이
었기에 상상도 할 수 없는 일이 발생할 수
없었지만 사건은 벌어졌다(234~235쪽 참조).
유럽은 첫 이틀 동안 고무적이었고 일요일에
벌어질 싱글 매치에서 미국에 반격하기 위해 잘
견뎌냈다. 라이더 컵의 제왕 세베 바예스테로스는
승리의 퍼트를 성공시켰고 잭의 하루를 망쳤다.
스코어는 유럽 15, 미국 13으로 끝났다.

■ 매치에서 이긴 유럽 팀의 이몬 다시

어거스타 내셔널, 미국 AUGUSTA NATIONAL, USA

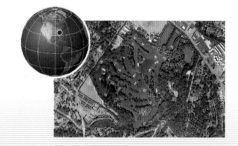

모든 골퍼들이 경기하길 갈망하는 코스 한 곳을 꼽으라면 단연 어거스타 내셔널이다. 매년 4월이 되면 마스터스 토너먼트에서 스스로를 시험하는 세계 일류 골퍼들의 모습을 보고자 하는 갈망이 생긴다. 아름다움과 극적인 면에서는 당할 코스가 없다. 골프계에서 신성한 장소인 이곳은 기절할 만큼 정교하게 만들어진 뛰어난 코스를 가진 세상에 하나밖에 없는 신비한 클럽이다.

어거스타는 현재 골프 역사에 긴밀하게 엮여 있지만 연대기상으로는 늦게 출발했다. 1930년, 위대한 아마추어였던 보비 존스가 뛰어난 선수들을 위한 연간 토너먼트를 주최할 수 있는 코스 설립에 대한 아이디어를 가졌을 때 어거스타는 여전히 나무와 꽃들을 기르고 있었다. 존스와 디자이너 앨리스터 맥켄지는 프루트랜드(Fruitland) 라고 알려진 부지를 세계에서 가장 인상적인 코스로 바꾸는 데 착수했다.

고도의 변화

세팅은 수많은 나무들로 이미 축복받았는데, 가장 눈에 띄는 80년된 소나무는 오늘날 10번 홀 근방의 위에 솟아 있다. 자연의 잠재력에도 불구하고 작업하기 쉽지 않은 부지였는데, 주로 엄청난 고도의 변화 때문이었다. 1850년대에 식림지의 본거지로 만들어진 오래된 클럽하우스는 높은 곳에서 코스를 내려다본다. 앞쪽에서, 코스는 나무를 넘어서 '래의 시내(Rae's Creek)' 옆에 있는 코스의 가장 먼 지점으로부터 약 200피트(37미터) 아래로 떨어진다. 경사는 나란히 호를 그리는 10번 홀과 18번 홀에서 두드러진다. 10번 홀의 티에서부터 페어웨이는 120피트(37미터) 아래의 그린에 도달하기 전까지 보이지 않고 떨어져 있으며 코너를 빙 돈다. 홀이 경사 위에서 시작하지만 18번 홀의 티 융기 역시 심하다. 힘든 하루의 마지막에 오르막에서의 전투는 기교뿐 아니라 체력도 시험한다.

세심한 배려

그린키퍼 부대의 세부사항에 대한 배려는 둘째가라면 서럽다. 풀 한 포기도 적소에 있는데, 마스터스가 다가오면 벙커의 가장자리는 더 세심하게 다듬어질 것이다. 초창기부터 이랬던 건 아니었고, '최남부 지방'의 끈적이는 열기와 싸우기 위해 버뮤다 잔디를 페어웨이에 심었을 때부터였다. 오늘날에도 코스는 여름 동안 폐장한 다음 겨울

'개나리'로 불리는 12번 홀의 완벽한 그린은 어거스타 내셔널을 상징하는 파크랜드 세팅의 꽃과 나무 사이에 놓여 있다.

주요 순간들

밝은 그린재킷은 마스터스의 우승자에게 수여되는데, 전년도 챔피언이 건네준다. 여기, 필 미켈슨이 2007년에 잭 존슨에게 재킷을 선사하고 있다. 샘 스니드가 1949년 처음으로 재킷을 받았다. 모든 챔피언들과 회원들은 클럽하우스에 자신의 재킷을 보관한다. 현 챔피언만이 가지고 나갈 수 있지만 대중 앞에서 드러낼 수는 없다.

1988년 마스터스 마지막 홀에서 샌디 라일은 왼쪽에 입을 벌리고 있는 페어웨이 벙커 쪽으로 드라이브해 1600야드(146미터)의 오르막 샷을 남겨두고 있었다. 7번 아이언으로 공을 힘껏 쳐 밖으로 내보낸 후 핀을 지나 20피트(6미터) 거리에 올려놓았다. 공은 살짝 흔들리더니 경사 아래로 천천히 되돌아와 10피트 (3미터) 이내에 멈추었고, 그곳에서 그는 침착하게 버디를 해 우승을 차지했다.

어거스타 내셔널

2604 WASHINGTON ROAD,
AUGUSTA, GEORGIA 30904, USA
www.masters.org   www.augusta.com

마스터스 코스

설립 1933
길이 7,445 야드
(6,808 미터)
파 72

디자이너
앨리스터 맥켄지
코스 기록 63
닉 프라이스 (1986)
그렉 노먼 (1996)

엄선된 마스터스 챔피언들

닉 팔도 (1996); 타이거 우즈 (1997, 2001, 2002, 2005); 마크 오메라(1998); 호세 마리아 올라사발 (1999); 비제이 싱 (2000); 마이크 위어 (2003); 필 미켈슨 (2004, 2006); 잭 존슨 (2007)

코스 카드

전반 9홀			후반 9홀		
홀	야드	파	홀	야드	파
1	455	4	10	495	4
2	575	5	11	505	4
3	350	4	12	155	3
4	240	3	13	510	5
5	455	4	14	440	4
6	180	3	15	530	5
7	450	4	16	170	3
8	570	5	17	440	4
9	460	4	18	465	4
아웃	3,735	36	인	3,710	36

■ 1981년, 꽃들로 치장한 6번 홀의 보도

■ 잘 비호된 12번 홀의 그린

■ 1989년, 캐디 색에서 대기 중인 캐디들

챔피언들의 만찬

마스터스 대회 전날 모든 역대 우승자들은 저녁식사를 위해 한자리에 모이는데 현재의 우승자가 메뉴를 선택한다. 이전에 등장한 메뉴는 다음과 같다. 해기스, 닙스, 타티스(스코틀랜드의 순대)(샌디 라일), 텍사스 바비큐(벤 크렌쇼), 피시 앤 칩스(닉 팔도), 치즈버거와 감자튀김(타이거 우즈), 치킨 파낭 카레(비제이 싱).

■ 칩을 먹는 닉 팔도

경기를 위해 보다 고운 잔디를 다시 심는다.

역사적으로, 이곳에 러프는 없었고, 페어웨이와 고르게 연결된 깨끗한 잔디의 광대한 지역뿐이었다. 공이 빗나갔을 때의 유일한 문제는 나무와 관목, 그리고 11번 홀에서 16번 홀에 있는 물(14번 홀 제외)이었다. 러프는 1997년 타이거 우즈가 12타 차로 우승(232~233쪽 참조)한 이후에 만들어졌다. 코스가 까다로워진 것을 '타이거 방지 가공'이라 불렀는데, 정상급 프로 선수들의 괴물 같은 장타를 억제시키는 것이 그 목적이었다. 그때 이후로 티의 위치는 뒤로 밀려났고 공의 제어에 영향을 주는 세미 러프가 발달되었다.

미끄러운 그린

궁극적으로 어거스타에서 가장 필요한 기술은 잘 제어된 어프로치를 하는 능력이다. 드라이빙은 보다 어려워졌고, 그린으로 바로 날려 보내면 그 다음에 오는 건 위기이다. 어거스타의 퍼팅 표면은 악명 높게도 융기되어 있으며 아주 빠르다. 어프로치에서의 약간의 판단 실수는 공을 그린의 다른 부분으로 쏠려가게 하거나, 더 나쁘게는 그린을 벗어나 모래, 물에 빠질 수도 있고, 또는 치핑이 엄청나게 힘든 제방 아래의 이상한 지점에 놓이게 될 수도 있다. 성공과 실패의 차이가 아주 미세한 코스는 소수에 불과하다.

공이 홀과 상당히 가까운 곳의 그린에 도달한다고 해도 급경사로 인해 퍼팅은 위험을 수반하는데, 특히 공이 위쪽에서 멈춰 내리막 퍼트를 남겨 놓을 때 더 힘들다. 마스터스 경기 주간 동안

입장 티켓인 이 기념품은 1937년 마스터스의 전신인 어거스타 내셔널 인비테이션 토너먼트를 위한 것이었다.

AUGUSTA NATIONAL GOLF CLUB .3109

AUGUSTA NATIONAL INVITATION TOURNAMENT

Fourth Round Tournament
SUNDAY, APRIL 4th
PRICE $2.00—TAX 20c
TOTAL
$2.20

그린은 13 스팀프미터(그린의 빠르기를 측정하는 기구, 301쪽 참조)의 속도로, 놀라울 정도로 미끄럽다.

놓칠 수 없는 순간

이러한 아슬아슬한 셋업으로 인해 코스는 매혹적인 드라마를 쏟아낸다. 관람객들은 마스터스 대회가 언제나 이곳에서 열렸기 때문에 코스에 관해 속속들이 알고 있다. 그렇기에 1934년의 첫 번째 대회 이래로 명예의 게시판에 골프계에서 가장 위대한 이들의 이름이 수놓인 것도 당연한 듯 보인다. 벤 호건, 샘 스니드, 아놀드 파머, 게리 플레이어, 잭 니클라우스, 세베 바예스테로스, 닉 팔도, 그리고 타이거 우즈, 이들은 모두 다승을 차지했고, 코스가 주는 심리적 압박으로 다른 선수들이 무너질 때 그것을 이겨냈던 선수들이다.

후반 9개 홀은 사력을 다해야 하는 홀로 채워져 있으며 이글, 버디, 더블 보기가 다반사다. 13번과 15번의 두 개의 파 5 홀은 뛰어나게 고안되어 용감한 이에게는 특별한 기회를 주는 동시에 재앙을 위한 잠재적인 장치도 마련해 놓고 있다. 12번과 16번의 쇼트 홀도 마찬가지이다. 아마도 골프에서 가장 유명한 파3 홀인 12번 홀은 극악무도한 시험지로, 래의 시내 위쪽에 높이 자리한 그린은 기울어지고 좁다.

휘몰아치는 바람에서의 타구는 최고의 선수들조차도 당황스럽게 만들기 때문에 여기서는 무슨 일을 해도 괜찮다. 그러나 매 순간 골퍼들은 파를 위한 쟁탈전을 피하고 제정신을 유지하기 위해 완전하고 정확하게 공을 쳐야 한다. 어거스타 내셔널은 오늘날의 뛰어난 선수들에게 깨우침을 주는 눈부신 공간이자 모든 골퍼들이 경기하길 원하는 단 하나의 코스로 언제나 남을 것이다.

나는 이곳을 방문하는 것이 좋다. TV로 보는 것도 사랑한다. 이 코스는 우리가 경기할 수 있는 가장 위대한 장소 중 한 곳이다.

타이거 우즈

■ 15번 홀을 다듬는 잔디 깎기　　　　■ 마스터스 팬이 수집한 티켓들　　　　■ 어거스타의 유명한 클럽하우스

코스 설명

완벽하게 만들어진 그 아름다움과 위험에 마음을 사로잡는 어거스타는 우뚝 솟은 소나무 사이에 자리하며 관목의 제방과 침입하는 물로 둘러싸여 있다. 경기의 모든 국면은 한계를 시험받는데, 골퍼는 매번 극심한 도전에 직면하기 때문이다. 이곳의 그린은 속도와 경사로 유명하다.

아멘 코너

11번, 12번, 13번 홀은 아멘 코너로 알려져 있다. 작가 허브 워렌 윈드가 1958년 마스터스 이후 만들어낸 문구로, 그는 세 홀이 토너먼트의 결과에 미치는 중요성을 묘사한다고 생각했다. 이들 세 홀은 많은 노력이 요구되며, 뛰어난 동시에 위험을 수반하기에 딱 맞아떨어진다.

넓은 4번 홀의 그린은 수많은 롱 퍼트의 기회를 준다.

8번 홀의 그린은 풀이 무성한 둔덕으로 만들어진 원형 안에 있다.

5번 홀의 가파르게 융기된 그린은 앞에서 뒤로의 퍼팅을 매우 어렵게 한다.

18번 홀의 가파르게 솟아오른 페어웨이의 왼쪽에 벙커가 대기하고 있다.

11번 홀에서의 티샷은 페어웨이로 향하는 긴 통로를 지난다.

13번 홀에서 좋은 결과를 얻기 위해서는 도그레그를 성공적으로 처리하는 것이 핵심이다.

그린은 래의 시내와 앞쪽에 벙커 한 개, 뒤쪽에 벙커 두 개로 둘러싸여 있다.

전반 9 홀

① 도그레그 위에 입을 벌리고 있는 벙커와 대면한다. 통과가능 하지만 강력한 스트라이크가 필요하다. ② 최장타자들은 2타 안에 도달 가능하지만 벙커가 그린을 거의 둘러싸고 있다. ③ 가파른 런오프를 가진 편평한 그린은 최고의 선수들도 괴롭힌다. ④ 거대한 파3 홀로, 그린이 가혹하기 때문에 3타에 그린에 올리는 것이 흔하다. ⑤ 공을 가깝게 붙이는 것이 어려운 또 다른 그린이다. 거대하고 비탈져 있다. ⑥ 홀은 관목의 제방에서 뒤에서 앞으로 기울어진 그린 아래로 떨어진다. ⑦ 페어웨이는 소나무가 에워싸고 있으며 얕은 그린을 찾기 위해서 아주 정교한 어프로치가 필요하다. ⑧ 오르막이며 왼쪽으로 휘어져 있어, 페어웨이 벙커를 피하기만 하면 버디는 확실하다. ⑨ 어프로치에서 위험이 나타난다. 너무 짧으면 공은 언덕 쪽으로 굴러 내려갈 것이고, 너무 길면 퍼팅은 악몽이 될 것이다.

후반 9 홀

⑩ 압도적인 소나무에 의해 오른쪽에서 왼쪽으로 그늘진 곳에서부터 내리막의 홀. ⑪ 물이 왼쪽을 비호하기 때문에 아슬아슬한 두 번째 샷. 오른쪽으로의 탈출 역시 위험을 초래한다. ⑫ 전방에는 물이, 후방에는 벙커가 대기하고 있기에 완벽한 스트라이크가 필요하다. ⑬ 돌투성이의 개울이 방어하는 그린으로 호를 그리며 도그레그 되어 있다. 이글이든 더블 보기든 다 가능하다. ⑭ 벙커는 없지만 울퉁불퉁한 그린이 기다린다. 그린을 놓치면 가깝게 치핑하는 것은 불가능하다. ⑮ 페어웨이의 오른쪽을 찾으면 2타 만에 그린에 도달할 수 있다. 그러나 짧으면 물에 빠진다. ⑯ 그린에 있는 산마루는 공을 홀에 넣어줄 수 있기 때문에 우호적일 수 있지만, 동시에 퍼팅을 힘들게 한다. ⑰ '아이젠하워의 나무'는 드라이브 시 매우 중요하게 다가온다. 파를 하려면 꼭 피하라. ⑱ 홀이 엄청나게 가파른 오르막에 있기 때문에 깃발까지의 거리를 판단하기가 까다롭다.

경사와 벙커는 그린의 오른쪽을 비호한다.

어프로치는 위험한데, 왼쪽에는 호수가 뒤쪽에는 래의 시내가 흐른다.

래의 시내에 걸쳐진 다리는 1951년과 1953년에 마스터스에서 우승한 벤 호건의 이름을 땄다.

돌투성이의 지류는 그린의 전방과 오른쪽을 가로지르며 흐른다.

많은 선수들은 티에서 도그레그의 커브를 타겟으로 삼는다.

| HOLE 11 | 하얀 산딸나무 WHITE DOGWOOD |

어거스타의 파4 중 첫 번째로 500야드(457미터)보다 더 길며 첫 번째 워터 홀이다. 티에서의 정확도가 중요하다.

| HOLE 12 | 개나리 GOLDEN BELL |

12번 홀은 물 너머로 미드 아이언(2번 아이언)으로 치는 곳으로, 전설의 잭 니클라우스는 이 홀의 위험을 의식해 깃발이 어디에 있든지 상관없이 그린의 중앙을 겨냥하곤 했다.

| HOLE 13 | 진달래 AZALEA |

코너 부근에서 큰 드로우 샷이 필요하다. 그런 다음 2타에 도달하려면, 행잉 라이에서 그린으로 롱 아이언이나 우드로 쳐라.

오크몬트, 미국 OAKMONT, USA

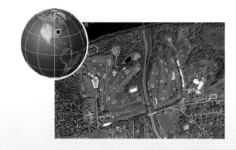

미국에서 가장 역사 깊은 코스로 손꼽히는 오크몬트는 코스의 단호한 디자인과 완벽한 상태로 세계적으로 존경받고 있다. 다른 코스들보다 US 오픈을 더 많이 주최했는데, 현재까지 총 8번 개최했고 가장 최근은 2007년도이다. 피츠버그를 관통하는 앨리게니 강으로부터 불과 몇 백 야드 떨어진 곳에 자리한 오크몬트는 아름답게 풀이 우거져 진정한 활기로 가득한 너울거리는 마법의 공간이다.

오크몬트는 분류하기 어려운 코스이다. 이곳은 파크랜드인가 인랜드 링크스인가? 1903년 코스가 설립되었을 때, 목초지에는 나무가 눈에 띄게 부족했고 18개의 깃발 중 17개가 클럽하우스 베란다에서 볼 수 있었다고 한다. 그러나 1950년대의 거대한 나무 심기 계획은 코스의 외양과 느낌을 바꾸어 놓았고 페어웨이의 대부분은 전통적인 파크랜드 코스와 마찬가지로 나무가 늘어서게 되었다.

그러나 지난 몇 년 동안 거의 5,000여 그루의 나무가 제거되어 최초 개장시의 느낌을 되찾았다. 그러나 변하지 않은 것은 독특하면서도 많은 노력을 요구하는 자연이다. 코스는 170에이커(69헥타르)에 깔끔하게 들어앉았으며 펜실베이니아 고속도로에 의해 두 부분으로 나뉘어져 있다. 아마도 이곳은 가장 전통적인 시험지일 것이다.

가혹한 벙커와 특별한 그린

설립자이자 건축가인 헨리 폰즈는 자신의 창조물에 어떤 철학을 부여할지 정확하게 알았는데, "형편없는 샷은 돌이킬 수 없는 샷이어야 한다"는 그의 유명한 말이 이를 뒷받침한다. 그의 생각은 티에서부터 그린까지 코스 전반에 걸쳐 적용되었다. 짧게 깎인 페어웨이는 일련의 벙커로 둘러싸인 곳에 자리하고 있는데, 총 180개의 벙커가 있다. 벙커는 이상한 대형을 이루고 있는데, 몇몇은 일렬로 5개 혹은 6개가 놓여 있고, 어떤 것은 떼 지어 그룹의 형태로 모여 있다. 두 개는 긴 띠 형태로 등장하는데, '사하라'라는 적절한 이름을 가진 8번 홀의 벙커가 그중 하나인데, 길이가 100야드 (91미터)에 달한다. '교회 의자'라 불리는 벙커는 3번 홀과 4번 홀 사이의 거대한 모래 지역에 있는데, 3피트(1미터) 높이의 풀이 무성한 제방에 의해 여러 부분으로 나뉘어져 있다. 원래는 7개의 '의자'였으나 2007년 US 오픈을 위해 확장되어 현재는 12개가 되었다. 130야드(119미터)가 넘는 길이의 벙커는 구경거리에 머물지 않고 양쪽 홀에서 수많은 골퍼들의 드라이브 샷을 붙잡기 때문에 선수들은 이것을 피해 더 멀리 공을 보내는 것을 매우 힘들어 한다.

오크몬트의 코스에 드리워진 안개. 코스의 그린은 빠르고 도전적이며 거의 모든 벙커들은 페어웨이와 그린의 가장자리에 아주 가깝게 깎여져 있다.

주요 순간들

화려한 미국인 골퍼 조니 밀러는 1973년 US 오픈에서 라운드를 63타로 마무리 지었다. 많은 전문가들은 역사상 가장 훌륭한 골프 라운드로 간주한다. 이것은 메이저 스코어 기록을 갱신했고, 그의 두 번의 메이저 우승 중 첫 번째를 가능케 만들었다. 밀러는 완벽한 타구를 통해 아놀드 파머와 잭 니클라우스를 제압했다.

2007년 최고의 라운드는 US 오픈 둘째 날에 폴 케이시로부터 나왔다. 156명의 선수들 중 단 세 명의 선수들만이 파 또는 더 나은 샷을 쳤던 날로써. 평균 스코어가 76.9 타이었던 데 반해, 폴 케이시의 66타의 라운드 기록은 진정으로 뛰어났다. 거친 바람에도 불구하고 보기는 단 하나에 불과했고 이로 인해 104위에서 톱15로 순위가 뛰어 올랐다.

그린의 빠르기는 스팀프미터로 측정가능한데, 이 기구는 에드워드 스팀슨이 1935년 오크몬트에서 열린 US 오픈을 관람한 후 발명했다. 야드 자와 비슷한 막대기는 V형의 홈을 따라 공이 굴러가도록 기울어져 있다. 공이 굴러간 피트 단위의 거리가 그린의 속도이다. 예를 들어. 10 피트는 스팀프미터의 그린 속도 10과 같다.

오크몬트

1233 HULTON RD, OAKMONT, PA 15139-1199, USA
www.oakmont-countryclub.org

코스 설명

설립 1903	**디자이너**
길이 7,230 야드	헨리 폰즈
(6,611 미터)	**코스기록** 66
파 70	폴 케이시 (2007)

엄선된 챔피언들

US PGA 챔피언십 샘 스니드 (1951); 존 마하피 (1978)
US 오픈 벤 호건 (1953); 잭 니클라우스 (1962); 조니 밀러 (1973); 래리 넬슨 (1983); 어니 엘스 (1994); 앙헬 카브레라 (2007)
US 여자 오픈 패티 시헌 (1992)

코스 카드

전반 9홀			후반 9홀		
홀	야드	파	홀	야드	파
1	482	4	10	435	4
2	341	4	11	379	4
3	428	4	12	667	5
4	609	5	13	183	3
5	382	4	14	358	4
6	194	3	15	500	4
7	479	4	16	231	3
8	288	4	17	313	4
9	477	4	18	484	4
아웃	3,680	35	인	3,550	35

코스 설명

엄청나게 힘들지만 아름다움이 가득한 오크몬트는 침하하는 페어웨이, 극악무도한 벙커 배치 그리고 굽이치고 경사지는 사악한 그린으로 유명하다.

전반 9 홀 ① 기울어진 그린으로의 어프로치가 세미 블라인드 샷인 고약한 출발지. ② 오른쪽에 여섯 개의 벙커와 왼쪽에 수로가 있어 착륙 지점이 좁다. ③ 왼쪽에 있는 거대한 교회 의자 벙커와의 첫 번째 조우. ④ 장타가 필요한 파5 홀로, 오른쪽에 있는 '교회 의자' 벙커와 5개의 깊은 벙커를 피해야 한다. ⑤ 정교함이 필요한 홀로써, 기복이 있는 그린으로의 어프로치가 가장 중요하다. ⑥ 오른쪽에서 왼쪽으로 경사진 그린이 있는 빈틈없이 방어된 파3 홀이다. ⑦ 까다로운 파4 홀. 좁은 진입로와 기울어진 그린 때문에 공을 가까이 붙이기 힘들다. ⑧ 이 거대한 파3 홀에서의 이상적인 샷은 드로우 샷이지만 긴 사하라 벙커가 대기하고 있다. ⑨ 벙커로 잘 방어된 페어웨이는 거의 직사각형으로 이상하게 굴곡진 그린으로 통한다.

후반 9 홀 ⑩ 그린이 뒤에서 왼쪽으로 경사져 있어 내리막이지만 아주 어렵다. ⑪ 쇼트 아이언으로 왼쪽에서 페어웨이의 편평한 부분에 도달하도록 겨냥하라. ⑫ 대개의 경우 도달 불가능하지만, 20개의 벙커를 지나치도록 신중하게 계획하면 가능하다. ⑬ 길고 좁은 잘 방어된 그린 때문에 정확도가 생명이다. 홀 아래에 머무르도록 노력하라. ⑭ 운 좋게도 짧은 파4 홀이며, 10개의 깊은 벙커가 착륙 지역을 감시하고 있어 티에서 아이언이 쓸모 있을 것이다. ⑮ 거대한 파4 홀이기 때문에 페어웨이를 맞추고 왼쪽에 파여진 까다로운 벙커를 피할 수 있도록 기도하라. ⑯ 깃발에 도달하기 위해서는 왼쪽에서 오른쪽으로 가는 샷이 필요한 큰 쇼트 홀이다. ⑰ 드라이브 가능한 세미 블라인드 파4 홀이지만 위험이 따른다. 벙커의 둥지를 넘어야 하며 그린사이드 벙커는 깊다. ⑱ 굉장한 마무리 홀로써 쓰리 퍼트가 하루를 망칠 수 있는 심술궂게 물결치는 그린이 백미이다.

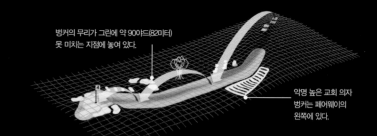

벙커의 무리가 그린에 약 900야드(82미터) 못 미치는 지점에 놓여 있다.

악명 높은 교회 의자 벙커는 페어웨이의 왼쪽에 있다.

HOLE 4 — 힘겨운 조건 (TOUGH PROPOSITION)

교회 의자 벙커는 홀의 오른쪽 커브 지점을 1000야드(91미터) 정도 껴안는다. 깊은 벙커의 무리는 반대편 코너에 박혀 있다. 드라이브가 이들 벙커 중 한 곳에라도 빠지면, 파5인 이곳의 그린에 3타 안에 도달하기란 아주 힘든 일이다. 페어웨이는 추가로 자리한 벙커 주변에서 오른쪽으로 비틀어져 있기 때문에, 어디에서 시작하든지 홀에 도달하기 어렵다.

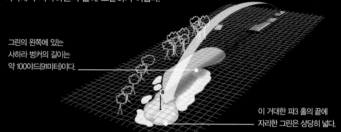

그린의 왼쪽에 있는 사하라 벙커의 길이는 약 1000야드(91미터)이다.

이 거대한 파3 홀의 끝에 자리한 그린은 상당히 넓다.

HOLE 8 — 거대한 원 쇼터(한 타 안에 그린에 온 시키는 것) (HUGE ONE-SHOTTER)

티에서 그린으로의 전망은 '사하라'라고 불리는 거대한 벙커가 지배하고 있다. 백티에서부터 벙커의 코너를 벗어나기 위해서는 200야드(182미터)의 비거리가 필요하며, 오른쪽에서 왼쪽으로 만들어진 샷이 더 좋은데 공이 그린으로 뛰어오를 수 있기 때문이다. 오른쪽으로 잘못 치거나 혹은 지나치게 일직선으로 치면 또 다른 벙커 네 개 중 한 곳에 빠질 수 있다.

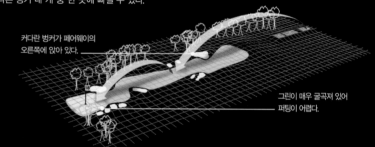

커다란 벙커가 페어웨이의 오른쪽에 앉아 있다.

그린이 매우 굴곡져 있어 퍼팅이 어렵다.

HOLE 18 — 심약한 사람은 사절 (NOT FOR THE FAINT OF HEART)

티샷이 살짝 내리막임에도 불구하고 오른쪽의 거대한 벙커와 양쪽에 자리한 두 쌍의 트랩은 완벽하지 못한 타구를 다 붙든다. 어프로치는 거의 우스꽝스러울 정도로 굽이치는 그린으로 오르막 샷이다. 많은 공이 퍼팅 표면에 못 미친 상태에서 끝나 극도로 까다로운 기복을 가진 경사를 따라 뒤로 구른다.

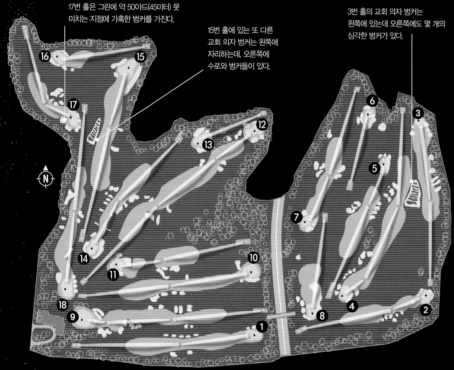

17번 홀은 그린에 약 500야드(45미터) 못 미치는 지점에 가혹한 벙커를 가진다.

15번 홀에 있는 또 다른 교회 의자 벙커는 왼쪽에 자리하는데, 오른쪽에 수로와 벙커들이 있다.

3번 홀의 교회 의자 벙커는 왼쪽에 있는데 오른쪽에도 몇 개의 심각한 벙커가 있다.

6번 홀의 비탈진 그린

클럽하우스 옆에서의 첫 번째 티

완만하게 기복이 있는 18번 홀의 그린

퍼팅 표면은 오크몬트를 특별한 장소로 만든다. 오늘날 수많은 평범한 디자이너들은 골퍼들의 선택이 너무 뻔한, 뒤에서 앞으로 비탈진 그린을 짓는다. 그러나 오크몬트는 그렇지 않다. 많은 디자인 논리를 무시하고 무시무시한 경사와 계단식 언덕, 그리고 움푹 팬 땅을 특징으로 삼는다. 10번 홀과 같은 몇 군데는 너무나 명확하게 앞에서 뒤로 경사져 있어, 이곳의 깃발 근처에 도달하기란 엄청나게 어렵다. 페어웨이가 단단하고 빠르기 때문에 공은 그린에 한참 못 미친 지점에 안착해야 하는데, 그런 다음 퍼팅 표면에서 비탈을 따라 흘러가도록 되어 있어 판단만큼이나 운도 중요하다. 모든 그린은 비범하다. 9번 홀의 그린은 거의 직사각형이고 18번 홀의 경우 경사가 파도처럼 그린을 따라 흘러 바다의 너울과 닮아 있다. 코스를 더 어렵게 하기 위해 그린의 빠르기는 14스팀프미터(301쪽 참조)까지 이르러, 비탈진 표면에서는 지나치게 빠르다.

2007 US 오픈

마치 이곳이 충분히 가혹하지 않다는 듯, 2007년 US 오픈 챔피언십을 위해 코스는 7,230야드(6,611미터)까지 길어져 US 오픈 역사상 두 번째로 긴 코스가 되었으며 러프는 철조망처럼 바뀌었다. 코스는 메이저 역사상 가장 긴 홀인 667야드(610미터)의 파5의 12번 홀과 288야드(263미터)로 긴 거대한 8번 홀을 포함한 평균 길이가 224야드(205미터)인 4개의 파3 홀을 특징으로 한다. 그러므로 오크몬트에서 개최된 8번의 US 오픈에서 단 31개의 서브파(버디 이하)만이 달성되었음은 놀랍지 않다. 이들 중 두 개는 2007년도 최종 우승자였던 아르헨티나의 앙헬 카브레라가 쟁취했다는 점은 주목할 만하다. 오크몬트는 개성을 자랑으로 하며, 많은 노력이 필요함에도 불구하고 최고의 선수들은 이곳을 기술뿐 아니라 인내심을 시험하는 진정한 코스이자 안전 우선의 경기 전략이 필요한 곳으로 생각한다.

3번 홀과 4번 홀에 있는 교회 의자 벙커는 잔디의 띠를 가지고 있으며 골프계에서 가장 유명한 벙커로 여겨진다.

■ 클럽하우스 시계

■ 굽이치는 5번 홀의 그린

■ 2번 홀의 그린에 있는 벙커

히스랜드 코스 Heathland courses

링크스와 다소 비슷한 진정한 히스랜드 코스는 상당히 진귀하다. 해안가에 위치한 사촌들과 함께 훌륭한 히스 코스들은 영국제도에서 주로 발견되는데, 덜 유명하긴 하지만 북동부 아메리카, 아시아, 그리고 남아프리카의 일부 지역뿐 아니라 프랑스 북부, 벨기에, 덴마크, 네덜란드와 같은 곳에도 존재한다.

△ **글렌이글스**는 스코틀랜드 퍼스셔의
광범위한 풍경 속에 위치한 세 개의
챔피언십 코스를 자랑한다.

◁◁잉글랜드 요크셔의 자연적인
황무지에 자리한 **알우들리**는 앨리스터
맥켄지 박사가 디자인한 첫 번째
코스였다.

◁**보트 오브 가튼** 골프 코스는 박달나무
숲에 만들어졌으며 스코틀랜드
인버네스는 남쪽 케언곰 국립공원에
위치한다.

진 정한 히스는 헤더(heather)가 자라고 생명을 이어갈 수 있어야 한다. 헤더는 키가 작으며 땅을 덮고 있는 사철 푸른 관목으로 분홍이나 보라색의 종 모양의 작은 꽃이 일 년 중 특정 시기에 피어난다. 헤더는 모래가 많은 산성 토양에서 번성하며 주로 황무지나 소나무 숲에서 발견된다.

눈을 사로잡는 벙커 배치는 히스랜드 코스의 특징이다. 대부분의 벙커 앞부분은 헤더나 두터운 풀로 덮여 있다. 종종 그린이 부족하며, 이는 거리에 대한 인식과 정확도를 시험한다.

히스랜드의 특징은 이렇다 할만 한 헤더가 없는 호주 남부의 훌륭한 샌드벨트 코스들과 북미 지역에 있는 눈부신 개최지와 상당히 유사하다. 그런 연유로 여기서는 같은 제목 아래에 넣어 두었다.

영국 히스

가장 뛰어난 히스랜드 코스들은 서리 버크셔 샌드벨트로 알려진 곳에서 발견되는데, 잉글랜드 런던 남서쪽에 뻗어 있는 모래투성이의 삼림지대의 넓은 통로를 일컫는다. 월튼 히스,

서닝데일, 더 버크셔, 스윈리 포레스트, 웬트워스 등과 같은 유명한 코스들은 모두 세인트조지스 힐, 워킹, 행클리 커먼과 같이 덜 알려진 보석 같은 샌드벨트 지대를 공유한다. 또한 잉글랜드의 심장부에도 아주 멋진 히스들이 많이 있는데, 리즈 근교에 있는 알우들리에 있는 코스들, 노팅엄셔 골프 클럽, 겐턴, 그리고 놀라운 우드홀 스파 등이 그것이다. 나머지는 남쪽 해안에서 발견된다. 스코틀랜드 중부 퍼스셔와 모레이도 뛰어난 히스와 황무지의 본거지로, 보트 오브 가든,

블레어고우리, 레이디뱅크, 글렌이글스를 포함한 코스들이 있다.

호주와 미국

이들 영국의 중심부에서 멀리 떨어진 곳은 호주에 있는 멜버른 샌드벨트이다. 이곳의 대단한 몇몇 코스들 중 가장 유명한 것은 로열 멜버른이며, 그 외에도 킹스턴 히스, 헌팅데일, 메트로폴리탄 골프 클럽 등이 포함된다. 저 너머 미국의 경우, 세계 1위에 랭크되는 코스가 히스랜드와 같은 세팅으로 파인 밸리에 자리한다.

토양과 벙커 배치

이들 히스랜드 코스들은 무엇을 공유할까? 정답은 토양이다. 모래를 바탕으로 한 땅은 두 가지 역할을 한다. 첫째로, 헤더, 소나무, 박달나무, 금작화, 가시금작화, 풀, 그리고 진달래와 같은 꽃이 있는 관목이 무성한 매우 매력적이고 자연적인 외양의 세팅을 창조할 수 있다. 두 번째로, 자연적으로 물이 잘 빠지는 땅이기 때문에 링크스를 연상시키는 단단하고 빠르게 흐르는 코스를 만들어준다. 모래에 기반을 둔 코스들의 경우 벙커 배치가 디자인의

핵심이라고 생각할지 모른다. 히스랜드 코스의 대가인 건축가들은 해리 콜트, 허버트 파울러, 제임스 브레이드, 톰 던, 윌리 파크, 앨리스터 맥켄지였다. 그들은 모두 진정한 장애물로서 벙커를 준비했고 전략적으로 배치했다. 대부분의 벙커는 깊고 헤더 또는 두터운 풀이 주변을 에워싸고 있으며, 생각이 필요한 장소에 등장한다. 예상하고 있듯 그린사이드는 벙커들이 비호하고 있지만, 일부는 고의적으로 그린에서 약 10~30야드(9~27미터) 떨어진 곳에 있다. 이로 인해 골퍼는 벙커를 피하거나 또는 그 옆에 공을 안착시킬 기회를 갖게 되며, 코스가 빠르다면 그린으로 공을 올려 보낼 수 있을 것이다. 그러나 판단에서 작은 실수가 있다면 중간 정도의 벙커에서 다음 샷을 해야 할 수 있는데, 프로들도 그다지 바라지 않는 상황이기도 하다. 이들 벙커들은 또한 시각적인 착각을 불러 일으켜 거리에 대한 판단을 믿을 수 없게 만든다. 많은 홀에서 황무지가 교차하며 나타나는데, 페어웨이를 잠식하거나 둘로 나뉘어 놓는다. 이는 파인 밸리의 주된 특징으로, 이곳의 벙커들은 영국제도에 있는 벙커들에 비해 덜 형식적이다. 호주의 샌드벨트 코스들은 유명한 히스랜드 건축가들이 디자인했음에도 불구하고 약간 다른 벙커를 보유한다. 이곳의 벙커들은 보다 얕고, 더 크며 자유로운 형식의 외형을 지니고 있는 편이고 하나씩 자리하기 보다는 떼지어 있는 경우가 많다. 그러나 파인 밸리의 일부 홀들을 제외한 이들 코스들은 모두 그린 옆으로 장애물을 통과하는 경로를 가지고 있어 골퍼는 빠르고 융기된 퍼팅 표면으로 공을 굴리는 플레이를 할 수 있다.

골칫거리 헤더

사실 샌드벨트 스타일의 코스들은 주된 장애물로 높이 자란 풀과 모래투성이 황무지에 의존하는 경향이 있다. 어떤 사람들은 하얀 헤더의 잔가지를 행운의 부적으로 여기기도 하지만 골퍼들은 이것들을 본다고 전혀 운이 좋다고 생각지 않는다. 헤더에서 경기하는 것은 악몽이나 다름없다. 가장 두터운 러프에서 경기하는 것보다 더 가혹하다. 공을 치려고 하면 억센 나무줄기가 클럽을 붙잡는다. 보통은 웨지 또는 쇼트 아이언을 사용해 헤더와의 접촉을 최소화하기 위해 공을 가파르게 공격할 것이다. 나무줄기에 걸리기 때문에 임팩트 내 클럽페이스는 거의 언제나 닫혀 있어야 한다는 것을 기억하면 유용하다. 일반적으로 기적 같은 샷을 치려고 하기보다는 벌을 감수하고 로프트 각이 큰 클럽으로 페어웨이의 안전한 곳까지 공을 보내야 한다.

헤더가 만개하고 태양이 반짝일 때, 히스는 골프 세계에서 가장 황홀한 세팅으로 손꼽히게 될 것이다. 많은 코스들은 장애물로써의 헤더를 특징으로 삼으며, 이것이 다채롭고 아름답다고 해도 직선의 좁은 곳에서 빗나가면 곤란한 경험이 될 수 있다.

히스 환기시키기

몇몇 히스는 풍경을 다시 개방함으로써 자신의 진정한 뿌리로 돌아가려 노력하고 있다. 행클리 커먼은 런던 남서쪽으로 히스에 약간의 바람을 불어 넣어 주고 1895년 처음 설계되었을 때 어떤 모습을 하고 있었는지 상기시키기 위해 거대한 나무 제거 프로그램에 착수했다. 현재 바람은 골프에 더 많은 영향을 주며 헤더는 여느 때보다 치명적으로 변했다.

■ 행클리 커먼

> 히스랜드의 골칫거리는 헤더로 인해 더 악화된다. … 어떤 사람들은 **하얀 헤더의 잔가지**를 행운의 **부적**으로 여기기도 하지만 골퍼들은 이것들을 본다고 해도 전혀 운이 좋다고 생각지 않는다.

서닝데일, 잉글랜드 SUNNINGDALE, ENGLAND

원형(原型)의 히스랜드 코스인 서닝데일은 잉글랜드의 매력적인 지방에 자리해 많은 노력이 필요한 동시에 옛 시절의 미덕과 우아함이 잘 어우러져 있다. 우거진 삼림지로 둘러싸인 올드 코스는 산책하기에도 즐거운 곳인데, 런던 중심에서 불과 25마일밖에 떨어져 있지 않다는 게 믿기 어려울 정도다. 매년 서닝데일은 몇몇 프로 및 아마추어 토너먼트를 주최한다.

1900년 두 형제는 서닝데일의 잠재력을 알아보고는 윌리 파크 주니어에게 100파운드의 채권을 부담할 100여 명 정도의 클럽 회원을 위한 코스의 디자인을 의뢰했다. 파크가 1세기도 전에 본 풍경은 오늘날의 것과 사뭇 다르지만, 그가 설계한 모습은 해리 콜트가 1920년대에 무용(武勇)을 더했음에도 불구하고 본질적으로는 같다.

헤더는 풍부해 눈에 띄며 특히 외따로 떨어진 티와 페어웨이 옆을 따라 자라 있다. 6번 홀과 7번 홀의 전방도 가로지르지만, 사실은 월튼 히스에 있는 것처럼 뛰어나게 배치된 벙커 주변에 있어 그다지 잔인하지는 않다. 올드 코스는 다른 히스랜드 코스에 비해 덜 고생스러우며 현대의 기준에서 보면 짧다. 이곳은 정교한 직선 홀이 지배적이며, 출현하는 도그레그 대부분은 아주 온화한 지맥에 불과하지만 단순한 방향의 변화만으로도 그린으로의 접근 각을 교묘하게 만들 수 있다.

중요한 플레이 라인

코스는 전형적으로 단단하고 바운스가 심하며, 강하게 치기보다는 근처에서의 경기를 구상해야 한다. 벙커 배치는 사려 깊어 1번, 2번, 그리고 6번 홀에서의 드라이브를 제외한 코스에서의 모든 샷을 방해한다. 원형의 히스랜드는 그린에 올릴 목적으로 친 약간 빗나간 어프로치를 붙잡기 위해 플레이 라인과 가깝지만 그린에서 몇 야드 못 미치는 곳에 벙커를 놓는 술수를 쓴다. 12번, 16번, 18번 홀에 일렬로 자리한 벙커들은 페어웨이의 너비 전체에 걸쳐 퍼져 있는데, 이는 윌리 파크의 트레이드마크이자 매우 도발적인 특징이다. 플레이 라인은 섬세한 그린 옆과 근처를 배회하는 벙커의 영향에 맞서기 위해 필수적이다. 그러나 완벽한 라인은 종종 다른 장애물과 붙어 있다. 생각하는 골프의 완벽한 예는 17번 홀인데, 그린으로 향하는 최적의 라인을 가지기 위해서는 티샷의 위치가 극히 중요하다.

수많은 버디 기회는 이 신성한 히스에 만족을 더하는 요소이다. 버디로 시작하는 것만큼 골퍼에게 행복감을 주는 것은 없는데, 492야드(450미터)의 짧은 파5의 1번 홀이기 때문에 버디의 가능성이 높다. 하지만 오른쪽에 나무, 왼쪽 아래에는 헤더가 있기 때문에 자신감 있는 스트라이크만이 페어웨이를 찾을 수 있다.

길고 급강하하는 파4의 10번 홀의 티는 9번 홀 그린의 뒤쪽 가까이 놓여 있으며 언덕 아래로 보내는 크고 힘 있는 드라이브가 요구된다.

멋진 출발

메이저 챔피언십 라운드 역사상 가장 극적인 시작이었다. 2004년 위타빅스 브리티시 여자 오픈에서 잉글랜드의 카렌 스터플스는 한 라운드를 남겨 놓고 선두인 헤더 보위와 레이첼 테스크에 한 타 뒤지고 있었다. 스터플스는 1번 홀에서 이글을 잡았고, 그 다음 2번 홀에서 5번 아이언으로 2050야드(187미터)에서 알바트로스를 넣었다. 그녀는 64타로 마무리하기까지 5개의 버디를 더 추가했으며 5타 차로 우승했다. 핀란드의 미네아 블롬퀴스트는 3라운드에서 62타를 쳐 남녀 통틀어 메이저 챔피언십에서 새로운 스코어 기록을 세웠다.

■ 관중에게 손을 흔드는 카렌 스터플스

서닝데일의 마지막은 전통적인 도전이며 최종의 4개 홀은 코스에서 가장 힘겨운 곳이다. 15번 홀에서는 위압적으로 넓게 퍼진 보라색 헤더 너머 나무에서 4개의 벙커가 감시하는 그린까지 공을 보내야 한다. 16번 홀은 벙커가 드라이브를 조롱하려는 듯 페어웨이의 중간에 떡하니 놓여 있어서 어프로치는 늘어선 벙커를 넘어 거리를 판단하기 힘든 융기된 그린으로 날카로운 일격을 가해야 한다.

마지막 두 개 홀은 정교한 드라이브와 17번 홀로는 내리막, 18번 홀로는 오르막의 완벽한 어프로치가 필요한 순수한 골프 홀이다. 일단 마지막 홀을 걸어 나와 품위 있고 전통적인 클럽하우스에서 쉬면 이곳이 즐겁고 안락한 경관을 가진 참으로 우아하고, 예리하며 시간을 초월한 코스라는 것을 돌이켜 볼 수 있다. 서닝데일은 히스랜드의 정수를 경험할 수 있는 곳이다.

서닝데일의 그린과 페어웨이는 캠브리지 세인트존스 칼리지가 소유한 굴곡진 모래땅에서 오르내리기 때문에 우뚝 솟은 소나무, 오크, 박달나무에 가려져 있다.

코스 설명

현대의 기준에서 보자면 짧은 올드 코스는 방어물로써 섬세한 디자인, 전략적인 벙커 배치, 빠르고 단단한 땅, 그리고 거치적거리는 헤더의 잔인함에 기대고 있다. 코스의 아름다움은 모든 홀의 측면을 어떤 식으로든 지키고 서 있는 소나무, 오크 그리고 박달나무에 의해 더 강화된다. 전통적인 코스이다.

HOLE 18 홈 홀
THE HOME HOLE

18번 홀은 제임스 브레이디, 해리 바든, 보비 존스, 밥 찰스, 게리 플레이어, 닉 팔도, 그렉 노먼, 그리고 역사상 가장 위대한 여성 골퍼 중의 한 명인 낸시 로페즈와 같은 위대한 선수들이 만들어낸 수많은 멋진 승리의 무대였다. 오른쪽과 왼쪽에 있는 벙커를 피하는 오르막 티샷을 한 후의 어프로치도 다시 오르막인데, 그린으로 향해 대각선으로 자리한 벙커와 아래에 있는 클럽의 상징이기도 한 서닝데일의 거대한 오크 나무를 넘어야 한다. 깃발이 오른쪽으로 급히 방향을 바꾸면, 이것은 챔피언십 경기 중에는 종종 그러한데, 선수는 공을 컵 주변에 갖다 놓기 위해서는 왼쪽에서 오른쪽으로 난 경사를 이용할 수 있다.

■ 18번 페어웨이를 가로지르는 헤더로 에워싸인 벙커들

3번 홀의 페어웨이는 벙커로 어질러져 있다.

12번 홀의 페어웨이는 벙커가 늘어서 있다.

7번 홀의 그린으로 가는 최적의 라인은 오른쪽 아래에서 오는 드라이브이다.

14번 홀에 있는 대각선의 벙커는 페어웨이를 가로지른다.

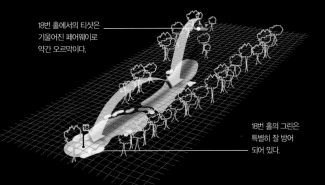

18번 홀에서의 티샷은 기울어진 페어웨이로 약간 오르막이다.

18번 홀의 그린은 특별히 잘 방어되어 있다.

서닝데일

RIDGEMOUNT ROAD, SUNNINGDALE,
BERKSHIRE SL5 9RR, ENGLAND
www.sunningdale-golfclub.co.uk

올드 코스

설립 1901	파 70
길이 6,627 야드	디자이너
(6,060 미터)	윌리 파크 주니어

엄선된 챔피언들

유러피언 오픈 베른하르트 랑거 (1985), 그렉 노먼(1986), 이안 우스남(1988), 피터 시니어(1990), 닉 팔도(1992)
브리티시 여자 오픈 캐리 웹(1997), 박세리(2001), 카렌 스터플스(2004)
워커 컵 미국(1987), 미국 16, 영국 & 아일랜드 7
세베 트로피 유럽 대륙 (2000)

코스 카드

전반 9홀			후반 9홀		
홀	야드	파	홀	야드	파
1	492	5	10	475	4
2	489	4	11	322	4
3	318	4	12	442	4
4	156	3	13	185	3
5	419	4	14	503	5
6	433	4	15	239	3
7	406	4	16	434	4
8	193	3	17	425	4
9	273	4	18	423	4
아웃	3,179	35	인	3,448	35

우드홀 스파, 잉글랜드   WOODHALL SPA, ENGLAND

우드홀 스파의 호치킨 코스는 위협적인 비거리와 낙심시키는 깊은 벙커 그리고 가지각색의 가시금작화와 헤더로 인해 세계에서 가장 위압적인 히스랜드 코스가 되었다. 잉글랜드 전원에 외따로 떨어진 삼림지대에 자리한 이곳은 코스가 주는 매혹적인 위협을 단순히 시험해보기 위한 여정으로도 가치 있다. 순수한 혈통의 히스가 도처에 있는 우드홀은 영국제도에서 가장 훌륭한 인랜드 코스로 랭크되었던 이력을 과시한다.

우드홀 스파의 오아시스인 잉글랜드 중부에 있는 이 기묘하고 시간이 왜곡된 마을로 다가갈 마음의 채비를 갖출 시간은 없다. 여기, 넓은 농지는 빠르게 삼림지대로 바뀌고 소나무, 오크, 박달나무의 천개(天蓋) 아래의 모래 토양은 풍부한 헤더, 고사리, 가시금작화, 그리고 금작화를 위한 천국이다. 어떤 야드 자를 이용하든지 호치킨 코스는 특별한 골프 링크스이다. 1890년과 같은 초창기에 골퍼들은 마을에서 9개 홀 코스에서 경기를 했고, 1905년 해리 바든이 히스를 베어내고 완전한 18개 홀로 만들었다. 곧바로 JH 테일러가 서투르게 수선을 했고 이후 수년에 걸쳐 해리 콜트가 수정했다. 그런 후 토지 소유자인 스태퍼드 호치킨 대령이 걸작에 자신의 스타일을 더했다. 코스는 70년 가까이 거의 같은 형태로 보존되었는데, 계속되는 기술의 진보에 맞서기 위해 새로운 티를 추가했다.

악명 높은 벙커들

4명의 영향을 받은 하나의 독특한 코스인 우드홀에서 처음으로 경기를 하는 것은 계몽적인 경험이다. 누군가는 한때 365개의 벙커가 코스에 있었다고도 한다. 지금은 단 110개만이 남아 있지만 벙커의 특성은 그대로이다. 어려운 2번 홀에서 드라이브를 힘껏 당겨 친 선수는 누구나 박달나무와 가시금작화가 빽빽이 들어찬 히스 모래벌판에 동굴 같이 깊게 파여진 벙커에 빠질 수 있다. 그린에 도달하려는 희망은 사라지고 벙커에서 빠져나가기 위해서는 상당한 기술이 필요하다. 그러나 이것은 단지 페어웨이 벙커에 불과하며 그린사이드 벙커에 비한다면 아기 수준이다. 대부분의 골퍼들은 4번 홀과 5번 홀에 있는 그린사이드 벙커 밖으로 공을 쳐 내어 가까이 붙이는 것은 포기한다. 공을 그린 위로 올리는 것도 대단하다. 짧은 5번 홀은 티에서 그린을 맞춰야 하기 때문에 범죄에 알맞은 형벌의 더할 나위없는 예시이다.

잉글랜드 경기의 본거지

1995년, 호치킨 대령의 아들 닐은 우드홀 스파를 뛰어난 히스의 미래를 공고히 하는 동시에 번성하는 거점을 제공하고자 잉글랜드골프연합(EGU)에 매각했다. EGU는 그 후 다른 코스인 브래켄과, 자국 내 인재들을 키우기 위한 최신 시설을 갖춘 아카데미를 설립했다.

■ 브래켄 코스의 16번 홀

호치킨 코스의 5번 홀 그린 옆에 입을 벌린 벙커는 머리 높이로
깊으며 그린에 도달하지 못한 티샷들을 위해 많은 위험을 제공한다.

미증유의 무대를 찾기 위해서는 코스 깊숙이 들어가야
하는데 가장 폭이 넓은 부분이 18야드(16미터)에 불과한
그린을 말도 안 되게 깊은 5개의 벙커가 둘러싸고 있는 중간
규모의 12번 홀을 만나면 감탄할 것이다. 전방 오른쪽과
단순히 거대한 구멍인 왼쪽의 벙커는 세계 골프에서
빠져나오기 가장 어려운 벙커의 자격이 있음을 주장할 수
있다. 이들 벙커들은 즐겁게 몇 타를 줄이며 도착한 골퍼들의
완벽하게 좋았던 라운드를 망친다.

노력이 필요하지만 공정한 코스

벙커에 관한 심리적 압박은 평상시에는 믿을 만하고
견고했던 골퍼의 스윙을 신경질적인 동작으로 바꿔 놓는다.
이것은 티에서부터 증명되어, 헤더와 가시금작화를 넘는
장타로 맞서 싸워야 할 때와 더 많은 헤더와 나무들이
둘러싸고 있는 페어웨이에서도 그러하다. 솔직히 티샷은
상당한 노력이 요구되지만 공정하다. 훌륭한 타구는
순조롭게 그린에 도달하는 보상을 받을 것이고 처리해야 할
까다로운 각을 가진 곳은 거의 없다. 2번에서 10번까지의
홀은 더 넓은 히스 지대이지만 11번부터 이후의 홀들은
나무가 빽빽이 들어선 구간으로 들어가기 때문에 점점 밀실
공포를 느끼게 된다. 그러나 모든 홀은 특징적이며 영국에서
가장 위협적인 드라이브에서 경기를 마친다. 두 세트의 티가
나타난다. 하나는 17번 그린에서 뒤로 물러나 있는데
백티에서의 드라이브는 앙상한 페어웨이에 도달하기
위해서는 210야드(192미터)를 날아가야 한다. 숲 속 깊은
곳에 있는 다른 하나는 페어웨이로 곧장 길이 나 있지만 150
야드(137미터)를 넘어 계속되는 가장 좁은 수로와 나무 벽
사이 아래에 있다. 위는 우드홀을 아주 간략하게 요약한
것이다. 이곳은 파5의 홈 홀과 같이 매번 엄청 도전적인
과제를 내어 줄 것이며, 마음과 경기 모두를 제대로 유지할 수
있다면 스코어 할 기회를 준다. 영감을 받았지만 위험한
골프이다.

호치킨 코스의 두드러진 12번 홀의 그린은 작은 보석이지만, 그린을
비호하는 특히 깊은 벙커들은 벗어나려 애쓰는 골퍼들을 미치게 만든다.

우드홀 스파

THE BROADWAY, WOODHALL SPA,
LINCOLNSHIRE LN10 6PU, ENGLAND
www.woodhallspagolf.com

호치킨 코스

설립 1905
길이 7,080 야드
(6,474 미터)

디자이너 해리 콜트,
해리 바든, JH 테일러,
호치킨 대령

엄선된 챔피언들

잉글리시 아마추어 데이비드 길포드(1984),
이안 가버트(1990), 마크 샌더스(1998)
브라바존 트로피(잉글리시 스트로크플레이)
요헨 루프리언(2000)
홈 인터내셔널스(남자) 영국(2001)

코스 카드

전반 9홀			후반 9홀		
홀	야드	파	홀	야드	파
1	361	4	10	338	4
2	442	4	11	437	4
3	415	4	12	172	3
4	414	4	13	451	4
5	148	3	14	521	5
6	526	5	15	321	4
7	470	4	16	395	4
8	209	4	17	336	3
9	584	5	18	540	5
아웃	3,569	36	인	3,511	37

■ 11번 홀에 있는 교차 벙커와 헤더

HOLE 11 신경을 괴롭히는 잔인함
NERVE-RACKING BRUTE

파4 홀을 엄선할 때 종종 언급되는 11번 홀은 잔인하며,
서풍이 우세할 경우 특히 그러하다. 키 큰 소나무로
싸여진 페어웨이가 충분히 관대할지라도 백티에 서는
것은 조마조마하다. 먼 곳에서 완만하게 융기된
페어웨이 너머에 있는 그린을 발견할 수 있다.
두 번째 샷은 넓게 펼쳐진 거친 풀, 헤더, 커다란
교차 벙커를 지나 큰 나무들이 뒤를
받치고 있는 그린으로 가는 내리막
샷이다. 티에서 러프에 빠지거나
뒤처져 있다면 진짜 딜레마에 빠지게
되는데, 이럴 경우 황무지를 지나는
비거리를 감수해야 하기 때문이다. 해내지
못하면 큰 스코어를 기록할 것이다.

코스 설명

움푹 들어간 벙커들, 가시금작화와 금작화의 제방, 그리고 모두에게
엄청나게 위협적인 소나무와 박달나무로 빽빽하게 둘러싸인
페어웨이가 있는 이곳은 세계에서 가장 무정한 순수 히스랜드
코스일 것이다. 우드홀의 다양성은 전설적이며 심약한 이들을 위한
장소가 아니다.

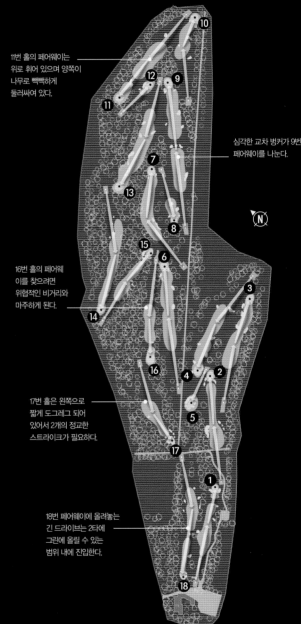

11번 홀의 페어웨이는
위로 휘어 있으며 양쪽이
나무로 빽빽하게
둘러싸여 있다.

심각한 교차 벙커가 9번
페어웨이를 나눈다.

16번 홀의 페어웨
이를 찾으려면
위협적인 비거리와
마주하게 된다.

17번 홀은 왼쪽으로
짧게 도그레그 되어
있어서 2개의 정교한
스트라이크가 필요하다.

18번 페어웨이에 올려놓는
긴 드라이브는 2타에
그린에 올릴 수 있는
범위 내에 진입한다.

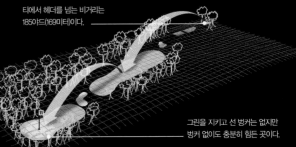

티에서 헤더를 넘는 비거리는
1850야드(169미터)이다.

그린을 지키고 선 벙커는 없지만
벙커 없이도 충분히 힘든 곳이다.

로열 멜버른, 호주 ROYAL MELBOURNE, AUSTRALIA

호주에서 두 번째로 큰 도시 근처의 유명한 샌드벨트는 뛰어난 몇몇 코스들에게 장소를 제공하지만 로열 멜버른은 군계일학이다. 완만한 기복이 있는 풍경에 자리하고 있으며, 지대는 히스랜드와 링크스랜드의 혼합으로 볼 수 있다. 컴포지트 코스는 남반구에서 최고의 코스로 랭크되며 월드컵, 프레지던츠 컵, 하이네켄 클래식, 다수의 호주 오픈과 같은 유명한 챔피언십을 개최해왔다.

골프를 위한 완벽한 지역이 존재한다면, 멜버른의 샌드벨트가 바로 그렇다. 토착의 덤불에 덮여 있고 유칼립투스와 아카시아 나무로 가려진 우아하게 물결치는 모래땅은 세계에서 가장 위대한 코스를 위한 이상적인 세팅이다. 멜버른의 클럽은 1891년 설립되었고 빅토리아 여왕에 의해 1895년 로열이라는 칭호를 받았다. 다른 부지에서 두 번의 이전 후인 1931년에 앨리스터 맥켄지 박사가 디자인한 유명한 웨스트 코스를 개장했다. 이스트 코스가 그 뒤를 따랐고 오늘날 두 개의 코스는 골프의 멋진 시험지를 만들기 위해 토너먼트가 오면 혼합된다.

보다 알려진 웨스트 코스의 12개 홀과 이스트 코스의 6개 홀은 컴포지트 코스로 알려진 코스를 구성한다. 두 개의 코스는 두 가지 이유로 결합되었다. 첫째는 도로에 의해 나뉘지 않도록 모든 홀들을 토지의 같은 쪽에 두어 관중들의 유동을 쉽게 하고, 둘째는 코스의 여분의 길이와 자극적인 요소를 주기 위함이다.

이론상으로는 온화한 코스

로열 멜버른의 모래 토양은 관대한 듯 보이는 페어웨이와 함께 빠르게 흐르는 표면을 형성해, 겉으로 보기에는 온화해 보인다. 하지만 스코어를 잘 내려면 경기를 정복하는 것이 필수인데, 코스에는 아주 쉽게 발목을 잡힐 수 있는 미묘한 점이 많기 때문이다. 맥켄지는 선수들에게 선택권을 주는 것을 좋아했기 때문에 페어웨이를 넓게 나누어 놓았다. 그러므로 선수들은 언제나 안전한 플레이를 위한 선택이 가능하지만, 더 빈틈없는 라인을 선택하지 않으면 핸디캡을 깨기는 아주 어렵다. 두 가지 경로의 차이점은 4번 아이언 또는 8번 아이언으로 경기에 임하는 선수에게는 의미가 있다. 주어진 그린과 잠식하고 있는 벙커의 방식은 의도된 것이며 작은 클럽을 선택하면 큰 이점이 있다. 어떤 티에 서든지 이곳은 눈에 보이는 그대로이다. 숨겨진 책략은 없다. 가장자리에 풀이 있는 하얀 모래의 넓게 펼쳐진 벙커들이

벙커 무리가 방어하고 있는 긴 18번 홀의 넓고 유혹적인 그린은 즐거운 마무리를 위해 버디 기회를 제공하는데, 특히 페어웨이 벙커를 안전하게 처리한 정확한 타자들에게 유리하다.

주요 순간들

2004년 하이네켄 클래식에서 어니 엘스는 대회에서 드물게 달성할 수 있는 마법의 숫자인 59타에 간발의 차로 접근했다. 첫 번째 라운드에서 그는 4홀을 남겨 놓고 12언더였는데, 바로 플라이어를 치는 바람에 보기를 했다. 두 개의 버디를 낚아 그는 다시 제 궤도에 올랐다. 마지막 홀에서 버디를 필요했지만 엘스의 퍼트는 옆을 지나갔고 60타라는 코스 기록에 안착했다. 다음 날 그는 66타를 치며 18언더를 기록했고 이후 1타 차로 우승했다.

앨리스터 맥켄지 박사는 1926년 12주 동안의 호주 방문 후 18개의 골프 코스를 디자인하게 되었는데, 대부분은 그의 트레이드마크인 모래의 굽이치는 가장자리를 가진 지형을 가지고 있다. 그가 만든 벙커의 모양은 모든 선수가 모래를 볼 수 있어 인지와 전략을 가지도록 돕지만 경기에 압박을 가하기도 한다. 맥켄지는 로열 멜버른의 완성된 작품을 보지 못했고 대신 코스의 마지막 작업은 그의 파트너인 알렉스 러셀에게 위임했다.

로열 멜버른

CHELTENHAM ROAD, BLACK ROCK,
VICTORIA, AUSTRALIA 3193
www.royalmelbourne.com.au

컴포지트 코스

설립 1891	**디자이너**
길이 7,002 야드	앨리스터 맥켄지,
(6,403 미터)	알렉스 러셀
파 72	**코스 기록** 60
	어니 엘스 (2004)

엄선된 챔피언들

월드컵 미국— 벤 크렌쇼 & 마크 매컴버(1998)
프레지던츠 컵 인터내셔널 팀 (1998)
하이네켄 클래식
어니 엘스(2002, 2003, 2004);
크레이그 패리(2005)

코스 카드

전반 9홀			후반 9홀		
홀	야드	파	홀	야드	파
1	429	4	10	465	4
2	480	5	11	439	4
3	333	4	12	433	4
4	440	4	13	354	4
5	176	3	14	509	5
6	451	4	15	383	4
7	148	3	16	201	3
8	305	4	17	558	5
9	455	4	18	443	4
아웃	3,217	35	인	3,785	37

로열 멜버른은 맥켄지의 걸작이다. 어떻게 판단하든 이곳은 지구상의 어떤 것에도 대적할 가치를 가지고 있다.

오픈 대회에서 다섯 번 우승한 **피터 톰슨**

1959년 컴포지트 코스가 처음 사용된 로열 멜버른에서 열린 캐나다 컵(이후 월드컵이 됨) 기간 동안 날카로운 타격을 선보이는 이 지역 출신 피터 톰슨. 오픈 챔피언십에서 네 번 우승했던 톰슨은 켈 네이글과 팀을 이루었고 10타 차로 필드를 대파했다.

시선을 끈다. 일부는 대적해 그 위로 날려 보내야 하고 다른 것은 주의 깊게 돌아 나가야 한다. 노련한 드라이버라면 겁 많고 약간은 덜 정교한 이들에 비해 보다 나은 위치에 공을 올릴 수 있다. 강력한 드라이빙은 정확하고 창조적인 아이언 플레이가 뒷받침 되어야 한다. 좁은 진입로를 통해 샷을 바운스 시키던지 혹은 광대하고 주름진 그린 위의 정밀하게 깎인 핀 위치에 갖다 놓는 샷을 만들든지 해야 한다. 퍼팅 표면은 잘 알려져 있듯 부드럽게 구르고 번개처럼 빠르며 자신감이 부족한 이들을 위협할 수 있는 경사면이 있다. 퍼팅은 경기 속의 경기 같이 된다. 정상급 선수들은 비교적 쉽게 그린을 맞출 수 있지만 코스가 빠르게 흐르기 때문에 기록 카드에서 쓰리 퍼트를 유지하는 것이 기술 그 자체인 곳에서의 어프로치는 수십 야드 떨어진 곳에서 끝날 수 있다.

믿을 수 없는 벙커

그린을 놓쳤다면 샷은 벙커에 빠지거나 잡목이 무성한 곳으로 굴러가게 될 확률이 높다. 종종 벙커는 무리지어 나타난다. 벙커들은 변형된 클로버 잎과 같은 모양이며 광범위한 모래 앞면으로 인해 벙커 중앙에 공이 빠지는 편이다. 대부분은 퍼팅 표면 옆에 가파르게 깎여 있다. 이것들은 깊지 않고 스핀을 주기도 쉽다. 그러나 벙커가 비탈지고 빠른 그린과 결합하면 기만적으로 변하기 때문에

깃발 가까이 쳐 내기가 어렵다. 어느 날은 항상 까다로운 6 피트짜리 파 퍼트와 대적하는 게 아닌가 싶을 때도 있다. 물론 그린을 맞춘다는 가정 하에.

위험, 그리고 상과 벌

그럼에도 불구하고 맥켄지와 이스트 코스를 디자인한 그의 동료 알렉스 러셀은 매우 공정한 코스를 지었다. 난이도가 높지만 좋은 스코어를 기록할 수 있다. 파5 홀들은 정확히 2 타 안에 도달할 수 있으며 용감한 골퍼들은 몇몇 짧은 파4 홀에서 성공가능하다. 8번 홀(웨스트 코스에서는 10번 홀)은 305 야드(279미터)에 불과한 총력을 다 해야 하는 빼어난 홀이다. 약간 왼쪽으로 도그레그된 가려진 곳에 입 벌리고 있는 벙커를 넘어야만 한다. 그러나 드라이브를 왼쪽으로 당겨 치면 공은 덤불에 빠질 것이다. 너무 일직선으로 치면 페어웨이를 지나 벙커로 들어가거나 더욱 불리하게 건너편에 있는 두터운 풀숲에 빠질지도 모른다. 쉬운 버디 기회는 눈 깜짝할 사이에 더블 보기로 바뀔 수 있다. 이것이 디자이너들의 업적이다. 뛰어난 홀의 경로와 형태는 골퍼들이 위험을 무릅쓰도록 유혹한다. 그러나 그 벌 또한 대단하다. 위험과 보상의 요소는 컴포지트 코스에 있는 3 개의 쇼트 홀에서 분명히 드러난다. 기술 좋은 골퍼는 핀 가까이 공을 붙이기 위해 경사를 이용하고 샷을 만들어 깃발에 다가갈 수 있다. 그러나 타깃을 놓치면 넓게 펼쳐진 벙커나 풀과 관목의 러프로 인해 문제는 심각해진다. 양 코스는 바람이 파멸을 불러 올 수 있는 환경에 자리한 훌륭한 타구 시험지이다. 하나로 합쳐진 컴포지트 코스는 약간의 스타일을 잃기는 하지만 순수한 골프 코스로서 명성을 얻는다. 적도 남쪽의 가장 훌륭한 코스임에는 분명하다.

로열 멜버른 클럽하우스

웨스트 코스의 까다로운 5번 홀의 그린

코스 설명

로열 멜버른의 컴포지트 코스는 두 개의 18개 홀들 중 최고의 홀을 혼합해 만들었다. 모래 지형 위에 우아하게 짜여 있는 홀들은 광대한 벙커들과 토착 관목을 빠르게 지난다. 전략적인 성격의 코스이기 때문에 언제나 최고의 골퍼들을 가려낸다.

전반 9 홀 ① 그린 옆에 하나의 벙커만을 가진 너그러운 1번 홀. ② 일단 거대한 페어웨이 벙커를 지나가면 버디는 확실하다. ③ 짧은 파4 홀이지만 이상하게 경사진 그린은 웨지 플레이를 시험한다. ④ 융기된 그린은 타구 실력뿐 아니라 클럽 선택 또한 평가한다. ⑤ 표준이 되는 쇼트 홀로써, 사방이 위험하며 매우 비탈진 그린이 있다. ⑥ 오른쪽으로 도그레그된 긴 홀. 보다 짧은 샷을 남겨두기 위해서는 벙커를 지나는 비거리를 달성해야 한다. ⑦ 대부분의 골칫거리는 그린의 오른쪽에 있는 아름다운 오르막 홀. ⑧ 위험한 만큼 보상이 있다. 장타자들은 코너에 있는 벙커와 대적할 수 있다. ⑨ 드라이브가 페어웨이 벙커와 붙어 있는 왼쪽으로 도그레그된 홀은 최적의 라인을 남겨놓는다.

후반 9 홀 ⑩ 매우 힘든, 긴 파4 홀로, 그린 조금 못 미치는 곳에 벙커가 공을 많이 붙잡는다. ⑪ 그린의 오른쪽에 있는 벙커 둥지는 페어웨이 오른쪽에서의 시선을 희롱한다. ⑫ 도그레그에 있는 거대한 벙커 무리를 넘으면 훨씬 짧은 샷으로 공략할 수 있다. ⑬ 코너 쪽으로 정확히 겨냥한 롱 아이언은 좋은 버디 기회를 남긴다. ⑭ 벙커를 지나 공은 언덕 아래로 바운스한다. 도달 가능한 파5 홀. ⑮ 그린의 전방은 벙커가 잘 방어하고 있다. ⑯ 훌륭한 긴 파3 홀로, 오른쪽에서 왼쪽으로 가는 샷이 깃발에 붙이기에 최적이다. ⑰ 그린에 가까운 일련의 벙커들은 전략을 지시한다. 정면으로 부딪치든가 안전한 루트를 선택하든가 둘 중 하나다. ⑱ 티에서는 관대하지만 그린을 거대한 벙커가 둘러싸고 있다. 최고의 마무리 홀.

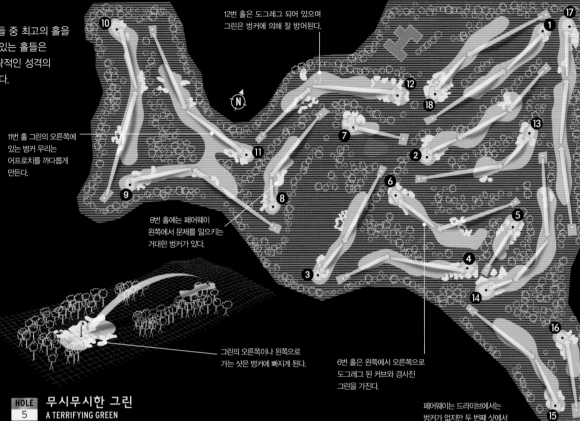

12번 홀은 도그레그 되어 있으며 그린은 벙커에 의해 잘 방어된다.

11번 홀 그린의 오른쪽에 있는 벙커 무리는 어프로치를 까다롭게 만든다.

8번 홀에는 페어웨이 왼쪽에서 문제를 일으키는 거대한 벙커가 있다.

그린의 오른쪽이나 왼쪽으로 가는 샷은 벙커에 빠지게 된다.

6번 홀은 왼쪽에서 오른쪽으로 도그레그 된 커브와 경사진 그린을 가진다.

페어웨이는 드라이브에서는 벙커가 없지만 두 번째 샷에서 일련의 벙커가 대기하고 있다.

HOLE 5 무시무시한 그린
A TERRIFYING GREEN

일직선의 완벽한 거리의 샷만이 이 파3 홀에 있는 뒤에서 앞으로 가파르게 비탈진 가느다란 그린을 찾을 수 있다. 멀리 가면 풀이 무성한 구덩이나 덤불이 기다린다. 짧으면 공은 언덕 아래로 굴러 갈 수 있다. 깃발 너머에 있는 그린을 맞추면 경사 때문에 공이 무시무시하게 빨리가기 때문에 쓰리 퍼트를 칠 위험이 있다.

벙커들은 페어웨이의 도그레그 오른쪽에 놓여 있다.

HOLE 12 영리한 디자인
A CLEVER DESGN

이 홀은 멜버른의 영리한 디자인을 대표한다. 먼저 도그레그된 부분을 어느 정도 잘라낼 것인지 결정해야 한다. 장타자들은 오른쪽에 있는 벙커를 넘는 직선 라인을 택해 언덕 아래로 내려 보내고 안전한 플레이를 한 사람에 비해 훨씬 짧은 거리를 남겨 둘 수 있다. 벙커의 행렬은 공을 높이 띄우거나 혹은 좁은 진입로를 통과해 흐르는 어프로치에 골퍼의 주의를 집중시킨다.

벙커의 행렬은 어프로치에 골퍼의 주의를 집중시킨다.

HOLE 17 미묘한 딜레마
A TRICKY DILEMMA

드라이브가 길게 일직선으로 간다면 골퍼는 딜레마에 직면한다. 벙커를 직접 공략해 2타에 그린에 올려놓을 것인가 아니면 짧은 피치를 남겨 놓는 안전한 루트를 택할 것인가. 그린을 놓친다면 왼쪽으로 가야 하는데, 오른쪽에는 벙커, 덤불 그리고 오른편을 보호하는 아웃 오브 바운드까지 있어 진정한 위험 지대이다.

■ 공중에서 본 로열 멜버른

■ 웨스트 코스의 7번 홀

파인허스트, 미국 PINEHURST, USA

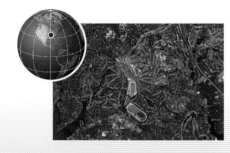

노스캐롤라이나의 수목으로 뒤덮인 모래언덕 너머에 사방으로 뻗어 있는 파인허스트의 넘버2 코스는 디자인의 표본이다. 재미있으면서도 분통이 터지는 이곳은 소수의 다른 코스들처럼 쇼트 게임을 시험한다. 파인허스트 리조트는 8개의 뛰어난 18개 홀 코스들을 자랑하지만 넘버2 코스가 갈채를 독차지한다. 샘 스니드는 언젠가 "넘버2 코스는 내게는 언제나 넘버1이었다"라고 말했다. 이곳은 전통적이며 전 세계 골프 코스 디자이너들이 영감을 얻기 위해 방문하는 장소이다.

파인허스트의 유명한 넘버2 코스에 있는 복잡하게 얽힌 그린은 끊임없이 좌절감을 안겨 주며 창의력을 향한 끊임없는 도전이다.

넘버2 코스는 1900년에 파인허스트의 키 큰 나무들 사이에서 살러 온 스코틀랜드인 도널드 로스의 작품이다. 1907년에 그는 미숙한 코스를 다시 디자인했으며, 계속해서 재치 있게 이름 붙여진 넘버3, 넘버4 코스를 만들어 나갔다.

골프를 위한 로스의 선물

이 코스는 허울만 좋은 파3 홀이 없으며 배경으로 잘 다듬어진 화단도 없고 폭포나 인공적으로 만든 개울도 없다. 1936년에 열릴 PGA 챔피언십 준비를 위해 1935년에 마침내 파란 그린을 갖게 되었을 때, 코스는 이미 길이가 6,879야드 (6,290미터)에 달해 시간의 경과보다 훨씬 앞서 있었다. 선수들은 코스가 빠르게 흐르기 때문에 길이에 대처할 수 있었다. 오늘날 몇 백 야드를 추가한 것 외에는 거의 바뀐 것이 없는데, 방어수단이 여전히 훌륭하고 적절하기 때문이다. 골칫거리는 모래투성이의 황무지, 두터운 버뮤다

러프, 우뚝 솟은 소나무 아래 땅에 있는 소나무 지푸라기 그리고 토착의 바랭이가 가장자리를 에워싸고 있는 이상하지만 딱딱한 벙커의 형태로 나타난다. 그러나 페어웨이는 관대해 티에서 약간의 여유를 준다. 이 코스를 정복하기를 원한다면, 드라이브는 페어웨이의 정확한 지점을 찾아야 하는데 그래야만 제대로 된 위치에서 깃발을 공략할 수 있다. 얽히고설킨 그린은 다 큰 남자를 울릴 수도 있기에 비뚤게 들어오는 샷은 인생을 고달프게 만든다.

그린과 그린의 주변 환경은 로스가 골프계에 선사한 선물이다. 대부분의 그린은 둔덕으로 융기되어 있으며 도처에 구멍이 있다. 또한 벙커가 주위에 산재해 있다. 그린은 낮게 흐르는 공과 높게 멈추는 샷을 환영하지만, 어프로치가 제대로 이루어지지 않으면 샷은 짧게 깎인 제방으로 내팽개쳐지거나 그린의 다른 부분으로 흘러간다.

도널드 로스는 그린을 새 단장한 직후인 1935년에 다음과 같이 말하면서 자신의 철학을 분명히 했다. "이 제방 쌓기는

코스 설명

많은 골프 코스 건축가들은 넘버2의 복잡함을 와서 보고 연구하고 그늘진 자연 완만하게 커브를 그리는 홀들, 그리고 모두를 괴롭히는 놀라운 그린의 복합체들 덕분에 선수들도 이곳을 성지로 여긴다. '뛰어난 A' 쇼트 게임 능력 없이는 누구도 파인허스트에서 좋은 스코어를 기대할 수 없는데, 그린 위와 주변의 경사가 심각하기 때문이다.

5번 홀은 1999년 US 오픈에서 코스 중 가장 힘든 홀로 랭크되었다. 페어웨이를 맞춘 선수들 중 단 24퍼센트만이 다음 샷을 그린에 올려놓았다.

넘버2에 있는 다른 많은 퍼팅 표면과 마찬가지로 18번 홀의 그린도 솟아 있다.

4번 홀에서의 티샷은 페어웨이 왼쪽에 있는 벙커를 피해야 한다.

7번 홀은 도그레그로 인해 어려운 도전이 된다.

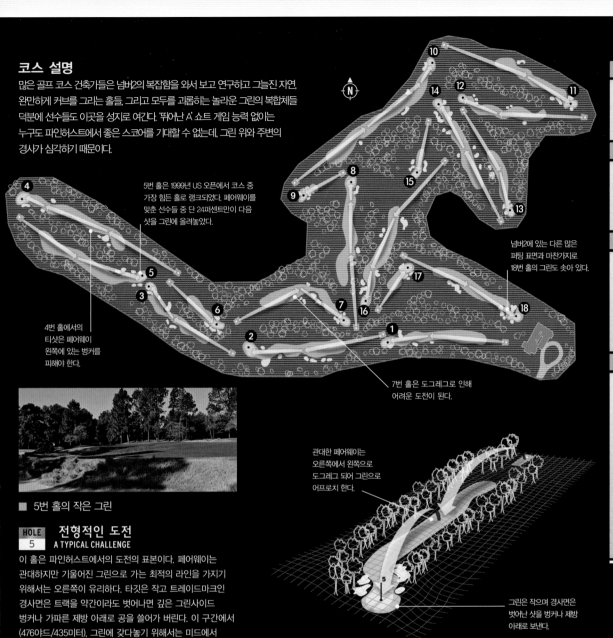

■ 5번 홀의 작은 그린

HOLE 5 전형적인 도전 A TYPICAL CHALLENGE

이 홀은 파인허스트에서의 도전의 표본이다. 페어웨이는 관대하지만 기울어진 그린으로 가는 최적의 라인을 가지기 위해서는 오른쪽이 유리하다. 타깃은 작고 트레이드마크인 경사면은 트랙을 약간이라도 벗어나면 깊은 그린사이드 벙커나 가파른 제방 아래로 공을 쓸어버린다. 이 구간에서 (476야드/435미터), 그린에 갖다놓기 위해서는 미드에서 롱 아이언으로 완벽한 스트라이크가 필요하다.

관대한 페어웨이는 오른쪽에서 왼쪽으로 도그레그 되어 그린으로 어프로치 한다.

그린은 작으며 경사면은 벗어난 샷을 벙커나 제방 아래로 보낸다.

파인허스트

1 CAROLINA VISTA DRIVE, VILLAGE OF PINEHURST, NORTH CAROLINA 28374, USA
www.pinehurst.com

넘버2 코스

설립 1907 　　**디자이너** 도널드 로스
길이 7,335 야드　**코스 기록** 66
(6,707 미터)　　피터 헤드블롬(2005)
파 70

엄선된 챔피언들

USPGA 챔피언십 덴스모어 슈트(1936)
라이더 컵 미국(1951)
투어 챔피언십 크레이그 스태들러(1991);
폴 에이징어 (1992)
US 오픈 페인 스튜어트 (1999));
마이클 캠벨(2005)

코스 카드

전반 9홀			후반 9홀		
홀	야드	파	홀	야드	파
1	405	4	10	611	5
2	472	4	11	478	4
3	384	4	12	451	4
4	568	5	13	380	4
5	476	4	14	471	4
6	224	3	15	206	3
7	407	4	16	510	5
8	467	4	17	190	3
9	190	3	18	445	4
아웃	3,593	35	인	3,742	35

남성들과 동등한 대우를 받기 위해 1909년 파인허스트에서 여자 골퍼들이 결성한 배타적인 클럽인 실버 포일즈 회원들이 단 핀 배지.

다른 형태의 장애물이 요하지 못하는 다양하며 까다로운 쇼트 샷을 무한하게 만들어 낼 수 있다. 두 번째 샷이 약간 빗나간 선수들은 이들 무해한 경사면의 등장에 동요할 것이고 만회하기 위해서는 샷을 창조해야 할 것이다."

전면전

로스가 바랬듯이, 피칭, 치핑, 그리고 퍼팅의 기술이 넘버2 에서 만큼 도전에 직면한 적은 없다. 이들 "뒤집힌 받침 접시" 그린 중 한 곳을 놓쳐 공이 미끄러운 경사면을 따라 굴러 갔다면, 다음으로 경기할 방법에는 보통 3가지가 있다. 가장

좋은 샷은 로브(높고 느린 공)이지만, 잘못하면 홀을 지나치거나 반대편 아래로 갈 수 있다. 다음으로 제방을 건너뛰는 범프 앤 런 샷을 시도하거나 혹은 그린 주변의 경사면이 바싹 깎여 있으므로 퍼터를 선택할 수 있다.

파인허스트의 넘버2 코스는 그린으로 정교한 샷을 칠 능력을 가진 뛰어난 아이언 플레이어를 선호하지만, 그들은 또한 훌륭한 치핑과 퍼팅을 할 수 있어야 한다. 명예의 게시판을 살펴보면 전설적인 선수들의 리스트가 눈에 띈다. 월터 하겐, 벤 호건, 샘 스니드, 바이런 넬슨 그리고 잭 니클라우스 모두 이곳에서 우승했다.
세계 최고의 선수들은 넘버2가 균형이 잡혀 있고 힘이나 공을 러프 밖에서 유지하는 능력만이 아닌 전반적인 기술을 중요시 한다는 사실을 사랑한다. 기술의 진보에도 불구하고, 이 뛰어난 샌드벨트 코스는 앞으로도 계속 이곳에 오는 모든 이들을 괴롭힐 것이다. 넘버2는 걸작이다.

타이거를 누른 키위

뉴질랜드인 마이클 캠벨은 2005년 파인허스트에서 열린 US 오픈에서 타이거 우즈를 2타 차로 따돌리고 우승했다. 그는 세계 최고를 궁지에 몰아넣기 위해 히스에 관한 지식을 적극 활용했다.

■ US 오픈 트로피를 손에 든 캠벨

파인 밸리, 미국 PINE VALLEY, USA

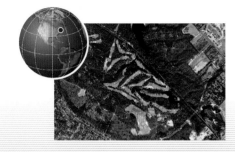

필라델피아 다운타운의 남동쪽으로 불과 15마일(24킬로미터) 떨어진 곳에 있는 조용하고 아름다운 오아시스 파인 밸리는 세계 최고의 골프 코스로 올바르게 평가받고 있는데 이곳이 디자이너의 유일한 코스라는 점을 고려한다면 놀라운 사실이다. 모래, 관목, 소나무 숲의 고통을 주는 혼합의 코스는 메이저 챔피언십을 주최하기엔 비좁고 사설 클럽의 본거지이므로 소수의 골퍼들만이 이곳의 특별함을 맛볼 수 있다.

사방이 압도적인 코스인 파인 밸리는 1914년 필라델피아에서 온 골프에 미친 사업가들 덕분에 존재하게 되었는데, 그중 한 명이 호텔리어 조지 크럼프이다. 그들은 자연의 아름다움과 확실한 골프 코스의 잠재력을 보고 소나무 향이 가득한 모래언덕에 있는 황무지 184에이커(75헥타르)를 택했다. 배후의 주동자였던 크럼프는 자신의 꿈이었던 코스를 짓기 위해 호텔까지 팔았다. 크럼프는 고결한 디자인 철학을 가졌는데, 가능하다면 연속적인 홀은 나란히 뻗어 있거나 같은 방향에서 경기가 되어서는 안 된다는 것이다. 또한 경기를 하고 있는 홀에서 다른 홀이 보여서도 안 된다. 위 철학은 이곳에서 훌륭하게 작용한다. 크럼프는 12번에서 15번 홀이 완성되기 전인 1918년에 유명을 달리했지만 그는 이곳에 형언하기 어려운 광채와 의심의 여지없는 기념비적인 도전지를 세웠다.

미녀와 야수

텁수룩한 모래 관목의 넘실거리는 풍경 속에 황무지를 관통해 당당하게 휩쓸고 지나가는 홀들이 자리한다. 관목이 러프처럼 작용하고, 둘 다 페어웨이의 측면을 지키고 있으며 종종 페어웨이를 과감하게 가로질러 홀을 그린의 섬으로 분리하기도 해 실수의 여지가 없다. 백티에서 모든 홀의 안전한 곳에 도달하기 위해서는 황무지나 반짝이는 호수를 넘는, 적어도 120야드(110미터)의 비거리를 날아야 한다. 교차하는 황무지 또한 위협적인데, 예를 들어 '지옥의 반 에이커(Hell's Half-Acre)'라 불리는 7번 홀에서는 극악한 관목이 100야드(91미터) 넘게 뻗어 있어 이 엄청난 파5 홀에서 2타에 도달하는 것은 사실상 불가능하며, 거기다 또 다른 황무지 조각이 그린 못 미치는 곳에 있다. 의심할 여지없이 파인 밸리의 트레이드마크인 황무지는 자연적인 극악무도함에 있어서 뛰어나지만 거대한 심리적 장벽이기도 하다. 브리티시 워커 컵에 세 번 출전했던 선수인 에드워드 스토리는 매력적이지만 위압적인 2번 홀을 처음 보았을 때 코스의 미녀와 야수 같은 요소를 다음과 같이 요약했다. "이 홀에서 경기하는 건가요, 아니면 그냥 사진만 찍는 건가요?"

파인 밸리의 모든 홀은 꿰뚫을 수 없는 나무들, 황무지, 또는 물에 의해 하나 걸러서 잘려 있는 듯 보인다. 일부 홀의 그린을 정복하는 것은 아주 치밀하게 숨겨진 비밀 코드를 해독하는 것과 같다.

주요 순간들

미국의 가장 뛰어난 아마추어 선수 중한 명이자 1913년 US 오픈 챔피언인 프란시스 위멧은 1936년의 워커 컵에 경기를 하지 않는 주장으로 참여했다. 그는 처음 8명의 선수들과 대적했고 영국과 아일랜드 연합팀에 미국이 10½ 대 11½로 이기며 9회 연속 승리를 이끌었다. 둘째 날의 싱글 매치는 거칠었는데, 영국&아일랜드 팀은 여덟 경기 중 유일하게 반 포인트를 얻었다.

1985년 워커 컵은 싱글 매치에서 젊은 미국 선수 데이비스 러브3세가 피터 맥어보이를 물리치며 두 팀 사이에 5대 4의 간격을 만들기 까지는 막상막하했다. 러브3세는 우드를 가지고 다니지 않았고 어디에서든 1번 아이언으로 쳤는데, 이로써 파인 밸리가 단순히 압도적인 것이 아니라 계획적으로 만들어졌음을 증명했다. 미국 팀은 13 대 11로 이겼다.

파인 밸리

PINE RIDGE, CLEMENTON, NEW JERSEY
08021, USA
TEL NO: +1-856-309-3203

코스 설명

설립 1918
길이 6,999 야드
(6,400 미터)
파 70

디자이너
조지 크럼프,
HS 콜트

엄선된 챔피언들

워커 컵 미국(1936) 미국10½ 영국&아일랜드
11½; 미국(1985) 미국13 영국&아일랜드11

코스 카드

전반 9홀			후반 9홀		
홀	야드	파	홀	야드	파
1	421	4	10	161	3
2	368	4	11	397	4
3	198	3	12	337	4
4	451	4	13	486	4
5	235	3	14	220	3
6	387	4	15	615	5
7	636	5	16	475	4
8	326	4	17	345	4
9	458	4	18	483	4
아웃	3,480	35	인	3,519	35

■ 14번 홀에 있는 호수　　　■ 17번 홀 그린의 전경　　　■ 나무가 정렬하고 있는 13번 홀의 그린

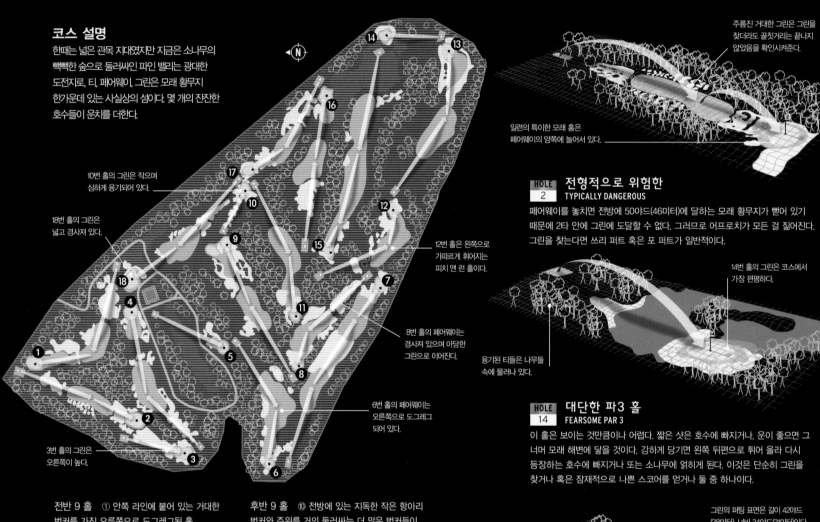

코스 설명

한때는 넓은 관목 지대였지만 지금은 소나무의 빽빽한 숲으로 둘러싸인 파인 밸리는 광대한 도전지로, 티, 페어웨이, 그린은 모래 황무지 한가운데 있는 사실상의 섬이다. 몇 개의 잔잔한 호수들이 운치를 더한다.

10번 홀의 그린은 작으며 심하게 융기되어 있다.

18번 홀의 그린은 넓고 경사져 있다.

12번 홀은 왼쪽으로 가파르게 휘어지는 피치 앤 런 홀이다.

8번 홀의 페어웨이는 경사져 있으며 이담한 그린으로 이어진다.

6번 홀의 페어웨이는 오른쪽으로 도그레그 되어있다.

3번 홀의 그린은 오른쪽이 높다.

주름진 거대한 그린은 그린을 찾더라도 골칫거리는 끝나지 않았음을 확인시켜준다.

일련의 특이한 모래 홈은 페어웨이의 양쪽에 늘어서 있다.

HOLE 2　전형적으로 위험한
TYPICALLY DANGEROUS

페어웨이를 놓치면 전방에 500야드(46미터)에 달하는 모래 황무지가 뻗어 있기 때문에 2타 안에 그린에 도달할 수 없다. 그러므로 어프로치가 모든 걸 짊어진다. 그린을 찾는다면 쓰리 퍼트 혹은 포 퍼트가 일반적이다.

14번 홀의 그린은 코스에서 가장 편평하다.

융기된 티들은 나무들 속에 물러나 있다.

HOLE 14　대단한 파3 홀
FEARSOME PAR 3

이 홀은 보이는 것만큼이나 어렵다. 짧은 샷은 호수에 빠지거나, 운이 좋으면 그 너머 모래 해변에 닿을 것이다. 강하게 당기면 왼쪽 뒤편으로 튀어 올라 다시 등장하는 호수에 빠지거나 또는 소나무에 얽히게 된다. 이것은 단순히 그린을 찾거나 혹은 잠재적으로 나쁜 스코어를 얻거나 둘 중 하나이다.

그린의 퍼팅 표면은 길이 420야드(38미터), 너비 340야드(31미터)이다.

티샷은 관목지대를 넘어서는 비거리가 요구된다.

HOLE 18　맹렬한 마무리
A SPIRITED FINISH

파인 밸리의 위험과 정신을 요약하는 마무리 홀이다. 티샷은 관대하지만 조금만 빗나가면 나무와 벙커 그리고 황무지가 대기하고 있기 때문에 끔찍할 수 있다. 어프로치는 넓은 개울과 벙커의 둥지를 넘어 융기되고 경사진 그린으로 길게 간다. 퍼팅 표면은 넓고 쓰리 퍼트로 경기를 끝낼 가능성이 높다.

전반 9 홀　① 안쪽 라인에 붙어 있는 거대한 벙커를 가진 오른쪽으로 도그레그된 홀. ② 일직선의 파4 홀로, 양쪽에 바퀴자국 같은 벙커가 일렬로 서 있다. ③ 모래 바다는 파3 홀의 그린을 황무지 속 섬으로 만든다. ④ 페어웨이 교차 벙커 때문에 공을 적어도 150야드(137미터)는 보내야 한다. ⑤ 호수를 넘어 골칫거리가 측면을 에워싸고 있는 그린으로 보내야 하는 무시무시한 원 쇼터 홀. ⑥ 오른쪽으로 크게 도그레그 되어, 대담한 드라이브는 황무지를 넘길 수 있다. ⑦ 페어웨이를 반으로 쪼개는 '지옥의 반 에이커' 벙커는 이곳을 진정한 쓰리 쇼터 홀로 만든다. ⑧ 행잉 라이에서 웨지 어프로치가 필요한 짧지만 까다로운 홀 ⑨ 티에서는 위협적으로 보이지만 이 홀은 코스에서 가장 넓은 페어웨이를 가지고 있으며 두 부분으로 된 그린만이 음모에 가담한다.

후반 9 홀　⑩ 전방에 있는 지독한 작은 항아리 벙커와 주위를 거의 둘러싸는 더 많은 벙커들이 특징적이다. ⑪ 페어웨이는 비틀려 있고 융기된 그린까지 좁아진다. ⑫ 왼쪽으로 급격히 도그레그 되어 있다. 홀 아래로 더 멀리 보낼수록 그린이 더 많이 드러난다. ⑬ 구석에 박힌 그린을 찾으려면 오른쪽에서 왼쪽으로 흔들리는 어프로치가 종종 필요하다. ⑭ 무서운 또 다른 파3 홀. 전방과 후방 왼쪽에 물이, 나무와 모래는 도처에 있다. ⑮ 점점 좁아지는 긴 오르막의 파5 홀은 나무가 측면을 에워싼다. ⑯ 오른쪽으로 향하는 대담한 드라이브를 칠수록 호수 옆에 있는 사악한 그린으로의 보다 직접적인 경로를 남기게 된다. ⑰ 600야드(55미터)의 모래 황무지는 그린 뒤로 뻗어 있어 페어웨이를 찾는 것이 절대적이다. 18. 장대한 마무리 홀로, 황무지, 물, 그리고 벙커를 넘는 어프로치를 포함한다.

■ 15번 홀 페어웨이를 따라 자리한 워터 해저드
■ 1타에 도달해야 하는 5번 홀의 융기된 그린
■ 작고 잘 방어된 10번 홀의 그린

홀들은 처다보기가 무섭고 위험 요소들이 아주 가혹함에도 불구하고, 티에서부터 페어웨이는 일반적으로 넓어 너비가 최대 60야드(55미터)에 이른다. 그렇지만 이게 전부는 아니다. 홀에서 제대로 경기하기 위해서 골퍼는 항상 그린으로 어프로치 할 최적의 위치를 결정해야 한다.

모험과 위험

파4의 6번 홀은 얼마만큼 도그레그된 부분을 잘라먹어야 할지를 결정하는 또 다른 예시이다. 홀은 오른쪽으로 굽어 있고 황무지는 코너에 붙어 있다. 페어웨이의 중심부로 안전하게 드라이브하면 관목을 넘는 대담한 경로를 취했던 것에 비해 더 긴 어프로치가 남는다. 위험하지만 보상이 따르는 골프가 진가를 발휘한다. 완벽한 라인은 거의 항상 안전한 길보다 문제 가까이에서 진행된다. 위험은 그린으로 가는 길을 따라, 그리고 그린의 주변을 에워싼다. 9개 홀은 퍼팅 표면 바로 앞에 있는 관목이나 벙커를 특징으로 하며, 몇몇은 지독한 모래로 거의 완전하게 둘러싸여 있다. 1번 홀과 같이 가장자리에 전형적인 벙커가 없는 이들 홀들은 관통할 수 없는 나무와 관목으로 떨어지는 가파른 경사를 가진다. 유일한 구세주는 퍼팅 표면이 거대하다는 점이지만 3번의 퍼팅을 하게 만드는 심각한 기복이 있다.

정교한 홀의 혼합

짧지만 까다로운 파4 홀들(드라이브 가능한 홀 전무), 철저하게 도그레그된 긴 홀, 정복하기 위해서는 9번 아이언에서부터 드라이버까지 모든 클럽이 다 필요한 파3 홀들, 그리고 두 개의 멋진 파5 홀들. 파인 밸리는 홀이 정교하게 혼합되어 있으며 어떤 것도 약하지 않다.

이 혼합의 유일한 결점이라면 파5 홀 중 어느 곳도 2타 안에 도달할 수 없다는 것이다. 7번 홀은 길이가 636야드(582미터)이며 '지옥의 반 에이커' 황무지에 의해 쪼개져 있다. 반면 615야드(562미터)의 15번 홀은 물과 점차 좁아지는 오르막의 페어웨이를 지나 티 박스보다 30피트(9미터) 높은 곳에 자리한 그린으로의 비거리가 특징이다. 모래 황무지는 198야드(181미터)의 3번 홀을 둘러싸고 5번 홀은 안전망이 없는 그린에 도달하기 위해 연못과 관목을 넘는 거대한 235야드(215미터)의 경기를 펼쳐야 하는 극단적으로 위압적인 곳이다. 10번 홀은 쇼트 아이언이나 미드 아이언만이 필요하지만 그린은 작고 심하게 기복이 있으며 주변에 그린을 비호하는 지독한 벙커를 가진다. 전방에 있는 아주 작은 하나의 구덩이는 너무 가혹해 '악마의 항문'이라고 불린다. 14번 홀은 물과 관목을 지나는 약 200야드(183미터)의 비거리가 필요한 또 다른 긴 파3 홀로 그린의 앞쪽 가장자리를 찾아야 한다.

최고만이 생존한다

파인 밸리는 보기를 만들기 쉬운 코스라고 말하는데, 많은 홀들이 안전제일의 경로를 제공하기 때문이다. 파나 그 이상은 공격적인 경기에 따르는 위험 때문에 이루기 더 어렵다. 오랜 세월 동안 회원들은 신참들이 첫 번째 경기에서 80타를 깰 수 없다는 것에 돈을 걸고 내기를 했다. 거의 모두가 실패했기 때문에 상당한 돈을 땄다. 두드러진 하나의 예외가 새로운 인물인 아놀드 파머였는데, 그는 1954년 US 아마추어에서 우승한 후 이곳을 방문했다. 그는 감당하기 힘들 정도의 내기를 받아 들였고 이것이 그를 자극해 68타라는 눈부신 기록을 세웠다. 최고만이 토너먼트와 정신적인 괴로움과 골프 경기에 드리운 심리적 압박에서 살아남는다. 타구 실력뿐 아니라 경기의 전략적인 요소들까지 중시해 왔으며, 이 모든 것은 골프에서 가장 찬란하면서도 위험한 코스 중 한 곳인 이곳에서 펼쳐졌다.

스내퍼 수프

5번, 15번, 16번, 18번 홀의 호수는 특색있다. 14번 홀에서 물은 모래만큼이나 방해가 된다. 파인 밸리의 일련의 호수들은 일부 홀에서 모험을 제공할 뿐 아니라 거북이로 가득 차 있기도 하다. 지역 주민들은 거북이들을 잡으러 간다는 용어인 '스내퍼링'을 하는데, 클럽하우스에서 제공되는 유명한 스내퍼 수프를 만들기 위함이다.

■ 물속의 거북이

우리는 벙커를 너무 높이 지어서 서툰 골퍼들은 모두 목이 부러질지도 모른다. 이곳은 챔피언들을 위한 코스이며 그들은 절대 말썽을 일으키지 않는다.

설립자이자 디자이너인 **조지 크럼프**

오션 코스 Ocean courses

극적이고 흥분되며 때때로 도전적인 오션 코스는 진부함에서 벗어나 다른 스타일의 코스와는 전혀 다른 감각들을
일깨운다. 파도가 부서지는 광경과 소리, 바다의 짠 냄새, 그리고 거품이 이는 물 위로 높이 자리한 그린으로
이어지는 에메랄드 빛 페어웨이는 모든 골퍼의 마음을 사로잡는다.

◁◁ 페블 비치 캘리포니아의 몬터레이
반도에서 태평양을 내려 보는 페블
비치는 수많은 극적인 대회를 주최했다.

◁ 몬터레이 반도의 사이프러스 포인트에
있는 **16번, 17번 홀**은 태평양의 거품이
이는 수면 위에 자리한다.

▽ 몬터레이 반도 컨트리클럽에 있는
쇼어 코스의 **11번 홀**은 태평양의 바람에
노출되어 있다.

이 장에서 다루는 코스들은 오션 레이아웃으로 분류 되는데 엄격히 볼 때 링크스 코스가 아니기 때문이다. 내륙의 홀들이 모래 황무지를 굽이굽이 흐르는 캘리포니아 몬터레이 만에 있는 사이프러스 포인트를 제외한 이들 해안 코스들은 해안 맨 끝 위에서 흔들리고 있는 홀들을 특징으로 하는데, 대부분의 홀들은 모래언덕이나 키 큰 풀들 사이가 아닌 암벽 꼭대기에 자리한다.

적합하다. 그러나 넓은 바다에 근접하고 있기 때문에 진정한 링크스와 한 가지 공통점이 있는데 그것은 맹렬한 바닷바람에 영향을 받기 쉽다는 점이다. 앞바다 바람이 코스의 공중에서 혼란을 주면 골퍼들이 미풍 아래에 공을 유지하고 빠르게 움직이는 공을 멈추려고 하기 때문에 링크스 스타일의 경기가 유리할 수 있다.

흔들림 없는 정신

한다. 돌투성이의 절벽 옆에서 드라이버를 든 채 서 있다고 상상해 보라. 바로 앞에는 거품이 이는 바다의 울퉁불퉁한 후미가 있고, 그 너머 페어웨이는 절벽 가장자리에 가깝게 붙어 펼쳐져 있다. 멋진 광경이지만 동시에 위협적이기도 하다. 신중한 골퍼가 꼭 훌륭한 골퍼인 것은 아니다. 부정적인 생각은 경기 속으로 슬며시 기어들어가 최고의 스윙이라도 망칠 수 있다. 오션 홀들은 특히 바람이 불 때

때문에 골퍼는 반드시 경치를 즐겨야 하지만 경기에 돌입하면 그 풍경은 마음 깊은 곳에 넣어 두어야 한다.

뛰어난 홀

뉴질랜드에 있는 케이프 키드내퍼스와 도미니카 공화국의 카사 데 캄포에서 페블 비치와 캘리포니아의 사이프러스 포인트에 이르기까지 이 장에서 다루는 코스들은 모두 골프 디자인의 눈부신 표본이다. 사이프러스 포인트의

절벽 꼭대기의 걸작

마넬레의 챌린지 코스는 광대한 파인애플 농장으로만 한때 알려졌던
하와이 라나이 섬 절벽 꼭대기에 자리한 걸작이다. 마넬레의 급강하하는
페어웨이는 잭 니클라우스가 디자인했고 1993년에 개장했다.
마이크로소프트의 빌 게이츠는 12번 홀의 그린에서 결혼했다. 3개의
홀은 태평양을 장애물로 이용하고 있으며 코스의 나머지는 용암의 노두(
露頭) 위에 나란히 자리한다. 코스는 자연 그대로이며 모래언덕은
하나도 없다.

■ 마넬레의 절벽 꼭대기 홀들

발레 도 로보 골프 코스는 유칼립투스와 소나무가 있는 물결치는
페어웨이를 가지고 있으며 포르투갈 알가르베 지역 중심부의 태평양
바다 곁에 서 있다.

스타일의 다양성

스타일상으로 볼 때 오션 코스들은
실질적으로 히스랜드나 링크스 코스와
닮은 점이 거의 없다. 벙커 배치는 일련의
패턴을 따르지 않는다. 러프의 형태는
원래의 환경에 전적으로 의존하며 보다
많은 인랜드 홀들이 수없이 다양한
종류의 식물들과 상호작용하게 된다.
토양은 꼭 모래인 것은 아니라서 빠르게
흐르지 않기 때문에 홀은 목표하는
스타일로 디자인된다. 해안가의
매력적인 세팅과 혼합된 이 풍부한
스타일의 다양성은 코스를 스릴 넘치고
장엄한 시험지로 만든다.

뉴질랜드에 있는 케이프 키드내퍼스의 해안 위에
자리한 바위의 울퉁불퉁한 손가락은 골프에서 가장
극적인 홀들 중 일부를 위해 비바람에 시달리는
공간을 제공한다.

케이프 키드내퍼스, 뉴질랜드 CAPE KIDNAPPERS, NEW ZEAL

지난 10년 안에 지어진 현대 코스가 이런 영향을 주는 것은 드물다. 그러나 케이프 키드내퍼스는 수많은 파장을 일으켰고 이미 세계 톱30 안에 밀치고 들어왔다. 코스는 뉴질랜드 노스 아일랜드 동쪽에 있는 호크스 만 바로 너머 7개의 울퉁불퉁한, 풍파를 맞은 손가락 모양의 바위 절벽 위에 위치하며, 홀들은 협곡 사이 돌기된 부분을 따라 오르내린다.

케이프 키드내퍼스에 있는 몇몇 홀은 광대한 가마우지 떼의 서식지인 절벽의 긴 손가락 꼭대기에 앉아 있다.

케이프 키드내퍼스는 무모한 골프, 도취되는 골프로 묘사되는데, 홀의 일부가 깎아지른 절벽 끝에 용맹하게 나아가 있거나 혹은 남대양으로 떨어지는 400피트 (122미터)의 절벽이 벗어난 샷을 기다리고 있기 때문만은 아니다. 코스는 처음부터 끝까지 훌륭하며, 진지한 화제 거리를 제공하는 디자인을 가지고 있다. 이곳은 미국의 헤지펀드 매니저이자 뉴질랜드의 유명한 또 다른 코스인 카우리 클리프스를 소유한 줄리안 로버트슨의 창작물이다. 오레곤의 퍼시픽 듄즈에서 골프를 치고 있을 때, 그는 코스가 자연 지형을 이용하는 것이 너무 마음에 들어서 이 코스의 건축가인 톰 도크에게 자신을 위해 케이프 키드내퍼스를 만들어 줄 것을 부탁했다.

대양에서의 드라마

누군가는 이와 같은 땅에서 실패할 수는 없다고 생각할지 모르지만 도크는 울퉁불퉁한 지형을 최대한 이용해 도전과 흥분을 줄 뿐 아니라 홀에서 경기하는 모든 이에게 큰 웃음을 선사하는 다양한 홀들을 창조했다. 이곳은 2003년에 열광적인 환호를 받으며 개장했다. 코스가 온화하게 시작한다고 말할 수는 없는데, 급강하하는 440야드(400 미터)의 파4 홀로 여정이 시작되기 때문이다. 그러나 순수한 대양 옆에서 펼쳐지는 드라마라는 측면에서 보자면, 바다로 향하는 꾸불꾸불한 페어웨이에서 경기를 하는 4번 홀에서부터 스릴감을 주기 시작한다. 뛰어나게 전략적인 5번 홀에서 보다 근접하게 되고 그 다음으로 깊은 협곡 너머 숨

13번 홀은 코스에서 가장 짧은 홀이지만, 절벽 바로 옆에 자리한 작은 그린으로 인해 작은 말썽쟁이가 된다. 이번만은 다른 경로에 비하자면 왼쪽의 벙커에 빠지는 것도 괜찮다.

막히는 파3의 위험한 6번 홀에서 경기한다. 왼쪽에는 저 아래 해변으로 떨어지는 절벽이 있다. 다리를 건너 반대편으로 이동하면 약 225야드(206미터) 떨어진 곳에 있는 그린을 잘 찾을 것이다. 눈부시고 다양한 전반 9개 홀이 바다를 가지고 놀았다면, 후반 9개 홀은 놀랍게도 절벽 위에서 맞서 싸운다. 12번 홀은 '무한대'라고 적절히 이름 붙여졌다. 절벽이 직접적으로 관여하는 것이 아님에도 불구하고, 보이는 것은 바다의 반짝이는 물과 수평선 너머 멀리 떨어진 언덕에 둘러싸인 퍼팅 표면뿐이기에 그린이 지구 가장 끝에 앉아 있는 것처럼 보인다.

최고급 시험대

다음으로는 아름답지만 뱃속을 뒤집어 놓는 홀이 등장한다. 130야드(119미터)에 불과한 13번 홀은 티에 서서 왼쪽 아래의 부서지는 파도를 보기 전까지는 만만해 보인다. 케이프 키드내퍼스에서 날카로운 바람속에 정교한 쇼트 아이언으로 경기하는 것은 불편하다. 샷이 왼쪽으로 향하길 빌어라. 그러면 고래 무리와 함께 떠내려가기보다는 빨리 굴러가 네 개의 항아리 벙커 중 한 곳에 빠지게 될 것이다. 짧은 파4 홀을 지나면 '해적의 널빤지'라 불리는 15번 홀이 담력과 기술을 극한으로 시험한다. 은색의 긴 페어웨이는 편평한 봉우리를 따라 600야드(594미터) 떨어진 위험천만한 그린으로 발돋움한다. 오른쪽에는 60피트(18미터) 깊이의 좁은 골짜기가 슬라이스를 기다린다. 왼쪽은 망각 속이다. 도크는 그린 옆 펜스를 넘어 사라지면 약 10초 후에 물에 떨어지는 소리를 들을 수 있으므로 깎아지른 절벽이 있다고 간주한다. 이 놀라운 코스를 걷는 동안 골퍼는 모든 것을 만나게 된다. 강력한 드라이브, 스치는 긴 아이언, 일격의 피치, 그리고 창의적인 칩 등은 엄청나게 융기된 그린 위에서 공을 더 가까이 통과시키기 위해 사용된다. 이들 모두는 여기에서 펼쳐지는 경기에서 본질적인 요소이다. 몇몇 벙커들은 비열하므로 전략 역시 중요한 역할을 한다. 이것이 모두 합해져 골프의 최고급 시험대이자, 어쩌면 세계에서 가장 극적인 골프 세팅이 된다.

코스 설명

골프의 가장 영광스런 부지에 꾸며진, 태평양 너머 돌투성이 낭떠러지 위 400피트(122미터)에 흔들리며 서 있는 이 코스는 가장 훌륭한 현실도피지이다. 이곳은 수많은 특별한 도전으로 둘러싸인 흥미진진한 현대 코스인 동시에 가장 감각적인 여정이다.

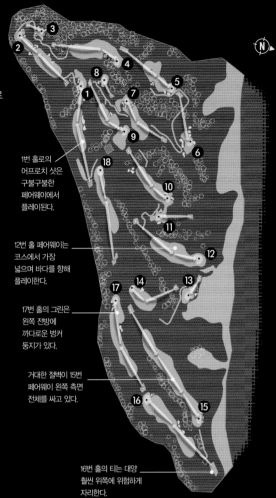

1번 홀로의 어프로치 샷은 구불구불한 페어웨이에서 플레이된다.

12번 홀 페어웨이는 코스에서 가장 넓으며 바다를 향해 플레이한다.

17번 홀의 그린은 왼쪽 전방에 까다로운 벙커 둥지가 있다.

거대한 절벽이 15번 페어웨이 왼쪽 측면 전체를 싸고 있다.

16번 홀의 티는 대양 훨씬 위쪽에 위험하게 자리한다.

케이프 키드내퍼스

448 CLIFTON ROAD, TE AWANGA,
HAWKE'S BAY, NEW ZEALAND
www.capekidnappers.com

코스 설명

설립 2003	파 71
길이 7,137 야드	디자이너
(6,526 미터)	톰 도크

코스 카드

전반 9홀			후반 9홀		
홀	야드	파	홀	야드	파
1	440	4	10	470	4
2	540	5	11	224	3
3	205	3	12	460	4
4	544	5	13	130	3
5	420	4	14	348	4
6	225	3	15	650	5
7	453	4	16	500	5
8	182	3	17	463	4
9	403	4	18	480	4
아웃	3,412	35	인	3,725	36

■ 산등성이에 있는 7번 홀 그린

HOLE 7 | 14개의 깃발
14 FLAGS

대양을 뒤에 둔 높은 티에서 14개의 그린(홀의 이름은 '14개의 깃발'이다) 을 볼 수 있지만 어떤 것도 7번이 아니다! 수목이 우거진 깊은 주름을 넘어 융기된 페어웨이로 아슬아슬한 드라이브를 할 때에는 온 정신을 집중해야 한다. 정말 큰 드라이브는 정상에 도달해, 페어웨이를 굴러 내려가 훨씬 짧은 어프로치를 만들 수 있다. 그린은 페어웨이보다 낮은 고도의 산등성이와 깎인 협곡 너머에 자리한다. 오른쪽으로 가거나 길게 가는 공은 골칫거리 속으로 뛰어 들어갈 것이다.

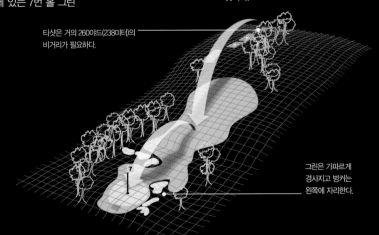

티샷은 거의 2600야드(238미터)의 비거리가 필요하다.

그린은 가파르게 경사지고 벙커는 왼쪽에 자리한다.

사이프러스 포인트, 미국 CYPRESS POINT, USA

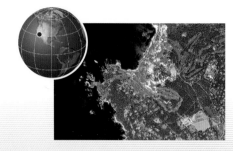

성긴 삼림지대와 언덕을 개척한, 캘리포니아의 몬터레이 반도에 있는 사이프러스 포인트는 골프의 대성당이라고 불린다. 코스는 특별한 신비로움을 가지는데, 질척질척한 잔디에 처음 발을 들여 놓기 전 골프의 천국과 조우한다는 기대감으로 아드레날린이 온몸에 끓어오른다. 희미한 바대 안개가 구부정한 사이프러스 나무에 드리운다면, 등골이 오싹할 정도의 정적이 기대감에 더해진다.

유명한 일련의 절벽 위 홀들 중 첫 번째인 15번 홀은 앞으로 다가올 홀들에 대한 맛보기를 제공한다. 좁은 후미 너머에 자리한 그린의 양쪽은 벙커가 방어하고 있다.

사이프러스 포인트는 웅장한 땅 위에서 차원이 다른 골프를 제공한다. 13번과 14번 홀은, 바위가 드리워진 엄청나게 아름다운 후미 너머에서 경기하는, 지구상에서 가장 유명한 3개의 오션 홀로 이끌기 전 해안을 엿보며 서 있다. 앨리스터 맥켄지 박사는 1921년 US 아마추어 챔피언인 마리안 홀린스의 도움을 받아 드라마를 창조했다. 그들의 걸작은 1928년에 완성되었다. 맥켄지는 바다에서 멀리 떨어진 곳에 있는 천연의 모래 무더기를 이용해 홀들을 배치했는데, 페어웨이를 좁게 흐르게 하고 앞면이 상승하는 듯 보이는, 가장자리가 물결치는 하얀 모래의 벙커를 가진 그린을 위한 배경을 제공하기 위함이다.

벙커 배치 또한 훌륭한데, 항상 시야에 들어오기 때문에 매 샷을 칠 때마다 숙고하게 만든다. 대부분 나무가 우거진 언덕 너머로 느릿느릿 걸어가는 안쪽 홀은 거친 자연미를 가진다. 맥켄지의 침식하는 모래 황무지와 좁아지는 페어웨이의 이용은 영리하며 눈을 즐겁게 한다. 맥켄지의 홀들에서 항상 볼 수 있는 이들 전술을 사이프러스 포인트가 완벽하게 보여준다. 해안가에 자리한 놀라운 홀들 중 1번 홀이 유일한 예외일 것이다. 눈부신 파3의 15번 홀에서 전략은 그다지 큰 역할을 하지 않는다. 그린을 맞추지 않으면 고군분투한다. 클럽, 바람, 샷의 형태만을 생각해야 한다. 어떤 곳도 안전하지 않다. 티는 사나운 바다 위 불모의 지협 위에 균형을

사이프러스 포인트

17 MILE DRIVE, PEBBLE BEACH,
CALIFORNIA 93953, USA
TEL NO: +1-831-624-6444

코스 설명

설립 1928	**디자이너**
길이 6,506 야드	앨리스터 맥켄지
(5,950 미터)	**코스 기록** 62
파 72	게이 브루어 (1963)

엄선된 챔피언들

AT&T 내셔널 프로암 (스파이글라스 힐과 페블
비치 공동) 퍼지 죌러(1986); 조니 밀러(1987);
스티브 존스(1988); 마크 오메라(1989, 1990)

코스 카드

전반 9홀			후반 9홀		
홀	야드	파	홀	야드	파
1	418	4	10	491	5
2	551	5	11	434	4
3	161	3	12	409	4
4	385	4	13	362	4
5	491	5	14	383	4
6	522	5	15	139	3
7	163	3	16	233	3
8	355	4	17	376	4
9	291	4	18	342	4
아웃	3,337	37	인	3,169	35

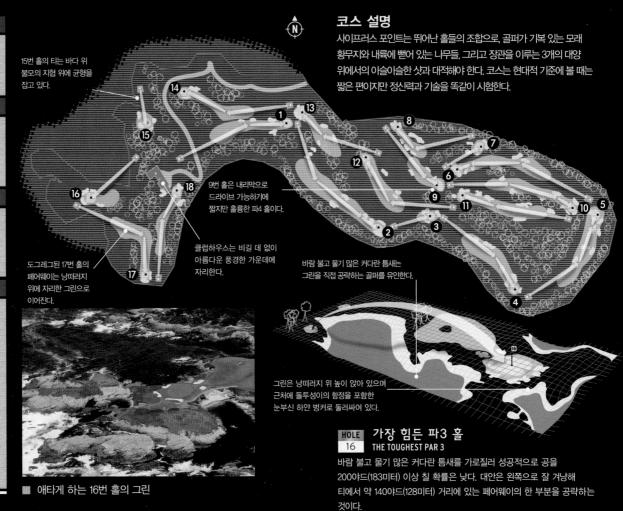

15번 홀의 티는 바다 위 불모의 지협 위에 균형을 잡고 있다.

9번 홀은 내리막으로 드라이브 가능하기에 짧지만 훌륭한 파4 홀이다.

클럽하우스는 비길 데 없이 아름다운 풍경한 가운데에 자리한다.

바람 불고 물기 많은 커다란 틈새는 그린을 직접 공략하는 골퍼를 유인한다.

도그레그된 17번 홀의 페어웨이는 낭떠러지 위에 자리한 그린으로 이어진다.

■ 애타게 하는 16번 홀의 그린

코스 설명

사이프러스 포인트는 뛰어난 홀들의 조합으로, 골퍼가 기복 있는 모래 황무지와 내륙에 뻗어 있는 나무들, 그리고 장관을 이루는 3개의 대양 위에서의 아슬아슬한 샷과 대적해야 한다. 코스는 현대적 기준에 볼 때는 짧은 편이지만 정신력과 기술을 똑같이 시험한다.

그린은 낭떠러지 위 높이 앉아 있으며 근처에 돌투성이의 함정을 포함한 눈부신 하얀 벙커로 둘러싸여 있다.

HOLE 16 가장 힘든 파3 홀
THE TOUGHEST PAR 3

바람 불고 물기 많은 커다란 틈새를 가로질러 성공적으로 공을 200야드(183미터) 이상 칠 확률은 낮다. 대안은 왼쪽으로 잘 겨냥해 티에서 약 140야드(128미터) 거리에 있는 페어웨이의 한 부분을 공략하는 것이다.

잡고 있다. 그린은 거품이 이는 심술궂은 후미 위에 아늑하게 자리하는데 도처에 모래가 흩어져 있다. 오른쪽 너머에는 어둡고 음침한 바위가 잠복하고 왼편과 그 너머에는 채송화가 핀 비탈과 비틀린 사이프러스가 조롱한다. 양쪽 다 접근금지 지역이다. 그 후에 이어지는 것은 더 무시무시하다. 후미를 넘는 비거리를 보고 맥켄지는 16번 홀을 투 쇼터홀로 만들고 싶어 했지만, 홀린스의 주장으로 눈부시게 아름다우며 위험한 파3 홀이 되었다. 견딜 수 없을 정도의 평판을 가진 많은 홀들은 종종 감정적인 실망을 안겨주는 홀 다음에 오지만 이곳에서는 그렇지 않다. 형언할 수 없을 정도로 아름다운 또 다른 홀은 강렬한 인상을 준다.

옹이가 많은 가지와 관목이 우거진 천개

17번 홀은 놀랄 만큼 용의주도한 홀이다. 티는 파도 너머 절벽 높이 앉아 있고 페어웨이는 태평양의 표석 주위에서 천연의 절벽에 자리한 그린을 향해 완만하게 호를 그린다. 그러나 17번 홀은 말라빠진 사이프러스 무리가 우뚝 솟아 있다. 티에서 약 250야드(229미터) 떨어진 페어웨이의 오른쪽 끝에 당당히 서면, 나무의 옹이진 큰 가지와 우거진 천개는 홀에서 어떻게 경기를 해야 할지 알려준다. 위태로운

그린으로의 가장 짧은 경로는 오른쪽 아래로 해안의 가장자리와 붙어 있어서 위험하다. 그래서 대부분의 골퍼들은 페어웨이 심장부를 향해 왼쪽으로 보낸다. 그러나 정확하게 어떤 라인을 택하고 공이 얼마나 멀리 굴러가느냐에 따라 돌담과 모래로 둘러싸인 그린으로 보내는 다양한 샷에 직면하게 된다. 지나치게 안전한 라인을 취하면 나무를 넘는 긴 샷과 마주하게 된다. 하지만 공이 나무 가까이 굴러 시야와 라인을 가리게 되면 나무를 넘는 높은 샷을 치든지 잎이 무성한 장애물을 에두르는 샷을 만들어야 한다. 생각하는 골프를 하는 가장 훌륭한 코스이다. 이 흥분 뒤에 오는 18번 홀은 용두사미이다. 홀은 내륙으로 들어와 나무가 우거진 클럽하우스로 거의 무기력하게 휘어진다. 그러나 이것은 잊을 수 없이 굉장한 코스의 사소한 흠일 뿐이다.

사이프러스가 몬터레이 만의 바다를 내려다보며 절벽 위에 서 있다. 사이프러스 나무는 거의 전체 홀에서 주를 이룬다.

바위투성이 해안, 모래언덕, 소나무 숲, 그리고 사이프러스 나무가 이처럼 아름답게 조화를 이루는 곳은 어디에도 없을 것이다.

앨리스터 맥켄지, 코스 디자이너

페블 비치, 미국 PEBBLE BEACH, USA

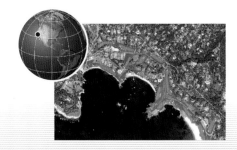

사이프러스 포인트에서 일직선으로 1마일도 채 떨어지지 않은 곳에 있는 페블 비치는 똑같이
몬터레이 반도의 인상적인 절벽을 따라 질주하며 태평양의 영향을 정면으로 받는 9개의 매혹적인
홀들을 특징으로 한다. 여기에서 열린 1972년 클럽의 첫 번째 US 오픈에서 잭 니클라우스가
우승했고, 타이거 우즈는 2000년 US 오픈을 압도하는(238~239쪽 참조) 등, 장중한 토너먼트의
무대였던 이곳은 수많은 골퍼들의 마음속에 특별한 장소로 남아 있다.

세계에서 가장 뛰어난 공공 코스인 페블 비치에서는
핸디캡이나 두둑한 지갑을 가진 사람이라면
누구나 경기할 수 있다. 이곳은 과일 회사인 델 몬트가 소유한
복합 리조트의 일환으로 1919년에 두 명의 유명한 지역
아마추어 선수인 잭 네빌과 더글러스 그랜트가 설계했다.
네빌은 코스에 대한 평가에 언제나 겸손한 태도를 취했다.
"모든 것이 확연히 눈에 보이는 상태로 그곳에 있었기에
약간만 손을 보면 되었다. 중요한 것은 만을 따라 가능한 한
많은 홀을 만드는 것이었다. 여기에는 약간의 상상력이
필요했다. 코스를 세우기 몇 년 전에, 나는 이곳을 골프
링크스에 적합하다고 생각했다. 다름 아닌 자연의 뜻이었다.
우리가 한 일은 몇 그루의 나무를 베고 스프링클러 몇 개를
설치하고 씨를 조금 뿌리는 것뿐이었다."

늘어선 해안

코스가 오늘날에도 거의 그대로 남아 있다는 점은 그들이
얼마나 멋진 일을 해내었는가에 대한 증거이다. 유일한 큰
변화는 1998년 잭 니클라우스가 디자인한 새로운 5번
홀이었다. 해변 지대 토지 소유주들은 70여 년이나 땅 팔기를
거부했기 때문에 홀은 언제나 내륙에서 플레이 되었다.
마침내 1995년에 회사는 귀중한 땅을 획득하기에 이르러 또
다른 뛰어난 홀이 탄생했는데, 즉 해안이 4번 홀에서 10번
홀까지 중단 없이 계속 이어지게 되었다. 이렇게 대단한
홀들에의 여정이라니!

  4번 홀은 짧지만 까다로운 파4 홀로, 해변에서 불과 몇
야드 떨어진 곳에 있는 전형적으로 작고 경사진 그린을
가진다. 니클라우스의 5번 홀은 오른쪽의 해변과 왼쪽의
소나무를 가진 눈부신 원샷 홀이다. 이곳에서는 전방에 있는
벙커를 피하고 그린으로 깔끔한 도움닫기를 하기 위해 종종
왼쪽에서 오른쪽으로 휘어지는 샷이 필요하다. 그런 다음 6
번 홀에서 플레이를 하게 된다. 리 트레비노는 티에서
갤러리들에게 재미있는 농담을 했다. "이 티에서 칠 때 5오버
파를 기록하고 있다면, 이곳은 세상에서 가장 자살하기 좋은
장소입니다." 그는 골프에서 가장 어려운 5개 홀의 여정이

태평양 바로 위 돌투성이의 작은 낭떠러지에 자리한, 유명한 파3의
7번 홀의 장대한 그린은 벙커로 빙 둘러져 있다.

주요 순간들

역사상 최고의 칩샷은 1982년 US 오픈의 17번 홀 그린의 바로 왼쪽에 있는 발목 깊이의 러프에 서 있던 톰 왓슨에게서 나왔다. 그는 자신의 캐디에게 "난 해낼 거예요"라고 속삭인 후 클럽헤드를 공 뒤에 부드럽게 내려놓았다. 공은 튀어 나와서 버디를 향해 컵으로 완만하게 굴러갔다. 그는 공중으로 뛰어 오른 후 그의 캐디에서 "내가 뭐랬어요"라고 큰 소리 치며 가장자리를 따라 달렸다. 왓슨은 마지막 홀에서도 버디를 낚아 챔피언십에서 2타 차로 우승했다. 그의 대단한 칩은 '세계가 전해 들었던 샷'으로 알려졌다.

타이거 우즈는 2000년 US 오픈에서 자신이 역사상 최고의 선수라는 사실에 반박할 수 없는 증거를 제공했다. 그의 첫 번째 65타는 페블 비치 US 오픈의 신기록이었다. 그는 69타와 71타를 덧붙였는데, 트리플 보기에도 불구하고 3라운드 후에는 9타 차로 리드했다. 일요일에 타이거의 보기 없는 67타는 필드를 압도했고, 그는 16언더 파를 기록하며 15타 차이로 경기를 마쳤는데, 모두 챔피언십의 최고 기록이었다.

페블 비치

17-MILE DRIVE, PEBBLE BEACH,
CALIFORNIA 93953, USA
www.pebblebeach.com

코스 설명

설립 1919
길이 6,816 야드
(6,232 미터)
파 72

디자이너 더글러스
그랜트, 잭 네빌
코스 기록 62
데이비드 듀발(1997)

엄선된 챔피언들

US 오픈 잭 니클라우스(1972) ; 톰 왓슨(1982),
톰 카이트(1992) ; 타이거 우즈(2000)
US 아마추어 데이비드 고셋(1999)
AT&T 프로암 필 미켈슨(2005, 2007),
애런 오버홀저(2006)

코스 카드

전반 9홀			후반 9홀		
홀	야드	파	홀	야드	파
1	381	4	10	446	4
2	502	5	11	380	4
3	390	4	12	202	3
4	331	4	13	399	4
5	188	3	14	573	5
6	513	5	15	397	4
7	106	3	16	403	4
8	418	4	17	178	3
9	466	4	18	543	5
아웃	3,295	36	인	3,521	36

크로스비의 해안 피크닉

AT&G 페블 비치 내셔널 프로암은 72홀의 연간 대회로 180명의 프로 선수들이 180명의 아마추어 선수들과 짝을 이루어 경기를 치른다. 1937년 란초 산타페 골프 클럽에서 빙 크로스비가 최초로 이벤트를 개최했는데, 이 때문에 '크로스비의 해안 피크닉' 또는 '더 크로스비'라고 불렸다. 타이거 우즈 같은 프로 선수들과 클린트 이스트우드, 빌 머레이 같은 유명인들이 경기를 했다.

■ 영화배우 클린트 이스트우드

이제 시작이라는 것을 깨달았다. 바람 한 점 없는 때에도 오르막에서의 티샷과 두 번째 샷은 세미 블라인드이며, 비바람에 노출된 파5의 6번 홀은 고달프다. 오른쪽으로 돌아가는 샷은 절벽 너머로 사라져 태평양으로 빠질 것이다. 홀은 버디 기회를 제공하는 동시에 나쁜 스코어를 기록할 수도 있다.

악마와 구원자

8번 홀은 터무니없는 어프로치가 특징적이고(박스 참조) 오른쪽 아래에 가파른 절벽이 있는 9번 홀 역시 무서운 곳으로 많은 노력이 필요하다. 짧거나 왼쪽으로 가는 공은 깊은 협곡에 빠지게 되겠지만 공이 오른쪽으로 사라져 막다른 골목에 몰리는 것보다는 안전한 선택이다. 이곳은 페블 비치에서 가장 극악한 홀로, 자주 행잉 라이에서 롱 아이언이나 우드로 어프로치 해야만 하는 요소 때문에 더 힘들어진다. 그러나 이제 좀 편해졌다고 여길 무렵 10번 홀과 직면하게 된다. 역시나 오른쪽에는 대양의 절벽이 있는데, 이번에는 드라이빙 디스턴스에서 왼쪽에 자리한 커다란 벙커 단지가 경사진 페어웨이를 비호하고 있다. 드라이브에서 경기할 수 있는 거리는 35야드(32미터)에 불과하고, 샷을 바다에 밀어 넣으려는 또 다른 사이드힐 라이에서의 어프로치는 그린의 오른쪽 전방을 차지하고 있는 좁은 골짜기를 피해야 한다. 유일한 구원은, 길게 공이 갈 경우 샷이 지류 속으로 사라지는 것을 막기 위해 벙커가 뒤에서 기다린다는 점이다.

> 내가 경기할 수 있는 최후의 라운드를 하나 고르라면 페블 비치를 선택하겠다. 나는 처음 본 순간부터 이곳을 사랑했다. 아마도 세계 최고의 골프장이 아닐까 싶다.
>
> 잭 니클라우스

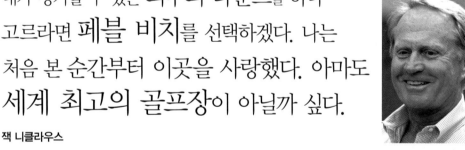

벙커들은 17번 홀 그린과 대양의 파도 위에 있는 절벽 사이에 놓여 있다. 그린은 8자 모양이고, 바람이 자신을 향해 불어오면 그린에 도달하기 몹시 힘들다.

홈 홀로의 여정

대양 너머 절벽 옆에서 경기하는 파3 홀인 변덕스러운 모양의 17번 홀에서 코스는 바닷가에 다시 등장한다. 기울어진 그린은 좁은 8자 모양과 비슷한데, 전방을 가로지르는 거대한 사슴 뿔 모양의 벙커를 비롯해 7개의 벙커에 의해 방어된다. 가장 짓궂은 핀 위치는 단연 왼쪽 후방인데, 왼쪽으로 휘어진 몇 야드 떨어진 곳에 절벽이 대기하기 때문이다. 1972년에 잭 니클라우스는 1번 아이언으로 친 샷으로 결정적인 US 오픈 승리를 굳혔는데, 공은 깃대를 맞아 몇 인치 떨어진 곳에 멈춰 섰다. 위험하지만 보상이 따르는 18번 홀은 훌륭한 마무리 홀이다(맞은편 참조). 가장 놀라운 순간은 1984년에 헤일 어윈이 만든 기적적인 버디가 아닐까 생각한다. 빙 크로스비 토너먼트에서 그는 선두인 짐 넬포드에 1타 뒤져 있었는데, 그의 드라이브는 바다를 향해 왼쪽으로 휘어졌는데, 공은 돌에 부딪친 후 핑하고 되돌아 왔다. 그는 플레이오프에 진출해 정당하게 우승을 차지했다. 이것은 페블 비치가 사람의 감정을 어떻게 가지고 노는지에 대한 완벽한 예시이다. 이곳은 허세를 섞어 두뇌를 자극해 생애 최고의 샷을 만들어내도록 도발한다.

■ 반도 위에 자리한 6번, 7번, 8번 홀   ■ 해안가의 10번 홀

■ 많은 노력이 필요한 9번 홀

코스 설명

온화한 날에도 해안 홀에서의 플레이는
힘들지만 날카로운 바닷바람이 불어오면
선수들을 마구 휘젓는다.

전반 9 홀 ① 오른쪽으로 완만하게 휘어져 있다.
왼쪽에 있는 페어웨이 벙커보다 짧게 드라이브를
겨냥하라. ② 그린에서 750야드(68미터) 못
미치는곳에 있는 깊은 골짜기가 전략을 좌우한다.
③ 도그레그의 윤곽을 따라 나아가기 위해서는
티에서 오른쪽에서 왼쪽으로 가는 샷이 필요하다.
④ 벙커로 둘러싸인 작은 그린에 적중하기
위해서는 정교한 쇼트 아이언 어프로치가 좋다.
⑤ 깃발 위치의 뒤쪽에 공을 갖다 놓기 위해서는
절벽을 향해 휘어진다고 해도 왼쪽에서 오른쪽으로
가는 샷이 최고이다. ⑥ 페어웨이에서의 세미
블라인드인 두 번째 샷은 바다가 오른쪽에서 대기
중이기 때문에 절대적인 자신감이 필요하다.
⑦ 바람과 집중력이 핵심인 훌륭한 원 쇼터 홀.
⑧ 대양 후미를 넘는 매우 극적인 어프로치 샷.
⑨ 왼쪽의 페어웨이 벙커 바로 안쪽을 겨냥하는
것이 최선이며 자연적인 비탈이 드라이브를
중심으로 옮기도록 두면 된다.

후반 9 홀 ⑩ 그린의 오른쪽 전방을 잠식하는
좁은 골짜기를 넘는 대담한 어프로치가 필요하다.
⑪ 내륙으로 되돌아가는 이 오락막 홀에서의
어프로치는 판단하기 어렵다. ⑫ 왼쪽 전방에
있는 거대한 벙커 때문에 튀어 올라가는 샷을 위한
여지가 거의 없으므로 얕은 그린으로 바로 보내야
한다. ⑬ 심각하게 경사지고 빠른 그린으로 오르막
플레이를 해야 하므로 가까이 어프로치 하기가
어렵다. ⑭ 오른쪽으로 휘어진 코너에 있는 벙커를
넘는 것이 유혹적이지만 쓰리 쇼터로 플레이 하는
것이 제일 낫다. ⑮ 상당한 비거리가 필요하다. 그런
다음 오른쪽에서 왼쪽으로 경사진 그린으로의
정확한 어프로치. ⑯ 페어웨이 중앙에 있는 벙커
너머를 직접적으로 겨냥하라. 그린이 비탈져
있으므로 깃발 오른쪽으로 어프로치 한다.
⑰ 바람이 불지 않기를 기도하라. 기울어진 매우
얕은 그린을 가진 괴물 같은 파3 홀이 될 수 있다.
⑱ 최적의 라인은 페어웨이에 있는 나무 왼쪽으로
보내는 것이다. 골칫덩어리들은 모두 왼쪽 아래에
잠복해 있으므로 쓰리 쇼터로 경기하라.

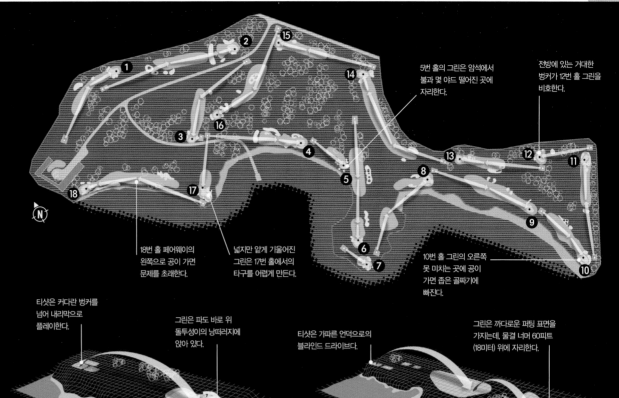

5번 홀의 그린은 암석에서
불과 몇 야드 떨어진 곳에
자리한다.

전방에 있는 거대한
벙커가 12번 홀 그린을
비호한다.

18번 홀 페어웨이의
왼쪽으로 공이 가면
문제를 초래한다.

넓지만 얕게 기울어진
그린은 17번 홀에서의
타구를 어렵게 만든다.

10번 홀 그린의 오른쪽
못 미치는 곳에 공이
가면 좁은 골짜기에
빠진다.

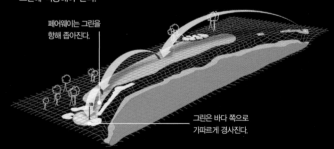

티샷은 커다란 벙커를
넘어 내리막으로
플레이한다.

그린은 파도 바로 위
돌투성이의 낭떠러지에
앉아 있다.

티샷은 가파른 언덕으로의
블라인드 드라이브.

그린은 까다로운 퍼팅 표면을
가지는데, 물결 너머 60피트
(18미터) 위에 자리한다.

HOLE 7 — 작은 악마
A LITTLE DEVIL

이 내리막의 파3 홀은 사진작가의 꿈 같은 장소이다. 이곳은 메이저 챔피언십
골프에서 가장 짧은 홀이지만 여전히 말썽을 일으킨다. 그린 뒤쪽에 보이는
것은 바다뿐이므로 지나치게 길게 치지 않으려고 조심하게 되는데, 이로 인해
티샷이 짧아질 수 있다. 광학 효과는 두뇌와 스윙에 영향을 미칠 수 있는데,
특히 바람이 불 때 그러하다. 미풍이 분다면 큰 클럽을 취해 신중하게 공을
보다 낮게 제어해 스윙하는 것이 최선이다.

HOLE 18 — 굉장한 드라이브
A CRACKING DRIVE

호를 그리는 도그레그 왼쪽 전체를 바다가 껴안고 있기 때문에 탐욕스런
드라이브는 자제해야 한다. 그러나 아웃 오브 바운드가 대기하고 있으므로
오른쪽으로 벗어나려고 해서도 안 된다. 페어웨이에 있는 나무를 겨냥해
제대로 일격을 가하면 드라이브가 장애물을 지날 것이다. 이는 그린의
뒤쪽으로 상당히 좋은 장소에 공을 두게 만들어 3타 안에 그린을 공략할
기회를 주는 최선의 방법이다.

HOLE 8 — 스릴 만점의 전망
A THRILLING PROSPECT

드라이브를 친 후 언덕으로 특별한 산책을 경험하면 시선을 사로잡는 광경이
눈앞에 펼쳐지기 때문에 아드레날린이 용솟음친다. 몇 야드 앞에서 페어웨이가
끝나는데, 그 후 홀은 오른쪽으로 급격하게 휘어 벙커로 둘러싸인 작은 그린을
향해 가파른 절벽을 가로질러 급강한다. 페어웨이 상단에서부터 2000야드(183
미터)가 넘는 샷에 직면하기 쉽기 때문에 롱 아이언이나 페어웨이 우드로
그린에 적중해야 한다.

페어웨이는 그린을
향해 좁아진다.

그린은 바다 쪽으로
가파르게 경사진다.

■ 위험한 7번 홀

■ 굉장한 8번 홀

■ 대양에 붙어 있는 18번 홀

카사 데 캄포, 도미니카 공화국 CASA DE CAMPO, DOMINICA REPUB

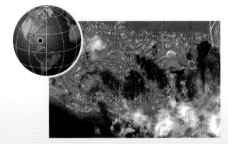

지역 주민들은 바다에서 돋아난 톱니 모양의 산호초를 들쭉날쭉하고 위협적인 성질에 빗대어 디엔테스 델 페로(티스 오브 더 도그, 개의 이빨)라고 부른다. 이것은 심각한 공격성을 가지고 바다에 크게 영향을 받는 이 오션사이드 코스를 위한 완벽한 이름이다. 티스 오브 더 도그는 도미니카 공화국에 있는 광대한 휴양지 꼭대기에 자리한 보석이며 캐리비안에서 가장 훌륭한 코스로서의 지위를 차지한다.

거대한 코스

7,000에이커(2,833헥타르)의 땅 위에 자리 잡은 카사 데 캄포 리조트 부지에는 피트 다이가 디자인한 두 개의 코스가 더 있다. 링크스 코스와 가장 최근에 만들어진 다이 포어 코스가 그것인데, 다이 포어 코스는 길이가 장장 7,770야드(7,105)에 이르고 대양으로 흘러나가는 차본 강을 따라 자리한다.

■ 코스 디자이너 피트 다이

피트 다이의 불안정한 티스 오브 더 도그 코스는 들쭉날쭉한 바다 가장자리를 따라 나 있는 멋진 홀들을 자랑한다. 각 홀에 서면 바다와 너무 가까워, 거의 파도 위에 있는 것 같아 골퍼들은 경기 할 때 살짝 떨어지는 물보라를 느낄 수 있다. 도미니카 공화국 남쪽 해안이 골프를 위해 탄생한 것처럼 보일지 모르나, 건축가가 공중에서 처음 이 땅을 보았을 때 그는 의구심으로 가득 했다. 이곳은 불모의 땅이었고 바다의 가장자리는 산호로 덮인 난장판일 뿐이었다. 그러나 대지 위에 직접 발을 들여 놓고 해변을 따라 활보하면서 다이는 이미 만들어진 후미와 몇몇 눈부신 골프 홀을 위한 완벽한 장소가 될 작은 만을 발견했다. 그는 오늘날까지도 자신은 11개의 홀을 만들었을 뿐이고 "나머지 7개는 신이 설계했다"고 주장한다.

그것이 1969년이었다. 코스 설립에 2년이 걸렸고 대부분 손수 지었다. 산호를 곡괭이로 파낸 후 무거운 강철 빗장을 달고 있는 트랙터 몇 대가 삐죽이 솟아 있는 것들을 평탄하게 골랐다. 그런 다음 산에서 가져온 대량의 표토를 짐차로 실어 날라 직접 정성들여 펴 놓았다. 300명의 지역 주민들이 다이의 트레이드마크인 둔덕과 항아리 벙커를 만들기 위해 토양을 이동시켰다. 티들은 돌투성이 노두에 세웠고 주름진 작은 그린은 대담할 정도로 바다에 가까이 몰아 붙였다. 씨앗도 손수 뿌렸고 야자나무는 전략적 위치에 심어 놓았다.

오션 홀

인랜드 홀들은 야자나무와 벙커들이 페어웨이 측면을 지키고 있는 긴 모래 황무지의 일부를 통과하며 이리저리 빠져 나간다. 이것들은 당연히 훌륭한 홀이지만, 모두가 기억하고 경기하길 갈망하는 것은 오션 홀들이다. 식욕을 돋우는 4개 홀을 지나면 긴장되지만 흥분되기도 하는 해안에 도달한다. 5번 홀은 대양 옆에 자리한 3개의 압도적인 파3 홀 중 첫 번째이다. 157야드(143미터)에 불과할지 모르나 후미가 티와 그린 사이를

끼어들어 그린 외에는 달리 갈 곳이 없다. 바람이 왼쪽에 있는 바다에서 불어오면, 자신감 있는 골퍼만이 바다를 겨냥해 미풍이 공을 그린으로 되돌려 놓기를 희망할 수 있다.

6번 홀도 마찬가지인데, 가장 큰 노력이 요구되는 곳은 7번 홀이다. 벙커의 호가 그린 왼쪽을 둘러싸고 있어 약간 벗어난 샷을 붙잡음에도 불구하고, 백티에서 229야드(210야드) 지점에서 7번 홀은 전체 코스 중 가장 무시무시한 상대가 된다. 다양성을 더하기 위해 짧은 16번 홀은 바다가 오른쪽에 놓이도록 해안을 따라 반대편에서 경기를 한다. 다이는 여기서도 현명함을 발휘해, 그린의 왼쪽에 4개의 매력적인 벙커를 놓아 지나치게 신중한 골퍼들의 발목을 잡도록 했다.

독특하고 인상적인

그것이 오션 홀들의 테마이다. 모든 티샷은 위협적이고 완전한 스트라이크를 요구하지만 불가능한 것은 아니다. 올바르게 깊이 생각해 제대로 만들어낸 샷은 짧은 잔디를 찾을 것이고 벗어난 샷은 곤경에 처할 것이다. 페어웨이나 그린을 놓친다면 홀의 육지 쪽이 두 해악 중 나은 선택이다. 그러나 다이는 위험요소를 충분히 덧붙였기 때문에, 안전하게 착륙했지만 타깃에서 벗어나게 되면 까다로운 탈출 샷을 맞이하게 된다.

바다 지형은 너무나도 유사하기 때문에 반복하는 것이 다이에게는 더 수월했겠지만 그는 홀의 길이와 그린 단지의 미묘함과 장애물을 다양하게 해 모두가 독특하고 인상적으로 느끼게 만들었다. 그러나 또 한편으로 누구도 티스 오브 더 도그를 잊지 못할 것이고 그건 불가능하다. 세계 골프에서 이렇게 많이 바다의 직접적인 영향을 받는 홀들은 어디에도 없으며 너무나 가까이 있어 경기에 방해가 될 정도이다.

캐리비안의 파도는 티스 오브 더 도그 코스가 만들어낸 놀라운 7개의 홀이 있는 곳인 산호로 뒤덮인 해안선에 부딪친다.

이 코스는 어딘가에서 갑자기 튀어 나와 당신을 넘어뜨린 후 머리를 짓밟을 것이다.

1974년 월드 팀 챔피언십에서 팀 우승을 거머쥔 **게리 코흐**

카사 데 캄포

LA ROMANA, DOMINICAN REPUBLIC
www.casadecampo.com.do

티스 오브 더 도그 코스

설립 1969		파 72
길이 7,471 야드		디자이너
(6,831 미터)		피트 다이

엄선된 챔피언들

1974 아이젠하워 트로피(월드 아마추어 팀 챔피언십) 미국(조지 번즈, 게리 코흐, 제리 파테, 커티스 스트레인지)

1974 에스피리토 산토 트로피(여자 월드 팀 챔피언십) 미국(신시아 힐, 데비 매시, 캐롤 셈플-톰슨)

코스 카드

전반 9홀			후반 9홀		
홀	야드	파	홀	야드	파
1	404	4	10	405	4
2	390	4	11	604	5
3	551	5	12	483	4
4	489	4	13	201	3
5	176	3	14	497	5
6	501	4	15	374	4
7	229	3	16	204	3
8	414	4	17	463	4
9	602	5	18	484	4
아웃	3,756	36	인	3,715	36

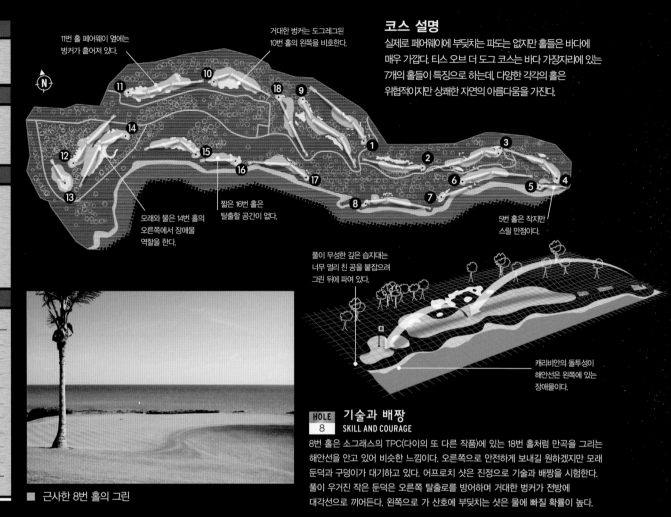

11번 홀 페어웨이 옆에는 벙커가 흩어져 있다.

거대한 벙커는 도그레그된 10번 홀의 왼쪽을 비호한다.

모래와 물은 14번 홀의 오른쪽에서 장애물 역할을 한다.

짧은 16번 홀은 탈출할 공간이 없다.

5번 홀은 작지만 스릴 만점이다.

풀이 무성한 깊은 습지대는 너무 멀리 친 공을 붙잡으려 그린 뒤에 파여 있다.

캐리비안의 돌투성이 해안선은 왼쪽에 있는 장애물이다.

코스 설명

실제로 페어웨이에 부딪치는 파도는 없지만 홀들은 바다에 매우 가깝다. 티스 오브 더 도그 코스는 바다 가장자리에 있는 7개의 홀들이 특징으로 하는데, 다양한 각각의 홀은 위협적이지만 상쾌한 자연의 아름다움을 가진다.

HOLE 8 기술과 배짱
SKILL AND COURAGE

8번 홀은 소그래스의 TPC(다이의 또 다른 작품)에 있는 18번 홀처럼 만곡을 그리는 해안선을 안고 있어 비슷한 느낌이다. 오른쪽으로 안전하게 보내길 원하겠지만 모래 둔덕과 구덩이가 대기하고 있다. 어프로치 샷은 진정으로 기술과 배짱을 시험한다. 풀이 우거진 작은 둔덕은 오른쪽 탈출로를 방어하며 거대한 벙커가 전방에 대각선으로 끼어든다. 왼쪽으로 가 산호에 부딪치는 샷은 물에 빠질 확률이 높다.

■ 근사한 8번 홀의 그린

마운틴 코스 Mountain courses

마운틴 골프는 기운을 북돋아주고 숨 막히는 경험을 선사하는데, 가끔은 고도에 따라 진짜 숨이 막히기도 한다.
세계에서 가장 높은 곳에 있는 장소에서의 골프는 아직은 그렇게 가치 있어 보이지 않는다. 가파르고 단호한 경사
위에 코스를 만드는 것은 불가능하지만, 골짜기나 봉우리 사이, 또는 높은 고원에서는 가능하며 압도적인
환경에서의 멋진 골프에 기여할 수 있다.

△ **카나나스키스 컨트리** 골프 코스는 캐나다의 장엄한 로키산맥 북쪽 높은 삼림에 위치한다.

◁◁ **샤오샤오** 코스는 산이 내려다보고 있으며 아르헨티나 나우엘 우아피 국립공원에 있는 두 호수가 둘러싼다.

◁ **메리벨** 골프 코스는 프랑스 트와 발레 지방의 장려한 알프스 지대에 자리한다.

모든 마운틴 코스가 사실상 가지고 있는 공통점은 배경의 아름다움 혹은 험준함이다. 멀리 떨어진 산봉우리를 배경으로 우아하게 호를 그리며 높이 자리한 티에서 드라이브를 날리는 것은 절대 잊을 수 없는 경험이다.

골프를 위한 가장 유명한 산악 지대는 알프스를 포함해, 오스트리아에 있는 시펠트 윌트무스와 아이헨하임, 프랑스의 샤모니와 스위스의 크랑 쉬르 시에르 등이 있다. 이들은 모두 코스에 어울리는 더할 나위 없는 경치를 선사하며, 코스는 소나무와 박달나무 사이를 굽이굽이 흐르고 개울과 함께 종횡으로 움직인다. 캐나다와 미국의 로키산맥은 훌륭한 마운틴 골프 코스도 많이 보유하는데, 브리티시 콜롬비아의 휘슬러에서 재스퍼, 카나나스키스,

그리고 알버타 주의 밴프를 거쳐 콜로라도를 죽 따라 내려오는 곳에 이르기까지, 이곳에서 레드랜즈 메사와 캐슬 파인과 같이 국제적으로 유명한 코스들을 발견할 것이다.

인적이 더 드문 곳의 마운틴 골프는 지역주민과 대범한 방문객들을 흥분시킨다. 파타코니아 관광객들은 바릴로체 근처 호반에 자리한 샤오샤오 리조트에서 즐기는데, 뒤에는 뾰족한 안데스가 있다. 그리고 해수면 위 2,570야드(2,350미터)에 있는 부탄의 로열 팀푸는 불모의 히말라야와 마찬가지로 왕족과 스님들을 즐겁게 한다.

산악지대의 상태

이들은 마운틴 골프를 하는 몇 가지 예시일 뿐이며, 지형은 아주 다르다. 알프스와 캐나다의 로키산맥의

코스들은 6개월 동안 눈 속으로 사라져서, 경기의 시간을 제한할 뿐 아니라 그린키퍼에게 골칫거리를 선사한다. 이들 코스의 경기 표면은 녹색으로 풀이 많은 편이고 여름의 가장 더운 날에도 마르거나 빨라지는 경우가 드물다. 그러나 로키에서 남쪽으로 더 내려간 곳에 있는 다른 코스들은 공기가 희박하고 건조한 편이라 코스가 더 빠르게 만든다. 이들의 상태는 사막과 보다 유사한데, 즉 페어웨이에는 정기적으로 물을 줘야 하고 바위가 많은 메마른 주변 환경과 뚜렷한 대조를 이룬다. 그러나 마운틴 골프를 치는 경우엔 언제나 두 가지 독특한 양상을 발견할 것이다. 첫째, 배경의 순전한 거대함으로 인해 거리 판단이 극도로 어렵다. 많은 홀들이 소나무와 박달나무에 둘러싸여 있다고 해도,

푸르른 정글의 초목, 굽이치는 협곡, 떨어지는 폭포, 그리고 거대한 모래 벙커는 하와이 오아후에 있는 코오라우 코스를 숨 막히는 도전지로 만든다.

산봉우리가 있어 작아 보이기 때문에 크기에 대한 감각이 떨어진다. 그뿐만 아니라 일부 홀들은 때로 상당히 극적으로 고도가 변하기 때문에, 내리막이나 사이드 힐 라이에서 경기를 하게 되면 타구는 보다 까다롭게 된다.

고도의 영향

하지만, 마운틴 골프의 가장 독특하며 유일한 측면은 고도로써 이는 공에 상당한 영향을 미친다. 공기가 희박하면 공이 멀리 날아가는데, 고고도(高高度)에서는 보다 멀리 이동한다. 일반적으로 각 클럽으로 평소 치는 비거리에 10퍼센트를 더해야 한다. 예를 들어, 5번 아이언으로 보통 160

야드(146미터)를 친다면, 공은 높은 고도에서 176야드(161미터) 정도 날아간다고 보면 된다. 긴 클럽을 취할수록 차이점은 보다 두드러진다. 이를 테면, 평균 270야드(247미터) 드라이버는 비슷한 스트라이크의 경우 높은 고도에서는 거의 300야드(275

아놀드 파머는 캐나다 브리티시 콜럼비아의 눈 덮힌 봉우리들, 장중한 침엽수들, 그리고 호수들 사이에 특색있는 휘슬러 코스를 디자인했고 이곳을 독특한 골프 체험지로 만들었다.

미터)까지 갈 것이다. 이는 매우 기쁜 일이 될 수도 있지만, 꼭 더 나은 경기를 한다는 보장은 없다. 골칫거리 속으로 공을 더 멀리 보내는 것은 누구나 원하지 않는다. 여하튼 코스 디자이너들은 고도가 샷에 끼치는 영향에 대해 잘 인지하고 있기에 거기에 맞추어 골프

홀들을 세웠다. 파3 홀들은 그렇게 길게 만들지 않은 데 비해(짧은 클럽들은 멀리까지 가지 않는다는 상대적인 의미에서), 몇몇 파5 홀들은 무리하는 것을 막기 위해 광범위하게 뻗어 있다. PGA 투어의 인터내셔널 토너먼트의 본거지인 콜로라도의 캐슬 파인에 있는 1번 홀은 프로페셔널 티에서부터 7,619야드(6,967 미터)에 이르는 엄청난 크기의 코스 위에 644야드(590미터) 길이로 놓여 있다. 장애물에 관해서 보자면, 대부분의 마운틴 코스가 물을 특징으로 하지만 거의 모든 것이 포함될 수 있다. 산중턱보다 계곡이 코스를 세우기 더 쉽기 때문에, 호수뿐만 아니라 구불구불

카나나스키스 강의 빙하를 머금은 물은 캐나다 캘거리 근처 카나나스키스 골프 클럽의 마운트 키드 코스에 있는 4번 홀 옆을 흐른다. 이 장엄한 마운틴 코스는 로버트 트렌트 존스가 디a자인했다. 코스의 배경이 되는 멋진 산에 있는 석회암 봉우리 중 하나는 '웨지'라는 어울리는 이름으로 불린다.

흘러가는 강과 졸졸 흐르는 시내와도 조우하게 될 것이다. 이는 정기적인 눈과 얼음이 녹아 흐름에 일조하는 빙하 지역에서 특히 그러하다. 코스를 휘감는 돌투성이의 차가운 강의 존재는 풍경의 아름다움을 더할 뿐이며, 홀들은 물과 더할 나위 없이 잘 상호작용 할 수 있다. 마운틴 골프는 큰 기쁨을 준다. 공기는 깨끗하고 신선하며 풍경은 명백하게 눈부시다. 그리고 한 번 정도는 타이거 우즈 만큼 드라이브 할 수 있기에 만족감을 준다.

밴프 스프링스, 캐나다   BANFF SPRINGS, CANADA

골프 코스는 풍경과 조화를 이루지 못하고 인공적인 세팅을 하고 있다고 골퍼가 아닌 이들에게 종종 비난을 받는다. 그러나 압도하는 로키산맥에 자리한 여기 밴프 스프링스에서는 냉혹한 사람이 아니라면 골프 코스와 놀랄 만한 세팅에 불만을 나타내지 않을 것이다. 큰 사슴이 평원에서 거닐고 골퍼들은 드라이빙 전에 수사슴이 지나가도록 격려하며 때로는 기다려야 한다.

밴프 스프링스는 캐나다 태평양 철도회사 덕택에 존재하게 되었다. 1929년 철도 회사는 스탠리 톰슨에게 세계 최고의 선수들에 어울리는 골프 코스의 디자인을 부탁했다. 그는 이미 150마일(240킬로미터) 떨어진 곳에 있는 재스퍼에 라이벌 회사를 위한 코스를 하나 만들었다. 미화로 100만 달러라는 상당한 비용이 들었는데 그 당시에는 최고로 비싼 코스 설립 비용이었다. 그러나 한 푼도 허비되지 않았다. 새로운 클럽하우스를 맞이하기 위해 1980년대 후반에 일련의 홀 주변을 바꾸고, 그린을 다시 깔고, 몇몇 벙커를 공사한 것 외에는 80년 동안 코스는 거의 그대로 보존되어왔다.

전략적 아름다움

전경이 장관을 이루고 강은 너무나 매혹적이기 때문에, 선수들이 각 홀이 내려다보이는 티에서 보아야 할 것 또한 눈길을 사로잡을 필요가 있다. 톰슨은 이를 완벽하게 해냈다. 그의 벙커 스타일은 전설적이며 앨리스터 맥켄지와 유사하다. 너울거리는 가장자리를 가진 자유로운 형태의 벙커들은 선수의 사고를 지배한다. 길고 느리게 흐르는 모래지대는 도그레그의 코너에 박혀 있으며, 그린으로 가는 최적의 라인을 얻기 위해서는 벙커 둥지를 지나야 한다. 파5 홀에 있는 이상한 모양의 벙커는 레이업 샷을 가지고 놀고, 모든 그린은 잘, 대부분은 아주 심하게 방어된다. 모든 골칫거리는 눈에 보인다. 톰슨은 운에 의존할 여지를 남기지

웅장한 스코틀랜드 귀족풍의 밴프 스프링스 호텔은 1887/8년에 세워졌으며, 골프 코스의 색조를 정했다.

지역의 규칙은 다음과 같다. "엘크에 맞은 샷은 페널티 없이 다시 플레이된다." 음식을 찾는 곰과 맞닥뜨린 골퍼를 위한 충고는 "뛰지 말 것. 그러나 천천히 물러설 것."

않았고 밴프는 전략적으로 훌륭하다. 전반 9홀은 런들산이 가리고 있어서 '런들'이라는 이름을 얻었다(반면 후반 9홀은 설퍼산의 이름을 땄다). 우뚝 솟은 산에 최대한 가까이 경기할 수 있도록 톰슨의 일꾼들은 밑바닥에 있는 암석을 폭발시켜 홀을 만들었다. 뛰어난 원 쇼터의 2번과 호를 그리는 멋진 파5의 3번 홀은 산중턱을 향해 플레이한다. 존재만으로도 너무나 압도적이기 때문에 정확한 타구는 눈대중만으로는 사실상 불가능하다. 야드 수를 믿고 고도를 고려해야만 한다.

홀의 다양한 매력

그 다음에 홀들은 런들 산의 앞에서 멀리 이동해 8번 홀에 있는 강에 우아하게 도달한다. 보우 강의 엄청나게 푸른 물에서 몇 야드 떨어진 곳에 서면 풍경에서 시선을 떼고 작은 강 너머에 있는 그린을 찾는 데 집중해야 한다. 소나무와 가문비나무 옆에 있는 강의 가장자리에 의해 분리되는 다음 6개 홀은 다양하기에 매력적인데, 시내에서 15야드(14미터) 떨어진 곳에 그린이 있는 도달 가능한 파5 홀, 두 개의 흥미진진한 파3 홀, 그리고 극히 어려운 3개의 파4 홀이 있다.

14번 홀은 톰슨의 최고 작품으로 꼽힌다. 왼쪽에 있는 모래 둥지를 날아, 그린의 깨끗한 시야를 확보하는 255야드(233미터)의 타구는 완벽한 라인이다. 벙커의 오른쪽으로 가면 그린 못 미치는 곳에 이르는 인상적인 벙커 세트를 넘는 긴 어프로치를 남게 된다. 전략적 걸작인 이곳은 설퍼산의 소나무들로 둘러싸인, 43야드(40미터) 위에 자리한 오래되고 웅장한 호텔을 향해 곧장 경기를 하기 때문에 조망도 훌륭하다. 밴프의 마지막 홀들은 자연과 함께 코스를 이롭게 한다. 홀들은 모두 멀리 떨어진 눈이 얼룩진 지역을 향해 경기를 하며 코스는 도그레그된 포효하는 파5 홀에서 최고조에 이른다. 버디를 잡을 수 없을지라도 풍경과 코스의 품격은 더 많은 것을 갈망하게 만든다.

밴프 스프링스는 보우 밸리의 하부에 자리하며 런들 산과 설퍼 산을 포함한 장엄한 산봉우리에 의해 가려져 있다.

코스 설명

놀라운 로키산맥은 하늘 전체를 지배할지 모르나 코스는 그 자체가 스타이다. 보우 강 옆에 붙어 있고 소나무 사이를 굽이쳐 흐르며 굽은 벙커를 현명하게 지나는 밴프 스프링스는 골프의 훌륭한 전략적 시험지인 동시에 멋진 산책로이다. 많은 착시현상은 교활하며 이곳은 마운틴 코스의 표준이 된다.

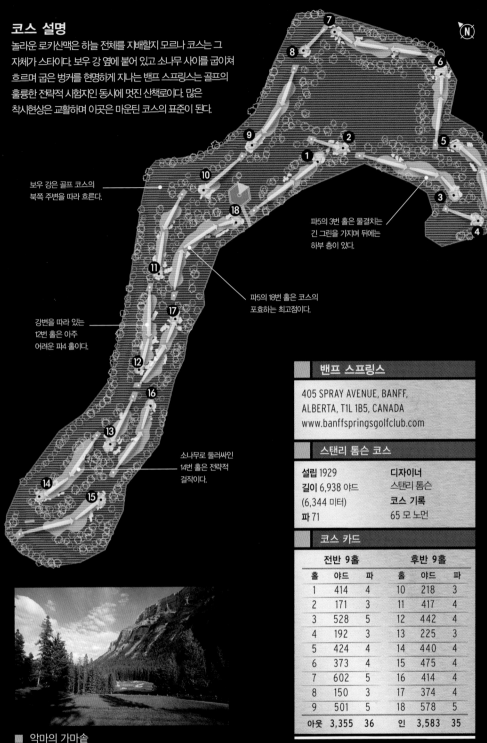

보우 강은 골프 코스의 북쪽 주변을 따라 흐른다.

파5의 3번 홀은 물결치는 긴 그린을 가지며 뒤에는 하부 층이 있다.

파5의 18번 홀은 코스의 포효하는 최고점이다.

강변을 따라 있는 12번 홀은 아주 어려운 파4 홀이다.

소나무로 둘러싸인 14번 홀은 전략적 걸작이다.

밴프 스프링스

405 SPRAY AVENUE, BANFF,
ALBERTA, T1L 1B5, CANADA
www.banffspringsgolfclub.com

스탠리 톰슨 코스

설립 1929	**디자이너**
길이 6,938 야드	스탠리 톰슨
(6,344 미터)	**코스 기록**
파 71	65 모 노먼

코스 카드

전반 9홀			후반 9홀		
홀	야드	파	홀	야드	파
1	414	4	10	218	3
2	171	3	11	417	4
3	528	5	12	442	4
4	192	3	13	225	3
5	424	4	14	440	4
6	373	4	15	475	5
7	602	5	16	414	4
8	150	3	17	374	4
9	501	5	18	578	5
아웃	**3,355**	**36**	**인**	**3,583**	**35**

■ 악마의 가마솥

HOLE 4 **악마의 가마솥**
DEVIL'S CAULDRON

골프에서 가장 유명한 파3 홀 톱10에 틀림없이 포함되는 4번 홀은 말로 표현하기 힘들다. 런들산의 깎아지른 앞면은 얼음 호수 뒤에 앉아 있는 주발 모양의 그린 바로 뒤의 소나무와 충돌하는 듯 보인다. 무시무시한 물의 얼룩덜룩한 모습은 연못 바닥에 흩어진 큰 돌멩이들 때문이다. 약간의 방해가 없다면, 높은 티에서 놀라운 풍경을 볼 수 있는데, 나무가 에워싸고 있는 깊고 좁은 골짜기가 종종 위에 솟은 거대한 산에 의해 그늘지기 때문이다. 그린을 찾기 위해서는 미드 아이언에서 롱 아이언으로 정확한 스트라이크를 해야 하며, 파를 소망해야 한다.

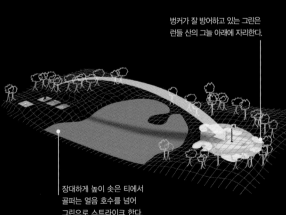

벙커가 잘 방어하고 있는 그린은 런들 산의 그늘 아래에 자리한다.

장대하게 높이 솟은 티에서 골퍼는 얼음 호수를 넘어 그린으로 스트라이크 한다.

데저트 코스 Desert courses

일반적으로 데저트 코스들은 지구상에서 가장 창의적인 디자인을 선보이는데, 이는 단순히 코스가 광활한 무(無)를 따라 흐르고 있어서 디자이너들이 자유자재로 디자인 할 수 있기 때문이다. 일부 풍경은 매혹적이며 푸르게 장식된 경기 표면 때문에 부득이하게 타깃 스타일의 골프를 해야 하는 것과 상관없이 최고 수준의 골프를 칠 수 있다.

◁◁◁ **골프 클럽 스코츠데일**은 애리조나 소노란 사막에 있다.

◁◁ **애리조나 스코츠데일**에 있는 그레이호크의 랩터 코스 18번 홀은 눈길을 사로잡는 물이 특징적이다.

◁ **애리조나 케어프리**에 있는 데저트 포레스트의 코스는 최초의 데저트 디자인이었다.

▽ **거대한 사구아로 선인장**은 애리조나 사노란 사막에 있는 트룬 노스 홀의 파수꾼이다.

대부분 중동에 세워졌던 최초의 데저트 코스들은 잔디가 전혀 보이지 않는 조잡한 형세였다. 갈색 빛의 그린은 사람들이 골프를 친 후 기름진 모래의 일부분을 편평하게 골라 손질했을 뿐이었다. 선수는 코스 전반에서 공을 칠 준비를 하든지 아니면 경기할 곳을 알려주는

'악마의 음료' 라고 불리는, 물의 경계 안에 자리한 17번 홀은 애리조나 스코츠데일의 그레이호크 골프 클럽의 탈론 코스의 특징이다.

작은 지도를 들고 다녀야 했다. 그러나 용수 관리가 점점 발전하면서 그린 코스가 오아시스처럼 솟아오르기 시작했다. 오늘날은 환상적으로 푸르고 아름다운 데저트 골프 코스들이 있는데, 특히 캘리포니아, 네바다, 유타, 뉴멕시코, 애리조나에 자리하며 몇몇은 카타르, 바레인, 이집트, 아랍 에미리트, 오만에 위치한다. 중동의 코스들은 변화기 쉬운 모래언덕을 개척했지만 미국에 있는 수백 개의 데저트

7번 홀 주변에 있는 심하게 등고된 모래 벙커는 애리조나 피닉스 근처 JW 데저트 리지 리조트에 있는 팔도 코스의 사방에서 골퍼들을 위협한다.

코스들은 토착의 선인장과 관목이 점점이 있는 바위투성이 지대에 펼쳐져 있다. 모두 인공적으로 만들어 토양을 들여오고 잔디에는 끊임없이 물을 댄다. 데저트 골프 코스의 잔디는 90 에이커(36헥타르)가 넘으면 안 된다. 이는 극적인 풍경을 만들어서 가늘고 긴 그린은 굽이쳐 흐르는 황폐한 환경과 극명한 대조를 이룬다. 표석, 선인장, 가시 돋친 관목은 러프를 형성하고, 황야에는 코요테, 전갈, 방울뱀과 같은 '생물들' 이 잠복하고 있다.

용수 문제

물은 미국에 있는 대부분의 데저트 코스 지역에서 복잡한 문제이다. 애리조나의 대피닉스/스코츠데일 지역은 아마도 세계에서 가장 유명한 데저트 골프 지역일 것이며 3백만 명이 넘는 인구와 150개가 넘는 골프 코스가 있다. 평균 연강수량은 8.3인치(210밀리미터)여서 대부분의 물은 파이프라인과 수로를 통해 유입되는데, 캘리포니아만으로 녹은 눈을 운반하는 솔트 강와 베르데 강에서 물을 빨아들인 계곡 북쪽에 있는 산에서 가져온다. 골프 코스들은 자체 저수조를 가지고 있고, 대부분은 사용된 물을 재사용해 펌프로 끌어들이지만 필요한 물의 양을 최소화하기 위해 엄격한 규제를 받는다.

미국의 레이아웃

스코츠데일 코스들은 사구아로 선인장으로 유명한 소노란 사막에

구불구불 뻗어 있다. 가시투성이의 주름지고, 원주같이 생긴 이들 선인장은 키가 25피트(7.5미터)에 달하기도 하며 200년 된 것도 있다. 트룬과 데저트 마운틴에 있는 코스들은 무시무시한 사구아로 무리에 의해 강조되고 돌이 많고 기복이 심한 지형학을 훌륭하게 이용하는 소노란 사막 레이아웃의 뛰어난 표본이다. 편평하고 단조로운 땅에서 디자이너들은 청정하고 이국적으로 미화된 환경을 창조했다.

최고의 표본으로 네바다 주
라스베이거스 외곽에 있는 섀도 크릭과
카스카타 골프 클럽 두 개를 들 수 있다.
이들은 모두 카지노 회사에서 만들었고
비용을 아끼지 않았다. 대량의 흙을
옮기고 형태를 만들었으며
디자이너들이 마음껏 상상력을 펼칠 수
있도록 했다. 카스카타 코스는 약 6천만
달러의 비용이 들었으며, 인공 언덕
아래로 떨어지며 클럽하우스 중간을
통과해 흐르기도 하는 420피트(128
미터) 길이의 큰 폭포가 특징이다.
이것이 진정한 라스베이거스 스타일의
화려함이다.

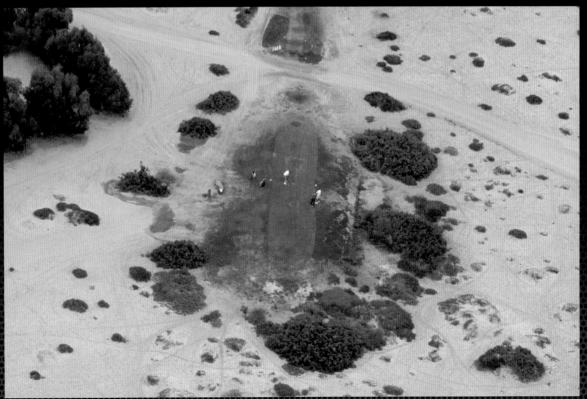

나미비아에 있는 이 데저트 코스에서 골퍼는 잔디
위에서 경기할 수 있지만, 티와 그린에서만 그렇고,
다른 장소에서는 진흙이 섞인 페어웨이에서 공 칠
준비를 해야 한다.

에미리츠, 두바이 EMIRATES, DUBAI

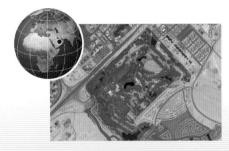

유러피언 투어 두바이 데저트 클래식의 본고지인 이 사막의 경이는 1988년에 소생했을 때 페르시아 만에 있는 잔디 코스의 기준을 세웠다. 지역에서는 '사막의 기적'이라고 알려진 이곳은 모래언덕을 굽이쳐 흐르고 야자나무와 뾰족한 풀들을 통과한다. 아라비아 말로 만남의 장소라는 뜻을 가진 마질리스 코스는 국방장관인 셰이크 모하메드 빈 라시드 알 막툼 덕분에 사막에서 피어올랐다.

코스 전문가

어니 엘스는 1993년 두바이 데저트 클래식에서 최초로 에미리츠 코스에서 경기했다. 경쟁적인 40라운드 동안 엘스는 한 번도 오버 파를 기록하지 않았다. 경이적인 157언더 파인 그는 평균 68.05타수를 가진다. 열 번의 대회 중 최악의 마무리는 1993년의 8위이다. 그는 여덟 번 톱3에 들었으며, 그중 세 번은 우승했다.

■ 13번 홀에서 샷을 치는 어니 엘스

주변에는 바람이 휘몰아치는 모래언덕이 끝없이 이어지는 타는 듯한 사막뿐이고 페르시아 만의 짠 바닷물이 유일한 물인 이곳에 세계 정상급 골프 코스를 짓는 것은 만만찮은 일이다. 그러나 에미리츠 골프 클럽을 둘러싼 자연적인 문제에도 불구하고 그들은 강경한 풍경에서 에메랄드 빛의 근사한 코스를 만드는 데 성공했다.

두바이의 왕자이자 UAE의 국방장관인 셰이크는 세계에 보여주면 조국이 자랑스러워 할 잔디 골프 코스에 적합한 장소가 있음을 깨달았다. 그래서 그는 미국인 건축가인 칼 리튼에게 유서 있는, 걸프에서의 첫 번째 잔디 레이아웃을 가진 코스를 지어줄 것을 부탁했다.

처음에는 적당한 장소를 찾는 것이 문제였는데, 상당히 넓은 공터가 펼쳐져 있었기에 코스를 세울 사막이 부족했기 때문이 아니라, 특정 장소를 선택할 때마다 베두인 부족민이 낙타가 다니는 오래된 경로를 침범한다고 항의했기 때문이다. 결국 셰이크는 올드 시티에서 남서쪽으로 13마일(21킬로미터)에 자리하고 바다에서 불과 2마일(3.2

킬로미터) 떨어진 곳에 있는 자기 소유의 직사각형 땅을 기증했다. 190에이커(77헥타르)의 땅에는 한 그루의 나무와 물결치는 커다란 언덕이 있었다. 당시에는 고독 속에 자리하고 있었는데, 이후 도시의 급격한 확장에 휩싸이게 되었다.

하루에 백만 갤런

리튼은 즉시 문제에 직면했다. 텅 빈 캔버스를 받았지만, 팀원들이 모래언덕 너머에 장대로 홀을 표시할 때마다 다음 날이면 움직이는 모래 때문에 모두 사라져버렸다. 그래서 그는 고정시키려는 희망을 가지고 물을 주기로 결심했다. 그들은 계획대로 실천했지만 관개라는 또 다른 부산물을 맞이하게 되었다. 갑자기 모든 생물들이 수세기 동안 소생하길 기다렸다는 듯이 카멜 그라스, 대추 야자, 코코넛 야자, 불꽃 나무, 페튜니아가 사막 층에서 솟아났다. 추가적으로 나무를 심어 코스는 마술 같은 오아시스의 느낌을 가지게 되었다. 디자이너들은 알루미늄 공장에서

탈염한 여분의 물을 사용했고 오늘날에도 알려진대로 코스의 신선한 상태를 유지하기 위해 하루에 백만 갤런 이상의 물을 끌어들이고 있다. 주어진 지형 때문에 조건이 훌륭하지만 디자인 역시 굉장한데, 완만하게 굴곡진 홀들이 뛰어나게 혼합되어 있다. 매번 다른 과제를 제시하는 홀에는 자연적인 균형이 있는 듯하고, 비슷한 홀이 연속으로 자리하는 경우도 없다. 물은 호수 망의 형태로 코스에서 아주 큰 역할을 하는데, 10개의 홀들은 연못과 대적하는 샷을 특징으로 한다. 그러나 일부 홀들은 다른 것들에 비해 더 많은 영향을 받는다. 물은 짧은 4번 홀의 오른쪽을 잠식하고 긴 파4의 9번 홀에서는 정말 성가신 존재가 된다. 18번 홀과 함께 이 둘이 아마 가장 피해를 많이 받을 것이다. 전반 9개 홀들 중 정수는 8번과 9번 홀이다. 8번 홀은 사막의 클래식이다. 오른쪽과 특이한 중간 지점의 전방에 높이 자리한 그린으로 향하는 오르막으로 커브를 그린다. 페어웨이를 에워싸는 것은 고약한 관목이다. 골퍼가 오른쪽의 완벽한 라인으로 공을 보내려고 한다면, 약간만 빗나가도 카멜 그라스와 야자수를 만나게 된다. 사막 층은 단단하지만 코스 어디에서든지 관목에서 벗어나면 문제가 될 수 있다.

수많은 버디 기회

후반 9개 홀들 중 상징적인 곳은 10번과 18번 홀이다. 둘 다 도달 가능한 파5 홀이며 라운드를 특징짓는다. 10번 홀이 어마어마한 2타의 범위 안에 있지만, 그린은 흔들리는 가장 가지를 가진 벙커가 거의 완벽하게 둘러싸고 있어서 공은 줄곧 날아가야 한다.

에미리츠는 위험하지만 보상이 따르는 파5 홀로 끝난다. 오른쪽에서 왼쪽으로 90도로 도그레그된 긴 홀은 2타에 그린을 겨냥하는 사람이라면 누구나 코너를 택한 후 들러붙는 버뮤다 러프를 건너 뛰어 페어웨이에 안착하길 희망해야 한다. 그런 다음 선수는 반짝거리는 호수를 넘어 넓지만 얕은 그린으로의 긴 샷에 직면한다. 이 홀에서 이기고 지는 것은 종이 한 장 차이다. 1996년 콜린 몽고메리는 72 번째 홀에서 유러피언 투어 올해의 샷을 쳤는데, 페어웨이에서 호수를 넘는 드라이브로 챔피언십에서 우승했다. 그러나 1년 뒤, 우승을 위해서는 파를 치기만 하면 되었던 이안 우스남은 웨지로 친 세 번째 샷을 물속에 빠트리는 바람에 기회를 날렸다.

마즐리스가 데저트 언덕 코스의 표본이라는 데는 의심의 여지가 없으며 프로 선수들은 이곳을 사랑한다. 탁월하게 공정하며 완벽한 상태의 코스는 또한 수많은 버디 기회로 선수들과 관중들을 흥분시키는 듯하다. 토마스 비욘은 4 라운드 경기에서 22언더 파의 대회 기록을 보유하고 있지만, 매년 유럽의 최고 기록은 이 기괴하면서도 흥미진진한 코스에서 낮아진다.

연습 그린 옆에는 특이하면서도 인상적인 클럽하우스가 서 있는데, 환영하는 베두인 텐트 무리와 비슷하게 지어졌다.

코스 설명

공학만큼이나 골프 코스 디자인의 업적이 큰 마즐리스는 무모한 프로젝트였으나 훌륭하게 해내었다. 신선한 페어웨이는 사막의 관목을 통과해 나아가고, 야자나무와 빛나는 호수를 지나며 그린은 정말 완벽하다.

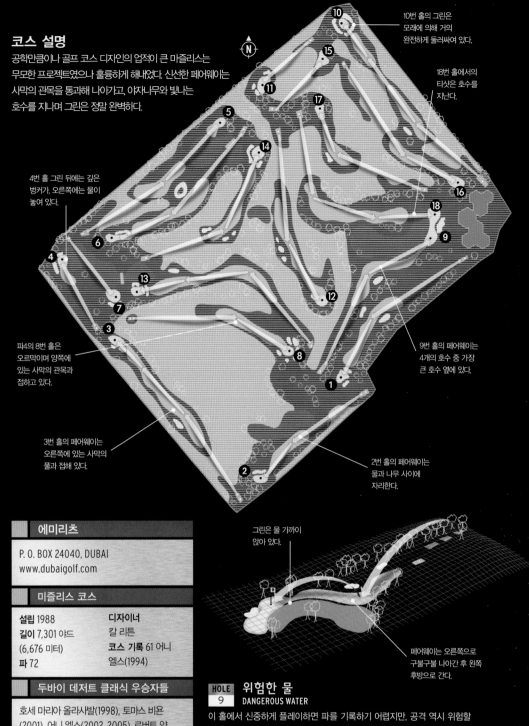

10번 홀의 그린은 모래에 의해 거의 완전하게 둘러싸여 있다.

18번 홀에서의 티샷은 호수를 지난다.

4번 홀 그린 뒤에는 깊은 벙커가, 오른쪽에는 물이 놓여 있다.

파4의 8번 홀은 오르막이며 양쪽에 있는 사막의 관목과 접하고 있다.

3번 홀의 페어웨이는 오른쪽에 있는 사막의 풀과 접해 있다.

9번 홀의 페어웨이는 4개의 호수 중 가장 큰 호수 옆에 있다.

2번 홀의 페어웨이는 물과 나무 사이에 자리한다.

에미리츠

P. O. BOX 24040, DUBAI
www.dubaigolf.com

미즐리스 코스

설립 1988
길이 7,301 야드
(6,676 미터)
파 72

디자이너
칼 리튼
코스 기록 61 어니
엘스(1994)

두바이 데저트 클래식 우승자들

호세 마리아 올라사발(1998), 토마스 비욘 (2001), 어니 엘스(2002, 2005), 로버트 안 데릭센(2003), 마크 오메라(2004), 타이거 우즈 (2006), 헨릭 스텐손(2007)

코스 기록

전반 9홀			후반 9홀		
홀	야드	파	홀	야드	파
1	458	4	10	549	5
2	351	4	11	169	3
3	568	5	12	467	4
4	188	3	13	550	5
5	436	4	14	434	4
6	485	4	15	190	3
7	186	3	16	425	4
8	459	4	17	350	4
9	463	4	18	564	5
아웃	3,594	35	인	3,707	37

그린은 물 가까이 앉아 있다.

페어웨이는 오른쪽으로 구불구불 나아간 후 왼쪽 후방으로 간다.

HOLE 9 위험한 물
DANGEROUS WATER

이 홀에서 신중하게 플레이하면 파를 기록하기 어렵지만, 공격 역시 위험할 수 있다. 드라이브는 호수를 향해 내리막이며 최고의 라인은 오른쪽 위를 향하는 것인데, 이는 보다 직접적인 어프로치를 만든다. 하지만 그쪽 아래에 커다란 벙커가 대기한다. 왼쪽 아래로 가는 안전한 드라이브는 물의 코너를 넘어야 하기 때문에 어프로치가 보다 힘들어진다.

■ 호수 옆의 9번 홀

섀도 크릭, 미국 SHADOW CREEK, USA

세계에서 가장 유명한 도박의 도시에서 몇 마일 북쪽에 만들어진, 일상적으로 오가는 사람이라면 모하비 사막에 있는 신기루와 우연히 마주쳤다고 생각할지도 모를 이 놀라운 코스는 풀이 우거지고 인공적인 특징을 가진다. 개장한 그 순간부터 섀도 크릭은 미국에서 새로 만들어진 최고의 코스로 환영받았다. 이 명성은 세계 톱100에 드는 코스로 인정받았다.

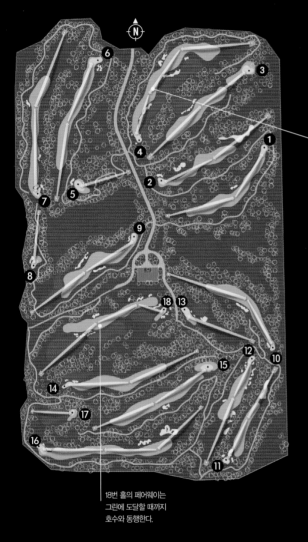

코스 설명

화려하고 엄청난 코스는 전적으로 인위적이고, 사람이 만든 골프 무대이다. 페어웨이는 푸른 식물들 사이에서 피어나고 지류와 호수 가장자리에 있다. 뛰어난 디자인은 경험을 완성한다.

호수는 4번 홀과 접하고 페어웨이는 그린으로 접근하면서 좁아진다.

18번 홀의 페어웨이는 그린에 도달할 때까지 호수와 동행한다.

섀도 크릭

3 SHADOW CREEK DRIVE, NORTH LAS VEGAS, NEVADA 89081, USA
www.shadowcreek.com

코스 설명

설립 1989		디자이너 톰 파지오
길이 7,239 야드		코스 기록 60 타이거
(6,619 미터)		우즈(2004)
파 72		프레드 커플스(2007)

코스 카드

전반 9홀			후반 9홀		
홀	야드	파	홀	야드	파
1	404	4	10	426	4
2	401	4	11	327	4
3	443	4	12	395	4
4	553	5	13	232	3
5	206	3	14	473	4
6	476	4	15	438	4
7	567	5	16	617	5
8	181	3	17	164	3
9	409	4	18	527	5
아웃	3,640	36	인	3,599	36

HOLE 17 고개를 저을 정도로 예쁜
HEAD-SHAKINGLY PRETTY

코스에서 경기할 정도로 운이 좋은 높은 랭킹의 선수들은 저절로 머리를 저을 정도로 예쁘며 많은 노력이 필요한 이 홀과 정답게 속삭인다. 이곳은 눈부신 파3 홀로 영화 세트장이라고 해도 위화감을 주지 않는다. 백티에서 왼쪽에 졸졸 흐르는 지류가 만든 반짝이는 연못을 넘어 그린에 도달하기 위해서는 약 155야드(142미터)의 비거리가 필요하다. 15피트(4.5미터)의 폭포는 그린 뒤에 있는 장식용 나무에서부터 흘러 매우 초현실적인 장면을 연출한다. 그린은 작고 위험요소는 사방에 잠재해 있기 때문에 여기서 파는 보물과 같다.

나무에 틀어박힌 티에서 그린으로의 샷은 약간 내리막이다.

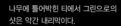

아담한 그린은 벙커, 바위, 물로 둘러싸여 있다.

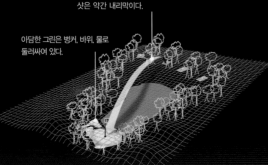

라스베이거스는 기묘하면서 훌륭한 것들에 익숙하다. 피라미드, 에펠탑, 그리고 베니스의 수로를 다시 자연한 도시는 하루에 수백만을 도박으로 탕진하는 곳이라 놀라운 것은 아무것도 없는 듯하다. 그러나 1988년에 카지노 거물인 스티브 윈이 섀도 크릭의 설립에 착수하자 수천 명의 사람들은 놀라움을 금치 못했다.

그는 여태까지 본 것 중 가장 야심찬 골프 코스를 세우기 시작했다. 유명한 라스베이거스 스트립에서 북쪽으로 9마일(14.5킬로미터)에 자리한 단조롭고 완전하게 편평한 사막 부지의 320에이커(130헥타르) 지역을 선택했고 높은 존경을 받는 톰 파지오의 감시 아래에 극적인 변화가 시작되었다. 그는 무제한의 자유와 천문학적인 예산을 받았다. 내막을 아는 누군가가 코스에 관해 언젠가 이렇게 말했다. "스티브는 섀도 크릭에 무제한의 예산안을 짰고 그것을 초과했다. 이곳을 특별하게 만들기 위해서는 무엇이든 하겠다고 했는데 정말 그렇게 했다." 윈은 깜짝 놀랄 만한 풍경이라는 점에서 대성공을 거두었다.

파지오가 만들어낸 것은 데저트 골프 코스라기보다는 사막에 있는 골프 코스였다. 누군가를 코스 한가운데에 눈을 가린 채 데려다 놓으면 그들은 눈을 뜨고도 모하비 사막 한가운데에 서 있다는 사실을 전혀 알지 못할 것이다. 유일한 힌트는 타는 듯한 열기와 불모의 배경인 스프링 산맥이다.

도박꾼의 즐거움

섀도 크릭은 연간 강우량이 고작 4.5인치(115밀리미터)에 불과한 지역에 놓여 있음에도 불구하고 열대 수림과 닮아 있다. 파지오는 200종이 넘는 묘목을 들여왔고, 전체 부지를 정의하고 예상하지 못한 고도의 변화를 준 흙무더기에 경의를 표해 호수, 돌투성이의 지류, 폭포를 만들었다. 이곳은 고르게 누벼 만든 골프 코스를 가진 관상용 정원이라고 묘사할 수 있을 것이다. 모든 홀들은 각각 고립되어 있고 수많은 잎으로 그늘져 있으며 아름답게 흐른다. 말도 안 되게 가파르게 휘어진 곳은 없지만 몇몇 홀은 웅장하게 호를 그리는데, 그중에서도 1번, 4번, 10번, 16번 홀이 그러하다.

9번 홀의 뛰어난 세팅은 배경으로 멋진 산맥을 두고 반짝이는 지류 옆에 자리한 흠 없는 페어웨이를 가진 섀도 크릭의 사막에서 톰 파지오가 만들어낸 에메랄드 빛 코스의 전형이다.

이들 파죽지세의 홀 중 정수는 553야드(505미터)에 이르는 4번 홀인데, 길고 좁은 모래땅에 둘러싸인 반짝이고 곡선미를 자랑하는 호수 주위에서 오른쪽에서 왼쪽으로 굽어진다. 라스베이거스에 있는 골프 코스가 얻는 이득은 도박꾼의 즐거움인데, 선수들이 이것과 대결하는 위험을 감행하도록 자극한다.

위험과 보상

일반적으로 모든 파5의 홀은 마지막까지 뛰어난 이들을 구해주는 특별한 위험하지만 보상이 따르는 홀이다. 파지오는 여기에 디자인을 요약, 코스 주변에서 찾은 모든 요소들을 하나의 극적인 홀로 결합했다. 18번 홀에서 티는 높이 앉아 있고 다른 각도에서 페어웨이를 공략한다. 나무와 벙커는 왼쪽을 비호하고 세 개의 폭포와 연결된 일련의 호수들은 그린에서 오른쪽으로 흘러간다. 마지막 암벽이 그린의 전방을 가로지르는데, 장타자이면서 용감한 이들이라면 2타 안에 그린에 도달 가능하다. 그러나 대부분은 시내를 넘어 수양버들, 소나무, 관목에 둘러싸인 얕은 그린으로 보내야 하는 매력적이지만 까다로운 피치 샷과 맞닥뜨릴 것이다. 주목할 만한 다른 홀은 두 개의 파3인 5번과 13번 홀이다. 5번 홀은 중간 정도 길이의 원 쇼터 홀로, 눈부신 관목의 골짜기를 따라 내려가기 때문에 시선을 자극한다. 그러나 13번 홀은 맹수이며, 롱 아이언이나 페어웨이 우드로 기울어진 그린으로 내리막 샷이 필요한데, 그린의 오른쪽은 작은 연못과 큰 벙커가 아주 단단히 방어하고 있다. 직접적인 라인은 문제가 되는 곳으로 바로 데리고 가므로 왼쪽에서 오른쪽으로 페이드 되는 샷이 최고인데, 후방 오른쪽 부분에 있는 깃발에 도달해야 한다면 특히 좋다. 이 샷은 약 230야드(210미터)가 넘는 강타로 신경을 혹사시키는데, 도박꾼이 돌아가는 룰렛을 바라보는 것과 다소 비슷하다. 개장 후에 섀도 크릭은 부자와 유명인을 위한 구역이 되었고 일류 인사들은 언제나 좋은 연줄을 가졌다. 농구의 전설 마이클 조던과 배우 조지 클루니는 단골이다. 이곳에서 어떤 챔피언십도 열리지 않는다는 사실에도 불구하고 섀도 크릭은 인상적인 코스 기록 보유자가 있는데, 바로 타이거 우즈로 그는 60타를 쳤다.

스트로크 플레이는 결코 섀도 크릭의 주요 특징이 되지 않을 것이다. 이곳은 공식적인 USGA의 등급이 없다. 파지오는 이곳을 골퍼들이 포커페이스로 서로 대적해 애써서 얻은 돈을 위해 경기를 하는 궁극적인 매치플레이 코스가 되도록 디자인했다. 도둑을 상대로 거액을 잃지 않은 이상, 실망감을 안고 이 멋진 곳을 떠나기는 불가능하다. 때때로 믿기 어려운 일이 벌어지는 도시에 어울리는 이곳은 장엄한 경험을 주는 초현실적인 코스이다.

라스베이거스의 MGM 그랜드 호텔

골프 코스는 단 한 가지 이유로 존재하는데… 손님들에게 즐거움을 안겨주는 것이다. 다른 것은 어떻게 되도 상관없다.

스티브 윈, 코스 설립자이자 전 소유자

트룬 노스, 미국 TROON NORTH, USA

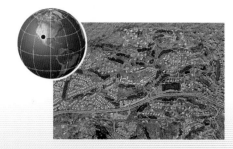

데저트 코스가 이보다 더 좋을 수는 없다. 소노란 사막의 표석과 관목 위로 침하하는 생기 넘치는 초록의 페어웨이의 조화는 경기의 전술가들뿐 아니라 눈까지 대접한다. 거친 돌로 덮인 피나클 피크가 돌보는 트룬 노스의 오리지널 모뉴멘트 코스는 완벽을 위해 극적인 선사시대의 풍경을 이용하는 훌륭한 건축물이다.

뱀과 함께하는 코스

트룬 노스의 사막층에는 두 가지 위협이 숨어 있다. 방울뱀은 토착생물이지만 드물게 볼 수 있는데 방울뱀을 죽이는 것은 애리조나 법에 위배된다. 보다 위험한 것은 점핑 촐라라는 선인장으로, 체내의 마그네슘 때문에 지나가는 사람들에게 다가가는 자성을 띠는 식물이다. 낚시 바늘 같은 지독한 가시가 있다.

■ 모래 위의 방울뱀

순수한 데저트 골프를 묘사해 달라고 요청하면 대부분의 선수들은 메마른 관목과 크고 뾰족한 카우보이 같은 선인장과 함께 산재해 있는 바위들, 깔끔하게 줄지어 있는 푸르른 그린의 섬을 둘러싸고 있는 이미지를 마음속에 그릴 것이다. 트룬 노스는 이들 전형적인 생각에 근거한 완벽하고 순수한 데저트 골프 코스일지도 모른다. 3번 홀 페어웨이의 중간에 있는 거대한 표석에서 이름을 딴 모뉴멘트 코스는 톰 웨이스코프와 제이 모리쉬가 만들었다. 이 '돌'은 도시계획 당국이 특별히 유지해 줄 것을 요청한 사막의 중요한 부분으로 여겨졌다. 디자인 팀이 거대한 표석을 두는 것을 안전상의 이유로 걱정한 반면, 스코츠데일 시는 코스에 대한 어떠한 법률적 책임도 고려하지 않았다.

특징적인 코스

오리지널 코스는 9개 홀의 특징적인 루프 두 개로 배치되었다. 전반 9 홀은 낮은 지대에 반시계방향으로 원을 그리고, 후반 9 홀(2007년 11월부터 자매 코스인 피나클 코스의

사구아로 선인장은 트룬 노스의 '새로운' 모뉴멘트 코스의 10번 홀 옆에 높이 서 있는데, 이처럼 거친 풍경에서 경기를 하는 고통을 진정시키는 효과가 있다.

일부분이 됨)은 더 높고 보다 융기된 땅 위에 시계방향으로 돈다. 새로운 곳들은 황야의 느낌이 사라졌지만 원래의 즐거운 도전을 손상시키지는 않는다.

페어웨이의 가장자리가 깔끔하고 뾰족한 관목과 거친 표석으로 둘러싸여 있을 때는 언제나 큰 문제가 잠재하고 있지만 경기 지역은 큰 편이라 관대하다. 사막 층이 5개 홀, 특히 가장 눈에 띄는 10번 홀에서처럼 뻗어 있으면 위협적으로 보이는 반면, 페어웨이는 넓고 주름지고, 그린은 크지만 덤불로 둘러싸여 있지는 않다. 이처럼 풀이 우거진 푸른 코스에서, 공이 제대로 튀어 오르는 것을 보는 것은 놀라운데, 이는 아마도 본래의 상태인, 바싹 잘려진 경기 표면의 특징으로 돌아갔기 때문이리라. 꽤 단단하고 빠른 그린에서 까다로운 깃발 위치 가까이 어프로치를 통과시키기 위해 곡선을 이용할 수 있어 즐겁다.

오리지널 모뉴멘트 코스에 있는 파5의 11번 홀의 티에서 보면, 위로 휜 선명한 초록빛의 페어웨이는 점점 오르막으로 가다가 암석 지형 가까이로 휙 방향을 바꾼다.

　　모든 파5 홀을 포함해, 이곳에서는 마음껏 타구할 수 있는 홀들이 많다. 11번 홀의 티에 서서, 멀리 떨어진 곳에 있는 가운데가 솟아 있고 깔때기 모양을 한 페어웨이를 응시하면, 왼쪽에서 오른쪽으로 휘어지는 샷을 만드는 식으로 힘껏 드라이브를 날리도록 유혹한다. 이곳은 착륙 지역에 페어웨이 벙커가 없는 5개의 홀 중 하나이지만 페어웨이가 솜씨 좋게 융기되어 있어 빗나가지 않는다. 페어웨이 벙커는 혼합된 스타일로 활동하기 시작하므로 상당한 거리를 날아, 다른 벙커들을 건너뛰고 약간 못 미치는 분별 있는 레이업 플레이를 해야 한다. 톰 웨이스코프가 언제나 자신의 코스에 하나 정도 넣길 원하는 도달 가능한 짧은 파4의 뛰어난 홀은 선수들에게 두 가지 옵션을 준다. 6번 홀은 길이가 306야드 (280미터)이고 홀을 두 개로 쪼개는 세 개의 벙커를 가진다. 크고 길게 뻗은 벙커 하나는 오른쪽을 감시하고, 두 개의 항아리 벙커는 직접적인 경로를 차단한다. 약 250야드(228 미터) 정도의 비거리로 드라이브를 날려서 더 멀리 있는 작은 항아리 벙커를 피할 수 있다면 그린을 찾거나 그린 가까이 갈 수 있다. 현명한 선택은 골칫거리에서 약간 못 미치는 곳에 공을 보낸 후 작고 경사진 그린으로 보내는 웨지 샷의 기회를 잡는 것이다.

눈을 애태우는

코스의 진정한 선물은 땅을 이용해 시선을 애태우는 방법이다. 황야에서 고립된 티들은 점차적으로 계단을 만들어 자신 앞에 놓인 모든 것을 볼 수 있게 한다. 물결치는 땅의 둔덕과 구멍은 시각적 감각을 농락해 페어웨이 위에 이상한 스탠스를 한 채 도전하도록 하거나 그린을 지나는 무자비한 타구를 하도록 만든다. 트룬 노스는 부드러운 라인과 억제된 융기로 가득하며 거친 주변 환경에도 불구하고 공정하다. 이곳에 있는 두 코스에서 경기하는 즐거움을 높이기 위해 수천 개의 사구아로 선인장이 덤불 속에 거만하게 서 있는데 코스에서 어느 정도 진정시키는 작용을 한다. 해가 지기 시작하면 오렌지 빛의 담요가 사막을 뒤덮는데, 이들의 희미한 실루엣은 아주 훌륭한 광경이다.

코스 설명

가늘고 긴 그린은 사막층의 돌투성이 관목 너머로 떨어지며 힘과 스타일로 맞서도록 골퍼를 유인한다. 영리한 경로 배치와 전략적인 디자인은 땅에서 돋아난 미사일 같이 생긴 원시의 선인장이 돌보고 있다. 데저트 코스의 표본이다.

트룬 노스

10320 E DYNAMITE BLVD, SCOTTSDALE, ARIZONA 85262, USA
www.troonnorthgolf.com

오리지널 모뉴멘트 코스

설립 1990　　　**디자이너**
길이 7,028 야드　톰 웨이스코프
(6,426 미터)　　제이 모리쉬
PAR 72

코스 카드

전반 9홀			후반 9홀		
홀	야드	파	홀	야드	파
1	444	4	10	392	4
2	172	3	11	539	5
3	564	5	12	414	4
4	420	4	13	176	3
5	464	4	14	604	5
6	306	4	15	368	4
7	205	3	16	140	3
8	408	4	17	438	4
9	530	5	18	444	4
아웃	3,513	36	인	3,515	36

■ 도그레그 된 3번 홀

HOLE 3　까다로운 도그레그
A TRICKY DOGLEG

페어웨이 가운데에 있는 오벨리스크 같은 표석은 이 홀의 사인이며 플레이 방법을 지시한다. 가장 안전한 경로는 왼쪽으로 가는 것이지만 홀이 오른쪽으로 휘어지므로 이 경로로 가게 되면 아무리 장타자라고 해도 2타 안에 그린에 도달할 수 없게 된다. 표석의 오른쪽과 잠식하는 사막의 코너 가까이로 보내는 대담한 드라이브는 실력 있는 골퍼에게 성공할 기회를 주지만, 그린에 도달하기 위해서는 약간 내리막의 훌륭한 타구가 필요하다. 벙커 하나가 그린에 약 400야드(36미터) 못 미치는 거리의 페어웨이에 끼어 있다.

16번 홀의 그린은 전방 오른쪽의 호수에 의해 방어된다.

돌투성이 황무지는 12번 홀의 페어웨이를 둘로 가른다.

11번 홀에서의 타샷은 왼쪽에서 오른쪽으로 휘는 것이 최고이다.

사막은 10번 홀 그린의 전방을 슬며시 가로지른다.

오벨리스크 모양의 표석은 3번 홀 페어웨이의 도그레그된 곳에 서 있다.

6번 홀은 드라이브할 수 있지만, 교차 벙커가 빗맞은 샷을 기다린다.

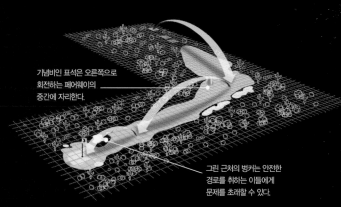

기념비인 표석은 오른쪽으로 회전하는 페어웨이의 중간에 자리한다.

그린 근처의 벙커는 안전한 경로를 취하는 이들에게 문제를 초래할 수 있다.

독특한 코스 Unique courses

다양한 지형에 펼쳐진 전 세계 수많은 코스들을 특정한 스타일로 분류하기란 매우 어렵다. 대부분은 스타일이 혼합되어 있거나 깔끔하게 분류할 수 없는 독특한 환경에 놓여 있다. 여기에서는 이러한 코스들 중에서 가장 특이한 표본을 살펴본다.

△ 이 극적인 **15번** 홀은 플로리다 탬파 근처 블랙 다이아몬드 랜치의 쿼리 코스에 있다.

◁◁◁ **프린스빌** 골프 코스는 하와이 카우아이 섬에 웅장하게 자리 잡았다.

◁◁ 짐바브웨 **엘리펀트 힐즈**의 골프 코스는 잠베지 강 옆, 빅토리아 폭포의 소리가 미치는 곳에 있다.

◁ 남아프리카 선 시티의 **로스트 시티 코스에는** 독특한 워터 해저드가 있다.

파크랜드는 언제 정글이 되나? 무엇이 링크스와 대조되는 것으로써 오션 코스를 결정하는가? 골프는 다양한 지형에서 경기가 이뤄지기 때문에 코스를 분류하는 경계가 모호할 수밖에 없다. 아일랜드 그린과 같이 다양한 건축적인 기괴함을 더할 경우, 많은 코스들이 단순히 한 카테고리에 들어맞지 않는다. 일반적으로, 히스랜드는 헤더가 있어야 하지만 인랜드 링크스나 파크랜드로 알려지지 않기 위해서는 얼마만큼의 헤더가 필요할까?

휘슬링 스트레이츠

카테고리 문제는 미국 미시건호의 기슭에 자리한 휘슬링 스트레이츠가 좋은 예이다. 피트 다이가 디자인한 경이적인 디자인의 코스로, 나무는 거의 없고 급강하하는 언덕 외에는 평지이고 일정치 않은 스타일이기는 하나 어이없을 정도로 많은 벙커들이 있다. 호수는 마치 바다처럼 광대하고 토양은 모래다.

그렇다면 휘슬링 스트레이츠는 링크스인가 오션 코스인가? 대부분의 홀들은 링크스에서 볼 수 없는 디자인 특징들이 있는데, 예를 들어 몇몇은 그린으로의 비거리를 강요하고 진정한 링크스보다 잔디가 훨씬 푸르고 무성하다. 이는 링크스처럼 보이기는 하지만 진짜 링크스에서처럼 경기하지 않는다는 뜻이다.

늪에서부터 큰 시합까지

전통적인 지역의 골프 코스들은 카테고리 내에 드는 편이지만, 여전히 완벽하게 들어맞지 않는 수많은 증거들이 있다. 미국의 캐롤라이나스와 조지아의 낮은 지대에 있는 습지대는 어디에서나 발견되며 홀들은 습지대와 늪을 누비고 지나간다.

나무를 특징으로 할지라도 전형적인 스타일은 적용할 수 없다. 문제는 다른 지역과 열대지방에서 더 커진다. 덥고 습한 기후에서 자라는 독특한 식물이 있는 동아시아 골프 코스는 거의 정글에 가까운 곳을 통과해 짓는다.

원숭이들은 나무에서 왔다 갔다 하고 공은 조잡한 잔디의 페어웨이에서 거의 회전하지 않는다. 이런 것도 파크랜드라고 칭할 수 있을까? 아마도. 하지만 경계를 넓히게 될 것이다. 아프리카에 있는 몇몇 코스들은 메마른 사바나 지대에 세워지는데 야생동물들이 페어웨이 근처를 어슬렁거린다. 짐바브웨 빅토리아 폭포에 있는 지역 골프 코스는 엘리펀트 힐즈의 페어웨이 너머를 터벅터벅 걷는 고귀한 짐승의 이름을 따서 명명되었다. 그리고 남아프리카의 크루거 국립공원의 경계에 자리한 한스 메렌스키의 파크랜드 코스에서 골퍼들은 '5대 동물(사자, 코뿔소, 코끼리, 들소, 표범)'을 발견할 수 있다.

다우림(多雨林)과 용암

골프는 보통 관광 소득과 관련이 있는데 하와이 섬이 특히 그렇다. 카우아이의 가장 북쪽에 위치한 섬은 다우림 파라다이스로, 가파른 면을 가진 계곡은 섬을 헤치고 나아가는 이국적인 식물지를 감싼다. 엄청나게 극적인 프린스빌 같은 곳을 나무로 둘러싸여 있다고 해서 파크랜드 코스로 분류하는 것은 모욕이다. 더욱 혼란스럽고 분류하기 어려운 곳은 빅 아일랜드의 용암지대에 있는 코스들이다.

활화산의 섬의 해안은 마우나 로아와 마우나 케아의 거대한 화산에서 분출되었거나 또는 심해가 토해낸 면도날처럼 날카로운 검은 용암으로 덮여 있다.

용암 위로는 걸어 다니기가 너무 어려워 골프 코스로는 어울리지 않는 것처럼 보인다. 그러나 돌을 갈아서 부드러운 표면을 형성하기 위해 뱉어내는 용암 씹는 기계(lava-munching machine)는 골프를 환상적인 실체로 만들었다. 수입된 토양을 이용한 완벽하게 다듬어진 페어웨이는 러프로 활동하는 검은 암석을 재빠르게 가로지른다. 이들 코스는 대부분이 해안 옆에 자리하지만 링크스와는 거리가 한참 멀다.

휘슬링 스트레이츠는 링크스와 오션 코스의 특징들이 공존하는 곳이다. 이곳은 위스콘신에 있는 셰보이건 북쪽의 미시간 호 강기슭으로 2마일 범위에 있다.

13번 홀을 조심하라!

남아프리카 선 시티에는 두 개의 장엄한 코스가 있는데 그중 하나인
로스트 시티 코스는 특징적인 스타일이 있다. 필란스버그 산을 배경으로
한 로스트 시티는 높은 러프를 가로질러 표석으로 뒤덮인 호수들을 지나
흐른다. 데저트 스타일에 가까운 이곳은 인랜드 링크스의 느낌도 풍긴다.
13번 홀 티와 그린 사이에 있는 벽으로 가로막힌 거대한 구덩이는
갈대와 물속에서 빈둥거리는 나일 악어 24마리의 집이다.

■ 13번 홀 구덩이에 있는 악어

검은 용암을 개척한 와이코로아의 비치 코스는 하와이 빅 아일랜드의 코할라
해안선을 따라 위치한다. 로버트 트렌트 존스 주니어가 디자인한 그림 같은
코스는 아나에후마루 만의 바다에 있는 혹등고래를 비롯해 도전적으로
맞닥뜨리는 수많은 물과 모래 벙커들이 특징이다.

로흐 로몬드, 스코틀랜드 LOCH LOMOND, SCOTLAND

낭만적인 환경에 고전적인 디자인이 결합한 로흐 로몬드는 모든 감각에 호소한다. 글래스고 북쪽의 우아하고 아름다운 강기슭에 자리한 이곳은 아주 기분 좋은 골프 코스이다. 1994년 개장이라는 짧은 역사와 '골프의 발상지'에 갑자기 나타난 것을 고려할 때 이곳은 압도적인 찬사를 받아 왔다. 이곳은 2000년에 뮤어필드와 로열 카운티다운에 이어 영국제도에서 세 번째로 좋은 코스로 선정되었으며 현재 세계 톱100 안에 자리한다.

의심할 여지없이 로흐 로몬드는 파크랜드 코스의 특징이 두드러지지만 이곳의 다양성과 세팅을 볼 때 이것만으로 한정짓기에는 지나치게 단순화시키는 것이다. 물론 페어웨이는 오크, 소나무, 미송, 낙엽송, 너도밤나무, 라임, 특이한 밤나무가 숲을 이루고 여기에 진달래까지 색을 더하지만 이곳에는 그 이상의 것들이 존재한다. 몇몇 홀들의 가장자리는 금작화, 헤더, 갈대, 고사리, 물대, 엉겅퀴와 가시나무로 어수선한 습지대와 붙어 있다. 3번, 5번, 6번, 7번, 8번, 18번의 6개의 홀들은 로흐 로몬드의 찰싹거리는 물에 직접적으로 영향을 받고 있다. 다른 홀들은 개울과 교차하며 천연 연못이 가장자리에 있다. 전경을 응시하노라면, 호수와 고사리로 덮인 트로사크의 고원 지대는 우리 모두를 자연의 매력에 감사하는 천진난만한 사람이 되게 한다.

특별히 공정하고 다채로운

골프 코스에 대한 평가는 대부분 주관적인 과정이다. 진정으로 훌륭한 것을 찾기 위해 때때로 객관적인 기준이 적용되어야 하는데, 상황에 따라 판단이 흐려질 수 있기 때문이다. 호화로운 풍경에서 눈길을 돌린다고 해도 로흐 로몬드에는 여전히 완벽한 코스가 남아 있다. 1980년대 후반에 톰 웨이스코프와 제이 모리쉬 디자인 전문가 팀은 수세기 동안 조상 대대로 콜쿠혼 일족의 집이었던 땅에 그들의 예술적인 솜씨를 발휘해줄 것을 요청받았다. 이곳의 중심부에는 호수를 내려 보는 인상적인 로스두 하우스가 있었다. 건축가들은 소유지의 품위와 웅장함에 맞추면서 그들이 보여준 신뢰에 보답해야 했다. 모리쉬가 심장 발작의 여파로 인해 제한적으로 개입했던 데 반해, 1973년 트룬에서 열린 오픈 챔피언십의 우승자인 웨이스코프는 뛰어난 코스 디자인의 배후에서 주된 역할을 했다. 코스는 잊혀 지지 않을 감명을 주는 매우 공정하고 다채로운 홀들을 선사한다. 페어웨이는 전부 충분한 활동 범위를 확보하고 있는 반면 이상하고도 까다로운 장애물이 주변을 방어하고 있다.

끊임없이 바뀌는 방향과 속도는 모두를 사로잡는다. 홀들은 15번 정도 침로를 바꾸며 4개의 뛰어난 원 쇼터들은

로흐 로몬드에서 경기한 골퍼들은 훌륭하게 세팅된 물과 뒤쪽에 자리한 산의 전경에 빠져든다.

주요 순간들

2000년 로흐 로몬드에서 열린 솔하임 컵에서 유럽의 여성 프로 골퍼들은 미국에게서 승리를 되찾아 왔다. 12명 중 절반은 스웨덴 선수였다. 첫날 아침의 포섬을 깨끗하게 휩쓸었고, 그 다음 유럽이 마지막 날 땄던 5점 중 3.5점은 카린 코흐, 헬렌 알프레드손, 리셀로테 노이만과 카트린 닐스마크가 따냈다.유럽이 14½ 대 11½로 이겼다.

프랑스 선수 토마스 르베는 2004년 바클레이 스코티시 오픈의 최종 라운드에서 14위로 떨어져 있었고 선수에게 7타 뒤진 채였다. 그는 통렬한 63타로 마이클 캠벨을 한 타 차로 따돌렸다. 겨우 29타로 마지막 홀에 들어온 르베는 마지막 8개 홀에서 6언더였고, 버디로 승리를 마무리하며 총 15언더 파를 기록했다.

로흐 로몬드

ROSSDHU HOUSE, LUSS, DUNBARTONSHIRE G83 8NT, SCOTLAND
www.lochlomond.com

코스 설명

설립 1994
길이 7,139 야드 (6,528 미터)
파 71

디자이너 톰 웨이스코프, 제이 모리쉬
코스 기록 62 레티프 구센(1997)

엄선된 챔피언들

스탠더드 라이프 리 웨스트우드(1998), 콜린 몽고메리(1999), 어니 엘스(2000)
솔하임 컵 유럽(2000)
스코티시 오픈 레티프 구센(2201), 에두아르도 로메로(2002), 어니 엘스(2003), 토마스 르베(2004), 팀 클라크(2005), 요한 에드포스(2006), 그레고리 아브레(2007)

코스 카드

전반 9홀			후반 9홀		
홀	야드	파	홀	야드	파
1	425	4	10	455	4
2	455	4	11	235	3
3	518	5	12	415	4
4	385	4	13	560	5
5	190	3	14	371	4
6	625	5	15	415	4
7	440	4	16	490	4
8	160	3	17	205	3
9	340	4	18	455	4
아웃	3,538	36	인	3,601	35

그림 같은 17번 홀의 그린

로흐 로몬드를 내려다보는 뛰어난 파3의 17번 홀

이곳은 아마도 유럽 최고의 코스일 것이다. 레이아웃은 너무나 뛰어나고 코스 상태는 매우 깨끗하며, 아름답다.

로흐 로몬드에서 열린 2000년과 2003년 스코티시 오픈의 우승자인 어니 엘스

160에서 235야드(146미터에서 215미터)의 범위에 이르며 모두 다른 방향에서 경기한다. 쇼트 홀들 중 두 개는 대성공이다. 5번 홀에서 티는 천연의 예쁜 황무지에서 거울처럼 비추는 호수를 뒤에 두고 거대한 오크 나무로 둘러싸인 그린을 향해 겨냥한다. 호수가 저쪽 뒤에 있는 것처럼 보이지만 교묘한 책략의 여지가 있으며, 물결치는 그린과 네 개의 벙커는 계속 긴장하도록 만든다. 코스에 있는 형언할 수 없이 아름다운 수많은 홀들 중 5번 홀은 확실히 최고이다. 하지만 5번 홀은 또 다른 파3 홀과 라이벌을 이룬다. 17번 홀은 습지 너머의 아슬아슬한 205야드(187미터)이며, 호수는 왼쪽으로 겨우 몇 발자국 떨어져 있다. 후방 왼쪽에 있는 핀의 위치에 도달하기 위해서는 세련된 드로우 샷뿐 아니라 용기가 필요하다. 이곳은 2000년 솔하임 컵에서 유럽 팀의 뛰어난 승리의 현장이었는데, 스웨덴의 카린 코흐는 미셸 레드맨을 2대 1로 물리치는 10피트짜리 퍼트를 성공시켜 미국을 상대로 승리를 거머쥐었다.

유용한 벙커

벙커는 주의 깊게 사용되며 어느 것 하나 낭비되지 않는다. 웨이스코프는 언제나 모래가 각각 다른 문제를 제시해야 한다고 믿어왔으며 여기에 이를 제대로 실현하기 위해 애썼다. 8번 홀에 있는 작은 항아리 벙커만이 숨겨져 있으며 다른 홀에서는 모래를 감지할 수 있기 때문에 깊이에 대한 인식이나 필요한 샷의 구상에 도움이 된다. 페어웨이에서 벙커는 상당히 얕아서, 선수들은 정확한 샷으로 탈출 가능하다. 이들 벙커는 문제가 되는 지점에 놓일 뿐 아니라 선수들이 전술에 집중하도록 돕는다. 그린사이드 벙커는 보다 깊으며 트레이드마크인 비탈과 언덕 제방에 즐겁게 자리 잡고 있다. 모래가 시선을 사로잡는 것만큼이나 장애물의 역할을 하는 야생의 정교한 황무지와 당당한 표본

나무들 또한 그러하다. 호수의 강기슭에 접한 길고 굽어진 파5의 6번 홀에 있는 장대한 한 그루의 오크는 페어웨이 양쪽에서 존재감을 과시해 벙커만큼이나 확실히 전략을 만든다.

교활함, 우아함, 그리고 파워

이 코스는 미드 아이언이나 롱 아이언을 뛰어나게 사용하는 선수들에게 적합한 편이지만, 최고의 퍼터 또한 언제나 도움이 될 것이다. 그린은 크기에 있어 관대하지만 위로 휘어 있고 빠르며, 일부 우회하는 핀 위치에서는 선택권을 준다. 이는 18번 홀에서 실증되는데, 우아하지만 위험한 파4의 홀은 호수의 후미 주변에서 폐허인 로스두 캐슬을 향해 왼쪽으로 휘어진다. 훌륭한 드라이브는 후방 오른쪽 부분에 작은 모래톱이 있는, 두 개의 층을 이루는 가파른 그린으로 미드 아이언 샷을 남겨 둔다. 그린을 적중시키는 것은 그리 큰 문제는 아닐지 모르지만 가장 직접적인 퍼트를 위한 최적의 장소에 공을 갖다 놓기 위해서는 노련한 샷이 요구된다. 이것이 로흐 로몬드의 방식이다. 이곳은 모두에게 공정하지만 스코어를 잘 하기 위해서는 어프로치는 빈틈없이 정확해야 한다. 로흐 로몬드는 스코티시 오픈의 본거지가 되었고 이 코스에서 경기하기 위해서 온 전 세계의 프로 선수들을 위한 충분한 공간을 제공할 수 없을 것이다. 닉 팔도는 "이곳은 정말 환상적이다. 몇 마일 떨어진 곳의 영국에 있는 최고의 코스들만큼 대단하다"고 말했고, 콜린 몽고메리는 이곳을 "완벽하다"고 평했으며, 이곳에서 두 번 우승한 어니 엘스는 "내가 좋아하는 전 세계 골프 개최지 중 톱5에 든다"고 논평했다. 대단한 격찬이지만 이제 시작일 뿐이다. 이곳은 교묘함, 우아함, 파워 그리고 위안을 주는 특징까지 가지고 있기에 골프에서 발견할 수 있는 가장 즐거운 라운드를 선사하는 장소로 손꼽힌다.

죽음의 덤불

톰 웨이스코프는 18개월을 부지에 있는 정원사의 오두막에서 살면서 디자인을 진두지휘했다. 어느 이른 아침 그는 14번 홀 근처, 코스의 습지대 쪽으로 자신의 생각을 실현할 수 있는지 알아보기 위해 산책을 갔다. 톰은 개울을 뛰어 넘으려다 습지로 미끄러졌고 궁지에 몰린 채 천천히 가라앉았다. 그는 제방에 있는 잔디에 매달렸지만 완전히 올라가지 못했다. 그는 구조될 때까지 몇 시간 동안 필사적으로 버텼다.

로흐 로몬드에서 웨이스코프

■ 숨 막히게 아름다운 5번 홀

■ 2개의 층으로 된 18번 홀의 그린

코스 설명

우아함으로 현혹시키는 로흐 로몬드는 홀은 습지대와 무성한 파크랜드를 우아하게 어슬렁거리며 통과하는 건축의 걸작이다. 티에서 관대하지만 전략적으로는 여전히 비범하며 이곳의 주된 위험은 야생 잔디 구역과 잘 자리한 모래, 서 있는 나무 그리고 물결치는 넓은 퍼팅 표면에 있다.

벙커들은 18번 홀 페어웨이 오른쪽에서 위험한 존재가 된다.

전반 9 홀

① 페어웨이는 훤히 트여 있고 오른쪽에 까다로운 한 그루의 오크가 있다. ② 페어웨이를 가로지르며 뻗어 있는 벽은 이 강력한 파4 홀에서 시선을 사로잡는다. ③ 2타에 도달가능 하지만 호수 오른쪽으로 짧거나 왼쪽으로 길게 빗나가는 샷은 벌한다. ④ 간단해 보이지만, 더블 그린(2번 홀과 공유함)은 다루기 힘들다. ⑤ 멋지지만 위험한 파3 홀로, 야생 늪지대를 넘는 비거리가 필요하다. ⑥ 오른쪽 아래에 호수가 있고 거대한 나무를 구불구불 헤쳐 나가는 거대한 파5 홀이다. ⑦ 그린은 호수 가까이 앉아 있다. 롱 아이언 어프로치는 빈틈없이 정확해야 한다. ⑧ 그린을 놓칠 경우, 파를 하려면 기복이 있는 어려운 샷이 남는다. ⑨ 장타자들이라면 드라이브 가능하지만 지나치게 대담하면 모래가 붙잡을 수 있다.

후반 9 홀

⑩ 아름답게 급강하하는 파4 홀. 호수는 그린의 전방과 왼쪽 맞은편을 둘러싼다. ⑪ 코스에서 가장 힘든 쇼트 홀. 약간 오르막으로 매우 길며 종종 우드가 필요하다. ⑫ 그린에 오른쪽으로 짧게 가는 샷은 가파른 경사를 따라 뒤로 물러난다. ⑬ 버디 기회를 잡기 위해서는 페어웨이에 있는 벙커를 피하라. ⑭ 우회하는 짧은 파4 홀. 무슨 일이든 생길 수 있다. ⑮ 사악한 봉우리가 그린을 둘로 나눈다. 아군이 될 수도 적이 될 수도 있다. ⑯ 길이와 그린에 못 미치는 곳에 자리한 개울을 볼 때 매우 어려운 파4 홀. ⑰ 호수 옆에 있는 멋진 파3 홀. 그린은 늪지대를 가로지르는 오아시스처럼 보인다. ⑱ 왼쪽 아래에 호수가 있고 오른쪽 위에 벙커가 있어 위험한 티샷.

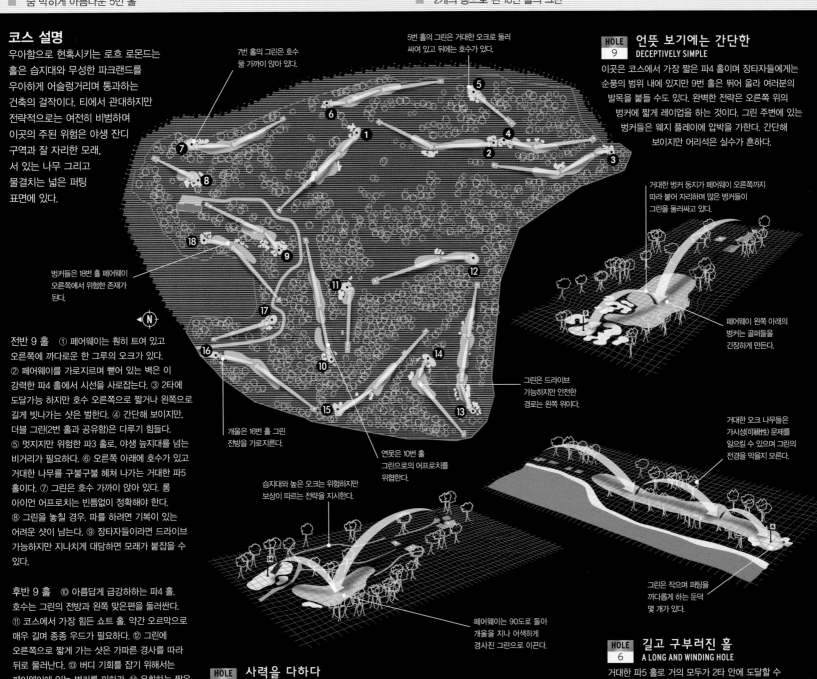

7번 홀의 그린은 호수 물 가까이 앉아 있다.

5번 홀의 그린은 거대한 오크로 둘러 싸여 있고 뒤에는 호수가 있다.

개울은 16번 홀 그린 전방을 가로지른다.

연못은 10번 홀 그린으로의 어프로치를 위협한다.

습지대와 높은 오크는 위험하지만 보상이 따르는 전략을 지시한다.

그린은 드라이브 가능하지만 안전한 경로는 왼쪽 위이다.

HOLE 9 언뜻 보기에는 간단한
DECEPTIVELY SIMPLE

이곳은 코스에서 가장 짧은 파4 홀이며 장타자들에게는 순풍의 범위 내에 있지만 9번 홀은 뛰어 올라 여러분의 발목을 붙들 수도 있다. 완벽한 전략은 오른쪽 위의 벙커에 짧게 레이업을 하는 것이다. 그린 주변에 있는 벙커들은 웨지 플레이에 압박을 가한다. 간단해 보이지만 어리석은 실수가 흔하다.

거대한 벙커 둥지가 페어웨이 오른쪽까지 따라 붙어 자리하며 많은 벙커들이 그린을 둘러싸고 있다.

페어웨이 왼쪽 아래의 벙커는 골퍼들을 긴장하게 만든다.

거대한 오크 나무들은 가시성(可視性) 문제를 일으킬 수 있으며 그린의 전경을 막을지 모른다.

그린은 작으며 퍼팅을 까다롭게 하는 둔덕 몇 개가 있다.

페어웨이는 90도로 돌아 개울을 지나 어색하게 경사진 그린으로 이끈다.

HOLE 14 사력을 다하다
DO OR DIE

이 위험한 홀은 골퍼들에게 두 가지 옵션을 준다. 보다 안전한 '큰 길'은 아이언 또는 페어웨이 메탈로 습지대와 높게 솟은 오크 언저리를 지나는 왼쪽 아래로 보내는 것이다. 보다 위험한 전략은 수렁을 넘는 270야드(247미터)의 비거리를 취한 후 그린을 직접 공략하는 것이다. 성공하면 간단한 버디 기회를 가질 수 있지만 실패하면 심각한 벌을 받을 수 있다.

HOLE 6 길고 구부러진 홀
A LONG AND WINDING HOLE

거대한 파5 홀로 거의 모두가 2타 안에 도달할 수 없다. 홀을 따라 편재하는 오크 나무 뒤로 공을 보내 시야를 막지 않도록 하는 것이 바람직하다. 러프에서 드라이브 할 수 없으며 그렇지 않으면 3타 안에 도달하기 위해 고군분투할 것이다. 거대한 교차 벙커는 두 번째 샷을 친 후 그린에서 거슬러 올라 가야 할 수도 있다.

선 시티, 남아프리카 SUN CITY, SOUTH AFRICA

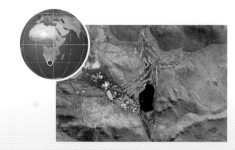

요하네스버그에서 두 시간 거리의, 필란스버그 산맥 가장자리에 있는 총림지대에 자리한 이 기념비적인 코스는 종종 아프리카 대륙에서 최고의 코스로 랭크된다. 선 시티의 게리 플레이어 컨트리클럽 코스는 힘과 머리를 조화시키고 정신과 육체를 소모시키는 도전지이다. 세계에서 가장 긴 이 코스는 열기와 고도의 도움까지 더해져 장타자들에게 유리하다.

게리 플레이어 컨트리클럽 코스를 공중에서 본 광경으로, 오른쪽에 1번 홀이 있고, 맨 앞에 있는 14번 홀의 그린 주변에는 붉은색 벙커들이, 왼쪽에는 호수가 있다.

18번 홀 옆의 물은 수많은 빗나간 공들을 붙잡는 습관이 있으므로 정기적으로 공을 회수한다.

게리 플레이어 컨트리클럽 코스는 선 시티의 화려한 스타일을 반영하지 않는 곳으로 오히려 차분한 편이다. 이곳은 플레이어 팀이 토착의 거친 잡목 숲을 깨끗이 정리해 부드럽게 물결치는 키쿠유 잔디의 페어웨이를 펼쳐 놓은 때인 1979년 이래로 골퍼들을 위한 활동의 무대였다. 필란스버그 국립공원 언덕 주변이 모두 오르락내리락 하는데 반해 코스는 비교적 편평하다. 극적이게 급강하하는 홀들 대신 골퍼를 계속 긴장시키기 위해 경로를 짜는 기술과 장애물을 교묘하게 배치하는 것에 의지한다. 챔피언십 티에서 7,162미터(7,832야드)에 이르는 이곳은 세계에서 가장 긴 코스로 손꼽힌다. 다행스럽게도 선 시티는 해수면에서 1,120미터(3,675피트) 위에 있어 공은 독수리처럼 난다. 개장 후 2년 만에 이곳은 초청된 12명의 정상급 프로 선수들이 거액의 돈을 놓고 대결을 벌이는, 지금은 매년 열리는 밀리언 달러 이벤트의 첫 번째 무대가 되었다. 이처럼 긴 코스의 최고 기록(공식 기록은 아님)이 파드리그 해링턴의 61타라는 사실은 좀처럼 믿기 어려우며, 오늘날처럼 기술이 발달하지 않았던 때인 1993년에 닉 프라이스는 4라운드 총 24언더를 기록했다.

짓궂은 벙커와 억센 러프

코스는 전혀 쉽지 않다. 물은 7개의 홀에 영향을 미치는데, 9번 홀과 17번 홀에서 가장 거슬리며, 플레이어의 벙커 배치는 짓궂으며 도전적이다. 대부분의 벙커들이 드라이빙 디스턴스에 바로 등장해 이미 좁은 착륙 지역에 끼어들기 때문에 페어웨이에서의 정교함은 적다. 그린 주변에서는 많은 벙커들이 퍼팅 표면의 전방 코너(혹은 14번 홀처럼 전방을 에워싸거나)에 파고 들어가 있다. 문제를 제거하고 그린을 붙잡았을 경우 충돌하는 이들 벙커들 때문에 높고 정교한 어프로치가 필요하다. 대부분의 퍼팅 표면은 이들 벙커 뒤에 감추어져 있어서 깃발에 도달하기가 매우 어려워진다. 많은 홀들은 공을 굴려 올릴 만한 경로를 가지지만 아주 좁고 그린은 살짝 융기되어 있는 편이라 공이 앞에서 꼼짝 못할 수도 있다. 페어웨이와 그린을 놓쳤을 때 어려움을 가중시키는 것은 키쿠유 잔디 러프이다. 공은 풀이 무성한 페어웨이 위에서 상당한 거리를 뛰어 다닐 수 있는 반면, 같은 잔디가 몇 인치 더 길고 페어웨이를 둘러싸고 있을 때에는 철사만큼이나 억세다. 이것은 버뮤다 러프와 같은 수준이며 이곳에서 제어한다는 것은 사실상 불가능하다. 러프 밖에는

코스 설명

말도 안 되게 길고, 용서 없는 코스는 좋은 플레이를 하기 위해서는 완벽한 타구뿐 아니라 인내심이 필요한데, 들러붙는 러프와 모래의 기복은 정면 도전에 가차 없기 때문이다. 그러나 열기와 고도는 파워 게임에 도움을 준다.

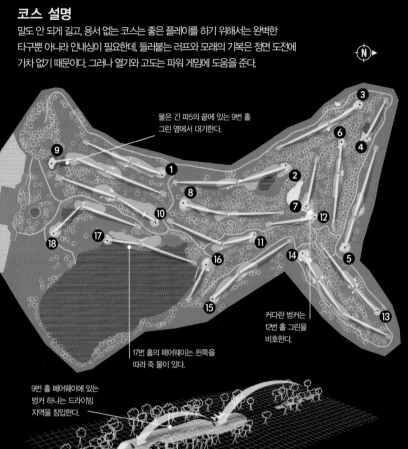

물은 긴 파5의 끝에 있는 9번 홀 그린 옆에서 대기한다.

9번 홀 페어웨이에 있는 벙커 하나는 드라이빙 지역을 침입한다.

17번 홀의 페어웨이는 왼쪽을 따라 죽 물이 있다.

커다란 벙커는 12번 홀 그린을 비호한다.

9번 홀의 그린은 쏟아지는 개울이 뒤에 버티고 있는 넓지만 얕은 섬이다.

■ 아름다운 9번 홀

HOLE 9 | 관중을 기쁘게 하는 홀
A CROWD PLEASER

관중이 즐거워하는 홀의 티에서의 도전은 기대할 수 있지만 그린에 이르면 점점 흥미로워진다. 여기, 개울은 그린 가장자리 부근에서 떨어져 전방에 있는 호수로 흘러든다. 그런 다음 이번에는 돌투성이의 폭포를 따라 굴러 가서는 아래에 있는 또 다른 호수와 만난다. 2타에 목적을 달성하기 위해서는 용기가 필요하다. 어니 엘스는 다음과 같이 밝혔다. "홀은 보통 그린에서의 두 번째 샷을 장려하기 위해 만들어지며 위협적일 수 있다. 그린에 2번 아이언을 들고 나갔더라도 3번 우드를 사용할 거리라면 나는 물러선다. 호수에 못 미치는 레이업 샷을 한 후에도 핀이 오른쪽이나 왼쪽의 뒤에서 끼어든다면 힘든 샷이 된다. 양쪽으로 몇 야드만 빗나가도 공은 물에 빠질 수 있다."

선 시티

PO BOX 6, SUN CITY 0316, SOUTH AFRICA
www.sun-international.com

게리 플레이어 컨트리클럽 코스

설립 1979	**디자이너** 게리 플레이어
길이 7,162 미터 (7,832야드)	**코스 기록** 63 어니 엘스(2002)

엄선된 챔피언들

네드뱅크 골프 챌린지(밀리언 달러 챌린지라고도 함) 닉 프라이스(1997, 1998), 어니 엘스(1999, 2000, 2002), 세르히오 가르시아(2001, 2003), 레티프 구센(2004), 짐 퓨릭(2005, 2006), 트레버 이멜만(2007)

여자 골프 월드컵
스웨덴(2006)
(아니카 소렌스탐과 리셀로테 노이만)

코스 카드

전반 9홀			후반 9홀		
홀	미터	파	홀	미터	파
1	403	4	10	500	5
2	520	5	11	419	4
3	411	4	12	200	3
4	195	3	13	406	4
5	449	4	14	550	5
6	388	4	15	431	4
7	206	3	16	193	3
8	450	4	17	437	4
9	545	5	18	459	4
아웃	3,567	36	인	3,595	36

잡목이 모든 홀에 기어들어와 있어 출입금지 구역이다. 찌는 듯한 열기와 쩍쩍거리는 벌레들은 이국적인 느낌을 더한다. 마지막 5개 홀은 컨트리클럽의 강철 같은 성격을 요약한다. 커다란 파5 홀이 홈 홀을 향한 달리기를 시작하며 거대한 교차 벙커는 러프의 섬들과 함께 그린을 방어한다. 15번 홀은 벙커 사이에 놓인 좁은 진입로를 가진 그린으로 가기 위해 2개의 거대한 강타가 필요하다. 그린의 거의 절반이 오른쪽 전방의 벙커 뒤에 앉아 있다. 코스에서 가장 짧은 파3의 16번 홀에서는 이를 모두 지나가야 하며 17번 홀은 왼쪽을 죽 따라 물이 있는 괴물 같은 홀이다. 물에서 돌출된 이 그린에 닿기 위해 롱 아이언이나 페어웨이 메탈로 치는 것은 무시무시한 과제이다.

영웅의 코스

키쿠유, 물, 가시 돋친 덤불, 그리고 아주 빠른 그린에서 살아남았다 하더라도, 이제까지 한 고생이 호수 너머 왼쪽으로 도그레그된 환상적인 파4의 18번 홀에서 망할 수도 있다. 물에 더 가깝게 드라이브를 치면 칠수록 완만하게 높은 그린으로 보다 짧은 샷을 남기게 되어 더 낫다. 핀 위치의 입구와 후방 오른쪽을 방어하며 입을 벌리고 있는 두 개의

벙커는 빠지게 되면 괴롭다. 이곳은 밀리언 달러 챌린지에서 수많은 시끌벅적한 현장인데, 관중들이 자신들의 영웅을 열광적으로 응원하기 때문이다. 이곳은 크고 가차 없는 영웅의 코스이다. 미묘함과 독창성이 부족하지만, 꼼꼼함, 파워, 완벽한 코스 상태, 야생의 정감으로 이를 만회한다.

단호한 벙커들은 크고 공을 칠 수 없는 키쿠유 잔디의 섬과 함께 14번 홀 그린을 싸고 있다.

미션 힐즈, 중국 MISSION HILLS, CHINA

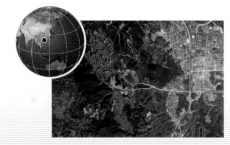

홍콩 옆에 있는 상상을 초월하는 리조트는 중국 골프의 성공 스토리가 되었다.
세계에서 가장 큰 골프 복합시설인 미션 힐즈는 18개 홀을 갖춘 12개 코스를 자랑하며
각 코스는 골프계에서 유명한 인물, 주로 투어 프로 선수들이 디자인했다. 스페인의 거장이자
두 번이나 마스터스 챔피언을 차지한 호세 마리아 올라사발이 디자인한 코스는 가장 길며
2007년 오메가 미션 힐즈 월드컵의 개최지로 선정되었다.

중국은 지구상에서 네 번째로 큰 나라이며 세계 인구의 약 4분의 1을 차지하지만 골프에서 보자면 애송이에 불과하다. 오래전 황제가 장난삼아 시도했지만 공산주의는 골프의 기반을 모두 앗아가 버렸다. 1984년 중국 인민공화국이 첫 번째 18홀 코스를 발표한 이후 따라붙기 시작했고 진정한 진보를 이루었다. 2007년까지 중국에 200개가 넘는 코스가 설립되었고 최대 700개가 계획 단계에 있거나 건설 중에 있다. 홍콩 다운타운에서 불과 35마일(56킬로미터) 떨어져 있는 센젠(심천) 근교의 미션 힐즈 리조트는 대규모로 진행되는 이 눈부신 골프 혁명을 선도한다. 여기 코스를 디자인한 건축가들의 리스트는 골프 유력인사를 읽는 것 같은데, 잭 니클라우스, 그렉 노먼, 어니 엘스, 아니카 소렌스탐, 비제이 싱, 닉 팔도, 데이비드 듀발, 점보 오자키, 데이비드 레드베터, 중국 선수인 장 리안웨이, 피트 다이, 그리고 호세 마리아 올라사발이 그들이다. 엄청난 규모의 리조트 외에, 미션 힐즈는 아시아에서 가장 큰 프로 숍과 어마어마한 30만 스퀘어피트, 거의 7에이커(2.8헥타르)를 차지하는 기념비적인 클럽하우스를 자랑한다. 리조트가 거대 산업 도시와 인접하고 있음에도, 이곳은 완만한 기복의 언덕으로 둘러싸인 외딴 계곡에 높이 자리한다. 모든 코스들은 멋진 배경을 같이 누리고 있지만, 코스에서 프로 선수들과 협력했던 디자인 회사 슈미트-컬리는 각 코스가 가능하면 자신만의 정체성을 가지도록 노력했고 선수들 고유의 생각과 아이디어를 반영할 수 있도록 했다.

특징적인 모래(벙커)

올라사발의 코스는 사정을 두지 않지만

5개의 티 세트로 인해 누구나 플레이 할 수 있다. 그러나 세계 최고의 선수들은 코스의 길이와 지류와 호수를 이용한 최신식 디자인 덕택에 언제나 시험받는다. 하지만 경기를 지배하는 또 다른 무언가가 있다. 올라사발은 이제까지 본 골프 선수 중 가장 훌륭한 쇼트 게임 선수로 간주되며 특히 벙커에 정통한 선수이다. 그러므로 이 코스의 주요 특징인 모래인 것은 당연해 보인다. 5개의 파3 홀이 불과 21개의 벙커를 가짐에도 불구하고, 전반 9 홀에 68개의 벙커가, 후반 9 홀에 경이적인 86개의 벙커가 있다는 사실을 볼 때 라운드 중 언젠가 모래에 빠지는 것은 피할 수 없다. 대부분은 단순히 작은 항아리 벙커가 아닌, 가장자리에 무성한 풀과 가파른 앞면을 가진 크고 아메바 모양의 벙커이다. 페어웨이 벙커는 부드럽게 형성된 홀의 코너에 박혀 있기 때문에 대담한 드라이브를 붙잡는 경향이 있는 반면, 다른 것들은 구원자의

홀들의 정수

기쁨을 주는 홀들 중 정수는 다음과 같다. 왼쪽과 뒤에 호수로 향하는 급경사가 있는, 위험한 그린으로 내리막 원 쇼터인 노먼의 4번 홀; 아일랜드 그린으로 약간 내리막인 팔도의 16번 홀; 그리고 44야드(40미터)로 떨어지고 호를 가르며 왼쪽으로 도그레그된, 돌투성이 개울이 왼편을 끌어안고 있는 엘스의 4번 홀.

■ 팔도 코스의 16번 홀

홍콩 바로 옆에 위치하고 있지만 미션 힐즈 리조트는 나무로 덮인 산등성이의 매력적인 배경을 보여준다.

역할을 해 공이 더 심각한 문제 속으로 뛰어 들어가는 것을 막아준다.

고도에의 도전

올라사발은 페어웨이를 형성하는 데 있어서도 친절을 베풀었는데, 대부분은 사발 모양의 경로에 자리하고 있어 티에서의 실수에도 여유가 조금 더 있게 된다. 1번 홀은 다른 코스와 나란히 출발해 점차 이어지는 홀들은 코스가 클럽하우스에서 가장 먼 곳에 도달하기 전까지 북쪽으로 향한다. 여기, 아름다운 파3의 8번 홀은 뒤쪽 맞은편에 리조트가 보이는, 숲이 울창한 산등성이에 자리한다. 그런 다음 코스는 섞이기 시작해 산 아래로 떨어진다. 파5 홀인 9번과 11번 홀에서 특히 이 하강은 장관을 이루는데, 페어웨이로 약 60피트(18미터) 떨어지기 때문이다.

이곳에는 몇 번의 큰 고도의 변화가 있어서 10번 홀과 같은 오르막 홀들은 민감하게 여겨졌다. 이들은 짧지만 골퍼들이 계속 아래로 강타를 날리는 다른 홀들보다 훨씬 다루기 힘들다. 길고 후크 모양을 한 내리막의 파5(오른쪽 참조)인 15번 홀에서 코스는 다른 코스들과 다시 만난다.

그러나 18번 홀은 커다란 언덕 뒤에 고립된 채 앉아 있으며 거대한 클럽하우스가 내려다보고 있다. 460야드(420미터)의 이 파4 홀은 강력한 마무리로, 물 주변에 티샷이나 왼쪽으로 가는 어프로치를 잡기 위한 벙커가 없는 활 모양의 호수 근처에 자리한다. 상상력을 붙잡는 동시에 골퍼의 꿈이기도 한 리조트에 자리한 강력하지만 재미있는 코스에 걸맞는 클라이맥스이다.

코스 설명

올라사발 코스는 호를 그리는 도그레그와 함께 고도 변화와 벙커가 침입하고 있는 페어웨이가 섞여 있다. 물결치는 그린 주변과 빠른 퍼팅 표면은 정말 뛰어난 쇼트 게임은 물론 힘 있고 정확한 롱 게임도 요구한다.

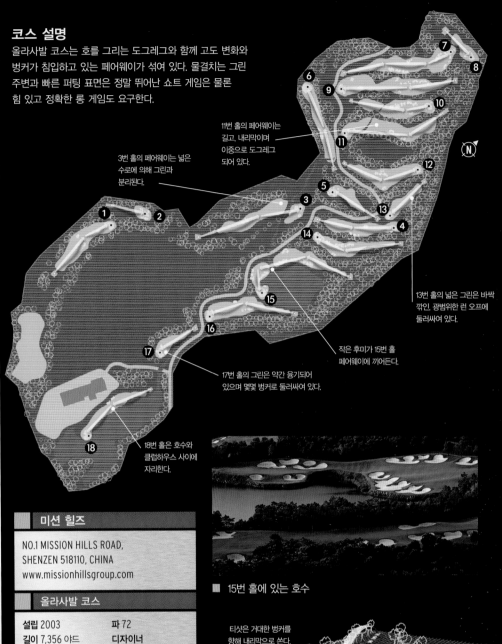

3번 홀의 페어웨이는 넓은 수로에 의해 그린과 분리된다.

11번 홀의 페어웨이는 길고, 내리막이며 이중으로 도그레그 되어 있다.

13번 홀의 넓은 그린은 바싹 깎인, 광범위한 런 오프에 둘러싸여 있다.

작은 후미가 15번 홀 페어웨이에 끼어든다.

17번 홀의 그린은 약간 융기되어 있으며 몇몇 벙커로 둘러싸여 있다.

18번 홀은 호수와 클럽하우스 사이에 자리한다.

미션 힐즈

NO.1 MISSION HILLS ROAD,
SHENZEN 518110, CHINA
www.missionhillsgroup.com

올라사발 코스

설립 2003	**파** 72
길이 7,356 야드 (6,726 미터)	**디자이너** 호세 마리아 올라사발

엄선된 챔피언들

오메가 미션 힐즈 월드컵
스코틀랜드 (2007- 콜린 몽고메리 & 마크 워렌)
다이너스티 컵
아시아 16½ 일본 7½ (2003)

코스 카드

전반 9홀			후반 9홀		
홀	야드	파	홀	야드	파
1	447	4	10	404	4
2	175	3	11	568	5
3	548	5	12	457	4
4	441	4	13	241	3
5	176	3	14	401	4
6	476	4	15	580	5
7	566	5	16	432	4
8	214	3	17	197	3
9	573	5	18	460	4
아웃	**3,616**	**36**	**인**	**3,740**	**36**

■ 15번 홀에 있는 호수

티샷은 거대한 벙커를 향해 내리막으로 쏜다.

HOLE 15 심술궂은 커브
A VICIOUS CURVE

후크 모양의 이 뛰어난 홀은 호수의 오른쪽에서 왼쪽으로 심술궂게 휘어진다. 페어웨이는 둑으로 쌓여 있으며 오른쪽 가장자리는 높은 산등성이에서 끝난다. 가장 시선을 사로잡는 것은 모래 덩어리이다. 9개의 움푹 팬 거대한 벙커는 도그레그의 안쪽을 끌어안고 바깥쪽에도 다른 벙커들이 산재해 있다. 얼마나 멀리 드라이브를 보낼 수 있느냐에 따라 세 가지 선택권이 있다. 페어웨이를 두 개로 나누는, 사이에 낀 작은 후미에 못 미치는 레이업을 할 것인지, 벙커가 집중되어 있는 페어웨이의 두 번째 부분을 넘는 샷을 치든지 혹은 그린으로 강타를 날릴 것인지 결정하면 된다. 장타자들은 홀이 돌아 들어오기 때문에 그린에 닿을 수 있을지 모르나 물을 넘는 비거리가 필요하다. 백티에서 약 2800야드(256 미터)의 드라이브는 호수를 가로질러 그린으로 가는 240야드(220미터) 정도의 샷을 남기게 되는데, 비거리는 상당히 줄어들지만 매우 위험한 전략이다.

TPC 소그래스, 미국 TPC SAWGRASS, USA

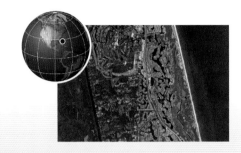

경기력과 정신력에 공격을 퍼붓는 단호한 스타디움 코스는 플로리다의 축축한 습지에 특별한 목적으로 세워진 토너먼트 개최지이다. 소그래스의 모든 홀들은 특유의 장점을 가지고 있지만 코스는 17번 홀에 있는 위압적인 아일랜드 그린으로 가장 유명하다. 소그래스는 수많은 토너먼트 플레이어스 클럽(TPCS) 중 하나로, 회원들은 세계 골프에서 투어 프로 선수가 되는 것이 어떤지를 경험할 수 있다.

1970년대 후반에 PGA 투어의 커미셔너 딘 비먼은 묘안이 떠올랐다. PGA 투어 본부는 이미 플로리다의 북쪽 마을에 자리를 잡고 있었으므로 비먼은 본부 앞에 '다섯 번째 메이저'라고 불릴 만한 골프 코스를 지어서 연간 토너먼트 플레이어스 챔피언십을 주최하는 것이 훌륭한 아이디어라고 생각했다. 피트 다이는 대서양과 가까운 이 늪지대를 세계적인 코스로 바꾸기 위한 밑그림을 그렸다. 피트는 최고의 선수들을 시험할 모래 늪을 통과하는 코스를 창조해야 할 뿐 아니라 큰 무리의 관중들을 수용하고 그들이 차지할 좋은 장소를 제공해야 했다. 이제껏 어떤 코스도 특별히 갤러리를 염두에 두고 디자인된 적은 없었다. 비먼은 적어도 네 개의 다른 층을 가진 그린 복합단지를 요구했는데, 토너먼트가 열리는 4일 중 하루에 하나씩 홀을 절단해 총 네 개의 전혀 다른 지역을 제공할 수 있도록 하기 위함이었다.

코스 건설

다이의 팀은 광대한 습지를 개간했고 늪을 벗어난 곳에 경기 구역을 쌓아 올리기 위해 수많은 모래를 들여왔으며, 다이의 별명인 '극악무도한(Dye-abolical, diabolical과 같은 발음)'이 암시하듯이, 그는 전술적인 지성과 용기로 가득한 호된 시험지를 만들어 나갔다. 스타디움 코스는 1980년에 개장했지만 선수들에게 곧바로 인기를 얻지는 않았다. 제리 파테가 우승했던 1982년의 첫 번째 토너먼트 플레이어스 챔피언십 후에 훌륭한 골퍼들 중 일부는 모진 말을 내뱉었다. 벤 크렌쇼는 "다스 베이더가 디자인 한 스타 워즈 골프"라고 평가했고, 잭 니클라우스는 이곳이 자신의 경기 스타일에 맞지 않는다며 의심의 여지를 남기지 않았는데, "자동차 보닛 위에서 5번 아이언을 능숙하게 멈춘 적이 한 번도 없었다"고 했다. 다이는 이를 유념해 그린에서 특히 호의적이게 자신의 디자인을 조정했다. 2006년에 경로 배치와 기본적인 디자인은 그대로 두고, 대대적인 정비가 이뤄졌다. 벙커들은 보다 깊어졌고, 물이 있는 지역과 호수를 보다 철저하게 이용했으며 200 그루의 야자나무, 오크, 소나무를 심었다.

악랄하면서도 뛰어난 17번 홀. 이곳에서 직접 경기를 하든지 혹은 PGA 투어 프로들이 홀의 악마 같은 마력에 몹시 고뇌하는 것을 특별관람석에서 관전하든지 관계없이 소그래스로 사람들을 끌어들이는 홀이다.

주요 순간들

팬들이 사랑하는 프레드 커플스는 1984년 소그래스 TPC에서 성년이 되었는데, 두 번째 라운드에서 64타라는 코스 기록을 세웠고 두 번의 타이틀 중 첫째 우승을 거머쥐었다. 그의 코스 기록은 더 이상 유효하지 않는데, 현재는 63타로, 1992년에 다름 아닌 커플스가 다시 세웠다! 17번 홀은 커플스가 관중을 즐겁게 만든 곳으로, 경기를 하든지 단순히 투어 프로들의 고뇌를 지켜보든지에 관계없이 사람들이 소그래스를 찾는 이유이다. 커플스는 이 홀의 첫 번째 샷에서 호수에 빠진 후 믿을 수 없을 만큼 멋지게 부활했고, 이 놀라운 파3 홀에서 재장전해 다음 샷을 홀에 넣었다.

인기 있는 미국 선수인 프레드 펑크는 2005년 TPC에서 48세의 나이로 우승했고 이 유명한 토너먼트에서 우승한 이들 중 가장 나이 많은 선수가 되었다. 펑크는 투어에서 가장 스트레이트한 타구를 만드는 것으로 유명하지만 장타자는 아니었기에, 점수를 올리기 매우 어려운 조건에서 세계 최고라는 타이틀을 몰아넣고 놓치지 않았던 그의 위업은 놀라웠다. 그 주 내내 폭우와 휘몰아치는 바람의 공격을 받았고, 4라운드 평균 스코어는 토너먼트 역사상 가장 높은 76.5타였다. 그러나 펑크는 용감하게 매달려 71타를 날리며 9언더 파로 마무리했고 루크 도널드, 스콧 버플랭크, 톰 레먼을 한 타 차로 따돌리고 우승했다.

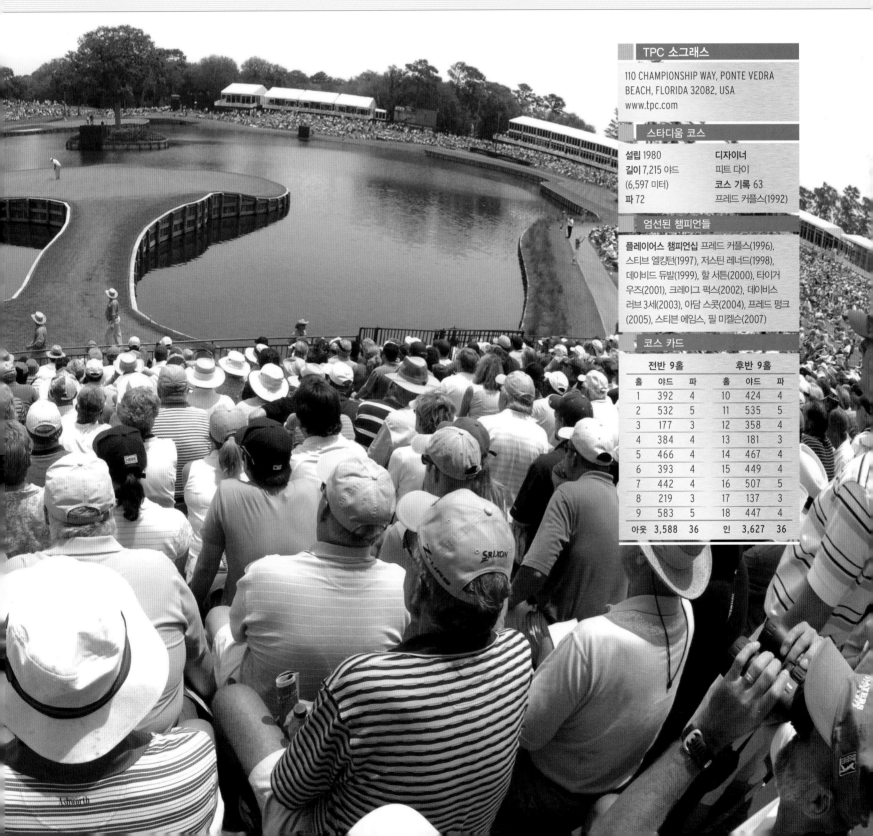

TPC 소그래스

110 CHAMPIONSHIP WAY, PONTE VEDRA BEACH, FLORIDA 32082, USA
www.tpc.com

스타디움 코스

설립 1980	**디자이너**
길이 7,215 야드	피트 다이
(6,597 미터)	**코스 기록** 63
파 72	프레드 커플스(1992)

엄선된 챔피언들

플레이어스 챔피언십 프레드 커플스(1996), 스티브 엘킹턴(1997), 저스틴 레너드(1998), 데이비드 듀발(1999), 할 서튼(2000), 타이거 우즈(2001), 크레이그 퍽스(2002), 데이비스 러브 3세(2003), 아담 스콧(2004), 프레드 펑크 (2005), 스티븐 에임스, 필 미켈슨(2007)

코스 카드

전반 9홀			후반 9홀		
홀	야드	파	홀	야드	파
1	392	4	10	424	4
2	532	5	11	535	5
3	177	3	12	358	4
4	384	4	13	181	3
5	466	4	14	467	4
6	393	4	15	449	4
7	442	4	16	507	5
8	219	3	17	137	3
9	583	5	18	447	4
아웃	3,588	36	인	3,627	36

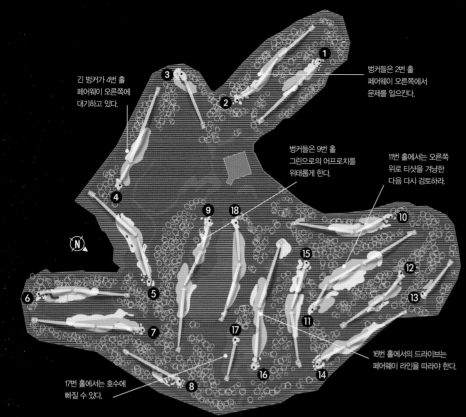

긴 벙커가 4번 홀 페어웨이 오른쪽에 대기하고 있다.

벙커들은 2번 홀 페어웨이 오른쪽에서 문제를 일으킨다.

벙커들은 9번 홀 그린으로의 어프로치를 위태롭게 한다.

11번 홀에서는 오른쪽 위로 티샷을 겨냥한 다음 다시 검토하라.

16번 홀에서의 드라이브는 페어웨이 라인을 따라야 한다.

17번 홀에서는 호수에 빠질 수 있다.

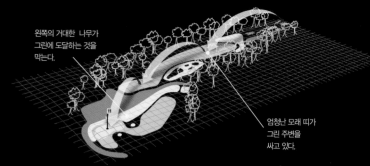

왼쪽의 거대한 나무가 그린에 도달하는 것을 막는다.

엄청난 모래 띠가 그린 주변을 싸고 있다.

코스 설명

경기를 펼칠 세계 최고의 선수들과 이를 지켜 볼 관중들을 위해 특별히 디자인된 이 현대의 거장은 습지 너머로 움직이고 지구상에서 가장 아슬아슬한 홀들을 보유한다. 마지막 세 홀만으로도 입장료를 낼 가치가 있다.

전반 9 홀 ① 용기가 있다면, 좁은 그린으로 가는 최적의 라인을 위해 오른쪽 아래로 드라이브 하라. ② 도달 가능한 파5이지만, 홀 양쪽 전체에 골칫거리가 대기하고 있다. ③ 짧은 것이 최고인데, 비탈진 2단으로 이루어진 그린 위로 칩샷을 남겨 놓기 때문이다. ④ 굽이치는 벙커가 오른쪽을 방어하고 작지만 극악한 그린의 전방에는 물이 있다. 정확성이 중요하다. ⑤ 도처에 모래가 있는 긴 파4 홀. 불규칙하게 뻗은 짧은 그린은 표면상으로는 용기를 잃게 만든다. ⑥ 드라이브는 왼쪽을 감싸고 있는 광대한 벙커의 일부를 넘어야 하고 잔디 벙커들과 더 많은 모래들이 그린을 에워싼다. ⑦ 약간 S자 모양의 홀은 가장자리에 3 개의 거대한 모래 띠를 가진다. ⑧ 10개의 벙커들이 이 긴 파3 홀을 방어한다. 그린을 놓치면 파도 힘들다. ⑨ 구상이 필요한 파5로, 홀이 수로에 의해 쪼개져 있다. 오른쪽에서 세 번째 샷을 플레이하라.

후반 9 홀 ⑩ 왼쪽으로 당기면 1700야드(155미터) 에 있는 벙커에 빠지겠지만, 라인 안에 들면 그쪽에서는 최적이다. ⑪ 훌륭한 파5 홀로, 호수 옆에 앉은 분리된 그린 덕에 위험하지만 보상이 따른다. ⑫ 그린으로의 깨끗한 시야를 얻기 위해서는 커다란 벙커와 접하고 있는 오른편 위로 드라이브 하라. ⑬ 이 짧은 홀에서 왼쪽으로 가게 되면 분명히 물에 빠진다. ⑭ 오른쪽 2500야드(229 미터) 지점에서 흐르는 벙커에 빠지면 보기를 하거나 그보다 더 나쁠 것이다. ⑮ 오른쪽으로 약간 도그레그된 곳으로, 페어웨이만이 유용하다. ⑯ 이글과 더불어 보기가 흔한 기념비적인 파5 홀이다. 물이 오른쪽에 대기하고 있기 때문에 두 번째 샷이 관건이다. ⑰ 다른 것과 견줄 수 없는 흥분되는 독창적인 아일랜드 홀 ⑱ 왼쪽을 따라 죽 물이 에워싸고 있는 맹렬한 파4 홀. 하지만 오른쪽 역시 안전하지 않다.

HOLE 11

위험 요소가 풍부한 RISKS GALORE

이 대단한 홀은 두 개의 정확한 샷이 있으면 2타 안에 도달가능하다. 하지만 많은 위험이 대기하는데, 육중한 벙커, 거대한 나무, 페어웨이를 쪼개는 워터 해저드, 그리고 그린 옆에 있는 모래의 띠는 웨지 어프로치조차 완수하기 까다롭게 만든다.

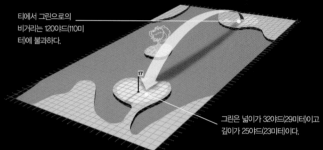

티에서 그린으로의 비거리는 1200야드(110미 터)에 불과하다.

그린은 넓이가 320야드(29미터)이고 깊이가 250야드(23미터)이다.

악마의 아일랜드 DEVIL ISLAND

HOLE 17

17번 홀에 있는 멋진 아일랜드 그린으로의 비거리는 충분히 위험적이지만, 휘몰아치는 바람이 상황을 더 악화시킨다. 완벽하게 잘 친 샷은 멈추어서 안전한 곳으로 뛰어들 수 있지만, 강타는 뒤쪽으로 튀어 오를 위험이 있다.

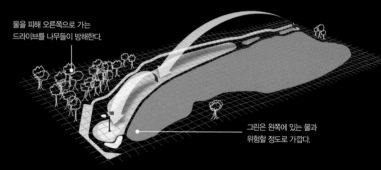

물을 피해 오른쪽으로 가는 드라이브를 나무들이 방해한다.

그린은 왼쪽에 있는 물과 위험할 정도로 가깝다.

수많은 위험 PLENTY OF PERIL

HOLE 18

18번 홀은 호수 주변에서 호를 그리는 만곡의 파4 홀이다. 그린 왼쪽의 물을 피해 오른쪽으로 겨냥하면 수풀 언덕과 구덩이로 가거나 지독한 항아리 벙커에 빠지게 된다. 그곳에서 물을 향해 비탈진 그린으로의 치핑과 퍼팅은 손에 땀을 쥐게 한다.

뛰어난 11번 홀

15번 홀의 그린

13번 홀 옆의 워터 해저드

가장 중요하게는, 코스가 더 견고하고 빠르게 작용하도록 모든 티와 페어웨이 그리고 그린은 모래를 바탕으로 새로 지어졌다는 점이다. 프로들은 오랜 기간의 플레이 경험으로 코스를 조사한 결과 그린의 경사가 미묘하게 바뀌었고 티에서 그린으로의 라인이 변경되었다고 생각했다. 오랜 세월 동안 변하지 않은 단 한 가지는 길이이다. 15년 동안 겨우 300야드(274미터) 정도만 늘어났지만 문제가 되는 것들은 길이에 거의 구애받지 않을 정도로 가혹하다.

아슬아슬한 샷

뛰어난 드라이빙이 이 코스에서 플레이 잘하는 핵심 요소임에는 의문의 여지가 없다. 대부분의 페어웨이를 에워싸고 있는 엄청나게 긴 모래 띠와 적절히 자리한 나무들은 그린으로의 직접적인 경로를 막을 수 있다. 물은 12개 홀의 티에서 활동하지만 대부분은 꿈틀거리는 모래에 의해 방어된다. 티에서는 언제나 선호되는 라인이 있기 마련인데, 핀 위치가 어디에 있든지 간에 그린에 닿는 어프로치를 하기 위한 가장 확실하고 완벽한 방법이 그것이다. 코스 도처에서 심장을 멈추게 하는 샷에 직면하게 된다. 악명 높은 17번 홀에서의 궁극적인 도전은 별도로 하고, 정신과 육체를 시험하는 가장 뛰어난 두 개의 홀은 11번과 16번이다. 둘 다 2타 안에 도달 가능한 범위에 있고 이글도 가능하지만 위험하다. 16번 홀에서 드라이브는 페어웨이 라인을 따라 오른쪽에서 왼쪽으로 가야 하는데, 그렇지 않으면 유일한 선택권은 레이업 샷뿐인 들러붙는 러프로 굴러 들어간다. 그린에 못 미치는 곳에 자리한 돌출된 거대한 오크 나무는 두 번째 샷을 힘들게 만든다. 이것은 사람을 오른쪽으로 밀어내는 경향이 있는데, 그린이 호수에서 튀어나와 있고 물이 오른쪽 전체를 방어하고 있기 때문에 재앙을 초래한다. 코스에서 가장 힘든 두 개의 홀이 뒤따르기 때문에 위험하지만 보상이 따르는 16번 홀에 들어서는 것은 의미심장하다. 토너먼트 동안, 이 3개 홀은 결과에 큰 영향을 준다. 2002년에 뉴질랜드 출신의 크레이그 픽스는 이 홀들이 얼마나 중요한지 보여주었다. 3개 홀을 남겨두고 5언더 파로 한 타 차 뒤져 있던 그는 4번 아이언으로 모험적인 두 번째

17번 홀의 불운

17번 홀은 우연히 만들어졌다. 다이의 팀이 그 지역을 굴착하고 있을 때, 풍부한 모래층을 발견해 계속 팠다. 그들은 다이의 아내인 앨리스가 아일랜드 그린이 가능하다고 말한 분화구 같이 함몰된 부분을 남겼다. 이곳은 파3 홀 중에서 가장 참신한 디자인이었고 불운을 가진 것처럼 보이는데, 이곳에서 공을 치려는 모든 이들은 강한 공포를 느낀다. 매년 12만 개의 공이 주변을 둘러싼 물에 빠지는 것으로 추산된다. 2007년 TPC에서 프로들은 첫날에 50개의 공을 물속으로 쳐 넣었고 토너먼트 동안 총 94개에 이르게 되었는데, 모두 큰 차이로 신기록을 이룬다.

■ 위에서 본 악마 같은 아일랜드 그린

> 3시에 치아 신경치료 예약을 한 것 같다. 오전 내내 그 생각뿐이고 하루 종일 기분이 나쁘다. 하지만 조만간에 그곳에 가야 한다는 것을 알고 있는 기분이랄까.

마크 캘커베키아, 17번 홀에 대해 이야기하며.

샷으로 물은 넘기고 러프에 빠졌으나 여기에서 한 타 앞서가는 이글을 칩인했다. 그는 17번 홀에서 안전하게 치는 데 성공했고 2타 차로 앞섰지만 이게 끝은 아니었다. 코스에서 가장 어려운 홀인 18번 홀에 맞서 그는 나무에서 바로 탈출했고, 롱 아이언 샷을 남겨 놓으려면 잘 해내야 했다. 그의 공은 그린을 날아 억센 러프로 빠졌다. 그리고 놀랍게도 승리의 파를 위한 칩인에 성공했다. 스타디움 코스는 완벽하고 멋진 포장에 싸여진 악마이다. 피, 땀, 눈물의 경험은 모두에게 열려 있으며, 세계 정상급 선수들이 만들어 내는 성공과 실패의 순간을 갤러리들이 즐길 수 있는 궁극적인 토너먼트 코스이다.

■ 파충류 골프 팬

■ 17번 홀 사인

■ 소그래스의 클럽하우스

6 대회 기록들

라이더 컵 The Ryder Cup

36매치

US 24승; 유럽 10승; 무승부 2

연도	개최지	우승자		
1927	우스터 CC, 우스터, 매사추세츠, 미국	US 9½		GB&I 2½
1929	무어타운 GC, 리즈, 잉글랜드	GB&I 7		US 5
1931	사이오토 CC, 콜럼버스, 오하이오, 미국	US 9		GB&I 3
1933	사우스포트 & 에인스데일 GC, 잉글랜드	GB&I 6½		US 5½
1935	리지우드 CC, 리지우드, 뉴저지, 미국	US 9		GB&I 3
1937	사우스포트 & 에인스데일 GC, 잉글랜드	US 8		GB&I 4
1939-45	제2차 세계대전으로 인해 경기 없었음			
1947	포틀랜드 GC, 포틀랜드, 오리건, 미국	US 11		GB&I 1
1949	겐턴 GC, 스카버러, 잉글랜드	US 7		GB&I 5
1951	파인허스트 CC, 파인허스트, 노스캐롤라이나, 미국	US 9½		GB&I 2½
1953	웬트워스 GC, 노스캐롤라이나, 미국	US 6½		GB&I 5½
1955	선더버드 CC, 웬트워스, 잉글랜드	US 8		GB&I 4
1957	린드릭 GC, 요크셔, 잉글랜드	GB & I 7½		US 4½
1959	엘도라도 CC, 팜데저트, 캘리포니아, 미국	US 8½		GB&I 3½
1961	로열 리텀 앤 세인트앤스, 잉글랜드	US 14½		GB&I 9½
1963	이스트레이크 CC, 애틀랜타, 조지아, 미국	US 23		GB&I 9
1965	로열 버크데일 GC, 사우스포트, 잉글랜드	US 19½		GB&I 12½
1967	챔피언스 GC, 휴스턴, 텍사스, 미국	US 23½		GB&I 8½
1969	로열 버크데일 GC, 사우스포트, 잉글랜드	US 16		GB&I 16
1971	올드 와슨 CC, 세인트루이스, 미주리, 미국	US 18½		GB&I 13½
1973	뮤어필드, 이스트 로디언, 스코틀랜드	US 19		GB&I 13
1975	로렐 밸리 GC, 라이고니어, 펜실베이니아, 미국	US 21		GB&I 11
1977	로열 리텀 앤 세인트앤스, 잉글랜드	US 12½		GB&I 7½
1979	그린브리어, 워싱턴, 미국	US 17		EUROPE 11
1981	월튼 히스 GC, 서리, 잉글랜드	US 18½		EUROPE 9½
1983	PGA 내셔널 GC, 팜비치 가든스, 플로리다, 미국	US 14½		EUROPE 13½
1985	벨프리, 서튼 콜드필드, 잉글랜드	EUROPE 16½		US 11½
1987	뮤어필드 빌리지 GC, 더블린, 오하이오, 미국	EUROPE 15		US 13
1989	벨프리, 서튼 콜드필드, 잉글랜드	EUROPE 14		US 14
1991	오션 코스, 키아와 아일랜드, 사우스캐롤라이나, 미국	US 14½		EUROPE 13½
1993	벨프리, 서튼 콜드필드, 잉글랜드	US 15		EUROPE 13
1995	오크 힐CC, 로체스터, 뉴욕, 미국	EUROPE 14½		US 13½
1997	발데라마GC, 소토그란데, 스페인	EUROPE 14½		US 13½
1999	더 컨트리클럽, 브룩클린, 매사추세츠, 미국	US 14½		EUROPE 13½
2002	벨프리, 서튼 콜드필드, 잉글랜드	EUROPE 15½		US 12½
2004	오클랜드 힐즈 CC, 블룸필드 힐즈, 미시건, 미국	EUROPE 18½		USA 9½
2006	케이 클럽, 스트라판, 카운티 킬데어, 아일랜드	EUROPE 18½		US 9½

라이더 컵 – 최다 출전

US

빌리 캐스퍼	8	1961, 1963, 1965, 1967, 1969, 1971, 1973, 1975
레이먼드 플로이드	8	1969, 1975, 1977, 1981, 1983, 1985, 1991, 1993
래니 왓킨스	8	1977, 1979, 1983, 1985, 1987, 1989, 1991, 1993
샘 스니드	7	1937, 1947, 1949, 1951, 1953, 1955, 1959
톰 카이트	7	1979, 1981, 1983, 1985, 1987, 1989, 1993
진 리틀러	7	1961, 1963, 1965, 1967, 1969, 1971, 1975
아놀드 파머	6	1961, 1963, 1965, 1967, 1971, 1973
진 사라젠	6	1927, 1929, 1931, 1933, 1935, 1937
잭 니클라우스	6	1969, 1971, 1973, 1975, 1977, 1981
리 트레비노	6	1969, 1971, 1973, 1975, 1979, 1981

EUROPE

닉 팔도	11	1977, 1979, 1981, 1983, 1985, 1987, 1989, 1991, 1993, 1995, 1997
크리스티 오코너 시니어	10	1955, 1957, 1959, 1961, 1963, 1965, 1967, 1969, 1971, 1973
베른하르트 랑거	10	1981, 1983, 1985, 1987, 1989, 1991, 1993, 1995, 1997, 2002
다이 리스	9	1937, 1947, 1949, 1951, 1953, 1955, 1957, 1959, 1961
버나드 갈라처	8	1969, 1971, 1973, 1975, 1977, 1979, 1981, 1983
버나드 헌트	8	1953, 1957, 1959, 1961, 1963, 1965, 1967, 1969
이안 우스남	8	1983, 1985, 1987, 1989, 1991, 1993, 1995, 1997
닐 콜스	8	1961, 1963, 1965, 1967, 1969, 1971, 1973, 1977
피터 알리스	8	1953, 1957, 1959, 1961, 1963, 1965, 1967, 1969
샘 토랜스	8	1981, 1983, 1985, 1987, 1989, 1991, 1993, 1995
세베리아노 바예스테로스	8	1979, 1983, 1985, 1987, 1989, 1991, 1993, 1995

라이더 컵 – 최다 득점

US		EUROPE	
빌리 캐스퍼	23½	닉 팔도	25
아놀드 파머	23	베른하르트 랑거	24
래니 왓킨스	21½	세베리아노 바예스테로스	22½
리 트레비노	20	콜린 몽고메리	21½
잭 니클라우스	18½	호세 마리아 올라사발	17½
진 리틀러	18	토니 재클린	17
톰 카이트	17	이안 우스남	16½
헤일 어윈	14	버나드 갈라처	15½
레이먼드 플로이드	13½	피터 우스터휘스	15½
줄리어스 보로스	11	닐 콜스	15½

라이더 컵 – 최다 경기

USA		EUROPE	
빌리 캐스퍼	37	닉 팔도	46
래니 왓킨스	34	베른하르트 랑거	42
아놀드 파머	32	닐 콜스	40
레이먼드 플로이드	31	세베리아노 바예스테로스	37

투어 The Tours

US 투어 – 커리어 소득(US$)

타이거 우즈	$70,806,251	프레드 펑크	$20,573,742
비제이 싱	$53,209,805	닉 프라이스	$20,551,208
필 미켈슨	$43,634,626	스튜어트 애플비	$20,375,810
데이비스 러브3세	$35,403,813	스튜어트 싱크	$20,165,873
짐 퓨릭	$33,977,874	스콧 버플랭크	$20,150,965
어니 엘스	$29,681,047	톰 레먼	$19,663,876
데이비드 톰스	$27,769,092	마이크 위어	$19,562,777
저스틴 레너드	$21,735,922	크리스 디마르코	$19,267,352
마크 캘커베키아	$21,119,798	프레드 커플스	$19,172,199
케니 페리	$21,048,332	스콧 호치	$18,487,114

유러피언 PGA 투어 – 커리어 소득(유로)

콜린 몽고메리	€22,493,466	호세 마리아 올라사발	€11,444,248
어니 엘스	€19,461,026	마이클 캠벨	€10,784,295
레티프 구센	€17,079,652	앙헬 카브레라	€10,626,180
파드리그 해링턴	€15,445,592	세르지오 가르시아	€9,638,814
대런 클라크	€15,436,426	이안 우스남	€9,584,347
리 웨스트우드	€13,124,030	데이비드 하웰	€9,235,655
베른하르트 랑거	€12,408,558	폴 맥긴리	€9,030,886
토마스 비욘	€12,017,660	니클라스 파스	€8,094,693
미구엘 앙헬 히메네즈	€11,647,100	이안 폴터	€8,036,562
비제이 싱	€11,594,502	닉 팔도	€7,988,684

US 투어 최다승

샘 스니드	82	진 리틀러	29
잭 니클라우스	73	폴 런얀	29
벤 호건	64	리 트레비노	29
아놀드 파머	62	헨리 피카드	26
*타이거 우즈	57	토미 아머	25
바이런 넬슨	52	조니 밀러	25
빌리 캐스퍼	51	게리 플레이어	24
월터 하겐	44	맥도날드 스미스	24
캐리 미들코프	40	조니 파렐	22
진 사라젠	39	레이먼드 플로이드	22
톰 왓슨	39	윌리 맥팔레인	21
로이드 맨그럼	36	레니 왓킨스	21
호튼 스미스	32	크레이그 우드	21
해리 쿠퍼	31	짐 반즈	20
지미 디마렛	31	헤일 어윈	20
*필 미켈슨	31	빌 멜혼	20
*비제이 싱	31	그렉 노먼	20
레오 디겔	30	더그 샌더스	20

*현재 US 투어에서 활동 중

PGA 투어
한 시즌 최다승

바이런 넬슨	18	1945
벤 호건	13	1946
샘 스니드	11	1950
벤 호건	10	1948
폴 런얀	9	1933
타이거 우즈	9	2000
비제이 싱	9	2004
호튼 스미스	8	1929
진 사라젠	8	1930
아놀드 파머	8	1960, 1962
조니 밀러	8	1974

디 오픈 The Open

(*플레이오프 후 우승)

1860 프레스트윅 (12 - 홀 코스)

윌리 파크 시니어	55	59	60	174
톰 모리스 시니어	58	59	59	176

1861 프레스트윅

톰 모리스 시니어	54	56	53	163
윌리 파크 시니어	54	54	59	167
윌리엄 다우	59	58	54	171

1862 프레스트윅

톰 모리스 시니어	54	56	53	163
윌리 파크 시니어	59	59	58	176
찰리 헌터	60	60	58	176

1863 프레스트윅

윌리 파크 시니어	56	54	58	168
톰 모리스 시니어	56	58	56	170
데이비드 파크	55	63	54	172

1864 프레스트윅

톰 모리스 시니어	54	58	55	167
앤드류 스트래스	56	57	56	169
로버트 앤드류	57	58	60	175

1865 프레스트윅

앤드류 스트래스	55	54	53	162
윌리 파크 시니어	56	52	56	164

1866 프레스트윅

윌리 파크 시니어	54	56	59	169
데이비드 파크	58	57	56	171
로버트 앤드류	58	59	59	176

1867 프레스트윅

톰 모리스 시니어	58	54	58	170
윌리 파크 시니어	58	56	58	172
앤드류 스트래스	61	57	56	174

1868 프레스트윅

톰 모리스 주니어	50	55	52	157
로버트 앤드류	53	54	52	159
윌리 파크 시니어	58	50	54	162

1869 프레스트윅

톰 모리스 주니어	51	54	49	154
톰 모리스 시니어	54	50	53	157
S 뮤어 퍼거슨	57	54	54	165

1870 프레스트윅

톰 모리스 주니어	47	51	51	149
밥 커크	52	52	57	161
데이비 스트래스	54	49	58	161

1871 챔피언십 없었음

1872 프레스트윅

톰 모리스 주니어	57	56	53	166
데이비 스트래스	56	52	61	169
윌리엄 돌만	63	60	54	177

1873 로열 앤 에인션트 골프 클럽, 세인트앤드루스

톰 키드	91	88	179
제이미 앤더슨	91	89	180
밥 커크	91	92	183
톰 모리스 주니어	94	89	183

1874 머슬버러

먼고 파크	75	84	159
톰 모리스 주니어	83	78	161
조지 팩스톤	80	82	162

1875 프레스트윅

윌리 파크 시니어	56	59	51	166
밥 마틴	56	58	54	168
먼고 파크	59	57	55	171

1876 로열 앤 에인션트 골프 클럽, 세인트앤드루스

데이비 스트래스가 플레이오프 참가를 거부한 후 밥 마틴이 우승함.

밥 마틴	86	90	176
데이비 스트래스	86	90	176
윌리 파크 시니어	94	89	183

1877 머슬버러

제이미 앤더슨	40	42	37	41	160
밥 프링글	44	38	40	40	162
윌리엄 코스그로브	41	39	44	40	164

1878 프레스트윅

제이미 앤더슨	53	53	51	157
밥 커크	53	55	51	159
JOF 모리스	50	56	55	161

1879 로열 앤 에인션트 골프 클럽, 세인트앤드루스

제이미 앤더슨	84	85	169
제이미 알란	88	84	172
앤드류 커칼디	86	86	172

1880 머슬버러

밥 퍼거슨	81	81	162
피터 팩스톤	81	86	167
네드 코스그로브	82	86	168

1881 프레스트윅

밥 퍼거슨	53	60	57	170
제이미 앤더슨	57	60	56	173
네드 코스그로브	61	59	57	177

1882 로열 앤 에인션트 골프 클럽, 세인트앤드루스

밥 퍼거슨	83	88	171
윌리 퍼니	88	86	174
제이미 앤더슨	87	88	175

1883 머슬버러

*윌리 퍼니	75	84	159
밥 퍼거슨	78	81	159
윌리엄 브라운	83	77	160

1884 프레스트윅

잭 심슨	78	82	160
윌리 퍼니	80	94	164
더글러스 롤랜드	81	83	164

1885 로열 앤 에인션트 골프 클럽, 세인트앤드루스

밥 마틴	84	87	171
아치 심슨	83	89	172
데이비드 에이턴	89	84	173

1886 머슬버러

데이비드 브라운	79	78	157
윌리 캠벨	78	81	159
벤 캠벨	79	81	160

1887 프레스트윅

윌리 파크 주니어	82	79	161
밥 마틴	81	81	162
윌리 캠벨	77	87	164

1888 로열 앤 에인션트 골프 클럽, 세인트앤드루스

잭 번즈	86	85	171
데이비드 앤더슨 주니어	86	86	172
벤 세이어즈	85	87	172

1889 머슬버러

*윌리 파크 주니어	39	39	39	38	155
앤드류 커칼디	39	38	39	39	155
벤 세이어즈	39	40	41	39	159

1890 프레스트윅

존 볼 주니어	82	82	164
윌리 퍼니	85	82	167
아치 심슨	85	82	167

1891 로열 앤 에인션트 골프 클럽, 세인트앤드루스

휴 커칼디	83	83	166
윌리 퍼니	84	84	168
앤드류 커칼디	84	84	168

1892 머슬버러

이틀에 걸쳐 72홀 경기가 펼쳐진 첫 번째 챔피언십

해롤드 힐튼	78	81	72	74	305
존 볼	75	80	74	79	308
샌디 허드	77	78	77	76	308

1893 프레스트윅

W 오치터로니	78	81	81	82	322
조니 레이드레이	80	83	80	81	324
샌디 허드	82	81	78	84	325

1894 세인트조지스, 샌드위치

JH 테일러	84	80	80	81	326
더글러스 롤랜드	86	79	84	82	331
앤드류 커칼디	86	79	83	84	332

1895 로열 앤 에인션트 골프 클럽, 세인트앤드루스

JH 테일러	86	78	80	78	322
샌디 허드	82	77	82	85	326
앤드류 커칼디	81	83	84	84	332

1896 뮤어필드

*해리 바튼	83	78	78	77	316
JH 테일러	77	78	81	80	316
윌리 퍼니	78	79	82	89	319

1897 로열 리버풀, 호이레이크

해롤드 힐튼	80	75	84	75	314
제임스 브레이드	80	74	82	79	315
조지 풀포드	80	79	79	79	317

1898 프레스트윅

해리 바튼	79	75	77	76	307
윌리 파크 주니어	76	75	78	79	308
해롤드 힐튼	76	81	77	75	309

1899 세인트조지스, 샌드위치

해리 바튼	76	76	81	77	310
잭 화이트	79	79	82	75	315
앤드류 커칼디	81	79	82	77	319

1900 로열 앤 에인션트 골프 클럽, 세인트앤드루스

JH 테일러	79	77	78	75	309
해리 바튼	79	81	80	77	317
제임스 브레이드	82	81	80	79	322

1901 뮤어필드

제임스 브레이드	79	76	74	80	309
해리 바튼	77	78	79	78	312
JH 테일러	79	83	74	77	313

1902 로열 리버풀, 호이레이크

샌디 허드	77	76	73	81	307
제임스 브레이드	78	76	80	74	308
해리 바튼	72	77	80	79	308

1903 프레스트윅

해리 바튼	73	77	72	78	300
톰 바튼	76	81	75	74	306
잭 화이트	77	78	74	79	308

1904 세인트조지스, 샌드위치

잭 화이트	80	75	72	69	296
제임스 브레이드	77	80	69	71	297
JH 테일러	77	78	74	68	297

1905 로열 앤 에인션트 골프 클럽, 세인트앤드루스

제임스 브레이드	81	78	78	81	318
로랜드 존스	81	77	87	78	323
JH 테일러	80	85	78	80	323

1906 뮤어필드

제임스 브레이드	77	76	74	73	300
JH 테일러	77	72	75	80	304
해리 바튼	77	73	77	78	305

1907 로열 리버풀, 호이레이크

아르노 메시	76	81	78	77	312
JH 테일러	79	79	76	80	314
조지 풀포드	81	79	80	75	317

1908 프레스트윅

제임스 브레이드	70	72	77	72	291
톰 볼	76	73	76	74	299
테드 레이	79	71	75	76	301

1909 로열 싱크 포츠, 딜

JH 테일러	74	73	74	74	295
톰 볼	74	75	76	76	301
제임스 브레이드	79	75	73	74	301

1910 로열 앤 에인션트 골프 클럽, 세인트앤드루스

제임스 브레이드	76	73	74	76	299
샌디 허드	78	74	75	76	303
조지 던컨	73	77	71	83	304

1911 세인트조지스, 샌드위치

*해리 바튼	74	74	75	80	303
아르노 메시	75	78	74	76	303
샌디 허드	77	73	76	78	304

1912 뮤어필드

테드 레이	71	73	76	75	295
해리 바튼	75	72	81	71	299
제임스 브레이드	77	71	77	78	303

1913 로열 리버풀, 호이레이크

JH 테일러	73	75	77	79	304
테드 레이	73	74	81	84	312
마이클 모란	76	74	89	74	313

1914 프레스트윅

해리 바튼	73	77	78	78	306
JH 테일러	74	78	74	73	309
해리 심슨	77	80	78	75	310

1915-1919 제1차 세계대전으로 챔피언십 없었음

1920 로열 싱크 포츠, 딜

조지 던컨	80	80	71	72	303
샌디 허드	72	81	77	75	305
테드 레이	72	83	78	73	306

1921 로열 앤 에인션트 골프 클럽, 세인트앤드루스

*조크 허치슨	72	75	79	70	296
로저 웨더드	78	75	72	71	296
톰 케리건	74	80	72	72	298

1922 세인트조지스, 샌드위치

월터 하겐	76	73	79	72	300
짐 반즈	75	76	77	73	301
조지 던컨	76	75	81	69	302

1923 트룬

아서 하버스	73	73	73	76	295
월터 하겐	76	71	74	75	296
맥도날드 스미스	80	73	69	75	297

1924 로열 리버풀, 호이레이크

월터 하겐	77	73	74	77	301
어니스트 R 휘트컴	77	70	77	78	302
프랭크 볼	78	75	74	77	304

1925 프레스트윅

짐 반즈	70	77	79	74	300
아치 콤스톤	76	75	75	75	301
테드 레이	77	76	75	73	301

1926 로열 리텀 앤 세인트앤스

보비 존스	72	72	73	74	291
알 월트로스	71	75	69	78	293
월터 하겐	68	77	74	76	295

1927 로열 앤 에인션트 골프 클럽, 세인트앤드루스

보비 존스	68	72	73	72	285
오브리 부머	76	70	73	72	291
프래드 롭슨	76	72	69	74	291

1928 로열 세인트조지스, 샌드위치

월터 하겐	75	73	72	72	292
진 사라젠	72	76	73	73	294
아치 콤스톤	75	74	73	73	295

1929 뮤어필드

월터 하겐	75	67	75	75	292
조니 파렐	72	75	76	75	298
레오 디겔	71	69	82	77	299

1930 로열 리버풀, 호이레이크

보비 존스	70	72	74	75	291
레오 디겔	74	73	71	75	293
맥도날드 스미스	70	77	75	71	293

1931 카노스티

토미 아머	73	75	77	71	296
호세 후라노	76	71	73	77	297
퍼시 알리스	74	78	73	73	298

1932 프린스즈, 샌드위치

진 사라젠	70	69	70	74	283
맥도날드 스미스	71	76	71	70	288
아서 하버스	74	71	68	76	289

1933 로열 앤 에인션트 골프 클럽, 세인트앤드루스

*데니 슈트	73	73	73	73	292
크레이그 우드	77	72	68	75	292
레오 디겔	75	70	71	77	293
시드 이스터브룩	73	72	71	77	293
진 사라젠	72	73	73	75	293

1934 로열 세인트조지스, 샌드위치

헨리 코튼	67	65	72	79	283
시드 브루스	76	71	70	71	288
알프 패드햄	71	70	75	74	290

1935 뮤어필드

알프 페리	69	75	67	72	283
알프 패드햄	70	72	74	71	287
찰스 휘트컴	71	68	73	76	288

1936 로열 리버풀, 호이레이크

알프 패드햄	73	72	71	71	287
지미 아담스	71	73	71	73	288
헨리 코튼	73	72	70	74	289

1937 카노스티

헨리 코튼	74	73	72	71	290
레그 휘트컴	72	70	74	76	292
찰스 레이시	76	75	70	72	293

1938 로열 세인트조지스, 샌드위치

레그 휘트컴	71	71	75	78	295
지미 아담스	70	71	78	78	297
헨리 코튼	74	73	77	74	298

1939 로열 앤 에인션트 골프 클럽, 세인트앤드루스

딕 버튼	70	72	77	71	290
조니 불라	77	71	71	73	292
조니 펄론	71	73	71	79	294

1946 로열 앤 에인션트 골프 클럽, 세인트앤드루스

샘 스니드	71	70	74	75	290
조니 불라	71	72	72	79	294
보비 로크	69	74	75	76	294

1947 로열 리버풀, 호이레이크

프래드 댈리	73	70	78	72	293
레그 혼	77	74	72	71	294
프랭크 스트래나한	71	74	72	71	294

1948 뮤어필드

헨리 코튼	71	66	75	72	284
프래드 댈리	72	71	73	73	289
로베르토 데 비센조	70	73	72	75	290

1949 로열 세인트조지스, 샌드위치

*보비 로크	69	76	68	70	283
해리 브래드쇼	68	77	68	70	283
로베르토 데 비센조	68	75	73	69	285

1950 트룬

보비 로크	69	72	70	68	279
로베르토 데 비센조	72	71	68	70	281
프래드 댈리	75	72	69	66	282

1951 로열 포트러시, 카운티 앤트림

맥스 포커너	71	70	70	74	285
안토니오 세르다	74	72	71	70	287
찰리 워드	75	73	74	68	290

1952 로열 리텀 앤 세인트앤스

보비 로크	69	71	74	73	287
피터 톰슨	68	73	77	70	288
프래드 댈리	67	69	77	76	289

1953 카노스티

벤 호건	73	71	70	68	282
안토니오 세르다	75	71	69	71	286
다이 리스	72	70	73	71	286

1954 버크데일

피터 톰슨	72	71	69	71	283
보비 로크	74	71	69	70	284
다이 리스	72	71	69	70	284

1955 로열 앤 에인션트 골프 클럽, 세인트앤드루스

피터 톰슨	71	68	70	72	281
조니 펄론	73	67	73	70	283
프랭크 조울	70	71	69	74	284

1956 로열 리버풀, 호이레이크

피터 톰슨	70	70	72	74	286
플로리 반 동크	71	74	70	74	289
로베르토 데 비센조	71	70	79	70	290

1957 로열 앤 에인션트 골프 클럽, 세인트앤드루스

보비 로크	69	72	68	70	279
피터 톰슨	73	69	70	70	282
에릭 브라운	67	72	73	71	283

1958 로열 리텀 앤 세인트앤스

*피터 톰슨	66	72	67	73	278
데이브 토마스	70	68	69	71	278
에릭 브라운	73	70	65	71	279

1959 뮤어필드

게리 플레이어	75	71	70	68	284
프레드 블록	68	70	74	74	286
플로리 반 동크	70	70	73	73	286

1960 로열 앤 에인션트 골프 클럽, 세인트앤드루스

켈 네이글	69	67	71	71	278
아놀드 파머	70	71	70	68	279
로베르토 데 비센조	67	67	75	73	282

1961 버크데일

아놀드 파머	70	73	69	72	284
다이 리스	68	74	71	72	285
닐 콜스	70	77	69	72	288

1962 트룬

아놀드 파머	71	69	67	69	276
켈 네이글	71	71	70	70	282
브라이언 휴겟	75	71	74	69	289
필 로저스	75	70	72	72	289

1963 로열 리텀 앤 세인트앤스

밥 찰스	68	72	66	71	277
필 로저스	67	68	73	69	277
잭 니클라우스	71	67	70	70	278

1964 로열 앤 에인션트 골프 클럽, 세인트앤드루스

토니 레마	73	68	68	70	279
잭 니클라우스	76	74	66	68	284
로베르토 데 비센조	76	72	70	67	285

1965 로열 버크데일

피터 톰슨	74	68	72	71	285
브라이언 휴겟	73	68	76	70	287
크리스티 오코너 시니어	69	73	74	71	287

1966 뮤어필드

잭 니클라우스	70	67	75	70	282
더그 샌더스	71	70	72	70	283
데이브 토마스	72	73	69	69	283

1967 로열 리버풀, 호이레이크

로베르토 데 비센조	70	71	67	70	278
잭 니클라우스	71	69	71	69	280
클라이브 클라크	70	73	69	72	284
게리 플레이어	72	71	67	74	284

1968 카노스티

게리 플레이어	74	71	71	73	289
밥 찰스	72	72	71	76	291
잭 니클라우스	76	69	73	73	291

1969 로열 리텀 앤 세인트앤스

토니 재클린	68	70	70	72	280
밥 찰스	66	69	75	72	282
로베르토 데 비센조	72	73	66	72	283
피터 톰슨	71	70	70	72	283

1970 세인트앤드루스

*잭 니클라우스	68	69	73	73	283
더그 샌더스	68	71	71	73	283
해롤드 헤닝	67	72	73	73	285
리 트레비노	68	68	72	77	285

1971 로열 버크데일

리 트레비노	69	70	69	70	278
루 리앙 후안	70	70	69	70	279
토니 재클린	69	70	70	71	280

1972 뮤어필드

리 트레비노	71	70	66	71	278
잭 니클라우스	70	72	71	66	279
토니 재클린	69	72	67	72	280

1973 로열 트룬

톰 웨이스코프	68	67	71	70	276
닐 콜스	71	72	70	66	279
조니 밀러	70	68	69	72	279

1974 로열 리텀 앤 세인트앤스

게리 플레이어	69	68	75	70	282
피터 우스터휘스	71	71	73	71	286
잭 니클라우스	74	72	70	71	287

1975 카노스티

*톰 왓슨	71	67	69	72	279
잭 뉴턴	69	71	65	74	279
보비 콜	72	66	66	76	280
조니 밀러	71	69	66	74	280
잭 니클라우스	69	71	68	72	280

1976 로열 버크데일

조니 밀러	72	68	73	66	279
잭 니클라우스	74	70	72	69	285
세베리아노 바예스테로스	69	69	73	74	285

1977 턴베리

톰 왓슨	68	70	65	65	268
잭 니클라우스	68	70	65	66	269
휴버트 그린	72	66	74	67	279

1978 세인트앤드루스

잭 니클라우스	71	72	69	69	281
톰 카이트	72	69	72	70	283
사이먼 오웬	70	75	67	71	283
벤 크렌쇼	70	69	73	71	283
레이먼드 플로이드	69	75	71	68	283

1979 로열 리텀 앤 세인트앤스

세베리아노 바예스테로스	73	65	75	70	283
잭 니클라우스	72	69	73	72	286
벤 크렌쇼	72	71	72	71	286

1980 뮤어필드

톰 왓슨	68	70	64	69	271
리 트레비노	68	67	71	69	275
벤 크렌쇼	70	70	68	69	277

1981 로열 세인트조지스

빌 로저스	72	66	67	71	276
베른하르트 랑거	73	67	70	70	280
마크 제임스	72	70	68	73	283
레이먼드 플로이드	74	70	69	70	283

1982 로열 트룬

톰 왓슨	69	71	74	70	284
피터 우스터휘스	74	67	74	70	285
닉 프라이스	69	69	74	73	285

1983 로열 버크데일

톰 왓슨	67	68	70	70	275
앤디 빈	70	69	70	67	276
헤일 어윈	69	68	72	67	276

1984 세인트앤드루스

세베리아노 바예스테로스	69	68	70	69	276
베른하르트 랑거	71	68	68	71	278
톰 왓슨	71	68	66	73	278

1985 로열 세인트조지스

샌디 라일	68	71	73	70	282
페인 스튜어트	70	75	70	68	283
마크 오메라	70	72	70	72	284

1986 턴베리

그렉 노먼	74	63	74	69	280
고든 J 브랜드	71	68	75	71	285
베른하르트 랑거	72	70	76	68	286
이안 우스남	70	74	70	72	286

1987 뮤어필드

닉 팔도	68	69	71	71	279
로저 데이비스	64	73	74	69	280
폴 에이징어	68	68	71	73	280

1988 로열 리텀 앤 세인트앤스

세베리아노 바예스테로스	67	71	70	65	273
닉 프라이스	70	67	69	69	275
닉 팔도	71	69	68	71	279

1989 로열 트룬

*마크 캘커베키아	71	68	68	68	275
웨인 그래디	68	67	69	71	275
그렉 노먼	69	70	72	64	275

1990 세인트앤드루스

닉 팔도	67	65	67	71	270
마크 맥널티	74	68	68	65	275
페인 스튜어트	68	68	68	71	275

1991 로열 버크데일

이안 베이커-핀치	71	71	64	66	272
마이크 하우드	68	70	69	67	274
마크 오메라	71	68	67	69	275

1992 뮤어필드

닉 팔도	66	64	69	73	272
존 쿡	66	67	70	70	273
호세 마리아 올라사발	70	67	69	68	274

1993 로열 세인트조지스

그렉 노먼	66	68	69	64	267
닉 팔도	69	63	70	67	269
베른하르트 랑거	67	66	70	67	270

1994 턴베리

닉 프라이스	69	66	67	66	268
예스퍼 파네빅	68	66	68	67	269
퍼지 죌러	71	66	64	70	271

1995 세인트앤드루스

*존 댈리	67	71	73	71	282
코스탄티노 로카	69	70	70	73	282
스티븐 버텀리	70	72	72	69	283

1996 로열 리텀 앤 세인트앤스

톰 레먼	67	67	64	73	271
마크 매컴버	67	69	71	66	273
어니 엘스	68	67	71	67	273

1997 로열 트룬

저스틴 레너드	69	66	72	65	272
예스퍼 파네빅	70	66	66	73	275
대런 클라크	67	66	71	71	275

1998 로열 버크데일

*마크 오메라	72	68	72	68	280
브라이언 와츠	68	69	73	70	280
타이거 우즈	65	73	77	66	281

1999 카노스티

*폴 로리	73	74	76	67	290
저스틴 레너드	73	74	71	72	290
장 방 드 벨드	75	68	70	77	290

2000 세인트앤드루스

타이거 우즈	67	66	67	69	269
어니 엘스	66	72	70	69	277
토마스 비욘	69	69	68	71	277

2001 로열 리텀 앤 세인트앤스

데이비드 듀발	69	73	65	67	274
니클라스 파스	69	69	72	67	277
빌리 메이페어	69	72	67	70	278

2002 뮤어필드

*어니 엘스	70	66	72	70	278
스티브 엘킹턴	71	73	68	66	278
스튜어트 애플비	73	70	70	65	278
코마스 르베	72	66	74	66	278

2003 로열 세인트조지스, 샌드위치

벤 커티스	72	72	70	69	283
비제이 싱	75	70	69	70	284
토마스 비욘	73	70	69	72	284

2004 로열 트룬

토드 해밀턴	71	67	67	69	274
어니 엘스	69	69	68	68	274
필 미켈슨	73	66	68	68	275

2005 세인트앤드루스

타이거 우즈	66	67	71	70	274
콜린 몽고메리	71	66	70	72	279
프레드 커플스	68	71	73	68	280

2006 로열 리버풀, 호이레이크

타이거 우즈	67	65	71	67	270
크리스 디마르코	70	65	69	68	272
어니 엘스	68	65	71	71	275

2007 카노스티

*파드리그 해링턴	69	73	68	67	277
세르히오 가르시아	65	71	68	73	277
안드레스 로메로	71	70	70	67	278

마스터스 The Masters

어거스타 내셔널, 어거스타, 조지아, 미국
(* 플레이오프 후 우승)

1934

호튼 스미스	70	72	70	72	284
크레이그 우드	71	74	69	71	285
빌리 버크	72	71	70	73	286
폴 런얀	74	71	70	71	286

1935

진 사라젠	68	71	73	70	282
크레이그 우드	69	72	68	73	282
올린 듀트라	70	70	70	74	284

1936

호튼 스미스	74	71	68	72	285
해리 쿠퍼	70	69	71	76	286
진 사라젠	78	67	72	70	287

1937

바이런 넬슨	66	72	75	70	283
랄프 굴달	69	72	68	76	285
에드 더들리	70	71	71	74	286

1938

헨리 피카드	71	72	72	70	285
해리 쿠퍼	68	77	71	71	287
랄프 굴달	73	70	73	71	287

1939

랄프 굴달	72	68	70	69	279
샘 스니드	70	70	72	68	280
빌리 버크	69	72	71	70	282
로슨 리틀 주니어	72	72	68	70	282

1940

지미 디마렛	67	72	70	71	280
로이드 맨그럼	64	75	71	74	284
바이런 넬슨	69	72	74	70	285

1941

크레이그 우드	66	71	71	72	280
바이런 넬슨	71	69	73	70	283
샘 버드	73	70	68	74	285

1942

*바이런 넬슨	68	67	72	73	280
벤 호건	73	70	67	70	280
폴 런얀	67	73	72	71	283

1946

허먼 카이저	69	68	71	74	282
벤 호건	74	70	69	70	283
밥 해밀턴	75	69	71	72	287

1947

지미 디마렛	69	71	70	71	281
바이런 넬슨	69	72	72	70	283
프랭크 스트래나한	73	72	70	68	283

1948

클로드 하먼	70	70	69	70	279
캐리 미들코프	74	71	69	70	284
칙 하버트	71	70	70	76	287

1949

샘 스니드	73	75	67	67	282
조니 불라	74	73	69	69	285
로이드 맨그럼	69	74	72	70	285

1950

지미 디마렛	70	72	72	69	283
짐 페리어	70	67	73	75	285
샘 스니드	71	74	70	72	287

1951

벤 호건	70	72	70	68	280
스키 리겔	73	68	70	71	282
로이드 맨그럼	69	74	70	73	286
루 워섬	71	71	72	72	286

1952

샘 스니드	70	67	77	72	286
잭 버크 주니어	76	67	78	69	290
알 비셀링크	70	76	71	74	291
토미 볼트	71	71	75	74	291
짐 페리어	72	70	77	72	291

1953

벤 호건	70	69	66	69	274
에드 올리버	69	73	67	70	279
로이드 맨그럼	74	68	71	69	282

1954

*샘 스니드	74	73	70	72	289
벤 호건	72	73	69	75	289
윌리엄 패튼	70	74	75	71	290

1955

캐리 미들코프	72	65	72	70	279
벤 호건	73	68	72	73	286
샘 스니드	72	71	74	70	287

1956

잭 버크 주니어	72	71	75	71	289
켄 벤츄리	66	69	75	80	290
캐리 미들코프	67	72	75	77	291

1957

더그 포드	72	73	72	66	283
샘 스니드	72	68	74	72	286
지미 디마렛	72	70	75	70	287

1958

아놀드 파머	70	73	68	73	284
더그 포드	74	71	70	70	285
프레드 호킨스	71	75	68	71	285

1959

아트 월 주니어	73	74	71	66	284
캐리 미들코프	74	71	68	72	285
아놀드 파머	71	70	71	74	286

1960

아놀드 파머	67	73	72	70	282
켄 벤츄리	73	69	71	70	283
다우 핀스터월드	71	70	72	71	284

1961

게리 플레이어	69	68	69	74	280
찰스 코	72	71	69	69	281
아놀드 파머	68	69	73	71	281

1962

아놀드 파머	70	66	69	75	280
게리 플레이어	67	71	71	71	280
다우 핀스터월드	74	68	65	73	280

1963

잭 니클라우스	74	66	74	72	286
토니 레마	74	69	74	70	287
줄리어스 보로스	76	69	71	72	288
샘 스니드	70	73	74	71	288

1964

아놀드 파머	69	68	69	70	276
데이브 마	70	73	69	70	282
잭 니클라우스	71	73	71	67	282

1965

잭 니클라우스	67	71	64	69	271
아놀드 파머	70	68	72	70	280
게리 플레이어	65	73	69	73	280

1966

*잭 니클라우스	68	76	72	72	288
토미 제이콥스	75	71	70	72	288
게이 브루어 주니어	74	72	72	70	288

1967

게이 브루어 주니어	73	68	72	67	280
보비 니콜스	72	69	70	70	281
버트 얀시	67	73	71	73	284

1968

밥 골비	70	70	71	66	277
로베르토 데 비센조	69	73	70	66	278
버트 얀시	71	71	72	65	279

1969

조지 아처	67	73	69	72	281
빌리 캐스퍼 주니어	66	71	71	74	282
조지 크누드슨	70	73	69	70	282
톰 웨이스코프	71	71	69	71	282

1970

*빌리 캐스퍼 주니어	72	68	68	71	279
진 리틀러	69	70	70	70	279
게리 플레이어	74	68	68	70	280

1971

찰스 쿠디	66	73	70	70	279
조니 밀러	72	73	68	68	281
잭 니클라우스	70	71	68	72	281

1972

잭 니클라우스	68	71	73	74	286
브루스 크램프톤	72	75	69	73	289
보비 미첼	73	72	71	73	289
톰 웨이스코프	74	71	70	74	289

1973

토미 아론	68	73	74	68	283
제시 스니드	70	71	73	70	284
짐 제이미슨	73	71	70	71	285
잭 니클라우스	69	77	73	66	285
피터 우스터휘스	73	70	68	74	285

1974

게리 플레이어	71	71	66	70	278
데이브 스톡턴	71	66	70	73	280
톰 웨이스코프	71	69	70	70	280

1975

잭 니클라우스	68	67	73	68	276
조니 밀러	75	71	65	66	277
톰 웨이스코프	69	72	66	70	277

1976

레이먼드 플로이드	65	66	70	70	271
벤 크렌쇼	70	70	72	67	279
잭 니클라우스	67	69	73	73	282
래리 지글러	67	71	72	72	282

1977

톰 왓슨	70	69	70	67	276
잭 니클라우스	72	70	70	66	278
톰 카이트	70	73	70	67	280
릭 매슨게일	70	73	67	70	280

1978

게리 플레이어	72	72	69	64	277
로드 펀세스	73	66	70	69	278
휴버트 그린	72	69	65	72	278
톰 왓슨	73	68	68	69	278

1979

퍼지 죌러	70	71	69	70	280
에드 스니드	68	67	69	76	280
톰 왓슨	68	71	70	71	280

1980

세베리아노 바예스테로스	66	69	68	72	275
기비 길버트	70	74	68	67	279
잭 뉴턴	68	74	69	68	279

1981

톰 왓슨	71	68	70	71	280
조니 밀러	69	72	73	68	282
잭 니클라우스	70	65	75	72	282

1982

*크레이그 스태들러	75	69	67	73	284
댄 폴	75	75	67	67	284
세베리아노 바예스테로스	73	73	68	71	285
제리 파테	74	73	67	71	285

1983

세베리아노 바예스테로스	68	70	73	69	280
벤 크렌쇼	76	70	70	68	284
톰 카이트	70	72	73	69	284

1984

벤 크렌쇼	67	72	70	68	277
톰 왓슨	74	67	69	69	279
데이비드 에드워드	71	70	72	67	280
길 모건	73	71	69	67	280

1985

베른하르트 랑거	72	74	68	68	282
세베리아노 바예스테로스	72	71	71	70	284
레이먼드 플로이드	70	73	69	72	284
커티스 스트레인지	80	65	68	71	284

1986

잭 니클라우스	74	71	69	65	279
톰 카이트	70	74	68	68	280
그렉 노먼	70	72	68	70	280

1987

*래리 마이즈	70	72	72	71	285
세베리아노 바예스테로스	73	71	70	71	285
그렉 노먼	73	74	66	72	285

1988

샌디 라일	71	67	72	71	281
마크 캘커베키아	71	69	72	70	282
크레이그 스태들러	76	69	70	68	283

1989

*닉 팔도	68	73	77	65	283
스콧 호치	69	74	71	69	283
벤 크렌쇼	71	72	70	71	284
그렉 노먼	74	75	68	67	284

1990

*닉 팔도	71	72	66	69	278
레이먼드 플로이드	70	68	68	72	278
존 휴스턴	66	74	68	75	283
레니 왓킨스	72	73	70	68	283

1991

이안 우스남	72	66	67	72	277
호세 마리아 올라사발	68	71	69	70	278
벤 크렌쇼	70	73	68	68	279
스티브 파테	72	73	69	65	279
레니 왓킨스	67	71	70	71	279
톰 왓슨	68	68	70	73	279

1992

프레드 커플스	69	67	69	70	275
레이먼드 플로이드	69	68	69	71	277
코리 페이빈	72	71	68	67	278

1993

베른하르트 랑거	68	70	69	70	277
칩 백	72	67	72	70	281
존 댈리	70	71	73	69	283
스티브 엘킹턴	71	70	71	71	283
톰 레먼	67	75	73	68	283

1994

호세 마리아 올라사발	74	67	69	69	279
톰 레먼	70	70	69	72	281
래리 마이즈	68	71	72	71	282

1995

벤 크렌쇼	70	67	69	68	274
데이비스 러브3세	69	69	71	66	275
제이 하스	71	64	72	70	277
그렉 노먼	73	68	68	68	277

1996

닉 팔도	69	67	73	67	276
그렉 노먼	63	69	71	78	281
필 미켈슨	65	73	72	72	282

1997

타이거 우즈	70	66	65	69	270
톰 카이트	77	69	66	70	282
토미 톨스	72	72	72	67	283

1998

마크 오메라	74	70	68	67	279
프레드 커플스	69	70	71	70	280
데이비드 듀발	71	68	74	67	280

1999

호세 마리아 올라사발	70	66	73	71	280
데이비스 러브3세	69	72	70	71	282
그렉 노먼	71	68	71	73	283

2000

비제이 싱	72	67	70	69	278
어니 엘스	72	67	74	68	281
로렌 로버츠	73	69	71	69	282
데이비드 듀발	73	65	74	70	282

2001

타이거 우즈	70	66	68	68	272
데이비드 듀발	71	66	70	67	274
필 미켈슨	67	69	69	70	275

2002

타이거 우즈	70	69	66	71	276
레티프 구센	69	67	69	74	279
필 미켈슨	69	72	68	71	280

2003

마이크 위어	70	68	75	68	281
렌 매티어스	73	74	69	65	281
필 미켈슨	73	70	72	68	283

2004

필 미켈슨	72	69	69	69	279
어니 엘스	70	72	71	67	280
최경주	71	70	72	69	282

2005

타이거 우즈	74	66	65	71	276
크리스 디마르코	67	67	74	68	276
루크 도날드	68	77	69	69	283
레티프 구센	71	75	70	67	283

2006

필 미켈슨	70	72	70	69	281
팀 클라크	70	72	72	69	283

2007

잭 존슨	71	73	76	69	289
로리 사바티니	73	76	73	69	290
레티프 구센	76	76	70	69	290
타이거 우즈	73	74	72	72	290

US 오픈 The US Open

1895 뉴포트 GC, 뉴포트, 로드아일랜드

호레이스 롤린스	45	46	41	41	173
윌리 던 주니어	43	46	44	42	175
제임스 폴리스	46	43	44	43	176
AW 스미스	47	43	44	42	176

1896 시네콕 힐즈 GC, 사우스햄턴, 뉴욕

제임스 폴리스	78	74	152
호레이스 롤린스	79	76	155
조 로이드	76	81	157

1897 시카고 GC, 휘턴, 일리노이

조 로이드	83	79	162
윌리 앤더슨	79	84	163
윌리 던 주니어	87	81	168
제임스 폴리스	80	89	168

1898 마이오피아 헌트 클럽, S. 해밀턴, 매사추세츠

프레드 허드	84	85	75	84	328
알렉스 스미스	78	86	86	85	335
윌리 앤더슨	81	82	87	86	336

1899 볼티모어 CC, 볼티모어, 메릴랜드

윌리 스미스	77	82	79	77	315
발 피츠존	85	80	79	82	326
조지 로우	82	79	89	76	326
WH 웨이	80	85	80	81	326

1900 시카고 GC, 휘턴, 일리노이

해리 바든	79	78	76	80	313
JH 테일러	76	82	79	78	315
데이비드 벨	78	83	83	78	322

1901 마이오피아 헌트 클럽, S. 해밀턴, 매사추세츠

*윌리 앤더슨	84	83	83	81	331
알렉스 스미스	82	82	87	80	331
윌리 스미스	84	86	82	81	333

1902 가든 시티 GC, 가든시티, 뉴욕

로렌스 오치터로니	78	78	74	77	307
스튜어드 가드너	82	76	77	78	313
월터 트레비스	82	82	75	74	313

1903 발터스롤 GC, 스프링필드, 뉴저지

*윌리 앤더슨	73	76	76	82	307
데이비드 브라운	79	77	75	76	307
스튜어트 가드너	77	77	82	79	315

1904 글렌 뷰 GC, 클럽, 일리노이

윌리 앤더슨	75	78	78	72	303
길버트 니콜스	80	76	79	73	308
프레드 맥켄지	76	79	74	80	309

1905 마이오피아 헌트 클럽, S. 해밀턴, 매사추세츠

윌리 앤더슨	81	80	76	77	314
알렉스 스미스	76	80	80	80	316
퍼시 배럿	81	80	77	79	317
피터 로버트슨	97	80	81	77	317

1906 온웬트시아 클럽, 레이크 포레스트, 일리노이

알렉스 스미스	73	74	73	75	295
윌리 스미스	73	81	74	74	302
로리 오치터로니	76	78	75	76	305
제임스 메이든	80	73	77	75	305

1907 필라델피아 CC, 필라델피아, 펜실베이니아

알렉스 로스	76	74	76	76	302
길버트 니콜스	80	73	72	79	304
알렉스 캠벨	78	74	78	75	305

1908 마이오피아 헌트 클럽, S. 해밀턴, 매사추세츠

*프레드 맥리오드	82	82	81	77	322
윌리 스미스	77	82	85	78	322
알렉스 스미스	80	83	83	81	327

1909 잉글우드 GC, 잉글우드, 뉴저지

조지 사전트	75	72	72	71	290
톰 맥나마라	73	69	75	77	294
알렉스 스미스	76	73	74	72	295

1910 필라델피아 CC, 필라델피아, 펜실베이니아

*알렉스 스미스	73	73	79	73	298
존 맥더모트	74	74	75	75	298
맥도날드 스미스	74	78	75	71	298

1911 시카고 GC, 휘턴, 일리노이

*존 J 맥더모트	81	72	75	79	307
마이크 브래디	76	77	79	75	307
조지 심슨	76	77	79	75	307

1912 크리켓 클럽 오브 버팔로, 버팔로, 뉴욕

존 J 맥더모트	74	75	74	71	294
톰 맥나마라	74	80	73	69	296
마이크 브래디	72	75	73	79	299
알렉스 스미스	77	70	77	75	299

1913 더 컨트리클럽, 브룩클린, 매사추세츠

*프란시스 위멧	77	74	74	79	304
해리 바든	75	72	78	79	304
테드 레이	79	70	76	79	304

1914 미들로디언 CC, 블루 아일랜드, 일리노이

월터 하겐	68	74	75	73	290
찰스 에반스 주니어	76	74	71	70	291
프레드 맥리오드	78	73	75	71	297
조지 사전트	74	77	74	72	297

1915 발터스롤 GC, 스프링필드, 뉴저지

제롬 D 트래버스	76	72	73	76	297
톰 맥나마라	78	71	74	75	298
밥 맥도날드	72	77	73	78	300

1916 미니카다 클럽, 미니애폴리스, 미네소타

찰스 에반스 주니어	70	69	74	73	286
조크 허치슨	73	75	72	68	288
짐 반즈	71	74	71	74	290

1917-18 제1차 세계대전으로 챔피언십 없었음

1919 브레이번 CC, 웨스트 뉴턴, 매사추세츠

*월터 하겐	78	73	75	75	301
마이크 브래디	74	74	73	80	301
조크 허치슨	78	76	76	76	306
톰 맥나마라	80	73	79	74	306

1920 인버네스 클럽, 톨레도, 오하이오

에드워드 레이	74	73	73	75	295
잭 버크 시니어	75	77	72	72	296
레오 디겔	71	74	74	77	296
조크 허치슨	69	76	74	77	296
해리 바든	74	73	71	78	296

1921 콜롬비아 CC, 체비 체이스, 메릴랜드

제임스 M 반즈	69	75	73	72	289
월터 하겐	79	73	72	74	289
프레드 맥리오드	74	74	76	74	298

1922 스코키 CC, 글렌코, 일리노이

진 사라젠	72	73	75	68	288
존 블랙	71	71	75	72	289
보비 존스	74	72	70	73	289

1923 인우드CC, 인우드, 뉴욕

*보비 존스	71	73	76	76	296
보비 크룩섕크	73	72	78	73	296
조크 허치슨	70	72	82	78	302

1924 오클랜드 힐즈 CC, 블룸필드 힐즈, 미시간

시릴 워커	74	74	74	75	297
보비 존스	74	73	75	78	300
빌 멜혼	72	75	76	78	301

1925 우스터 CC, 우스터, 매사추세츠

*윌리엄 맥팔레인	74	67	72	78	291
보비 존스	77	70	70	74	291
조니 파렐	71	74	69	78	292
프란시스 위멧	70	73	73	76	292

1926 사이오토 CC, 콜럼버스, 오하이오

보비 존스	70	79	71	73	293
조 터네사	71	74	72	77	294
레오 디겔	72	76	75	74	297
조니 파렐	76	79	69	73	297
빌 멜혼	68	75	76	78	297
진 사라젠	78	77	72	70	297

1927 오크몬트 CC, 오크몬트, 펜실베이니아

*토미 아머	78	71	76	76	301
해리 쿠퍼	74	76	74	77	301
진 사라젠	74	74	80	74	302

1928 올림피아 필즈 CC, 매트슨, 일리노이

*조니 파렐	77	74	71	72	294
보비 존스	73	71	73	77	294
롤랜드 핸콕	74	77	72	72	295

1929 윈지드 푸트 GC, 머매러넥, 뉴욕

*로버트 T 존스 주니어	69	75	71	79	294
알 에스피노사	70	72	77	75	294
진 사라젠	71	71	76	78	296
데니 슈트	73	71	76	76	296

1930 인터라첸 CC, 미니애폴리스, 미네소타

로버트 T 존스 주니어	71	73	68	75	287
맥도날드 스미스	70	75	74	70	289
호튼 스미스	72	70	76	74	292

1931 인버네스 클럽, 톨레도, 오하이오

*빌리 버크	73	72	74	73	292
게오르게 폰 엘름	75	69	73	75	292
레오 디겔	75	73	74	72	294

1932 프레시 메도우 CC, 플러싱, 뉴욕

진 사라젠	74	76	70	66	286
보비 크룩섕크	78	74	69	68	289
필 퍼킨스	76	69	74	70	289

1933 노스 쇼어 GC, 글렌뷰, 일리노이

존 굿맨	75	66	70	76	287
랄프 굴달	76	71	70	71	288
크레이그 우드	73	74	71	72	290

1934 메리온 GC, 아드모어, 펜실베이니아

올린 듀트라	76	74	71	72	293
진 사라젠	73	72	73	76	294
해리 쿠퍼	76	74	74	71	295
위피 콕스	71	75	74	75	295
보비 크룩섕크	71	71	77	76	295

1935 오크몬트 CC, 오크몬트, 펜실베이니아

샘 팍스 주니어	77	73	73	76	299
지미 톰슨	73	73	77	78	301
월터 하겐	77	76	73	76	302

1936 발터스롤 GC, 스프링필드, 뉴저지

토니 마네로	73	69	73	67	282
해리 쿠퍼	71	70	70	73	284
클라렌스 클라크	69	75	71	72	287

1937 오클랜드 힐즈 CC, 블룸필드 힐즈, 미시간

랄프 굴달	71	69	72	69	281
샘 스니드	69	73	70	71	283
보비 크룩섕크	73	73	67	72	285

1938 체리 힐즈 CC, 잉글우드, 콜로라도

랄프 굴달	74	70	71	69	284
딕 메츠	73	68	70	79	290
해리 쿠퍼	76	69	76	71	292
토니 페나	78	72	74	68	292

1939 필라델피아 CC, 웨스트 콘쇼호켄, 펜실베이니아

*바이런 넬슨	72	73	71	68	284
크레이그 우드	70	71	71	72	284
데니 슈트	70	72	70	72	284

1940 캔터베리 GC, 클리블랜드, 오하이오

*로슨 리틀	72	69	73	73	287
진 사라젠	71	74	70	72	287
호튼 스미스	69	72	78	69	288

1941 콜로니얼 CC, 포트워스, 텍사스

크레이그 우드	73	71	70	70	284
데니 슈트	69	75	72	71	287
조니 불라	75	71	72	71	289
벤 호건	74	77	68	70	289

1942-45 제2차 세계대전으로 챔피언십 없었음

1946 캔터베리 GC, 클리블랜드, 오하이오

*로이드 맨그럼	74	70	68	72	284
빅 게치	71	69	72	72	284
바이런 넬슨	71	71	69	73	284

1947 세인트루이스 CC, 클레이튼, 미주리

*루 워섬	70	70	71	71	282
샘 스니드	72	70	70	70	282
보비 로크	68	74	70	73	285
에드 올리버	73	70	71	71	285

1948 리비에라 CC, LA, 캘리포니아

벤 호건	67	72	68	69	276
지미 디마렛	71	70	68	69	278
짐 터네사	71	69	70	70	280

1949 메디나 CC, 메디나, 일리노이

캐리 미들코프	75	67	69	75	286
클레이튼 히프너	72	71	71	73	287
샘 스니드	73	73	71	70	287

1950 메리온 GC, 아드모어, 펜실베이니아

*벤 호건	72	69	72	74	287
로이드 맨그럼	72	70	69	76	287
조지 파치오	73	72	72	70	287

1951 오클랜드 힐즈 CC, 블룸필드 힐즈, 미시간

벤 호건	76	73	71	67	287
클레이튼 히프너	72	75	73	69	289
보비 로크	73	71	74	73	291

1952 노스우드 클럽, 댈러스, 텍사스

줄리어스 보로스	71	71	68	71	281
에드 올리버	71	72	70	72	285
벤 호건	69	69	74	74	286

1953 오크몬트 CC, 오크몬트, 펜실베이니아

벤 호건	67	72	73	71	283
샘 스니드	72	69	72	76	289
로이드 맨그럼	73	70	74	75	292

1954 발터스롤 GC, 스프링필드, 뉴저지

에드 퍼골	71	70	71	72	284
진 리틀러	70	69	76	70	285
로이드 맨그럼	72	71	72	71	286
딕 메이어	72	71	70	73	286

1955 올림픽 클럽, 샌프란시스코, 캘리포니아

*잭 플렉	76	69	75	67	287
벤 호건	72	73	72	70	287
토미 볼트	67	77	75	73	292
샘 스니드	79	69	70	74	292

1956 오크 힐 CC, 로체스터, 뉴욕

캐리 미들코프	71	70	70	70	281
줄리어스 보로스	71	71	71	69	282
벤 호건	72	68	72	70	282

1957 인버네스 클럽, 톨레도, 오하이오

*딕 메이어	70	68	74	70	282
캐리 미들코프	71	75	68	68	282
지미 디마렛	68	73	70	72	293

1958 서던 힐즈 CC, 털사, 오클라호마

토미 볼트	71	71	69	72	283
게리 플레이어	75	68	73	71	287
줄리어스 보로스	71	75	72	71	289

1959 윈지드 푸트 GC, 머매러넥, 뉴욕

빌 캐스퍼 주니어	70	68	69	74	282
밥 로스버그	75	70	67	71	283
클로드 하먼	72	70	70	71	284
마이크 수척	71	70	72	71	284

1960 체리 힐즈 CC, 잉글우드, 콜로라도

아놀드 파머	72	71	72	65	280
잭 니클라우스	71	71	69	71	282
줄리어스 보로스	73	69	68	73	283
다우 핀스터월드	71	69	70	73	283
잭 플렉	70	70	72	71	283
더치 해리슨	74	70	70	69	283
테드 크롤	72	69	75	67	283
마이크 수척	68	67	73	75	283

1961 오클랜드 힐즈 CC, 블룸필드 힐즈, 미시간

진 리틀러	73	68	72	68	281
밥 골비	70	72	69	71	282
더그 샌더스	72	67	71	72	282

1962 오크몬트 CC, 오크몬트, 펜실베이니아

*잭 니클라우스	72	70	72	69	283
아놀드 파머	71	68	73	71	283
보비 니콜스	70	72	70	73	285
필 로저스	74	70	69	72	285

1963 더 컨트리클럽, 브룩클린, 매사추세츠

*줄리어스 보로스	71	74	76	72	293
재키 큐피트	70	72	76	75	293
아놀드 파머	73	69	77	74	293

1964 컨그레셔널 CC, 워싱턴, DC

켄 벤츄리	72	70	66	70	278
토미 제이콥스	72	64	70	76	282
밥 찰스	72	72	71	68	283

1965 벨리브 CC, 세인트루이스, 미주리

*게리 플레이어	70	70	71	71	282
켈 네이글	68	73	72	69	282
프랭크 비어드	74	69	70	71	284

1966 올림픽 클럽, 샌프란시스코, 캘리포니아

*빌 캐스퍼 주니어	69	68	73	68	278
아놀드 파머	71	66	70	71	278
잭 니클라우스	71	71	69	74	285

1967 발터스롤 GC, 스프링필드, 뉴저지

잭 니클라우스	71	67	72	65	275
아놀드 파머	69	68	73	69	279
돈 재뉴어리	69	72	70	70	281

1968 오크 힐 CC, 로체스터, 뉴욕

리 트레비노	69	68	69	69	275
잭 니클라우스	72	70	70	67	279
버트 얀시	67	68	70	76	281

1969 챔피언스 GC, 휴스턴, 텍사스

오빌 무디	71	70	68	70	281
딘 비먼	68	69	73	72	282
알 가이버거	68	72	72	70	282
밥 로스버그	70	69	72	71	282

1970 헤즐타인 내셔널 GC, 차스카, 미네소타

토니 재클린	71	70	70	70	281
데이브 힐	75	68	71	73	288
밥 찰스	76	71	75	67	289
밥 룬	77	72	70	70	289

1971 메리온 GC, 아드모어, 펜실베이니아

*리 트레비노	70	72	69	69	280
잭 니클라우스	69	72	68	71	280
짐 콜버트	69	69	73	71	282
밥 로스버그	71	72	70	69	282

1972 페블 비치 GL, 페블 비치, 캘리포니아

잭 니클라우스	71	73	72	74	290
브루스 크램프톤	74	70	72	74	293
아놀드 파머	77	68	73	76	294

1973 오크몬트 CC, 오크몬트, 펜실베이니아

존 밀러	71	69	76	63	279
존 스크레	73	70	67	70	279
톰 웨이스코프	73	69	69	70	281

1974 윈지드 푸트 GC, 머매러넥, 뉴욕

헤일 어윈	73	70	71	73	287
포레스트 페즐러	75	70	74	70	287
루 그레이엄	71	75	74	70	290
버트 얀시	76	69	73	72	290

1975 메디나 CC, 메디나, 일리노이

*루 그레이엄	74	72	68	73	287
존 마하피	73	71	72	71	287
프랭크 비어드	74	69	67	78	288
벤 크렌쇼	70	68	76	74	288
헤일 어윈	74	71	73	70	288
밥 머피	74	73	72	69	288

1976 애틀랜타 애슬래틱 클럽, 덜루스, 조지아

제리 파테	71	69	69	68	277
해리 쿠퍼	70	69	71	69	279
톰 웨이스코프	73	70	68	68	279

1977 서던 힐즈 CC, 털사, 오클라호마

휴버트 그린	69	67	72	70	278
루 그레이엄	72	71	68	68	279
톰 웨이스코프	71	71	68	71	281

1978 체리 힐즈 CC, 잉글우드, 콜로라도

앤디 노스	70	70	71	74	285
JC 스니드	70	72	72	72	286
데이브 스톡턴	71	73	70	72	286

1979 인버네스 클럽, 톨레도, 오하이오

헤일 어윈	74	68	67	75	284
제리 파테	71	74	69	72	286
게리 플레이어	73	73	72	68	286

1980 발터스롤 GC, 스프링필드, 뉴저지

잭 니클라우스	63	71	70	68	272
이사오 아오키	68	68	68	70	274
키스 퍼거스	66	70	70	70	276
론 힌클	66	70	69	71	276
톰 왓슨	71	68	67	70	276

1981 메리온 GC, 아드모어, 펜실베이니아

데이비드 그레이엄	68	68	70	67	273
조지 번즈	69	66	68	73	276
빌 로저스	70	68	69	69	276

1982 페블 비치 GL, 페블 비치, 캘리포니아

톰 왓슨	72	72	68	70	282
잭 니클라우스	74	70	71	69	284
보비 클램펫	71	73	72	70	286
댄 폴	72	74	70	70	286
빌 로저스	70	73	69	74	286

1983 오크몬트 CC, 오크몬트, 펜실베이니아

래리 넬슨	75	73	65	67	280
톰 왓슨	72	70	70	69	281
길 노먼	73	72	70	68	283

1984 윈지드 푸트 GC, 머매러넥, 뉴욕

*퍼지 죌러	71	66	69	70	276
그렉 노먼	70	68	69	69	276
커티스 스트레인지	69	70	74	68	281

1985 오클랜드 힐즈 CC, 블룸필드 힐즈, 미시간

앤디 노스	70	65	70	74	279
데이브 바	70	68	70	72	280
치충 첸	65	69	69	77	280
데니스 왓슨	72	65	73	70	280

1986 시네콕 힐즈 GC, 사우스햄턴, 뉴욕

레이먼드 플로이드	75	68	70	66	279
칩 백	75	73	68	65	281
래니 왓킨스	74	70	72	65	281

1987 올림픽 클럽, 샌프란시스코, 캘리포니아

스콧 심슨	71	68	70	68	277
톰 왓슨	72	65	71	70	278
세베 바예스테로스	68	75	68	71	282

1988 더 컨트리클럽, 브룩클린, 매사추세츠

*커티스 스트레인지	70	67	69	72	278
닉 팔도	72	67	68	71	278
마크 오메라	71	72	66	71	280
스티브 파테	72	69	72	67	280

1989 오크 힐 CC, 로체스터, 뉴욕

커티스 스트레인지	71	64	73	70	278
칩 백	71	69	71	68	279
마크 매컴버	70	68	72	69	279
이안 우스남	70	68	73	68	279

1990 메디나 CC, 메디나, 일리노이

*헤일 어윈	69	70	74	67	280
마이크 도날드	67	70	72	71	280
빌리 레이 브라운	69	71	69	72	281
닉 팔도	72	72	68	68	281

1991 헤즐타인 내셔널 GC, 차스카, 미네소타

*페인 스튜어트	67	70	73	72	282
스콧 심슨	70	68	72	72	282
프레드 커플스	70	70	75	70	285
래리 넬슨	73	72	72	68	285

1992 페블 비치 GL, 페블 비치, 캘리포니아

톰 카이트	71	72	70	72	285
제프 슬루먼	73	74	69	71	287
콜린 몽고메리	70	71	77	70	288

1993 발터스롤 GC, 스프링필드, 뉴저지

리 얀젠	67	67	69	69	272
페인 스튜어트	70	66	68	70	274
폴 에이징어	71	68	69	69	277

1994 오크몬트 CC, 오크몬트, 펜실베이니아

*어니 엘스	69	71	66	73	279
로렌 로버츠	76	69	74	70	279
콜린 몽고메리	71	65	73	70	279

1995 시네콕 힐즈 GC, 사우스햄턴, 뉴욕

코리 페이빈	72	69	71	68	280
그렉 노먼	68	67	74	73	282
톰 레먼	70	72	67	74	283

1996 오클랜드 힐즈 CC, 블룸필드 힐즈, 미시간

스티브 존스	74	66	69	69	278
톰 레먼	71	72	65	71	279
데이비스 러브3세	71	69	70	69	279

1997 컨그레셔널 CC, 베데스다, 메릴랜드

어니 엘스	71	67	69	69	276
콜린 몽고메리	65	76	67	69	277
톰 레먼	67	70	68	73	278

1998 올림픽 클럽, 샌프란시스코, 캘리포니아

리 얀젠	73	66	73	68	280
페인 스튜어트	66	71	70	74	281
밥 트웨이	68	70	73	73	284

1999 파인허스트 리조트 & CC의 넘버2 코스, 빌리지 오브 파인허스트, 노스캐롤라이나

페인 스튜어트	68	69	72	70	279
필 미켈슨	67	70	73	70	280
비제이 싱	69	70	73	69	281
타이거 우즈	68	71	72	70	281

2000 페블 비치 GL, 페블 비치, 캘리포니아

타이거 우즈	65	69	71	67	272
마구엘 앙헬 히메네즈	66	74	76	71	287
어니 엘스	74	73	68	72	287
존 휴스턴	67	75	76	70	288

2001 서던 힐즈 CC, 털사, 오클라호마

레티프 구센	66	70	69	71	276
마크 브룩스	72	64	70	70	276
스튜어트 싱크	69	69	67	72	277

2002 베스페이지 주립공원(블랙 코스), 파밍데일, 뉴욕

타이거 우즈	67	68	70	72	277
필 미켈슨	70	73	67	70	280
제프 매거트	69	73	68	72	282

2003 올림피아 필즈 CC, 올림피아 필즈, 일리노이

짐 퓨릭	67	66	67	72	272
스티븐 리니	67	68	68	72	275
케니 페리	72	71	69	67	279
마이크 위어	73	67	68	71	279

2004 시네콕 힐즈 GC, 사우스햄턴, 뉴욕

레티프 구센	70	66	69	71	276
필 미켈슨	68	66	73	71	278
제프 매거트	68	67	74	72	281

2005 파인허스트 리조트의 넘버2 코스, 빌리지 오브 파인허스트, 노스캐롤라이나

마이클 캠벨	71	69	71	69	280
타이거 우즈	70	71	72	69	282
세르히오 가르시아	71	69	75	70	285
팀 클라크	76	69	70	70	285
마크 헨스비	71	68	72	74	285

2006 윈지드 푸트 GC, 머머러넥, 뉴욕

제프 오길비	71	70	72	72	285
짐 퓨릭	70	72	74	70	286
콜린 몽고메리	69	71	75	71	286
필 미켈슨	70	73	69	74	286

2007 오크몬트 CC, 오크몬트, 펜실베이니아

앙헬 카브레라	69	71	76	69	285
짐 퓨릭	71	75	70	70	286
타이거 우즈	71	74	69	72	286

The USPGA

(* 플레이오프 후 우승)

1916 시와노이 CC, 브롱스빌, 뉴욕
짐 반즈, 윌리 맥팔레인 1점 차로 이김

1919 엔지니어스 CC, 롱아일랜드, 뉴욕
짐 반즈, 프레드 맥리오드 6&5로 이김

1920 플로스머, 시카고, 일리노이
조크 허친슨, 더글러스 에드거 1점 차로 이김

1921 인우드 CC, 라커웨이, 뉴욕
월터 하겐, 짐 반즈 3&2로 이김

1922 오크몬트 CC, 오크몬트, 펜실베이니아
진 사라젠, 에밋 프렌치 1점 차로 이김

1923 펠헴 GC, 뉴욕
진 사라젠, 월터 하겐 1점 차로 이김(38홀 후)

1924 프렌치 스프링스, 일리노이
월터 하겐, 짐 반즈 2점 차로 이김

1925 올림피아 필즈 CC, 올림피아 필즈, 일리노이
월터 하겐, 빌 멜혼 6&5로 이김

1926 솔즈베리 GC, 롱아일랜드, 뉴욕
월터 하겐, 레오 디겔 5&3로 이김

1927 세다 크레스트 GC, 댈러스, 텍사스
월터 하겐, 조 터네사 1점 차로 이김

1928 파이브 팜즈 CC, 볼티모어, 메릴랜드
레오 디겔, 알 에스피노사 6&5로 이김

1929 힐크레스트 GC, LA, 캘리포니아
레오 디겔, 조니 파렐 6&4로 이김

1930 프레시 메도우 CC, 플러싱 메도우, 뉴욕
토미 아머, 진 사라젠 1점 차로 이김

1931 워너모아제트 CC, 롬포드, 로드아일랜드
톰 크리비, 데니 슈트 2&1로 이김

1932 켈러 GC, 세인트폴, 미네소타
올린 듀트라, 프랭크 월시 4&3로 이김

1933 블루 마운드 CC, 밀워키, 위스콘신
진 사라젠, 윌리 고긴 5&4로 이김

1934 파크 클럽 오브 버팔로, 윌리엄스빌, 뉴욕
폴 런얀, 크레이그 우드 1점 차로 이김(38홀 후)

1935 트윈 힐즈 CC, 오클라호마시티, 오클라호마
조니 리볼타, 토미 아머 5&4로 이김

1936 파인허스트 CC, 노스캐롤라이나
데니 슈트, 지미 톰슨 3&2로 이김

1937 피츠버그 필드 클럽, 아스핀월, 펜실베이니아
데니 슈트, 해롤드 맥스페이든 1점 차로 이김

1938 쇼니 CC, 쇼니 온 델라웨어, 펜실베이니아
폴 런얀, 샘 스니드 8&7로 이김

1939 포모녹 CC, 플러싱, 뉴욕
헨리 피카드, 바이런 넬슨 1점 차로 이김(37홀 후)

1940 허시 CC, 허시, 펜실베이니아
바이런 넬슨, 샘 스니드 1점 차로 이김

1941 체리 힐 CC, 덴버, 콜로라도
빅 게치, 바이런 넬슨 1점 차로 이김(38홀 후)

1942 시뷰 CC, 애틀랜틱시티, 뉴저지
샘 스니드, 짐 터네사 2&1로 이김

1943 제2차 세계대전으로 챔피언십 없었음

1944 마니토 CC, 스포캔, 워싱턴
밥 해밀턴, 바이런 넬슨 1점 차로 이김

1945 모레인 CC, 데이턴, 오하이오
바이런 넬슨, 샘 버드 4&3로 이김

1946 포틀랜드 GC, 포틀랜드, 오리건
벤 호건, 에드 올리버 6&4로 이김

1947 플럼 홀로우 CC, 디트로이트, 미시간
짐 페리어, 칙 하버트 5&4로 이김

1948 노스우드 힐즈 CC, 세인트루이스, 미주리
벤 호건, 마이크 터네사 7&6로 이김

1949 허미티지 CC, 리치먼드, 버지니아
샘 스니드, 조니 파머 3&2로 이김

1950 사이오토 CC, 콜럼버스, 오하이오
챈들러 하퍼, 헨리 윌리엄스 주니어 4&3로 이김

1951 오크몬트 CC, 오크몬트, 펜실베이니아
샘 스니드, 월터 버케모 7&6로 이김

1952 빅 스프링 CC, 루이빌, 켄터키
짐 터네사, 칙 하버트 1점 차로 이김

1953 버밍햄 CC, 버밍햄, 미시간
월터 버케모, 펠리스 토르자 2&1로 이김

1954 켈러 GC, 세인트폴, 미네소타
칙 하버트, 월터 버케모 4&3로 이김

1955 메도우브룩 CC, 노스빌, 미시간
더그 포드, 케리 미들코프 4&3로 이김

1956 블루 힐 G & CC, 캔턴, 매사추세츠
잭 버크, 테드 크롤 3&2로 이김

1957 마이애미 밸리 GC, 데이턴, 오하이오
라이오넬 하트, 다우 핀스터월드 3&1로 이김

1958 라너호 CC, 해버타운, 펜실베이니아

다우 핀스터월드	67	72	70	67	276
빌리 캐스퍼	73	67	68	70	278
샘 스니드	73	67	67	73	280

1959 미니아폴리스 GC, 세인트루이스 파크, 미네소타

밥 로스버그	71	72	68	66	277
제리 바버	69	65	71	73	278
더그 샌더스	72	66	68	72	278

1960 파이어스톤 CC, 애크런, 오하이오

제이 허버트	72	67	72	70	281
짐 페리어	71	74	66	71	282
더그 샌더스	70	71	69	73	283
샘 스니드	68	73	70	72	283

1961 올림피아 필즈 CC, 올림피아 필즈, 일리노이

제리 바버	69	67	71	70	277
돈 재뉴어리	72	66	67	72	277
더그 샌더스	70	68	74	68	280

1962 아로니밍크 GC, 뉴턴 스퀘어, 펜실베이니아

게리 플레이어	72	67	69	70	278
밥 골비	69	72	71	67	279
조지 바이어	69	70	71	71	281
잭 니클라우스	71	75	69	67	281

1963 댈러스 애슬래틱 클럽, 텍사스

잭 니클라우스	69	73	69	68	279
데이브 레이건	75	70	67	69	281
브루스 크램프톤	70	73	65	74	282

1964 콜럼버스 CC, 콜럼버스, 오하이오

보비 니콜스	64	71	69	67	271
잭 니클라우스	67	73	70	64	274
아놀드 파머	68	68	69	69	274

1965 로렐 밸리 GC, 리고니어, 펜실베이니아

데이브 마	70	69	70	71	280
빌리 캐스퍼	70	70	71	71	282
잭 니클라우스	69	70	72	71	282

1966 파이어스톤 CC, 애크런, 오하이오

알 가이버거	68	72	68	72	280
더들리 와이송	74	72	66	72	284
빌리 캐스퍼	73	73	70	70	286

1967 콜럼바인 CC, 덴버, 콜로라도

*돈 재뉴어리	71	71	70	68	281
돈 매싱게일	70	75	70	66	281
잭 니클라우스	67	75	69	71	282

1968 피칸 밸리 CC, 샌안토니오, 텍사스

줄리어스 보로스	71	71	70	69	281
밥 찰스	72	70	70	70	282
아놀드 파머	71	69	72	70	282

1969 NCR CC, 데이턴, 오하이오

레이 플로이드	69	66	67	74	276
게리 플레이어	71	65	71	70	277
버트 그린	71	68	68	71	279

1970 서던 힐즈 CC, 털사, 오클랜드

데이브 스톡턴	70	70	66	73	279
밥 머피	71	73	71	66	281
아놀드 파머	70	72	69	70	281

1971 PGA 내셔널, 팜비치, 플로리다

잭 니클라우스	69	69	70	73	281
빌리 캐스퍼	71	73	71	68	283
토미 볼트	72	74	69	69	284

1972 오클랜드 힐즈 CC, 블룸필드 힐즈, 미시간

게리 플레이어	71	71	67	72	281
토미 아론	71	71	70	71	283
짐 제이미슨	69	72	72	70	283

1973 캔터베리 GC, 클리블랜드, 오하이오

잭 니클라우스	72	68	68	69	277
브루스 크램프톤	71	73	67	70	281
맨슨 루돌프	69	70	70	73	282
JC 스니드	71	74	68	69	282
레니 왓킨스	73	69	71	69	282

1974 탱글우드 GC, 클레몬스, 노스캐롤라이나

리 트레비노	73	66	68	69	276
잭 니클라우스	69	69	70	69	277
보비 콜	69	68	71	71	279

1975 파이어스톤 CC, 애크런, 오하이오

잭 니클라우스	70	68	67	71	276
브루스 크램프톤	71	63	75	69	278
톰 웨이스코프	70	71	70	68	279

1976 컨그레셔널 CC, 베데스다, 메릴랜드

데이브 스톡턴	70	72	69	70	281
레이 플로이드	72	68	71	71	282
돈 재뉴어리	70	69	71	72	282

1977 페블 비치 GL, 페블 비치, 캘리포니아

*레니 왓킨스	69	71	72	70	282
진 리틀러	67	69	70	76	282
잭 니클라우스	69	71	70	73	283

1978 오크몬트 CC, 오크몬트, 펜실베이니아

*존 마허피	75	67	68	66	276
제리 파테	72	70	66	68	276
톰 왓슨	67	69	67	73	276

1979 오클랜드 힐즈 CC, 블룸필드 힐즈, 미시간

*데이브 그레이엄	69	68	70	65	272
벤 크렌쇼	69	67	69	67	272
레드 콜드웰	67	70	66	71	274

1980 오크 힐 CC, 로체스터, 뉴욕

잭 니클라우스	70	69	66	69	274
앤디 빈	72	71	68	70	281
론 힌클	70	69	69	75	283

1981 애틀랜타 애슬래틱 클럽, 덜루스, 조지아

래리 넬슨	70	66	66	71	273
퍼지 죌러	70	68	68	71	277
댄 폴	69	67	73	69	278

1982 서던 힐즈 CC, 털사, 오클랜드

레이 플로이드	63	69	68	72	272
레니 왓킨스	71	68	69	67	275
프레드 커플스	67	71	72	66	276
캘빈 피트	69	70	68	69	276

1983 리비에라 CC, 퍼시픽 팰리세이즈, 캘리포니아

할 서튼	65	66	72	71	274
잭 니클라우스	73	65	71	66	275
피터 야콥센	73	70	68	65	276

1984 숄 크릭 CC, 버밍엄, 앨라배마

리 트레비노	69	68	67	69	273
게리 플레이어	74	63	69	71	277
레니 왓킨스	68	69	68	72	277

1985 체리 힐즈 CC, 잉글우드, 콜로라도

휴버트 그린	67	69	70	72	278
리 트레비노	66	68	75	71	280
앤디 빈	71	70	72	68	281

1986 인버네스 클럽, 톨레도, 오하이오

밥 트웨이	72	70	64	70	276
그렉 노먼	65	68	69	76	278
피터 야콥슨	68	70	70	71	279

1987 PGA 내셔널, 팜비치, 플로리다

*래리 넬슨	70	72	73	72	287
레니 왓킨스	70	70	74	73	287
스콧 호치	74	74	71	69	288

1988 오크 트리 GC, 에드몬드, 오클라호마

제프 슬루먼	69	70	68	65	272
폴 에이징어	67	66	71	71	275
토미 나카지마	69	68	74	67	278

1989 켐퍼 레이크스 GC, 호손 우즈, 일리노이

페인 스튜어트	74	66	69	67	276
앤디 빈	70	67	74	66	277
마이크 리드	66	67	70	74	277
커티스 스트레인지	70	68	70	69	277

1990 숄 크릭 CC, 버밍엄, 앨라배마

웨인 그래디	72	67	72	71	282
프레드 커플스	69	71	73	72	285
길 모건	77	72	65	72	286

1991 크룩트 스틱 GC, 카멜, 인디애나

존 댈리	69	67	69	71	276
브루스 리츠케	68	69	72	70	279
짐 갤러거 주니어	70	72	72	67	281

1992 벨리브 CC, 세인트루이스, 미주리

닉 프라이스	70	70	68	70	278
존 쿡	71	72	67	71	281
닉 팔도	68	70	76	67	281
짐 갤러거 주니어	72	66	76	67	281
진 소어	67	69	70	75	281

1993 인버네스 클럽, 톨레도, 오하이오

*폴 에이징어	69	66	69	68	272
그렉 노먼	68	68	67	69	272
닉 팔도	68	68	69	68	274

1994 서던 힐즈 CC, 털사, 오클랜드

닉 프라이스	67	65	70	67	269
코리 페이빈	70	67	69	69	275
필 미켈슨	68	71	67	70	276

1995 리비에라 CC, 퍼시픽 팰리세이즈, 캘리포니아

*스티브 엘킹턴	68	67	68	64	267
콜린 몽고메리	68	67	67	65	267
어니 엘스	66	65	66	72	269
제프 매거트	66	69	65	69	269

1996 발할라 GC, 루이빌, 켄터키

*마크 브룩스	68	70	69	70	277
케니 페리	66	72	71	68	277
스티브 엘킹턴	67	74	67	70	278
토미 톨스	69	71	71	67	278

1997 윈지드 푸트 GC, 머매러넥, 뉴욕

데이비스 러브	66	71	66	66	269
저스틴 레너드	68	70	65	71	274
제프 매거트	69	69	73	65	276

1998 사하리 CC, 레드몬드, 워싱턴

비제이 싱	70	66	67	68	271
스티브 스트리커	69	68	66	70	273
스티브 엘킹턴	69	69	69	67	274

1999 메디나 CC, 메디나, 일리노이

타이거 우즈	70	67	68	72	277
세르히오 가르시아	66	73	68	71	278
스튜어트 싱크	69	70	68	73	280

2000 발할라 GC, 루이빌, 켄터키

*타이거 우즈	66	67	70	67	270
밥 메이	72	66	66	66	270
토마스 비욘	72	68	67	68	275

2001 애틀랜타 애슬래틱 클럽, 덜루스, 조지아

데이비드 톰스	66	65	65	69	265
필 미켈슨	66	66	66	68	266
스티브 로리	67	67	66	68	268

2002 헤즐타인 내셔널 GC, 차스카, 미네소타

리치 빔	72	66	72	68	278
타이거 우즈	71	69	72	67	279
크리스 릴리	71	70	72	70	283

2003 오크 힐 CC, 로체스터, 뉴욕

숀 미킬	69	68	69	70	276
채드 캠벨	69	72	65	72	278
티모시 클라크	72	70	68	69	279

2004 휘슬링 스트레이츠, 콜러, 위스콘신

*비제이 싱	67	68	69	76	280
크리스 디마코	68	70	71	71	280
저스틴 레너드	66	69	70	75	280

2005 발터스롤 GC, 스프링필드, 뉴저지

필 미켈슨	67	65	72	72	276
토마스 비욘	71	71	63	72	277
스티브 엘킹턴	68	70	68	71	277

2006 메디나 CC, 메디나, 일리노이

타이거 우즈	69	68	65	68	270
숀 미킬	69	70	67	69	275
루크 도날드	68	68	66	74	276
세르히오 가르시아	69	70	67	70	276
아담 스콧	71	69	69	67	276

크래프트 나비스코 챔피언십

1972~1981 콜게이트 다이나 쇼어, 1982~1999; 나비스코 다이나 쇼어, 2000~2001 미션 힐즈 컨트리클럽, 란초 미라지, 캘리포니아

1972

제인 블레이락	213 (-3)
캐롤 만	216
주디 랜킨	216

1973

| 미키 라이트 | 284 (-4) |
| 조이스 카즈미에르스키 | 286 |

1974

*조앤 프렌티스	289 (+1)
제인 블레이락	289
산드라 헤이니	289

1975

| 산드라 파머 | 283 (-5) |
| 캐시 맥멀렌 | 284 |

1976

| 주디 랜킨 | 285 (-3) |
| 베티 버페인트 | 288 |

1977

캐시 휘트워스	289 (+1)
조앤 카너	290
샐리 리틀	290

1978

| *산드라 포스트 | 283 (-5) |
| 페니 풀츠 | 283 |

1979

| *산드라 포스트 | 276 (-12) |
| 낸시 로페즈 | 277 |

1980

| 도나 카포니 | 275 (-13) |
| 에이미 올콧 | 277 |

1981

| 낸시 로페즈 | 277 (-11) |
| 캐롤린 힐 | 279 |

1982

샐리 리틀	278 (-10)
홀리스 스테이시	281
산드라 헤이니	281

1983

에이미 올콧	282 (-6)
베스 다니엘	284
캐시 휘트워스	284

1984

| *줄리 잉스터 | 280 (-8) |
| 팻 브래들리 | 280 |

1985

| 앨리스 밀러 | 275 (-13) |
| 잰 스티븐슨 | 278 |

1986

| 팻 브래들리 | 280 (-8) |
| 발 스키너 | 282 |

1987

| *벳시 킹 | 283 (-5) |
| 패티 시헌 | 283 |

1988

| 에이미 올콧 | 274 (-14) |
| 콜린 워커 | 276 |

1989

줄리 잉스터	279 (-9)
태미 그린	284
조앤 카너	284

1990

벳시 킹	283 (-5)
캐시 포슬웨이트	285
셜리 퍼롱	285

1991

| 에이미 올콧 | 273 (-15) |
| 도티 (페퍼) 모크리 | 281 |

1992

| *도티 (페퍼) 모크리 | 279 (-9) |
| 줄리 잉스터 | 279 |

1993

헬렌 알프레드손	284 (-4)
에이미 벤츠	286
티나 배럿	286

1994

| 도나 앤드류스 | 276 (-12) |
| 로라 데이비스 | 277 |

1995

| 낸시 보웬 | 285 (-3) |
| 수지 레드먼 | 286 |

1996

패티 시헌	281 (-7)
켈리 로빈스	282
메그 멀론	282
아니카 소렌스탐	282

1997

| 벳시 킹 | 276 (-12) |
| 크리스 채터 | 278 |

1998

| 팻 허스트 | 281 (-7) |
| 헬렌 돕슨 | 282 |

1999

| 도티 페퍼 | 269 (-19) |
| 메그 멀론 | 275 |

2000

| 캐리 웹 | 274 (-14) |
| 도티 페퍼 | 284 |

2001

아니카 소렌스탐	281 (-7)
캐리 웹	284
재니스 무디	284
도티 페퍼	284
아키코 후쿠시마	284
레이첼 (헤더링턴) 테스크	284

2002

| 아니카 소렌스탐 | 280 (-8) |
| 리셀로테 노이만 | 281 |

2003

| 파트리샤 므니에 르부 | 281 (-7) |
| 아니카 소렌스탐 | 282 |

2004

| 박지은 | 277 (-11) |
| 송아리 | 278 |

2005

| 아니카 소렌스탐 | 273 (-15) |
| 로지 존스 | 281 |

2006

| *캐리 웹 | 279 (-9) |
| 로레나 오초아 | 279 |

2007

모건 프레셀	285 (-3)
카트리오나 매튜	286
브리타니 리니컴	286

맥도날드 LPGA 챔피언십

먼저 1955~1986 LPGA 챔피언십,
1987~1993 마츠다 LPGA 챔피언십
1994-2000 맥도날드 LPGA 챔피언십
2001-2003 AIG 후원 맥도날드 LPGA
챔피언십

1955
오차드 리지, CC, 포트 웨인, 인디애나
††베벌리 핸슨　　　220　　4&3
루이즈 석스　　　　223

1956
포레스트 레이크 CC, 디트로이트, 미시간
*마를린 헤기　　　291
패티 버그　　　　　291

1957
처칠 밸리 CC, 피츠버그, 펜실베이니아
루이즈 석스　　　　285
위피 스미스　　　　288

1958
처칠 밸리 CC, 피츠버그, 펜실베이니아
미키 라이트　　　　288
페이 크로커　　　　294

1959
쉐라톤 호텔 CC, 프렌치 릭, 인디애나
벳시 롤스　　　　　288
패티 버그　　　　　289

1960
쉐라톤 호텔 CC, 프렌치 릭, 인디애나
미키 라이트　　　　292
루이즈 석스　　　　295

1961
스타더스트 CC, 라스베이거스, 네바다
미키 라이트　　　　287
루이즈 석스　　　　296

1962
스타더스트 CC, 라스베이거스, 네바다
주디 킴볼　　　　　282
셜리 스포크　　　　286

1963
스타더스트 CC, 라스베이거스, 네바다
미키 라이트　　　294　(+10)
메리 레나 포크　　296
메리 밀즈　　　　296
루이즈 석스　　　296

1964
스타더스트 CC, 라스베이거스, 네바다
메리 밀즈　　　　278　(-6)
미키 라이트　　　280

1965
스타더스트 CC, 라스베이거스, 네바다
산드라 헤이니　　279　(-5)
클리포드 A 크리드　280

1966
스타더스트 CC, 라스베이거스, 네바다
글로리아 에레트　282　(-2)
미키 라이트　　　285

1967
플레전트 밸리 CC, 서튼, 매사추세츠
캐시 휘트워스　　284　(-8)
셜리 잉글혼　　　285

1968
플레전트 밸리 CC, 서튼, 매사추세츠
†산드라 포스트　294　(+2)　68
캐시 휘트워스　　294　　　75

1969
콩코드 GC, 키아메셔 레이크, 뉴욕
벳시 롤스　　　　293　(+1)
수지 버닝　　　　297
캐롤 만　　　　　297

1970
플레전트 밸리 CC, 서튼, 매사추세츠
*셜리 잉글혼　　285　(-7)
캐시 휘트워스　　285

1971
플레전트 밸리 CC, 서튼, 매사추세츠
캐시 휘트워스　　288　(-4)
캐시 애언　　　　292

1972
플레전트 밸리 CC, 서튼, 매사추세츠
캐시 애언　　　　293　(+1)
제인 블레이락　　299

1973
플레전트 밸리 CC, 서튼, 매사추세츠
메리 밀즈　　　　288　(-4)
베티 버페인트　　289

1974
플레전트 밸리 CC, 서튼, 매사추세츠
산드라 헤이니　　288　(-4)
조앤 카너　　　　290

1975
파인 리지 GC, 볼티모어, 메릴랜드
캐시 휘트워스　　288　(-4)
산드라 헤이니　　289

1976
파인 리지 GC, 볼티모어, 메릴랜드
베티 버페인트　　287　(-5)
주디 랜킨　　　　288

1977
베이 트리 골프 플랜테이션, 노스 머틀 비치, 사우스캐롤라이나
차코 히구치　　　279　(-9)
팻 브래들리　　　282
산드라 포스트　　282
주디 랜킨　　　　282

1978
잭 니클라우스 골프 센터,
킹스 아일랜드, 오하이오
낸시 로페즈　　　275　(-13)
에이미 올콧　　　281

1979
잭 니클라우스 골프 센터,
킹스 아일랜드, 오하이오
도나 카포니　　　279　(-9)
제릴린 브리츠　　282

1980
잭 니클라우스 골프 센터,
킹스 아일랜드, 오하이오
샐리 리틀　　　　285　(-3)
제인 블레이락　　288

1981
잭 니클라우스 골프 센터,
킹스 아일랜드, 오하이오
도나 카포니　　　280　(-8)
제릴린 브리츠　　281
팻 마이어스　　　281

1982
잭 니클라우스 스포츠 센터,
킹스 아일랜드, 오하이오
잰 스티븐슨　　　279　(-9)
조앤 카너　　　　281

1983
잭 니클라우스 스포츠 센터,
킹스 아일랜드, 오하이오
패티 시헌　　　　279　(-9)
산드라 헤이니　　281

1984
잭 니클라우스 스포츠 센터,
킹스 아일랜드, 오하이오
패티 시헌　　　　272　(-16)
베스 다니엘　　　282
팻 브래들리　　　282

1985
잭 니클라우스 스포츠 센터,
킹스 아일랜드, 오하이오
낸시 로페즈　　　273　(-15)
앨리스 밀러　　　281

1986
잭 니클라우스 스포츠 센터,
킹스 아일랜드, 오하이오
팻 브래들리　　　277　(-11)
패티 시헌　　　　278

1987
잭 니클라우스 스포츠 센터,
킹스 아일랜드, 오하이오
제인 게디스　　　275　(-13)
벳시 킹　　　　　276

1988
잭 니클라우스 스포츠 센터,
킹스 아일랜드, 오하이오
셰리 터너　　　　281　(-7)
에이미 올콧　　　282

1989
잭 니클라우스 스포츠 센터,
킹스 아일랜드, 오하이오
낸시 로페즈　　　274　(-14)
아야코 오카모토　277

1990
베데스다 CC, 베데스다, 메릴랜드
베스 다니엘   280   (-4)
로지 존스   281

1991
베데스다 CC, 베데스다, 메릴랜드
메그 멀론   274   (-10)
팻 브래들리   275
아야코 오카모토   275

1992
베데스다 CC, 베데스다, 메릴랜드
벳시 킹   267   (-17)
조앤 카너   278
카렌 노블   278
리셀로테 노이만   278

1993
베데스다 CC, 베데스다, 메릴랜드
패티 시헌   275   (-9)
로리 머튼   276

1994
듀퐁 CC, 윌밍턴, 델라웨어
로라 데이비스   279   (-5)
앨리스 리츠먼   280

1995
듀퐁 CC, 윌밍턴, 델라웨어
켈리 로빈스   274   (-10)
로라 데이비스   275

1996
듀퐁 CC, 윌밍턴, 델라웨어
로라 데이비스   213   (E)
줄리 피어스   214

1997
듀퐁 CC, 윌밍턴, 델라웨어
*크리스 존슨   281   (-3)
리타 린들리   281

1998
듀퐁 CC, 윌밍턴, 델라웨어
박세리   273   (-11)
도나 앤드류스   276
리사 해크니   276

1999
듀퐁 CC, 윌밍턴, 델라웨어
줄리 잉스터   268   (-16)
리셀로테 노이만   272

2000
듀퐁 CC, 윌밍턴, 델라웨어
*줄리 잉스터   281   (-3)
스테파니아 크로체   281

2001
듀퐁 CC, 윌밍턴, 델라웨어
캐리 웹   270   (-14)
로라 디아즈   272

2002
듀퐁 CC, 윌밍턴, 델라웨어
박세리   279   (-5)
베스 다니엘   282

2003
듀퐁 CC, 윌밍턴, 델라웨어
*아니카 소렌스탐   278   (-6)
박지은   278

2004
듀퐁 CC, 윌밍턴, 델라웨어
아니카 소렌스탐   271   (-13)
안시현   274

2005
불록 GC, 하브 드 그레이스, 메릴랜드
아니카 소렌스탐   277   (-11)
(a) 미셸 위   280

2006
불록 GC, 하브 드 그레이스, 메릴랜드
*박세리   280   (-8)
캐리 웹   280

2007
불록 GC, 하브 드 그레이스, 메릴랜드
수잔 페테르손   274   (-14)
캐리 웹   275

US
여자 오픈

1946
스포캔 CC, 스포캔, 워싱턴
††패티 버그   5&4
베티 제임슨

1947
스타마운트 포레스트 CC, 그린스보로,
노스캐롤라이나
베티 제임슨   295
(a) 샐리 세션즈   301
(a) 폴리 라일리   301

1948
애틀랜틱시티 CC, 노스필드, 뉴저지
베이브 자하리아스   300
베티 힉스   308

1949
프린스 조지 CC, 랜도버, 메릴랜드
루이즈 석스   291
베이브 자하리아스   305

1950
롤링 힐즈 CC, 위치토, 캔자스
베이브 자하리아스   291
(a) 벳시 롤스   300

1951
드루이드 힐즈 골프 클럽/코스,
애틀랜타, 조지아
벳시 롤스   293
루이즈 석스   298

1952
발라 골프 클럽/코스,
필라델피아, 펜실베이니아
루이즈 석스   284
마를린 헤기   291
베티 제임슨   291

1953
컨트리클럽 오브 로체스터, 로체스터,
뉴욕
†벳시 롤스   302   70
재키 펑   302   77

1954
세일럼 CC, 피보디, 매사추세츠
바이브 자하리아스   291
베티 힉스   303

1955
위치토 CC, 위치토, 캔자스
페이 크록커   299
메리 레나 포크   303
루이즈 석스   303

1956
노스랜드 CC, 딜루스, 미네소타
†캐시 코르넬리우스   302   75
바바라 매킨타이어   302   82

1957
윈지드 푸트 CC, 머매러넥, 뉴욕
벳시 롤스   299
패티 버그   305

1958
포레스트 레이크 CC, 디트로이트, 미시간
미키 라이트   290
루이즈 석스   295

1959
처칠 밸리 CC, 피츠버그, 펜실베이니아
미키 라이트   287
루이즈 석스   289

1960
우스터 CC, 우스터, 매사추세츠
벳시 롤스   292
조이스 지스크   293

1961
발터스롤 GC, 스프링필드, 뉴저지
미키 라이트   293
벳시 롤스   299

1962
듄즈 골프 클럽, 머틀 비치,
사우스캐롤라이나
머클 브리어   301
조 앤 프렌티스   303
루스 예센   303

1963
켄우드 CC, 신시내티, 오하이오
메리 밀즈   289   (-3)
산드라 헤이니   292
루이즈 석스   292

1964
샌디에이고 CC, 출라 비스타, 캘리포니아
†미키 라이트 290 (-2) 70
루스 예센 290 72

1965
애틀랜틱시티 CC, 노스필드, 뉴저지
캐롤 만 290 (+2)
캐시 코르넬리우스 292

1966
헤즐타인 GC, 미니애폴리스, 미시간
산드라 스푸지크 297 (+9)
캐롤 만 298

1967
핫 스프링스 골프&테니스 클럽,
핫 스프링스, 버지니아
(a) 캐서린 라코스테 294 (+10)
수지 버닝 296
베스 스톤 296

1968
모젤림 스프링스 GC, 펜실베이니아
수지 버닝 289 (+5)
미키 라이트 292

1969
시닉 힐즈 CC, 펜사콜라, 플로리다
도나 카포니 294 (+2)
페기 윌슨 295

1970
머스코지 CC, 머스코지, 오클라호마
도나 카포니 287 (+3)
산드라 헤이니 288
산드라 스푸지크 288

1971
카콰CC, 이리, 펜실베이니아
조 앤 카너 288 (even)
캐시 휘트워스 295

1972
윈지드 푸트 CC, 머매러넥, 뉴욕
수지 버닝 299 (+11)
캐시 애언 300
팸 바넷 300
주디 랜킨 300

1973
컨트리클럽 오브 로체스터,
로체스터, 뉴욕
수지 버닝 290 (+2)
글로리아 에레트 295

1974
라 그레인지 CC, 라 그레인지, 일리노이
산드라 헤이니 295 (+7)
캐롤 만 296
베스 스톤 296

1975
애틀랜틱시티 CC, 노스필드, 뉴저지
산드라 파머 295 (+7)
조 앤 카너 299
산드라 포스트 299
(a) 낸시 로페즈 299

1976
롤링 그린 CC, 스프링필드, 펜실베이니아
†조 앤 카너 292 (+8) 76
산드라 파머 292 78

1977
헤즐타인 GC, 차스카, 미네소타
홀리스 스테이시 292 (+4)
낸시 로페즈 294

1978
컨트리클럽 오브 인디애나폴리스,
인디애나폴리스, 인디애나
홀리스 스테이시 289 (+5)
조 앤 카너 290
샐리 리틀 290

1979
브룩론 CC, 페어필드, 코네티컷
제릴린 브리츠 284 (even)
데비 메이시 286
산드라 파머 286

1980
리치랜드 CC, 내슈빌, 테네시
에이미 올콧 280 (-4)
홀리스 스테이시 289

1981
라 그레인지 CC, 라 그레인지, 일리노이
팻 브래들리 279 (-9)
베스 다니엘 280

1982
델 파소 CC, 새크라멘토, 캘리포니아
재닛 앤더슨 283 (-5)
베스 다니엘 289
산드라 헤이니 289
도나 화이트 289
조 앤 카너 289

1983
세다 리지 CC, 털사, 오클라호마
잰 스티븐슨 290 (+6)
조 앤 카너 291
패티 시헌 291

1984
세일럼 CC, 피보디, 매사추세츠
홀리스 스테이시 290 (+2)
로지 존스 291

1985
발터스롤 GC, 스프링필드, 뉴저지
캐시 베이커(과다그니노) 280 (-8)
주디 디킨슨 283

1986
NCR 골프 클럽, 데이턴, 오하이오
†제인 게디스 287 (-1) 71
샐리 리틀 287 73

1987
플레인필드 CC, 플레인필드, 뉴저지
†로라 데이비스 285 (-3) 71
아야코 오카모토 285 73
조 앤 카너 285 74

1988
볼티모어 CC, 볼티모어, 메릴랜드
리셀로테 노이만 277 (-7)
패티 시헌 280

1989
인디언우드 골프&컨트리클럽,
레이크 오리온, 미시간
벳시 킹 278 (-4)
낸시 로페즈 282

1990
애틀랜타 애슬래틱 클럽, 딜루스, 조지아
벳시 킹 284 (-4)
패티 시헌 285

1991
콜로니얼 CC, 포트워스, 텍사스
메그 멀론 283 (-1)
팻 브래들리 285

1992
오크몬트 CC, 오크몬트, 펜실베이니아
†패티 시헌 280 (-4) 72
줄리 잉스터 280 74

1993
크룩트 스틱 GC, 카멜, 인디애나
로리 머튼 280 (-8)
도나 앤드류스 281
헬렌 알프레드슨 281

1994
인디언우드 CC, 레이크 오리온, 미시간
패티 시헌 277 (-7)
태미 그린 278

1995
브로드무어 콜로라도 스프링스, 콜로라도
아니카 소렌스탐 278 (-2)
메그 멀론 279

1996
파인 니들스 로지&골프 클럽,
서던 파인즈, 노스캐롤라이나
아니카 소렌스탐 272 (-8)
크리스 채터 278

1997
펌프킨 리지 GC, 코르넬리우스, 오리건
앨리슨 니콜라스 274 (-10)
낸시 로페즈 275

1998
블랙울프 런 골프 리조트, 콜러, 위스콘신
†*박세리 290 (+6) 73
(a)제니 추아시리퐁 290 73

1999
올드 웨이버리 GC, 웨스트포인트,
미시시피
줄리 잉스터 272 (-16)
셰리 터너 277

2000
메리트 클럽, 리버티빌, 일리노이
캐리 웹 282 (-6)
메그 멀론 287
크리스티 커 287

2001
파인 니들스 로지&골프 클럽,
서던 파인즈, 노스캐롤라이나
캐리 웹 273 (-7)
박세리 281

2002
프레리 듄스 CC, 허친슨, 캔자스
줄리 잉스터 276 (-4)
아니카 소렌스탐 278

2003
펌프킨 리지 GC, 노스 플레인즈, 오리건
†힐러리 런키　283　(-1) 70
안젤라 스탠포드　283　　71
켈리 로빈스　283　　73

2004
오차드 GC, 사우스 하들리, 매사추세츠
메그 멀론　274　(-10)
아니카 소렌스탐　276

2005
체리 힐즈 GC, 체리 힐즈 빌리지,
콜로라도
김주연　287　(+3)
(a) 브리타니 랭　289
(a) 모건 프레셀　289

2006
뉴포트 CC, 뉴포트, 로드아일랜드
†아니카 소렌스탐　284　(E) 70
팻 허스트　284　　74

2007
파인 니들스 로지&골프 클럽,
서던 파인즈, 노스캐롤라이나
크리스티 커　279　(-5)
박혜인　281
로레아 오초아　281

브리티시 여자 오픈

1994
워번 G&CC, 밀턴 케인스, 잉글랜드
리셀로테 노이만　280　(-12)

1995
워번 G&CC, 밀턴 케인스, 잉글랜드
캐리 웹　278　(-14)

1996
워번 G&CC, 밀턴 케인스, 잉글랜드
에밀리 클레인　277　(-15)

1997
서닝데일 GC, 버크셔, 잉글랜드
캐리 웹　269　(-19)

1998
로열 리텀 앤 세인트앤스, 랭커셔, 잉글랜드
셰리 스테인하워　292　(+4)

1999
워번 G&CC, 밀턴 케인스, 잉글랜드
셰리 스테인하워　283　(-9)

2000
로열 버크데일 골프 클럽,
사우스포트, 잉글랜드
소피 구스타프손　282　(-10)

2001
서닝데일 GC, 버크셔, 잉글랜드
박세리　277　(-11)
김미현　279

2002
턴베리 GC, 에일사 코스, 에어셔,
스코틀랜드
캐리 웹　273　(-15)
미셸 엘리스　275
폴라 마티　275

2003
로열 리텀 앤 세인트앤스, 랭커셔, 잉글랜드
아니카 소렌스탐　278　(-10)
박세리　279　(-9)

2004
서닝데일 GC, 버크셔, 잉글랜드
카렌 스터플스　269　(-19)
레이첼 (헤더링턴)
　테스크　274　(-14)

2005
로열 버크데일 GC, 머지사이드, 잉글랜드
장정　272　(-16)
소피 구스타프손　276

2006
로열 리텀 앤 세인트앤스, 랭커셔, 잉글랜드
셰리 스테인하워　281　(-7)
소피 구스타프손　284
크리스티 커　284

2007
세인트앤드루스, 스코틀랜드
로레나 오초아　287 (-5)
마리아 요스　291
이지영　291

솔하임 컵

연도	개최지	유럽	US
1990	레이크 노나, 플로리다, 미국	4.5	11.5
1992	달마호이, 에든버러, 스코틀랜드	11.5	6.5
1994	그린브리어, 웨스트 버지니아, 미국	7.0	13.0
1996	메리어트 세인트 피에르 호텔, 웨일스	11.0	17.0
1998	뮤어필드 빌리지 GC, 오하이오, 미국	12.0	16.0
2000	로흐 로몬드 골프 클럽, 스코틀랜드	14.5	11.5
2002	인터라첸 컨트리클럽, 미네소타	12.5	15.5
2003	바세백 골프&CC, 스웨덴	17.5	10.5
2005	크룩트 스틱 골프 클럽, 인디애나, 미국	12.5	15.5
2007	할름스타드 골프 클럽, 스웨덴	12	16
총		3	7

기호
* 　서든데스 플레이오프에서 우승
† 　18홀 플레이오프에서 우승
†† 　매치플레이 결승에서 우승

찾아보기

굵은 숫자는 선수들과 코스에 관한 주요 부분이며,
이탤릭체 숫자는 삽화와 정보의 설명문을 나타낸다.

■ 지은이

스티브 뉴웰 Steve Newell
어니 엘스 등의 뛰어난 선수와 일하며 골프 웹사이트를 운영하고 있다. 그는 어니 엘스와 함께 수많은 기사를
작성했는데 이것은 두 권의 지침서와 비디오로 출간되었다. 또한 세계적으로 유명한 코치인 존 제이콥스와 함께
《20세기의 위대한 골프 레슨 50》,《골프 바이블》 등을 비롯한 많은 책을 썼다.

스티브 카 Steve Carr
골프와 여행 관련 작가이다. 전 세계 400여 개 코스에서 경기한 경험이 있으며 뉴욕에 근간을 둔 《골프 매거진》의
톱100 코스 선정위원이다. 《골프 월드》,《투데이스 골퍼》의 부편집장을 역임했고 10년 동안 브리티시 아일과 유럽의
톱100 코스 선정위원회 회장으로 재직했다.

앤디 파렐 Andy Farrell
《골프 인터내셔널》,《디 오픈 챔피언십 연감》과 같은 골프 관련 출판물의 정기 기고가이다. 《골프 위클리》에서
일했으며 영국 신문 《인디펜던트》와 《인디펜던트 선데이》의 골프 담당자이다.

■ 옮긴이

제이슨 강 Jason Kang
미국 PGA Class A 멤버였고 현재 PGA 프로 선수이다.
페어리디킨슨 대학교에서 마케팅과 컴퓨터 과학을 전공했으며 대학 골프 선수로 활약했다. 뉴욕 골든 베어 골프
센터의 헤드 프로를 역임했으며 뉴욕 클리어뷰 골프 코스에 제이슨 골프 아카데미를 오픈했다. 미국 프로 골프
피트니스 협회(PGFA) 멤버, 지미 발라드·잭 니클라우스·짐 플릭 스쿨 인증 지도자, 타이거 우즈 재단 지도자이다.
2002년부터 한국에서 제이슨 골프 아카데미를 운영하면서 SBS 골프채널 〈골프 아카데미 라이브〉 등 다양한 골프
프로그램을 진행했고, 건국대 대학원, 고려대 최고 경영자 과정 등 여러 대학에서 골프 특별강사를 역임하며 왕성한
활동을 하고 있다.
《조선일보》,《월간 중앙》,《골프 다이제스트》 등 주요 신문과 잡지에 골프 칼럼을 연재하고 있으며 《서울경제신문》
골프 매거진의 플레잉 에디터를 맡고 있다.

도래파 Repa Do
한국외국어대학교 법학과를 졸업했다. 해외 컨설팅 업무를 계기로 영어권과 일어권을 비롯한 다양한 번역
프로젝트에 참여했다. 특히 스포츠와 레저 산업 분야에 관심이 많아 현재 관련 분야의 책을 기획하며 전문 번역가로
활동하고 있다.